佛典

불전

서경보 徐京保 · 박경훈 朴敬勳 譯

明文堂

금동 제존상(金銅 諸尊像)
7세기 후반

봉선사대종(奉先寺大鐘)
보물 제397호, 유곽(乳廓)과 유곽(乳廓) 사이에 배치힌
보살입상(菩薩立像)의 모습, 경기 남양주시 위치

초전법륜불상(初轉法輪佛像)
사르나트 출토, 5세기

항마성도도(降魔成道圖)
간다라 지방 출토, 3세기

경주 감산사 석조미륵보살입상
(慶州 甘山寺 石造彌勒菩薩立像)
국보 제81호, 국립중앙박물관 소장

관세음보살상(觀世音菩薩像)

경주 석굴암 석굴(慶州 石窟庵 石窟)
국보 제24호, 경북 경주시 불국사 석굴암에 위치

불전
佛典

서경보 徐京保

박경훈 朴敬勛 譯

明文堂

차 례

화엄경華嚴經 - 345

타르카바샤(Tarkabhāṣā, 인식과 논리) - **783**

〜

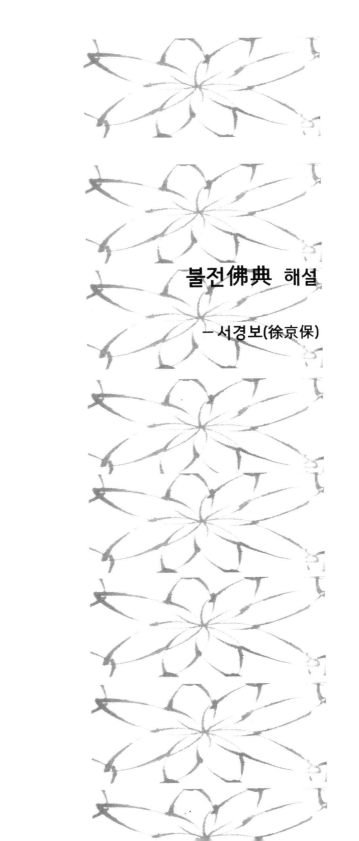

불전佛典 해설

— 서경보(徐京保)

1. 종교를 초월한 종교

근대에 와서 불교가 서구에 알려졌을 때, 종교학자들은 이것을 종교로서 인정할 수 있느냐는 문제를 놓고 논전(論戰)을 벌였다. 왜냐하면 불교에는 신(神)이 없었기 때문이다. 신에 대한 숭배, 이것이야말로 서구인들이 전승(傳承)해온 종교관의 핵(核)이었으며, 그것을 부정하는 데서 출발한 불교에 접했을 때, 그들이 당황했을 것은 의당 있을 수 있는 일이었다. 종교란 신에 대한 숭배라는 규정이 불교를 알기 이전의 종교 지식에서 나온 것이었다면, 부정하려 해도 부정할 수 없는 이 세계 종교에 접한 이상, 그 개념이 바뀔 수밖에 없는 것이어서, 지금은 신(神) 대신에 '신성(神性)'을 내세워, '신성을 지향하는 행위'라는 식으로 규정에 변화가 생기기에 이르렀다.

그러면 신을 부정하는 이런 종교는 어떻게 착상되고, 성립되었는가? 우리는 흔히 절대자인 신이 있어서, 이 우주가 창조되고, 그 속에 우리 또한 하나의 피조물로서 삶을 받은 것이라고 생각한다. 상식적 입장에 서는 한, 이것은 일단 수긍되는 설명 방법이다. 그러나 우리가 가진 역사 지식은 인간들이 원시로부터 끊임없이 신을 창조해 왔음을 보여주고 있지는 않은 것인가?

어느 나라, 어느 민족이든 그 문화의 여명기에 있어서는 대부분 다 다신교(多神敎)를 신봉하고 있었음을, 역사는 우리에게 가르쳐 주고 있다. 원시인은 그 과학적 무지로 인해 이해할 수 없는 자연현상을 모두 신으로 생각했기 때문이다. 3천년 전의 인도인은 소위 리그 베다(Ṛg-Veda)라는 종교 문헌을 가지고 있었거니와, 여기에 나타난 것도 예외는 아니었다. 그들은 천신(天神, Dyaus)·태양신(Sūrya, Savitṛ, Pūṣan)·효홍신(曉紅神, Uṣaa)·뇌정신(雷霆神, Indra)·폭풍신(暴風神, Rudra)·풍신(風神, Vāyu)·우신(雨神, Parjanya)·수신(水神, Āpas) 등을 믿고 있었다. 중국도 그랬고, 그리스와 로마도 마찬가지였다. 그러나 인지의 발달에 따라 이런 신들은 의인적(擬人的)으로 표상(表象)되었고, 차츰 어떤 성격을 지니기에 이르렀다. 이상적 인간형이 그런 신들에게 투영(投影)된 것이다. 인드라는 본래 우신(雨神)이었으나, 이상적 전사(戰士)로서 변모된 따위가 그것이다. 이런 신들을, 우리는 로마 신화에서 가장 쉽게 발견할 수 있을 것이다.

그러나 신을 창조하는 인간의 작업은 여기에서 끝난 것이 아니었다. 그들은 이런 신들 상호간의 위치를 정하게 되었고, 마침내는 우주의 창조자, 신들까지도 그것 없이는 생길 수 없는 제일원인(第一原因)에까지 생각이 미쳤다. 그리하여 이런 절대적 신의 위치가 확고해짐에 따라 다른 신들의 영광은 퇴색할 수밖에 없는 것이어서, 마침내는 유일신교(唯一神敎)가 성립하기에 이르렀다고 할 수 있다. 불교를 제외한 세계적 종교가 모두 유일신교임은 우연한 일이 아니며, 그것은 신의 개념 중 가장 진화된 형태인 까닭이다.

그러나 신의 개념의 진화가 이것으로 끝난 것은 결코 아니다. 우리는 그 좋은 예를 기독교에서 찾을 수 있다. 선사시대

(先史時代)의 유대족에 대해서는 잘 모르겠으나, 유사 이래 그들은 처음부터 여호와라는 유일신을 끈질기게 믿어 내려온 점에서 세계 종교사상 아마 유례가 드물 듯하다. 그러나 이름이 같은 여호와라고 해서, 처음부터 그들이 지닌 신의 개념이 고정되어 있었다고는 볼 수 없다. 구약에 나타난 신은 곧잘 노하는 신이요, 질투하는 신이었으며, 때로는 잔인하리만큼 심술궂은 신이었음을 기록이 전해주고 있다.

창세기 22장에 의하면 여호와는 아브라함의 신앙을 시험하기 위해, 그 외아들 이삭을 번제(燔祭)에 올리기를 요구했다. 결과적으로는 하나님의 권능에 의해 아들을 잃지 않았으나, 그가 아들을 묶어 불태울 때의 광경을 생각하면, 그는 신앙 때문에 자식을 죽인 것이나 다름없는 체험을 한 것이라고 말할 수 있다. 신학자들은 이것에도, 그 어떤 합리적 설명을 가할는지는 모르나, 그것이 신약에 나타나는 사랑의 신이 될 수 없음은 부정하지 못할 것이다. 그러나 이런 여호와의 성격도 예수 대(代)에 오자 크게 전환되었다. 그리하여 잃은 양을 찾는 신이 되고, 탕자(蕩子)의 귀가를 기다리는 아버지로 변모했다. 그 후 기독교 신학의 역사는 시대의 진보와 발맞추어, 신의 개념에 수정을 가해 온 과정이라고 할 수 있다. 신앙을 떠나 역사적으로 관찰할 때, 인간은 부단히 신을 창조해 왔다고 할 만하다. 그리고 이런 작업은 이후에도 영원히 계속되어 갈 것이다.

이런 입장에 반대되는 노선을 취하는 세계관·인생관에는 어떤 것이 있을 수 있을까? 우리는 먼저, 소위 무신론(無神論)이라는 것을 들 수 있다. 이런 무신론에도 여러 가지가 있겠으나, 그 대표적인 것은 유물론적 무신론일 것이다. 이런 사상에 입각해 있는 것이 바로 공산주의이므로 우리들은 비교적 그 이론에 생소한 편은 아니거니와, 동서를 막론하고 이런 사상은 고대부터 있었음이 사실이다. 인도의 경우 그 좋은 전형은 아지타(Ajita Kesakambalin)가 주장한 유물론일 것이다. 그는 지(地)·수(水)·화(火)·풍(風)의 네 원소만이 진실한 실재이며, 독립상주(獨立常住)할 수 있는 것은, 이것뿐이라고 생각했다. 따라서 이런 입장에 서는 한, 신 같은 것이 인정될 수 없음은 당연한 귀결이었다. 근대의 유물론적 무신론도, 결국은 이런 사고형(思考型)에 속한다고 할 것이다.

또 하나는 인격신 대신 우주 창조의 어떤 원리를 인정하는 입장이 있어 왔다. 다신교이던 인도의 재래 종교는 우파니샤드(Upaniṣad)에 오자 만물 생성 원리로 브라만(brahman)을 생각했고, 고대 중국인들은 같은 원리로서 천(天)을 인정한 것 등이 그것이다. 그리고 이와 대비하여 인격적 원리에도 생각이 미쳐서, 인도인은 아트만(ātman), 중국인은 성(性)이라는 것을 설정하기도 했다. '자아'·'영혼'의 뜻이던 아트만은, 다시 한 걸음 더 나아가 '본체(本體)'·'만물에 내재하는 영묘한 힘'을 의미하는 술어가 됨으로써 절대시되고, 마침내 아트만은 브라흐만 자체라는 주장이 강조되기에 이르렀다. 요컨대 현상계의 밑바닥에는 그 잡다한 것을 통일하고 지배하는 유일자(唯一者)가 존재한다는 것이 그들의 주장이었으니, 이 브라만이 인격화되어 브라흐마(Brāhma), 즉 범천(梵天)이라는 신으로서 숭배되기에 이른 것은 당연하다 하겠다.

이같이 인도의 그것이 다신교에서 출발하여 결국은 유일신론으로 돌아간 데 대해, 중국의 천(天)은 길이 천지를 지배하는 원리로서 남은 데 그 특징이 있다. 물론 중국에서도 '천'을 인격화한 신앙, 이를테면 도교의 옥황상제(玉皇上帝) 숭배 같은 것이 없었던 것은 아니었으나, 그것은 고도한 신앙에까지 승화되지 못하고, 민속신앙의 영역에 언제까지나 머물러 있었던 점에서 '천'을 원리로서 파악하여 그 특유의 교학을 전개시켜 간 유교와 대결할 위치에 서 본 적이 없었다고 해야 한다.

유교에서는 '천(天)'에서 받은 것이 우리 인간의 성(性)인바, 이 성을 따르는 것이 도(道)라고 했다.〔중용中庸〕그리하여 '천'은 도덕의 근거가 될 수 있었으나, 항상 거기에 머물렀을 뿐, 인격화되기에는 이르지 못했다. 이런 점에서 볼 때, 인도의 브라만이 처음부터 종교적 요구에서 모색된 결과인데 비해, 중국의 천(天)은 어디까지나 도덕론적 요청에서 생각된 것이라고 할 수 있다.

그러면 붓다는 이런 문제에 대해 어떤 입장을 취했던가? 누구나 아는 바와 같이, 붓다는 인생의 괴로움에서 해탈하는 길을 택했던 것이며, 결코 철학적 흥미에 사로잡혀 있었던 것은 아니었다. 바꾸어 말하면 그는 실천자일망정 학자는 아니었다. 따라서 그의 해탈이란 모든 지식·관념의 구속에서 벗어나는 일이기도 했다. 그는 모든 주장들이 상대적·일방적인 것이며, 어떤 학설이라도 보기에 따라 진리로도 보이고, 또한 그 반대로도 보이는 사실에 주목했다. 그리하여 이런 논리의 분규는 끝나는 날도 있을 수 없고, 또 끝날 성질의 것도 아님을 간파했다. '나와 세계는 영원한가, 또는 무상한가? 나와 세계는 유한한가, 또는 무한한가? 신체와 영혼은 하나인가, 또는 별개의 것인가? 완전한 인격자는 사후에 생존하는가, 혹은 생존하지 않는가?' 등의 질문에 대해서, 붓다는 대답하지 않았다고 한다. 왜 대답하지 않았는가? 한 경전은 이 문제에 대해 매우 흥미 있는 비유를 들어 대답했다.

여기에 한 군인이 있어서, 적의 화살에 맞아 쓰러졌다 하자. 그 화살에는 독이 묻어 있어서 그대로 두면 목숨이 위태롭기 때문에, 동료가 화살을 뽑으려 하자 병사는 말했다.

"친구여, 뽑지 말라. 나에게 화살을 쏜 자는 누구인가. 어느 곳, 어느 계급에 속한 사람인가. 나는 그것을 알고 난 후가 아니면, 이 화살을 뽑게 할 수 없다."

만일 이 병사의 요구대로 가해자의 신원을 조사하여 알리고 나서야 그 화살을 뽑는다면 어떻게 되겠는가? 백이면 백, 그 병사는 그것을 알기도 전에 죽어가야 할 것이다.

우주는 누가 창조했느냐, 이 세계는 영속하느냐, 사람은 왜 태어났는가, 우리에게는 영혼이 있는가 없는가, 죽고 나서도 영혼은 존속하는가, ─ 이런 문제의 탐색이란 결국 어떤 독단·편견에 빠지는 것이 고작이고, 그것에 만족한다면 문제는 없겠지만, 그렇지 않은 한, 영원히 논리의 와중에서 헤어나지를 못하고 말 것임이 자명한 일이다. 그러므로 고뇌에 얽매인 우리에게는 먼저 이 고뇌에서 벗어나는 일에 전력을 집중해야 하며, 그런 형이상학적 문제에 머리를 쓸 여가는 없다는 것이, 붓다의 입장이었다.

야스퍼스(K. Jaspers)가 그 '붓다'에서 말한 바와 같이, 붓다가 이런 문제에 대해 몰랐었다고는 인정되지 않는다. 다만 그것이 우리의 고뇌를 해결하는 데 있어서는 아무 이익이 되지 못하며, 도리어 해가 됨을 간파했기에 침묵한 것으로 여겨진다. 이 침묵에 대해 H. 베케 같은 학자는 붓다는 신의 존재를 인정하고는 있었을 것이라 하나, 이것은 추측에 불과하며, 원시경전에 나타난 붓다의 설법을 살펴볼 때, 아무래도 그 반대의 결론이 나올 것 같다. 그러나 여기에서는 이 정도로 그치고, 붓다 그 사람의 경력과 사상에 대해 주의를 돌리는 것이 순서일 것 같다. 그것으로 붓다가 유신론과 무신론 중 어느 편에 서느냐 하는 문제 같은 것은 스스로 해결될 것이기 때문이다.

2. 붓다의 출가出家

붓다의 전기는 여러 경전 속에 나타난 행적 외에 많은 불전 (佛典)이 전해 오고 있다. 그러나 불경의 대부분을 차지하는 소위 대승경전(大乘經典)이란, 뒤에서 상세히 언급할 기회가 있겠지만 극히 역사성이 희박한 것이며, 그 불전이라는 것도 하나의 전설 같은 것이어서 취사에 신중을 기하지 않는다면 엉뚱한 결과가 되고 말 것이다. 대체로 인도인은 시간관념이 박약하다. 아니 시간관념이 박약한 것이 아니라 그것이 매우 특수하다고 하는 편이 타당할 것이다.

그들은 생멸 변화하는 현상계보다도, 그 배후에 있는 것에 주의를 기울이는 사유 경향이 있었기 때문에 구체적인 경험적 사실에 대해서는 별로 관심을 가지고 있지 않았다. '어제'와 '내일'이라는 두 뜻이 같은 kal이라는 부사로 표현되는 따위의 현상은, 그들이 과거와 미래를 그다지 명확하게 구별하지 않고 있었음을 보여준다.

그들의 세계관에 의하면, 우주는 영구히 계속되는 데 비해 우리들은 그 무한한 시간 속을 윤회(輪廻)하고 있는 것이어서, 현재의 이 생명이란 그런 무수한 윤회의 한 장면에 지나지 않는 것이었다. 이렇게 무수한 생(生) 중의 하나를 지금 살고 있는 데 불과하다고 하면, 현재라는 것이 큰 의의를 지니지 못할 것은 자명한 일이다. 그리하여 그들은 과거와 현재와 미래를 뒤범벅으로 만드는 습성이 있고, 거기에다가 매우 공상적·환상적인 성격도 지니고 있기에 그런 혼란은 한층 극단으로 흐르는 경향이 생기게 마련이어서, 붓다의 경우만 해도, 그가 언제 태어났는지 그 연대기조차 기록에 남기지 않는 반면에, 그 전생담(前生談)이 끝없이 창작되어갔다. 붓다가 된 데에는 반드시 전생—그것도 무수한 전생—의 선행(善行)이 있었을 것이라고 생각하는 것은, 그들의 사유법으로 볼 때에는 매우 타당한 일이었으며, 이것 없는 이생〔차생此生〕만의 전기란 성립이 불가능한 일이었다. 이 같이 현실과 공상 사이에 선을 그을 줄 모르는 그들이 쓴 기록에, 역사적 신빙성이 박약할 것은 당연한 일이라 하겠다.

붓다의 성은 고타마(Gotama), 이름은 싯다르타(Siddhartha)라 하며, 대략 기원전 463년 무렵에 샤카(Śàkya, 사카Saka)족의 국왕인 정반왕(淨飯王, Suddhodana)의 장남으로 카필라 성(Kapila城)에서 태어난 것으로 되어 있다. 물론 공상성이 강한 인도인들은, 붓다의 출생 경위와 그 신분에 대해서도 과장하기를 잊을 리가 만무해서, 마치 굉장한 큰 국가의 태자로 출생한 것처럼 기록을 남겨 놓았으나, 사실에 있어서는 그렇지도 않은 것 같다. 붓다는 그 수행 시절, 갠지스 강을 건너 마가다(Magadha)국 라자그리하(Rājagrha, 왕사성王舍城)에 머문 적이 있었는데, 그 국왕의 질문을 받고 스스로 자기 신분을 밝힌 내용이 운문으로 기록되어 전하는 것이 있다.

대왕이시여, 저 히마반트〔설산雪山〕기슭
예전부터 코살라국에 속하는 땅에

재물과 용맹을 아울러 갖춘
한 단정한 부족(部族)이 삽니다.

그들은 '태양의 후예'라 일컬어지고
내 생족(生族)의 이름은 샤카[석가釋迦],
대왕이시여, 나는 그 집에서 나와 수도자가 되었습니다.
온갖 욕망을 좇고자 했음이 아니라.

(경집經集 3·1 출가경出家經)

히마반트란, 눈에 항상 덮여 있는 산이라는 뜻으로, 한역(漢譯) 경전에서는 설산(雪山)이라는 이름으로 번역되었으니 지금의 히말라야이다. 여기에서 주목되는 것은 예전부터 코살라(Kosala)국에 속해 왔다는 표현이다. 이것은 샤카족이 결코 강대한 국가였던 것이 아니라, 코살라국의 한 속국(屬國)이요, 부족국가에 불과했음을 보여주고 있다. 따라서 그 왕이라 해도 귀족 내지는 무사계급이었을 것으로 추측된다. 만약 그의 부친이 정말 왕이었던들 '그 집에서 나와'라는 표현에 그치지 않고, 자기 신분과 관계되는 무슨 말이 있었을 것이다. 어쨌든 붓다가 작은 나라이기는 해도 꽤 부유하고 신분도 높은 집안에 태어난 것만은 확실하다고 보아야겠다. 즉 생각만 있었다면 세속적인 행복쯤은 충분히 누릴 수 있는 환경이었던 것으로 생각된다.

그의 출생과 관련해서는 많은 전설이 있어서, 어머니 마야부인의 뱃속에 큰 궁전이 있어서, 붓다는 그를 찾아온 천인(天人)들에 에워싸여 설법을 하고 있었다느니, 태어날 때는 어머니의 오른쪽 옆구리를 헤치고 나왔으며, 나오자마자 일곱 걸음을 걸으면서 '천상천하유아독존(天上天下唯我獨尊)'이라고 말했다느니, 종잡을 수 없는 이야기들이 전해온다. 그러나 이런 것이 사실일 수도 없고, 또 그런 설화를 믿어야만 붓다의 위대성이 보장되는 것도 아니므로 구태여 관심을 가질 필요는 없을 것 같다. 그러나 이런 설화 중에도 때로는 일면의 진실을 전하는 것도 없는바 아니니, 우리는 그런 것으로서 사문출유(四門出遊)의 이야기를 들 수 있다.

즉 태자 싯다르타는 동서남북의 네 성문을 나가 교외를 산책했는데, 그때마다 노인·병자·죽은 사람을 만나게 되어, 그로부터 인생의 괴로움에 대해 깊이 사색하게 되었다는 것이다. 이것도 물론 후세인이 만들어낸 이야기려니와, 그의 출가 동기가 인생의 고뇌에 있었음을 생각할 때, 그것을 설화 형식으로 나타낸 것이라 여겨진다.

어쨌든 그의 출가야말로 그 생애에 있어서 결정적 순간이었다고 할 수 있다. 물질적·사회적으로 보장된 신분에서 그것을 포기하기란 용이한 일이 아니었을 것이니, 그 결심이야말로 그를 붓다로 만들었다고 할 수 있다. 그리고 그 동기가 된 것은 앞에서도 말한 바와 같이 인생의 괴로움이었으며, 그 후 6년간 이 괴로움에서 벗어나기 위해 피나는 수행을 계속했던 것이다.

당시 인도에는 주류를 이루는 바라문교 이외에 사람으로서 생각할 수 있는 모든 사상이 난립하고 있었다. 거기에는 관념론·유물론·회의설·도덕부정설·쾌락주의·결정론 등이 제각기 자기주장을 내세워, 그야말로 백화난만(百花爛漫)하는 상태에 있었다. 고대의 중국, 즉 춘추전국시대가 극도의 사상적 자유가 보장된 시기여서, 소위 제자백가(諸子百家)가 배출된 것처럼, 이때의 인도에도 사상의 자유, 신앙의 자유가 보장된 덕분에 여러 신진 사상가들이 나타나, 정통파인 바라문교에 반기를 든 것이라고 볼 수 있다. 붓다는 물론 이 부류에 속해 있었으니, 그가 바라문교의 가르침을 따라 수도한 적이 한 번도 없었음은, 그런 사정을 전해주는 것으로 보인다.

　29세에 출가한 붓다가 인도로 들어와 아라라 카라마(Ālāra Kālāma)와 웃다카 라마푸타(Uddaka Rāmaputta)라는 두 선인을 스승으로 모셨는데, 거기서 그들의 지도에 의해 선(禪)을 배운 것으로 여겨진다. 이때 인도의 종교적 수도 방법으로는 소위 고행(苦行)이 성행했으며, 붓다도 물론 이런 방법을 따랐던 것이다. 고행이란 단식을 한다든가, 자기 몸에 상처를 낸다든가, 요컨대 육체를 괴롭혀 쇠약해지게 함으로써 도(道)에 이르려는 수행법이다. 여기에는 그것이 육체의 욕망을 제거하는 방법이라고 본 까닭도 있을 것이고, 또 이생에서 고행하면 고행할수록 내세에서 받는 복이 크다는 신념도 크게 작용했던 것 같다. 그리고 일반 민중들도 이런 고행자에 대하여 비상한 존경을 표했다.

　붓다는 어느 누구에게도 지지 않을 만큼 열심히 수도하여 주위로부터 대단한 존경을 받기도 했다. 그러나 의문의 해결은 끝내 이루어지지 않았다. 그래서 붓다는 이 수행법 ─ 고행 ─ 에 대해 차츰 의문을 가지게 되었고, 마침내는 그것을 포기하고 말았다. 그리하여 라자그리하(Rājagrha, 왕사성王舍城)에서 그리 멀지 않은 우루베라의 네란자라(nerañjarā) 강기슭에서 수도하던 중 피팔라(pippala) 나무 밑에서 마침내 크게 깨달을 수 있었다. 이런 인연으로 그 나무를 보리수(菩提樹)라 부르게 되었고, 그 깨달음을 정각(正覺), 또는 대각성취(大覺成就)라 일컫는다.

이때 깨달은 내용이 무엇이었느냐에 대하여는 뒤로 미루겠으나, 여기서는 그때 붓다가 무엇을 느끼고 무엇을 생각했었는지 살펴보기로 하겠다. 그것이 인생과 우주의 비밀을 송두리째 해결한 순간이었으므로, 그 기쁨이 얼마나 큰 것이었는지는 상상하고도 남음이 있다.

'처음으로 정각을 성취하신 세존께서는 우루베라의 네란자라 강기슭 보리수 밑에서 결가부좌하신 채, 7일 동안 해탈의 즐거움을 맛보시면서 앉아 계셨다.'

그 희열은 이 담담한 경전의 표현에서도 충분히 엿보인다 할 수 있다.

그러나 이렇게 법열에 도취해 있던 붓다의 가슴에는 문득 불안의 그림자가 스치고 지나갔다. 경전은 그것을 이렇게 전하고 있다.

참으로 존경할 데가 없이 사는 것은 괴롭다. 나는 어떤 사문(沙門)이나 또는 바라문을 존경하고 의지하면서 살아야 되는 것일까. —상응부경전 6·2

이것은 참으로 이상한 생각이다. 특히 후세의 불교인의 상식에서 본다면, 있을 수 없는 일이라 여겨질 것이다. 왜냐하면 그들은 붓다를 절대자로서 우러러보는 습성이 있기 때문이다. 그러나 이것은 과연 있을 수 없는 생각이었을까. 나는 앞에서 인간들이 끊임없이 신을 창조해 온 과정에 대해 언급한 바 있다. 신이 자기 형상대로 인간을 만든 것이 아니라, 사실은 인간이 자기 모습과 비슷하게 신을 만들어 왔다는 것이 보다 진실에 가까울 것이다. 인간은 약하고 고독한 존재여서, 매우 둔감한 사람이 아닌 이상, 이런 자기 존재를 스스로 감당해내지 못하는 것이 보통이다. 그러기에 인간에게는 어떤 의지처가 필요했던 것이니, 그들이 끊임없이 신을 만들어 온 것도, 이런 견지에서 보면 무리가 아닌 점이 있다 하겠다.

붓다도 인간임에는 틀림없다. 그가 우주와 인생의 진상(眞相)에 눈을 떴을 때, 뒤에서 언급하겠지만, 일체는 연기(緣起)의 법칙에 의해 이루어졌음이 판명되었으며, 지금까지 자기를 구속하고 있던 것들, 절대자요 창조자인 신까지도 안개처럼 그 앞에서 사라지고 말았다. 이때에 일말의 불안, 의지할 것 없는, 바꾸어 말하면 섬길 우상이 없는 불안이 한순간이나마 머리를 스치고 지나갔다 해서, 그것은 조금도 이상할 것은 없는 줄 안다.

이 불안은 한순간의 일이요, 곧 자취도 없이 사라졌을 것이다. 그러나 또 하나의 고민이 붓다에게는 있었다. 그것은 이 깨달음의 내용을 남에게 가르쳐 주어야 할 것이냐, 그만둘 것이냐 하는 문제였다. 이것도 우리에게는 의아하게 여겨진다. 왜냐하면, 부처님은 중생 제도를 위해 이 세상에 나타나신다는, 대승불교 측의 주장을 귀가 아프게 들어온 때문이다. 확실히 우리 중생의 처지에서 본다면, 부처님의 출현은 그렇게 받아들여져야 할는지도 모르나, 그것이 역사적 진실일 가능성은 매우 희박하다 하겠다. 원시 경전이 전하는 바에 의하건대,

출가할 당시와 수업 시대의 싯다르타의 가슴을 차지하고 있었던 생각은, 명백히 자기의 해탈에 관한 것이었다. 물론 때로는, 동병상련하는 입장에서 다른 사람들도 구해주고 싶다는 생각이 전무했을 리는 없으나, 그것이 목표였다고는 생각할 수 없다. 어디까지나 자기의 해탈이 초미(焦眉)의 급무였겠지만, 그것이 이루어졌을 때, 붓다에게는 왜 주저하는 생각이 있었던가.

　　세상의 상식을 뒤엎은 그것
　　심심미묘(深甚微妙)하니 어찌 알리요.

이것이 운문으로 전하는 그 이유였다. 진리에 눈뜬 사람의 처지에서 볼 때, 세상 사람들은 모두 전도(顚倒)된 생각을 가지고 있다. 있는 것을 없다 하고, 없는 것을 있다 생각하며, 가치 없는 일을 가치 있다고 여기고, 부정(不淨)한 것을 청정한 양 아는 것이 그것이다. 심심미묘한 법—진리—을 이해하기 위해서는, 그 사고방식과 가치관이 완전히 전환되지 않으면 안 된다. 그러나 세상 사람들은 탐욕에 사로잡혀 있고, 무명(無明)에 현혹된 채, 조금도 진리를 알고자 하는 성의를 보이지 않고 있지 않은가. 그렇다면, 말해보았자 헛수고에 그칠 것이다. 이런 주저가 있었다 해서, 섭섭해 할 필요는 없다. 그것은 응당 있을 수 있는 생각이다. 이런 주저가 사라지고 설법으로 생각이 기운 데에는 범천(梵天)의 권청(勸請)이 있었다고 경전은 기록하고 있다.

범천이란, 앞에서 언급한 브라흐만을 신격화한 것이어서, 바라문교에서는 절대자로 인정되었으나, 불교에서는 정법(正法)

의 수호신으로 여기고 있다. 어쨌든 붓다가 설법을 하지 않으면 큰일이라고 생각한 범천은 급히 붓다 앞에 나타나 탄원했다.

"세존이시여, 원컨대 법을 설하시옵소서. 이 세상에는 눈이 티끌로 가려짐이 많은 자도 있사오니, 그들이 법을 듣지 못한다면 망하지 않겠나이까. 그들도 법을 듣는다면, 반드시 깨달음에 이르오리다."

이 범천의 권청을 우리는 어떻게 보아야 하는가. 경전에는 자주 악마와 범천 등이 등장하거니와, 이것은 어떤 심리적 동향을 의인적으로 표현하고 있는 경우가 많다. 즉 그것은 문학적 상징인 것이니, 범천의 권청이라는 것도 그런 생각이 붓다의 가슴에 나타났음을 보이는 데 불과하다. 오랜 주저 끝에 붓다는 마침내 결연히 일어섰다.

내 이제 감로(甘露)의 문을 여나니
귀 있는 자는 들어라, 낡은 믿음 버리고.

3. 연기緣起의 법칙

붓다가 오랜 수도 끝에 깨달은 내용은, 연기의 법칙이었다. 그러므로 이것은 불교의 근본 사상이며, 불교가 어떻게 변천하고 발전하든 간에, 이와 위배될 때에는 불교라고는 부르지 못할 것이다. 그런 붓다의 정각(正覺) 내용인 연기(緣起)란 어떤 사상인가?

상응부경전 12·21에서는 그것을 다음과 같이 설명했다.

이것 있음에 말미암아 저것이 있고
이것 생김에 말미암아 저것이 생긴다.
이것 없음에 말미암아 저것이 없고
이것 멸함에 말미암아 저것이 멸한다.

여기서 '이것'이란 조건을 말하고, '저것'이란 존재를 가리킨다. 이 세상의 모든 것은, 어느 것이나 독립 고정되어 있는 것이 아니라, 어떤 조건에 의해 이루어졌으며, 그 조건이 사라질 때 그 존재도 소멸한다는 것이다. 이것은 첫째로, 영원성의 부정이라고 할 수 있다. 우리들은 자기 자신이 변화하는 존재요, 죽음에 이르는 존재임을 자각하고 있는 까닭에, 무언가 영원한 것을 찾고 그것에 매달려 보고자 애쓰는 것이 사실이다. 그리하여 아트만(ātman)은 불변하다느니, 영혼은 불멸이라느니 생각하기 일쑤이다. 그리고 일생을 꿈꾸고 그 약속을 믿으려든다.

그러나 지구가 부서지고, 태양계가 없어지는 날이 올 것을 천문학자들은 계산해 보이고 있다. 아니, 이 우주 자체도 끝나는 날이 있을 것이며, 어떤 조건에 의해 다시 새로운 우주와 별들이 생겨날 것이다. 생성과 파멸은 우주라고 해서 면하지는 못할 터이다.

영혼이란 무엇인가? 흔히 사람들은, 우리 육체가 기능을 잃은 후에도 없어지지 않는 '나'가 있다고 믿으며, 이것을 아트만이니 영혼이니 하는 말로 부르고 있다. 그러나 육체 없는 '나'라는 것이 어떻게 존재할 수 있는가? 이런 사람들은 육체를 단순한 물질로 보는 사람들이다. 만약 정신이나 영혼이 육체가 죽은 후에도 살아남는다면, 그것은 우리의 육체가 생기기 전에도 있었던 것이 된다.

여기에 장작이 타고 있다고 하자. 이 불꽃은 장작이 다 타고 난 후에도 존재할 수 있는가? 이 불꽃은 장작이 타기 시작하기 이전부터 존재했던가? 이것을 연기의 법칙에 비추어 본다면, 장작이 있음으로써 불이 타고, 육체가 있음으로써 영혼이나 정신이 있다는 말이 된다. 즉 육체와 정신은 서로 다른 것을 조건으로 하여 생긴 것임이 확실하다. 따라서 육체가 없어지면 정신이라 하여 존속할 수는 없는 문제이다. 물론 불교에서는 업(業)이라는 것, 바꾸어 말하면 우리의 소행의 결과는 남게 마련이어서 그것이 윤회한다고는 말한다.

그러나 이 문제는 따로 논해야 될 성질의 것이므로 여기서는 생략하기로 한다. 그렇다고 해서, 불교를 하나의 허무주의로 보아서는 안 된다. 연기의 입장에서 본다면, 육체와 정신이상의성(相依性)의 것이었듯이, 죽음과 삶도 또한 상의적인 것이다. 죽음이 있으므로 삶이 있는 것이며, 삶이 있으므로 죽음이 있는 것이다. 그러므로 육체와 함께 정신이 소멸된다 해서 허무하게 여기는 사람은, 이런 연기적 사고법을 모른다고 해야 한다. 영원의 문제도 마찬가지이다. 그것은 변화하는 시간이 있으므로 영원이라는 이름이 붙었다 할 수 있다. 이것은 수학에서 다루는 무한의 문제로 바꾸어 놓고 생각하는 편이 편리할는지도 모른다. 누구나 아는 바와 같이, 수를 아무리 늘여 놓아도 무한에는 도달하지 못한다. 도달할 수 있다면 그것은 무한일 수 없는 까닭이다.

그러나 이 무한을 예상하지 않는다면, 수의 개념이 성립하지를 못한다. 즉 무한은 5니 6이니 하는 수 속에 들어와, 그것을 성립시켜 주고 있는 것이 된다. 즉 유한과 무한은 서로 의존함으로써 각기 존재하는 것이라 할 수 있다. 영원의 문제도 마찬가지이다. 그것은 이 변전하는 시간 속에서 우리의 노력에 의해 살려야 하는 것일 뿐, 그것이 일방적으로 어딘가에 존재한다고는 못할 것이다.

따라서 영생이라는 것도 이 유한한 생명을 떠나서 존재할 수 없음을 알아야 한다. 순간이 곧 영원인 것이며, 영원이 곧 순간인 것이다. 마찬가지로, 죽음을 기피하고 삶만을 바란다는 것도 있을 수 없다. 그것은 겉 없는 속과 같아서 처음부터 성립이 불가능하다. 그러기에 생사일여(生死一如)인 것이며, 초월하려면 생사를 아울러 초월해야 하며, 생(生)은 놓아두고 사(死)만을 초월한다는 것은 있을 수 없는 일이다.

연기의 예를 든다는 것이 너무 한 문제로만 집중된 감이 없지 않으나, 이런 문제에 대해 붓다는 침묵했다고 한다. 적어도 원시 경전이 전하는 한에서는 그렇다. 그것은 연기의 법칙을 깊이 이해 못하는 청중들이 가령 사후의 세계가 있다는 말을 들으면 그것을 무(無)와 관계없는 유(有)로 받아들이고, 없다는 말을 들으면 유와 절연된 무로 이해할 우려가 있기 때문일 것이다. 앞에서 예로 든 화살 맞은 병사와 같이, 그런 것으로 머리를 쓰는 것은 고뇌를 안은 우리로서는 차라리 외면해야 할 일인지도 모른다.

그리하여 이 세상의 모든 것이 불변 고정된 것이 아님을 철저히 인식하여, 모든 집착과 욕망을 끊어야 할 것이다. 붓다가 연기설을 내세운 동기는 어디까지나 중생을 고뇌에서 해방시키자는 취지였으며, 그것은 호사가들을 위해 형이상학의 문제를 건드린 것은 아니었다. 이런 연기설(緣起說)은, 무아(無我)의 주장을 낳고, 후세의 대승불교(大乘佛敎)에 오자 공(空)사상으로 발전하여 불교의 긴 역사를 통해 핵 구실을 했다.

여기에서 주의해야 할 것은 이 연기설이 붓다 정각(正覺)의 내용이었다고 해서, 이것을 이해한 것만으로 붓다와 동일해졌다고 착각해서는 안 된다는 점이다. 어느 정도 추상적 사고에 익숙해져 있는 사람이라면, 이것쯤 이해하기란 그리 어렵지도 않을 것이다. 그러나 붓다는 그것을 이해한 것이 아니라, 이런 진리를 체험한 것이다. 체험과 이해를 동일하게 논할 수는 없는 문제이다.

또 이 체험에 의해 모든 번뇌에서 해방되어, 완전한 인격을 형성했던 분과, 머리로는 어느 정도 이해했어도 여전히 욕망의 노예인 채로 있는 범부(凡夫)와 같을 수는 없을 것이다. 우리가 경전을 통해 들을 수 있는 연기의 법칙이란, 저 보리수 밑의 위대한 체험에서 새어나온, 한 줄기의 광명에 불과하다. 그리고 재차 말하거니와 붓다가 그것을 제시한 의도는 우리의 그릇된 집착을 끊게 하려 한 것이었다.

4. 네 가지 성스러운 명제 [사제四諦]

붓다의 사상을 말한다는 것은, 매우 힘들고 복잡한 일이어서, 도저히 간단히는 넘어갈 수 없는 문제이겠으나, 여기서는 그 눈에 두드러진 특징에 대해 몇 마디 지적해두고자 한다. 대승불교에 오자, 개중에는 사후 문제에 주안점을 두는 경전도 생기고, 설법무대도 때로는 전우주로 확대되는 수도 있어서, 불교라 하면 매우 비현실적인 듯한 인상을 주어 온 것이 사실이었다. 그러나 사후의 문제 같은 것에는 언급을 하지 않은 것으로도 알 수 있듯이, 그 가르침은 철저히 현실적인 것이었음에 주의를 환기하고 싶다. 붓다의 구도는 어떤 형이상학적 우상이나 전제도 배제한 곳으로부터 시작되었다. 그것은 철두철미 현실적·경험적인 것이었다고 할 수 있다. 불교 교리의 강령(綱領)을 보이는 것에 사제(四諦), 또는 사성제(四聖諦)라는 것이 있다. 이것을 살펴본다면, 불교가 어디로 출발하여 어디로 돌아가는지, 그 전모를 파악할 수 있다.

사제란 고(苦)·집(集)·멸(滅)·도(道)로, '제(諦, sacca)'는 진실·진상·진리를 뜻하는 동시에, 엄숙한 단언을 가리키기도 한다. 그러므로 사제는, '네 가지 엄숙한 단언적 명제'라고 보는 편이 좋다. 그 첫 항목은 고제(苦諦)이다. 붓다는 이렇게 그것을 설명했다.(상응부경전 56·11)

"비구들이여, 이것이 고(苦)의 성제(聖諦)이다. 마땅히 알라,

생(生)은 고다. 노(老)는 고다. 병은 고다. 죽음은 고다. 미운 자와 만나는 것도 고요, 사랑하는 사람과 헤어지는 것도 고요, 욕심나는 것을 얻지 못하는 것도 고다. 통틀어 말한다면, 이 인생은 바로 '고' 그것이다."

붓다가 출가한 동기도 이것이었으며, 그가 갖은 노력 끝에 해탈할 수 있었던 것도 바로 이것이었다. 이는 인생의 현 상황이므로, 그것을 똑바로 직시할 것이 요구된 것이다. 확실히 생로병사(生老病死) 등은 괴로움일 것이다. 이것을 부정할 수는 없다. 그러나 인생에는 즐거움도 있지 않은가? 왜 그렇게 일방적으로 어두운 면만 보느냐고, 의아하게 여기는 사람도 있을는지 모른다. 건강도 괴로움인가, 사랑도 괴로움인가. 물론 그것이 기쁨일 수 있음을 모르는 것은 아니다. 확실히 건강한 그 순간은 행복하기도 할 것이고, 사랑하는 데에는 즐거움이 없지 않을 것이다.

그러나 그런 행복은 곧 사라지며, 그것이 도리어 고통의 원인이 되는 것이 인생의 실정이다. 그러므로 인생을 거시적(巨視的)으로 바라본다면, 그런 즐거움마저도 괴로움의 한 양상임을 부정하지 못할 것이다. 그리하여 인생은 '고'라고 단정하는 것이 이 고제(苦諦)이며, 이것 없이는 불교의 기초가 성립되지 않는다고 보아야 한다. 그리고 이것이 신의 은총을 희구하는 일도, 어떤 형이상학적 욕구를 만족시키려는 일도 아니며, 오직 인생 자체의 현실상을 있는 그대로 파악한 점에서 깊은 감명을 받게 된다.

그러면 이런 '고'는 어째서 생겼는가? 그 원인이 규명되어야 한다. 여기에 대답하는 것이 집제(集諦)이다. '집'이란 집기(集

起)의 약어이니, '발생'의 뜻이다. 경전에서는 이렇게 설명했다.

"비구들이여, 이것이 고(苦)의 발생의 성제이다. 마땅히 알라, 후유(後有)를 일으키고, 기쁨과 탐심을 수반하며, 이르는 곳마다 그것에 집착하는 갈애(渴愛)가 그것이다. 그것에는 욕애(欲愛)와 유애(有愛)와 무유애(無有愛)가 있다."

괴로움의 원인으로 지적된 것은 갈애이다. 이 말의 원어는 팔리어로 taṇhā라 하는 바, 원래 '목마름'의 뜻이어서, 목마른 자가 물을 찾듯이 사납게 타오르는 욕망의 작용을 가리키는 말이다. 여기서 먼저 주목해야 할 일은, 붓다가 욕망 자체를 내세우지는 않았다는 점이다. 흔히 불교는 일체의 욕망을 버리라고 요구하는 듯 아는 경향이 있지만, 붓다가 배격한 것은 그 그릇되고 지나친 욕망이다. 욕망 일체를 포기한다는 것은 죽음 이외의 무엇을 뜻하겠는가? 욕망은 우리의 생존과 밀접한 관계가 있다. 먹고 싶다는 욕망, 무엇을 가지고 싶다는 욕망……, 이런 것이 과도하게 흐르는 데에 병폐가 있을지언정, 그 자체가 송두리째 부정될 수는 없는 문제이다. 붓다 본래의 입장에서 말한다면, 욕망이란 무기(無記)로 생각되어야 할 것이다. 무기란 선악 이전의 상태라는 말이다. 배고플 때 먹고자 하는 생각을 하고, 추울 때 옷을 입고자 생각하는 것은, 도덕이 관여할 영역이 아니다.

그러면 이 갈애는 구체적으로 무엇을 가리키는가? 첫째로 지적된 것은 욕애(欲愛)이다. 욕애란 성욕(性欲)이다. 가장 강렬한 본능이어서, 인간생활의 전반에 침투하고 있는 것이 이 성욕일 것이다. 그것은 인간생활의 기록이라는 문학을 일별하면, 수긍이 가고도 남을 것이다. 재가 신자에게 있어서는 그

절제가 요구되는 데 그쳐야 하겠지만, 출가자에게는 확실히 초월되어야 할 욕망일 것이다.

다음에 지적된 것은 유애와 무유애이다. 유애란 개체 존속의 욕망이니, 자기가 언제까지나 살았으면 하는 따위의 욕심이다. 죽음이 불가피함을 알자, 영혼이라는 것을 생각해내어서, 그것은 사후에도 존재할 것이라고 여기는 것도 이 부류에 속할 것이다. 어쩌면 모든 욕망 중에서 가장 강렬한 것인지도 모르며, 대부분의 종교는 이 욕망을 부채질하여, 내세니 영생을 약속함으로써 그 명맥을 이어가고 있다 할 수 있을 것이다.

마지막으로 무유애는 권세·명예에 대한 욕심이다. 남을 지배하고 싶고, 이름을 천추에 전하고자 하는 따위의 생각이다. 어지간히 수양이 된 사람이라 할지라도 매우 끊기 어려운 것이 이 명예욕이며, 그것 때문에 일어나는 희비의 양상도 흔히 목격하는 바이다.

이 붓다의 분류는 매우 원대하며 정밀한 것이어서, 오늘날 수정할 필요는 없을 것이다. 홉스(T. Hobbes, 1588-1679)도 인간의 온갖 욕망을 세심히 검토한 끝에 그것들을 가장 소박한 형태로 환원시켜서, 자기 보존의 욕망·명예와 권세에 대한 욕망·자기 연장의 욕망으로 분류한 바 있다. 이러한 욕망들이야말로 '기쁨과 탐심을 수반하며', '후유―윤회―를 일으키는' 것이라고 붓다는 설명했다.

우리는 여기에서 연기의 법칙을 회고해보는 것이 좋을 것 같다. 일체는 모두 조건이 있어서 이루어졌으며, 그 실체는 없는 것이었다. 그렇다면 우리의 괴로움은 어떻게 이해되어야 하는가? 물론 괴로움도 연기의 법칙에서 제외될 수는 없다. 그것은 무엇을 조건으로 하여 이루어졌는가? 대답은 자명하다. 갈애로 말미암아 괴로움이 생긴 것뿐이다. 이 괴로움 자체는 본래부터 있었던 것도 아니며, 영원히 존속할 성질의 것도 아니다. 그것에는 아무 고정성·실체성이 없는 터이다. 그렇다면 그것을 없앨 수도 있을 것이다.

이 괴로움을 소멸시켜야 한다고 주장한 것이 멸(滅)이라는 셋째 성제이다.

"비구들이여, 이것이 고(苦)의 멸진(滅盡)의 성제이다. 마땅히 알라. 이 갈애(渴愛)를 남김없이 멸하고, 버리고, 벗어나서 더 이상 집착함이 없기에 이르는 일이다."

갈애로 인하여 생긴 괴로움이었다면, 이 갈애를 제거하는 것이야말로 괴로움을 없애는 방법이라는 것이다. 매우 명석하여 의문을 남기지 않는 논리이며, 그것이 연기의 공식의 적용임을 곧 알 수 있다.

그러면 갈애를 없애기 위해서는 무엇이, 어떤 실천이 필요한가? 여기에 대답하는 것이 마지막 도(道)의 성제이다. 그리고 그 도란 팔정도(八正道)를 가리킨다. 경전은 그것을 이렇게 설명했다.

"비구들이여, 이것이 고의 멸진에 이르는 도(道)의 성제이다. 마땅히 알라. 성스러운 팔지(八支)의 길이니, 정견(正見)·정사(正思)·정어(正語)·정업(正業)·정명(正命)·정정진(正精進)·정념(正念)·정정(正定)이 그것이다."

이것은 여덟 가지의 성스러운 실천 항목·수행 항목이라고 할 수 있다. 그러면 그 어느 것에나 붙어 있는 '정(正)'이란 무엇인가? '바르다'는 것은 무엇을 말함인가?

그것은 첫째로, 망령됨을 떠나는 일이라고 생각된다. 망령됨이란 욕심이나 무명에 의해 더럽혀지지 않음을 이름이다. 가령 사물을 관찰하는 경우, 그것이 정견(正見)이 되기 위해서는 그 마음이 맑아져 있어야 한다. 이것이 무명이나 갈애로 덮여 있을 때에는 먼지 낀 거울과 같아서, 사물의 실상(實相)을 여실히 볼 수는 없을 것이다. 둘째는, 전도(顚倒)된 생각을 버리는 일이라고 되어 있다. 이것을 정견(正見)에 적용시켜서 말한다면, '전도의 견(見)이 아닌 것을 정견이라 한다'고 할 수 있다.〔승만경勝鬘經〕전도란 관찰과 판단에 있어서, 그 순서가 엇바뀌어서 진상을 놓치는 일이다. 대(大)와 소(小)를 거꾸로 안다든가, 무상한 것을 영원한 줄 안다든가, 추(醜)를 미(美)로 착각하는 등이 그것이다. 그리고 셋째 조건이 되는 것은 '극단을 떠나는 일'이라고 지적되었다. 한역(漢譯) 경전의 표현을 빌린다면 '가를 떠나 한가운데에 서는 일〔이변처중離邊處中〕'이다. 곧 중도(中道)가 바로 그것이다. 앞에서도 말했듯이 출가한 붓다는 누구보다도 열심히 고행을 일삼았으나, 마침내 이것을 포기한 바 있다. 그리고 정각(正覺)을 이루자 첫 설법에서 다음과 같이 말씀하셨다.

"비구들아, 출가한 자는 두 극단에 달려가서는 안 되나니, 그 둘이란 무엇인가. 온갖 욕망에 깊이 집착함은 어리석고 추하다. 범부의 소행이어서 성스럽지 못하며, 또 무익하니라.

또 스스로 고행을 일삼음은 오직 괴로울 뿐이며, 역시 성스럽지 못하고 무익하니라.

나는 이 두 가지 극단을 버리고 중도를 깨달았으니, 그것은 눈을 뜨게 하고 지혜를 생기게 하며, 적정(寂靜)과 증지(證智)

와 등각(等覺)과 열반(涅槃)을 돕느니라."(상응부경전 56·11)

이것은 결국 극단으로 흐르지 말고, 치우치지 말라는 뜻이다. 쾌락주의와 고행은 다 같이 배격되었으며, 수도이건 생활이건 적절한 데 머물러야 할 것을 지적한 것으로 여겨진다.

요컨대 여덟 가지 정도(正道)란, 이런 조건을 충족시킬 수 있는 바르게 보는 태도[정견], 바른 행위[정사·정어·정업], 바른 생활[정명], 바른 수행[정정진·정념·정정]이라 할 수 있다. 그리고 저 연기설(緣起說)을 석가 정각의 내용이라고 한다면, 이것은 거기에 이르는 실천론임이 분명하다.

5. 현실적인 진리

　이상으로 알 수 있는 것은, 붓다의 가르침이 매우 현실적이었다는 점이다. 거기에는 애매한 것, 불확실한 것이 아무것도 없다. 종교라면, 으레 내세(來世)를 내세우고 천국·지옥을 앞세우기 일쑤지만 여기에는 그런 것이 일체 배제되었음에 경탄을 마지않는다. 아니 그런 것들이 처음부터 끼어들 여지는 없었다고 보아야 한다. 왜냐하면, 그는 현실적으로 걸머지고 있는 이 괴로움을 문제 삼아 그것을 해결했을 뿐, 다른 데에는 눈조차 돌리지 않았기 때문이다. 붓다 정각의 내용인 연기 법칙은, 하늘에서 내려온 계시가 아니라, 이 현실을 분석하고 투시한 끝에 얻은 그 진상(眞相)에 지나지 않는다.

　또 그 실천론인 사제(四諦)와 팔정도(八正道)를 살펴보아도, 신비적인 요소라고는 조금도 없다. 모든 것은 현실적·합리적으로 처리되고 있을 따름이다. 거기에는 기도도 없고, 예배도 없다. 오직 자기가 실천을 통해 향상해 갈 것이 요구되고 있을 뿐이다.

　붓다의 가르침을 들은 사람들은, 입신(入信)하는 의식에서 다음과 같은 말을 외웠다고 상응부경전 55·1은 전해 준다.

　"'법(法)'은 세존에 의해 잘 설해졌나이다. 즉 이 법은, 현실적으로 증험(證驗)되는 성질의 것이며, 때를 격하지 않고 과보(果報)가 있는 성질의 것이며, 와서 보라고 말할 수 있는 성질의 것이며, 열반에 잘 인도하는 성질의 것이며, 또 지혜 있는 자가 자기 스스로 알 수 있는 성질의 것입니다."

이 사람들이 붓다에게 귀의(歸依)한 것은, 어떤 권위에 위압당했기 때문이 아니었다. '나를 따르라' 해서 따른 것도 아니요, '불합리한 까닭에 믿은' 것도 아니었다. 그들은 붓다의 말씀을 듣고, 그것이 의심할 수 없는 사실임을 통감한 나머지, 이런 말로 귀의를 표명한 것이다. 그리고 이 말에서처럼 불교의 특징이 잘 나타난 글도 없는 듯하다.

첫째로 그들이 든 '현실적으로 증험되는 것'이란 말은, 현실에 비추어 보아 사실임이 증명되고 체험된다는 뜻이다. 가령 붓다가 '인생은 고(苦)이다'고 할 때 누구라도 허심탄회하게 인생을 응시한다면, 그런 결론에 도달할 수밖에 없다는 것이다. 만약 그 가르침이 신이나 내세에 관한 것이었다면, '현실적으로 증험'하지는 못했을 것이다. 권위에 눌려서 믿는다든가, 만일을 생각해서 믿는다든가 할 수밖에는 없을 것이다. 그러나 붓다에게는 아무것도 신비가 없었다. 우리 현실을 파헤쳐 보이고, 자기의 체험에서 얻은 대로 거기에서 해탈할 길을 제시한 것이다.

두 번째인 '때를 격하지 않고 과보가 있는 것'이란 표현은, 한역에서는 '즉시적'이니 '현생적(現生的)'이니 하는 말로 대치되었다. 그것은 과보, 즉 성과가 나타나는 시기에 관한 문제이다. 앞에서도 예로 든 바와 같이, 붓다가 신이나 내세에 관해 가르친 것이라면, 그 성과는 죽고 나서야 판명될 것이다. 그러나 붓다는 이 현실에서, 어떻게 자기 자신을 향상시켜 가느냐 하는 문제에 대해 가르쳤다. 따라서, 그 성과는 자기 노력만큼 언제나 나타날 것이다.

누가 남이 가진 돈을 보고 욕심을 일으켰다 하자. 그 순간 이래서는 안 되겠다고 스스로 욕망을 억제했다면, 그만큼 자기에게 이롭게 된 것이다. 더 수양해서 그런 것을 보고도 마음이 움직이지 않는다면, 그 사람은 그 정도의 성과를 얻고 있는 것이 된다. 어떤 감시자가 하늘에라도 있어서, 우리를 심판해 상을 주고 벌을 주는 것이 아니다. 좋든 나쁘든 성과는 즉시 나타나고 붓다의 가르침은 그런 성과를 줄 수 있는 가르침인 것이다.

그리고 세 번째로 지적된 것은, '와서 보라고 할 수 있는 것'이라 되어 있다. 이 말은 누구에게나 열려 있는 진리라는 뜻이다. 그 신자가 아니면 믿을 수 없는 폐쇄된 가르침이 아니라, 누구에게나 공개되어 있으니, 각자가 와서 그것이 사실인지 아닌지를 확인하고, 사실이거든 믿으라는 취지이다.

네 번째로는 '열반에 잘 인도하는 것'이라고 되어 있다. 이 열반이라는 용어는 설명이 필요하다. 왜냐하면 그것이야말로 붓다가 제시한 이상이었던 까닭이다. 열반은 닙바나(nibbāna, 팔리어) 또는 니르바나(nirvāna, 산스크리스트어)의 음사(音寫)인 바, 마음속의 격정의 불꽃이 꺼진 상태를 의미한다. 이 말에 의해 붓다는 마음속에 어지러움이 없는 자유롭고 평화로운 경지를 표현한 것이라고 보여진다. 그것은 천국도 영생도 의미하지는 않는다. 그런 것은 다 생에 대한 집착·욕망의 산물인 때문이다. 우리는 이 열반을, 무엇에도 구애됨 없는 절대적 자유의 경지라고 부를 수도 있을 것이다. 그리고 붓다의 가르침은 여기에 이르는 확실한 길이라는 뜻이 된다. 그것은 붓다가 스스로 걸어갔던 길인 까닭에 일말의 의구심도 개입할 여지가 없다 하겠다.

그리고 마지막으로 지적된 것은, '지혜 있는 사람이 각기 스스로 알 수 있는 것'이라는 점이다. 이것을 한마디로 말한다면, 붓다의 가르침은 자각의 길이었다고 할 수 있다. 그러므로 누구라도 맑은 지혜와 바른 방법으로 수도해 간다면, 붓다와 같은 결론에 도달할 수밖에는 없다는 뜻도 된다. 붓다는 반드시 자기 제자가 되어야 구원을 받는다든가, 자기 이름을 부르고 기도해야 내세가 보장된다고는 하지 않았다. 또 다른 종교를 믿건, 아무것도 믿지 않건 배격하지도 않았다. 다만 지혜 있는 사람이면 스스로의 노력만으로도 도달할 수 있는 것, 그것이 진리라고 생각한 것이다. 뒤에서도 언급하겠지만, 후세의 대승불교에 오면, 여러 가지 경전이 붓다에 의탁되어 제작되었으며, 그중에는 내세를 약속하는 것도 없는바 아니나, 그것이 붓다와는 관계없는 일임을 명심할 필요가 있겠다.

6. 개성과 보편성普遍性

　지면 관계로 붓다의 인간성에 대해서는 간단히 언급하고 넘어가겠다. 붓다에게는 개성이 없으며, 보편성 그대로를 자기의 인간성으로서 지니고 있었다고 지적한 것은 야스퍼스였다고 기억한다. 이것은 참말로 천고에 다시없는 탁견이다. 비교적 과장함이 적은 원시 경전을 펼쳐 보아도, 그의 개성이란 것은 나타나 있지 않다. 그는 언제나 보편성에 입각해 있었을 따름이다. 이것은 어떻게 이해되어야 하는가? 우리 범부에 있어서는, 확실히 개성이라는 것이 중요하며, 이것이 강할수록 높은 평가를 받게 마련이다. 그리하여 개성이라는 것을 몹시 존중하는 것이 사실이다.

　그러나 돌이켜 생각할 때, 개성이 있다는 것은 그 사람이 불완전한 인간임을 증명하는 것이 될 수도 있을 것이다. 어떤 면에서 뛰어났다, 또는 특이하다는 것은, 다른 면에서는 볼 것이 없고, 모자란다는 반증이 될 수도 있는 까닭이다. 모든 것이 골고루 발전하여, 원만한 조화 속에서 완성했다고 칠 때, 그 사람에게 어떤 습성, 어떤 특이성이 있겠는가? 과거의 인류 중에서 높은 보편성에 도달한 사람은 오직 붓다밖에 없었다는 점에, 나는 진심에서 무릎을 꿇는 사람이다.

　그렇다고 해서, 붓다에게 인간적인 데가 없었다든가, 그가 초인이나 신이었다는 것은 아니다. 그는 어디까지나 인간이었으며, 또 인간임을 자처했다. 그는 인간이었던 까닭에 때로는 병에도 걸렸고, 때로는 늙었음을 고백하기도 했다. 붓다가 고향을 찾아가 샤카족을 위해 밤늦도록 설법했을 때, 피곤을 느낀 붓다는 아난다(阿難陀, 아난阿難)에게 말했다.

"아난다여, 너는 나를 대신하여 카필라 성(城)의 샤카족을 위해, 즉 그들이 도를 구하는 마음이 있다면 다시 법을 설해 주려무나. 나는 등이 아프다. 잠깐 누워야겠다." (중부경전 53)

붓다는 대승불교 경전에서 말하는 것같이, 초인간인 것은 결코 아니었다. 더 좋은 예는, 박카리라는 제자가 죽어갈 때의 이야기이다. 그는 마지막 소원으로 붓다를 예배하고 싶다고 말했다. 그 소식에 접한 붓다는 친히 그가 묵고 있는 집을 찾아가셨다. 박카리가 몸을 애써 일으키려 하자, 붓다는 그것을 만류하여 누워 있게 한 다음 이렇게 말씀하셨다.

"그만두라, 박카리야. 이 썩은 몸을 보아서 무엇 하겠다는 거냐. 법을 보는 사람은 나를 볼 것이요, 나를 보는 사람은 법을 보리라."

여기서 붓다는 자기 몸을 '썩어 갈 것'이라 말하고, 예배할 것을 거부했다. 그리고 위하려거든 법〔진리〕을 위하라고 타일렀다. 붓다는 진리의 발견자일 뿐, 결코 초인간인 것은 아니었다. 또 붓다는 늙은 자기를 낡은 수레에 비유한 적도 있다. 얼마나 그는 우리와 가까운 인간이었던가.

가장 감명 깊은 것은, 어느 자자(自恣, pavarana) 때의 광경이다. 자자란 우안거(雨安居) 마지막 포살일(布薩日)에 행해지는 자진해서 자기 죄를 지적해 달라고 동료들에게 청하는 의식이다. 붓다의 교단에는 예배 기타의 아무 의식도 없었고,

단지 계본(戒本)을 낭독하여 비구들의 반성을 촉구하는 포살과 이 자자뿐이었다.

상응부경전 8·7은, 어느 해 7월 15일에 행해진 자자에 대해 이렇게 전하고 있다.

해가 지고 달이 뜨자, 마당에 둘러앉은 비구의 수효는 대략 5백은 되어 보였다. 윗사람부터 시작하는 관례를 따라, 먼저 붓다가 일어서서 합장한 손을 높이 쳐들고, 비구들 앞에서 말씀하셨다.

"대덕(大德)들이며, 나는 이제 자자를 행하노니, 대덕들은 내 행위와 내 언어에서 무엇인가 비난할 만한 것을 보고, 듣고, 또는 미심쩍은 생각을 지니지는 않았던가. 만약 그런 일이 있다면, 나를 가엾게 여겨, 부디 지적해 주오."

엄숙한 침묵이 장내를 뒤덮었다. 침묵은 그 청정을 긍정하는 것이 된다. 그러나 침묵만으로 대하기에는 너무 감격이 벅찼던지, 갑자기 자리에서 일어나 붓다 앞에 엎드린 비구가 있었다. 수제자인 사리푸타[사리불舍利佛]였다.

"아니오이다, 세존이시여. 누구도 세존의 행위와 언어에서, 비난할 점을 발견한 자는 없나이다."

이렇게도 겸허한 것이 붓다였다. 그는 자기를 절대시하지 않았을 뿐 아니라, 교단의 지도자로도 자처하지 않았다. 그러므로 그 교단에는 강한 통제와 엄한 계급 같은 것이 전혀 없었다. 오직 진리를 위해 모인 동지요, 친구였을 따름이다. 그리고 이것은 그 후의 불교사에 그대로 전승되어 왔다.

7. 대승大乘과 소승小乘

모든 것은 바뀌어 가거니
게으름 없이 힘써라.

80세에 이른 붓다가 사라쌍수 밑에 몸을 누이고 마지막으로 하신 말씀이 이것이다. 붓다가 일체의 우상, 그 최대의 것인 신마저도 파괴하고, 오직 자기에게만 충실함으로써 고뇌에서 해탈하는 길을 세워 놓고 돌아가자, 그 법의 흐름은 의외의 방향으로 전개되어갔다. 인간은 역시 약했기 때문에 우상이 필요했던지, 그 후세의 제자들은 배격된 신 대신에 붓다를 절대시해 갔다. 또 붓다의 가르침이 자각에 호소할 뿐, 교조주의적(教條主義的) 성격이 전무했던 까닭에 자유로운 교리 해석이 속출하게 되었다. 그리하여 후세에 오자 붓다 당시와는 매우 변모된 불교가 생겨나기에 이르렀다.

불교와 붓다의 관계는 다른 종교와 그 교주의 관계에 비해, 훨씬 완만한 것이었다. 붓다는 원래 '깨달은 사람'이라는 말이다. 따라서 그것은 고유명사가 아니다. 석가가 붓다로 불리는 것은, 그가 진리를 깨달았기 때문이다. 그러므로 그의 가르침이기 때문에 불교가 성립하는 것이 아니라, 그것이 진리이기 때문에 불교가 생긴 것이라 할 수 있다. 진리는 그것을 체득하는 사람이 있든 없든, 그것과는 관계없이 존재하는 것이며,

석가는 그것을 깨달아 모범을 보인 것뿐이다. 붓다가 자기를 숭배하지 말고, 법[진리]을 위하라고 말씀한 의도도 물론 여기에 있다. 따라서 어느 누구건 자기가 체득한 것이 진리라는 확신이 섰을 때, 그것을 붓다의 뜻으로 돌릴 소지는 처음부터 준비되어 있었던 셈이다. 그것이 붓다 생존시라면 그에게 가서 진부를 가릴 수도 있으려니와, 후세에서는 그럴 수도 없는 일이므로 백가쟁명(百家爭鳴) 시대가 올 것은 당연한 결과라고 하겠다.

붓다 이후의 불교사에 대해 상세히 언급한다는 것은 한정된 지면으로 가능한 일이 아니므로, 나는 대승과 소승이 나누어진 연유에 대해서만 간단히 고찰해 보고자 한다. 붓다가 돌아가신 지 약 백 년 후에 신진 비구들에 의해 대중부(大衆部)라는 분파가 생겼다. 그들은 장로들이 너무 보수적인 데 대해 반발한 것이었다. 그리고 이것을 계기로 많은 분파가 생겼으나, 이 대중부 계통에서 대승불교파가 나타나기에 이르렀다. 물론 대승이라는 이름은, 그들 스스로가 그렇게 부른 것이요, 소승이라는 명칭도 소위 소승파에서 승인하고 있는 것은 아니다. 편의상 나도 그 칭호를 사용하는 것뿐이다. 그러면 붓다의 가르침을 금과옥조(金科玉條)로 여겨 묵수하는 소승에 대해, 반기를 든 대승의 특이성은 무엇인가?

그 첫째는 개인의 문제와 대중의 문제에서, 그 비중이 뒤바뀌었다는 점이다. 붓다도 대중 구제에 대해 큰 관심을 가졌었지만, 비구와 신자들에게는 보다 자기 자신의 해탈에 정진할 것을 요구했다. 자기의 해탈이 이루어지지 않은 자가 남을 구한다는 것은 불가능한 까닭이다. 그러나 이것은 가능한 범위

안에서의 구제도 포기한다든가, 대중 문제를 고려하지 않는다든가 하라는 취지는 아닐 것이다. 그러나 보수파에서는 사회와 민중에 대해 외면하고, 자기 수도에만 열중하는 경향이 있었다. 이것도 확실히 큰 폐단이 아닐 수 없는 바, 대승은 대중의 구제야말로 자기 문제의 해결에 우선함을 표방하고 나섰다. 대승경전 중, 어느 것도 이 점에서는 일치하는 견해를 보여주고 있다.

둘째로 지적할 수 있는 것은 '보살'이라는 새로운 이상적 인간상을 만들어 냈다는 점이다. 이 보살은 흔히 상구보리(上求菩提)·하화중생(下化衆生)이라는 말로 설명된다. 즉 자기의 깨달음[bodhi]을 추구하는 동시에, 대중 구제를 위해 노력하는 것이 보살이라는 뜻이다. 이것은 소위 자리행(自利行)과 이타행(利他行)을 겸한 것으로, 이것 없이는 불교인이라 할 수 없다 하겠으나, 어느 쪽이냐 하면 이타에 중점이 놓여 있는 것이 보살이다. 그리하여 중생을 구제하기 위해서는 일체를 희생하며, 자기의 정각 추구까지도 때로는 포기하는 것으로 되어 있다. 경전에 무수히 나오는 보살들은, 이런 대중불교의 요구에 따라 만들어진 이상적 인간상이라 할 수 있다.

셋째로는 새로운 방법론을 들고 나왔다는 점이다. 붓다의 사고방식은 분명히 분석적이었다. 그러므로 연기(緣起)에 이르는 방법도 분석적일 수밖에 없었고, 무아(無我)가 주장되는 경우에는 인간의 존재를 다섯 가지 요소[오온五蘊]로 분석하여 생각하도록 설명했다. 그러나 이런 방법은 어느 정도의 지적 교양을 필요로 하는 것이며, 일반 대중과는 인연이 멀었다. 그리하여 대승에서는 분별[분석]을 배척하고 무분별을 존중하며, 식(識)에 대해 반야(般若)를 내세웠다. 그들은 연기의 도리조차 직관으로 포착할 것을 주장했으니, ≪반야경≫이 말하는 수냐타(sūnyatā), 즉 공(空)이 그것이다. 대승불교가 중국인에 의해 환영받은 것도, 그 직관적 방법이 그들의 민족성에 맞았기 때문이라 보인다.

진리란 본래가 법조문처럼 규정할 수도 없는 것이고, 한 자리에 고정시킬 수도 없는 문제이다. 그것은 도리어 시내를 따라 발전되어 나감으로써만 자기 생명을 유지한다고도 볼 수 있다. 그러므로 대승불교가 붓다의 직접 설법한 내용과 다소 변모되어 있다 해서, 이것을 일률적으로 배척할 수는 없다. 불교 사상사에서 빛나는 창조의 업적을 남긴 것도, 소승이 아닌 그들이었다. 그러나 거기에 지나친 점, 왜곡시킨 점, 붓다의 뜻에서 먼 점 등이 있는 것도 사실이다. 그러므로 공연히 대승이라는 우월감에 도취해 있을 것이 아니라, 전면적인 재검토가 행해지지 않는 한, 새 시대의 지도 이념이 될 수는 없는 것으로 믿는다.

8. 경전의 제작

불교 경전이 어떤 경위를 거쳐서 편찬되었는지는 확실치 않다. 전하는 바에 의하면 붓다가 돌아간 후, 제자들이 모여 경(經, sūtra)을 제정했으며, 이런 회합을 결집(結集)이라 하는데, 제3차 결집까지 있었다고 한다. 그러나 이 모임에서 붓다의 가르침이 문자화되었다는 증거는 아무것도 없다. 아마도 각자 암송해 오던 붓다의 가르침을 재확인했을 확률이 크다. 그리고 이런 집회는 몇 세기에 걸쳐서 자주 열려, 1~2세기 후에 가서야 문자로 기록되었던 것으로 보인다. 아함경(阿含經) 속의 수많은 짧은 경전들은 그때그때 편찬된 것으로서, 그것이 후일에 와서 집대성된 것일 것이다.

또 장로들에 의해 소집되는 결집에 불응하는 부류도 있을 수 있는 일이며, 그들은 그들대로 자기네가 전승해 온 붓다의 가르침을 기록해 갔을 것이다. 이런 사정은 기독교의 ≪신약≫, 유교의 ≪논어≫ 편찬 경위와 대동소이했다. 그러나 고대의, 즉 문자를 이용할 줄 모르던 시대의 암송에 의한 전승이 어지간히 정확했던 터이며, 다소 와전과 착오가 있었을망정, 붓다의 설법 내용을 충실히 전하고자 한 점에서는 모든 부파(部派)가 일치했다고 볼 수 있다.

그러나 소위 대승을 자처하고 나선 사람들에게 있어서는 사정이 달랐다. 그들은 '붓다의 말씀이니까 진리인 것이 아니라,

진리이니까 붓다의 말씀이다'라는 신념을 지니고 있었으므로, 자기가 진리라고 믿는 것으로 경전을 무수히 만들어 갔다. '이같이 나는 들어왔다. 한때 부처님께서……'라는 서두로 시작해, 그것이 붓다의 설법인 것처럼 꾸민 것이다. 따라서 오늘의 희곡·소설 같은 창작임에 틀림없다. 이것은 생각하기에 따라서는 불손한 것으로 보이나, 그런 자유를 행사한 까닭에 대승의 찬란한 전개가 있을 수 있었던 것이다.

대승경전 중에도 하찮은 것도 없지 않거니와, 적어도 이름 있는 경전에 이르러서는, 그 사상적 깊이에 있어서 붓다를 욕되게 하지 않을 만한 수준을 지니고 있음을, 우리는 부정하지 못할 것이다. 이 무명의 종교적 천재들은 자기가 깨달은 종교적 진리를 조금도 사유하려 하지 않고, 모두 붓다에게 돌렸으며, 그들은 경을 제작하면서도 조금도 위작(僞作)한다는 의식이 없었음은 주목할 만하다. 그들이 경을 제작했다 해도 소재가 된 것은 대부분 소승경전 속에서 구해졌고, 이것에서 어떤 영감을 받아 새로운 해석을 가함으로써, 붓다의 진의를 추구해 간 것이었다.

이것이 붓다의 설법 내용이 아니라는 주장은 고대 인도에도 있었으나, 대승교도들은 그것쯤으로는 눈 하나 깜짝하지 않았다. 그들은 이미 불타관(佛陀觀)에 있어서도 소승의 영역을 멀리 벗어나고 있었기 때문이다. 붓다란 석가 그 사람만을 가리키는 것은 아니며, 진리가 곧 붓다[법신法身]라는 생각을 하게 되었고, 이런 법신은 우주에 충만해 있다고 생각한 데에서 무수한 붓다를 만들어 냈다. 영원과 보편에 끌리는 반면 역사의식이 박약한 것이 인도인의 특성으로 지적되거니와, 불타관에서도 그런 경향이 나타난 것이다. 따라서 역사적 붓다인 석가의 말씀이냐 아니냐는, 거의 문제가 되지 않았다. 또 그들은 이렇게 그것이 불설(佛說)임을 증명하기도 했다.

'이 대승이라는 숭고한 가르침을 붓다가 아니라면, 대체 누가 설할 수 있었겠는가.'(대승장엄경론大乘莊嚴經論)

다음으로 불경을 읽는 데 있어서 주의할 점을 몇 가지 열거하겠다. 예외도 있기는 하나, 불경들에는 짜임새가 없다. 그리하여 홍수가 도도히 번져 가는 듯 끝없이 흘러간다. 이것은 인도적 사유법에서 나온 것으로, 매우 지루한 느낌을 준다. 또 간결 대신 반복이 많다. 이것은 정감에 호소하는 ≪성경≫과는 달라, 어떤 도리를 이성에 호소해서 이해시키고자 하는 데서 나온 것으로 보인다. 서구적 사유법에 젖어 있는 현대인들에게는 이런 점들이 큰 부담을 주겠지만, 그것을 인내하며 읽어간다면 차츰 그런 형식에 동화되어갈 것이다.

또 하나는 이것도 인도인의 민족성이겠는데, 환상과 현실을 동일시하는 경향이 절제를 잃어서, 무수한 보살과 무수한 천신(天神) 등이 등장하고, 붓다도 초인적인 존재로서 묘사된다. 백호상(白毫相)에서 광명이 발하여 온 우주를 비췄다는 등의 표현이다. 시간과 공간의 단위로도 천문학적인 숫자가 다반사로 사용된다. 그러나 이런 데에 너무 신경을 쓰지 말고, 그것이 하나의 문학적 수사임을 생각해, 그 속에 깃들인 의미를 파악하도록 노력해야 할 것이다.

9. 금강반야경金剛般若經

대승경전 중에서 가장 먼저 나타난 것이 ≪반야경≫이다. 반야경은 ≪반야바라밀다경Prajñāpāramitā-sūtra≫의 약칭으로, 많은 크고 작은 경전군(經典群)으로 이루어져 있다. 그중에는 4백 권으로 이루어진 '대반야'도 있거니와, 비교적 짧은 것 중의 하나가 여기에 수록된 ≪금강경(金剛經)≫이다.

정식 이름은 ≪능단금강반야바라밀경(能斷金剛般若波羅密經 Vajracchedlikā-prajñāpāramitā-sūtra)≫이다. '금강'은 다이아몬드라기보다는 인드라(Indra) 신이 들고 있는 금강저(金剛杵)라는 무기일 확률이 크다. 그것이 반야를 형용한 것이라는 설과, 번뇌를 가리킨 것이라는 주장이 있으나, 어쨌든 반야가 번뇌를 끊는다는 뜻일 것이다.

이 경은 산스크리트 원본이 남아 있고, 한역만도 6~8종이 있으나, 구마라습(鳩摩羅什)이 번역한 것이 명역(名譯)으로 알려져 ≪금강경≫이라고 하면 그것을 가리키게 되었다. 또 티베트역은 물론 중앙아시아 여러 나라 언어로 번역된 것이 남아 있다.

"보살은 어떻게 마음을 지녀야 하는가?"

이것이 수보리(須菩提, 수부티Subhuti)의 질문이었고, 이것이 테마가 되어 붓다의 설법이 진행되어갔다. 붓다는 부주심(不住心), 즉 집착하지 않는 마음을 가지도록 주장했다. 물론 보살은 중생을 구제하고자 지향해야 하거니와, 설사 무수한 중생을 제도했다 해도, 사실은 어느 한 사람도 구제한 것은 아니다. 왜냐하면 보살에게는 '나'라는 관념이나 중생이라는 관념이 없는 까닭이다. 즉 누구를 구한다는 의식 없이 구한다는 것이다. 즉 무분별(無分別)의 지혜, 즉 반야에 입각해서 행동하고 있는 것이 된다. 그러므로 의식하면서 구제하는 것은 진정한 구제가 아니라 할 수 있다.

또 우리가 보시(布施), 즉 남을 물질로 돕는다고 할 때도 돕는다는 의식을 떠나야만 진정한 보시가 된다. 이런 논리를 확대해 적용시켜 가면, 붓다란 붓다 아닌 것이라는 말이 된다. 붓다는 자기가 붓다라는 의식이 없는 까닭이다. 붓다가 얻었다는 최고의 진리란, 최고의 진리가 아닌 것이 된다. 이것이 최고의 진리라는 집착이 거기에는 없는 까닭이다. 아니 얻었다고도 할 수 없다. 얻는다는 의식 없이 얻은 까닭이다.

"수보리야, 네 뜻에 어떠하냐. 여래(如來)는 법을 설한 바가 있었느냐 없었느냐?"

"세존이시여, 여래께서는 설하신 바가 없었습니다."

붓다는 수십 년에 걸쳐, 거의 하루도 쉬지 않고 법을 설했다. 이것은 부정할 수 없는 사실이었고, 현재도 ≪금강경≫을 설법하는 중이다. 그럼에도 불구하고 수보리는 '무소설(無所説)'이라 대답했다. 붓다는 설법한다는 의식 없이 설법했기 때문이다.

이런 마음씨를 요구한 말에 '응무소주(應無所住) 이생기심(而生其心)'이라는 문구가 있다. 선종(禪宗)의 육조(六祖)가 이 금강경 일절을 듣고 깨달았다 해서 유명하며 그 후 선 계통의 사람들 사이에서 많이 회자된 문구이다. '집착하지 않는 마음을 일으키라'는 뜻이다. 즉 무분별의 지혜, 반야를 발휘하라는 말이다. ≪반야경≫에서는 깨달음에 이르는 여섯 가지 방법이 있다고 보고, 이것을 육바라밀(六波羅蜜), 또는 육바라밀다라고 일컫는다. 그것은 반야(般若) 외에 보시·지계(持戒)·인욕(忍辱)·정진(精進)·선정(禪定)을 말하는 것으로, 반야야말로 바라밀의 근본이라 할 수 있다. 이런 무분별지에 서지 않는 한, 보시도 지계도…… 모두 진정한 것이 될 수 없는 까닭이다.

그리고 여기서 알 수 있는 것은 이런 ≪금강경≫의 주장이 사실은 원시 경전에 보이는 연기설에서 흘러나온 사상이라는 점이다. 모든 것은 어떤 조건에 의해 이루어졌으며, 따라서 그것들은 고정 불변하는 존재가 아니라 무상한 것들이다. 이런 사상에 입각하는 한, 모든 집착을 떠나라는 자기의식까지도 버리라는 요구는 응당 나올 만한 일이다. 대승경전이 붓다의 직접 설법한 내용이 아님에도 불구하고, 그것이 붓다의 취지를 살렸다고 보는 이유가, 이런 데 있다.

그리고 이런 주장이 사실은 공(空) 사상에 틀림없음을 알게 된다. 사실 다른 ≪반야경전≫에서는 주로 이 공이 다루어졌고, 이에 비해 ≪금강경≫에는 공이라는 말이 한 번도 나오지 않지만, 내용에 있어서는 똑같이 공을 다룬 것이라고 할 수 있다. 이 말이 보이지 않는 것은, ≪금강경≫이 반야경전 중에서 비교적 일찍 성립한 때문일 것이다. 하여간 이 경전은 간략하면서 공의 도리를 잘 나타내고 있는 까닭에 많이 읽혀 왔고, 우리나라의 조계종 같은 데서도 이것을 소의경전(所依經典)으로 삼고 있다.

10. 유마경維摩經

≪유마경Vimalakīrti-nirdeśa-sūtra≫은 ≪반야경≫의 계보를 이어받아 그 공(空)의 정신을 현실에 어떻게 적용해 갈 것인가를 설한 경이다. 이 경은 구성이 희곡처럼 딱 짜여 있는데다가, 전편이 아이러니한 대화로 이루어져 있어서, 매우 흥미진진한 바가 있다. 그리고 주인공인 유마(維摩)는 승려가 아닌 속인(俗人)이다. 여기에 불교를 사원으로부터 해방하여 대중화하려는 대승 정신이 유감없이 발휘된 것이라 하겠다. 특히 붓다의 고제자와 이름 있는 보살들이 모두 유마 앞에서 손을 들고 마는, 그 토론의 전개는 높은 수준의 것이어서 대승불교의 진수가 여기에 토로된 느낌이 없지 않다.

이 경의 제1막은 바이샬리(Vaiśalī) 교외의 암라(āmra)수 우거진 정원[1 - 4장]이요, 2막은 유마의 방[5 - 10장]이요, 제3막은 다시 암라수 정원[11 - 14장]이다. 물론 역점이 있는 곳은 제2막이거니와 서품(序品) 구실을 하는 1막도 중요한 대목이다. 여기서 붓다는 '부처님의 나라', 즉 이상사회에 대해 말하고 있는 까닭이다. 이야기는 이렇게 진행된다.

붓다가 수많은 제자와 보살들을 상대로 설법하고 있는 중에, 보적(寶積)을 비롯한 5백 명의 청년이 찾아온다. 그들은 제각기 들고 온 칠보로 단장된 산개(傘蓋)를 바쳤는데, 붓다는 그 5백의 산개를 받아 큰 하나의 산개로 만들어 버렸다. 그 속에는 전 우주가 다 들어갔으며, 그 속에 있는 모든 산과 바다와 도시가 모두 나타나 있었다. 또 다른 세계에서 무수한 붓다가 설법하고 있는 모습까지 보였으며, 그 음성까지 똑똑히 들렸다. 이를 보고, 모두 감탄의 소리를 질렀다는 것이다. 당돌하고 허황한 이 기적은 무엇을 상징함인가? 5백의 산개는 제각기 다른 산개이다. 그러므로 붓다에게 바쳐지기 직전까지만 해도 그것들은 각기 다른 물품이었다. 그러나 붓다는 그 차별을 하나 속에 조화시켜서 우주대에까지 승화·확장시켰다.

지금 우리의 현실을 보자. 거기에는 이해와 사상과 취미와 신앙이 서로 다른 사람들과 단체와 나라들이 서로 대립해 있다. 각자가 자기 입장을 고집하므로 이 대립은 항상 팽팽히 맞서서, 이 세상을 고뇌로 가득 차게 만들고 있다. 이것은 원시 이래 인류가 살아온 실황이라 할 수 있다. 그러면 이상사회는 어디에서 구해야 하는가. 어느 큰 세력이 다른 세력을 압도할 때에 올 것인가? 아니면 하나의 사상이나 하나의 종교가 완전한 패권을 쥘 때에 올 것인가?

붓다는 그런 대립이 계속되고, 또는 잠재 세력으로 남아 있는 한, 그것은 결코 이상사회일 수 없다고 생각했다. 모든 차별과 대립을 넘어선 곳에, 바꾸어 말하면 진리 속에서 각기 살 때에 친화와 협조로 이루어지는 사회가 오는 것이 아니겠는가. 그리고 이 산개에 얽힌 삽화는 그런 뜻을 상징한 것으로 이해된다.

그러면 그런 이상사회는 어디에 있는가? 대승에서는 많은 정토(淨土)가 이 우주 어딘가에 있다고 믿고, 내세에 왕생(往

生)할 것을 희구하기도 했다. 그 대표적인 것은 아미타불의 서방극락정토일 것이다. 그러나 ≪유마경≫은 그와는 다른 정토관을 표명했다. 산개 사건이 있은 다음, 붓다는 부처님의 나라를 건설하는 일에 대해 말씀했는데, 붓다의 입에서 나온 첫 말씀은 이런 것이었다.

"중생이라는 국토야말로 보살의 불국토(佛國土)이다."

보살은 자기만 구원 받기를 희구할 수 없다. 만약 혼자만 구제되어 왕생하는 정토가 있다면, 그것은 이기주의자들의 집합체가 되고 말아, 결코 이상사회를 이루지는 못할 것이다. 그러므로 보살은 중생을 떠나서 정토를 모색하는 일이 있어서는 안 된다. 정토란 착한 사람들이 사는 사회이며 어딘가에 따로 있는 것이 아니다. 지옥이 있다면, 그것은 거기 모인 사람들의 마음이 악하기 때문이다. 그러므로 하나 둘이라도 중생이 진리에 눈이 뜬다면 그것은 그만한 정토가 생긴 셈이다. 그리하여 이 정토를 자꾸 확장하고 소화시키기 위해, 보살의 노력은 끝날 날이 있어서는 안 된다. 그리고 그런 실천의 본보기로서 등장하는 것이 주인공인 유마이다.

유마는 매우 지혜 있는 인물로 집안은 부유하고 처자도 있는 몸이다. 그는 완전한 속인이다. 장사도 하고, 권력자들과도 접촉하며, 술집에도 가고 도박도 한다. 그러나 그는 욕심에 끌려서 그런 짓을 하고 있는 것은 아니다. 모든 것은 중생을 구제하기 위한 방편이다. 그러므로 언제나 그의 마음은 공의 경지에 머물러 있어서 결코 세속의 더러움에 물드는 법이 없다. 그런데 마침, 유마는 며칠째 병으로 누워 있었고, 사건은 그의 병을 중심으로 해서 전개되어간다. 이 병이 이 경의 주제이다.

붓다는 그를 문병하기 위해 제자들을 지명한다. 그러나 누구도 선뜻 응낙하는 사람이 없었다. 그들은 과거에 유마를 만났다가 크게 당한 일이 있는 까닭이다. 가령 붓다의 제1제자라 불리는 사리불(舍利佛)은 이런 경험을 가지고 있었다.

그가 언젠가 나무 밑에 앉아 좌선하고 있을 때, 유마가 나타나 말했다.

"대덕사리불(大德舍利弗), 당신이 하는 방식으로 좌선을 해서는 안 됩니다. 몸도 마음도 삼계(三界) 중에 나타나지 않도록 좌선해야 합니다. 정(定)에 든 채 행주좌와(行住坐臥)가 나타나도록 좌선하십시오. 이미 획득한 성자로서의 모습을 버리지 않으면서, 그러면서도 보통 범인의 성격도 나타내는 식으로 좌선하십시오. 당신의 마음이 안에도 없고, 바깥의 물질로도 달리지 않도록 좌선하십시오.……번뇌를 끊지 않은 채, 열반에도 들어갈 수 있도록 좌선하십시오."

이 말을 듣고 사리불은 그만 어안이 벙벙해 반격할 엄두도 내지 못했다. 그리고 다른 제자들도 다 비슷한 경험을 하고 있었다. 붓다는 보살들을 차례차례 지명했다. 그러나 그들도 같은 사정에 있었기에 누구 하나 나서지를 못했다. 그들이 유마와 주고받았던 문답은 참으로 이채로운데, 본문에서 읽어 주기 바란다. 그리하여 마지막으로 지명된 문수(文殊)보살이 문병을 가기로 했다.

문수는 지혜의 보살이다. 처음부터 문수가 지명된다면 싱거워지므로 마지막으로 돌린 것이다. 작자의 얄미울 정도의 문학적 솜씨이다. 문수와 유마의 대결을 구경하기 위해 8천의 보살과 5백 나한(羅漢)을 비롯해, 수많은 사람들이 따라나섰다. 이 때 유마는 일부러 방을 비우고, 문수를 맞았다. 물론 공(空)의 상징이다. 구마라습의 한역에 의하면 문수를 맞은 유마는 이렇게 말을 꺼냈다.

"어서 오라, 문수여. 당신은 온다는 모습(相) 없이 왔으며, 본다는 모습 없이 보았다."

문수는 공을 체득하고 있으므로 모든 행동에서 분별지(分別智)를 떠났다는 말이다. 그런데 문수를 따라 그 많은 사람들이 들어왔는데도, 그 조그만 방은 조금도 좁지 않았다. 공에는 증감(增減)이 없는 까닭이다. 그리고 이야기는 유마의 병으로 옮겨가, '중생이 앓는 까닭에 나도 앓는다'고 갈파했다. 중생이 고뇌의 바다에서 허우적대고 있는 이상, 보살인 자는 자기 일신의 안온만을 탐할 수 없다는 뜻이다. 그야말로 대자비행(大慈悲行)이라 하겠다.

그러면 그 병은 어째서 생겼는가? 유마의 언변은 도도히 흘러, 일체가 공임을 깨달을 때, 병은 존재하지 않는다고 했다. 그러나 남는 병이 꼭 하나 있다. 그것은 '공이라는 병'이다. 소위 공견(空見)이다. 일체가 공이라는 생각도 집착이므로, 이것까지 버릴 것이 요구된다. 공하다는 생각도 공인 까닭이다.

여러 가지 삽화와 화제를 거친 다음 불이(不二)의 법에 대해, 유마의 요구로 고제자와 보살들이 의견을 피력한다. 이를 테면 A와 B가 존재한다 할 때 A는 A 자체로서 존재하는 것이 아니라, B와 대립함으로써 A일 수가 있다. 물론 B의 경우도 마찬가지이다. 그러므로 A와 B는 완전히 같다고 할 수도 없고, 완전히 그 관계가 단절되어 있는 것도 아니다. AB를 같다고 보는 것은 악평등(惡平等)에 떨어진 생각이며, 다르다고 보는 것은 범부의 소견이다. 남녀니, 영원과 순간이니, 생과 사니 하는 대립을 생각해 본다면, 그것이 서로 상대에 의존하고 있으며, 똑같지도 않고 완전히 다른 것도 될 수 없음을 알 것이다.

불이(不二)라는 말은, 그 차별〔二〕을 인정하고 나서, 다시 그것을 부정〔不〕한 개념이다. 즉 A도 B도 독립·고유한 존재가 아니라, B와의 관계에서 A가 생기고, A가 있음으로써 B가 존재한다는 뜻이다. 결국은 일체는 연기(緣起)요, 공(空)인 것이다. 그러므로 '불이'란 '공'의 다른 이름이라고 보아도 좋다. 마지막에 대답한 것은 문수보살이었다. 그는 말할 수도 없고, 말할 수 없다고도 할 수 없는 것이야말로 불이의 법문이라 하고, 유마에게도 한마디 하기를 청했다. 그러나 유마는 침묵한 채 한마디도 말함이 없었다. 이에 문수보살은 감탄해마지 않았다. 자기는 공이 언어를 떠난 것이라 했으나, 그것도 또한 말이다. 말인 이상 이미 차별〔二〕에 떨어진 것이며, 불이는 아니다. 이에 비해 유마는 침묵으로 대답했다. 정말로 '불이'를 살려 보인 것이다. 이 유마의 일묵(一默)은 우렛소리 같다 해서 고래로 많이 회자되어 왔다.

지면도 허락되지 않지만, 더 이상 ≪유마경≫을 추적할 필요도 없을 것 같다. 요컨대 이 경은 ≪반야경≫의 사상을 계승해 공의 실천을 대중과 결부시킴으로써, 새로운 불교인의 전형을 창조한 것이라 볼 수 있을 것이다.

11. 화엄경華嚴經

≪화엄경≫의 원래 이름은 ≪대방광불화엄경(大方廣佛華嚴經)≫
이라 하며, 한역에 세 종류가 있는데, 각기 그 권수에 따라 60
화엄·80화엄·40화엄이라고 불리며, 40화엄은 다른 두 화엄
의 마지막 부분인 '입법계품(入法界品)'만을 다룬 것이다. ≪화
엄경≫의 완전한 산스크리트 원본은 전하지 않고, '십지품(十
地品)' '입법계품'만이 남아 있을 뿐이다. 이 경은 처음부터 하
나의 경전으로서 이렇게 방대한 분량이 쓰여진 것이 아니라,
같은 계통의 여러 경이 먼저 만들어지고, 그것이 후일에 와서
집대성된 것으로 보인다. 그것은 ≪화엄경≫의 각 부분이 독
립된 경전으로서 많이 번역된 것만으로도 충분히 추측이 간다.
이 ≪화엄경≫은 붓다가 성불(成佛) 직후, 그 깨달음을 깨
달음 그대로 설한 것이라 전한다. 역사적으로 본다면 붓다는
소위 5비구를 찾아가 중도(中道)를 설한 것이 첫 설법으로 되
어 있으나, 대승경전으로서의 ≪화엄경≫은 정각 직후에 설한
것은 이 경이었다고 내세운다. 그러기에 천태대사도 그 교상판
석에서 ≪화엄경≫을 맨 처음에 놓았다. 그 역사적 타당성 여
부는 차치하고, 이 경을 한 번 대하는 사람이라면 그것이 붓
다의 깨달음 바로 그것이라는 주장도 있을 만한 일임을 수긍
할 것이다.
이 설법에는 무수한 보살과 천신이 참가하며, 그 무대는 우

주대로 확대된다. 전 우주가 하나의 교향악을 연주하고 있는 셈이어서, 어안이 벙벙해지는 것이 이 ≪화엄경≫이다. 여기에서는 사건과 인물이 무수히 교체되고, 주제도 자꾸 바뀌기 때문에 그 전모를 요약한다는 것은 우선 불가능한 일이라고 보아야 한다. 그러므로 테마를 몇 개로 한정해 놓고 그 개략을 해설해 보겠다.

붓다가 보리수 밑에서 깨달음을 얻었을 때, 그는 비로자나불Vairocana과 하나가 되었다. '바이로차나'란 광명의 부처란 뜻으로 ≪화엄경≫에서는 이것으로 우주의 본체, 진리 자체를 상징했다. 인간 고타마가 성불하는 순간, 이 비로자나불과 일체가 되었다는 것은 무엇을 말함인가. 그것은 인간 고타마에게서 자아의식이 완전히 뿌리 뽑아지고, 우주의 본체, 우주의 대생명 자체가 되었다는 뜻이다. 자아의식은 인간 존재의 핵이며, 이것은 여간한 수양으로도 없어지는 것이 아니다. 불교가 있은 이후, 수많은 고승 대덕(大德)이 나타났고, 그들이 제각기 진리를 깨달았다 하면서도, 역사적인 붓다는 오직 한 분밖에 계시지 않는 것도, 그들의 깨달음에는 아직도 이 핵이 잠재세력으로서 남아 있었던 까닭이라고 여겨진다.

그러나 붓다의 경우는 우주의 본체·우주의 대생명과 하나가 되었다. 그러기에 ≪화엄경≫은 붓다의 깨달음의 내용을 설했다고는 하나 거기에 등장하는 붓다는 석가불인지 비로자나불인지 분간을 못하게 되어 있다. 그리고 붓다는 한 번도 입을 열어 설법을 하지 않는다. 왜냐하면 우주의 본체요 진리 자체인 까닭에 말을 할 수 없는 것이다. 또는 말을 하면 차별이 세계에 떨어지지 않을 수 없으며, 절대자일 수 없는 까닭이라고도 할 수 있겠다.

그러면 붓다는 그렇게 침묵만을 끝내 지키는가? 그렇지도 않다. 붓다는 무수한 세계에 몸을 나타내어 설법을 하는 것이다. 본체인 비로자나불은 본체인 까닭에 침묵으로 일관하지만, 무수한 화신불(化身佛)이 있어서 법을 설하고 있다. 그리고 앞에서도 말했듯이 이 화신불과 비로자나불은 하나일 뿐 둘인 것이 아니다. 바꾸어 말하면 비로자나불은 움직이는 일이 없고 말하는 일이 없으면서, 동시에 무수한 붓다가 되어 무수한 세계에서 설법하는 것이다.

또 이렇게 설법하는 것에는 보살들이 있다. 침묵한 채 비로자나불은 가끔 백호상(白毫相)에서, 또는 손·발·이 사이 같은 데서 광명을 발하여 우주 전체를 비칠 뿐인데, 그때마다 붓다의 뜻을 받은 보살들이 법을 설하는 것이다. 이런 보살들의 발언이 곧 붓다 자체, 진리 자체라고는 못하겠으나, 이런 보살들의 실천이 따르지 않는 붓다〔본체〕도 생각할 수 없을 것이다. 바꾸어 말하면, 보살들은 붓다의 뜻을 받들어 대변하는 이외의 방법으로 법을 설할 수 없고, 절대자의 뜻은 이런 보살들을 매개로 해서만 실현된다고 보아야 한다.

≪화엄경≫ 전체가 보살들의 대변(代辯)으로 채워진 것은 이 때문이다. 그리하여 무수한 세계에서 무수한 붓다와 무수한 보살이 설법을 하고 있으며, 이런 설법은 아주 미세한 세계, 이를테면 털구멍, 미진(微塵) 같은 데에서도 행해진다. 바꾸어 말하면 대소를 불문하고, 일체의 사물 속에 비로자나불이 충만해 있는 것이다. 여기에 화엄 특유의 불타관이 있다. 그러므로 붓다란 가장 초월적이면서 가장 현실적인 존재이며, 궁

극에 가서는 이런 붓다와 일체가 되는 것이 인생의 목표라고 할 수 있다. 보살은 이 이상을 지향해 나가는 대승불교가 낳은 이상적 인간형이다. 그렇다면 사람이 어떻게 살아야 할 것인가는 절로 명백해진다. 말할 나위 없이 그것은 보살로서 살아가는 길이 아닐 수 없다. 여기에서 보살이 그 궁극 목표인 붓다의 경지를 향해 나아가는 경로가 문제되는 것이며, 그것을 다룬 것이 '십지품(十地品)'이다. 십지품에서는 보살에서 붓다에 이르는 과정을 열 단계로 구분했다.

제1 환희지(歡喜地). '범부지(凡夫地)를 넘어 붓다의 집에 태어난다'고 표현되었듯이, 근본적인 종교 체험이다. 범부로서의 '자기'가 죽고, 진리의 세계에 다시 태어난 것이다. 즉 자아가 소멸되고 우주의 진리를 체득함으로써 끝없는 기쁨에 싸이는 경지이다. 보살은 여기에서 비로소 자리(自利)와 이타(利他)의 기초를 수립했다고 할 수 있다.

제2 이구지(離垢地). 제1지에서 종교적 큰 체험을 통해 인격의 대전환을 맛보았던 보살은 여기에서는 다시 현실로 돌아가 기초적 도덕을 다시 훈련하게 된다. 그것은 마음을 정직하게 가지고, 부드럽게 가지고, 욕심을 이겨내는 따위의 덕목(德目)이다. 이것은 참으로 의미심장한 말이다. 제1지에서 범부의 경지를 초월했을 보살이 이런 기초적인 도덕을 왜 다시 닦아야 하는가. 그것은 우리가 경천동지(驚天動地)의 커다란 체험을 했다고 해서 초월된 것은 표면적인 자아일 뿐, 그 밑바닥에는 아직도 무의식적인 자아의식의 핵이 잠재하고 있는 까닭이다. 그리고 이런 체험은 자아도취에서 오는 오만과 또 하나의 집착을 가져올 위험성도 있기 때문이다. 흔히 견성(見性)

했다는 사람들이 계율을 버리고 수도를 포기하게 되는 것은 이 함정에 빠진 것이라고 여겨진다. 그러기에 다시 현실로 돌아가 기초적인 도덕부터 다시 닦는 것이다. 그리고 한편으로는 중생들의 행동도 관찰하게 되어 그 구제를 염원하게 된다.

제3 발광지(發光地). 제2지에서 중생 구제의 서원을 세운 바 있는 보살은 제3지에 오자, 그를 위해서는 자기의 지혜 개발이 앞서야 함을 깨닫게 된다. 그래서 붓다의 설법을 열심히 듣고, 선정(禪定)·관찰의 수련을 쌓아간다. 그 결과 마침내 자기 속으로부터 지혜의 광명이 발하고 있음을 느끼게 된다.

제4 염혜지(焰慧地)에서는 깨달음의 세계인 열반과 미혹의 세계인 생사·윤회를 응시하면서, 더욱 깊이 인격의 연마를 거듭해 간다. 그것은 제3 발광지의 연속이요 강화이며, 지혜의 빛은 불꽃처럼 타오르기에 이른다.

염혜지에서 인격 연마를 철저히 했던 보살은 제5 난승지(難勝地)에서 본격적으로 진리 추구〔자리自利〕와 사회활동〔이타利他〕에 손을 댄다. 즉 제4지까지의 보살이 중생 구제를 염원하면서도 자기의 지혜 확립에 골몰한 데 대해, 비로소 큰 자비의 정신을 발동시키는 것이다. 그리하여 세상일이라면, 어떤 학문, 어떤 지식, 어떤 기술이라도 다 익히게 된다. 그런 것들을 수단으로 하지 않고서는 사회 구제가 불가능한 때문이다.

제6 현전지(現前地). 사회활동에 손을 대게 된 보살은 새삼 중생들의 모습에 눈이 간다. 그리하여 현실의 양상을 깊이 관찰하고 숙고한 끝에 세계의 일체는 모두가 마음에 말미암아 생겼다는 사실에 눈을 뜬다. 소위 삼계유심(三界唯心)이다. 그리고 이 삼계유심의 자각을 심화해감에 따라 삼계도 마음도 없어지고, 완전한 공(空) 자체를 체득하게 된다. 그리하여 '무애지현전(無礙智現前)'이라는 지혜바라밀이 생긴다. 아무것에도 장애됨 없이 인생의 모든 것을 투시할 수 있는 지혜가 나타나는 것이다.

제7 원행지(遠行地). 제6지에서 공 자체를 체득한 보살은 제7지에 오자 모든 세계 속으로 들어간다. 즉 중생이나 국토, 또는 성문·연각·보살 따위의 온갖 세계로 들어간다. 물론 자비행을 실천하기 위해서이다. 그리하여 그런 무수한 세계들이 사실은 붓다에 의해 증명되고 정화된 세계이며, 그것이 우리들의 노력으로 실현되어가야 한다고 느끼게 된다. 그리고 그런 실천은 무공용(無功用)하게 행해져야 함을 알게 된다. 무공용이란, 어떤 목표나 의도 없이 저절로 행해진다는 말이다. 자기의식에서가 아니라, 대자연의 움직임 그대로, 비로자나불의 원력 그대로 움직여진다는 뜻이다.

제8 부동지(不動地). 보살은 이 경지에 이름으로써, 온갖 작용이 없어지고 완전히 '자기'라는 관념에서 떠난다. 문자 그대로 무공용이 되는 것이다. 이것은 제7지에서 보살이 지향한 궁극의 목표이기도 하거니와, 보살 자체로서도 일대 전환점임에 틀림없다. 보살은 여기에서 처음으로 개아성(個我性)을 완전히 떠날 수 있게 된 까닭이다. 여기서 붓다와 일체가 된 보살은 세상의 실상(實相)을 더욱 철저히 알게 되고, 중생을 구제하기 위해 무엇으로든 몸을 나타내는 방편력도 생기게 된다.

제9 선혜지(善慧地). 이 경지에 이른 보살은 더욱 지혜가 커져서 중생에 관한 모든 것을 투철히 알게 된다. 그리하여 중생을 구제하고자 설법을 하게 된다. 이 단계에서야 비로소 설법자로서의 자격을 획득했다고 할 수 있다. 이때 보살에게는 사무애지(四無礙智)가 생긴다. 그것은 불법(佛法)·사물·분별·언변에 막힘이 없는 지혜이다.

마지막 제10지는 법운지(法雲地)라 한다. 우주에 충만한 진리의 구름으로부터 내리는 법의 비를 맞는 경지이다. 모든 인식과 모든 권능이 갖추어져, 자리행(自利行)·이타행(利他行)이 완성 단계에 들어가는 것이다.

이런 보살의 10단계는 그것이 견성(見性) 이후의 수양 과정이라는 점에 특징이 있으며, 그것이 끝없는 인격 수양의 길임을 알아야겠다. 자기의 조그만 깨달음에 만족하는 것이 소승의 이상인 아라한이라면, '십지품'의 보살은 여기서부터 출발했다고 할 수 있다. 그리고 ≪화엄경≫이 아무리 심원한 철리를 표명했을망정, 이 대승적인 구도 없이는 공론으로 돌아간다 할 것이다.

≪화엄경≫은 이런 구도의 본보기로 선재동자(善財童子)의 구도 행각을 첨가해 놓았다. '입법계품(入法界品)'이 그것이다. 선재동자는 53명의 선지식을 찾아 도를 물었다. 그리고 이 선지식 속에는 이교도와 창녀까지도 포함되어 있음은 재미있는 일이다. 진리를 구하기 위해서는 어떤 고난도 불사하고, 누구 앞에서나 겸허했던 그 태도는 모든 구도자의 영원한 모범이 됨직하다 하겠다.

12. 법화경法華經

　중국의 천태대사(天台大師)는 이 ≪법화경≫을 중심으로 소위 교상판석(敎相判釋)이라는 것을 해서 불경을 총정리했다. 옛사람들은 불경이 어떤 역사적 경위를 거쳐서 만들어졌는지 알지 못했으며, 또 그것에 대한 문헌적 지식도 없었으므로 각기 주장이 다른 방대한 불경들을, 어떻게 같은 붓다에게서 나왔다고 보느냐 하는 점에 고민하지 않을 수 없었다. 그래서 요즘 같으면 역사적 방법으로 해야 할 그 정리를 천태대사가 나타나 교리적·철학적인 면에서 정리한 것이다. 그것은 대표적인 경전들에게, 어떤 순차적인 위치를 부여하는 일이었다. 그리하여 일체의 경은 ≪법화경≫을 설하기 위한 준비교육이었으며, 이 경에서 붓다 출세의 목적이 밝혀진 것이라 했다.

　역사학적으로 불경을 대할 줄 모른 고대인이, 내용만 가지고 검토할 때 응당 그런 생각을 했을 만하다고 수긍되는 점이 ≪법화경≫에는 있다. ≪법화경≫이야말로 불경의 총정리를 기도하고 있는 듯 보이기 때문이다. 총 28장 중, 전반 14장을 차지하고 일불승(一佛乘)의 가르침은 명백히 그런 의도 하에서 서술되었다고 여겨진다. 이 경이 제작될 때쯤에는 대소승이 갈린 지도 몇 세기나 되었기 때문에 분파도 생길대로 생기고, 불경도 많은 양이 만들어져 있었을 것이다. 역시 주류를 이루는 것은 붓다의 전통을 고수해 온 소승이려니와 대승 내부에서는 활발한 사상적 생산이 이루어져 백화제방(百花齊放)의 성관을 다투는 것까지는 좋았으나, 그것에 어떤 체계가 서지 않는 이상 자칫 혼란에 빠질 위험성이 있었다. ≪법화경≫은 명백히 이런 정세를 감안해 대소승의 불교 전반을 총정리하려 한 것이라 보인다.

먼저 과거의 모든 불경을 성문승(聲聞乘)·연각승(緣覺乘)·보살승(菩薩乘)으로 나누고, 그것이 모두 일불승으로 끌어들이기 위한 방편이었으며, 일불승 이외에 붓다의 가르침은 있을 수 없다고 했다. '승(乘)'이란 수레나 배를 말함이니, 곧 붓다의 가르침이다. 붓다의 가르침은 우리를 진리의 세계로 태워다 준다 하여 이 이름이 붙은 것이다. 성문이란, 붓다의 가르침을 직접 듣고 깨닫는 사람이요, 연각이란 홀로 수도하여 깨닫는 사람이다. 이 두 이름이 정통파인 소승을 지목함은 명백한 일이다. 이에 비해 보살은 자기 깨달음을 위해 수도하는 한편, 남을 깨닫게 하고자 노력하는 사람이니 대승의 입장이다.

그러나 이 세 가지 가르침은 다 붓다가 되게 하기 위한 방편이었고, 붓다의 진의는 일불승의 가르침인 이 ≪법화경≫에 있다고 주장했다. 그리하여 재미있고 교묘한 비유로 이것을 되풀이 설명해 갔거니와, 그밖에 독자적인 교리로서 제시한 것은 없다. 이를테면 ≪반야경≫이 공(空)을 설하고, ≪유마경≫이 그 실천론을 전개시킨 것 같은 이론이 여기에는 없다. 그래서 그런 것을 기대하는 독자에게는 실망도 준다. 그러나 이것은 ≪법화경≫이 모든 경의 총정리를 목표로 하고 있는 까닭이다. 즉 그런 것에 언급할 필요가 없는 것이다.

왜 그런가? 일불승의 주장은 삼승(三乘, 성문·연각·보살

등)을 일승 속에 포괄했을망정 그것을 배척한 것은 아니었다. 바꾸어 말하면 삼승은 버려진 것이 아니라, 일승 속에 살려졌으며, 일승을 떠날 때 도리어 존재 의의를 상실한다고 할 수 있다. 또 이와는 반대로 일승은 삼승이라는 방편을 떠나서는 존재할 수 없는 것이 된다. 삼승이 곧 일승인 것이다. 따라서 일승의 교리라는 것이 따로 있는 것이 아니다. 삼승의 그것이 다 일승의 교리이므로, 《법화경》은 그 최종 목표를 밝힘으로써 삼승에게 존재 의의를 부여하기만 하면 되는 것이다. 원시불교 이래 감히 쳐다보지 못했던 이상 ─ 만인의 성불(成佛) ─ 은 그리하여 범부들에게도 활짝 열렸다고 할 수 있다. 이 경은 이런 주장의 증거로, 성불이 불가능하다고 믿어졌던 여인과 중죄인에게까지 미래에 성불할 것이라는 보장을 주고 있다.

후반부 14장에서는 주제를 바꾸어 붓다가 영원한 존재임을 강조했다. 명백히 붓다는 어디까지나 우리와 다름없는 한 인간이었으며, 자신께서도 그런 인간으로서 자처하셨다. 이 엄연한 사실에도 불구하고, 왜 그런 이상화·절대화가 행해져야 했던가. 붓다는 돌아갈 때 '내가 죽거든 법을 스승으로 삼아라'고 유언하신 바 있다. 법이란 진리요, 구체적으로는 연기설(緣起說)을 가리킨다. 그러나 이런 이념만에 의지해 산다는 것은 일반인에게 가능한 일이 아니었다. 그래서 그 이념을 인격화·신격화 할 필요가 있었다. 이것이 법신(法身)이요, 여기에 나오는 '구원(久遠)의 본불(本佛)'이다. 즉 《아함경》에 나오는 붓다가 역사적 붓다였다면, 《법화경》에 나오는 붓다는 법신으로서의 붓다라 할 수 있다. 진리의 수명이 영구할 것은 말할 것도 없는 것이다.

붓다 자신도 '붓다가 세상에 나오든 안 나오든, 이 연기설의 진리는 영구히 변함없다'라고 하신 적이 있거니와, 이 구원의 본불은 진리 자체이기 때문에 영원한 존재라고 할 수 있을 것이다. 이런 이상화가 붓다의 본의에 맞는지 안 맞는지는 둘째 치고, 이 ≪법화경≫이 나타남으로써 불교의 최종 목표와 숭배 대상인 절대자가 생겨서, 대승불교가 종교로서의 확고한 지반을 구축했다고 볼 수 있지 않을까 한다. 우리가 흔히 읽는 것은 구마라습의 ≪묘법연화경(妙法蓮華經)≫이거니와, 범어로 된 원문도 전해 온다.

13. 타르카바샤(Tarkabhāṣā, 인식과 논리)

　인도에서 대승경전의 양이 많아지자, 그 교리를 체계화 할 필요가 생겼다. 여기에서 '논(論)'이라는 것이 생기게 되었다. 일종의 불교철학이라고 볼 수 있다. 최초로 나타난 불교철학자로는 나가르주나〔용수龍樹〕를 들어야 한다. 그는 ≪중론(中論)≫ 기타를 저술하여 처음으로 대승불교를 이론적으로 뒷받침했다. 그 후 2, 3세기를 두고 많은 이론가들이 나왔는데, 그 대표적인 사람은 아상가〔무착無着〕와 바수반두〔세친世親〕이다. 그리하여 불교철학은 나가르주나 계통과 바수반두 파로 양분되기에 이르러, 전자를 중관학파(中觀學派), 후자를 유가행유식학파(瑜伽行唯識學派)라 부른다.

　여기에 수록한 ≪타르카바샤≫는 유가행유식학파에 속하며, 저자는 11세기 혹은 12세기의 학승(學僧)인 모크샤카라굽타(Mokṣākaragupta)로, 본서는 인도 불교의 마지막을 장식하는 명저이다. 유식(唯識)사상을 마지막으로 완성시킨 것은 7세기의 다르마키르티(Dharmakīrti, 법칭法稱)거니와 본서에서 저자는 그 전통을 계승해 발전시킨 불교철학자들의 사상을 간결하면서도 내용이 풍부하게 요약해 놓았다. 특히 11세기의 위대한 학승 쥬냐나수리미트라의 학설이 많이 채택되고 있다.

　디그나가(Dignāga, 진나陳那), 특히 다르마키르티 이후의 저술은 티베트에서는 많은 관심을 가지고 연구된 반면, 중국·한국

·일본에서는 전연 모르는 채 지내왔다. 8세기 이후 중국에서는 밀교(密教) 관계의 경전을 제외하고는 이런 논서(論書)를 거의 번역하지 않았기 때문이다. 그러나 이 시대의 불교 사상가들이 인도의 사상계 전반에 미친 영향은 매우 크다. 7세기 이후의 인도 철학은 다르마키르티를 모르고서는 이해할 수 없다고까지 단언할 수 있는 터이다.

디그나가, 다르마키르티나 그 후계자들의 저술은 전후에야 비로소 연구 출판된 것이 대부분이다. 구미(歐美)·인도·일본을 통해서 현대 불교학계에서는 이 연구가 하나의 큰 분야를 차지하게 되어, 많은 학자들이 지금 그 일에 종사하고 있다. 그럼에도 불구하고 이 계통의 사상의 전모는 아직 밝혀지지 못한 채 있다.

이 ≪타르카바샤≫는 3장으로 나뉘어져 있다.

제1장은 지각론(知覺論)으로 확실한 인식은 지각과 추리(推理) 이외에는 있을 수 없음을 논한 다음, 그 지각을 중심으로 하여 인식의 구조를 구명해 갔다.

제2장은 추리론(推理論)으로 개념의 본질과 확실한 추리의 조건을 연구했다.

제3장은 변증론(辨證論)이다. 여기에서는 제2장에서 밝혀진 추리론에 입각해, 추리의 언어적 표현인 추론식(推論式)이 해설되고, 그것과의 관계 밑에서 오류론(誤謬論)도 전개되었다. 그 오류를 범한 논증의 예로써 다른 학파의 주요한 이론이 차례차례 검토되어, 그 오류의 지적과 함께 비판이 가해졌다. 그래서 이 제3장에서는 자아(自我, 아트만)의 존재, 최고의 신[이슈바라]의 존재, 개념의 실재 등을 비롯한 불교 이외의 여러

학파에서 주장하는 많은 이론이 비판되는 동시에, 무상성(無常性)의 논증, 붓다가 일체지자(一切知者)일 수 있는 가능성의 논증, 불교적인 개념론〔아포하apoha〕 등의 불교의 주요한 이론이 해설되었다.

저자는 이 책의 마지막 부분에서 설일체유부(說一切有部)·경량부(經量部)·유식학파(唯識學派)·중관학파(中觀學派)라는 인도의 불교 사상을 대표하는 네 학파의 이론의 요강(要綱)을 서술했다. 네 학파로 나누는 당시의 일반적인 분류법을 따른 것이지만, 특히 경량부에 관한 서술은 풍부해서, 그 가치가 크다 하겠다. 저자는 다르마키르티 등과 같이 경량유가종합학파(經量瑜伽綜合學派)에 속하는 사람이었던 것으로 생각된다. 그러나 이 책 전체는 경량부 입장에서 통일되고 있으므로 그를 경량부 사람으로 불러도 좋을 것이다.

금강반야경

金剛般若經

❧ 구도자求道者의 길 ❧

나는 이렇게 들었다.1

한때2 세존께서는 1250인의 비구로 이루어진 큰 승단(僧團)과 수많은 구도자(＝보살)들과 함께 슈라바스티(Śrāvastī, 사위성舍衛城)3의 제타 숲에 있는 아나아타핀다타(고독한 사람들에게 밥을 주는 장자長者)의 정원에 계신 적이 있었다.

그때, 세존께서는 아침 일찍이 속옷을 입고 가사(袈裟)를 걸친 다음, 바리때를 들고 탁발(托鉢)하기 위하여 수도인 슈라바스티 거리를 걸어서 들어가셨다. 슈라바스티의 거리를 차례로

---

1. 대개의 경전은 '여시아문(如是我聞)'이라고 시작하고 있다. 혹은 '아문여시(我聞如是)'라고 하기도 했다. 이런 표현은 석존(釋尊)의 높은 제자 열 사람 중 항상 스승의 곁에서 시중을 든 아난다(阿難陀)가 누구보다도 많은 설법을 들었기 때문에 경을 결집(結集)할 때 '나는 이렇게 들었다'고 구술(口述)했기 때문이다. 그러므로 아난다를 '다문제일(多聞第一)'이라고 한다.
2. 한역(漢譯)은 '일시(一時)'라고 번역하고 '어느 때'라고 해석하는 예도 있다. 그러나 이 말은 석존이 머물고 있던 '기간(期間)'을 가리킨다.
3. 사위성(舍衛城)은 사위(舍衛)라고도 하는데, 중인도 교살라국의 도성(都城)이다. 부처님이 계실 때는 바사닉왕·유리왕이 살았으며, 성 남쪽에는 유명한 기원정사(祇園精舍)가 있었다. 또 나라 이름이라고 하는 것은, 남쪽의 교살라국과 구별하기 위하여 성 이름을 나라 이름으로 한 것임.

탁발한 다음, 식사를 마친 세존은 오후에 탁발로부터 돌아오셨다. 바리때와 가사를 제자리에 놓고 두 발을 씻은 다음, 이미 마련된 자리에 가부좌(跏趺坐)하여 몸을 반듯하게 가누고 정신을 집중하고 앉으셨다.

그때, 많은 비구들이 세존이 있는 곳으로 다가왔다. 다가와서는 세존의 두 발에 머리를 대고 예배했다. 그리고 세존 주위를 오른쪽으로 세 번 돈4 다음 한쪽으로 물러나 앉았다.

마침 그때, 장로(長老) 수보리(須菩提, 수부티Subhūti)도 그들 가운데에 있었다. 수보리는 자리에서 일어나, 오른쪽 어깨에 가사를 걸치고 오른쪽 무릎을 땅에 꿇어 세존이 있는 곳을 향하여 합장(合掌)하고서, 다음과 같이 세존에게 말했다.

"세존이시여, 훌륭한 일입니다. 수가타(Sugata)여,5 참으로 훌륭한 일입니다. 여래, 존경받아야 할 사람, 진리에 대하여 바르게 눈뜬 사람에6 의하여 위대한 구도자와 뛰어난 사람들이7 최상의 은혜에 싸여 있는 것은. 세존이시여, 훌륭한 일입

---

4. 한역(漢譯)은 우요삼잡(右繞三匝). 고대 인도에서는 위인(偉人)에게 존경하는 뜻을 나타낼 때에 그의 주위를 오른쪽에서 왼쪽으로 세 번 돌았다.
5. 선서善逝. '행복한 사람'이라는 뜻. 한편 한역(漢譯)은 '부처님은 생사의 고해(苦海)를 넘어 열반의 피안(彼岸)으로 돌아간 사람'이라고 의역하여 선서(善逝)라고 한다.
6. 원어는 tathāgate(여래), arhat(존경받는 사람), samyaksaṃbuddha (진리에 대하여 바르게 눈뜬 사람)이다. 한역은 여래·응공(應供)·정등각자(正等覺者)라고 번역. 모두 붓다의 다른 이름이다.
7. 원어는 mahāsattva(마하살摩訶薩). 숱한 중생 가운데서 불법에 귀의(歸依)하여 진리를 탐구하는 능력[근기根機]을 가진 자를 가리킨다. 대중생(大衆生)·대유정(大有情)이라고 번역한다.

니다. 바른 깨달음을 얻은 존경하는 여래에 의하여 위대한 구도자와 뛰어난 사람들에게 최고의 위촉으로서 부처님의 가르침이 위촉된 것은. 그러나 세존이시여, 이미 최고의 깨달음을 구하고자 하는 구도자의 길에 들어선 양가(良家)의 아들과 딸들이 어떻게 생활하고 어떻게 실천하며, 또 어떻게 마음을 지녀야 마땅하겠습니까?"

이 같은 물음을 받은 세존은 수보리에게 다음과 같이 말씀하셨다.

"수보리여, 참으로 그대의 말과 같다. 여래는 구도자와 뛰어난 사람들을 최상의 은혜로8 감싸주고 있다. 또 여래는 구도자와 뛰어난 사람들에게 최상의 위촉(委囑)9으로 부처님의 가르침을 위임하고 있다. 그러므로 수보리여, 잘 듣고 마음을 잘 가다듬어야 한다. 이미 구도자의 길에 들어선 자10가 어떻게 생활하고 어떻게 실천하며, 또 어떻게 마음을 지녀야 하는가를 그대에게 말하여 들려주리라."

---

8. 원어 parama-anugraha의 번역. 아상가(Asaṅga, 무착無着)는 그의 주석서(註釋書) vajracchedikāprajñāpāramitā-sūtra-śāstra-kārikā (이하 주석서라고 함은 이를 말함)에서 '최상의 은혜라고 하는 것은 신체 및 그에 관련한 행(行)이라고 알아야 한다'고 했다.
9. 원어 paramā parindanā의 번역. 아상가의 주석에 의하면 '최상의 위촉이라고 하는 것은 이미 얻은 것, 아직 얻지 않은 것의 양쪽을 다 버리지 않는다는 것이다'고 했다.
10. 최고의 깨달음을 구하고자 하는 길에 들어선 구도자. 한역(漢譯)은 발아뇩다라삼막삼보리심(發阿耨多羅三藐三菩提心)이다.
원어는 anuttarasamyak-sambodhi이니 부처가 얻는 깨달음, 부처의 평등원만(平等圓滿)한 깨달음을 말한다.

"세존이시여, 그렇게 해주실 것을 원하고 있습니다."
라고 수보리는 대답했다.

세존은 다음과 같이 말씀을 시작하셨다.

"수보리여, 구도자의 길에 들어선 자는 다음과 같은 마음을 지니지 않으면 안 된다. 즉 '생명을 가진 자의 세계에 있어서 중생(衆生)이라고 하는 이름으로 포섭될 수 있는 모든 생물(生物) — 알에서 태어난 것, 어미의 태(胎)에서 태어난 것, 습기(濕氣)로 인하여 태어난 것, 남의 작용을 힘입지 않고 홀연히 스스로 태어난 것,11 또 모양이 있는 것, 모양이 없는 것, 의식이 있는 것, 의식이 없는 것, 의식이 있는 것도 아니고 없는 것도 아닌 것,12 그리고 그밖에 생물로 간주할 수 있는 모든 것 — 을 나는 가리지 않고 그 모두를 완전한 열반(涅槃)의 세계로13 이끌어 들이지 않으면 안 된다. 그러나 그와 같이, 설사 무수한 중생을 열반의 세계로 이끌어 주었다고 하더라도, 실로 열반의 세계로 이끌어 들인 중생은 하나도 없다.'

---

11. 원어는 upapāduka. 흔히 '화생(化生)'이라고 번역한다. 제천(諸天) 등 신(神)들을 가리킨다.
12. 여기에서 말하는 의식은 표상작용(表象作用)을 가리킨다. 즉 '상(想)' 과 같은 의미를 지닌다.
13. '무여열반(無餘涅槃)'이라고 한역(漢譯). 번뇌가 없는 영원히 평화로운 세계를 가리킨다. 원어 anupad-hiśesa-nirvāṇa로 불교도의 이상(理想)인 열반 두 가지 중의 하나이다. 그 하나는 일체의 번뇌를 끊고 미래의 생사(生死)를 초래할 원인을 없앤 자가 아직 신체를 남겨 놓은 상태에 있는 것을 유여열반(有餘涅槃), 그 신체까지도 없앤 것을 무여열반(無餘涅槃)이라고 한다. 구체적으로 말하면 무명(無明)이 완전히 썻긴 상태에서 진리와 하나가 된 열반을 가리킴이다.

왜냐하면 수보리여, 만약 구도자에게 있어서 중생이라고 하는 생각이 있게 되면, 이미 그는 구도자라고 불릴 수 없기 때문이다. 수보리여, 그 까닭은 만약 구도자에게 〈나〔자아自我〕〉라고 하는 생각〔아상我相〕이 일거나, 혹은 중생이라고 하는 생각〔중생상衆生相〕, 생명이 있는 것이라고 하는 생각〔수자상壽者相〕, 개아(個我=개인)라고 하는 생각〔인상人相〕이 일어나면, 이미 구도자라고 불릴 수 없기 때문이다."

❧ 구도자의 희생 ❧

"또 수보리여, 구도자는 사물에 집착하여 보시를 해서는 안 된다. 무엇엔가 집착해 보시(布施)해서는 안 된다. 즉 물질적 현상[色]에1 집착해 보시해서는 안 되며, 소리나 냄새, 맛, 감

---

1. 불교에서는 온갖 구성 요소의 집합체[음陰]나 구체적인 인간의 신심 (身心)을 주(主)·객관(客觀)이라고 하는 대상에 있어서 주(主)를 세 가지로 파악한다. 즉 오음(五陰, 오온五蘊), 일이처(一二處, 一二入), 일팔계(一八界)라고 하는 형식을 취한다. 오음(오온)의 음(陰)·온(蘊) 은 집적(集積)의 뜻이니, 다섯 가지 요소가 집적된 것을 의미한다. 그 다섯 가지는 색(色)=물질적 존재, 넓게는 물질적이거나 감각적인 것 을 하나의 전체로 생각하는 경우의 존재 형태이다. 수(受)=인상(印 象) 감각, 감성적인 인식을 할 때 일어난다. 상(想)=지각(知覺), 표상 (表象) 작용. 행(行)=의지(意志) 그 밖의 심작용(心作用). 식(識)=대 상을 식별하는 심(心, 식識) 등이다. 다음의 두 가지는 이 오온을 분석 하여 설명한 것이다. 처(處)는 양육한다는 뜻이니, 심(心)이나 심작용 이 의지하는 곳을, 계(界)는 종류의 뜻이다. 즉 대상을 파악하는 직접 적인 능력을 가진 안(眼)·이(耳)·비(鼻)·설(舌)·신(身)·의(意)(이 것을 육근六根 또는 육입六入이라 함)와 그것들의 대상인 색(色)·성 (聲)·향(香)·미(味)·촉(觸)·법(法, 육경六境)을 일이처, 이곳에서 생 기는 안식(眼識)·이식(耳識)·비식(鼻識)·설식(舌識)·신식(身識)·의식(意 識)(육식六識)이 합하여 일팔계가 된다. 그리고 일이처 중 의처(意處) 와 법처(法處)를 제외한 10처는 색온(色蘊)에 해당하며 의처는 식온 (識蘊), 법처는 수(受)·상(想)·행(行)의 삼온(三蘊)에 해당한다. 따라 서 색(色) 이하 법(法)까지의 이야기는 그러한 현상에 집착하지 말라는

촉(感觸)되어지는 것, 마음의 대상(法)에 집착해 보시해서는
안 된다.

수보리여, 그 까닭은 구도자와 뛰어난 사람들은 흔적을 남
기고 싶어 하는 생각에 얽매이지 않도록 보시를 하지 않으면 안
되기 때문이다.

왜냐하면 수보리여, 구도자가 집착함 없이 보시를 행하면
그 공덕(功德)은 쌓여서 쉽게 헤아릴 수 없을 만큼 많아지기
때문이다.

수보리여, 그대는 어떻게 생각하는가. 동쪽에 있는 허공을
가히 헤아릴 수가 있겠는가.”

수보리는 답했다.

“세존이시여, 헤아릴 수 없습니다.”

세존은 말씀하셨다.

“그와 마찬가지로 남쪽과 서쪽과 북쪽, 그리고 상하 사방과
그 중간의 방향 등, 널리 시방(十方)에 있는 허공을 헤아릴 수
있겠는가.”

수보리는 답했다.

“세존이시여, 헤아려 알 수 없습니다.”

세존은 말씀하셨다.

“수보리여, 그와 같이 구도자가 집착함 없이 보시를 행하
면 그 공덕의 쌓인 양은 쉽게 헤아릴 수 없느니라. 수보리여,
실로 구도자의 길을 지향하는 자는 이와 같이 흔적을 남기고

뜻이다. 특히 '법'에는 여러 가지 뜻이 있으나 여기에서는 의(意)의 대
상을 말한다.

싶어 하는 생각2에 얽매이지 않고서 보시를 하지 않으면 안
되느니라."

---

2. 원어는 nimitta-saṃjña. '내가 — 누구에게 — 무엇을 베풀었다'고 하는
   세 가지 관념을 버리고 보시해야 한다는 것을 강조한다. 불교에 있어
   서는 이를 삼륜청정(三輪淸淨), 삼륜공적(三輪空寂)이라고 하는데, 삼
   륜은 '시자(施者)·수자(受者)·시물(施物)'을 말한다.

⚘ 여래에 대한 인식 ⚘

"수보리여, 어떻게 생각하는가. 여래가 뛰어난 신체적 특징1
을 갖춘 자라고 볼 수 있는가."

수보리가 답했다.

"아닙니다. 세존이시여, 그렇게 볼 수는 없습니다. 여래가
뛰어난 신체적 특징을 갖춘 이로 보여서는 안 됩니다. 왜냐하
면 세존이시여, '뛰어난 신체적 특징을 갖추었다고 하는 것은
뛰어난 신체적 특징을 갖추지 않은 것'이라고 여래는 말씀하
셨기 때문입니다."

이와 같이 답하자, 세존은 다음과 같이 장로 수보리에게 말
씀하셨다.

"수보리여, 무릇 뛰어난 신체적 특징은 갖추어지는 것이라
고 하면 그것은 거짓이며, 뛰어난 신체적 특징은 갖추어지는
것이 아니라고 하면 거짓은 아니다. 따라서 여래를 '뛰어난 신
체적 특징을 갖추면서 뛰어난 신체적 특징을 갖추지 않았다'
고 하는 관점에서 보지 않으면 안 된다."

---

1. 여래의 특별한 모양. 부처의 몸에는 보통사람과 다른 훌륭한 모습이
   갖추어져 있어 그것을 부처의 뛰어난 신체적 특징이라고 한다. 밖으로
   보아서 알 수 있는 특징을 32상(相), 쉽게 알아볼 수 없는 내적인 특
   징을 80종호(種好)라고 한다. 여기서는 32가지 특징을 말한다.

❧ 뗏목의 비유 ❧

이와 같이 말씀하실 때 장로 수보리는 다음과 같이 세존에게 물었다.

"세존이시여, 앞으로 다가올 다음의 5백년대1가 되어 바른 가르침[法]이 멸망할 무렵, 이들 경전 말씀이 이와 같이 설해진다 하고, 그것을 진실이라고 생각할 사람이 있겠습니까."

세존이 답하셨다.

"수보리여, 그와 같이 말해서는 안 된다. 앞으로 다가올 다

---

1. 불교 쇠멸(衰滅)의 역사를 불교 후대의 사람들은 5백년을 단위로 해 5단계로 생각하기도 하고, 혹은 천년을 단위로 해서 3단계로 생각하기도 했다. 대체로 정법(正法)시대, 상법(像法)시대[정법을 닮은 상법시대에는 교법敎法과 수행은 있으나 증오證悟가 없다], 말법(末法)시대[교법은 있으나 수행하는 자도 증오하는 자도 없어 불교가 멸망하는 시대]로 나눈다. 여기서 말하는 '다음의 5백년대'는 5백년의 정법시대가 지난 제2의 5백년대, 즉 상법시대에 해당한다. 그러나 경(經) 내용은 말법시대로 보고 있는 것 같다. 대승불교가 성왕하던 시대의 일반적 관념은 석존 멸후 5백년이 되면 종교적 변동이 있고, 대승경전이 세상에 행해질 것으로 생각하고 있었다. 이것은 다른 대승경전을 보아도 알 수 있다. 때문에 금강반야경도 이러한 관념을 받아들여 '다음의 5백년대'에는 불교에 변동이 올 것이라고 생각한 모양이다. 그러나 그 5백년대가 상법시대에 해당하는지 전혀 알 길이 없다. 이 경 안에는 상법이란 말까지도 쓰이지 않고 있다.

음의 5백년대가 되어 바른 가르침이 멸망할 무렵 이들 경전의 말씀이 이와 같이 설해질 때, 그것을 진실이라고 생각할 사람들이 있을 것임에 틀림없다. 수보리여, 앞으로 다가올 다음의 5백년대가 되어 바른 가르침이 멸망할 무렵에는, 덕(德)을 갖추고 계율을 지키며, 지혜가 뛰어난 구도자가 있어서, 그들은 이들 경전 말씀이 이같이 설해질 때, 그것은 진실이라고 믿는 마음을 일으킬 것임에 틀림없다.

수보리여, 또 이들 위대한 구도자들은 단 한 분의 부처님에게만 귀의(歸依)하거나, 단 한 분의 부처님 밑에서만 공덕의 능력(=선근善根)2을 키우는 것이 아니다. 수보리여, 이들 위대한 구도자들은 수십만이라고 하는 무한히 많은 부처님에게 다가가 귀의하고, 수십만이라고 하는 무한히 많은 부처님 밑에서 공덕의 능력을 키운 자들이어서, 이들 경전의 말씀이 이같이 설해질 때에 일념(一念)의 맑은 믿음을 얻을 것이다.

수보리여, 여래는 깨달은 이의 지혜[불지佛知]3로써 그들을 알고 있다. 수보리여, 여래는 깨달은 이의 눈[불안佛眼]4으로써 그들을 알고 있다. 수보리여, 여래는 그들을 깨닫고 있다. 수보리여, 그들은 모두가 헤아릴 수 없는 무한한 공덕을 쌓고, 또 그 결과를 자기 것으로 할 것이다.

---

2. 좋은 보답을 받을 만한 착한 업인(業因) · 선행. 선을 나무의 뿌리에 비유해서 말한 것. 선을 만드는 근원.
3. 부처님의 지혜. 우주의 진리를 깨달은 성지(聖智). 공간적으로는 10방(方)을 다하고, 시간적으로는 3세(世)를 다하는 완전하고 원만한 지혜.
4. 깨달음을 연 자의 식견. 모든 것을 멀리 바라보고 모든 것을 아는 눈.

왜냐하면 수보리여, 그들 위대한 구도자에게는 나[자아]라고 하는 생각이 일어나지 않고, 존경이라고 하는 관념도, 수명이 있는 것이라고 하는 관념도, 개아(個我)라고 하는 관념도 생기지 않기 때문이다. 또 수보리여, 그들 위대한 구도자들에게는 법(法)이라고 하는 관념5도 생기지 않고, 사물이 법이 아니라고 하는 관념도 생기지 않는다. 뿐만 아니라, 수보리여, 그들에게는 생각한다든가, 생각하지 않는다고 하는 생각까지도 일어나지 않기 때문이다.

왜냐하면 수보리여, 만약 그들 위대한 구도자들에게 법이라고 하는 관념이 일어나면, 그들에게는 '나'에 대한 집착이 생길 것이다. 중생에의 집착, 수명이 있는 것에 대한 집착, 개아(個我)에의 집착이 일어날 것이다.

만약 '법이 아니다[비법非法]'고 하는 관념이 생기면, 역시 그들에게는 '나'에 대한 집착이 일어날 것이다. 중생에의 집착, 수명이 있는 것에 대한 집착, 개아에 대한 집착이 일어날 것이다.

왜냐하면 수보리여, 위대한 구도자는 법[이법理法]에 집착해서도 안 되지만, 법이 아닌 것에 집착해도 안 되기 때문이다.

---

5. 원어는 dharmasaṃjñā로 '법상(法想)' '취법상(取法相)'이라고 한역(漢譯)한다. 소승불교의 '인무아(人無我)' 즉 '실체로서의 개인 존재를 부정'하는 것에 대하여 대승불교는 '법무아(法無我)' 즉 '개인 존재의 구성요소 하나하나에 대하여 그 실체성을 부정'한다. 따라서 여기서는 '인무아'에 대하여 '법무아'를 설하고 전자를 후자에 의하여 뒷받침한다. 불교에서 설하는 '법'은 매우 많은 뜻을 지니고 있다. 그러나 지금은 '실체로서의 사물'이라고 해석한다.

따라서 여래는 이 뜻에 의하여 다음과 같은 말씀을 설한 것이다. —'가르침[법문法門]이 뗏목에 비유되는 것을6 아는 자는 법까지도 버리고 떠나지 않으면 안 된다. 하물며 법이 아닌 것은 더 말할 필요가 있겠는가'고."

---

6. 경전의 여러 곳에서 찾아볼 수 있는 비유이다. 예를 들면 '비구들이여, 이와 같이 나는 [너희를] 건너가게 하기 위해, 집착하지 않게 하기 위해, 뗏목을 비유법을 설했다. 비구들이여, 실로 뗏목의 비유를 아는 그대들은 법까지도 버리지 않으면 안 되느니라. 하물며 법이 아닌 것은 더할 나위가 없다.'라고 했다. 이 같은 법의 비유는 법이 가지는 두 가지 성격 중의 하나를 말한 것이다. 즉 법에는 교시(敎示)의 법과 증오(證悟)의 법이 있다. 교시의 법이 이 뗏목으로 비유된 것이다. 강을 건너기 위하여 뗏목[법]은 필요하지만, 강을 건넌 다음에는 뗏목[법]이 필요 없는 것과 같은 것이다.

✥ 붓다의 교법敎法 ✥

다시 세존은 다음과 같이 장로 수보리에게 물으셨다.

"수보리여, 어떻게 생각하는가. 여래가 위 없는 바른 깨달음 [무상정등각無上正等覺]1이라고 하는 것을 깨닫는다면 지금 얻을 무엇[법]이 있는가. 또 여래가 실제로 가르친 법은 있는가."

이와 같은 물음을 받았을 때, 장로 수보리는 다음과 같이 세존에게 말했다.

"세존이시여, 세존께서 설하신 의미를 제가 이해한 것에 의하면, 여래가 가장 높은 깨달음이라고 한 것으로 지금 깨달은, 그러한 법은 아무것도 없습니다. 또 여래가 가르친 법도 없습니다. 왜냐하면 여래에 의하여 설해졌다든가, 교시(敎示)되었다고 하는 법은 인식할 수도 없고, 입으로 설명할 수도 없기 때문입니다. 그것은 법도 아니며, 법이 아닌 것도 아닙니다. 왜냐하면 성자(聖者)들은2 [의식적으로] 창작된 것이 아닌

---

1. 무상정등정각(無上正等正覺)의 준말. 범어 아뇩다라삼막삼보리의 신역 (新譯). 부처님의 깨달음. 범부·외도·성문·연각·보살에 대해서, 부처님의 지혜는 가장 수승하고 그 위가 없고 진실하고 평등한 바른 이치를 깨달아 증득했으므로 이같이 이른다.
2. 제불(諸佛) 또는 진리를 깨달은 이들, 즉 보살, 아라한까지 포함하여 말한다.

것에 의하여 특징 지어지기 때문입니다."[3]

세존은 물으셨다.

"수보리여, 어떻게 생각하는가. 양가(良家)의 아들이나 딸들이 이 삼천대천세계(三千大千世界)[4]를 일곱 가지 보배로 가득 채워, 그것을 여래와 바른 깨달음을 얻는 이들에게 보시한다고 하면, 그 양가의 아들과 딸은 그것으로 인하여 많은 공덕을 쌓은 것이 되겠느냐?"

수보리는 답했다.

"세존이시여, 그것은 참으로 큰 것입니다. 수가타여, 양가의 아들이나 딸들은 그로 인하여 참으로 커다란 공덕을 쌓게 될 것입니다. 왜냐하면 세존이시여, 여래는 '공덕을 쌓는다고 하는 것은 공덕을 쌓지 않는 것'이라고 설하고 있기 때문입니다. 그러므로 여래는 '공덕을 쌓는다, 공덕을 쌓는다'고 설하는 것입니다."

세존은 말씀하셨다.

---

3. 이 대문의 한역(漢譯)은 진제(眞諦)가 '일체성인개이무위진여소현현고(一切聖人皆以無爲眞如所顯現故)'라 했으며, 콘즈(E. Conze)는 '왜냐하면 절대적인 것이 성자(聖者)들을 보다 높이기 때문이다'고 번역하고 있다. 자세히 말하면 '성자들은 단순한 현상적 존재로부터 승화해 마침내는 한정되지 않은, 절대자 그 자체의 삶을 누리기 때문이다'고 하는 뜻이다. 원문은 asaṃskṛta-prabhāvitā hy ārya-pudgalāḥ이다.

4. 이 대문의 한역(漢譯)은 진제(眞諦)가 '일체성인개이무위진여소현현고(一切聖人皆以無爲眞如所顯現故)'라 했으며, 콘즈는 '왜냐하면 절대적인 것이 성자(聖者)들을 보다 높이기 때문이다'고 번역하고 있다. 자세히 말하면 '성자들은 단순한 현상적 존재로부터 승화해 마침내는 한정되지 않은, 절대자 그 자체의 삶을 누리기 때문이다'고 하는 뜻이다. 원문은 asaṃskṛta-prabhāvitā hy ārya-pudgalāḥ이다.

"수보리여, 실제로 양가의 아들이나 딸들이 이 끝없이 넓은 우주〔삼천대천세계〕를 일곱 가지 보배로 가득 채워 그것을 여래와 존경해야 할 사람, 진리에 대하여 바르게 눈뜬 이들에게 보시했다고 하자. 그러나 한편, 이 가르침의 경전(經典=법문 法門) 가운데서 비록 사행시(四行詩)의 시구 한 줄이라도 배우고 몸에 익혀 남을 위하여 자세히 가르친다면, 이로 인하여 보시보다도 훨씬 많은 공덕을 쌓게 되느니라.

왜냐하면 수보리여, 여래와 바른 깨달음을 얻은 이들이 얻었다고 하는 '최상의 깨달음〔무상정등정각無上正等正覺〕'도 그로부터 생겼으며, 눈뜬 사람인 세존까지도 그로부터 생겼기 때문이다. 또 수보리여, 그것은 '붓다의 가르침〔교법敎法〕, 붓다의 가르침이라고 하지만 실로 그것은 불법(佛法)이 아니다'고 여래가 설하기 때문이다. 그러므로 붓다의 가르침〔불법〕이라고 하는 것이다."

❧ 무쟁삼매無諍三昧[1] ❧

"수보리여, 어떻게 생각하는가. '영원한 평화의 흐름에 든 사람'이[2] '나는 영원한 평화의 흐름에 든 사람이다'라는 생각을 하겠는가."

수보리는 답했다.

"아닙니다. 세존이시여, 그렇지 않습니다. '영원한 평화의 흐름에 든 사람'에게는 '영원한 평화의 흐름에 들었다'고 하는 생각은 나지 않습니다, 왜냐하면 세존이시여, 그에게는 얻어야 할 아무런 것도 없기 때문입니다. 그러므로 '영원한 평화의 흐름에 든 사람'이라고 하는 것입니다. 그는 모양〔色〕을 얻은 것도 아니며, 소리〔聲〕·냄새〔香〕·맛〔味〕·감촉되는 것〔觸〕, 그리고 마음의 대상〔법〕에 이르기까지 얻은 것은 아무것도 없습니다. 그렇기 때문에 '영원한 평화의 흐름에 든 사람'이라고 불

---

1. 공리(空理)에 안주하여 다른 것과 다투는 일이 없는 선정(禪定). 지도론(智度論) 11에 '수보리는 제자 중에서 무쟁삼매를 얻어서 제일이 된다. 무쟁삼매상은 항상 중생이 심뇌(心惱)가 나지 않게 하며 연민을 행함이 많다'고 하였다.
2. 원어 srota-āpanna의 의역. 직역하면 '흐름에 들었다'이다. '예류(預流)'·'입류(入流)'라고 한역(漢譯)한다. 무명(無明)을 끊고 처음으로 성자의 계열에 든 사람을 말한다. 소승(小乘) 성자의 계위(階位) 사과(四果) 중 첫 번째.

리는 것입니다.

세존이시여, 만약 영원한 평화의 흐름에 든 사람이 '나는 영원한 평화의 흐름에 든 사람이 얻는 성과를 이루었다'고 하는 생각을 일으킨다면 그것은 그에게 '나[자아]'에 대한 집착이 있기 때문이며, 중생에 대한 집착과 생명에 대한 집착, 개아 (個我)에 대한 집착이 일어날 것입니다."

세존은 물으셨다.

"수보리여, 어떻게 생각하는가. '한 번 다시 태어나 깨달음을 얻을 사람'이[3] '나는 한 번 다시 태어나 깨달음을 얻을 사람이 지니는 성과에 이르렀다'고 하는 생각을 일으킬 것인가."

수보리는 답했다.

"아닙니다. 세존이시여, 그럴 리는 없습니다. 한 번 다시 태어나 깨달을 사람이 '나는 한 번 다시 태어나 깨달음을 얻을 사람이 지니는 성과에 이르렀다'고 하는 생각을 할 리가 없습니다. 왜냐하면, 한 번 다시 태어나서 깨달음을 얻을 사람이 되었다고 해서 실재로 한 번 다시 태어나는 것과 같은 일은 없기 때문입니다. 그러므로 '한 번 다시 깨달음을 얻을 사람' 이라고 하는 것입니다."

---

3. 원어는 sakṛdāgāmin. 한역에서는 '일래(一來)'라고 의역. 소승의 성자 계위 사과 중의 두 번째. 원어를 직역하면 '한 번 오는 자'이다. 인도에 서는 깨달음을 이룬 성자는 두 번 다시 생(生)을 받지 않는다고 한다. 그러나 '사다함'의 수행밖에 이루지 못한 자는 하늘 혹은 인간으로 한 번 더 태어나 완전한 깨달음을 이루고 열반에 든다.

❧ 인과율因果律[1] ❧

세존은 물으셨다.

"수보리여, 어떻게 생각하는가. '결코 다시는 태어나지 않게 된 사람'이[2] '나는 결코 다시는 태어나지 않는 사람의 성과에 이르렀다'고 하는 생각을 할 것인가."

수보리는 답했다.

"아닙니다. 세존이시여, 그럴 리는 없습니다. 결코 다시는 태어나지 않게 된 사람이 '나는 결코 다시는 태어나지 않는 사람이 지니는 성과에 이르렀다'고 하는 생각을 할 리가 없습니다. 왜냐하면, 그것은 세존이시여, 이미 결코 다시는 태어나지 않는 사람이 되었다고 하더라도, 실제로는 그러한 일이 있

---

1. 선악의 행위에는 반드시 그 과보가 있다고 하는 도리. 구사론(俱舍論)에서는 4연(緣) · 6인(因) · 5과(果)를 들고, 유식론(唯識論)에서는 4연 · 10인 · 5과를 들었다. 일체 만상의 생성(生成) 괴멸(壞滅)하는 미오(迷悟) 세계의 모양들은 하나도 인과 관계에 말미암지 않는 것이 없다고 한다.
2. 원어 anágámin의 의역. 직역하면 '결코 돌아오지 않는 자'이다. 욕계(欲界)의 번뇌를 끊어 버린 성자를 말한다. 사후에는 색계(色界) · 무색계(無色界)에 태어나고 욕계에는 다시 오지 않는다. 그러므로 한역에서는 '불환(不還)' '불래(不來)'라고 번역한다. 소승 사과(四果) 중의 세 번째.

는 것이 아니기 때문입니다. 그러므로 '결코 다시는 태어나지 않는 사람'이라고 말하는 것입니다."

세존은 물으셨다.

"수보리여, 어떻게 생각하는가. '존경받아야 할 사람'이3 '나는 존경받아야 할 사람이 되었다'고 하는 생각을 할 것인가."

수보리는 답했다.

"아닙니다. 세존이시여, 존경받아야 할 사람이 '나는 존경받아야 할 사람이 되었다'고 하는 생각을 할 리가 없습니다. 왜냐하면 세존이시여, 존경받아야 할 사람이라고 하는 것이 실제로는 없기 때문입니다. 그러므로 '존경받아야 할 사람'이라고 말하는 것입니다.

세존이시여, 만약 존경받아야 할 사람이 '나는 존경받아야 할 사람이 되었다'고 하는 그러한 생각을 했다면, 그것은 그에게 '나'에 대한 집착이 있기 때문입니다. 따라서 중생에 대한 집착이 일어나고, 생명에 대한 집착이 일어나며, 개인에 대한 집착이 일어날 것입니다.

세존이시여, 여래와 존경받아야 할 사람, 그리고 진리에 대하여 바르게 눈뜬 사람은 저에 관하여 '다툼이 없는 경지를 즐기는 사람 중에 으뜸인 자'라고4 말했습니다. 세존이시여, 저는

---

3. 원어 arhat의 의역으로 의역인 아라한은 널리 알려져 있다. '존경받아야 할 사람'이란 뜻이므로 한역은 '응공(應供)'이라고 번역한다. 소승 사과 중의 네 번째로 최고위. 소승의 이상적인 수행자이다. 본래 어원적인 뜻은 '값있는 사람'으로 세상에서 존경받을 자격이 있는 사람을 가리켰다.
4. 다툼이 없다고 하는 것은 마음속에 갈등이 없는 것을 말하므로 미망

존경받을 만한 사람이고 또 욕망을 떠나 있습니다. 그러나 세존이시여, 저는 '나는 존경받아야 할 사람이며 욕망을 떠나 있다'고 하는 생각을 하지는 않습니다.

세존이시여, 만약 제가 '나는 존경받아야 할 사람의 상태에 이르렀다'고 하는 생각했다면, 여래께서는 저에 관하여 '훌륭한 젊은이인 수보리는 다툼을 떠난 경지를 즐기는 사람 중에 으뜸이며, 아무 데에도 얽매인 곳이 없으므로 번뇌가 없고 따라서 다툼을 떠난 자'라고 단언하시지는 않으셨을 것입니다."

(迷妄)이 없는 것이다. 원어는 araṇā-vihārinām agryah. 직역하면 '싸움이 없는 상태에 사는 사람 중의 제1자'이다. 그러나 티베트 번역은 '번뇌 없이 사는 사람들 가운데 가장 높은 사람'으로 되어 있다.

❧ 집착執着 ❧

세존께서 물으셨다.

"수보리여, 어떻게 생각하는가. 배워야 할 어떤 진리[법]가 있기에, 여래는 존경받아야 할 사람, 진리에 대하여 바르게 눈뜬 사람인 연등불(燃燈佛)에게서[1] 배웠으며, 배워서 얻은 것이 있다면 그것은 무엇이겠는가."

수보리는 답했다.

"아닙니다. 세존이시여, 그렇지 않습니다. 존경받아야 할 사람, 진리에 대하여 바르게 눈뜬 연등불에게서 여래가 얻은 것은 아무것도 없습니다."

세존이 말씀하셨다.

"수보리여, 만약 어느 구도자가 '나는 부처의 광명(光明)으로 국토를 장엄(莊嚴)[2]하리라'고 했다면 그는 거짓을 말한 것

---

1. 원어는 Dipaṅkara Tathāgata. 과거세(過去世)의 부처로 석존이 미래에 반드시 부처가 될 것이라고 예언했다. 경(經)에 의하면 석존이 전생에 스메다라는 이름을 가진 때가 있었다. 스메다는 도를 찾아 고행하고 있었는데, 어느 날 파헤쳐진 도로 위에 자신의 몸을 걸쳐 연등불이 지나가게 했다. 이때 연등불로부터 '그대는 후세에 샤카족의 성자가 되리라'고 하는 수기(授記)를 받았다고 한다.(Dhammapada-Athakathā · Jātaka · Mahā-vastu)
2. 좋고 아름다운 것으로 국토를 꾸미고, 훌륭한 공덕을 쌓아 몸을 장식

이다. 왜냐하면 여래는 '국토의 장엄, 국토를 장엄한다고 하는 것은 장엄이 아니다'고 설하고 있기 때문이다. 그러므로 국토의 장엄이라고 하는 것이다.

그러므로 구도자, 뛰어난 사람들은 집착하지 않은 마음을 지녀야 한다. 무엇에나 집착한 마음을 내어서는 안 된다. 모양〔色〕에 집착한 마음을 내어서는 안 된다. 소리〔聲〕·냄새〔香〕·맛〔味〕·감촉되는 것〔觸〕·마음의 대상〔법〕에 집착하는 마음을 내어서는 안 된다."

하고, 향과 꽃을 부처님께 올려 장식하는 것들. 또 관무량수경(觀無量壽經)에 "모든 악업으로써 스스로 장엄한다."라고 한 것은 악한 업을 몸에 쌓아 모음을 말한다.

❧ 공덕功德 | ❧

"수보리여, 가령 결함이 없는 육체를 가진 사람이 있다고 하자. 그의 몸은 커서 — 이를테면 그 몸은 흡사 산의 왕이라고 할 수 있는 수미산(須彌山)¹과 같이 크다고 하자. 수보리여, 어떻게 생각하는가. 그의 몸을 크다고 할 수 있겠느냐."

수보리는 답했다.

"세존이시여, 큽니다. 수가타〔Sugata, 선서善逝〕²여, 그 몸은 크고말고요. 왜냐하면 세존이시여, 여래는 '몸, 몸이라고 하지만 그것은 몸이 아니다'고 설하기 때문입니다. 그러므로 몸이라고 합니다. 세존이시여, 이같이 말하는 까닭은 그것은 몸〔有〕도 아니며, 몸이 아닌 것〔無〕도 아니기 때문입니다. 그러므로 몸이라고 합니다."

세존은 물으셨다.

---

1. 4주 세계의 중앙, 금륜(金輪) 위에 우뚝 솟은 높은 산. 둘레에 7산 (山) 8해(海)가 있고 또 그밖에 철위산이 둘려 있어 물속에 잠긴 것이 8만 유순, 물 위에 드러난 것이 8만 유순이며, 꼭대기는 제석천(帝釋 天), 중턱은 사왕천의 주처(住處)라 한다.
2. 부처님께 있는 공덕상(功德相)을 일컫는 열 가지 명호 가운데 하나. 인 (因)으로부터 과(果)에 가기를 잘하여 돌아오지 않는다는 뜻. 부처님 은 여실히 저 언덕〔피안〕에 가서 다시 생사해(生死海)에 빠지지 않으 므로 이렇게 말한다.

"수보리여, 어떻게 생각하는가. 갠지스 강의 모래알만큼 갠지스 강이 있다고 하자. 그 강에 있는 모래알은 많겠느냐."

수보리는 답했다.

"세존이시여, 그만큼의 갠지스 강만으로도 굉장한 수가 될 것입니다. 하물며 그 많은 갠지스 강에 있는 모래알의 수야 더 말할 나위가 없습니다."

세존은 말씀하셨다.

"수보리여, 나는 그대에게 일러주리라. 그리고 이해하도록 할 것이다. 어느 여자나 남자가 그 수많은 갠지스 강에 있는 모래알만큼의 세계를 일곱 가지 보배로 가득 채워 여래, 존경해야 할 사람, 진리에 대하여 바르게 눈뜬 사람들에게 보시를 했다고 하자.

수보리여, 어떻게 생각하는가. 그 여자와 남자는 그것으로 인하여 많은 공덕을 쌓은 것이 되겠는가."

수보리는 답했다.

"세존이시여, 크고말고요. 수가타여, 그 여자와 남자는 그로 인하여 헤아릴 수 없이 많은 공덕을 쌓은 것이 됩니다."

세존은 말씀하셨다.

"그러나 수보리여, 여자나 남자가 그같이 많은 세계를 일곱 가지 보배로 가득 채워 여래, 존경해야 할 사람, 진리에 대하여 바르게 눈뜬 사람에게 보시를 했다 하더라도, 만약 훌륭한 젊은 남녀가 이 가르침의 경전〔법문法門〕에서 사행시(四行詩) 한 수라도 얻어 내어 몸에 익히고 다른 사람들을 위하여 자세히 가르친다면 이는 그보다도 훨씬 많은 공덕을 쌓게 될 것이다.

또 수보리여, 어느 지방이든지, 이 법문으로부터 사행시의

한 구절일지라도 몸에 익히고 해석하고 설명하여 들려주는 일이 있는 것은 신(神)과 인간과 아수라(阿修羅)3들을 포함한 모든 세계에 있어서 '최대의 존경을 받음에 합당한 탑(塔)과 같이 거룩한 곳'이 될 것이다. 하물며 이 법문을 남김없이, 완전히 기억하고 읽고 이해하고 다른 사람에게 자세히 설명한다면, 수보리여, 그러한 사람들은 최고의 능력을 지니게 될 것이다.

수보리여, 그곳에는 스승〔불타〕이 계시기도 할 것이며, 혹은 누구든 스승과 같이 총명한 지식을 지닌 사람이 살기도 하리라."

---

3. 6도(道)의 하나, 8부중(部衆)의 하나로, 일종의 귀신으로 보여지며, 수미산 아래 큰 바다 밑에 그 주거가 있다고 한다. 6도는 천(天)·인(人)·수라(修羅)·아귀(餓鬼)·축생(畜生)·지옥(地獄). 줄여서 수라(修羅)·비천(非天)·비류(非類)·부단정(不端正)이라 한다.

❧ 지혜의 완성 ❧

　이같이 말씀할 때, 수보리 장로는 세존을 향하여 다음과 같
이 물었다.
　"세존이시여, 이 법문[경전]의 이름은 뭐라고 합니까. 또 이
것을 어떻게 지니는 것이 좋겠습니까."
　이와 같이 묻자 세존은 다음과 같이 장로 수보리에게 답하
셨다.
　"수보리여, 이 법문의 이름은 〈지혜의 완성[반야바라밀다]〉
이다. 그와 같이 지니는 것이 좋다. 그 까닭은 수보리여, '여
래에 의하여 설하여진 〈지혜의 완성〉은 곧 지혜의 완성이 아
니다'고 여래에 의하여 설해지기 때문이다. 그러므로 〈지혜의
완성〉이라고 말해진다.
　수보리여, 어떻게 생각하는가. 여래에 의하여 설하여진 법
(法)이란 것이 있는가."
　수보리는 답했다.
　"세존이시여, 그러한 것은 없습니다. 여래에 의하여 법이라
고 설하여진 것은 아무것도 없습니다."

❧ 티끌 ❧

세존은 물으셨다.

"수보리여, 이 끝없이 넓은 우주 속에 있는 티끌이[1] 많다고 생각하는가?"

수보리는 답했다.

"세존이시여, 그것은 많습니다. 수가타여, 그것은 매우 많습니다. 왜냐하면 세존이시여, '여래에 의하여 설하여진 티끌은 티끌이 아니다'고 여래에 의하여 설해지고 있기 때문입니다. 그러므로 티끌이라고 하는 것입니다. 또 '여래에 의하여 설하여진 이 세계는 세계가 아니다'고 여래에 의하여 설해지고 있기 때문입니다. 그러므로 '세계'라고 말해지는 것입니다."

---

1. 원어는 rajas. 티베트 역은 원자(原子)의 의미로 되어 있고, 한전(漢典)에는 '미진(微塵)'으로 번역되어 있다.

❧ 32상相 ❧

세존은 물으셨다.

"수보리여, 어떻게 생각하는가. 여래, 존경해야 할 사람, 진리에 대하여 바르게 눈뜬 사람을 알아볼 때에 위대한 사람에게 갖추어진 서른두 가지 신체의 특징〔32상相〕1에 의하여 알

---

1. 32대인상(大人相)이라고도 한다. 위대한 인간이 가진 32가지 서상(瑞相). 부처님의 신체에 갖추어진 32가지 표상. 경전마다 이설(異說)이 많다. 1) 두상(頭上)에 육계(肉髻)가 있어 머리 꼭대기가 머리를 틀어 올린 것처럼 살이 한 단 더 올라 있음. 2) 신체의 털이 하나하나 오른쪽으로 말려 있는 것, 혹은 오른쪽으로 말린 두발을 가진 것이라고도 함. 3) 앞이마가 평평하고 바른 것. 4) 미간에 희고 부드러운 털이 있고 오른쪽으로 말려 있는 것. 5) 눈동자가 감청색이고 속눈썹이 암소의 그것과 같음. 6) 이〔치아〕가 40개임. 7) 평평한 이를 갖고 있는 것. 8) 이가 벌어지지 않고 틈이 없음. 9) 이가 하얗고 깨끗함. 10) 최상의 미감(味感)을 가진 것. 11) 턱뼈가 사자와 같음. 12) 혀가 길고 좁음. 13) 절묘한 음성〔범음梵音〕이 있음. 14) 어깨 끝이 매우 둥글고 풍만한 것. 15) 7개의 융기(隆起)가 있는 것. 16) 두 겨드랑이 아래의 살이 원만한 것. 17) 피부가 세밀하고 부드러우며 황금과 같음. 18) 똑바로 서서 굽히지 않았을 때에는 손이 길어 무릎에 닿을 정도임. 19) 상반신이 사자와 같음. 20) 신체가 넓고 길며 니구타(尼拘陀) 나무와 같음. 21) 하나하나의 모발이 오른쪽으로 말려 있는 것. 22) 신체의 털이 모두 위를 향해 자람. 23) 남근이 몸의 내부에 감추어져 있음. 24) 넓적다리가 둥근 것. 25) 발의 복사뼈가 노출되어 있음. 26) 손발이 유연함. 27) 손발에 망이 휘감겨 있음. 28) 손가락이 긴 것.

아보는가."

수보리는 답했다.

"세존이시여, 그렇지는 않습니다. 여래, 존경해야 할 사람, 진리에 대하여 바르게 눈뜬 사람을 알아볼 때에 위대한 사람에게 갖추어진 서른두 가지 신체의 특징에 의하여 알아보지는 않습니다. 왜냐하면 세존이시여, 실제로 '여래에 의하여 설해진, 위대한 인물에게 갖추어지는 서른두 가지 신체상의 특징은 특징이 아니다'고 여래는 설하기 때문입니다. 그러므로 '위대한 인물에게 갖추어지는 서른두 가지 신체상의 특징'이라고 말하는 것입니다."

29) 손발에 고리 표시가 있음. 30) 발이 땅에 안주하고 있는 것. 31) 발꿈치가 넓고 길며 풍만함. 32) 종아리가 사슴왕과 같음.

❧ 공덕功德 II ❧

세존은 말씀하셨다.

"수보리여, 실제로 한 사람의 여인, 혹은 남자가 갠지스 강의 모래알만큼 많은 몸을 매일 바치고, 또 갠지스 강의 모래알만큼 많은 기간에 걸쳐 무한히 계속해서 몸을 바친다 하더라도, 이 법문으로부터 사행시 한 수라도 끌어내어 남을 위하여 가르침을 펴고 설하여 들려주는 이가 있다면, 이는 이로 인하여 보다 더 많은 헤아릴 수 없는 공덕을 쌓은 것이 되리라."

❧ 가장 뛰어난 완성자 ❧

그때, 장로 수보리는 그와 같은 가르침에 감동하여 눈물을 흘렸다. 그는 눈물을 닦고 나서 세존에게 다음과 같이 말했다.

"세존이시여, 놀라운 일입니다. 수가타여, 참으로 훌륭합니다. '최상의 길을 향하는 사람들'을 위하여, 또 '지고(至高)한 길을 향한 사람들'을 위하여 여래가 이 법문을 설했다고 하는 것은 — 그리고 그에 의하여 저에게 지혜가 생겼다고 하는 것은.

세존이시여, 저는 아직 이와 같은 종류의 법문을 들은 일이 없습니다. 세존이시여, 이 경이 설해지는 것을 듣고 〈진실〉이라고 하는 생각을 내는 구도자는 최고의 능력을 갖춘 사람일 것입니다. 왜냐하면 세존이시여, 그 진실이라고 하는 관념은 곧 진실의 관념이 아니기 때문입니다. 그러므로 여래는 '진실의 관념이다, 진실의 관념이다'고 설하는 것입니다.

세존이시여, 이 법문이 설해질 때, 그것을 믿고 받아들이며 이해하는 것은 저에게 있어서 어려운 일은 아닙니다. 그러나 세존이시여, 장차 다가올 시대 — 바른 가르침이 없어지게 되는 다음의 5백년대가 되었을 때, 어느 사람들이 이 법문을 받들고, 기억하고, 읽고 이해하며, 남을 위하여 자세히 설명하는 일이라도 있게 되면, 그 사람들은 보다 더 뛰어난 능력을 갖춘 자라고 하게 될 것입니다.

세존이시여, 그리고 그들에게는 실로 '나'라고 하는 생각도 일어나지 않을 것이며, 중생이라고 하는 생각도, 생명이 있는 것이라고 하는 생각도, 개아(個我)라고 하는 생각도 일어나지 않을 것입니다. 또 그들에게는 생각한다든가 생각하지 않는다고 하는 일도 일어나지 않습니다.

왜냐하면 세존이시여, '나'라고 하는 생각을 하는 것은 '나'라고 하는 생각을 하지 않는 것에 지나지 않고, 중생이라고 하는 생각도, 생명이 있는 것이라고 하는 생각도, 개아라고 하는 생각도 생각하지 않는다고 하는 것에 불과하기 때문입니다. 그것은 모두 부처가 일체의 생각을 멀리 떠나 있기 때문입니다."

이와 같이 말하자, 세존은 장로 수보리에게 다음과 같이 말씀하셨다.

"수보리여, 그대의 말과 같다. 이 경이 설해질 때에 놀라지 않고, 두려워하지 않으며, 공포에 떨지 않는 사람은 최상의 능력을 갖춘 사람이라고 해야 한다. 왜냐하면 수보리여, 여래에 의하여 설해진 이 최상의 완성[반야바라밀다]은 곧 완성이 아니기 때문이다. 수보리여, 그러면서도 여래가 최상의 완성이라고 설한 그것을 우수한 부처와 보살들도 설한다. 그러므로 '최상의 완성자'라고 하는 것이다."

✈ 인욕忍辱의 완성 ✈

"또 수보리여, 여래에게 있어서 '인욕(忍辱)의 완성(=인욕바라밀다)'은 실로 완성이 아니다. 왜냐하면 수보리여, 그 옛날 어느 카리 왕〔악왕惡王〕이 나의 몸과 사지(四肢)로부터 살을 저며 냈을 그때에도 나에게는 '나'라고 하는 생각도, 중생이라고 하는 생각도, 생명이 있는 것이라는 생각도, 개아(個我)라고 하는 생각도 없었기 때문이다. 또 생각한다고 하는 것, 생각하지 않는다고 하는 것까지도 없었기 때문이다.

수보리여, 무슨 까닭이냐 하면, 만약 그때 나에게 '나'라고 하는 생각이 있었다면 원한(怨恨)이 생겼을 것이기 때문이다. 또 만약 중생이라고 하는 생각, 생명이 있는 것이라고 하는 생각, 개아라고 하는 생각이 있었다고 하면, 그때에도 나에게는 원한이 일어났을 것임에 틀림없다.

왜냐하면 수보리여, 나는 생생하게 다음의 일을 기억하기 때문이다. 즉 그 옛날, 과거세(過去世)에 5백의 생애를 사는 동안, 나는 크샨티바딘(인욕을 설하는 자)이라고 하는 선인(仙人)이었다. 그때에도 나에게는 '나'라고 하는 생각이 없었으며, 중생이라고 하는 생각도 없었으며, 생명이 있는 것이라고 하는 생각도 없었으며, 개아라고 하는 생각도 없었다."

❧ 보시布施의 완성 ❧

"그러므로 수보리여, 구도자, 뛰어난 사람들은 모든 관념을 버리고 위 없는 바른 깨달음에 대하여 발심(發心)하지 않으면 안 되느니라. 형상[色]에 집착한 마음을 일으켜서는 안 된다. 소리·냄새·감촉되는 것·맛·마음의 대상에 집착하는 마음을 일으켜서는 안 된다. 그리고 진리[법法]에 집착하는 마음을 일으켜서도 안 된다. 진리가 아닌 것[비법非法]에 집착해서도 안 된다. 따라서 그 어떤 것에도 집착한 마음을 일으켜서는 안 된다. 왜냐하면, 무릇 집착한다고 하는 것은 곧 집착하지 않는 것이기 때문이다. 그러므로 여래는 설하셨다. '구도자는 집착하지 않고서 보시하지 않으면 안 된다. 형상·소리·냄새·맛·감촉되는 것, 마음의 대상에 집착하지 않고서 보시해야 한다'고.

또 수보리여, 모든 중생을 위하여 구도자는 그와 같은 보시를 하지 않으면 안 된다. 왜냐하면 수보리여, 이 중생이라고 하는 생각은 중생이라고 하는 생각이 아니기 때문이다. 마찬가지로 여래가 중생이라고 설한 모든 것은 실로 중생이 아닌 것이다. 왜냐하면 수보리여, 여래는 진실만을 이야기하는 분이며, 진리만을 설하는 분이며, 있는 그대로를 말하는 분이며, 그르침이 없이 설하는 분이기 때문이다. 여래는 거짓을 말하지 않는다.

또 수보리여, 지금 여래가 깨닫고 가르치고 통찰한 법 가운데는 진실도 거짓도 없다. 수보리여, 이것을 비유해서 말하면, 어둠 속에 있는 사람의 눈에는 아무것도 보이지 않는다. 그와 같이 사물에 집착해 보시하는 구도자에게 있어서는 아무것도 보이지 않는다고 생각해야 한다.

수보리여, 비유컨대 건강한 눈을 가진 사람이 날이 밝아 태양이 떠올랐을 때, 여러 가지 형상을 볼 수가 있다. 그와 같이 사물에 집착하지 않고 보시하는 구도자는 사물에 얽매이지 않는 자(모든 진실을 볼 수 있는 자)라고 생각해야 한다.

수보리여, 실로 이 법문을 익히고 기억하며, 읽고 이해하고, 남을 위하여 자세히 설하여 들려주는 훌륭한 젊은 남녀들이 있다. 수보리여, 여래는 깨달은 이의 지혜로써 이러한 사람들을 알고 있다. 수보리여, 여래는 깨달은 이의 눈으로 이러한 사람들을 보고 있다. 수보리여, 여래는 이러한 사람들을 알고 있다. 수보리여, 이들 모든 사람들은 헤아릴 수 없이 많은 복덕(福德)을 쌓아 자기 것으로 할 것이다.

또한 수보리여, 여자나 남자가 오전 중에 갠지스 강의 모래알과 같이 많은 수의 몸을 기쁘게 희생하고, 그와 같이 낮과 저녁에도 갠지스 강의 모래알만큼 많은 몸을 영원히1 계속하

---

1. 원어는 bahūni kalpa-koṭi-niyuta-śata-sahas-rāṇi. 즉 '겁(劫)'이라고 음역되는 kalpa는 무한히 긴 시간을 말한다. 직역하면 '백(百, śata)의 천(千, sahasra)의 10만(萬, koṭi)의 조(兆, niyuta)의 많은 겁' 즉 '100×10만×조(兆)×다겁(多劫)'이라는 의미이다. 요는 상상할 수조차 없는 무한한 시간을 가리킨다. 그러므로 한역으로는 '무량백천만억

여 바친다 하자. 그리고 한편으로는 이 법문을 듣고 비방하지 않는 자가 있다고 하자. 비방하지 않는 자는 그로 인하여 〔희생자〕보다 더 많은 헤아릴 수 없이 많은 복덕을 쌓게 되느니라. 하물며 손수 베끼고 익히며, 기억하고 읽고 이해하고, 남을 위하여 자세히 설하여 들려주는 이가 있다면 이는 더 말할 나위가 없다."

겁(無量百千萬億劫)'이라고 한다.

❧ 사견邪見을 버려라 ❧

"수보리여, 이 법문은 실로 불가사의해서 비교할 수가 없다. 또 수보리여, 이 법문은 최고의 길[道]을 지향하는 사람들을 위하여 보다 더 지고(至高)한 길을 지향하는 사람들을 위하여 여래에 의하여 설해진 것이다. 그리고 어떤 사람들은 이 법문을 취하여 익히고 기억하며 읽고 이해할 것이며, 나아가서는 남에게 자세히 설하여 들려줄 것이다.

수보리여, 여래는 깨달은 이의 지혜[불지佛智]로 이러한 사람들을 알고 있다. 수보리여, 여래는 깨달은 이의 눈으로 이러한 사람들을 보고 있다. 수보리여, 여래는 이러한 사람들을 알고 있다. 이들 모든 사람은 헤아릴 수 없는 복덕을 갖춘 자가 될 것이다. 불가사의하고, 비교되지 않는, 헤아릴 수 없는, 무량한 복덕을 갖춘 자가 될 것이다. 수보리여, 이들 모두는 지고한 깨달음[아뇩다라삼막삼보리]1을 스스로 어깨에 짊어지는 자가 될 것이다.

왜냐하면 수보리여, 믿고 이해하는 능력이 모자라는 사람은2

---

1. 약해서 아뇩삼보리·아뇩보리라고도 한다. 무상정등각(無上正等覺)·무상정진도(無上正眞道)·무상정변지(無上正遍智)·무상정편지(無上正徧智)라고 한역한다. 부처님의 깨달음의 지혜로 위 없이 뛰어난 바른 평등·원만이란 뜻. 부처님의 최상 절대의 완전한 지혜.

이 법문을 들을 수 없기 때문이다. '나'를 영원한 주체라고 집착[아견我見]하는 자, 중생을 생명이 있는 실체라고 집착[중생견衆生見]하는 자, 실체로서의 개인이 있다고 집착[인견人見]하는 자, 생명으로서의 개체(個體=개아個我)가 있다고 집착[수자견壽者見]하는 자는 들을 수가 없기 때문이다. 구도자의 서원을 세우지 않은 사람은 이 법문을 듣고, 몸에 익히고, 기억하고, 읽고 이해할 수가 없으며, 그럴 수 있는 길이란 있을 수 없다.

또한 수보리여, 어떠한 지방이든, 이 경이 설해지는 곳은 신과 인간과 아수라들을 포함한 모든 세계가 공양하기에 마땅한 곳이 될 것이다. 그 지방은 오른쪽으로 세 번 돌며 예배하는 대상이 되리라. 그리고 그 지방은 최대의 존경을 받음에 합당한 탑과 같이 거룩한 곳이 되리라."

---

2. 원문은 hīnādhi-muktikaih sattvaih로 '낙소법자(樂小法者)'라고 구마라습은 번역하고 있다. 그러나 원어에는 '법'에 해당하는 말이 없다. hīna는 '열등(劣等)하다'는 뜻으로, hīna-yāna를 '소승(小乘)'이라고 번역하듯 소법(小法)이라고 의역하기도 한다.

업業의 보속補贖

"그러나 수보리여, 훌륭한 젊은 남녀가 이와 같은 경전을 몸에 읽히고 기억하고 읽고 이해하여, 바르게 마음을 기울여 남에게 자세히 설하여 들려준다 하더라도, 혹 그러한 그들을 업신여겨 욕보이는 일이 있을 것이다. 그러나 그것은 그들이 전생(前生)에 있어서 죄의 업보(業報)를 초래하는 온갖 악업(惡業)을 지었기 때문이며, 현세(現世)에서 업신여겨 욕을 당하는 일로 인하여 비로소 그 전생에서 지은 악업을 보상하고, 붓다의 깨달음을 얻게 되기 때문이다.

왜냐하면 수보리여, 나는 다음의 일을 생생하게 기억하고 있기 때문이다. 무한히 오랜 옛날, 연등불(燃燈佛)1, 존경받아야 할 사람, 진리에 대하여 바르게 눈뜬 사람이 있었고, 그 훨씬 이전에 수없이 깨달은 이가 많이 있었다. 나는 그들을 공양(供養)하여 기쁘게 하고, 기쁘게 하는 일을 그치지 않았다.

수보리여, 나는 이들 부처와 세존을 기쁘게 하고, 기쁘게 하는 일을 쉬는 일이 없었다. 그러나 다음의 세상, 다가올 다음

---

1. 과거세(過去世)에 출현하여 석존에게 미래에 성불(成佛)할 것이라고 예언한 부처님. 석존 이전에 나타났다고 전설적으로 전해지는 24명의 부처님 중 한 사람으로 알려져 있다.

의 5백년대가 되어, 바른 가르침이 멸할 무렵, 이와 같은 경전을 몸에 익히고 기억하고 읽고 이해하며, 더 나아가 남에게 자세히 설해 주는 사람이 있다면 수보리여, 그의 쌓은 공덕에 비하면 나의 공덕은 실로 그가 쌓은 공덕의 백분의 일에도 미치지 못한다. 아니 천분의 일에도, 백천(百千)분의 일에도, 억(億)분의 일에도, 백억(百億)분의 일에도, 백천억(百千億)분의 일에도, 백천억조(百千億兆)분의 일에도 미치지 못하느니라. 그것은 수량(數量)과 구분과 계산과 비유와 비교와, 유사함에 있어서 상대가 되지 않는다.

또 수보리여, 만약 내가 이들 훌륭한 젊은 남녀가 쌓는 공덕에 대하여 설명한다면, 이들 훌륭한 젊은 남녀들이 어느 정도의 공덕을 쌓고 지니게 되는가를 들을 때, 사람들은 정신이 이상해지고 마음이 산란하여 믿지 않게 될 것이다. 그리고 또 수보리여, 이 법문은 실로 불가사의하여 비할 데 없다고 여래가 설하셨지만, 그 보수(報酬)도 불가사의하다고 기대된다."

❧ 불생不生의 진리 ❧

그때, 장로 수보리는 세존에게 다음과 같이 물었다.

"세존이시여, 최고의 깨달음을 얻고자 구도자의 길에 들어선 자는 어떻게 생활하며, 어떻게 행동하고, 어떻게 마음을 지녀야 하겠습니까."

세존은 답하셨다.

"수보리여, 최고의 깨달음을 지향하는 구도자는 마땅히 다음과 같은 마음을 일으켜야 된다. 즉 '나는 모든 중생을 더럽히지 않는 영원한 평화라고 하는 경지에로 이끌어 가지 않으면 안 된다. 그러나 모든 중생을 이같이 영원한 평화에로 이끌어 갔다고 하더라도, 실은 영원한 평화에로 이끌려 간 사람은 한 사람도 없다'고.

왜냐하면 수보리여, 만약 구도자가 중생이라고 하는 생각을 일으킨다면 그는 이미 구도자라고 불릴 수 없기 때문이다. 또 생명이 있는 것이라고 하는 생각이나, 개아(個我)라고 하는 생각들을 일으킨 자는 구도자라고 할 수 없기 때문이다. 왜냐하면 수보리여, 실로 구도자의 길을 지향하는 사람〔발아뇩다라삼막삼보리자〕이라고 하는 것이 따로 있는 것은 아니기 때문이다.[1]

---

1. 티베트 역은 '구도자의 길을 지향하는 사람 따위는 실제로 존재하지 않

수보리여, 어떻게 생각하는가. 여래가 연등불에게서 진리〔법〕로서의 최고의 깨달음을 얻었다고 하는 그러한 일이 참으로 있는가."[2]

이 같은 물음을 받은 수보리 장로는 세존에게 다음과 같이 답했다.

"세존이시여, 스승께서 하신 말씀의 뜻을 제가 이해하고 있는 것으로는, 여래가 존경해야 할 사람, 진리에 대하여 바르게 눈뜬 사람인 연등불에게서 진리로서의 최고의 깨달음을 얻었다고 하는 그러한 일은 없습니다."

이때, 세존은 장로 수보리에게 다음과 같이 말씀하셨다.

"그와 같다. 수보리여, 그와 같으니라. 여래가 존경해야 할 사람, 진리에 대하여 바르게 눈뜬 사람인 연등불에게서 진리로서의 최고의 깨달음을 얻었다고 하는 그러한 일은 실로 없느니라.

수보리여, 만약 여래가 깨달았다고 하는 그러한 진리가 참으로 있다고 하면, 연등불께서 나를 '젊은이여,[3] 그대는 내세(來世)에 샤카무니라고[4] 이름하는 여래, 존경받음에 합당한 사람, 진리에 대하여 바르게 눈뜬 사람이 되리라'고 예언하지는

기 때문이다'라고 번역하고 있다.

2. 이 대문은 본래 '디반카라여래 밑에서 최상의 정각(正覺)을 실제로 얻었다고 하는 그와 같은 일 따위가 있는가'하는 것이다. 그러나 여기에서는 구마라습의 한역을 참고해 옮겼다.

3. 원어는 māṇava. 티베트 역은 '바라문의 청년'이라고 해석하고, 구마라습은 그냥 '여(汝)'라고만 했다.

4. 원어는 Śākya-muni 즉 '샤카족 출신의 성자(聖者)'라고 하는 의미이다.

않았을 것이다. 그러나 수보리여, 여래, 존경해야 할 사람, 진리에 대하여 바르게 눈뜬 사람이 최고의 깨달음으로써 깨닫는 그러한 진리는 실로 없는 것이다. 그러므로 나는 연등불에 의하여 '젊은이여, 그대는 내세에 샤카무니라고 이름하는 여래, 존경받음에 합당한 사람, 진리에 대하여 바르게 눈뜬 사람이 되리라'고 예언되었다.

왜냐하면 수보리여, '여래'라고 하는 것은, 이는 진여(眞如)[5] 의 다른 이름[6] — 수보리여, 여래라고 하는 것은, 이는 〈생(生)〉이[7] 없는 존재의 본질을 가리키는 다른 이름인 것이다. 수보리여, 여래라고 하는 것, 이는 존재의 단절(斷絶)을[8] 가리키는 다른 이름인 것이다. 수보리여, 여래라고 하는 것은, 이는 궁극적으로 불생(不生)인[9] 것을 가리키는 다른 이름이다. 왜

---

5. 원어는 Bhūta-tathatā. 우주의 모든 존재에 있어서 보편적으로 쓰이는 영원한 진리를 말한다.

6. -- 이하의 문장은 구마라습 역, 고단판(版), 티베트 역본에는 없다. 그러나 현장(玄奘) 역에는 이에 해당하는 부분이 있다. 따라서 이 부분은 후대에 추가된 것으로 추측된다.

7. 원어는 anutpāda-dharmatā. 상주(常住) 불변하는 존재의 근본에 사무치는 진리의 입장에서 본다면 '생(生)'이라고 하는 현상이라고 하는 것은 있을 수 없는 것이다. 그것을 존재의 본질[법성法性]이라고 한다.

8. 원어는 dharmoccheda. 현상적인 존재를 초절(超絶)해 있는 것을 의미한다.

9. 원어 atyanta-anutpanna를 옮긴 것. 현장은 '필경불생(畢境不生)'이라고 번역했다. 이 같은 '불생' 사상은 우파니샤드에서도 찾아볼 수 있다. 즉 '이는 실로 위대한 불생의 아트만[我]이다'고 했다. 또 대승장엄경론의 제6장 첫머리에서는 진실을 '유(有)도 아니고 무(無)도 아니며, 일여(一如)도 아니고 다른 것도 아니며, 생(生)하는 것도 아니다'고 했다. 이 같은 사상은 공(空)에 바탕을 두고 있다.

냐하면, 수보리여, 생(生)이 없는 것이 최고의 진리이기 때문이다.

수보리여, 만약 어느 사람이 '여래, 존경해야 할 사람, 진리에 대하여 바르게 눈뜬 사람이 최고의 깨달음을 실제로 깨달았다'고 말한다면, 그 사람은 거짓을 말한 것이 되느니라. 그는 진실이 아닌 것에 집착하여 나를 비방한 것이 될 것이다. 그것은 왜냐하면 수보리여, 여래가 최고의 깨달음이라고 하는 것을 깨닫는 것이 실제로는 없기 때문이다. 또 수보리여, 여래가 실제로 깨닫고 가르친 법에는 진실도 없으며 거짓도 없느니라. 그러므로 여래는 '모든 법은 깨달은 이의 법이다'고 설하는 것이다. 왜냐하면 수보리여, '모든 법이라고 하는 것은 실은 법이 아니다'고 여래에 의하여 설하여지고 있기 때문이다. 그러므로 〈모든 법〉이라고 하는 것이다. 비유하면 수보리여, 신체가 완전하고 몸이 큰 사람이**10** 있는 것과 같다."

---

10. '그 사람의 덕이 위대하다'고 하는 뜻으로 해석한다.

❦ 마음의 흐름 ❦

장로 수보리는 말했다.

"세존이시여, 여래가 '신체가 완전하고 몸이 큰 사람'이라고 설한 사람은 실제로는 몸이 없는 사람이라고 여래는 설하셨습니다. 그러므로 '신체가 완전하고 몸이 크다'고 말하는 것입니다."

세존은 물으셨다.

"수보리여, 그와 같느니라. 만약 어느 구도자가 '나는 모든 중생들을 영원한 평화에로 이끌 것이다'고 말했다면, 그 사람은 구도자라고 할 수 없다. 왜냐하면 수보리여, 그 구도자라고 이름할 수 있는 것으로 도대체 어떠한 것이 있다는 말인가."

수보리는 답했다.

"세존이시여, 그렇지 않습니다. 저 구도자라고 이름할 수 있는 것은 따로 있는 것이 아닙니다."

세존은 말씀하셨다.

"수보리여, '중생, 중생이라고 하는 것은 실은 중생이 아니다'고 여래는 말하고 있다. 그러므로 중생이라고 말하는 것이다. 그러므로 여래는 '모든 것에는 〈나〉라고 하는 것은 없다.1 모든 것에는 중생이라고 하는 것은 없다. 살아 있는 것이라고

---

1. 원어는 nirātman. '무아(無我)'에 해당한다.

하는 것은 없다. 개아라고 하는 것은 없다'고² 하는 것이다.

수보리여, 만약 어느 구도자가 '나는 불국토(佛國土)³를 건설하리라'고 했다면, 이 사람도 마찬가지로⁴ 구도자가 아니라고 해야 할 것이다. 그것은 왜냐하면 수보리여, 여래는 '불국토의 건설은 곧 건설이 아니고 그 이름이 건설이다'라고 설하고 있기 때문이다. 그러므로 불국토의 건설이라고 하는 것이다.

수보리여, 만약 구도자가 사물[법]에는 나[자아]가 없다. 사물에는 나가 없다고 믿고 이해한다면 여래, 존경해야 할 사람, 진리에 대하여 바르게 눈뜬 사람은 그 사람을 구도자, 뛰어난 사람이라고⁵ 말한다."

그리고 세존은 물으셨다.

"수보리여, 어떻게 생각하는가. 여래에게는 육안(肉眼)⁶이 있는가."

수보리는 답했다.

"세존이시여, 그와 같습니다. 여래에게는 육안이 있습니다."

세존께서 물으셨다.

---

2. 막스 뮐러의 교정본은 이 대문을 '모든 것에는 개체라고 하는 것은 없다. 인격적 존재라고 하는 것은 없다. 개아(個我)라고 하는 것은 없다'고 했다.
3. 부처님의 나라, 부처님이 계시는 나라, 부처님에 인도 되는 나라. 불찰(佛刹)·불토(佛土).
4. 막스 뮐러는 이 대문을 '그는 진실이 아닌 것을 이야기한 것이 된다'고 해석했다.
5. 원어는 mahāsattva. 구마라습과 티베트 역은 '보살'로 번역하고 있다.
6. 심안(心眼)의 대로 불안(佛眼)에 대한 인간의 눈. 오안(五眼 - 육안肉眼·천안天眼·혜안慧眼·법안法眼·불안佛眼) 중 하나.

"수보리여, 어떻게 생각하는가. 여래에게는 천안(天眼)이[7] 있는가."

수보리는 답했다.

"세존이시여, 그와 같습니다. 여래에게는 천안이 있습니다."

세존께서 물으셨다.

"수보리여, 어떻게 생각하는가. 여래에게 지혜의 눈〔혜안慧眼〕[8]이 있는가."

수보리는 답했다.

"세존이시여, 그와 같습니다. 여래에게는 지혜의 눈이 있습니다."

세존께서 물으셨다.

"수보리여, 어떻게 생각하는가. 여래에게는 '진리를 바르게 보는 눈〔법안法眼〕'이 있는가."

수보리는 답했다.

"세존이시여, 그와 같습니다. 여래에게는 '진리를 바르게 보는 눈'이 있습니다."

세존은 물으셨다.

"수보리여, 어떻게 생각하는가. 여래에게는 '깨달은 이의 눈〔불안佛眼〕'이 있는가."

수보리는 답했다.

"세존이시여, 그와 같습니다. 여래에게는 '깨달은 이의 눈'이

---

7. 원어는 divyam caksus이지만 티베트 역은 '신(神)의 눈'이라고 번역. '초인적인 눈' 또는 그 능력을 의미한다.
8. 우주의 진리를 밝히 보는 눈. 곧 만유의 모든 현상은 공(空)하다, 무상(無相)하다, 무작(無作)이다, 무생(無生)이다, 무멸(無滅)이라고 보아, 모든 집착을 여의고, 차별의 현상계를 보지 않는 지혜.

있습니다."

세존은 물으셨다.

"수보리여, 어떻게 생각하는가. 갠지스(Ganges) 강에 있는 모든 모래알, 그 모래를 여래는 설했는가."

수보리는 답했다.

"세존이시여, 그와 같습니다. 수가타여, 그와 같습니다. 여래는 그 모래를 설하셨습니다."

세존께서 물으셨다.

"수보리여, 어떻게 생각하는가. 갠지스 강에 있는 모든 모래알만큼의 갠지스 강이 있고, 그리고 그 강에 있는 모래알만큼의 세계가 있다고 한다면, 그 세계는 많은 것인가."

수보리는 답했다.

"세존이시여, 그와 같습니다. 수가타여, 그와 같습니다. 그 세계는 대단히 많습니다."

세존께서 말씀하셨다.

"수보리여, 이들 세계에 있는 모든 중생들의 온갖 '마음의 흐름'을9 나는 알고 있다. 왜냐하면 수보리여, '마음의 흐름, 마음의 흐름이라고 하는 것은 흐름이 아니다'고 여래는 설하고 있기 때문이다. 그러므로 '마음의 흐름'이라고 말하는 것이다. 왜냐하면 수보리여, 과거의 마음은 파악할 길이 없으며,10 미

---

9. 과거의 경험에 의거한 의식, 또는 무의식의 의식이 현재, 미래로 연장되어 의식작용이나 행동을 규제한다고 생각해 거기에 마음이 있다고 보는 것이다. 원어는 citta-dhārā로 진제(眞諦)는 '심상속성(心相續性)', 현장은 '심류성(心流性)'으로 번역하고 있다.
10. 원어는 nopalabhyate. '인식될 수 없다'고 하는 뜻. 구마라습은 '불

래의 마음은 파악할 길이 없으며, 현재의 마음은 파악할 길이
없기 때문이다."

가득(不可得)'으로 번역했다.

❧ 평등한 법 ❧

"수보리여, 어떻게 생각하는가. 훌륭한 젊은 남녀가 이 끝없이 넓은 우주를 일곱 가지 보배로 가득 채워서 여래, 존경해야 할 사람, 진리에 대하여 바르게 눈뜬 사람들에게 보시했다고 하면, 그 훌륭한 젊은 남녀는 그로 인하여 많은 복덕을 쌓은 것이 되겠는가."

수보리는 답했다.

"세존이시여, 많습니다. 수가타여, 많고말고요."

세존은 말씀하셨다.

"그와 같다. 수보리여, 그와 같다. 훌륭한 젊은 남녀는 그로 인하여 많은 복덕을 쌓게 되느니라. 그것은 왜냐하면 수보리여, '복덕을 쌓는다. 복덕을 쌓는다'고 하는 것은 쌓지 않는다고 하는 것이고 여래가 설하기 때문이다. 그러므로 복덕을 쌓는다고 하는 것이다. 수보리여, 만약 복덕을 쌓은 일이 있다면, 여래는 복덕을 쌓는다, 복덕을 쌓는다고 설하지는 않았을 것이다.

수보리여, 어떻게 생각하는가. 여래를 완전한 육체를 갖춘 사람이라고 볼 수 있는가."

수보리는 답했다.

"세존이시여, 그렇지는 않습니다. 여래를 완전한 육체를 갖춘 사람이라고 보아서는 안 됩니다. 왜냐하면 세존이시여, '육체가 완전하다, 육체가 완전하다고 하는 것은 실은 갖추지 않았다고 하는 것이다'고 여래가 설하고 있기 때문입니다. 그러므로 완전한 육체를 갖추었다고 말하는 것입니다."

세존은 물으셨다.

"수보리여, 어떻게 생각하는가. 여래를 신체적 특징을 갖춘 사람이라고 보아야 하는가."

수보리는 답했다.

"세존이시여, 그렇지는 않습니다. 여래를 신체적 특징을 갖춘 사람이라고 보아서는 안 됩니다. 왜냐하면 세존이시여, '신체적 특징을 갖추고 있다고 여래가 설한 것은 실은 신체적 특징을 갖추지 않고 있는 것이다'고 여래가 말씀하셨기 때문입니다. 그러므로 신체적 특징을 갖추고 있다고 말하는 것입니다."

세존은 물으셨다.

"수보리여, 어떻게 생각하는가. 여래는 '나는 진리〔법〕를 가르쳤다'고 하는 생각을 일으키겠는가."

수보리는 답했다.

"세존이시여, 그렇지 않습니다. '나는 진리를 가르쳤다'고 하는 생각을 여래는 하지 않을 것입니다."

세존은 말씀하셨다.

"수보리여, '여래는 진리를 가르쳤다'고 이와 같이 설하는 자가 있다고 하면, 그는 거짓을 설한 것이 된다. 수보리여, 그는 진실이 아닌 것에 집착하여 부처(나)를 비방하는 자이다. 왜냐하면 수보리여, 진리의 가르침, 진리의 가르침이라고 하지만, 진리의 가르침이라고 하여 인정될 그러한 일이 따로 있는 것은 아니기 때문이다."

이와 같이 말씀하실 때, 수보리 장로는 세존에게 다음과 같이 물었다.

"세존이시여, 장차 다가올 다음의 5백년대가 되어 바른 가르침이 멸할 무렵에 이 같은 법을 듣고서 믿는 사람이 참으로 있겠습니까."

세존은 답하셨다.

"수보리여, 그들은 중생도 아니며, 중생이 아닌 것도 아니니라. 왜냐하면 그것은 수보리여, '중생, 중생이라고 하는 것은 모두가 중생이 아니'고 여래는 설하기 때문이다. 그러므로 중생이라고 이름하는 것이다.

수보리여, 어떻게 생각하는가. 여래가 최고의 깨달음을 깨달았다고 하는 그러한 일[법]이 따로 있겠는가."

장로 수보리는 답했다.

"세존이시여, 그러한 일은 없습니다. 여래에게 있어서 최고의 깨달음을 깨달았다고 하는 그러한 일은 따로 있지 않습니다."

세존은 말씀하셨다.

"그와 같다. 수보리여, 그와 같다. 티끌만한 일도 거기에는 있을 수 없으며, 인정되지도 않느니라. 그러므로 최고의 깨달음이라고 말하는 것이다.

또한 수보리여, 실로 그 법은 평등하여 거기에는 어떠한 차별도 없느니라. 그러므로 최고의 깨달음이라고 하는 것이다. 이 최고의 깨달음은 '내가 없다[무아無我]'고 하는 것에 의하여, '중생이 없다'고 하는 것에 의하여, '생명이 있는 것은 없다'

고 하는 것에 의하여, '개아(個我)라고 하는 것은 없다'고 하
는 것에 의하여 평등하며, 온갖 선법(善法)에 의하여 실제로
최고의 진리[아뇩다라삼먁삼보리]는 깨달아지는 것이다. 왜냐
하면 그것은 수보리여, '선법, 선법이라고 하는 것은 법이 아니
다'고 여래는 설하고 있기 때문이다. 그러므로 선법이라고 말
하는 것이다.

또한 수보리여, 실로 한 사람의 여자나 남자가 일곱 가지 보
배를 이 끝없이 넓은 우주에 있는 모든 수미산(須彌山)만큼 지
니고 있어서 그것을 여래, 존경해야 할 사람, 진리에 바르게
눈뜬 사람들에게 보시했다고 해도 다른 한편, 훌륭한 젊은 남
녀가 이 지혜의 완성이라고 하는 법문으로부터 사행시(四行
詩) 한 수만이라도 얻어 내어 다른 사람들을 위하여 설한다고
하면, 수보리여, 전자(前者)는 후자(後者)에 비하여 그 백분
의 일에도 미치지 못하고, 내지 유사(類似)함에 있어서도 따
를 수가 없느니라."

❧ 나 여래를 보라 ❧

 "수보리여, 어떻게 생각하는가. '나는 중생들을 제도(濟度)
했다'고 하는 생각을 여래는 할까. 그러나 수보리여, 이와 같
은 생각을 해서는 안 된다. 왜냐하면 수보리여, 여래가 제도
했다고 하는 중생은 아무것도 없기 때문이다. 또 수보리여, 여
래가 제도했다고 하는 중생이 있다고 하면, 여래에게는 〈나〉
에 대한 집착, 중생에 대한 집착, 생명이 있다고 하는 것에 대
한 집착, 개아에 대한 집착이 있는 것이다. 수보리여, '〈나〉에
대한 집착이라고 하는 것은 집착이 없는 것이다'고 여래는 설
하셨다. 그러나 저 어리석은 사람들은[1] 그것에 집착한다. 수
보리여, '어리석은 사람들은 어리석은 사람들이 아니다'고 여래
는 설하셨다. 그러므로 어리석은 사람들이라고 하는 것이다.
수보리여, 어떻게 생각하는가. 여래는 신체적 특징을 갖춘 사
람이라고 보아야 하는가."
 수보리는 답했다.
 "세존이시여, 그렇지 않습니다. 제가 세존께서 하신 말씀의

---

1. 원어는 bāla-pṛthag-janāḥ. 직역하면 '한 사람, 한 사람이 따로 태어
   난 자(者)'이다. 복수형으로는 '우자(愚者)' '군중(群衆)'의 뜻을 갖는다.
   구마라습을 비롯한 한역은 '범부(凡夫)'라고 번역하고 있다.

뜻을 이해한 바에 의하면, 여래를 신체적 특징을 갖춘 사람이라고 보아서는 안 됩니다."

세존은 말씀하셨다.

"진실로, 진실로, 수보리여, 그와 같느니라. 수보리여, 그대의 말과 같다. 여래를 신체적 특징을 갖춘 사람이라고 보아서는 안 된다. 왜냐하면 수보리여, 만약 여래는 신체적 특징을 갖춘 사람이기 때문에 여래라고 보아야 한다고 하면, 전륜성왕(轉輪聖王)도[2] 또한 여래라고 해야 할 것이다. 그러므로 여래는 신체상의 특징을 갖춘 사람이라고 보아서는 안 된다."

수보리 장로는 세존에게 다음과 같이 말했다.

"세존이시여, 제가 세존께서 하신 말씀의 뜻을 구명(究明)한 바에 의하면, 여래는 신체상의 특징을 갖춘 사람이라고 보아서는 안 됩니다."

이에 세존은 다음과 같은 게송(偈頌=詩)을 읊으셨다.

모양에 의하여 나를 보고
소리에 의하여 나를 찾는 자는
삿된 길을 가는 자일세.
그는 나[여래]를 볼 수 없으리.

---

2. '바퀴를 굴리는 왕'. 고대 인도의 전설로 전해 내려온 제왕으로 불타와 같이 32종의 외관상 특징을 지니고 있다. 전설에는 즉위하자 하늘로부터 '윤보(輪寶, cakravarti)'를 계시 받아 그것을 굴리며 전 인도를 정복한다고 한다. 이 같은 제왕에 대한 기대는 힌두교·불교·자이나교를 통하여 공통된다. 그러므로 '성왕(聖王)'이라고 불리게 되었으나 불타가 내적으로 80가지 특징을 지닌 것을 전륜성왕은 지니지 않고 있다.

깨달은 이는 법에 의하여 보아야 하네.
모든 부처는 법으로 몸을 삼기 때문일세.
그러나 법의 본질은 알려지지 않네,
알려 하여도 알려지지 않네.

"수보리여, 어떻게 생각하는가. 신체상의 특징을 갖춤으로 해서 여래는 최고의 깨달음을 깨달은 것인가. 그렇다 하더라도 수보리여, 그대는 그와 같이 보아서는 안 되느니라. 왜냐하면 그것은 수보리여, 신체상의 특징을 갖춤으로 해서 여래가 최고의 깨달음을 깨닫는 그러한 일은 없기 때문이다. 또한 수보리여, 어느 사람은 '최고의 깨달음을 구하는 길에 들어선 자에게는 법이 멸(滅)하거나 끊어지게 되어 있다'고 말할는지 모른다. 그렇다고 하더라도 수보리여, 그와 같이 보아서는 안 된다. 왜냐하면 수보리여, 최고의 깨달음을 구하는 길에 들어선 자에게는 어떠한 것[法]도 멸하거나 단절(斷絶)되는 그러한 일은 없기 때문이다.
또 수보리여, 훌륭한 젊은 남녀가 갠지스 강의 모래알만큼 많은 세계를 일곱 가지 보배로 가득 채워 그것을 여래, 존경해야 할 사람, 진리에 대하여 바르게 눈뜬 사람에게 보시했다고 하자. 그리고 한편으로는 구도자가 '법에는[3] 〈나〉라고 하는

3. 원문은 nirā-tmakeṣv anutpattikeṣu dharmeṣu kṣāntiṃ pratil-abhate. 한역은 '무생법인(無生法忍)'이라고 번역하고 있다. 여기 '인식하고 받아들인다'를 '인(忍)'이라고 했는데 그 원어는 kṣānti이지만 이 말에는 '인내'라는 뜻 이외에 '인가결정(忍可決定)'의 뜻도 있다고 해석되고 있다. 즉 '인식해 명확히 안다'고 하는 것이다. 콘즈는 '허용묵인(許容默認)'

것이 없으며, 생(生)하는 일도 없다'고 인식하고 받아들인다면, 그는 이로 인하여 헤아릴 수 없이 많은 공덕을 쌓게 될 것이다. 그러나 수보리여, 구도자, 뛰어난 사람은 쌓은 공덕을 자기 소유로 해서는 안 된다."

장로 수보리는 물었다.

"세존이시여, 구도자는 쌓은 공덕을 자기 소유로 해서는 안 됩니까."

세존은 답하셨다.

"수보리여, 자기 것으로4 해야 하겠지만, 고집해서는 안 된다. 그러므로 '자기 것으로 해야 한다'고 하는 것이다.

또한 수보리여, 어느 사람이 '여래는5 혹은 가고, 혹은 오며, 혹은 머물고, 혹은 앉고, 혹은 눕는다'고 이같이 설한다고 하

'마음에 걸리는 것이나 감정적인 저항감으로 억제하고 인식하는 작용'이라고 했다. 혹은 '수용성' '알도록 이끌어주는 준비 단계'라고 해석하기도 한다. 그러나 한역의 '무생법인'을 의역하자면, '진리를 깨달은 평안함'이다. 즉 존재하는 것은 자아라고 하는 것이 없으며, 모두가 공(空)하다고 하는 진리를 깨닫고 이를 받아들이면 그 진리를 깨달은 평안함 속에 안주하기 때문이다.

4. '자기의 것으로……'의 대문은 티베트 역에 따른 것이다. 그러나 구마라습의 한역본은 지금까지와 같은 방법으로 서술하고 있다. 즉 '세존운하보살불수복덕. 수보리보살소작복덕불응탐착. 시고설불수복덕(世尊云何菩薩不受福德. 須菩提菩薩所作福德不應貪着. 是故說不受福德)'.

5. 여래의 원어 tathāgata의 뜻은 '인격의 완성자'라는 단순한 뜻을 가지고 있다. 그것은 후대 사람들이 tathā gata[사물의 진실한 그 자체(如)에로 가다], tathā āgata[사물의 진실한 그 자체(如)로부터 오다]라고 분석해 이해했다. 그러나 '여(如)'는 '진여(眞如)'이므로 항상 변하지 않는다. 그러므로 '가는 것도 오는 것도 아니다'고 한다.

면 수보리여, 그 사람은 내가 설한 의미를 이해하고 있지 못한 것이다. 왜냐하면 수보리여, 여래라고 하는 것은 어디로 가는 것도 아니며, 어디로부터 오는 것도 아니기 때문이다. 그러므로 '여래이며, 존경받음에 합당한 사람이며, 진리에 대하여 바르게 눈뜬 사람이다'고 말하는 것이다."

❧ 하나에 대한 집착 ❧

"또 수보리여, 실로 훌륭한 젊은 남녀가 이 무한히 넓은 우주 안에 있는 모든 세계의 티끌 수만큼의 세계를, 무한히 노력하여 티끌과 같이 만든 경우, 수보리여, 어떻게 생각하는가. 그 티끌의 수는 많은가."

수보리는 답했다.

"세존이시여, 대단히 많습니다. 수가타여, 대단히 많습니다. 왜냐하면 세존이시여, 만약 그와 같은 티끌이 실제로 있다고 한다면, 세존께서는 티끌이라고 설하지는 않았을 것이기 때문입니다. 그것은 세존이시여, '여래가 설한 티끌은 티끌이 아니다'고 여래는 설하고 있기 때문입니다. 그러므로 티끌이라고 설하는 것입니다. 또 '여래가 설한 끝없는 우주는 우주가 아니다'고 여래는 설하고 있습니다. 그러므로 끝없는 넓은 우주라고 말하는 것입니다. 왜냐하면 세존이시여, 만약 우주라고 하는 것이 있다고 하면, 〈하나라고[1] 하는 집착〉이 있게 될 것입니

---

1. 원어는 piṇḍa-grāha. 모든 것을 전체로 간주해 그것이 실체라고 집착하는 것이다. 구마라습은 '일합상(一合相)', 현장은 '일합집(一合執)'이라고 번역했다. 무착(無着)은 이 부분의 내용에 대해서 '모든 티끌의 집합체가 없다고 하는 것과 〈하나〉의 전체가 없다고 하는 것은 모든 존재가 단일하지 않다고 하는 것을 가리킨다. 또 결합된 상태가 있다

다. 그럼에도 '여래가 설한 〈하나〉라고 하는 집착은 실은 집착이 아니다'고 여래는 설하고 있습니다. 그러므로 하나라고 하는 집착이라고 말하는 것입니다."

세존은 말씀하셨다.

"수보리여, 〈하나〉에 대한 집착은 말로써 표현할 수 없는 것, 입으로 말할 수 없는 것이다. 그것은 사물도 아니며, 사물이 아닌 것도 아니다. 그것은 어리석은 사람들이 집착하는 것이다.

수보리여, 어느 사람이 '여래는 〈나〉에 대한 견해를[2] 설했다, 중생에 대한 견해, 생명이 있다고 하는 것에 대한 견해, 개아에 대한 견해를 여래는 설했다'고 한다면, 수보리여, 그는 바르게 설한 것이 되겠는가."[3]

수보리는 답했다.

"세존이시여, 그렇지 않습니다. 수가타여, 그렇지 않습니다. 그는 바르게 설한 것이 아닙니다. 왜냐하면 세존이시여, '여래가 설한 저 〈나〉에 대한 견해는 견해가 아니다'고 여래가 설하고 있기 때문입니다. 그러므로 〈나〉에 대한 견해라고 하는 것입니다."

세존은 말씀하셨다.

고 하는 것은 따로따로 떨어진 이성(異性)이 없다고 하는 것을 가리킨다.'고 주석했다.

2. '나는 영원한 주체라고 생각하는 집착'으로 해석되며, 이하도 각각 그 집착의 대상에 따라 해석된다.

3. 구마라습은 이 대문을 '시인해의아소설의불(是人解義我所說義不)'이라고 번역하고 이하의 문장도 이에 따르고 있다.

"수보리여, 참으로 그와 같다. 최고의 깨달음을 지향하는 구도자는 모든 사물[법]을 여실히 알아야 하며, 보아야 하고, 이해해야 한다. 더욱 사물이라고 하는 생각[상相]까지를 하지 않고서 여실히 알아야 하고, 보아야 하고, 이해하지 않으면 안 된다. 왜냐하면 수보리여, '사물[법]이라고 하는 생각, 사물이라고 하는 생각은 실은 생각이 아니다'고 여래는 설했기 때문이다. 그러므로 사물이라고 하는 생각[법상法相]이라고 한다."

❀ 환희 歡喜 ❀

　"또한 수보리여, 실로 구도자, 뛰어난 사람이 헤아릴 수 없
이 많은 세계를 일곱 가지 보배1로 가득 채워서 모든 여래,
존경 받음에 합당한 사람, 진리에 대하여 바르게 깨달은 사람
에게 보시했다고 하자. 그리고 한편은, 훌륭한 젊은 남녀가
이 지혜의 완성이라고 하는 법문으로부터 사행시 한 수라도
취하여 기억하고 읽고 이해하며, 더 나아가 남을 위하여 자세
히 설하여 들려준다고 하면, 이 후자(後者)는 이로 인하여 헤아
릴 수 없을 만큼 많은 공덕을 쌓게 되느니라.

　어떻게 설하여 들려주어야 하는가. 설하여 들려준다고 하는
생각이 없어야 한다. 그러므로 설하여 들려준다고 하는 것이다."

　현상(現象)의 세계는
　별과 그림자와 등불
　그리고 환영(幻影)과 이슬과 물거품
　꿈과 전광(電光), 구름과 같아

---

1. 칠보(七寶). 금(金)·은(銀)·유리(瑠璃, 검푸른 보옥)·파려(玻瓈, 수
　정)·차거(硨磲, 백산호)·적주(赤珠, 붉은 진주)·마노(瑪瑙, 짙은 녹
　색의 보옥). 이상은 아미타경에 있는 것으로 법화경 보탑품(寶塔品)에는
　파려 대신 매괴(玫瑰)가 들어 있다.

그와 같은 것이라 보아야 한다.

세존은 이와 같이 설하셨다.

장로 수보리와 비구와 비구니, 일반 남녀 신도, 구도자(求道者=보살), 그리고 제신(諸神), 인간, 아수라, 건달바(乾達婆)2 등, 이들의 모든 세계에 있는 무리들도 마음은 기쁨으로 가득 차고 세존의 가르침을 칭송했다.

> ― 이와 같이 '금강(金剛)과 같이 절단(絶斷)하는 것'이라는
> 거룩한 '지혜의 완성'을 끝내다 ―

---

2. 하늘에서 음악을 연주하는 신. 긴나라(緊那羅)와 함께 제석천을 모시며 기악을 연주한다. 8부중(部衆)의 하나. 지상의 보산(寶山) 중에 있으며, 술과 고기를 먹지 않고 향기만 먹으므로 이같이 말한다. 항상 부처님 이 설법하는 자리에 나타나 정법(正法)을 찬탄, 불교를 수호한다.

유마경

維摩經

제1장 부처님의 나라

이와 같이 나는 들었다.

어느 때, 부처님께서는 바이살리 시(Váisali市)¹의 아무라파리 숲²의 절에 계셨다. 덕이 높은 비구³ 8천과 3만 2천의 보살들과⁴ 함께 계셨다.

그들은 모두가 세상에 널리 알려진 사람들이었다. 그들은 부처에게 갖추어진 지혜와, 그것을 얻기 위한 수행(修行＝본행本行)을 모두 성취했으며, 그것은 여러 부처님의 위신력(威神力)으로 이루어진 것이었다. 그들은 진리의 성〔법성法城〕을 지키기 위해 항상 가르침〔정법正法〕을 받들고, 능히 백수의 왕인 사자의 사자후(獅子吼)와 같이 설하여 명성은 시방(十方)에 떨

---

1. 갠지스 강의 지류, 간다크 강의 하류에 위치한 도시로 네팔에 가깝다. 지금의 베이살에 해당한다고 한다. '릿자비' 종족이 만든 도시인데, 부유한 자유도시이다.
2. 망고 숲. 당시 바이살리 시에 살고 있던 아무라파리가 사원(寺院)으로 기증한 숲. 아무라파리는 왕비라고도 하고 창녀라고도 한다.
3. 한전(漢典)에는 대비구(大比丘)라고 번역되어 있다. 산스크리트어 bhikṣu의 음역(音譯). 비구는 '걸식자'를 의미. 20세 이상으로 220계(戒)를 받은 수행승(修行僧)을 가리킨다.
4. 산스크리트어 bodhisattva의 음역. 깨달음을 구하다, 깨달음을 구하는 구도자를 의미한다. 특히 후자는 대승불교에서 널리 사용하고 있다.

쳤다.

사람들이 청하지 않아도 스스로가 그들의 벗이 되어 그들의 마음을 편안하게 하며, 부처님〔佛〕과 부처님의 가르침〔法〕과 그것을 받들어 행하는 승가(僧伽)5가 길이 융성하고 끊이지 않도록 하며, 악마의 원한을 항복 받음과 동시에 많은 이교도〔외도外道〕를 제압하여 모든 것 ― 몸과 마음 ― 이 청정해져서 오래 전부터 번뇌로부터 멀어져 있었다.

마음은 항상 걸림이 없는 자유의 경지에 머물러 있어 바른 생각과 선정(禪定)을 지니고 있었다. 뛰어난 변재(辯才)는 끊이지 않았으며, 보시를 행하며, 계를 지키고, 인욕하며, 정진(精進)하여 선정을 닦고, 지혜를 얻을 뿐만 아니라, 그 방편의 힘을 부족함 없이 두루 갖추고 계셨다.

공(空)의 바른 인식6으로 일체의 집착을 떠난 경계에 이르고, 부처님의 가르침을 잘 따름으로써 다시는 물러나지 않는 깨달음의 경지를 설하며, 모든 사물의 진상(眞相＝법상法相)을 깨달으며, 동시에 중생의 능력〔根〕을 알며, 온갖 사람들을 능가하여 두려움 없는 자신(自信＝무소외無所畏)을7 갖고 계셨다.

---

5. 불(佛)·법(法)·승(僧)을 삼보(三寶)라고 한다. 불(佛)과 그 가르침과 그 가르침을 신봉하는 승단(僧團)은 불교도가 존경하고 공양해야 하는 최고의 것이라는 뜻에서 보(寶)라는 말을 사용한다.
6. 유마경 제2장의 뛰어난 방편(方便)에 '이 몸은 물거품과 같다'고 했으며, 유마경의 열 가지 비유에 따를 것 같으면 '공의 뜻을 밝히는 것'이 그 유마경의 열 가지 비유이다. 따라서 공의 바른 인식은 유마경의 열 가지 비유를 바르게 아는 것이다. 구마라습의 한역(漢譯)은 '무소득불기법인(無所得不起法忍)'.
7. 부처가 지니는 자신(自信)에 네 가지가 있다. ① 모든 것을 철저하게 아

이미 얻은 공덕과 지혜로써 그 마음을 닦았고, 뛰어난 신체적 특징[상호相好]에 의하여 그 몸을 장엄하고 있으므로, 그 모습은 세상에 비할 자가 없었다. 그러나 세간의 온갖 장식을 몸에 붙이고 있지는 않았다. 높고 먼 명성은 수미산을 지나고, 그 깊은 믿음의 견고함은 금강석에 비유되었다. 가르침의 보배[법보法寶]는 널리 빛나 불사(不死)의 가르침을[8] 널리 비춰 주고 뛰어나 미묘하기 이를 데 없었다.

깊이 연기(緣起)의 이법(理法)을 깨달아[9] 여러 가지 그릇된 견해를 끊어 버렸으므로 '있다' '없다'고 하는 상대적인 견해의 집착[유무이변有無二邊]이 뒤에 남는 일은 없었다. 법을 설할 때에는 사자가 짖듯이 두려움이 없고, 그 설하는 가르침[法]

는 자신 ② 모든 번뇌를 단절한 자신 ③ 번뇌가 수행의 장애가 된다는 사실을 모두 설하여 마쳤다고 하는 자신 ④ 번뇌로 인하여 더럽혀진 세계를 벗어나 깨달음에 이르는 길을 설하여 마쳤다고 하는 자신.

8. 구마라습의 한역(漢譯)은 '법보보조이우감로(法寶普照而雨甘露)'. 감로는 산스크리트 말인 amṛta를 소리 나는 대로 옮겨 적은 아밀율다(阿密栗多)를 단 꿀과 같은 것이라고 보아 '단 이슬[감로]'이라 번역한 것이다. 그러나 '불사(不死)' '천주(天酒)'라고도 번역하며, 하늘의 신들은 이것을 '불사(不死)의 약'이라고 해 먹는다. 본래 뜻은 술 또는 약을 가리킴과 동시에 부처님의 가르침을 비유하는 데 사용하기도 한다.

9. 구마라습의 한역은 '심입연기(深入緣起)'. 연기는 산스크리트 말인 pratitya samutpāda를 옮긴 것인데, 인연(因緣)하여 일어나는 것, 즉 일어난 상태를 가리킨다. 모든 사물은 온갖 조건[緣]에 의해 그와 같은 것으로 성립되어 있는 것[起]임을 말한 것이다. 그것은 '이것이 있을 때 저것도 있다'든가, '이것이 생김으로 해서 저것도 생긴다'든가, 또는 '이것이 멸(滅)함에 의해 저것도 멸한다'는 형식으로 말한다. 이와 같이 조건[緣]에 따라서 변하므로 무상(無常)하고, 독립한 존재가 없으므로 공(空)이며, 무(無)이며, 모든 것은 서로 의존해 있다고 한다.

은 뇌성과 같아서 울려 퍼지는 그 소리(마음)는 헤아릴 수 없어, 이미 그 한계를 아득히 넘어서 있었다.

선장(船長)의 지휘를 받아 온갖 가르침의 보물을 모으게 하며10 모든 사물의 깊고 오묘한 뜻에 통달하고, 중생이 과보를 받아 왕래하는 미(迷)한 세계〔취취趣〕와 그 중생들 마음의 움직임〔소행〕을 잘 알아서 짝할 이 없는 부처님의 자유자재한 지혜〔자재혜自在慧〕와 열 가지 지혜의 힘〔십력十力〕과11 두려움을 모르는 자신(自信), 그리고 부처님만이 지니고 있는 18가지

---

10. 구마라습은 해도사(海導師), 지겸(支謙)은 대사(大師), 현장(玄奘)은 대도사(大導師). 구마라습은 '선장의 지시로 바다 속 보물을 채취하게 하듯이'라는 비유로 '해도사'라고 번역했다. 그러므로 '집중법보해도사(集衆法寶海導師)'는 '선장이 이끌어 바다 속의 보물을 채취하듯이 온갖 가르침의 보배를 모이게 한다'고 번역된다.

11. 부처에게 갖추어진 지혜의 능력. ①도리와 도리에 반하는 모든 것을 바르게 아는 능력〔처비처지력處非處智力〕 ②과거·현재·미래에 걸친 행위와 그 응보(應報)와의 인과관계를 바르게 아는 능력〔업이숙지력業異熟智力〕 ③선(禪)의 수행에 따라 일어나는 순차적인 경계와 심천(深淺)을 바르게 아는 능력〔정려해탈등지등지지력靜慮解脫等持等至智力〕 ④중생의 신앙의 능력이 갖는 우열을 바르게 아는 능력〔근상하지력根上下智力〕 ⑤중생의 판단을 바르게 아는 능력〔종종승해지력種種勝解智力〕 ⑥중생의 생(生)과 행위를 바르게 아는 능력〔종종계지력種種界智力〕 ⑦인(人)·천(天) 등이 여러 가지 세계에서 받는 생(生)과 그 행위의 인과를 바르게 아는 능력〔편취행지력遍趣行智力〕 ⑧전생의 온갖 일을 상기(想起)하여 바르게 아는 능력〔숙주수념지력宿住隨念智力〕 ⑨중생이 죽을 때와 태어나는 때를 바르게 알고, 내세에 받을 선악의 세계와 선악의 행위의 완성 등을 바르게 아는 능력〔사생지력死生智力〕 ⑩스스로의 번뇌가 없어져 다시는 윤회의 세계에 태어나지 않음을 바르게 알고, 또 타자(他者)의 번뇌가 끊기는 것도 바르게 알아, 그 가르침이 없는 능력〔누진지력漏盡智力〕.

특질[18불공不共]에12 가깝기까지 했다.

　모든 행위의 과보로 받는 미혹의 세계[악취惡趣]에 다시는 태어나지 않으면서도 지옥과 아귀(餓鬼), 축생(畜生), 인간, 하늘의 다섯 가지 미혹의 세계에 태어나 그의 몸을 나타내고, 가장 뛰어난 의사[대의왕大醫王]가 되어 온갖 병[번뇌]을 훌륭히 치료하며, 병에 따라 마땅한 약을 주어 복용하게 했다.

　헤아릴 수 없는 공덕을 모두 성취하여 헤아릴 수 없이 많은 부처님의 나라를 깨끗이 장엄하고, 그를 보고 듣는 이 가운데는 은혜를 입지 않은 자가 없었다. 그 행하는 바도 또한 무의미한 것은 하나도 없었다.

　그들 보살들은 이 같은 공덕을 모두가 한결같이 갖추고 있었다.

　그들의 이름은 등관(等觀)보살, 부등관(不等觀)보살, 등부등관(等不等觀)보살, 정자재왕(定自在王)보살, 법자재왕(法自在王)보살, 법상(法相)보살, 광명(光明)보살, 광엄(光嚴)보살, 대엄(大嚴)보살, 보적(寶積)보살, 변적(辯積)보살, 보수(寶手)보살, 보인수(寶印手)보살, 상거수(常擧手)보살, 상하수(常下手)보살, 상참(常慘)보살, 희근(喜根)보살, 희왕(喜王)보살, 변음

---

12. 주(註) 11의 10종의 지혜와 주 7의 네 가지 두려움을 모르는 자신을 합하고, 다시 대상을 바르게 관찰하여 거기 작용하는 상념(想念) 세 가지[삼념처三念處]와 대자비(大慈悲)를 더해서 18가지라 한다. 여기서 말하는 자비의 '자(慈)'는 모든 중생에게 기쁨과 즐거움을 주고자 늘 소원하고 행하는 것, '비(悲)'는 모든 중생의 괴로움을 알고 그를 가엾게 여기며 그 괴로움을 자신의 괴로움으로 삼아 중생의 괴로움을 덜어주고자 하는 행이니, 이를 모든 중생에게 베풀 수 있는 이가 부처이므로 특히 대자대비(大慈大悲)라고 한다.

(辯音)보살, 허공장(虛空藏)보살, 집보거(執寶炬)보살, 보용(寶勇)보살, 보견(寶見)보살, 제망(帝網)보살, 명망(明網)보살, 무연관(無緣觀)보살, 혜적(慧積)보살, 보승(寶勝)보살, 천왕(天王)보살, 괴마(壞魔)보살, 전덕(電德)보살, 자재왕(自在王)보살, 공덕상엄(功德相嚴)보살, 사자후(獅子吼)보살, 뇌음(雷音)보살, 산상격음(山相擊音)보살, 향상(香象)보살, 백향살(白香象)보살, 상정진(常精進)보살, 불휴식(不休息)보살, 묘생(妙生)보살, 화엄(華嚴)보살, 관세음(觀世音)보살, 득대세(得大勢)보살, 범망(梵網)보살, 보장(寶杖)보살, 무승(無勝)보살, 엄토(嚴土)보살, 금계(金髻)보살, 주계(珠髻)보살, 미륵(彌勒)보살, 문수사리법왕자(文殊舍利法王子)보살이니 이들은 3만 2천이었다.

또 대범천(大梵天)[13] 이하 1만의 범천들이 다른 4대주(四大州)[14]로부터 찾아와 부처님에게 절하고 가르침을 듣고자 했다. 또 1만 2천의 제석천(帝釋天)들도[15] 다른 4대주로부터 찾아

---

13. 윤회(輪廻)의 세계 가운데 최고의 세계는 천계(天界=천취天趣, 천도 天道)이다. 이 같은 윤회의 세계는 욕계(欲界)·색계(色界)·무색계(無 色界)의 셋으로 나눈다. 이것을 삼계(三界)라고 한다. 따라서 천계도 이 세 가지로 나누며, 대범천은 이 중 색계에 속한다.

14. 수미산(須彌山, sumeru)을 중심으로 해서 세계가 형성되어 있다고 인도 사람들은 예로부터 생각해 왔다. 이 산 주위에는 구산(九山)과 팔해(八海)가 있고, 그 일곱 번째 산 주위에 바다로 싸인 네 개의 섬 이 있다. 이 네 개의 섬을 사대주라고 한다. 동(東)에 있는 섬은 동승 신주(東勝神州), 서(西)에 있는 섬이 서우화주(西牛貨州), 북(北)이 북 구로주(北俱盧州), 남(南)이 남섬부주(南贍部州)인데, 이 남섬부주가 지 금 우리가 살고 있는 곳이다.

15. 천계(天界) 중에서 가장 이 지상과 가까운 위치에 있는 사왕천(四王 天) 중의 하나. 33천(天=도리천忉利天)의 왕(王)이다.

와 이 모임에 자리를 잡고 있었으며, 그밖에도 뛰어난 위력을
갖춘 하늘, 용신(龍神), 야차(夜叉), 건달바(乾闥婆), 아수라
(阿修羅), 가루라(迦樓羅), 긴나라(緊那羅), 마후라가(摩睺羅
迦)16들도 이미 모임에 와 있었다. 그리고 많은 비구와 비구니,
우바새, 우바이도 함께 모여 앉아 있었다.

---

16. 육도(六道) 중의 하나. 본래 천계(天界)의 뜻이지만, 여기에서는 천계
    에 사는 것들, 즉 신을 가리킨다. 그리고 천인(天人), 천중(天衆), 천
    부(天部)라고 하는 것들과 그 대표적 존재까지도 포함하고 있다.
    용신(龍神) ─ 여러 하늘의 신과 용신, 그리고 마후라가(摩睺羅迦)까지
    를 포함해서 천룡팔부(天龍八部)라고 한다. 이들은 모두가 불교의 수
    호신이다. 용신에는 난타용왕(難陀龍王), 발난타용왕(跋難陀龍王) 등
    8대 용왕이 있어 비를 내린다.
    야차(夜叉) ─ 산스크리트 말인 yauṣa를 소리 나는 대로 옮긴 것. 하늘
    을 날며 사람을 해치는 신으로 비사문천(毘沙門天)을 으뜸으로 하는
    야차팔대장(夜叉八大將), 십륙대야차장(十六大夜叉將)이 있다.
    건달바(乾闥婆) ─ 산스크리트 말인 gandharva를 소리 나는 대로 옮
    긴 것. 향신(香神)이라고도 한다. 향 내음을 맡는 것으로 먹이를 삼는
    다. 긴나라(緊那羅)와 함께 음악을 담당하는 악신(樂神). 제석천에 속
    한다.
    아수라(阿修羅) ─ 산스크리트 말인 asura를 소리 나는 대로 옮긴 것.
    육도(六道) 가운데서 축생(畜生) 다음 제석천과 싸우는 신이다.
    가루라(迦樓羅) ─ 산스크리트 말인 garuda를 소리 나는 대로 옮긴
    것. 금시조(金翅鳥)라고도 번역한다. 용(龍)을 주식으로 하는 괴이한
    새. 날개를 펴면 336만 리에 이른다고 하는 커다란 새이다.
    긴나라(緊那羅) ─ 산스크리트 말인 kininara를 소리 나는 대로 옮겨
    적은 것. 인비인(人非人)이라고 번역하며 천룡팔부(天龍八部)를 모두
    일컫기도 한다.
    마후라가(摩睺羅迦) ─ 산스크리트 말인 mahoraga를 소리 나는 대로
    옮겨 적은 것. 대복행(大腹行)이라고 번역. 사신(蛇神), 악신(樂神)이다.

그때, 부처님은 헤아릴 수 없는 수많은 사람들에게 둘러싸여 공경을 받으며 그들을 위해 법을 설하고 계셨다. 그 모습은 마치 수미산(須彌山)이 대해(大海) 가운데서 그 모습을 드러내고 있음과 같았다. 온갖 보물로 장식된 사자좌(獅子座)에 앉아 여러 곳으로부터 찾아온 대중들을 그 위광(威光)으로 남김없이 덮고 있었다.

그때 바이살리 성에 장자(長者)의17 아들로 보적(寶積)이라고 하는 젊은이가 있었다. 그는 5백 명의 장자의 아들들과 함께 저마다 칠보(七寶)로 꾸민 일산(日傘)을 받고, 부처님을 찾아왔다. 그들은 부처님의 발아래 엎드려 예배하고 받고 모든 일산을 모두 부처님에게 공양했다.

부처님은 그의 위신력으로 일산들을 합쳐 하나로 만들었고 그것으로 모든 세〔삼천대천세계〕를 골고루 덮었다. 그리하여 이 모든 세계에 있는 온갖 것이 그 안에 모두 나타났다. 뿐만 아니라, 그 모든 세계의 하나하나에 있는 수미산과 설산(雪山), 목진린타산(目眞隣陀山), 마하목진린타산(摩訶目眞隣陀山), 향산(香山), 보산(寶山), 금산(金山), 흑산(黑山), 철위산(鐵圍山), 대철위산(大鐵圍山) 등과 대해(大海)와 강과 하천과 샘과 늪, 그리고 해와 달과 성신(星辰), 천궁(天宮), 용궁(龍宮), 그 밖의

---

17. 지겸은 '장자자(長者子)', 이름을 '가사(家事)', 현장은 '일보살리첨비종(一菩薩離呫毘種)', 이름을 '보성(寶性)'이라 했다. 티베트 역(譯)은 '릿자비인(人)의 보살 보생동자(寶生童子)'. 구마라습은 이름을 '보적(寶積)'이라 하고 있으므로 네 사람이 각각 다르다. 또 장자라고 번역한 것은 지겸과 구마라습이 같고 릿자비인이라고 출신을 말한 것은 현장과 티베트 역이 같다.

다른 온갖 신들의 궁전이 그 칠보 일산 안에 모두 나타났다. 또 시방의 모든 부처님들과 그 부처님들이 법을 설하는 것도 칠보 일산 안에 역시 나타났다.

그때, 모든 대중은 아직 한 번도 겪어보지 못한 부처님의 그러한 위력을 눈앞에 보고 찬탄했으며, 손을 모아 부처님께 예배했다. 그들은 부처님의 얼굴을 우러러보며 그에게서 눈을 떼지 못했다.

이때 장자의 아들 보적이 부처님 앞으로 나아가 게송을 읊었다.

맑은 눈은 푸른 연꽃일래.
마음은 맑아 온갖 선정(禪定) 다 닦으셨고
오래도록 쌓은 정업(淨業)은 한량이 없어
중생을 깨달음에로 이끄시오니 정례(頂禮)합니다.

부처님[대성大聖]은 당신의 신비한 교화의 힘[신변神變]으로
시방의 수많은 나라들을 드러내고 그곳에서 부처님의
가르침 펴는 모양을
남김없이 모두 다 보이셨습니다.

그 가르침의 힘 세상[군생群生]을 뛰어나
항상 가르침[법재法財]을 베푸시오며
온갖 사물[법상法相]을 바르게 판단[선분별善分別]하시니
참다운 모습[제일의第一義] 잃지 않으십니다.

이미 모든 사물에 자유자재하여
진리[법]의 왕자로 존경을 받네.

사물은 〈유(有)〉도 아니고 〈무(無)〉도 아닌 것
인연으로 인하여 생긴 까닭에
〈아(我)〉도 없으며
받는 자도 주는 자도 없어
선악의 업은 없어지지 않는다 설하시네.

처음 보리수 아래 계실 때
악마를 항복하게 하시고
불사(不死)의 법을 얻어 깨달음 이루시었으니
이미 마음은 꾸밈이 없어 받음[受]과 지음[行]이 없고
더욱 모든 외도를 굴복시켰네.
온 세계[대천大千]를 향해 세 번 설하신 가르침은18
본래부터 항상 청정하고
하늘과 사람이 진리[道]를 구함에 이를 등불 삼으니
삼보(三寶), 이로써 세간에 나타나셨네.

---

18. 세존께서 개오(開悟)한 다음 맨 처음 가르침을 설한 것을 초전법륜
(初轉法輪)이라 한다. 이때 세존은 고(苦)·집(集)·멸(滅)·도(道)의
네 가지 진리를 설했다. 이것을 형식상 세 가지로 나누어 세 번 설했
다고 한다. 그 하나는, 이것은 고(苦)이다고 가르친 것[시전示轉], 둘
은 고(苦)를 알고 그 근원인 번뇌를 끊지 않으면 안 된다고 권한 것
[권전勸轉], 셋은 나는 이미 고(苦)를 알고 번뇌를 이미 끊었다고 증
명한 것[증전證轉]이다. 법륜은 가르침을 뜻하며 '륜(輪)'에 대해 '전
(轉)'이라고 하는 말을 사용하고 있다.

이 묘법(妙法)으로써 뭇 중생 제도하시고
한 번 받으면 물러남 없이 항상 열반에 사느니
늙음과 질병과 죽음을 다스리는 대의왕(大醫王),
법해(法海)의 공덕 무변함에 예배합니다.

헐뜯거나 칭찬함에 움직이지 않음은 수미산 같고
선과 악에 있어서는 한결같이 자비로우며
마음과 행(行)이 평등함은 허공과 같아
누가 세존을 듣고 경배하지 않으리.

지금 세존께 이 조그만 일산을 바침에
모든 세계를 그 안에 나타내시어
온갖 하늘과 용과 신의 궁전과
건달바, 그리고 야차에 이르기까지
모든 세계의 온갖 것 모두 보았네.
부처님의 자비로 이 신통(神通) 나타내셨으니
희유(稀有)함을 본 무리들 모두가 부처님 찬탄하고
이제 나는 삼계(三界)의 으뜸이신 분에게 경배합니다.

부처님은 중생의 귀의(歸依)하는 곳,
맑은 마음으로 부처님을 뵙고 기뻐하지 않을 수 없네.
모두가 세존의 앞에 있음을 보는 것,
이는 곧 짝할 이 없는 신통력일래.

부처님은 한 말씀[일음一音]으로 법을 설하시지만

중생은 제 허물〔類〕19 따라 깨달음 얻으니
세존의 그 말씀 한 가지라고 모두 생각하네.
이는 곧 짝할 이 없는 신통력일래.

부처님은 한 말씀으로 법을 설하지만
중생은 저마다의 깨달음을 따라
이해하고 받아들여 그 이익 얻으니
이는 곧 짝할 이 없는 신통력일래.

부처님은 한 말씀으로 법을 설하지만
혹자는 두려워하고,
혹자는 기뻐하며,
혹자는 이 세상을 싫어서 떠나고,
혹자는 의혹을 끊으니
이는 곧 짝할 이 없는 신통력일세.

십력(十力)20을 가져 중생을 이끌고

---

19. 본래 이 대문의 산스크리스트 원전(原典)에 '세존에 의하여 한 말씀이
    말해진 것에 불과한 때에도 모인 사람들은 저마다 그 말씀을 자기 지
    방의 방언으로써 각각 이해할 수가 있으며, 자기가 납득한 의미에 따
    라서 이해한다'고 한 것을 구마라습의 번역에 이르러서는 보다 시적(詩
    的)인 메타포를 더하여 번역되었다. 즉 '류(類, 허물)'라고 한 것에는
    부처님의 설법을 이해함에 있어서 언어적인 요건만이 아니라, 그가 지
    니는 업연(業緣)까지를 뜻으로 담고 있다. 그러므로 구마라습은 다음
    절에서 '저마다의 깨달음을 따라서'라고 거듭 강조하고 있다.
20. 부처님이 가진 특유의 10종의 지력(智力). ① 처비처지력(處非處智力,

대정진하는 그대에게 경배합니다.

이미 얻으신 두려움 없는 자신[무소외無所畏]을 경배합니다.

짝할 이 없는 덕을 몸에 지닌

대도사(大導師)에게 경배합니다.

능히 온갖 구속(拘束)을 끊으심을 경배합니다.

이미 깨달음의 언덕[피안彼岸]에 이르러

중생을 제도하며

생(生)과 사(死)를 떠난 부처님을 경배합니다.

중생의 오가는 모습을 밝히고

온갖 사물[법]로부터 해탈했으니

세간의 집착 여의기를 마치 연꽃과 같이 하여

항상 공적(空寂)을21 행하네.

도리에 맞는 것과 도리에 맞지 않는 것을 변별하는 힘) ②업이숙지력
(業異熟智力, 하나하나의 업인業因과 그 과보[이숙異熟]와의 관계를 여
실히 알 수 있는 힘) ③정려해탈등지등지지력(靜慮解脫等持等至智力,
사선四禪・팔해탈八解脫・삼삼매三三昧・팔등지八等至 등의 선정을 아
는 힘) ④근상하지력(根上下智力, 중생의 기근機根의 상하 우열을 아
는 힘) ⑤종종승해지력(種種勝解智力, 중생의 여러 가지 희망[의락意
樂]을 아는 힘) ⑥종종계지력(種種界智力, 중생이나 모든 법의 본성을
아는 힘) ⑦편취행지력(遍趣行智力, 중생이 여러 곳[지옥이나 열반
등]으로 향해 가는 것을 아는 힘) ⑧숙주수념지력(宿住隨念智力, 자타
自他의 과거세過去世의 일을 생각나게 하는 힘) ⑨사생지력(死生智力,
중생이 여기에서 죽어 그곳에 태어나는 것을 아는 힘) ⑩누진지력(漏
盡智力, 번뇌를 끊은 경지[열반]와 거기에 도달하기 위한 수단을 여실
히 알 수 있는 힘)

21. 우주 만물의 실체가 모두 공(空)하고 부동(不動)하다는 것이 불교의
우주관이다. '왕생요집(往生要集)' 본래공적(本來空寂) 일체무의(一體

온갖 사물의 실체에 통달하며 걸림이 없어
허공과 같아 의지할 바 없어 경배합니다.

그때, 장자의 아들 보적은 이 게송을 마치고 부처님에게 아뢰었다.

"세존이시여, 우리들 5백 명 장자의 아들들은 모두가 이미 가장 높은 깨달음[아뇩다라삼막삼보리]을 구하는 마음을 일으켜 불국토의 청정을 얻을 수 있는지 듣고자 합니다. 세존이시여, 부디 원하오니 여러 보살이 정토(淨土)에로 나아가기 위해 닦는 수행을 설하여 주십시오."

부처님께서 말씀하셨다.

"보적아, 여러 보살을 위해 여래에게 정토에로 나아가는 수행을 묻는 것은 좋은 일이로다. 자세히 듣고 잘 생각하라. 내 너를 위해 설하리라."

이에 보적을 비롯한 5백 명 장자의 아들들은 부처님의 가르침을 따라 귀를 기울였다.

부처님은 말씀하셨다.

"보적아, 허물[類]이22 곧 보살의 불국토이니라. 왜냐하면 보살은 교화할 중생을 따라서 불국토를 취하고, 중생이 선을 닦고 악을 버리는 것[조복調伏]을 따라 불국토를 취하기 때문이다. 또 중생들이 어떠한 나라에 의하여 부처님의 지혜에로 이

無礙). 구마라습의 한역(漢譯)은 '상선입어공적행(常善入於空寂行)'.
22. 구마라습의 한역은 '중생지류(衆生之類)'이다. '류(類)'자를 지겸은 '문행천식인물지토(蚊行喘息人物之土)', 현장은 '제유정토(諸有情土)', 티베트 역은 '중생의 국토'라고 되어 있어 모두 '토(土)'로 번역하고 있다.

끌려 들어갔는가 하는 것에 따라서 그에 알맞은 불국토를 취하고,[23] 중생들이 어떠한 나라에 의하여 보살에게 갖추어진 능력〔根〕을 행사했는가에 따라서 불국토를 취한다. 왜냐하면, 보살이 정토(淨土)를 취하는 것은 모든 중생을 이롭게 하기 위한 것이기 때문이다. 비유하건대, 누가 빈 터에 집을 짓고자 하면 뜻대로 지을 수 있다. 그러나 만약 허공에 짓고자 한다면 끝내 지을 수 없는 것과 같다. 보살도 이와 같아서 중생을 완성시키기 위해 불국토를 취하고자 한다. 그러므로 불국토를 취하고자 하는 것이 허공에서 이루어지는 것은 아니다.[24]

보적아, 마땅히 알아야 하느니라. 순수한 마음〔직심直心〕은[25] 보살의 정토로서 보살이 부처가 될 때 그 나라에는 거짓을 하지 않는 중생이 태어난다. 깊이 도를 구하는 마음〔심심深心〕은 보살의 정토이니 보살이 부처가 될 때 그 나라에는 공덕을 갖춘 중생이 태어난다. 깨달음을 구하는 마음〔보리심〕은 보살의 정토로서, 보살이 부처가 될 때 그 나라에는 대승의 가르침〔대승大乘〕을 받은 중생이 태어난다.

보시를 하는 것, 그것도 보살의 정토이니, 보살이 부처가

---

23. '그에 알맞은'은 구마라습의 한역에 없는 것을 역자가 이해를 돕기 위해 삽입한 것이다.

24. 구마라습의 한역은 '비어공야(非於空也)'. 허공에서와 같이, 중생과는 아무런 관계가 없는 곳에서는 중생을 위한 행이 이루어질 수 없음을 뜻한다.

25. 직심(直心)은 만행(萬行)의 본(本)이라고 한다. 현장은 '순의국토(純意國土)', 티베트 역은 '관상(觀想)의 나라'라고 해서 각각 '나라'의 뜻을 강조하고 있어 이해하기 쉽기는 한지만, 구마라습의 번역은 직설적이고 인상이 깊다.

될 때 그 나라에는 능히 모든 재물을 보시하는 중생이 태어난다. 계를 지키는 것, 그것은 곧 보살의 정토이니, 보살이 부처가 될 때 그 나라에는 열 가지 선(善)한 길〔道〕을 행하여 소원을 채운 중생이 와서 태어난다. 인욕하는 것은 곧 보살의 정토이니, 보살이 부처가 될 때 그 나라에는 서른두 가지의 뛰어난 신체적 특징〔32상相〕으로 장엄한 중생이 와서 태어난다. 정진은 곧 보살의 정토이니, 보살이 부처가 될 때 모든 공덕을 힘써 닦는 중생이 와서 태어난다. 선정(禪定)은 곧 보살의 정토이니, 보살이 부처가 될 때 그 나라에는 마음을 통일〔攝〕하여 흔들림 없는 중생이 와서 태어난다. 지혜는 곧 보살의 정토이니, 보살이 부처가 될 때 그 나라에는 깨달음을 얻도록 확정〔정정正定〕된26 중생이 와서 태어난다.

모든 것에게 혜택을 베풀고자 하는 네 가지 마음〔사무량심四無量心〕은27 곧 보살의 정토이니, 보살이 부처가 될 때 그 나라에는 즐거움을 베풀고〔慈〕, 괴로움을 없애주며〔悲〕, 남의 즐거움을 기뻐하고〔喜〕, 누구에게나 평등한〔捨〕 마음을 완성한 중생이 와서 태어난다. 깨달음에로 이끄는 네 가지 방법〔사섭법四攝法〕은28 곧 보살의 정토이니, 보살이 부처가 될 때

---

26. 정정취(正定聚)의 뜻. 지혜가 밝으면 사물의 진실한 모습〔법상法相〕이 분명하게 파악되어 반드시 성불(成佛)하기로 결정된 중생, 즉 정정취라고 한다.
27. 자(慈)·비(悲)·희(喜)·사(捨)의 네 가지로 온갖 것에게 무량한 혜택을 베풀어 주고자 하는 마음. 제7장 중생에 대한 관찰〔관중생품觀衆生品〕의 첫 부분에 나온다.
28. 보살이 중생으로 하여금 사랑하는 마음을 일으키게 하고 그에 의하여 활동하게 하는, 즉 중생의 마음을 파악하는 네 가지 방법. ①법을 설

그 나라에는 해탈(解脫)의 과보를 얻을 수 있는 중생이 와서 태어난다. 방편(方便)은 곧 보살의 정토이니, 보살이 부처가 될 때 그 나라에는 모든 사물[일체법一切法]에 있어서 훌륭한 방편으로 장애를 받지 않는 중생이 와서 태어난다. 깨달음의 지혜를 얻기 위한 서른일곱 가지 수행방법[37도품道品]은29 곧 보살의 정토이니, 보살이 부처가 될 때 그 나라에는 조용한 마음의 사색[염처念處]과 올바른 노력[정근正勤]과 신통력[신족

하고 재물을 베풀어 주는 것[보시布施] ②부드러운 말을 하는 것[애어愛語] ③여러 가지 방법으로 남에게 이익을 베풀어 주는 것[이행利行] ④남의 괴로움과 즐거움을 함께하며 함께 노력하는 것[동사同事] 등 네 가지.

29. 그 내용은 본문에 명시되어 있다. 자세히 말하면 네 가지 조용한 마음의 관조(觀照, 사념처四念處)는 ①신체는 부정(不淨)하며 ②감각하는 것은 고(苦)이며 ③마음은 무상(無常)하며 ④존재관조(存在觀照)하는 것. 네 가지 바른 노력[사정근四正勤]은 ①아직 생기지 않은 악(惡)은 생기지 않도록 노력하고 ②생긴 악은 끊고자 노력하며 ③아직 생기지 않은 선(善)은 생기도록 노력하고 ④생긴 선은 증대하도록 노력한다. 네 가지 불가사의한 힘[사신족四神足]은 ①원(願)을 세워 ②노력하며 ③마음에 지니고[念] ④관조사유(觀照思惟)함으로써 마음을 조용히 통일하고, 그에 의하여 뜻대로 불가사의를 나타내는 것. 다섯 가지 뛰어난 능력을 가져오는 것[오근五根]과 그 능력[오력五力]이라고 하는 것은 능력과 그 작용의 두 면에서 보고 있다. 그 작용면에서 보면 ①믿고 ②노력하며 ③마음 깊이 지니고[想] ④조용히 마음을 통일하며 ⑤지혜를 닦는[磨] 것. 깨달음의 지혜를 돕는 일곱 가지[칠각지七覺支]는 ①마음에 기억하여 잊지 않는 것 ②지혜에 의하여 사물의 진위(眞僞)를 선택하는 것 ③바른 가르침에 대한 노력의 경주(傾注) ④바른 가르침을 기뻐함 ⑤심신이 맑아 평안함 ⑥선(禪)에 의해 마음을 가라앉히는 것 ⑦마음의 평형을 지속함. 여덟 가지 바른 길[팔정도八正道]은 정견(正見), 정사유(正思惟), 정어(正語), 정업(正業), 정명(正命), 정정진(正精進), 정념(正念), 정정(正定).

神足]과 뛰어난 능력[根], 그 작용[力]과 그리고 깨달음을 돕는 것[覺=支]과, 바른 길[道]을 아는 중생이 와서 태어난다. 모든 공덕을 남에게 돌려주는 마음[회향심廻向心]도 곧 보살의 정토이니, 보살이 부처가 될 때 그 나라에는 모든 공덕을 다 갖춘 중생이 와서 태어난다. 깨달음을 막는 여덟 가지 장애[팔난八難]를30 없애도록 가르치는 것도 또한 보살의 정토이니라. 보살이 부처가 될 때 그 나라에는 죄악의 보답으로 받는 세 가지 세계[삼악도三惡道]와 여덟 가지 고난[팔난]이 없느니라. 스스로 계행(戒行)을 잘 지켜 남의 잘못을 꾸짖지 않는 것도 보살의 정토이니라. 보살이 부처가 될 때 그 나라에는 계율을 범했다는 소리[名]를 들을 수 없다. 십선(十善)31은 곧 보살의 정토이니, 보살이 부처가 될 때 그 나라에는 목숨이 요절

---

30. 부처를 만나 가르침을 듣는[견불문법見佛聞法] 데 장애가 되는 여덟 가지. ①지옥 ②아귀(餓鬼) ③축생(畜生)의 셋은 소위 삼도(三塗)라 하여 부처님을 만날 수 없고 오직 괴로움에 시달릴 뿐 수행할 수가 없다. ④사대주의 하나인데, 사대주 북쪽에 있는 북구로주(北俱盧洲)에는 즐거움만 있고 괴로움이 없기 때문에 해탈의 가르침을 들으려고 하지 않는다. ⑤삼계 가운데 윗단에 속하는 색계·무색계, 그리고 수명이 긴 장수천(長壽天)도 이와 같다. ⑥장님, 귀머거리, 벙어리는 가르침을 받을 수가 없고 ⑦세속적인 지혜에만 팔린 사람은 오히려 바른 진리의 가르침을 들으려 하지 않으며 ⑧부처가 세상에 나기 전과 가버린 다음에는 부처의 가르침을 받을 수 없다.

31. 열 가지의 선한 행위. 십악(十惡)의 반대로, 십악은 ① 살생(殺生) ② 투도(偸盜) ③사음(邪淫) ④망어(妄語, 거짓말하는 것) ⑤양설(兩舌, 사람 사이에 이간질하는 것) ⑥악구(惡口, 남에게 악한 말을 하는 것) ⑦기어(綺語, 재미있게 만드는 말) ⑧탐욕(貪欲) ⑨진에(瞋恚, 화내고 미워하는 것) ⑩사견(邪見, 잘못된 견해)을 말한다. 이상의 십악을 행하지 않는 것을 십선이라 한다.

〔중요中夭〕하지 않고 재물은 풍부하고, 행실은 맑고 깨끗하며 말에는 진실함이 깃들어 있고 항상 부드러운 말을 쓰므로 권속은 헤어지는 일이 없으며, 다툼〔쟁송爭訟〕을 화해시키고, 말을 하면 반드시 이익을 주고 질투하지 않고 성내지 않는 바른 소견을 갖춘 그러한 중생이 와서 태어나느니라.

보적아, 이와 같이 보살이 그 깨끗한 마음〔직심直心〕에 따르면 능히 바른 행을 곧 일으키고 그 행에 의하여 깊이 도를 구하는 마음〔심심深心〕을 얻느니라. 그리고 그 마음을 따라서 뜻도 악을 버리고 선을 따르게〔조복調伏〕 된다. 뜻이 악을 버리고 선을 따르게 되면 가르침〔說〕과 같이 행하게 되고, 가르침과 같이 행하게 되면 능히 공덕을 남에게 돌려주게〔회향迴向〕되며, 공덕을 남에게 돌려주게 되면 방편을 얻게 되고, 그 뛰어난 방편에 따르면 곧 중생을 성취하게 되며, 중생을 성취하게 되면 그에 따라서 부처님의 나라가 맑아지고, 부처님의 나라가 맑아짐에 따라서 설하는 법도 맑아지며, 설하는 법이 맑아짐에 따라서 지혜도 맑아지며, 지혜가 맑아짐에 따라서 그 마음도 맑아지고, 그 마음이 맑아짐에 따라서 모든 마음의 공덕이 맑아지느니라.

보적아, 이러한 까닭으로 보살이 만약 정토를 얻고자 한다면 마땅히 그 마음을 밝혀야 한다. 그 마음의 맑음에 따라서 부처님의 나라도 곧 맑아지기 때문이다."

이때, 사리불은 부처님의 위신력으로 이렇게 생각했다.

'만약 보살의 마음이 깨끗한즉 부처님의 나라도 깨끗해진다고 한다면 우리〔我〕의 세존께서 본래 보살이었을 때 마음〔意〕이 깨끗하지 않아서 지금 이 부처님의 나라가 이렇게 깨끗하

지 않다고 함이 어떻게 가능합니까?'

부처님께서는 그 생각을 알아차리시고 곧 말씀하셨다.

"어떻게 생각하느냐. 해와 달은 깨끗하지 못한 것이냐? 그리고 장님이 그 때문에 보지 못하는 것인가?"

대답했다.

"아닙니다. 세존이시여, 이는 장님의 허물이지 해와 달의 허물은 아닙니다."

"사리불아, 이와 같이 중생의 죄로 인해서 여래의 부처님 나라가 깨끗하게 장엄되어 있는 것을 보지 못하느니라. 그러므로 여래를 책망할 것이 아니니라. 사리불아, 나의 나라가 깨끗한 것을 그대가 보지 못한 것이니라."

그때, 나계범왕(螺髻梵王=범천왕梵天王)이 사리불에게 말했다.

"그러한 생각으로 이 부처님의 나라를 깨끗하지 못하다 말하지 마십시오. 왜냐하면, 내가 보기에는 석가모니 부처님의 나라가 깨끗하기를 마치 자재천궁(自在天宮=타화자재천궁他化自在天宮)과 같습니다."

사리불이 말했다.

"내가 보기에 이 나라[土]는 언덕[구릉]과 험한 구덩이와 가시밭과 모래와 자갈, 그리고 흙과 돌과 온갖 산과 더러운 악으로 가득 차 있습니다."

나계범왕은 말했다.

"그대의 마음에는 고하(高下)가 있어서 부처님의 지혜에 의지하지 않으므로, 이 나라[土]를 보고 깨끗하지 않다고 하지만 사리불이여, 보살은 모든 중생을 한결같이 평등하게 대하며,

깊이 진리를 구하는 마음[심심深心]도 깨끗한 것입니다. 그러므로 부처님의 지혜에 의하면 능히 부처님의 나라가 깨끗함을 볼 수 있는 것입니다.”

이때, 부처님께서는 발가락으로 땅을 누르셨다. 동시에 모든 세계[삼천대천세계]가 헤아릴 수 없이 많은[약 2백천] 진귀한 보배로 장식되었고, 그것은 마치 보장엄불(寶莊嚴佛)의 헤아릴 수 없이 많은 공덕으로 장엄한 나라[보장엄토寶莊嚴土] 같았다. 모든 대중은 지금까지 아직 한 번도 본 일이 없는 이 같은 나라를 찬탄했다. 그리고 자기들 모두가 이 세계에서 보석의 연꽃 위에 앉아 있는 것을 발견했다.

부처님께서 사리불에게 말씀하셨다.

“그대는 지금 이 부처님의 나라가 깨끗하게 장엄된 것을 보았는가?”

사리불이 대답했다.

“보았습니다. 세존이시여, 한 번도 본 바도 없고 들은 바도 없던 것이 지금 부처님의 나라에서 깨끗하게 장엄된 것을 모두 보았나이다.”

부처님께서 사리불에게 말씀하셨다.

“나의 부처님 나라는 항상 이와 같이 깨끗하느니라. 다만 이 나라[斯]의 어리석은 사람들을 건지고자 하기 때문에 이러한 온갖 악으로 해서 깨끗하지 못한 것을 보이는 것이다. 비유컨대, 여러 천상의 신들[제천諸天]이 보옥(寶玉)으로 된 그릇으로 함께 밥을 먹는다 해도 그 지은 복덕(福德)에 따라서 밥이 다른 것과 같느니라. 이와 같이 사리불아, 만약 사람의 마음이 깨끗하면 이 부처님 나라의 공덕으로 장엄된 것을 볼 수 있느니라."

부처님께서 이 나라의 깨끗한 장엄을 나타낼 때 보적이 이
끄는 5백 명 장자의 아들들은 모두 진리를 깨달은 편안〔무생
법인無生法忍〕32을 얻었으며, 8만 4천의 사람들도 모두 가장
높은 깨달음을 구하고자 하는 마음〔아뇩다라삼막삼보리심阿耨
多羅三藐三菩提心〕을 일으켰다.

부처님께서 신통력〔신족神足〕33을 거두어들이자 지금까지 있
던 세계는 이전과 같은 모습으로 돌아갔다. 그러나 스스로의
깨달음만을 목적으로 가르침을 구한〔성문승聲聞乘〕 3만 2천의
천상의 신들과 사람들까지도 형상적인 존재〔유위법有爲法〕가34
무상함을 알았다. 그리하여 티끌과 때를 버리고 진리를 바르
게 보는 눈〔법안정法眼淨〕을 얻었다. 또 8천의 비구들은 온갖
존재에 집착하지 않고〔불수제법不受諸法〕 번뇌가 다하여 마음
에 깨달은 바가 있었다.

---

32. 무생(無生)의 법리(法理)의 인증이라는 뜻. 일체의 것이 불생불멸(不
   生不滅)이라고 확인하는 것. 무생인(無生忍)이라고도 한다.
33. 생각한 대로 어디에도 비행해 갈 수 있는 힘. 불가사의한 작용. 뛰어
   난 초자연적인 힘. 신족통(神足通)의 준말.
34. 인연의 화합으로 이루어져 현상만으로 나타난 존재를 가리킨다. 유위
   (有爲)는 산스크리트 말인 Saṁskṛta의 번역. '만들어진 것'이란 뜻.
   법(法)은 '존재' '사물'의 뜻으로도 쓰인다.

❧ 제2장 뛰어난 방편품方便品 ❧

그때, 바이살리 성(城)에 유마힐(維摩詰)이라고[1] 하는 장자 (長者)가 있었다.

그는 오래 전부터 헤아릴 수 없이 많은 부처님께 공양하고, 선근(善根)을 깊이 심어 진리를 깨달은 편안함[무생인無生忍] 을 얻고 있었다.

뛰어난 말솜씨는 거침이 없고, 신통력[유희신통遊戱神通]을 구사하며,[2] 온갖 기억하는 힘[총지總持]이[3] 숙달하고, 두려움 없

---

1. 유마힐은 산스크리트 말인 Vimalakirti를 번역한 말이다. Vimala는 '더럽혀지지 않는다'는 뜻이고, Kirti는 명성, 평판이라는 뜻이다. 지겸 의 번역과 구마라습의 번역은 유마힐을 가리켜 '장자'라고 번역하고 있 으나, 그에 해당하는 부분을 현장이나 티베트 역은 '릿자비의 사람'이 라고 번역하고 있어 유마힐이 릿자비족(族) 출신임을 가리키고 있다. 장자(長者)는 산스크리트 말인 grhapati의 번역으로 부호, 또는 나이 나 덕이 높은 사람을 뜻하지만, 어원(語源)을 따지면 부족의 지도자, 또는 자산가(資産家)이다. 따라서 부처님의 나라에 나오는 보적(寶積) 이 릿자비족 출신이며, 장자의 아들인 것은 이 경의 뜻을 살피는 데 도움이 된다.
2. 초인적인 신비한 행위를 뜻대로 구사함. 신통(神通)은 불교를 체험한 사람이 얻을 수 있는 어떤 종류의 신비한 능력이다. 일반적으로 과거 의 사건을 아는 숙명통(宿命通), 시방(十方)의 온갖 소리를 듣는 천이 통(天耳通) 등이 있다. 따라서 유희신통은 그러한 신통력을 자유자재 로 구사한다는 뜻이다.

는 자신[무소외無所畏]을 얻어 악마의 재앙을 물리쳤고, 심원한 법문(法門) 속에 들어 지혜에 의하여 깨달음의 기슭에 이르렀으며[지도智度]4, 방편에 통달해 있었다. 큰 서원(誓願)을 성취했으며 중생들이 마음속으로 바라는 바를 분명하게 알고 있었다. 또한 중생들이 지니고 있는 능력[根]의 날카로움과 무딤을 잘 분별했다.

오래도록 부처님의 가르침을 받아서 마음은 맑고 오롯하여 [순숙純淑] 대승의 가르침으로 나아갔고, 온갖 것을 행함에 있어서는 바르게 생각하고 헤아렸으며, 부처님과 같은 위의(威儀)에 머물러 마음의 크기가 바다와 같았으므로, 여러 부처님들이 칭찬하고 부처님의 제자와 제석천과 범천, 사천왕들이 존경했다.

사람을 제도하고자 원하는 까닭에 그 선한 방편으로 바이살

---

3. 기억술을 말한다. 산스크리스트 말인 dhārani(陀羅尼)의 뜻을 옮겨 총지, 또는 능지(能持)라고 하여 능히 마음에 간직해 잊지 않게 하는 능력이다. 그 방법과 종류는 여러 가지이다. 그중에서도 가장 중요시되는 것은 주다라니(呪陀羅尼)인데, 그 주체가 되는 진언(眞言)은 다라니를 대표하게 되었다.

4. 구마라습의 한역은 '선어지도 통달방편 지도(善於智度 通達方便 智度)'이다. 반야바라밀(prajñā-pāramitā)의 뜻을 옮긴 말이다. prajñā(반야)는 경험적 지식을 의미하는 개념인 jñāna(야나惹那)와 구별되어 종교적 체험에 있어서만 주어지는 선험적 지혜를 가리킨다. 바라밀은 pārami(피안彼岸으로 갈 수 있는 것)를 가리키는 명사이며, 여기에 그 성격 또는 상태를 표현하는 tā가 붙어 있으므로 '피안에 도달한 상태'를 의미한다. 그러므로 반야바라밀은 '지혜의 피안에 도달한 상태'이다. 따라서 '선어지도(善於智度)'는 그러한 상태에 있어서 잘못이 없음을 말한 것이다.

리에 살고 있었다.

무량한 재산으로 수많은 가난한 사람들을 돕고 계를 깨끗하게 지킴으로써5 계를 범하는 많은 사람들〔훼금毁禁〕을6 구하며 마음을 가누어 인내함으로 해서 사람들의 분노를 가라앉히고, 마음을 다하여 노력함으로 해서 게으른 사람들을 이끌며, 마음을 통일하여 선정(禪定)에 들어감으로 해서 마음이 혼란한 사람들을 이끌고, 명확한 지혜로써 무지한 사람들을 제도하고 있었다.

재가의 신도라 해도, 사문(沙門)의 청정한 계행을 받들어 행하고, 비록 세속에 살지만 삼계(三界)에7 집착하지 않는다. 처

---

5. 구마라습의 한역은 '자재무량 섭제빈민 봉계청정 섭제훼금 이인조행 섭제에노 이대정진 섭제해태 일심선적 섭제란의 이결정혜 섭제무지(資財無量 攝諸貧民 奉戒淸淨 攝諸毁禁 以忍調行 攝諸恚怒 以大精進 攝諸懈怠 一心禪寂 攝諸亂意 以決定慧 攝諸無智)'로 보시를 비롯하여 육바라밀로써 중생을 거들어 교화하는 것을 뜻한다. 현장의 번역도 이와 대체로 같다. 티베트 번역은 유마힐에게 '빈민을 구제하기 위하여 다함없는 재산이 있다'고 했다. 이러한 표현들은 구제의 목적을 강조하는 것이며, 유마힐의 재산과 지혜이다. 그리고 모든 능력은 중생의 제도에 그 목적이 있다는 것을 가리키는 것이다.

6. 계율을 깨뜨리는 것. 여기서는 파계하는 많은 사람들을 뜻한다. 이하 '에노(恚怒)' '해태(懈怠)' '난의(亂意)' '무지(無智)'는 '훼금(毁禁)'과 마찬가지로 그 본뜻을 지니면서 동시에 '빈민(貧民)'의 뜻을 내포한다.

7. 일반적으로 생사윤회의 미(迷)한 세계를 세 가지로 나누어 '색계(色界)' '욕계(欲界)' '무색계(無色界)'라고 한다. 구마라습의 한역에 '수처거가 불착삼계(雖處居家 不着三界)'라 함은 집에 살면서도 정욕과 감각〔삼계〕에 미혹되지 않는다는 뜻이다. 유마힐 당시의 인도 상류사회는 많은 처첩(妻妾)을 거느리고 있었으나, 유마힐은 그러한 생활 속에 살면서 거기에 탐닉하지 않았다는 것이다.

자가 있음을 알고 있지만 항상 범행(梵行)을 닦고, 권속이 있는 것을 알고 있다 해도 항상 멀리 떨어져 있기를 좋아한다. 보석 등으로 몸을 치장하고는 있지만 그보다 뛰어난 신체적 특징이 몸을 꾸미고 있고, 또 음식을 먹기는 하지만, 그보다는 선(禪)의 기쁨으로서 맛을 삼는다. 만약 도박장에 이르면 그 사람들을 제도하고, 여러 가지 이교(異敎)의 가르침을 받는다 해도 올바른 믿음을 깨뜨리지 않고, 세간의 서적에 밝다고 하지만 항상 부처님의 진리를 바란다.

모든 사람들로부터 존경을 받고 가장 높은 사람으로서의 공양을 받는다.8 정법(正法)을9 굳게 지키어 어른과 어린이들을 가르치고, 모든 생업의 경영이 순조로워 세속적인 이윤을 얻지만 그것을 기뻐하지는 않는다.

널리 세간에 노닐면서 중생을 이익 되게 하고, 정치와 법률에도 통하여 모든 사람들을 구하고 보호한다. 강론하는 곳에 들면 대승의 가르침으로 사람들을 이끌고, 학교에 가서는 아이들을 이끌어 깨우치며, 창녀의 집에 들어서는 육욕(肉慾)의 잘못을 설하고, 술집에 가서도 능히 그 뜻을 세운다.

만약 장자들과 함께 있으면 장자 중의 으뜸으로서 그들을 위해 뛰어난 가르침을 설하고, 거사(居士)들과 함께 있으면 거

---

8. 구마라습의 한역은 '일체구경 위공양중최(一切具敬 爲供養中最)'.
9. 이 경에 있어서 구마라습의 용어 예를 보면 '불법(佛法)'을 의미하는 경우와 세간적인 '율법(律法)'을 의미하는 경우가 있다. 여기서는 '불법'을 의미하고 있다. 이 번역에서는 불법을 가리키는 경우에는 그대로 '정법(正法)'이라 했고, 세간적인 율법을 가리키는 경우에는 되도록 정법이란 말을 피했다.

사 중의 으뜸으로서 그들의 탐심과 집착하는 마음을 끊게 한다. 또 만약 왕족과 함께 있으면 왕족 중의 으뜸으로서 인욕을 가르치며, 바라문과 함께 있으면 바라문 중의 으뜸으로서 그들의 아만(我慢)을 없애게 하고, 대신들과 함께 있으면 대신 중의 으뜸으로서 정법(正法)을 가르친다. 만약 왕자들과 함께 있으면 왕자 중의 으뜸으로서 충효의 길을 가르치며, 내관(內官)들과 함께 있으면 내관 중의 으뜸으로서 궁녀들을 바르게 가르치며, 서민들과 함께 있으면 서민 중의 으뜸으로서 그들에게 복덕의 힘이 일게 한다. 만약 범천(梵天)과 함께 있으면 범천 중의 으뜸으로서 뛰어난 지혜를 갖도록 가르치며, 제석천과 함께 있으면 제석천 중의 으뜸으로서 무상함을 나타내고, 호세(護世=사천왕四天王)와 함께 있으면 호세 중의 으뜸으로서 온갖 중생을 지킨다.

장자 유마힐은 이와 같이 무량한 방편으로 중생에게 이익되게 하고 있었으나 그러한 방편은 몸에 병을 나타내고[10] 있었다. 그러나 그 병으로 인하여 국왕과 대신, 장자, 거사, 바라문, 그리고 여러 왕자와 함께 다른 관속(官屬) 등 헤아릴 수 없는 수천의 사람들이 모두 찾아와 문병하게 되었다.

---

10. 구마라습의 한역은 '기이방편 현신유질(其以方便 現身有疾)'이다. '그와 같이 뛰어난 방편을 가져 자기 몸에 병이 있는 것처럼 꾸몄다〔現〕'고 해야 이 경(經)의 성격에 맞는 것이다. 이 경의 성립 연대와 그 당시의 스스로 병을 가진 유마힐의 몸가짐은 이 경의 성격을 밝히는 데 도움을 준다. 특히 시대적 배경, 바이샬리 성(城)과 경전 성립의 관계, 십비법(十非法)에 의한 2회 결집(結集), 유마를 통해 대승사상을 표현하고자 한 경의 취지와 작품으로서의 허구성에 유의할 것이다.

유마힐은 그 찾아온 사람들에게 몸의 병을[11] 예로 들어가면서 여러 가지 가르침을 설하고 있었다.

"여러분, 이 몸은 무상하여 강하지 못하고 힘도 없으며, 견고하지도 못합니다. 재빠르게 시들어 가는 것이므로 믿을 것이 못됩니다. 괴로움이며, 근심이며, 온갖 병이 모이는 곳입니다. 여러분, 지혜가 밝은 사람은 이와 같은 몸을 의지하지 않습니다.

이 몸은 물방울[취말聚沫]과[12] 같아서 잡을 수도 문지를 수도 없습니다. 또 이 몸은 물거품과 같아서 오래도록 지탱할 수가 없습니다. 이 몸은 불꽃과 같아서 사랑의 탐욕[갈애渴愛]

---

11. 구마라습은 '기왕자 유마힐 인이신질 광위설법(其往者 維摩詰 因以身疾 廣爲說法)'이라 했다.

12. 인간의 신체가 비말(飛沫)과 같다고 한 비유와 함께, 인간의 신체는 공(空)하며 무상(無常)한 것임을 설하기 위한 열 가지 비유 또는 '십종유신(十種喩身)'이라고 한다. 구마라습의 번역에 따르면 '취말(聚沫)' '포(泡)' '염(炎)' '파초(芭蕉)' '환(幻)' '몽(夢)' '영(影)' '향(響)' '부운(浮雲)' '전(電)'의 열 가지이다. 구마라습은 이 열 가지 비유는 무상을 비유한 것이라 하고, 이 비유 다음에 이어서 설해진 네 가지 원조에 대한 설명은 공(空), 무아(無我)를 비유한 것이라고 했다. 그러나 구마라습 문하의 제1인자인 승조(僧肇, 374~414년)는 이 열 가지 비유를 공(空)의 뜻을 밝히는 것이라고 해석하고, 이것은 모두가 차례로 무상(無常), 고(苦), 공(空), 무아(無我)의 사비상(四非常)을 명확히 하는 것이라고 한다. 또 수(隋)나라 혜원(慧遠, 523~592년)은 처음 다섯 가지는 인간 존재를 구성하는 다섯 가지 요소[오음五陰]에 대한 것이고, 나중의 다섯 가지는 모두가 이 오음에 대해 그 공(空)함을 밝힌 것이라고 했다. 그러나 삼론종(三論宗)의 길장(吉藏, 549~623년)은 혜원의 설을 차례로 소개하면서 이에 반론을 펴고, 열 가지 비유 모두가 무상과 공을 밝힌 것이라 했다.

으로부터 생깁니다. 이 몸은 파초(芭蕉)와 같아서 속에 굳은 것이 있지 아니하며, 이 몸은 환영과 같아서 미혹(迷惑=전도 顚倒)으로 해서 일어납니다. 이 몸은 꿈과 같아서 허망한 것이 진실인 양 보이는 것이며,13 이 몸은 그림자와 같아서 업연 (業緣)으로 해서 나타나는 것입니다. 이 몸은 메아리와 같아 서 온갖 인연을 따라 생기며, 이 몸은 뜬구름과 같아서 잠깐 사이에 변하고 소멸합니다. 또 이 몸은 번뇌와 같아서 한순간 도 머물러 있지 않습니다.

이 몸은 땅과 같아서 실체로서의 주체가 없으며, 이 몸은 불과 같아서 자아가 없으며, 이 몸은 바람과 같아서 생명으로 서의 개체(個體=壽)가 없고, 이 몸은 물과 같아서 실체로서 의 개아(個我=人)가 없습니다.14

---

13. 구마라습은 '위허망견(爲虛妄見)'이라 했다.
14. 구마라습의 한역은 '시신무주위여지 시신무아위여화 시신무수위여풍 시 신무인위여수(是身無主爲如地 是身無我爲如火 是身無壽爲如風 是身無 人爲如水)'이다. '주(主)' '아(我)' '수(壽)' '인(人)'의 실체를 나타내는 개념으로서 지(地)·수(水)·화(火)·풍(風)의 4대(四大)를 배당했다. 고대 인도의 사상계에는 물질을 구성하는 원소로서 네 가지를 생각하 고 이것을 4대라고 했다. 따라서 '지(地)'는 견고함을, '수(水)'는 습기 를, '화(火)'는 열기를, '풍(風)'은 움직임을, 각각 그 성질로 하고, 거 기에는 저마다의 작용이 있다고 생각했다. 실체로서의 '주(主)', 여기 에서는 실체로서의 주체[主]를 위시해, 자아[我], 생명으로서의 개체 [壽], 실체로서의 개아(個我=人) 등 네 가지를 들고 있다. 그러나 이 것은 영혼이라든가 인격의 주체를 의미하는 것으로 실체시(實體視)하 는 사고방식이므로, 불교에서는 이를 부정한다. 현장의 번역에서는 지 (地)·수(水)·화(火)·풍(風)에 공(空=허공虛空)을 더해 5대(五大)라 하고, 첨가한 하나는 '살아 있는 것[유정有情]'이다. 그리고 배당하는 방법도 구마라습과는 다르다. 티베트 번역은 4대의 입장을 취하고 있

이 몸은 영원히 변하지 않는 실체가 아니라, 네 가지 구성 요소[사대四大]로[15] 되어 있어 이를 집으로 삼고 있습니다. 이 몸은 자아와[16] 자아에 소속하는 것[아소我所]에서 떨어져 있으므로 공(空)한 것입니다. 이 몸은 풀과 나무와 질그릇과 조약돌과 같아서 무지(無知)합니다. 이 몸은 지음이 없으므로[무작無作] 바람의 힘에 따라 흔들립니다.[17] 이 몸은 깨끗하지 않

으나, 실체시 된 것으로 취급된 것은 다섯 가지이다. 구마라습의 번역에 없는 그 하나로 행위의 주체인 '작자(作者)'이다. 따라서 배당을 받지 못한 것이 하나 나오는데 '이 몸은 여러 가지 기연으로 해서 생긴 것이어서 주인공이 없다'고 하는 전문이 붙어 있다.

15. 주14 참조.

16. '시신위공 이아아소(是身爲空 離我我所)'. '아(我)'는 Atman으로 자주 독립된 존재이고, 소위 '아소(我所)'는 Ātmīya로 '나에 속한다'를 의미하며 소위 속성(屬性)을 뜻한다. 형이상학적인 사고방식에 의하면 당연히 이 실체와 속성은 두 개의 영역으로 구분되어야 한다. 그러나 무아연기(無我緣起)의 입장에 있어서는 이 구별은 무시된다. 여기서는 특별히 우리의 육체가 그러한 것을 말한 것이다.

17. 구마라습의 한역은 '시신무작 풍력소전(是身無作 風力所轉)'. '무작(無作)'의 원어가 무엇인지 분명히 밝혀지지는 않고 있으나, 신체의 동작에 대해서 누군가가 동작하고 있다는 사고를 부정하는 것이다. '풍력소전(風力所轉)'의 '풍(風)'은 많은 주석과 이역동본(異譯同本)에 단순히 '풍(風)'으로 나와 있어서, 그 개념이 분명하지 않다. 흔히 말하는 공기라든가 바람을 가리키는 것은 아닐 것이다. 바람이 자연히 유동하는 것을 '무작'의 비유로 했다고 보는 해석도, 이 글귀의 범주를 벗어난 것이니 부적당하다. 이런 점을 감안한다면 '풍력(風力)'은 4대의 '풍(風)'이 본래 가리키고자 한 개념과 같이 움직임[동성動性]을 의미하는 것인지도 모른다. 원어가 분명하지 않으므로 명확하게 말할 수는 없지만, 만약 그러한 해석이 가능하다면 '움직임'을 존재의 법[범주範疇]으로 보고 우리의 육체가 존재한다고 하는 것이므로, '무작'과도 모순되지 않는다. 또한 '전(轉)한다'고 하는 말이 가지는 불교적인 독특한 의미와도 결

아 더러운 것이 가득 차 있습니다. 그러므로 이 몸은 거짓인 것입니다. 설사 몸을 씻고 옷을 입으며 밥을 먹는다 해도 반드시 닳아서는 없어지고 말 것입니다. 이 몸은 재앙입니다. 백하나의 병으로18 괴로워하고 있습니다. 이 몸은 낡은 우물[구정丘井]과19 같아서 늙음에게 쫓기고 있습니다. 이 몸은 고정되어 있지 않으므로 언젠가는 반드시 죽어야 합니다. 이 몸은

부된다.

18. 신체의 네 가지 요소인 4대에 각각 일백 가지 병이 있고, 거기에 원소 자체를 포함해서 '백일병(百一病)'이라고 한다. 그러므로 흔히 404가지 병이 있다고도 한다. '풍병(風病)'을 '기발(氣發)', '화병(火病)'을 '황(黃)' 또는 '황열(黃熱)', '지병(地病)'을 '잡병(雜病)' 또는 '총집병(總集病)'이라고 한다.

19. '안수정등(岸樹井藤)'의 이야기. '구정(丘井)'은 폐허가 된 언덕에 있는 마른 샘을 말한다. 구마라습은 '구정'에 대한 주석에서 ≪비유경≫에 나오는 '안수정등' 이야기를 인용하고 있으나, 굳이 이 양자를 연관시킬 필요는 없다고 생각한다. 그러나 이 양자를 결부시킴으로써 이 경의 사상적 소재를 이해하는 단서를 얻을 수 있다고 본다. 설화에 의하면, 어느 사람이 죄를 범하여 왕이 놓아준 발정기의 광포한 코끼리에게 쫓기고 있었다. 죄인은 달아나다가 낡은 우물로 들어가 숨었다. 우물 속으로 피한 그는 칡덩굴을 쥐고 매달려 있었다. 그러나 그곳도 안전하지가 않았다. 흰 쥐와 검은 쥐가 그가 매달려 있는 칡덩굴을 교대로 갉아먹고 있었다. 밖에는 성난 코끼리가 기다리고 있고, 밑에서는 악룡(惡龍)이 독을 품고, 다섯 마리의 독사가 혀를 날름대며 그가 떨어지기를 기다리고 있었다. 칡덩굴이 끊어지는 날이면 그는 우물 바닥에 떨어져 독사와 악룡의 밥이 될 것이고, 밖으로 나가자니 성난 코끼리에게 짓밟혀 죽을 것은 너무나도 뻔했다. 이때 칡덩굴에 매달려 있던 벌집에서 단 꿀이 떨어져 그의 입술을 적셨다. 이 이야기에 나오는 코끼리와 두 마리의 쥐와 악룡과 독사, 그리고 꿀은 모두가 비유를 지니고 있어 인간의 절대절명(絶對絶命)한 백척간두의 상황과 어리석음을 이야기한 것으로 유명하다.

독사와 같고, 원수인 도둑과 같고, 사람이 살지 않는 마을[공
취空聚]과 같아서20 온갖 요소의 집적(集積=陰)과, 그 종류[界]
와, 마음과 마음의 작용이 의지하는 곳[入]에 의하여 이루어
진 것입니다.21

---

20. 구마라습의 한역은 '시신여독사 여원적 여공취(是身如毒蛇 如怨賊 如
    空聚)……'이다. 구마라습은 이에 대한 주석에서 ≪아함경≫ 43권에 나
    오는 '일협사사(一篋四蛇)'의 비유를 인용하고 있다. 실제로 이 대문은
    그것을 예상한 것과 같은 생각이 든다. 설화에 의하면, 옛날 왕이 한
    신하에게 대나무 상자에 든 네 마리 독사를 기르도록 명했다. 그러나
    신하는 독사로부터 해를 입을까 두려워 몰래 도망갔다. 이를 안 왕은
    5명의 신하에게 그를 쫓아 잡아오도록 명했다. 달아나는 길에서 그는
    6명의 도둑이 함께 쫓아오는 것을 알고 위험이 절박한 것을 알았다.
    숨을 곳을 찾아 마을로 들어갔으나 어느 곳에도 의탁할 사람은 하나도
    없었다. 사람이 살지 않는 집들뿐이었다. 마을을 벗어난 그는 그제서야
    피할 수 없음을 알고 공포에 떨면서 길을 재촉해 달아났다. 그러나 설상가
    상으로 커다란 강이 앞길을 막고 있지 않은가. 극도의 불안과 공포에 싸인
    그는 부근의 나무와 풀을 베어 뗏목을 만들어 타고 간신히 강을 건너 기슭
    에 닿아서야 겨우 난을 면했다고 한다.
    '일협(一篋)'은 이 신체를, 네 마리 독사는 4대, 다섯 사람의 신하는
    '색수상행식(色受想行識)'을, 6명의 도둑은 '색성향미촉법(色聲香味觸
    法)', 사람이 없는 마을은 '안이비설신의(眼耳鼻舌身意)', 큰 강은 애욕
    으로 뗏목인 정도(正道)를 타고 건너 기슭인 열반에 이름을 비유하고
    있다. 그리고 '공취(空聚)'는 설화에 나오는 사람이 살지 않는 마을을
    가리키는 것이니, 육근(六根)을 비유한 것이다.
21. '음(陰)' '계(界)' '제입(諸入)'은 모두가 인식이 성립하는 근거 또는 존
    재의 범주인데, 여기에서는 특별히 육체에 적용해 실재론적(實在論的)
    인 견해를 깨뜨리고자 한 것이다. 인간의 육체를 구성하고 있는 요소
    와 그 요소의 집적, 그리고 인간의 신심(身心)을 주관과 객관의 구체
    적인 대상을 통해 말할 때, 불교는 다음과 같은 세 가지로 정리한다.
    즉 '오음(五陰)=온(蘊)' '12처(處)=12입(入)' '18계(界)'이다. 이것을
    한마디로 '온(蘊)·처(處)·계(界)'라고 한다. 음(陰)=오온으로 '온(蘊)'

여러분, 이것은 괴로움이며 꺼려야 할 것입니다. 그렇다면 마땅히 부처님의 몸〔불신佛身〕을 구해야 할 것입니다. 왜냐하면, 부처님의 몸은 영원히 변하지 않는 진실한 모습 그 자체〔법신法身〕이기[22] 때문입니다.

그것은 헤아릴 수 없는 공덕과 지혜로부터 생기는 것입니다. 계(戒)·정(定)·혜(慧)·해탈(解脫)·해탈지견(解脫知見)으로부터 생기고,[23] 자(慈)·비(悲)·희(喜)·사(捨)로부터 생기

은 집적(集積)의 뜻이니, 다섯 가지 구성요소의 집적을 가리키며 성질, 존재 등을 파악하기 위한 방법이라고 할 수도 있는데, ①물질적 존재로서의 색(色)·사물을 하나의 감각적 물질적인 전체로 보는 경우의 존재 형태 ②인상(印象), 감각으로서의 수(受)·감정적으로 인식을 할 때에 일어난다. ③지각과 표상으로서의 상(想) ④의지 또는 그 밖의 심리작용으로서의 행(行) ⑤대상을 식별하는 마음, 즉 식(識). '입(入)' '계(界)'는 이것을 좀더 세분하여 설한 것으로 '입(入)=처(處)'는 양육을 의미하며 마음과 마음이 작용할 때의 그 진원지를 가리킨다. 그리고 '계(界)'는 종류라는 뜻이다. 즉 대상을 파악하는 직접적인 기능을 가진 육근(六根=육입六入, 眼耳鼻舌身意)과 그 낱낱의 대상인 육경(六境=色聲香味觸法)과 이로부터 생기는 육식(六識=안식眼識·이식耳識·비식鼻識·설식舌識·신식身識·의식意識)이 '18계(界)'이며, 육근과 육경을 '12처(處)12입(入)'이라고 한다. 그중 '의처(意處)'와 '법처(法處)'를 제외한 열 가지는 '색온(色蘊)'에 해당하고, '의처'는 '식온(識蘊)', '법처'는 '수(受)·상(想)·행(行)'의 삼온(三蘊)에 해당한다.

22. Dharmakāya. '법(法)을 신(身)으로 하는 사람'의 뜻이니, '체득(體得)한 사람', '체현(體現)한 사람'이 본래의 뜻이었다. 이 경에서는 다분히 이상적인 인격을 가리키고 있다. 즉 '영원불변의 진실한 모습 그 자체'를 말한다. 우리는 존재하는 그대로의 모습을 알 때 진리를 체득하고 진실을 깨달을 수 있다. 이 있는 그대로의 모습이야말로 만유의 본원(本源)인 실체이며, 차별을 초월한 절대인 것이다. 이것을 불교에서는 진여(眞如)·법성(法性)·제법실상(諸法實相)이라고 한다. 이 같은 진여 그 자체를 부처라고 파악할 때 법신(法身)이라고도 한다.

며,24 보시하고 계를 지키며〔지계持戒〕, 잘 참고〔인욕忍辱〕, 마음을 온화하게 갖고〔유화柔和〕, 힘써 수행을 쌓고〔근행勤行〕, 닦아 나아가고〔정진精進〕, 마음을 놓고 명상에 잠기며〔선정禪定〕, 진실을 깨달아〔해탈〕, 마음을 통일하고〔삼매三昧〕, 많은 가르침을 듣고〔다문지多聞智〕, 지혜를 닦는〔慧〕 등 온갖 수행의 완성〔바라밀波羅蜜〕으로부터 생깁니다. 또 그것은 뛰어난 방편을 따라서 생기며, 여섯 가지 신통력〔육통六通〕으로부터 생기며, 세 가지 초인적인 능력〔삼명三明〕으로부터25 생기는 것입니다. 깨달음의 지혜를 얻기 위한 서른일곱 가지 수행방법〔37도품道品〕으로부터 생기며, 마음을 조용히 가라앉히고, 하나의 대상에 집중〔止〕하여 올바르게 관찰〔觀〕하는 것으로부터 생기며,26

---

23. '종(從) 계(戒) 정(定) 혜(慧) 해탈 해탈지견생(解脫知見生)'까지를 '오분법신(五分法身)'이라고 한다. 이해를 돕기 위해 의역하면 '계를 지키고〔戒〕, 마음의 동요를 가라앉히며〔定〕, 지혜를 닦아〔慧〕, 번뇌로부터 해방되고〔해탈〕, 그 해방의 기쁨에 젖는 공덕〔解脫知〕으로부터 생긴다'이다.

24. 일체의 중생에게 '즐거움을 주고〔慈〕, 괴로움을 없애며〔悲〕, 남의 즐거움을 기뻐하고〔喜〕, 편협한 마음을 없애는 행위〔捨〕로부터 생긴다'.

25. 육통(六通) 삼명(三明). 여섯 가지 내지 세 가지 초인적인 신비한 힘이니, 육통의 여섯 가지는 다음과 같다. ① 원하는 곳을 자유롭게 왕래할 수 있는 능력〔신경통神境通·신족통神足通〕 ② 보통으로는 보이지 않는 것도 보는 능력〔천안통天眼通〕 ③ 보통으로는 들리지 않는 소리를 듣는 능력〔천이통天耳通〕 ④ 남의 마음속을 아는 능력〔타심통他心通〕 ⑤ 과거〔숙세宿世〕의 존재와 생존한 상태를 아는 능력〔숙명통宿命通〕 ⑥ 번뇌를 끊고 다시는 미혹의 세계에 태어나지 않는 것을 깨닫는 능력〔누진통漏盡通〕-이 가운데 ②,⑤,⑥을 삼명(三明), 삼통(三通)이라 하고, ①~⑤까지를 오통(五通), 오신통(五神通)이라 한다.

26. 마음을 가라앉히고 하나에 집중〔止〕하고 마음의 온갖 생각을 떨어 없

열 가지 지혜의 힘〔십력十力〕과 네 가지 두려움을 모르는 자신〔사무소외四無所畏〕과 부처님만이 갖추고 있는 열여덟 가지 특성〔18불공법不共法〕27으로부터 생기며, 선(善)하지 않은 모든 것을 끊고 선한 모든 것을 모으는 것으로부터 생기며, 진실로부터 생기며, 방종하지 않는 것으로부터 생깁니다. 이와 같이 헤아릴 수 없이 청정한 법으로부터 여래의 몸은 생기는 것입니다.

여러분, 부처님의 몸을 얻어 모든 중생의 병을 끊고자 하면 마땅히 가장 높은 깨달음을 구하는 마음〔아뇩다라삼막삼보리심〕을 내야 합니다."

이와 같이 장자 유마힐은 문병하는 여러 사람을 위해 그들에게 알맞은 가르침을 설하여 헤아릴 수 없는 수천의 사람들에게 한결같이 가장 높은 깨달음을 구하는 마음을 일으키게 했다.

애고 한결같이 하나의 대상에 사무칠 때 지혜가 열리고 대상이 바르게 관찰〔觀〕된다. 그러므로 이것을 총칭하여 지관(止觀)이라고 한다.
27. 십력(十力)과 사무소외(四無所畏), 삼념주(三念住), 대비(大悲)를 말한다.

❧ 제3장 제자들[弟子品] ❧

그때 장자 유마힐은 마음속으로 생각했다.

'내가 병으로 이같이 누워 있는데 세존께서는 어찌하여 큰 자비를 베푸시지 않는가?'

부처님께서는 그러한 유마힐의 뜻을 알고 곧 사리불(舍利佛 Śāriputra, 10대 제자 중 제1인자로 지혜제일智慧第一)에게 말씀하셨다.

"그대는 유마힐을 찾아가 그의 병을 물으라."

사리불은 부처님께 아뢰었다.

"세존이시여, 그를 찾아가 병을 묻는 일을 저는 감당할 수 없습니다. 왜냐하면 저는 숲속 나무 밑에서 좌선(坐禪=연좌宴坐)하던 옛일을 기억하고 있기 때문입니다. 그때 유마힐이 찾아와 저에게 말했습니다.

'사리불, 앉아 있다고 해서 그것을 좌선이라고 할 수는 없습니다. 좌선이라고 하는 것은 생사가 겹쳐 있는 세계[삼계三界]에 있으면서 몸과 마음이 움직이지 않는 것을 말합니다.[1] 마

---

1. 이 대문의 구마라습 역은 '불어삼계현신의 시존연좌(不於三界現身意 是存宴座)'이다. '생사가 겹친 미(迷)의 세계[삼계三界]에 있으면서도 더욱 몸과 마음의 작용이 나타나지 않을 때, 이를 좌선(坐禪)이라 한다'고 이해하는 것이 이 경의 성격과 선(禪)의 본질에 가깝다. 그리고 이

음과 그 마음의 작용을 없앤 무심한 경지〔멸정滅定〕에서 나오지 않고서도 온갖 위의(威儀)를 나타내는 것, 이것을 좌선이라고 하는 것입니다. 진리의 법〔도법道法〕을 버리지 않고 그러면서도 세속의 일상생활을 하는 것이 좌선이며, 마음이 안으로 닫고 있어서 고요한, 거기에 탐닉하지 않고 밖을 향하여 혼란하지 않는 것, 이것이 좌선인 것입니다. 온갖 소견에도 움직이지 않고 그러면서도 서른일곱 가지 수행방법〔37도품〕을2 닦는 것을 좌선이라고 하며, 번뇌를 끊지 않고서 열반에 드는 것을 좌선이라 하는 것입니다. 만약 이같이 앉을 수 있는 자라면 부처님께서는 인가하실 것입니다.'

세존이시여, 그때 저는 이같이 설하는 말을 듣고서도 말문이 막혀 대답할 수가 없었습니다. 때문에 제가 그를 찾아가 병을 묻는 일을 감당할 수 없습니다."

부처님께서는 대목건련(大目犍連 Mahāmaudgalyāyana, 10대 제자 중의 한 사람. 목련目連, 목건련目犍連이라고도 함. 출가 전에 이미 백만의 제자를 거느리고 있었다. 신통제일神通第一)에게 말씀하셨다.

"그대가 유마힐을 찾아가서 병을 물으라."

경은 여러 곳에서 이런 식의 서술을 하고 있는 것에 주목해야 한다.
2. 구마라습 역의 '어제견부동이수행삼십칠품(於諸見不動而修行三十七品)'에 대하여, 유마힐의 성격으로 미루어 '여러 가지 사견(邪見)을 버리지 않고서……'라고 해석하는 것이 타당하다고 석전서마(石田瑞磨)는 말하고 있다. 즉 '견(見)'을 '사견'으로, '부동(不動)'을 '불사(不捨)'로 본 것이다.

목련은 부처님께 아뢰었다.

"세존이시여, 그를 찾아가 병을 묻는 일을 저도 감당할 수 없습니다. 왜냐하면 저도 바이샬리 성으로 들어가 거리에서 거사들을 위해 법을 설하던 옛일을 생각하기 때문입니다. 그때, 유마힐이 다시 와서 저에게 말했습니다.

'대목련, 백의거사(白衣居士)를 위해서 법을 설하는 것이 그대가 설하는 바와 같아서는 안 될 것입니다. 설법이라고 하는 것은 마땅히 법 그대로 설해야 합니다.3 법에4 중생5이 없는 것은 중생의 무리를 떠났기 때문이며, 법에 자아의 존재[유아有我]가6 없는 것은 〈아(我)〉의 무리를 떠났기 때문이며, 법에 수명이 없는 것은 생사를 떠났기 때문이며, 법에 개아(個我＝人)가 없는 것은 과거의 생과 미래의 생이 끊어졌기 때문인 것입니다.

법이 항상 적연(寂然)한 것은 모든 모습[相]을7 없애기 때문이며, 법이 모습을 떠난 것은 인식의 대상[소연所緣]이 없기

---

3. 여기서는 '사물이 있는 그대로의 모습', 즉 실상(實相)의 뜻이다.
4. '법에 중생이 없는 것은 ……미래의 생(生)이 끊어졌기 때문인 것입니다'까지는 중생의 공(空)을 설(說)한 것이며, 다음 절 '법이 항상 적연(寂然)한 것은……' 이하는 법의 공(空)함을 설한 것이다.
5. 특히 실체로서의 생명을 가진 것을 가리킨다.
6. 실체로서의 생명을 가진 자아의 존재. 그러나 이러한 실체하는 존재는 불교에서 부정(否定)된다. 왜냐하면 찰나멸(刹那滅)이기 때문이다.
7. 하나의 사물을 특징짓는 그 사물의 특질, 모습, 모양, 형태이다. 이곳에서 주의할 것은 '상(相)'이라고 했으나, 티베트 역은 '탐욕(貪慾)', 현장은 '탐착(貪着)', 그리고 구마라습의 다른 책에서는 '상(想)'이라 했다. 그러므로 이 삼자가 가리키고 있는 근사치는 '생각'이라고 할 수 있다.

때문이며, 법에 이름이 없는 것은 언어가 끊겼기 때문인 것입니다. 법에 말[說]이 없는 것은 크고 작은 생각[각관覺觀]을[8] 떠났기 때문이며, 법에 모양이 없는 것은 허공과 같기 때문이며, 법에 부질없는 말이 없는 것은 필경공(畢竟空)이기[9] 때문인 것입니다.

또 그것은 개체로서의 자아에 속한 것[아소我所]과 관계가 없으므로, 그러한 것은 없으며, 법에 분별이 없는 것은 식별하는[10] 작용이 없기 때문이며, 법에는 상대하는 것이 없으므로 비교되는 것이 없으며, 간접적인 원인[緣]과는 관계하지 않으므로 직접적인 원인[因]에도 속하지 않으며, 모든 존재에 골고루 나타나 있으므로 사물의 진실한 본성[법성法性]과[11] 같

---

8. 각(覺)은 vitarka. 치밀하지 못한 생각. 관(觀)은 vicāra. 치밀한 생각. 자세하게 살피는 것.

9. 궁극적으로 절대인 공(空)이라고 풀이할 수 있다. 공(空)은 Śūnya이니, 일체의 현상적 존재에는 실체라든가 주체라고 하는 것이 없다고 하는 뜻이 있다. 그렇다고 허무(虛無)를 말하는 것은 결코 아니다. 굳이 말한다면 상대적 세계의 가치를 투철하게 살리는 것이다. 그러나 공을 관념적으로 이해해서는 공의 참다운 가치를 발견했다고 할 수 없다. 또 공을 해득했다고 하는 집착도 참다운 공은 배격한다. 따라서 공은 공을 진실한 공으로서, 그 공의 안에 들어가서 살지 않으면 파악되지 않는다. 그러기 위해서 대승선(大乘禪)은 무수히 번복해서 공을 관조하고 마침내 공의 자전(自轉)을 행한다. 그리하여 최후에는 일체가 공하여 끝난 궁극의 공에 이른다. 이것이 필경공(畢竟空)이다.

10. 식(識)을 흔히 '알음알이'라고 번역한다. 본래의 뜻은 '꾀바른 수'이다. '서로 가까이 아는 사람'이다. 단순히 '아는 것'이 아니라, '식별하는 것' 또는 '식별하는 작용'까지를 포함한 말이다. 여기서는 '식별하는 작용을 가진 것'이라고 번역하는 것이 훨씬 이해하기 쉽다.

11. 이 대문에서는 법성(法性), 진여(眞如), 실제(實際) 등이 이야기되고

으며, 그것 스스로가 타자(他者)에 의하여 종속되는 것이 아니므로 사물의 진실한 모습[진여眞如]에 따르는 법이 어떠한 환경[변제邊際]에도 움직이지 않기 때문에 궁극적인 진실[실제]에 머물러 있는 것입니다. 또 법이 동요하지 않는 것은 여섯 가지 대상[육진六塵]에 의하여 생긴 것이 아니기 때문이며, 법에 오고감이 없는 것은 그것이 시간[常] 속에 머물러 있지 않기12 때문입니다.

법은 공을 따르고 차별을 떠났으며, 바라고 구하는 생각이 없습니다.13 법은 아름다움과 더러움을 떠났으며, 법은 더하거나 덜함이 없으며, 법은 생멸(生滅)이 없으며, 법은 후회가 없습니다. 법은 눈, 귀, 코, 혀, 몸, 마음을 여의었고,14 법에는

있으나, 법신(法身)을 비롯한 진여의 다른 이름이다. 이 대목을 구마라습 역은 '법동법성 입제법고(法同法性 入諸法故)'라고 했다. 의역하면 다음과 같다. '법이 사물의 진실한 본성[법성]과 같음은 모든 존재[제법(諸法)]에 빠짐없이 사무쳤기[入] 때문이다.'

12. 법에 오고감이 없는 것은 단순한 거래(去來)가 아니라, 미래로부터 현재·과거에로, 또 과거로부터 현재·미래로의 전변(轉變)을 말한 것이다. 따라서 '법무거래 상부주고(法無去來 常不住故)'의 '상(常)'은 시간에 해당하는 개념과 그에 지배되는 환경을 내포한다.

13. '공(空)을 따르고' '차별을 떠났으며' '바라고 구하는 것이 없다'고 하는 이 세 가지를 차례로 공(空), 무상(無相), 무작(無作)의 세 가지 삼매(三昧), 또는 삼해탈문이라고 한다. 즉 ①사물의 실체나 인간의 자아 등을 '공'이라고 보아 흔들리지 않는 상태가 공삼매(空三昧) ②차별상(差別相)을 떠난 마음의 평안한 통일상태가 무상삼매(無相三昧) ③바라고 구하는 생각을 버린 마음의 통일상태가 무작삼매(無作[무원無願]三昧)이다.

14. 사물의 진실한 모습 자체인 법에 있어서는 일상적인 상황은 무의미한 것이며, 그러한 법은 안(眼)·이(耳)·비(鼻)·설(舌)·신(身)·의(意)

높고 낮음이 없습니다. 법은 상주하여 움직이지 않으며,15 법은 일체의 분별하는 관찰과 소행에서 떠났습니다.

대목련, 법상(法相)은 이와 같습니다. 어찌 설할 수 있겠습니까. 무릇 법을 설하는 사람은 설하는 것도 없으며, 가리키는 것도 없습니다. 그 법을 듣는 사람에게 있어서도 듣는 것도 없으며 얻는 것도 없습니다. 비유하면, 요술하는 사람이 요술로 지어진 인형을 위해 법을 설하는 것과 같습니다.

그러므로 이러한 뜻을 세워서 법을 설해야 합니다. 마땅히 중생의 능력[根]에 날카롭고 무딘 차이가 있음을 알아야 하며 능히 지견(知見)이 어떠한 것에도 걸림이 없고, 커다란 자비심으로 대승(大乘)을 찬탄하고, 부처님의 은혜에 보답하고자 염원하여 삼보(三寶)가 끊이지 않게 한 다음에 설법해야 합니다.'

유마힐이 이 법을 설했을 때, 8백의 거사들이 가장 높은 부처님의 깨달음[아뇩다라삼막삼보리]을 구하는 태도를 보였습니다. 그러나 저에게는 이러한 말재주가 없습니다. 그러므로 저는 그를 찾아가 병을 묻기에 적당치 않습니다."

부처님께서는 대가섭(大迦葉 Mahākāśyapa, 10대 제자 중 한 사람. 청렴한 인물로 수행修行=두타제일頭陀第一)에게 말씀하셨다.

의 통상적인 육정(六情)을 초월해 있고, 육정이 미치지 못한다는 뜻이다.
15. 앞에서 '법은 오고감이 없는 것은 시간 속에 머물지 않기 때문이다'고 한 것은 법을 실재론적으로 보는 것을 부정한 것이며, 여기서 말하고 있는 '상주(常住)하여 움직이지 않는다' 함은 이법(理法) 그 자체의 절대적인 불변성을 강조한 것이다.

"그대가 유마힐을 찾아가 병을 물으라."

가섭이 부처님께 아뢰었다.

"세존이시여, 저는 그를 찾아가 병을 묻는 일을 감당할 수 없습니다. 왜냐하면, 저는 옛날 가난한 마을에서 걸식하던 일을 생각하기 때문입니다. 그때 유마힐이 저에게 다가와 말했습니다.

'대가섭, 자비심을 가지고 있으면서 어찌 부자를 버리고 가난한 사람에게서 걸식을 합니까.

가섭, 평등한 법에 머물러 마땅히 순위에 따라 걸식해야16 합니다. 먹기 위한 것이 아니므로 마땅히 걸식을 해야 하며,17 다섯 가지 요소에 의하여 거짓으로 뭉쳐진 육체〔화합상和合相〕를18 깨뜨리기 위함이니 마땅히 주먹밥을 먹어야 하며, 받지 않기 위한 까닭으로 마땅히 그 음식을 받아야19 합니다.

---

16. 이 대문은 모든 것은 평등하므로 진리〔평등법〕에 따라서 자연의 순위를 어기지 말고 걸식하라는 뜻이다. 이러한 사상은 걸식수행의 기본적 규범이다.
17. 따라서 걸식은 식욕을 위한 것이 아니라 수행과 보시 등 육바라밀(六波羅密)을 위한 것이므로 '먹지 않기 위함이다〔위불식고 응행걸식爲不食故 應行乞食〕'고 표현한다. 이 대문 이하는 걸식수시(受施) 태도를 가르친 것이다. 즉 불교에 있어서 실천의 궁극인 열반에의 길을 생활에 실현하는 것을 걸식을 통해서 하고 있다.
18. 특히 걸식을 함에는 이 심신을 구성하고 있는 다섯 가지 요소가 잠시 화합해 있을 뿐이므로, 이를 깨뜨리고 진실한 법상(法相)을 취하기 위해서라는 신념이 있어야 한다. 그러므로 마땅히 주먹밥〔췌식揣食〕을 먹는다고 한다.
19. 이 문장 앞에 '음식을 받기 위해서가 아니다'고 하는 전제가 있으면 이해하기가 쉽다. 전체적으로 걸식과 수시(受施)의 법도를 이야기하는

사람이 살지 않는 마을이라는 생각으로 마을에 들어가야 하며, 형상을 보아도 장님과 같이 대해야 하며, 소리를 들으면 메아리를 듣는 듯, 향 내음을 맡아도 바람과 같이 맡고, 먹고도 맛을 분별하는 일이 없어야 하며, 온갖 감촉을 받아도 번뇌를 끊어 버린 깨달음의 경계〔지증智證〕에서 느끼듯 해야 합니다. 또 존재하는 모든 것을 환영(幻影)같이 알며, 법에는 자성(自性)과 타성(他性)도 없으므로 그 자체로서는 생기지 않으므로 지금도 멸하는 일이 없습니다.[20]

마하카시아파(Mahākāsyapa), 능히 여덟 가지 사도(邪道, 팔정도八正道에 반대되는 것)를 버리지 않고서도 여덟 가지 해탈〔팔해탈〕에[21] 들고, 사(邪)된 모습을 그대로 지닌 채 바른

이 대문은 육체의 보양(保養)보다 수행에 역점을 두고 있으므로, 이런 표현을 한다.

20. 구마라습의 역은 '본래불연금즉무멸(本來不然今則無滅)'이다. 그러나 현장은 '무치연무적멸(無熾然無寂滅)', 티베트 역은 '그것은 욕(慾)이 타오르지 않는 것이다. 타오르지 않는 것은 적정(寂靜)해지지 않는다'고 했다. 이것으로 미루어 보면 구마라습의 '연(然)'은 '연(燃)'이라고 추측된다. 그러면 '본래 타지 않으므로 지금도 멸하지 않는다'고 해야 할 것이다. 그러나 여기서는 문장의 전후를 보아 '그 자체로서는 생기지 않으므로'라고 번역했다. 또 '자성(自性)'은 svabhāva이니, 존재하는 것으로 하여금 존재하는 그 자체이게 하는 본질적 성질, 즉 사물 자체의 본성이며, '타성(他性)'은 parabhāva이니, 그러한 타존재의 자성을 말한다. 그러므로 자타성(自他性)이 없으므로, 욕망으로 인한 불길도 없고, 그러므로 애당초 적멸(寂滅)해야 할 이유는 없는 것이다.

21. 조용한 마음으로 탐심을 버린 경계의 여덟 가지. 탐심을 버리기 위해 행하는 관조로서 여덟 단계를 둔다. ① 색(色, 形)에 대한 상념을 떨어 버리기 위해서 외부의 색〔形〕을 대상으로 하여 그 부정(不淨)을 관조하는 것〔부정관不淨觀〕 ② 마음속에 색〔形〕의 상념이 없어져도 이를 보

가르침[정법]에 들며, 한 끼의 밥으로도 모든 중생에게 베풀며, 모든 부처와 온갖 성현에게 공양한 다음에 먹을 수 있어야 합니다. 만약 이와 같이 식사를 할 수 있는 사람은 번뇌가 있기 때문에 먹는 것도 아니며, 번뇌가 없기 때문에 먹는 것도 아닙니다. 또 무심한 경계에 들어서 먹는 것도 무심한 경계를 벗어나서 먹는 것도 아닙니다. 이 미(迷)의 세계에 있어서 먹는 것도, 깨달음의 경계[열반]에 있어서 먹는 것도 아닙니다.

그 보시하는 사람에게도 복덕에 있어서 크고 작음이 없습니다. 손득(損得)을 떠날 때, 이것이야말로 부처의 길에 바르게 들어간 것이며, 자기만의 깨달음만을 생각하는 성문(聲聞)의 길에 의지하지 않았다고 말할 수 있습니다.

마하카시아파, 이같이 먹는다면 남의 보시를 헛되이 먹었다고 하지 않습니다.'

세존이시여, 그때 저는 이 같이 설하는 말을 듣고서 일찍이 없었던 것을 얻었습니다. 그리고 그와 함께 모든 보살들을 공경하는 마음이 일어났습니다. 또 이렇게 생각했습니다. '속가에 있는 이도 변재와 지혜가 능히 이 같구나. 그 누가 이를 듣고서 가장 높은 부처님의 깨달음을 구하는 마음[야뇩다라삼막삼보리심]을 일으키지 않으랴.' 저는 그 뒤로 다시는 사람들에게 자기의 깨달음만을 위해 닦는 성자[성문聲聞]와 자기 혼자서 깨달음의 기쁨에 젖는 부처[벽지불辟支佛]의 수행을 권하

다 확실한 것으로 하기 위해 부정관을 계속한다. ③마침내 부정관을 마치고 외부 색[形]의 여러 가지 정(正)을 여실히 관찰하며, 탐착(貪着)을 일으키지 않는다. 그리하여 최후의 단계에 이르면 마음과 마음의 작용이 모두 멸진(滅盡)한 무심한 경지에 든다[멸진안滅盡安].

지 않았습니다. 이런 까닭으로 그를 찾아가 병을 묻기에 적당
치 않습니다."

부처님께서는 수보리(須菩提 Subhūti, 10대 제자 중의 한
사람. 공空을 가장 잘 이해한 자로 해공제일解空第一)에게 말씀
하셨다.
"그대가 가서 유마힐에게 병을 물으라."
수보리도 부처님께 말했다.
"세존이시여, 저도 그를 찾아가 병을 묻는 것을 감당할 수
없습니다. 왜냐하면 저는 옛날 그의 집에 들어가 걸식하던 것
을 생각하기 때문입니다. 그때 유마힐은 저의 발우에 밥을 가
득 담고 저에게 말했습니다.
'수보리여, 만약 먹는 것에 대하여 평등할 수가 있으면 모든
것〔法〕에 대해서도 평등할 수가 있습니다. 모든 것에 대하여
평등할 수가 있으면 먹는 것에 대해서도 평등합니다. 이같이
걸식하고 다닐 수가 있으면 주어진 것을 먹어도 좋습니다. 수
보리여, 만약 탐욕〔淫〕과22 성냄〔怒〕과 마음이 어두운 어리석
음을 버리지 않고, ─ 그렇다고 해서 ─ 이들과 함께 있는 것도
아니며, 이 몸의 영속적(永續的) 자아를23 버리지 않고, 그러
면서도 ─ 모든 사물의 모습을 ─ 절대평등(絕對平等=일상一相)
한 입장에 서고, 마음이 어두운 어리석음과 탐욕〔치애痴愛〕을

─────────────

22. 탐욕 이하의 성냄, 어리석음은 탐(貪), 진(瞋), 치(痴)의 삼독(三毒)
    이라 한다. 구마라습은 이 '탐(貪)'을 '음(淫)'으로 번역하고 있다.
23. 원어는 satkāyadṛṣṭi. 즉 '유신견(有身見)'이다. 자아 및 자아에 속하
    는 것이 있다고 주장하는 보다 근본적인 오류를 말함이다.

없애지 않고서도 지혜의 밝음과 탐심으로부터의 해방을 낳고, 오역죄(五逆罪)를24 범하는 것처럼 보이면서도 깨달음을 얻고, 결박되어 있는 것도 해방되어 있는 것도 아니며, - 또 소승(小乘)의 성자와 같이 거룩한 네 가지 진리〔사제四諦〕를 보는 것도-어리석은 사람과 같이-그 진리를 보지 않는 것도 아니며, -따라서-그러한 지위를 얻은 것도 아니며, 어리석은 사람도 아니며-어리석은 사람이 하는 짓을 떠난 것도 아니며, 성자도, 성자 아닌 것도 아니며-이렇게-모든 존재를 -존재로서-인정하지만 그들의 실상(實相=법상法相)에 얽매이지 않는다면 먹어도 좋습니다.

수보리여, 만약 부처를 만나고자 하지도 않고, 가르침을 듣고자 하지도 않는 저의 외도(外道)인 여섯 사람, 푸라나 캇사파〔부란나가섭富蘭那迦葉〕, 막카리 고사라〔말가리구사리자末伽梨拘賖梨子〕, 산쟈야 베라디풋타〔산자야비라지자刪闍夜毘羅胝子〕, 아지타 케사칸바라〔아기다시사흠바라阿耆多翅舍欽婆羅〕, 바쿠다 캇쟈야나〔가라구태가전연迦羅鳩馱迦旃延〕, 니간타 나타풋타〔니건타약제자尼犍陀若提子〕 등을 그대의 스승으로 삼고, 그를 따라서 출가하고, 그 스승이 떨어지는 곳에 역시 그대가 따라서 떨어진다면 이 밥을 먹어도 좋습니다.

수보리여, 그대가 만일 온갖 사견(邪見)을 받아들여서 깨달음의 피안에 이르지 못하고 - 깨달음에 이르는 -여덟 가지

---

24. 가장 무거운 죄이다. 이것을 범하면 무간지옥(無間地獄, 아비지옥阿鼻地獄)에 떨어진다. ①아버지를 죽인 죄 ②어머니를 죽인 죄 ③아라한(阿羅漢)을 죽인 죄 ④부처의 몸을 살상한 죄 ⑤교단의 화합을 깨뜨린 죄의 다섯이다.

장애[팔난八難]에 머물러 있음으로 해서 장애가 없는 경계를 얻지 못하며, 번뇌와 함께 있음으로 해서 청정한 법을 떠나고 - 이렇게 하고서도 - 그대가 남과 싸우는 일이 없는 경지[무쟁삼매無諍三昧]를 얻으면 모든 중생도 역시 그러한 경지에 젖을 수가 있습니다. 그러나 그대에게 보시하여도 그것으로는 복덕을 생기게 하지 못하므로 그대에게 공양하는 자는 삼악도(三惡途)에 떨어지고, 그리하여 많은 악마와 더불어 손을 잡아 온갖 번거로움[勞=번뇌]의 벗이 되고, 그대는 온갖 악마와 모든 번뇌[진로塵勞]와 더불어 하나가 되고, 모든 중생에게 원한을 품고, 모든 부처를 비방하며, 가르침[法]을 훼손하고 승단(僧團)에 들지 않았기 때문에 끝내 깨달음을 얻을 수 없습니다. 그대가 만약 이와 같으면 이 밥을 먹을 수 있습니다.'

세존이시여, 그때 저는 이 말은 듣고 망연하여 무슨 말인지 알지 못했습니다. 어떻게 대답해야 할지를 몰라서 곧 발우를 내려놓고 그 집을 나오려 했습니다.

유마힐이 말했습니다. '수보리, 두려워하지 말고 발우를 드시오. 어떻게 생각합니까? 여래께서 지은 꼭두각시가 만약 이 일을 힐책한다면 그래도 두려워하겠습니까?'

저는 말했습니다. '아닙니다.'

유마힐이 말했습니다. '모든 존재[法]는 꼭두각시의 모습과 같습니다. 그대는 지금 두려워하지 않아도 됩니다. 왜냐하면 모든 말도 이 꼭두각시의 모습을 떠나지 못하며, 지혜로운 사람에 이르러서는 문자에 집착하지 않으므로 두려워할 바가 없는 것입니다. 왜냐하면 문자는 - 그가 표현하고자 하는 것과 - 떨어져 있기 때문입니다. 문자가 있지 않은 것이야말로 해탈

입니다. 해탈의 모습이란 것은 곧 모든 법인 것입니다.'

유마힐이 이러한 가르침을 설하고 있을 때, 2백의 천자(天子)들은 진실〔法〕을 바르게 보는 눈을 얻었습니다.

그러한 까닭으로 하여 제가 그를 찾아가 병을 묻는다는 것은 감당하기 어렵습니다."

부처님께서는 부루나(富樓那 pūrṇamaitrāyaṇiputra, 10대 제자 중의 한 사람. 설법제일說法第一)에게 말씀하셨다.

"그대가 가서 유마힐에게 그의 병을 물으라."

부루나가 부처님에게 아뢰었다.

"세존이시여, 저는 그를 찾아가 문병하는 것을 감당할 수 없습니다. 왜냐하면 저는 옛날 커다란 숲속의 한 나무 밑에서 초심(初心)의 비구들을 위해 설법하던 것을 생각하기 때문입니다.

그때 유마힐이 찾아와 저에게 말했습니다.

'부루나, 마땅히 먼저 선정에 들어 이들의 마음을 관찰한 다음에 법을 설해야 합니다. 더러운 음식을 보물 그릇에 담아서는 안 됩니다. 마땅히 이들 비구의 마음이 바라는 바를 알아야 합니다. 유리를 수정(水晶)과 동일시하는 일이 없어야 합니다. 그대는 중생의 근원을 알 수 없습니다. 스승의 가르침으로 구도(求道)의 마음을 일으키게 해서는 안 됩니다. 그들스스로는 부스럼이 없는데 이를 상하게 해서는 안 됩니다.

큰 길을 가고자 하는데 작은 길을 가리키지 마십시오. 큰 바닷물을 소의 발자국에 넣는 일이 없어야 합니다. 햇빛을 저 반딧불과 동일시해서는 안 됩니다.

부루나, 이들 비구는 대승의 마음을 일으킨 지 오래이나 도중에서 이 마음을 잃었습니다. 어찌 소승의 가르침으로써 이를 가르쳐 이끌고자 합니까? 제가 보기에 소승(小乘)은 지혜가 미천함이 마치 장님과 같고, 모든 중생의 능력이 영리하고 우둔한 것을 능히 분별하지 못합니다.'

그때, 유마힐은 곧 삼매에 들어 이 비구들로 하여금 스스로의 과거(숙명)를 알게 했습니다. 그리하여 5백 부처가 있는 곳에 온갖 덕의 뿌리를 심고, 가장 높은 부처님의 깨달음에로 회향(回向)하고, 즉시 본래의 마음으로 활연히 돌아섰습니다. 이에 여러 비구들은 유마힐의 발에 머리를 조아려 예배했습니다. 그때 유마힐은 다시 돌아와, 그들을 위해 설법함으로써 가장 높은 부처님의 깨달음에서 다시는 물러서지 않도록 했습니다.

저는 자신의 완성을 위해서만 수도하는 사문(沙門＝성문聲聞)은 사람이 태어나면서부터 갖추고 있는 능력을 정확하게 살피지 않고서는 설법하지 않아야 한다고 생각했습니다. 이러한 까닭으로 그를 찾아가 문병함을 감당하지 못하겠습니다.”

부처님께서는 마하가전연(摩訶迦旃延 Mahakātyāna, 10대 제자 중의 한 사람. 논의제일論議第一)에게 말씀하셨다.

“그대가 가서 유마힐을 만나 병을 물으라.”

가전연도 부처님께 아뢰었다.

“세존이시여, 저도 그를 찾아가 문병하는 것을 감당할 수 없습니다. 왜냐하면 옛날 부처님께서 여러 비구를 위해 가르침의 요점을 간략히 설하셨을 때, 저는 곧 이어서 그 뜻을 알기 쉽게 설하던 일을 기억하기 때문입니다. 저는 '무상의 뜻이며, 괴로움의 뜻이며, 공의 뜻이며, 영원히 변하지 않는 주체는 없다〔무아無我〕는 뜻이며, 적멸의 뜻'이라고 말했습니다.

그때 유마힐이 와서 저에게 말했습니다.

'가전연, 생멸하는 마음으로 있는 그대로의 사물의 모습〔실상〕을 설해서는 안 됩니다. 가전연, 모든 사물은 필경 생하지도 않고 멸하지도 않습니다. 이것이 무상의 뜻입니다. 다섯 가지 요소가 쌓인 것은 공하여 생기는 것이 없음을 깨닫는 것, 이것이 괴로움의 뜻입니다. 모든 것이 구경에 가서 존재〔소유〕하지 않는 것, 이것이 공의 뜻이며, 아(我)와 무아(無我)에 있어서 둘이 아닌 것, 이것이 무아의 뜻이며, 존재하는 것〔法〕은 본래 생기는 것이 아니므로 지금 곧 멸하는 일이 없으며, 이것이 적멸(寂滅=궁극적인 깨달음)의 뜻입니다.'

이러한 가르침을 들었을 때, 여러 비구들의 마음은 해탈을 얻었습니다. 때문에 제가 그를 찾아가 문병하는 것을 감당할 수 없습니다."

부처님께서는 아나율(阿那律 Aniruddha, 10대 제자 중의 한 사람. 천안제일天眼第一)에게 말씀하셨다.

"그대가 유마힐을 찾아가 문병하라."

아나율도 부처님께 아뢰었다.

"세존이시여, 저는 그를 찾아가 문병하기에는 적당치 않습니다. 왜냐하면 제가 어느 곳을 산책하던 옛일을 기억하기 때문입니다. 그때, 엄정(嚴淨)이라고 하는 대범천이 1만을 헤아리는 범천(梵天)의 일족과 함께 밝은 빛을 뿌리면서 제가 있는 곳으로 찾아왔습니다. 그들은 거의 발에 머리를 대고 예배한 다음 저에게 물었습니다. '그대의 초인적인 눈의 능력〔천안天眼〕으로는 어디까지 볼 수가 있습니까?' 저는 즉시 '대범천, 나는 세존께서 계시는 이 세계를 포함한 일체의 세계〔삼천대천세계〕를 손바닥에 있는 암라나무 열매를 보듯이 봅니다.'고 대답했습니다.

그때, 유마힐이 다가와 저에게 이렇게 말했습니다.

'아나율, 초인적인 능력을 가진 눈으로 보는 것은 인연으로 해서 생긴 물체의 모습〔작상作相〕입니까, 아닙니까. 만약 인연으로 해서 생긴 물체의 모습일 것 같으면 그때, 그것은 이교도들이 체득한 다섯 가지 초인적인 힘〔오통五通〕[25]과 같은 것입니다. 만약 그러한 모습이 아니라면, 그것은 말할 것도 없이 인연에 의하여 생긴 것이 아닌 존재(＝무위無爲)이며, 보이는 것은 아닙니다.'

세존이시여, 저는 그때 아무런 말도 하지 못했습니다. 그러나 범천계(梵天界)의 일족들은 이 말을 듣고 전에 없던 밝은 기분이 되어 유마힐에게 인사하며 '이 세상에서 누가 참다운 초인적인 눈의 능력을 가지고 있습니까?'고 물었습니다. 유마힐은 '부처님이신 세존만이 가지고 참다운 초인적인 눈의 능력을 지니고 계십니다. 항상 마음은 조용한 관조(觀照)의 세계에 젖어 있고, 모든 부처의 나라를 빈틈없이, 상대적인 관

---

25. 천안통(天眼通)・천이통(天耳通)・숙명통(宿命通)・타심통(他心通)・신족통(神足通)을 말한다. 육신통(六神通) 중 제6인 누진지통(漏盡智通)을 뺀 것이다.

념〔이상二相〕을 버린 눈으로 보십니다.'고 했습니다. 이 말을 들은 엄정대범천(嚴淨大梵天)과 그 일족 가운데 5백 명의 범천이 최고의 깨달음을 구하는 마음을 일으키고 유마힐의 발에 예배한 다음 홀연히 사라졌습니다. 이러한 까닭으로 해서 저는 그를 방문하여 문병하는 데 적임자가 못됩니다."

부처님께서는 다시 우바리(優婆離 Upāli, 10대 제자 중의 한 사람. 지율제일持律第一)에게 말씀하셨다.
"그대가 가서 유마힐을 문병하라."
그러나 우바리도 부처님께 아뢰었다.
"세존이시여, 저는 그를 찾아가 병을 묻는 일을 감당할 수 없습니다. 왜냐하면 전에 두 사람의 비구가 파계(破戒)한 일을 마음으로부터 부끄럽게 생각하고 있었지만, 부처님께 나아가 물을 수가 없었습니다. 그때, 그들은 저를 찾아와 물은 적이 있었습니다. 저는 그 일을 생각하기 때문입니다. 그들은 '우바리님, 저희들은 계율을 범했습니다. 진심으로 부끄럽게 생각하고 있습니다. 그러나 스스로 부처님 앞에 나아가 물어볼 수도 없습니다. 부디 가르쳐 주십시오. 죄에 대한 뉘우침과 조심으로부터 해방되어 이 죄를 면하도록 해주십시오.' 했습니다. 그리하여 저는 그들에게 형식적인 설명을 했습니다. 그곳에 유마힐이 찾아와 저에게 말했습니다. '우바리, 이 두 사람의 비구에게 죄를 더 무겁게 해서는 안 됩니다. 당장에라도 두 사람의 뉘우침과 근심을 해소시켜 주어 마음이 흔들리지 않게 할 필요가 있습니다. 왜냐하면, 저들의 죄의 본성은 그들 자신의 안에 있는 것도, 밖에 있는 것도, 또 중간에 있는 것도 아니기 때문입니다. 부처님께서 설하신 것과 같이 마음이 오염되어 있으면 중생도 더럽혀지고, 마음이 청정하면 중생도 청정한 것입니다.26 또 이 마음은 안에 있는 것도, 밖에 있는 것도, 그 중간에 있는 것도 아닙니다. 마음이 그러하듯이 죄도 또한 그와 같으며, 모든 존재도 그와 같으며, 사물의 있는 그대로의 모습〔如〕으로부터 유리(遊離)해 있는 것은 아닙니다. 만약 그대가 마음의 본래 모습을 관찰하며 깨달음을 얻는다고 하면, 그 마음은 오염되어 있겠습니까?' 저는 '아닙니다.'고 말했습니다. 그러자 유마힐은 '모든 중생도 마음의 본래 모습에 있어서는 한가지로 오염되어 있지 않습니다. 우바리여, 망상은 오염된 것입니다. 그러나 망상이 없으면 곧 청정인 것입니다. 그릇된 생각은 오염되어 있는 것이지만, 그릇된 생각이 없으면 곧 청정입니다. 실체로서의 자아가 있다고 생각하는 것은 오염되어 있는 것이지만, 그러한 자아가 있다고 생각하지 않으면 청정입니다. 모든 것〔法〕은 생멸하며 환영(幻影)이나 번갯불과 같아서 조용히 머물러 있는 일이 없습니다. 또 모든 것은 서로 기다리는 일 없이 한순간도 머물러 있지 않습니다. 모든 것은 아지랑이나 물 위에 뜬 달, 거울 속에 비친 영상과 같이 망상으로부터 생긴 것입니다. 이 도리를 아는 사람이야말로 계율을 지키는 사람이라고 말할 수 있으며, 이 도리를 아는 사람이야말로 해득한 사람이라고 불리는 것입니다.'

---

26. 이 대문은 잡아함경(雜阿含經) 10권 '마음이 번뇌하므로 중생도 번뇌하고, 마음이 청정하므로 중생도 청정하다'고 하는 것을 상기시킨다.

이것을 들은 두 사람의 비구는 '얼마나 뛰어난 지혜인가. 이는 우바리가 감히 미칠 수 있는 것이 아닙니다. 계율을 지키는—우바리만큼—훌륭한 사람도 설하지 못했다.'고 말했습니다. 저도 '부처님을 제외한 소승(小乘)의 성자(聖者=성문聲聞)나 대승의 보살에게 능히 이 같은 변설의 재능을 지닌 사람은 없다. 그 지혜는 명석하고 사물의 이치에 통하여 있다.'고 말했습니다.

이때, 두 사람의 비구는 선 자리에서 뉘우침과 근심을 떠나 최고의 깨달음을 얻고자 하는 발원하고 이같이 서원(誓願)을 세웠습니다. '모든 중생에게 이 변설의 재능을 얻게 하리라.' 이러한 까닭으로 해서 저는 그를 찾아가 문병하기에 적당하지 않습니다."

부처님께서는 나후라(羅睺羅 Rāhula, 세존께서 출가 이전에 낳은 아들. 사리푸타를 스승으로 해서 출가. 10대 제자 중의 한 사람. 밀행제일密行第一)에게 말씀하셨다.

"네가 가서 유마힐을 찾아보고 문병하여라."

그러나 나후라도 부처님께 아뢰었다.

"세존이시여, 저도 그를 찾아가 문병하기에 적당치 않습니다. 왜냐하면 전에 바이살리의 장자의 아들들이 저를 찾아와 저의 발에 예배하고 저에게 물은 일이 있었습니다. 저는 그때의 일을 기억하기 때문입니다. 장자의 아들들은 '나후라님, 당신은 부처님의 아들로서 전륜왕(轉輪王)의 지위를 버리고 깨달음을 위해 출가하셨습니다. 그 출가에는 어떤 이익이 있습니까?'고 물었습니다. 저는 출가의 공덕이나 이익에 대해 적당한 설명을 했습니다. 그때 유마힐이 와서 저에게 말했습니다. '나후라여, 출가의 공덕이나 이익에 대해서 그대와 같이 설해서는 안 됩니다. 왜냐하면, 아무런 이익도 공덕도 없는 것이 출가이기 때문입니다. 인연에 의하여 생긴 것에게는 이익이나 공덕이 있다고 할 수 있습니다. 그러나 출가는 생멸의 변화〔유위有爲〕를 떠난 절대한 깨달음〔무위법無爲法〕을 구하는 것으로서 그 안에는 이익이라든가 공덕이라고 하는 것이 있을 수 없습니다. 나후라, 출가에는 깨달음〔彼〕도 미혹〔此〕도 없고 그 중간도 없습니다. 예순두 가지 그릇된 사고방식〔62견見〕을27 멀리하고 열반과 일체가 되는 것으로서 지자(智者)도 이를 기리며 받고 성인도 닦는 길인 것입니다. 또 그것은 수많은 악마를 항복시켜 미혹의 세계〔오도五道〕28를 초월하고, 다섯 가지 눈〔오안五眼〕을29 밝히고, 다섯 가지 뛰어난 능력을 가

---

27. 불교 이외에서 설해지고 있는 사상으로는 정통 바라문교의 사상 이외에도 자이나교 등 6명의 유명한 사상가가 있다. 이들을 육사외도(六師外道)라고 하는데, 이들 외에도 이러한 사상을 62종으로 정리하고 있다. 그중에 중요한 것으로는 과거나 미래에 관한 문제, 자아의 불변불멸(不變不滅)에 관한 문제, 사후(死後)의 문제가 있다.

28. 오취(五趣)라고도 하는데, 지옥·아귀·축생·인간·천상의 5도를 말한다. 여기에 수라도(修羅道)를 더한 것을 6도라고 한다.

29. 조금이라도 장애가 되는 것이 있으면 육안(肉眼)으로는 볼 수 없다. 이 육안이 하나이며, ② 그러나 '천안(天眼)'은 볼 수 있다. 그러나 천안으로는 사물의 진실한 모습〔법상法相〕을 보지 못한다. ③ 그것이 가능한 눈이 '혜안(慧眼)'이다. 그러나 '공(空)'을 깨닫고 다른 사람에게 이익을 주지는 못한다. ④ 따라서 '법안(法眼)'은 다른 사람에게 이익은 주지만 방법을 모른다. ⑤ 그러나 '불안(佛眼)'은 모든 것을 보고, 모든 것을 안다.

져오는 것[오근五根]을 정비하여 그 힘[오력五力][30]을 얻으므로 사람의 마음을 괴롭히지 않습니다. 온갖 잡다한 악으로부터 멀리 떨어지고 이교도들을 설복하며, 거짓된 이름[실체가 없는 가명假名]에 집착하지 않으며, 욕망의 늪을 나와 이에 집착하지 않으며, 실체로서의 자아[我]에 속하는 것을 모두 버리고 집착하지 않으며, 마음은 혼란하지 않고, 안으로 잔잔한 기쁨을 안고, 중생의 마음을 지키며, 마음은 조용히 무심한 경계를 따라 온갖 과오를 떠나는, 그것이 가능하면 이는 참다운 출가인 것입니다.' 그리고 유마힐은 장자의 아들들을 향하여 '그대들은 바른 가르침을 받들어 함께 출가함이 좋다. 왜냐하면 부처님께서 이승에 계시는 기회를 만나기란 매우 어렵기 때문이다.'고 말했습니다.

장자의 아들들은 '거사님, 저희들이 듣기에는 양친의 허가가 없으면 출가할 수 없다고 부처님께서 설하셨다고 합니다만' 했습니다. 그러자 유마힐은 '그와 같다. 그러나 너희들이 지금 이곳에서 최고의 깨달음을 구하는 마음을 일으킨다고 하면, 그것이 곧 출가이며, 교단이 정하는 완전한 계율을 받은 것[구족具足]이 된다.'고 말했습니다. 그때, 32명의 장자의 아들들은 한결같이 최고의 깨달음을 구하는 마음을 나타냈습니다. 이러한 까닭으로 저는 그를 찾아가 문병하기에 적임이 아닙니다."

---

30. 5개의 뛰어난 작용. 신력(信力)·정진력(精進力)·염력(念力)·정력(定力)·혜력(慧力, 또는 지력智力)을 말한다. 열반에 이르는 다섯 가지 힘을 가리킨다.

마지막으로 부처님께서는 아난다(阿難陀 Ānanda)에게[31] 말씀하셨다.

"네가 가서 유마힐을 찾아 문병하여라."

아난다도 부처님께 아뢰었다.

"세존이시여, 저도 그를 찾아가 문병하기에 적임이 아닙니다. 왜냐하면 전에 세존께서 몸이 불편하시던 때의 일을 기억하기 때문입니다. 그때, 저는 우유를 잡수시면 좋으리라 생각하고 발우를 들고 훌륭한 바라문의 집 문 앞에 서 있었습니다. 그곳에 유마힐이 와서 저에게 '아난다, 무슨 일로 이런 첫새벽에 발우를 들고 이곳에 서 있소?'라고 물었습니다.

저는 '세존께서 좀 불편하십니다. 우유를 잡수시면 좋을 것 같아서 이곳에 왔습니다.'고 대답했습니다. 그러자 유마힐은 '아닙니다. 아난다여, 그런 말을 해서는 안 됩니다. 여래의 몸은 금강석(金剛石)과 같아서 허물어지지 않는 몸입니다. 모든 악을 끊고 모든 선을 빠짐없이 몸에 지니고 계시므로, 어떠한 병도, 어떠한 괴로움도 있을 까닭이 없소이다. 잠자코 돌아가시오. 아난다, 부처님을 비방해서는 안 됩니다. 그같이 설익은 이야기를 누구에게 해서는 안 됩니다. 또 뛰어난 위엄과 덕을 갖춘 천자와 부처님의 나라에서 온 보살들에게도 이런 말

---

31. 석존의 종제(從弟). 출가하여 항상 석존을 곁에서 모시고 있었기 때문에 누구보다도 석존의 설법을 가장 많이 들었다. 때문에 '다문제일(多聞弟一)'이라고 한다. 10대 제자 가운데 한 사람으로 석존 멸후에야 겨우 아라한과(阿羅漢果)를 얻었다. 제1회 경전 편찬에 참가해 석존의 설법을 구술해서 재생(再生)했다. 경의 서두에 '여시아문(如是我聞)'하는 '아(我)'는 이 아난다를 말함이다.

을 들려주어서는 안 됩니다. 아난다, 전륜성왕(轉輪聖王)은 약간의 부덕으로도 병에 걸리지 않을 수 있습니다. 하물며 헤아릴 수 없이 많은 부덕을 한몸에 지닌, 누구보다도 부처님께서 어찌 병에 걸리겠소. 아난다, 돌아가시오. 우리들에게 이 같은 부끄러움을 느끼지 않게 해주시오. 만약 이교도인 바라문이 이 말을 들었다면 반드시 이렇게 생각할 것입니다. 〈어떻게 스승이라고 할 수 있겠는가. 자신의 병도 고칠 수 없는 주제에 남의 병을 고칠 수 있다니〉 남들이 알기 전에 빨리 돌아가시오. 남이 듣지 않도록 하시오. 그대는 여래의 몸이 진실 그 자체[법신法身]로서 미혹의 세계를 대상으로 하는 것이 아님을 알아야 합니다. 부처님은 이승에서 가장 존귀한 분으로서 생사가 겹치는 미혹의 세계[삼계三界]32에 물들지 않으며, 부처님의 몸에는 번뇌가 없고, 어떠한 번뇌도 이미 사라져 없으며, 부처님의 몸은 생멸의 변화를 떠나 항상 절대적인 깨달음의 세계에 머물며, 죄의 과보가 있는 세계로 나아가는 일이 없습니다. 이러한 몸이 어찌 병에 걸릴 수 있겠습니까.'라고 말했습니다.

세존이시여, 저는 그때 마음속으로부터 부끄러움을 금치 못했습니다. 부처님을 가까이 모시면서, 어떻게 하면 잘못 듣는 일이 없겠는가 생각했습니다. 그러자 공중에서 '아난다여, 거사가 하는 말과 같다. 다만 부처님은 이 오탁(五濁)으로 가득

---

32. 불교의 세계관으로 중생이 왕래하고 거주하는 세 가지 세계의 뜻. 세 가지 미혹한 세계. 욕계(欲界)·색계(色界)·무색계(無色界)의 세 가지.

차고 넘치는 악세(惡世)에33 나타나셨기 때문에 실제로 이 가르침을 수행함으로써 중생을 가르치고 계시느니라. 아난다여, 부끄러워하지 말고 우유를 가지고 돌아가라.' 하는 소리가 들렸습니다.

세존이시여, 유마힐의 지혜와 변설은 이같이 뛰어납니다. 때문에 그를 찾아가 그의 병을 묻는 일을 감히 할 수가 없습니다."

이와 같이 5백의 제자들은 각각 부처님에게 그들이 전에 경험한 사실을 이야기하고, 유마힐이 설한 바를 칭찬함과 동시에 모두 '그를 찾아가 병을 묻는 일을 감당할 수 없습니다.'고 말하였다.

---

33. 말세(末世)의 피할 수 없는 다섯 가지 상황으로 ① 질병, 기근 등의 천재(天災)와 전쟁 등의 인재(人災)에 의한 시대적인 재앙[겁탁劫濁] ② 그릇된 견해나 사상이 만연한 상태[견탁見濁] ③ 탐(貪), 노(怒), 마음의 악덕이 충만한 상태[번뇌탁煩惱濁] ④ 인체의 심신의 자질이 저하된 상태[중생탁衆生濁] ⑤ 인체의 수명이 짧아지는 상태[명탁命濁]이다.

❧ 제4장　보살들[菩薩品] ❧

  그리하여 부처님께서는 미륵(彌勒)보살을1 향하여 말씀하셨
다.

  "그대가 가서 유마힐에게 병을 물으라."

  그러나 미륵보살도 부처님께 아뢰었다.

  "세존이시여, 저는 그를 찾아가 병을 묻기에는 적임이 아닙
니다. 왜냐하면, 제가 도솔천(兜率天)2의 왕과 그 일족을 위해

---

1. Maitareya. '자씨(慈氏)'라고 번역한다. 도솔천(兜率天)에 있으며, 천
인(天人)을 위하여 법을 설하고 있다. 그러나 뒤에 부처가 되어 이승
의 중생을 제도할 것이라고 석존에게서 예언을 받은 보살로 석존 다음
으로 부처가 될 보살이기 때문에 미륵불이라고도 한다. 이 사상은 고
대 인도에서 일어나 우리나라에서도 성행하고 있는데 은진미륵불이 그
증거이다. 미륵의 호칭에 대해 흥미 있는 것은 구마라습 역이나 티베
트 역, 지겸(支謙)의 번역에 있어서 유마힐이 미륵을 부를 때 다른 보
살들과 마찬가지로 존칭을 쓰지 않은 것에 반하여, 현장은 미륵만을
'존자자씨(尊者慈氏)'라는 존칭을 쓰고 있다. 이것은 미륵이 현장이 신
봉하는 유식(唯識)사상의 창시자이기 때문일 것이며, 정확한 번역이 어
려운 것을 말해 주는 한 예로 흥미 있는 문제이다.
2. 욕계(欲界) 6천의 하나. 상족(上足)·묘족(妙足)·희족(喜族)·지족(知足)
이라 번역. 수미산의 꼭대기에서 12만 유순 되는 곳에 있는 천계(天
界)로서 칠보로 된 궁전이 있고 한량없는 하늘 사람들이 살고 있다. 외
원(外院)과 내원(內院)의 2원이 있는데, 외원은 천중(天衆)의 욕락처(欲
樂處)이고, 내원은 미륵보살의 정토(淨土)라 한다. 미륵은 여기에 있으

깨달음을 확약(確約)하는 보살의 지위를 얻을 수 있는 수행에 관하여 설하던 일을 기억하기 때문입니다. 그때 유마힐이 찾아와 저에게 말했습니다.

'미륵보살님, 부처님께서는 당신에게 금생(今生)이 끝나면 반드시 가장 높은 부처의 깨달음〔아뇩다라삼막삼보리〕을 얻을 것이라고 예언하셨습니다. 그러나 어느 생에서 예언이 성립하게 됩니까? 과거세입니까, 미래세입니까, 현재세입니까? 가령 과거세에 태어났을 때라고 한다면 그 과거는 그때 이미 지나버리고 만 것이며, 만약 미래세에 태어났을 때라고 한다면, 미래는 아직 오지 않고 있습니다. 만약 현재세에 태어난 때라고 하여도 그 현재는—끊임없이 유동(流動)하고 있어서—정지해 있지를 않습니다. 부처님께서 〈비구여, 그대는 지금—이 순간에도—동시에 태어나고 늙으며 죽어가고—있다.〉고 설한 것과 같다. 만약 생멸하는 미혹의 세계를 초월하는 것〔무생無生〕이 예언의 성취라고 한다면, 생멸을 초월하는 것은 영원불변한 깨달음을 얻는 경지〔정위正位〕이므로, 이 깨달음을 얻는 경지에 있어서는 예언을 받는 일도 없을 뿐 아니라, 최고의 깨달음을 얻는다고—말—하는 일도 없는 것입니다. 어떻게 해서 그대가 그대의 금생이 끝나면 부처가 되리라 하는 예언을 받았겠습니까? 혹은 당신의 진여(眞如)가 생하는 것을 예언이 이루어지는 것이라고 생각합니까? 아니면 진여가 멸하는 것을 예언이 이루어지는 것이라고 생각합니까? 설사 진여가 생하는

_____

면서 설법하여 남섬부주(南瞻部洲)에 하생하여 성불할 시기를 기다리고 있다.

것으로 예언이 이루어지는 것이라고 한다 해도, 거기에는 생이 없으며, 설사 진여가 멸하는 것으로 예언이 이루어진다 해도, 거기에는 멸이 없는 것입니다. 이를테면 중생 그 자체가 모두 진실한 있는 그대로의 모습[진여]입니다. 따라서 모든 것은 진여이며, 성인, 현자(賢者), 그리고 당신까지도 진여인 것입니다. 그러므로 그대가 예언을 얻었다고 하면, 모든 중생도 예언을 얻은 것이 됩니다. 왜냐하면 진여에 있어서는 다른 두 가지 것이 없기 때문입니다. 그대가 최고의 깨달음을 얻는다고 하면 모든 중생도 최고의 깨달음을 얻을 것입니다. 왜냐하면 모든 중생 그대로가 깨달음의 실상[보리상菩提相]이기 때문입니다. 그대가 깨달음의 경계[멸도滅度]에 이른다고 하면, 모든 중생도 깨달음의 경계에 이를 것입니다. 왜냐하면 모든 부처는 모든 중생이 필경은 깨달음[적멸寂滅]을 얻고, 그대로 열반의 모습이며, 다시는 멸하는 일이 없다고[3] 알기 때문입니다. 그러므로 미륵님, 예언을 얻은 것을 설하여 천상(天上)의 신들을 이끌어서는 안 됩니다. 실제로 최고의 깨달음을 구하고자 하는 마음을 나타내는 자는 없고, 또 그러한 마음이 좌절되는 자도 없는 것입니다.

미륵보살님, 이 수많은 천상의 신들로 하여금 깨달음에 대한 분별[깨달음에 대해서 여러 가지로 사려하는 그릇된 생각]을 버리게 해야 합니다. 왜냐하면 깨달음[보리]이라고 하는 것

---

3. 이 대문에 대한 이해를 돕기 위해 다른 역본(譯本)을 보면, 지겸은 '불(佛)은 중생을 버리고 혼자만 깨닫지[멸도滅度] 않는다. 반드시 어리석은 중생을 깨닫게 한다'이며, 티베트 역은 '중생이 모두 깨닫지[열반] 않으면 불(佛)은 깨닫지 않는다'고 했다.

은 몸[身]으로 얻을 수도 없고, 마음[心]으로 얻을 수도 없기 때문입니다. 미혹을 떠난 경계[적멸]야말로 깨달음인 것입니다. 그것은 일체의 모습[相]을 멸했기 때문입니다. 또 관찰하지 않는 것[불관不觀]도4 깨달음입니다. 그것은 온갖 대상과의 관계를 끊은 것이기 때문입니다. 행이 일어나지 않는 것[불행不行]도 깨달음입니다. 잊지 않고 끊임없이 생각하는 일이 마음에 없기 때문입니다. 끊어 없애는 것[斷]도 모든 그릇된 소견을 버리는 것이므로 깨달음이며, 떠나는 것[離]도 모든 망상을 떠나는 것이므로 깨달음이며, 장애도 바라는 모든 것을 막[障]는 것이므로 깨달음이며, 들지 않는 것[不入]도 탐착(貪着)하는 일이 없는 것이므로 깨달음이며, 따르는 것[順]도 진여(眞如=사물의 있는 그대로의 진실한 모습)에 따르는 것이므로 깨달음이며, 머무는 것[住]도 법성(法性=사물의 있는 그대로의 진실한 본성)에 머무는 것이므로 깨달음이며, 이르는 것[至]도 실제(=사물의 있는 그대로의 진실한 극한極限

---

4. 승조(僧肇)는 '관(觀)은 연(緣)으로부터 생(生)하고 연을 떠나면 즉 관이 없다'고 주석하고 있다. 따라서 승조는 이하의 '불행(不行)'에 대해서 '행(行)은 염(念)으로부터 생하고 염이 없기 때문에 행이 없다'고 했다. '장(障)'에 대해서는 '진도(眞道)에는 욕(欲)의 온갖 구원(求願)을 막는 것이 없기 때문이다'고, '불입(不入)'에 대해서는 '입(入)이라고 하는 것은 욕망하는 것을 받아들이는 것', '불이(不二)'에 대해서는 '마음[意]과 그것의 대상[法] 둘이 있다. 그러나 보리[깨달음]에는 마음마저 없다. 어찌 법 따위가 있겠는가', '불회(不會)'에 대해서는 '제입(諸入)이란 것은 내외의 육입(六入=육근六根, 육경六境)이다. 내외가 함께 공(空)하므로 제입이 만나지 않는다. 제입이 만나지 않음은 보리이다. 즉 보리의 근(根)이다'고 주석했다.

또는 변제(邊際)에 이르는 것이므로 깨달음이며, 둘이 아닌 것〔불이不二〕도 마음과 마음이 대상으로 파악하는 것〔法〕으로부터 떠나는 것이므로 깨달음이며, 평등함〔等〕도 허공과 같은 것이므로 깨달음인 것입니다. 무위(無爲=상주 불변의 절대한 경지)도 생하고 지속(=住)하며, 멸하는 일이 없으므로 깨달음이며, 아는 것〔知〕도 중생의 심행(心行)을 명확하게 아는 것이므로 깨달음이며, 만나지 아니함〔불회不會〕도 마음과 그 행을 일게 하는 대상〔제입諸入〕이 만나 결합함이 없는 것이므로 깨달음이며, 합하지 아니함〔불합不合〕도 번뇌의 습성〔번뇌로 인하여 몸에 배었던 습성의 나머지〕으로부터 해방되어 있으므로 깨달음이며, 위치가 없는 것〔무처無處〕도 형색이 없으므로 깨달음인 것입니다.

가명(假名=가칭假稱)도 이름 그 자체가 공(空)한 것이므로 깨달음이며, 꼭두각시와 같은 것도 취(取)할 수도 버릴 수도 없는 것이므로 깨달음이며, 혼란이 없는 것〔무란無亂〕도 항상 그 스스로가 고요하므로 깨달음이며, 미혹을 떠난 경계〔선적善寂〕도 그 본성이 청정한 것이므로 깨달음이며, 대상을 취하지 않음〔무취無取〕도 마음이 대상에 의하여 움직이는 일〔반연攀緣〕을 멀리 여읜 것이므로 깨달음이며, 모든 존재〔法〕는 동등한 것이므로 다르지 않음〔무이無異〕도 깨달음이며, 비교할 길이 끊어진 것〔무비無比〕도 비유할 수 없는 것이므로 깨달음이며, -말로 표현할 수 없는-미묘함도 모든 것〔法〕은 알 수 없는 것이므로 깨달음인 것입니다.

깨달음은 허공과 같은 성질의 것이며, 모든 장소에 빈틈없이 존재합니다. 그것은 몸으로나 마음으로 깨달을 수 있는 것이 아닙니다. 왜냐하면 신체는 풀이나 나무, 석벽(石壁), 길, 그림자와 같은 것이며, 마음은 비물질적인 것, 들에 나지 않는 것, 의지하는 곳이 없는 것, 표상하지 않는 것이기 때문입니다.'5

세존이시여, 유마힐이 이 가르침을 설했을 때, 2백의 천상의 신들은 진리를 깨달은 마음의 편안함〔무생법인無生法忍〕을 얻었습니다. 이런 까닭으로 해서 저는 그를 찾아가 병을 묻는 일을 감당할 수가 없습니다."

부처님은 동자(童子)인6 광엄(光嚴)에게 말씀하셨다.
"네가 가서 유마힐을 찾아보고 병을 물으라."
광엄도 부처님께 아뢰었다.
"세존이시여, 저도 그를 찾아가 문병하기에는 적임이 아닙니다. 왜냐하면, 그 옛날 제가 바이샬리 성문을 나가려 했을 때의 일을 기억하기 때문입니다. 그때 마침 유마힐이 성문으로 들어오고 있었습니다. 저는 그에게 인사를 하고, '거사님, 어디서 오십니까?'하고 물었습니다. 그는 '나는 도장(道場)에서7 옵니다.'고 답했습니다. 저는 물었습니다. '도장이라니, 어

---

5. 여기서 이 이야기의 내용은 끝났다.(구마라습 역, 지겸 역 동일함) 그러나 현장과 티베트 역에는 다음 절 '깨달음은 허공과 같은……' 이하의 1절이 더 있어 깨달음에 대해서 말하고 있으므로 첨가했다.
6. Kumāra. 청년 보살에 대해 쓴 호칭이지만, 실제로 보살, 특히 대승(大乘)보살에게 나이가 있는 것인가 의심된다.
7. 우리나라의 오랜 관습은 '도량'이라고 발음해 왔다. 번역의 차이를 보면 지겸은 도장, 현장은 '묘보리(妙菩提)', 티베트 역은 '보리도장(菩提道場)'. 보리도장은 부처님께서 개오(開悟)한 장소 bodhi-maṇḍa를 말한

디 말입니까?'

그는 답했습니다. '청순한 마음[직심直心]이 도장인 것입니다. 거짓이 없기 때문입니다. 마음을 정하고 수행하는 것도 도장입니다. 능히 사물을 판별[辨]하기 때문입니다. 마음 깊이 도를 구하는 것[심심深心]도 공덕을 증가시키므로 도장이며, 깨달음을 구하는 마음[보리심]도 오류에 떨어지고-진리를-의심하지 않으므로 도장인 것입니다.

보시도 보답을 기대하지 않으므로 도장이며, 계를 지키는 것도 바람[願]을 이루므로 도장이며, 인욕(忍辱)도 모든 중생에 대하여 마음에 걸림이 없으므로 도장이며, 정진도 나태하여 물러서는 일이 없으므로 도장이며, 선정(禪定)도 마음이 조화를 이루므로 도장이며, 지혜도 모든 것을 있는 그대로 보므로 도장인 것입니다.

즐거움을 베푸는 따뜻한 마음[慈]도 모든 중생에 대해 평등하므로 도장이며, 중생의 괴로움을 없애주는 마음[悲]도-중생을 위해 받는-괴로움을 잘 참아내므로 도장이며, 중생의 기쁨을 기뻐하는 것[喜]도 부처의 가르침[法]을 익히는 즐거움이므로 도장이며, 중생에 대해서 평등함[捨]도 사랑과 미움을 끊은 것이므로 도장입니다.

초인적인 능력[神通]도 여섯 가지 불가사의한 일[六通]을 성취하므로 도장이며, 고요한 관조에 의하여 탐욕을 버린 경계[해탈]도8 능히-마음의 동요를-버리므로 도장이며, 방편도

다. 또한 여기에는 깨달음의 진수(眞髓)라고 하는 의미도 있다. 따라서 도장은 현상적인 것을 넘어선 내적인 것까지를 말한다.

중생을 교화하므로 도장이며, 중생을 깨달음으로 나아가도록 이끄는 네 가지 방법[사섭四攝]9도 중생을 모아들이므로 도장이며, 부처의 가르침을 많이 듣는 것[다문多聞]도 들은 것과 같이 행하게 하므로 도장이며, 마음을 다스리는 것도 모든 것[法]을 바르게 관찰하게 하므로 도장이며, 깨달음을 얻기 위한 37가지 실천[37도품道品]은 인연으로 인해서 생기는 것[유위법有爲法]에 대한 집착을 버리게 하므로 도장입니다.

진리[諦]는 중생[세간]을 속이지 않으므로 도장이며, 연기(緣起=생존의 조건을 가리키는 12개의 계열)도10 근원적인 어리석음[무명無明]으로부터, 늙음과 죽음—에 이르기까지—그 모두가 다하지 않는—그 근거를—깨닫게 하므로 도장이며, 온갖 번뇌까지도 진실을 알게 하므로 도장이며, 중생도 주체로서의 자아[我]가 없음을 알게 하므로 도장이며, 존재하는 모든 것[法]도 그 존재가 공(空)함을 알게 하므로 도장입니다.

---

8. 여기서의 해탈은 '팔해탈(八解脱)'을 가리킨다.(제3장의 주 8 해탈 참조)

9. 사섭법(四攝法)이라고도 한다. 사람을 불도로 이끄는 네 가지 방법. ① 보시(布施, 진리를 가르치거나 물건을 주는 것) ② 애어(愛語, 부드러운 말을 하는 것) ③ 이행(利行, 신체의 행위, 입으로 말하는 것, 뜻으로 생각하는 것의 삼업三業에 의한 선행으로 사람들에게 이익을 주는 것) ④ 동사(同事, 상대와 같은 입장에 서는 것).

10. 12연기(緣起)를 가리킨다. 즉 생존의 조건을 나타내는 12단계의 계열. 석존은 인생의 고뇌인 노사(老死)의 원인 또는 조건을 추구하여 노사로부터 거슬러 가며 천착했다. 즉 노사(老死)→생(生)→유(有)→취(取)→애(愛)→촉(觸)→육입(六入, 육처六處)→명색(名色)→식(識)→행(行)→무명(無明)에 이르러 무명을 끊어 없애는 것이 가장 긴요하다고 결론을 짓고 부처의 깨달음을 얻었다. 이것은 불교의 기본적 교리이다.

악마를 정복하는 것도―악마로 인하여 마음이―움직이고 기우는 것이 아니므로 도장이며, 윤회하는 미혹의 세계〔삼계三界〕까지도 머물러 있을 곳이 아니―라고 멀리하므로―므로 도장이며, 사자후(獅子吼)의 설법〔사자가 울어 모든 동물을 따르게 하듯이〕도 두려움이 없으므로 도장이며, 힘〔10종의 지혜의 능력〕, 두려움이 없는 자신〔사무외심四無畏心〕, 부처에게만 갖추어져 있는 뛰어난 특성〔18불공법不共法〕도 길이 모든 과오를 지났으므로 도장이며, 세 가지 초인적인 힘〔삼명三明〕도 번뇌의 멍울〔礙〕을 아주 없애므로 도장이며, 한 생각〔一念=일순一瞬〕으로 모든 것을 알 수 있는 것도 모든 것을 아는 지혜〔일체지一切智〕를 완성하므로 도장입니다.

이와 같이 젊은이여, 만약 보살이 온갖 지혜의 완성〔바라밀〕을 힘써 닦음과 동시에 중생을 교화하고자 하면 발의 들고 내리는 것, 그 모든 행위까지가 도장으로부터 와서 부처의 가르침을 실천하는 것이라고[11] 알아야 합니다.'

이같이 설할 때 5백 명의 천상의 신들이 한결같이 최고의 깨달음을 구하는 마음을 나타냈습니다. 이러한 까닭으로 해서 저는 그를 찾아가 병을 묻는 일을 감당할 수 없습니다."

부처님께서는 지세(持世)보살에게 말씀하셨다.
"그대가 가서 유마힐을 찾아보고 병을 물으라."
지세보살도 부처님께 아뢰었다.
"세존이시여, 저도 그를 찾아가 병을 묻는 일을 감당할 수

---

11. 본문은 '내왕어불법(來往於佛法)'. 보다 다양한 의미를 지니고 있다.

없습니다. 왜냐하면, 저는 조용한 방에 있던 옛일을 기억하기 때문입니다. 그때, 마왕(魔王=마파순魔波旬)이[12] 마치 제석천(帝釋天)과 같이 꾸미고 1만 2천의 천녀(天女)를 거느리고서 북을 치며 제금을 울려 풍악을 잡히고 제가 있는 곳으로 왔습니다. 그들은 저의 발에 이마를 대고 예배한 다음 두 손을 합장하고 한쪽에 경건한 자세로 비켜섰습니다. 저는 마음속으로 이를 제석천이라고 생각했습니다. 저는 말했습니다.

'잘 오시었소. 교시가(憍尸迦 kauśika=제석천의 성姓), 그대에게 복덕이 마땅히 갖추어져 있다 해도 스스로 방자해서는 안 됩니다. 마땅히 오관의 욕망은 무상하다고 관조하고, 이로써 공덕의 근본〔선본善本〕을 구하며 영원히 변하지 않는 신체와 완전한 지혜의 생명과 깨달음의 재보(財寶)를[13] 얻도록 노력해야 합니다.'

그는 저에게 말했습니다.

'정사(正士=보살)여, 이 1만 2천의 천녀를 받아들여 주시어 씻고 닦는 일을 시켜 주십시오.'

'교시가여, 이 비법(非法)의 것을 부처님의 제자〔석자釋子〕사문(沙門)인 나에게 강요하지 마시오. 이는 나에게 있어서 바람직한 것이 아닙니다.'

제가 이렇게 말하고 있을 때, 유마힐이 와서 저에게 말했습

---

12. pāpīyas의 음자(音字)가 잘못되어 파순(波旬)으로 되었다. 악애(惡愛), 살인자, 악자(惡者)라고 번역한다. 불제자를 괴롭히는 마왕으로 욕계(欲界)의 제6천(天). 타화자재천(他化自在天)의 왕이다.
13. 여기서 말하는 몸과 생명과 재산의 3자를 수행으로써 끝이 없는 영원한 것으로 이루는 것을 삼견법(三堅法)이라고 한다.

니다. '이는 제석천이 아닙니다. 악마가 와서 당신을 희롱하고자 하는 것입니다.' 곧 악마를 향하여, '이 여자들을 나에게 주게나. 나와 같은 사람이면 받을 수 있으리라.'고 말했습니다. 마왕은 두려움으로 떨면서 〈유마힐이 나를 괴롭히지는 않을까?〉 생각하고 곧 모습을 감추어 달아나려 했습니다. 그러나 숨을 수가 없었습니다. 그는 그의 불가사의한 힘을 다했으나 달아날 수가 없었습니다. 그때, 공중에서 소리가 들렸습니다. 즉 〈파순(波旬)아, 여자들을 주면 떠날 수가 있으리라〉 했습니다. 악마는 두려운 나머지 용서를 빌며 여자들을 주었습니다. 그때, 유마힐은 여자들에게 '마왕은 너희들을 나에게 주었다. 이때야말로 너희들은 모두가 최고의 깨달음을 구하는 마음을 일으켜야 한다.'고 말하고, 곧 그들 각자에게 마땅한 가르침을 설하여 깨달음을 구하는 마음을 갖게 했습니다. 그리고 '너희들은 이미 깨달음을 구하는 마음을 가졌으므로 부처님의 가르침[法]을 익히는 즐거움이 있을 것이며, 오관(五官)의 열락(悅樂)에 젖는 일은 이제 없으리라.'고 말했습니다. 천녀들은 '무엇을 가리켜 가르침을 익히는 즐거움[법락法樂]이라고 합니까.'고 물었습니다.

그가 답했습니다.

'항상 부처님에 대한 믿음을 즐기며, 그 가르침을 듣고자 원함을 즐기며, 스님[衆]들을 공양함을 즐기는 것이다. 오관의 욕망을 떠나는 즐거움과, 다섯 가지 요소[오음五陰]는 도둑[원적怨賊]14과 같다고 관조하는 즐거움과, 네 가지 원소[사대四

---

14. 원적(怨賊)에 대한 구마라습의 주석에 의하면 다음과 같다. 옛날 왕

大]는 독사와 같다고 관조하는 즐거움과, 오관·마음[내입內入]은 사람이 살지 않는 텅 빈 마을과 같다고 관조하는 즐거움이다.

깨달음을 구하는 마음을 지니고, 중생에게 이익을 베풀고, 스승을 존경하며 공양하는 것을 즐기며, 널리 보시를 행하고, 굳게 계를 지키며, 인욕하고 조화하며, 노력을 기울여 선(善)의 씨앗을 모으고, 선정(禪定)에 들어 흔들리지 않고, 때의 오염을 떠난 밝은 지혜는 즐거움인 것이다.

깨달음을 구하는 마음[보리심]을 넓히는 것을 즐기며, 수많은 악마를 항복시키고, 온갖 번뇌를 끊고, 부처님의 나라를 깨끗하게 하고, 뛰어난 신체적 특징[상호相好]을 성취하기 위해 많은 공덕을 닦고, 도장을 엄숙하게 꾸미고, 심원한 가르침을 듣고서 두려워하지 않는 즐거움인 것이다.

공(空)과 차별을 초월한 모습[무상]과 원하여 구함이 없는 것[무원無願]을15 즐기며, 때가 아닌 때[비시非時]를16 즐기지

에게 죄를 지은 사람이 있었다. 왕은 그를 비밀리에 죽이려고 생각해 상자 안에 네 마리의 독사를 넣어 죄 지은 자의 원수인 5명의 도둑으로 하여금 칼을 들고 이를 지키게 했다. 죄 지은 자의 친구가 이 같은 사정을 알려주어 그를 미리 달아나게 했다. 달아난 죄인은 사람이 살지 않는 마을에 숨었다. 그의 친구는 이 마을에는 흉악한 도둑들이 사는 곳이므로 여기에 있다가는 생명과 재산이 위험하므로 빨리 다른 곳으로 피하라고 일러준다. 그는 가르쳐 준대로 곧 그곳을 떠났다. 그는 커다란 강을 만나 뗏목을 저어 건너가서야 겨우 몸의 안전을 얻었다. 왕은 마(魔), 상자는 신체, 네 마리 독사는 사대(四大), 5명의 도둑은 오음(五陰), 사람이 없는 마을은 마음과 오관(五官)인 육입(六入), 흉악한 도둑은 마음과 오관이 대상으로 파악하는 것[육진六塵], 강은 생사(生死)에 비유된다고 설명하고 있다.

않는다. 동학(同學)을 가까이 사귀는 것을 즐기며, 동학이 아닌 사람들 속에 있어도 분노와 미움을 갖지 않음을 즐기며, 악우(惡友＝악지식惡知識)도 함께 지키고 좋은 벗〔선지식善知識〕[17]을 가까이 사귀는 것을 즐기며, 마음으로 청정을 기뻐하고 깨달음을 위한 헤아릴 수 없이 많은 수행을 행하는 것을 즐기는 것이다. 이것을 보살이 가르침을 익히는 즐거움〔법락法樂〕이라고 하는 것이다.'

그때 마왕이 천녀들에게 '나는 너희들과 함께 하늘의 궁전으로 돌아가고 싶다.'고 말했습니다. 천녀들은 '이미 저희들을 거사님에게 주셨습니다. 저희들에게는 가르침을 익히는 즐거움이 있고 그것을 대단히 즐기고 있습니다. 또 다시 오관의 욕망을 바라지 않습니다.'고 말했습니다. 악마는 말했습니다. '거사님, 이 여자들을 버려야 합니다. 모든 소유물을 남에게 보

---

15. 공(空)·무상(無相)·무원(無願, 무작無作)을 삼해탈문 또는 삼해탈이라고 한다(제3장의 주 세 가지 삼매三昧 참조). 티베트 역에는 이삼해탈을 설한 다음에 '열반의 관상(觀想)을 즐긴다'는 1구(句)가 더있다.

16. 때가 아닌 때〔비시非時〕 또는 때가 아닌 때의 식사. 비시는 보통 식사 시간을 지난 정오 이후, 또는 정오 이후의 식사를 말한다. 수행자는 계율로써 정오 이후의 식사가 금해져 있다. 이것을 오후 불식(不食)이라고 한다. 이 대문에 대해 구마라습은 '아직 수행이 모자라면서 깨달음을 구하는 것'으로 해석하고, 승조는 '수행의 중도에서 깨달음을 취한다'고 해 보살이 구하는 바가 아니라고 한다. 삼론종(三論宗)의 길장(吉藏)도 이 해석을 따르고 있다. 법상종(法相宗)의 기(基)는 이것을 상대방의 능력도 생각하지 않고서 가르침을 베푸는 것이라고 해석한다.

17. 좋은 친구. 높은 덕행을 갖춘 사람. 가르침을 설명하고, 불도(佛道)에 들어가게 하는 사람.

시하는 자가 보살인 것입니다.' 유마힐은 '나는 이미 버렸느니라. 너는 곧 데리고 가거라. -너의 소원이 이루어진 것과 같이-모든 중생으로 하여금 부처님의 가르침을 구하는 소원이 이루어지도록 하여라.'라고 말했습니다. 이에 여자들이 유마힐에게 물었습니다. '저희들이 어떻게 악마의 궁전에 머무를 수 있겠습니까?'

'누이들아, 여기에 꺼지지 않는 등불〔무진등無盡燈〕18이라고 부르는 가르침〔법문法門〕이 있다. 너희는 마땅히 -이 길에-노력해야 한다. 꺼지지 않는 등불이라고 함은, 비유컨대 한 개의 등불로 백천(百千)의 등에 불을 켜는 것과 같아서, 어두운 것이 모두 밝아지고 그 밝음이 끝내 사라지지 않는 것과 같다. 누이들아, 이와 같이 한 사람의 보살이 백천의 중생들에게 -가르침을- 설하고 전하여 중생들로 하여금 최고의 깨달음을 구하는 마음을 갖게 하고 -중생 스스로도- 그 깨달음을 구하는 마음을 잃지 않고, 부처님께서 설하신 가르침에 따라 스스로 일체의 바른 일〔선법善法〕을 넓혀 가는 것을 꺼지지 않는 등불이라고 하는 것이다. 그러므로 너희가 비록 악마의 궁전에 산다 하여도 이 꺼지지 않는 등불로서 무수한 천상의 남녀에게 최고의 깨달음을 구하는 마음을 갖게 한다면 그것이야말로 부처님의 은혜를 갚고 또 모든 중생에게 큰 이익을 베푸는 것이 된다.' 그때, 천녀들은 유마힐의 발에 머리를 대고 예배한 다음 마왕을 따라 홀연히 자취를 감추어 궁전으로 돌

---

18. 불멸(不滅)의 등화. 부처님의 법문을 가리킨다. 하나의 등화로 많은 등화를 태울 수 있다.

아갔습니다.

세존이시여, 유마힐에게는 이같이 자유자재한 불가사의의 힘과 지혜와 변설의 재능이 갖추어져 있습니다. 그러므로 저는 그를 찾아가 병을 묻는 일에는 적임이 아닙니다."

부처님께서는 장자의 아들 선덕(善德)에게 말씀하셨다.
"네가 가서, 유마힐을 찾아보고 병을 묻고 오너라."
선덕은 부처님께 아뢰었다.
"세존이시여, 저는 그를 찾아가 병을 묻는 일을 감당할 수가 없습니다. 왜냐하면, 저는 아버지의 집에서 성대한 보시의 모임을 연 적이 있습니다. 7일 동안에 걸쳐 모든 사문(沙門)과 바라문, 그리고 수많은 이교도와 가난한 사람, 비천한 사람, 의지할 곳 없는 사람, 거지들에게 공양하던 옛일을 생각하기 때문입니다. 그때 마침, 유마힐은 모임이 한창인 때 찾아와 저에게 말했습니다.

'장자의 아들아, 성대한 보시의 모임이라고 하는 것은 너와 같은 자가 열어서 되는 것이 아니다. 마땅히 진실을 설해 주는 모임〔법시法施〕이어야 함에도 어찌하여 이 같은 재물의 보시를 여는가?'
저는 물었습니다.

'거사님, 진실을 설해 주는 모임이라면 어떠한 것입니까?'
'진실을 설해 주는 모임이라고 하는 것은 선후의 차(差)가 없고 일시에 모든 중생을 공양하는 것, 이것을 진실을 설해 주는 모임이라고 한다. 그것이 어떤 것인가 하면, 중생에게 깨달음의 덕을 베풀기 위해 즐거움을 베푸는 따뜻한 마음〔자심慈心]을 일으키고, 중생을 구제하기 위해 괴로움을 없애는 넓은 연민의 마음[대비심大悲心]을 일으키고, 바른 진실의 가르침[정법正法]을 지니기 위해 남의 기쁨을 내 기쁨으로 하는 마음[희심喜心]을 일으키고, 지혜를 얻기 위해 평등한 마음[사심捨心]을 일으키는 것을 말한다.

또 그것은, 인색한 탐심을 거두기 위해 보시를 완전하게 하며[단바라檀波羅], 계율을 범한 자를 교도하기 위해 계율을 — 지키는 것을 완전하게 하며[시라尸羅바라밀], 자아라고 하는 것은 없다[무아無我]고 하는 진리[法]를 알기 위해 인욕을 완전하게 하며[찬제羼提바라밀], 심신의 겉모양에 집착하지 않기 위해 정진을 완전하게 하며[비리야毗梨耶바라밀], 깨달음의 경계에 이르기 위해 선정(禪定)을 완전하게 하며[선禪바라밀], 모든 것을 빠짐없이 아는 지혜[일체지一切智]를 얻기 위해 지혜를 완전하게 하는[반야般若바라밀] 것이다.

또 중생을 교화하면서 공(空)을 수행하고, 인연에 의해 생긴 것[유위법有爲法]을 버리지 않고서도 차별을 초월한 실상을 바르게 파악하며, 이승에 생을 받아 — 그 몸이 — 나타나 있어도 바라고 구하는 것이 없으며, 바른 가르침을 굳게 지켜 훌륭한 방편의 힘을 발휘하는 일이기도 한 것이다.

중생을 깨달음으로 이끌기 위한 네 가지 방법[보시, 부드러운 언행, 은혜를 베푸는 것, 고락을 함께하는 것]에 의하여 불도에 들게 하며[사섭법四攝法], 모든 사람을 존경하고 봉사하기 위해 교만한 마음을 없애며, 몸과 생명과 재산에 있어서 다함없는 영원함을 얻도록 노력하며[삼견법三堅法], 부처님과, 부처님의 가르침과, 그 가르침을 신봉(信奉)하는, 그리고 보시와, 지계(持戒)와, 하늘의 여섯을 마음 깊이 염[육념六念]하면서[19] 더욱 바른 사념(思念)을 잊지 않고, 여섯 가지 점에 있어서 서로 화합하고 존경[육화경六和敬]하기[20] 위해 순직(純直)한 마음을 가지며, 착한 일을 바르게 행하기를 노력하여 청정한 생활을 하며, 마음은 밝아 기쁨에 싸여 성인과 어진 이를 가까이하며, 악인을 증오하지 않고 오히려 마음을 다스리도록 하며, 세속의 오염을 벗어나기 위해 마음속 생각을 깊게 다짐하며, 가르침을 받은 대로 행하기 위해 보다 많이 듣고자 하며, 다툼이 없는 회합을 위해 조용한 수도장을 마련하며, 부처의 지혜를 구하여 좌선을 행하도록 하는 일이기도 한 것이다.

중생을 번뇌로부터 해방시키기 위해 수행의 소지(素地)를 마련하고, 뛰어난 신체적 특징을 갖추어 부처님의 나라를 깨끗하게 하기 위해 복덕을 짓는 업(業)을 행하며, 모든 중생의

---

19. 육념(六念)의 내용은 본문에서 밝힌 바와 같다. 즉 염불(念佛)·염법(念法)·염승(念僧)·염계(念戒)·염시(念施)·염천(念天)이다. 이 중 천(天)에 대해서는 이설이 있다. ①소위 미(迷)한 세계인 삼계의 제천(諸天) ②소승·대승의 현자(賢者)·성인(聖人) ③공(空) 또는 깨달음으로서의 제일의천(第一義天)이라고 주장하는 측에서는 보살은 이 제일의천을 염(念)한다고 한다.

20. 깨달음을 구하는 사람들이 서로 화합하고 존경하는 것으로 여섯 가지를 센다. ①몸으로 행하는 선무(禪舞) 등을 같이한다[신화경身和敬] ②입으로 하는 찬탄 등을 같이한다[구화경口和敬] ③마음속의 신심(信心) 등을 같이한다[의화경意和敬] ④계를 같이한다[계화경戒和敬] ⑤공(空) 등에 대한 생각을 같이한다[견화경見和敬] ⑥의식(衣食) 따위의 이(利)를 같이한다[이화경利和敬]. 또 6에는 수행[행화경行和敬] 혹은 보시[시화경施和敬]를 같이하는 것도 든다.

마음속 생각을 알기 위해 각자에게 마땅한 가르침[法]을 설하여 지혜[智]의 업을21 일으키고, 모든 것은 취하고 버릴 것이 아님을 알기 위해 차별도 대립도 없는 평등한 가르침[일상문 一相門]에 들어 지혜의 업을 일으키고, 어떠한 번뇌, 장애, 불선(不善)도 모두 끊어버리기 위하여 일체의 바른 일을 모두 행하며, 모든 지혜와 공덕을 얻기 위해 깨달음에 도움이 되는 수행의 방법을 빠짐없이 행하는 것이다.

이와 같은 것이 진실을 설해 주는 모임이라고 한다. 만약 보살로서 이와 같은 진실을 설해 주는 모임을 행하는 사람이 있다면 그는 참으로 가장 큰 시주(施主)이며, 일체 세간의 복전(福田)인22 것이다.'

세존이시여, 유마힐이 이러한 가르침을 설했을 때, 바라문들 중의 2백 명은 한결같이 최고의 깨달음을 구하는 마음을 가졌습니다. 그때, 저의 마음은 청정해지고 지금까지 경험하지 못한 감탄으로 가득했습니다. 저는 그의 발에 머리를 대고 경례

---

21. 지(智)는 jñāna의 역어(譯語), 혜(慧)는 prajñāna의 역어. 일반적으로 같은 뜻으로 쓰이고 있으나 따로 떼어서 말하면, 혜는 사물, 도리 등을 알고 추리·판단하는 정신작용이며, 지는 그러한 사물·도리에 대하여 시비(是非)를 결정하고 단정하는 것으로서 번뇌를 끊는다고 하는 따위는 이 지의 작용이 중심이다. 또 여기에서 지는 밖을 향하여, 혜는 안을 향하여 설해지고 있다.

22. 불(佛)·부모(父母)·빈궁한 사람, 괴로움에 시달리는 사람들을 존경하며 봉사할 때 복덕이 얻어진다고 한다. 이를 계기로 이러한 복덕이 생기게 하는 것을 전(田)에 비유하여 복전(福田)이라 부른다. 그러한 의미에서 불(佛)은 가장 큰 복전이며, 그래서 대복전(大福田), 최승(最勝)복전이라고 한다.

를 한 다음 곧 몸에 장식하고 있던 몇 십만의 값비싼 영락(瓔珞)을 떼어 바쳤으나 받지 않았습니다. 저는 '거사님, 원이오니 아무쪼록 받아 주십시오. 그리하여 당신의 뜻대로 베풀어 주시기를 바랍니다.'라고 말했습니다.

유마힐은 곧 영락을 받아 둘로 나누어 그 모임에 온 사람 중에 가장 비천한 거지에게 반을 주었습니다. 그리고 나머지 반은 저 난승여래(難勝如來)에게 바쳤습니다. 모든 회중은 난승여래를 우러러보았으며, 또 그 부처님에게 바친 영락이 보석과 구슬로 변하여 네 개의 기둥이 되고, 그 주위를 거룩하게 장식했음에도 서로 장애가 되지 않는 것을 보았습니다. 그때, 유마힐은 불가사의를 나타내고 이렇게 말했습니다.

'만약 보시를 하는 사람이 평등한 마음으로 한 사람의 가장 비천한 거지에게 보시하면서, 부처님과 다름이 없는 복덕을 낳는 밭〔여래복전如來福田〕이라고 생각하고, 그러면서도 그것을 계산에 넣지 않고 평등하게 광대한 자비를 드리우며, 그러면서도 과보(果報)를 구하는 일이 없으면, 이를 결함 없이 진실을 설해 준 자라고 부른다.'

이 도시에서 가장 비천한 거지도 이 불가사의를 보고, 그 가르침을 듣고—다른 사람들과—함께 최고의 깨달음을 구하는 마음을 내었습니다. 이러한 까닭으로 해서 저는 그를 찾아가 병을 묻는 일을 감당할 수가 없습니다."

이와 같이 많은 보살도 저마다 부처님에게 그들의 지난 경험을 이야기하고 유마힐이 말한 바를 칭찬하면서 누구도 그를 찾아가 병을 묻는 일을 감당할 수 없다고 말했다.

❧ 제5장 병病을 묻다 ❧

그때 부처님께서는 문수사리(文殊師利 Mañjusri, 대승경전 중에서도 특히 반야경전과 관계가 깊다. 석존의 상대로서 보살 중의 최고 보살로 등장하며 불佛의 지혜를 상징)에게 말씀하셨다.

"그대가 유마힐을 찾아가 병을 물으라."

문수사리는 부처님에게 아뢰었다.

"세존이시여, 저 성자를 저는 상대할 수 없습니다. 왜냐하면, 그는 있는 그대로의 실상에 깊이 통달해 있으며, 가르침의 요지를 훌륭하게 설하며, 변설의 재주는 걸림이 없고, 지혜는 막힘이 없습니다. 모든 보살에게 필요한 작법(作法=법식法式)을 낱낱이 알고 있으며, 모든 부처가 비장(秘藏)한 것일지라도 알 수 있습니다. 많은 악마를 항복시키고 초인적인 힘을 자유로이 구사하며, 그 지혜와 방편은 초월의 경지〔경도徑度〕에 이르렀습니다.[1] 그렇지만 부처님의 성지(聖旨)를 받았으므로, 그를 찾아가 병을 묻고자 합니다."

---

1. 이하에 현장(玄奘) 및 티베트 역에 있는 구절이 빠져 있다. 현장 역에 의하면 '이미 어떠한 문답에도 매듭을 지을 수 있으며, 자신이 있으며, 자유자재하여 어리석은 자의 변설(辯舌)로써 능히 대적할 수 있는 것이 아니다'고 했다.

이에 모인 사람들 중의 많은 보살과 부처님의 주요한 제자들, 제석천, 범천(梵天), 사천왕(四天王)들은 '이제 이 문수와 유마힐 두 사람의 보살이 함께 담론을 하면 반드시 놀라운 법을 설하리라.'고 생각했다. 동시에 8천의 보살들과 5백의 부처님 제자[성문聲聞]들, 5천의 천상의 신들 모두가 – 문수의 – 뒤를 따라가고자 원했다. 그리하여, 문수는 수많은 보살과 부처님의 제자와 천상의 신들에게 둘러싸여 바이샬리 성으로 들어갔다.

그때 장자 유마힐은 마음속으로 '지금 문수가 많은 사람들과 함께 오고 있다'고 생각했다. 그는 곧 불가사의한 힘으로 그의 방안에 있는 것을 제거하고 하인들까지도 내보냈다. 텅 빈 방안에는 오직 하나의 침상만을 두고 그는 거기에 병든 몸을 뉘고 있었다. 문수가 재빨리 그 집에 들어가자 방안은 텅 비어 아무것도 없는데 – 유마힐 – 혼자 누워 있는 것이 보였다.

그때 유마힐은 말했다.

"문수사리, 어서 오시오. 온다고 하는 상(相)을 취하지 않고 왔으며, 본다고 하는 상을 취하지 않고 보았소."

문수사리는 말했다.

"거사님, 그와 같습니다. 만약 와 버렸다면 다시 올 수 없을 것이며, 만약 가버렸다면 다시 갈 수는 없습니다. 왜냐하면, 온다고 하지만 좇아오는 곳[시발점始發點]은 없으며, 간다고 해도 이르는 곳[도달점]은 없기 때문입니다. 또 보이는 것도, 또다시 보이는 것은 아니기 때문입니다.

그러나 이 이야기는 잠깐 뒤로 미루겠습니다. 거사님, 병은 참을 만하십니까? 치료를 잘못하여 악화된 것은 아닙니까? 세존께서는 헤아릴 수 없을 만큼 간절하게 물으셨습니다. 거사님, 이 병은 무엇으로 인하여 일어났습니까? 훨씬 오래 전에 걸렸습니까? 어떻게 하면 나을 수 있습니까?"

유마힐은 말했다.

"어리석음〔痴〕과 탐심(=유애有愛)으로부터 나의 병은 생겼습니다. 누구나〔일체중생〕가 병에 걸려 있으므로, 나도 병들었습니다. 만약 모든 중생이 병에 걸리지 않고 있을 수 있으면 그때 나의 병도 없어질 것입니다. 왜냐하면, 보살은 중생을 위하기 때문에 생사 – 윤회의 세계 – 에 들었고, 생사가 있는 곳에 병은 있게 마련이기 때문입니다. 그러므로 만약 중생이 병을 떠날 수 있으면 보살도 병이 없을 것입니다. 예를 들면, 장자에게 외아들이 있어 그 아들이 병들면 그 부모도 병들고, 만약 아들의 병이 나으면 부모도 낫는 것과 같습니다. 보살도 이와 같아서 모든 중생을 내 자식과 같이 사랑하고, 중생이 병을 앓을 때는 보살도 병을 앓으며, 중생의 병이 나으면 보살도 낫습니다. 또 이 병이 무엇으로 인하여 일어났는가 하면, 보살의 병은 광대한 자비〔대비大悲〕로부터 생긴 것입니다."

문수사리는 말했다.

"거사님, 이 방은 무슨 까닭으로 텅 비어 있으며, 시자(侍者)도 없습니까?"

"공(空)하기 때문에 텅 비어 있는 것입니다."[2]

---

2. 이 대문의 한역(漢譯)은 '이공공(以空空)'이어서 두 개의 공이 잘 구별

"무엇을 가지고 공이라고 합니까?"

"그릇된 사유(思惟)를 떠난 것〔무분별〕이므로, 공인 것입니다."

"그렇다면 공을 사유(思惟=분별)할 수가 있습니까?"

"사유도 공입니다."

"그렇다면 공은 어디서 구해야 합니까?"

"그릇된 예순두 가지 소견〔62견見〕3에서 구하면 좋을 것입니다."

"그 그릇된 예순두 가지 소견은 어디서 구할 수 있습니까?"

"마땅히 모든 부처의 깨달음〔해탈〕에서 구해야 할 것입니다."

"부처의 깨달음은 어디서 구해야 합니까?"

"모든 중생의 마음〔심행心行〕에서 구해야 할 것입니다. 또 그대는 왜 시자가 없느냐고 물었습니다. 모든 악마와 온갖 이교도들은 모두가 나의 시자입니다. 왜냐하면, 악마들은 생사ー

되지 않는다. 이야기의 진전과 전후 문장을 보아서 이렇게 번역했으나, 불교에 있어서의 '공(空)'은 결코 '텅 빈 것'을 의미하는 것은 아니다. 이 대문의 이해를 위해 티베트 역을 보면 '공성(空性)이므로 공(空)이다'고 하여 분명하게 구별하고 있다. 이 공성은 śūnyatā로 '공(空)인 것'을 의미한다. 때문에 '공이기 때문에 공이다'고 하는 이야기가 될 수도 있다고 보겠다.

3. 자기 및 세계에 관하여 불교의 올바른 입장에서부터 빗나간 견해의 총칭. 원래는 석존 재세(在世) 시대에 불리워진 이교도(異教徒)의 사상을 통합한 것. 과거·현재·미래의 3세에 각각 5온이 있어 곱하여 15가 되고, 낱낱이 4구의 이견이 있어 합하여 60견이 되고, 근본인 단(斷)·상(常) 2견을 더한 것을 말한다.

의 세계 – 를 바라고 있으나, 보살은 생사를 버리지 않고, 이 교도는 여러 가지 그릇된 견해를 바라고 있으나 보살은 이 그릇된 견해에 동요하지 않기 때문입니다."

"거사님의 병세는 어떻습니까?"

"나의 병은 증상이 없으므로 – 밖으로 – 볼 수가 없습니다."

"이 병은 몸의 병입니까? 아니면 마음의 병입니까?"

"몸과는 관계가 없으므로 몸의 병은 아니며, 마음은 꼭두각시와 같은 것이므로 마음의 병도 아닙니다."

"땅·물·불·바람의 네 가지 원소〔사대四大〕 중 어디에 걸린 병입니까?"

"이 병은 땅의 원소는 아니지만, 그렇다고 땅의 원소와 관계가 없는 것도 아닙니다. 물·불·바람의 원소에 대해서도 한 가지입니다. 그러나 중생의 병은 이 네 가지 원소로부터 생기며, 이러한 병이 있기 때문에 나도 병든 것입니다."

그때 문수사리가 유마힐에게 물었다.

"보살은 병든 보살을 어떻게 위로할 수 있습니까?"

"몸의 무상(無常)은 설해도 몸을 염리(厭離)하도록은 설하지 않으며, 몸의 괴로움을 설해도 깨달음〔열반〕을 바라는 일을 설하지 않으며, 몸에 자아는 없다〔무아無我〕고 설하여 중생을 가르치고 이끌 것을 설하며, 몸의 공(空)함은 설해도 궁극적인 깨달음〔필경적멸畢竟寂滅〕을 설하지는 않습니다. 전에 범한 죄를 회개하도록은 설해도 먼 과거로 들어가 사라지는 것은 설하지 않습니다. 자기의 병을 헤아려 남의 병을 동정하고, 영원한 과거에 걸친 괴로움을 알아야 합니다. 모든 중생에게 이익을 주고자 뜻하고 – 중생이 – 닦은 공덕을 생각하며, 바른 생활을 뜻하여 근심과 괴로움이 생기지 않도록 해야 합니다. 항상 정진하는 마음을 내어 명의(名醫)가 되어서 온갖 병을 치료할 수 있어야 합니다. 보살은 이같이 병든 보살을 위로하고 기쁘게 할 것입니다."

"거사님, 병든 보살은 어떻게 해서 그 마음을 다스리고 극복해야 합니까?"

"병든 보살은 반드시 이같이 생각할 것입니다. '지금 나의 이 병은 모두가 전생의 망상·집착·여러 가지 번뇌로부터 생긴 것이지—나의 몸은—실체로서의 존재〔실법實法〕는 없다. 그러므로 병에 걸릴 것은 없는 것이다. 왜냐하면, 네 가지 원소가 결합한 것이므로 이름을 몸이라고 가칭했을 뿐, 네 가지 원소에는 실체로서의 주체는 없으며, 몸에도 자아는 없기 때문이다. 또 이 병이 생기는 것은 모두가 영원히 변하지 않는 자아가 있다고 하는 집착에 기인한다. 때문에—자아가 없는 이상은—자아에 대하여 집착하는 일도 없을 것이다. 이미 이같이 병의 근본을 알면 곧 자아라고 하는 생각도, 살아 있는 것〔중생〕이라고 하는 생각도 없어진다.'

마땅히 물질적인 것〔法〕에 대한 생각도 일어날 것이며 이렇게 생각할 것입니다. '이 몸은 수많은 물질적인 것으로 이루어져 있다. 생할 때에는 다만 물질적인 것만이 생기고, 멸할 때에도 물질적인 것만이 멸한다. 또 이 물질적인 것—에는 마음이 없으므로—은 서로 아는 일도 없으며, 생할 때에도 내가 생하는 것이라고 말할 수 없고, 멸할 때에도 내가 멸한다고는 말할 수 없다.'⁴

이 병든 보살은 물질적인 것에 대한 상념을 떠나기 위해서 당연히 이런 생각을 할 것입니다. '이 물질적인 것에 대한 상념도 그릇된 집착이다. 이 집착이야말로 마음의 커다란 병인 것이다. 나는 반드시 이것으로부터 떠나야 한다. 어떠한 것을 떠난다 하는가? 그것은 주체적 존재〔我〕나 주체적 존재에 속하는 것〔아소我所〕으로부터 떠나는 것이다. 어떻게 하면 주체적 존재와 주체적 존재에 속하는 것으로부터 떠날 수 있는가? 그것은 두 개의―상대적인―것〔法〕으로부터 떠나는 것이다. 어떻게 하는 것이 두 개의 것으로부터 떠나는 것인가? 그것은 주관·객관의 온갖 존재를 마음에 두지 않음으로 해서 평등한 마음을 행하게 하는 것이다. 어떤 것이 평등인가? 주체적 존재도 깨달음〔열반〕과 함께 평등하다는 것이다. 왜냐하면, 주체적 존재와 깨달음의 둘은 모두가 공(空)하기 때문이다. 무엇을 공하다 하는가? 다만 이름에 불과하기 때문에 공인 것이다. 이 같은 두 가지 것〔法〕은 변함이 없는 실체성을 갖지 않는다. 이 평등함을 얻으면 다른 병은 있을 수 없으며, 다만 공에 대한 집착〔공병空病〕만이 남지만, 이 집착도 또한 공인 것이다.'

이 병든 보살은―이미 괴로움과 즐거움을―감수하는 일이 없을 것입니다. 그러나―중생을 위하여―온갖 괴로움과 즐거움을 감수하며, 또 부처의 가르침이 충분히 미치지 않는 한 감수하는 일을 버리고 깨달음의 경계에 들지 않습니다. 만약 자

---

4. 이 대문의 문맥이나 경(經)의 성격으로 보아 '…영원한 과거에 걸친 괴로움을 알고, 또 알려주어야 한다'고 하는 것이 옳겠으나 지금의 구마라습 역에 따랐다.

기 몸에 괴로움을 받는 일이 있으면 죄의 과보로 괴로움을 당하고 있는 중생들을 생각하고 무한한 자비심을 일으킬 것입니다. '나는 이미-괴로움을-극복했으므로, 중생들도 극복하는 것이 당연하다.' 다만-이 경우에-그 병은 제거하지만 물질적인 것을 제거하지 않으며, 병의 근원을 끊어 없애기 위해 이를 가르쳐 이끌어야 합니다.

무엇을 병의 근원이라고 하는가 하면, 대상에 대하여 마음이 작용하는 것으로서, 마음이 작용할 때 그것이 병의 근원이 되는 것입니다. 마음이 작용하는 대상은 일체의 미(迷)한 세계입니다. 이 마음의 작용을 끊기 위해서는 모든 것에 얽매이지 않아야〔무소득無所得〕합니다. 만약 모든 것에 얽매이지 않으면, 그때 마음은 대상을 향하여 작용하는 일이 없을 것입니다. 모든 것에 얽매이지 않는다고 하는 것은 상대적인 생각〔이견二見〕을 떠나는 것이며, 상대적인 생각이라고 하는 것은 주관(=내견內見)·객관(=외견外見)으로서-이들을 떠나는 것이-모든 것에 얽매이지 않는 것입니다.

문수사리, 이와 같은 것을 병든 보살이 그의 마음을 극복한다고 하는 것입니다. 또 생·노·병·사의 괴로움을 끊어 없앤다고 합니다. 이것이 보살의 깨달음입니다. 만약 이 같을 수가 없다면 지금까지의 수행은 무익한 것입니다. 원수와 싸워 이김으로써 용감한 자가 되는 것과 같이 나와 남의 늙음과 병과 죽음을 없애는 것이 보살입니다.

이 병든 보살은 이렇게도 생각할 것입니다. '나의 이 병이 진실한 것도, 실제로 있는 것도 아닌 것과 같이, 중생의 병도 진실한 것도 실제로 있는 것도 아니다.' 그리고 그와 같이 내관(內觀, 마음을 적정寂靜하게 하여 속마음으로 관찰하는 것)하면서도 여러 가지 사람들에 대한 집착으로 인하여 자비심을 일으켰을 때는 곧 그러한 생각을 버릴 것입니다. 왜냐하면 보살은 밖으로부터 주어진 번뇌〔객진客塵번뇌〕를5 끊어 없애고 자비심을 일으키는 자이며, 집착에 의한 자비에는 생사를 싫어하는 마음이 있으나 만약 이—집착—를 떠날 수가 있으면 싫어하는 일도 없을 것이며, 어떠한 곳에 태어나더라도 집착으로 인해—마음이—덮일 리가 없기 때문입니다. 태어나도 속박되는 일이 없고, 능히 중생을 위하여 가르침을 설하고 속박으로부터 해방시킵니다.

부처님이 설하신 바와 같이, 자기가 결박되어 있으면서 어찌 남의 결박을 풀어 줄 수가 있겠습니까? 스스로 결박되어 있지 않아야 능히 남의 결박을 풀어 줄 수가 있는 것입니다. 그러므로 보살은 반드시 집착해서는 안 됩니다.

무엇을 속박이라 하며, 무엇을 해방이라고 하는가 하면, 내관에 의한 조용한 마음의 기쁨〔선미禪味〕에 집착하는 것은 보살의 속박입니다. 만약 훌륭한 방편을 갖고 중생을 접할 때는 보살의 해방입니다. 또 방편이 없는 지혜는 속박이며, 방편이 있는 지혜는 해방입니다. 지혜가 없는 방편은 속박이며, 지혜가 있는 방편은 해방입니다.

무엇을 가지고 방편이 없는 지혜는 속박이라 하는가 하면, 그것은 보살이 집착하는 마음을 가지고 있으면서 부처님의 나

---

5. 사람의 본성은 청정하며, 번뇌는 실제로는 본성과 아무 관계가 없다. 번뇌를 마치 주인에 대한 손〔客〕과 같은 것이라고 보는 것.

라를 건설하여 중생을 교화하고, 공을 안으로 내관하며, 차별을 뛰어넘고, 바라고 구하는 생각까지를 버림으로써 스스로의 마음을 극복하고자 하는 것, 이것을 방편이 없는 지혜는 속박이라 하는 것입니다.

지혜가 없는 방편은 속박이라 하는 것은, 보살이 탐욕과 분노와 사견(邪見) 등 온갖 번뇌에 얽혀 있으면서 많은 선근(善根)을 심고자 하는 것을 가리켜 말합니다. 그리고 지혜가 있는 방편은 해방이라 하는 것은, 탐욕과 분노와 사견 등 온갖 번뇌를 떠남과 동시에 많은 선근을 심는 것을 가리켜 말함입니다. 이것을 가장 높은 부처님의 깨달음〔아뇩다라삼막삼보리〕에로 나아가게 하는 회향(廻向)이라고 합니다. 그리고 이 -부처님의 높은 깨달음에로 나아가게 하는 것-를 지혜가 있는 방편은 해방이라 하는 것입니다.

문수사리, 이 병든 보살은 반드시 모든 것〔法〕에 대해 이같이 바르게 내관할 것입니다. 몸은 무상하며 괴로움으로 가득 차고-공(空)하며, 영원히 변하지 않는 자아는 없다고 조용한 마음으로 내관하는 것을 지혜라고 이름하며, 몸은 병들었어도 항상 생사 속에 있으면서 모든 사람을 이롭게 하는 것을 방편이라고 합니다. 또 몸을 내관하여 신체에 병은 붙어 있고 병도 신체가 없이는 있을 수 없다, 이 병이나 신체가 서로 선후가 없음을-알면-지혜라고 이름하며, 가령 몸은 병들었어도 -중생을 버리고 자기만이-깨달음을 열지 않는 것을 방편이라고 합니다.

문수사리, 병든 보살은 그와 같이 그 마음을 극복합니다. 그러면서도 그 일에 집착하지 않으며, 동시에 마음을 극복하지 않는 일에도 집착하지 않습니다. 왜냐하면, 만약 마음이 극복하지 않은 그대로 머물러 있다면, 이것은 어리석은 사람이 하는 짓이며, 만약 마음을 극복하고서 거기 집착하면 그것은 자기만의 깨달음에 정진하는 성자(=성문聲聞)이기 때문입니다. 그러므로 보살은 언제나 마음을 극복하는 일에도, 극복하지 않는 일에도 집착해서는 안 됩니다.

이 두 가지를 멀리하는 것이 보살의 수행이며, 미(迷)한 세계[生死]에 머물러 있으면서도 오염되지 않으며, 깨달음의 경계[열반]에 있어도 깊이 깨달아 버리는 일이 없습니다. 이것이 보살의 수행입니다. 이것은 어리석은 사람의 일도, 성자나 어진 사람이 하는 일도 아닙니다. 보살만이 하는 일입니다. 보살의 행(行)은 오염된 행도, 청정한 행도 아닙니다. 모든 장애(악마의 방해)를 초월하고 극복했음에도 더욱 많은 장애를 계속해서 극복하는 것이6 보살의 행이며, 일체를 남김없이 아는 지혜를 구하고는 있어도 수행 도중에서 그것을 얻고자 바라지 않는 것이 보살의 행입니다. 또 모든 것은 공(空=불생不生)이라고 깨닫고는 있지만, 깨달음의 경계[정위正位]에 들고자 하지 않는 것이 보살의 행이며, 생존 조건을 나타낸 열

---

6. 보살행이 모든 장애를 극복했다고 하는 것에는 번뇌의 극복과 수도하여 성불(成佛)하는 것을 방해하는 악마의 소행이 있다. 이 두 가지를 극복했음에도 계속해서 장애를 극복해야 하는 것은 본래 보살은 중생의 제도(濟度)에 뜻이 있고 자기만의 수행에는 뜻이 없기 때문이다. 그러므로 전자의 장애는 자신의 수행 과정에서 일어나는 장애이며, 후자의 장애는 중생 제도 과정에서 생기는 장애이다. 따라서 이 후자의 장애는 중생이 있는 한 무한히 계속한다.

두 가지 계열[12인연]에 대해서 깨닫고 있으면서도 많은 사견 (邪見)을 - 가진 중생들 - 속에 들어가는7 것이 보살의 행(行) 이며, 중생을 자비심으로 사랑하고는 있어도 그 사랑에 얽매 이지 않는 것이 보살의 행이며, 심신의 업이 다한 경계를 바 라고 구하면서도 심신의 업이 다한 경계를 즐거움으로 삼지 않는 것이 보살의 행입니다.

미(迷)한 경계[삼계三界]에 스스로 나아가 잠기면서 사물의 진실한 본성[법성法性]에 거스르지 않는 것이 보살의 행이며, 공(空)을 내관하면서 온갖 선의 부처를 심는 것이 보살의 행 이며, 차별을 초월하고 있으면서 중생을 구하고자 하는 것이 보살의 행이며, 바라고 구하는 생각을 버리면서도 생(生)을 받아 세간에 모습을 나타내는 것이 보살의 행입니다. 인과(因 果)를 끊고자 하면서 온갖 선행을 하는 것이 보살의 행이며, 여섯 가지 지혜의 완성[육바라밀]에 정진하면서 중생의 마음 과 그 마음의 작용[심수법心數法]을8 아는 것이 보살의 행이 며, 초인적인 여섯 가지 능력[육통六通]을 행하면서 번뇌[漏]를 끊어 버리지 않는 것이 보살의 행입니다.

헤아릴 수 없이 많은 사람에게 이익을 베풀고자 하는 네 가 지 마음[사무량심四無量心＝자慈·비悲·희喜·사捨, 제7장의 첫 부분 참조]을 일으키면서도 - 그 과보로서 얻을 수 있는 - 범천

---

7. '사견(邪見) 속에 들어간다'를 지겸(支謙)·현장·티베트 역은 구마라습 과 반대로 번역하고 있다. 지겸 역을 예로 들면 '온갖 견해를 가졌음에 도 무욕(無欲)하다'고 했다.
8. 심수법(心數法)은 심소(心所)와 같은 것, 즉 마음에 소속된 여러 가지 정신작용.

(梵天)의 세계에 태어나는 것을 집착하지 않는 것이 보살의 행이며, 마음을 조용하게 쉬고〔선정〕,9 집착을 떠나〔해탈〕고 마음을 통일〔삼매〕하면서 그에 의하여-당연히 태어나는 곳에-태어나고자 하지 않는 것이 보살의 행이며, 조용한 마음의 네 가지 내관〔사념처四念處〕을 행하면서 신체〔身〕와 감각〔受〕과 마음〔心〕과 존재〔法〕의10 넷을 떠나고자 하지 않는 것이 보살의 행이며, 네 가지 바른 노력〔사정근四正勤〕을11 행하면서도-그 과보를 받지 않고-계속해서 심신의 노력에 정진하는 것이 보살의 행이며, 네 가지 불가사의한 힘〔사여의족四如意足〕을12 얻고자 노력하면서도 이미 자유자재한 초인적인 능력을 얻고 있는 것이 보살의 행이며, 다섯 가지 뛰어난 능력을 가져오는 것〔오근五根, 깨달음의 지혜를 얻기 위한 37종의 수행 방법 중

___

9. 선정 이하를 구마라습은 '선정·해탈·삼매'라고 번역했고, 현장은 '정려(靜慮)·해탈·등지(等持)·등지제정(等至諸定), 티베트 역은 '선정과 평등과 삼매에 드는 것'으로 번역했다.

10. 이 대문을 현장은 '신(身)·수(受)·심(心)·법(法)을 멀리하는 행위를 원하지 않는다'고 해 일치하고 있으나, 티베트 역은 '신(身)·수(受)·심(心)·법(法)을 진실로 행처(行處)로 하지 않는다'고 하여 뜻이 반대이다.

11. 37도품(道品) 중 사념처(四念處) 다음으로 닦는 수행으로 ① 이미 생긴 악을 없애려 노력하고 ② 아직 생기지 않은 악은 미리 방지하고 ③ 이미 생긴 선은 더욱 자라게 하며 ④ 아직 생기지 않은 선은 생기게 한다.

12. 뜻대로 모든 것을 행하는 힘을 얻는 정(定)을 수행하는 수단으로 네 가지가 있다. 즉 욕(欲)·정진(精進)·심(心)·사유(思惟)이다. 따라서 정(定)의 원인에 따라 욕여의족(欲如意足)·정진여의족(精進如意足)·심여의족(心如意足)·사유여의족(思惟如意足)으로 나눈다.

의 한 가지로 믿음·정진·선정·삼매와 지혜]을 행사하면서
도 중생의 온갖 능력의 이둔(利鈍)을 아는 것이 보살의 행이
며, 이에 의해서 주어지는 다섯 가지 뛰어난 작용〔오력五力,
오근五根의 작용]을 행사하면서도 부처님에게 갖추어진 열 가
지 지혜의 힘〔십력十力]을 구하는 것이 보살의 행이며, 깨달음
의 지혜를 돕는 일곱 가지 수행〔칠각지七覺支]에 정진하면서도
부처님의 지혜를 잘 이해하는 것이 보살의 행이며, 여덟 가지
바른 길〔팔정도八正道]을 이행하면서도 헤아릴 수 없는 깨달음
의 길〔불도佛道]을 행하고자 하는 것이 보살의 행입니다.

　깨달음을 얻기 위해 마음의 동요를 누르고 바르게 대상을
관찰하고자 노력하면서도 그 궁극에 있어서는 깨달음의 경계
에 머물고자 하지 않는 것이 보살의 행이며, 모든 존재〔法]는
생하는 것도 멸하는 것도 아님을 깨닫고 있으면서도 뛰어난
신체적 특징으로 스스로의 몸을 장엄(莊嚴)하는 것이 보살의
행이며, 자기만의 제도를 정진하는 성자〔성문聲聞]나, 깨달음
의 기쁨 속에 홀로 젖어 있는 부처〔벽지불辟支佛]에게 갖추어
져 있는 모습을 나타내면서도―중생을 버리지 않고―부처님의
가르침을 받드는 것이 보살의 행이며, 모든 존재의 궁극의 모
습은 청정〔색이나 형形으로 파악할 수 있는 것이 아니라는 뜻]
하다고 알고 있으면서도 필요에 따라서는 스스로의 모습을 나
타내는 것이 보살의 행입니다. 또 모든 부처님의 나라는 영원
히 적정(寂靜)하며 공(空)임을 알고 있으면서도 온갖 부처님
의 청정한 나라를 나타내는 것이 보살의 행이며, 부처가 되어
가르침을 설하고 깨달음의 경계에 들면서도 더욱 보살의 수행
을 버리지 않는 것이 보살의 행입니다."

이와 같이 설했을 때 문수사리가 데리고 온 많은 사람 중에서 8천의 천상의 신들 모두가 가장 높은 부처님의 깨달음을 구하는 마음을 내었다.

⚘ 제6장 불가사의한 일 ⚘

　그때 사리불(舍利佛)은 이 방안에 앉을 자리가 없는 것을 보고 이렇게 생각했다. '여러 보살과 수많은 부처님의 제자들은 어디에 앉을 것인가?' 장자인 유마힐은 그러한 마음을 관찰하고 사리불에게 말했다.

　"도대체, 그대는 진리〔法〕를 구하기 위해 온 것입니까? 아니면 앉을 자리를 원하는 겁니까?"

　사리불이 말했다.

　"저는 진리를 위해서 왔습니다. 앉을 자리 때문에 온 것은 아닙니다."

　유마힐은 말했다.

　"알았소이다, 사리불. 진리를 구하는 사람은 신명(身命)도 돌아보지 않으므로, 하물며 앉을 자리에 집착하지는 않을 것이외다. 또 진리를 구하는 사람은 물질적 현상〔色〕이나 감각〔受〕, 표상(表象＝想), 의지〔行〕, 마음〔識〕을 구하지 않으며, 의지하는 곳〔入〕, 마음의 업(業＝界), 윤회하는 미(迷)한 세계도 구하지 않습니다. 그대의 말과 같이.

　사리불, 진리를 구하는 사람은 부처에게 집착하여 구하는 것이 아니며, 부처의 가르침〔法〕에 집착하여 구하는 것도 아니며, 승단(僧團＝僧)에 집착하여 구하는 것도 아닙니다. 진리를 구하는 사람은 괴로움을 알고자 구하고, 집착을 끊고자 구하며, 깨달음을 추구하고, 깨달음에의 길을 닦고자 구하지는 않습니다. 왜냐하면, 진리에는 무의미한 희론(戱論)은 없습니다. 만약 나는 당연히 괴로움을 알고 집착을 끊고 깨달음의 경계에 이르고, 깨달음에 이르는 길을 닦지 않으면 안 된다고 한다면 그것이야말로 무의미한 희론이며, 진리를 구하는 것은 아니기 때문입니다. 그대의 말과 같이.

사리불, 진리를 적멸(寂滅)이라고도[1] 합니다. 만약 생멸(生滅)을 – 반복 – 하면 이는 생멸하는 것을 구하고 있는 것이지 진리를 구하는 것은 아닙니다. 진리를 무염(無染)이라고도 하지만, 만일 진리 내지는 깨달음[열반]에 얽매이면[染] 그것은 오염된 집착이지 진리를 구하는 것은 아닙니다.

진리는 대상의 세계[행처行處]에 있는 것이 아님에도 만약 진리를 대상으로서 취급하면 이는 곧 대상 – 을 구하는 것이지 – 이지 진리를 구하는 것은 아닙니다. 진리는 취사(取捨)하는 것이 아닙니다. 만약 진리를 얻거나 버린다고 하면 이는 곧 취사하는 것이지 진리를 구하는 것은 아닙니다. 진리에게는 – 그를 거두는 – 곳이 없습니다. 만약 그러한 곳을 고집하면 그것은 곳에 집착한 것이지 진리를 구하는 것은 아닙니다.

진리를 형상이 없는 것[무상無相]이라고[2] 합니다. 만약 형상

---

1. 본래는 nirvāṇa. 열반으로서 미(迷)한 세계로부터 벗어난 경계이다. 그러나 이 문장에서는 멸(滅)의 의미를 '생멸(生滅)'의 멸과의 관계에서 이해하게 하고자 한 것이므로 적멸로 그냥 두었다. 따라서 적멸이 열반 내지 해탈, 성불(成佛)의 경우를 의미할 때는 그에 따라 깨달음이라 번역하고 〔 〕 안에 열반·해탈·성불 등을 명시했다.

[相]으로서 이를 식별하고자 하면 그것은 형상을 구하는 것이지 진리를 구하는 것은 아닙니다. 진리에 있어서는—그가 머무는—주소(住所)가 없습니다. 만약 진리에 머물고자 한다면 이는 진리에 머물고자 하는 것이지 진리를 구하는 것은 아닙니다.

진리는 보고, 듣고, 지각하며, 의식할 수 있는 것이 아닙니다. 만약 보고, 듣고, 지각하며, 의식하고자 하면 그것은 보고, 듣고, 지각하며, 의식하는—것을 구하는—것이지 진리를 구하는 것은 아닙니다. 진리는 인연에 의하여 만들어지지 않는 [무위無爲]3 영원불변의 것이라고 합니다. 만약 만들고자 하면 이는 만들어지는 것[유위有爲]을 구하는 것이지 진리를 구하는 것은 아닙니다.

사리불, 그러므로 만약 진리[法]를 구하는 자는 마땅히 모든 사물에서 구하지 말아야 합니다."

이 말을 들은 5백 명 천상의 신들 모두는 모든 사물[法]에 있어서 진리를 바르게 볼 수 있게[법안정法眼淨] 되었다.

장자 유마힐은 문수를 향하여 물었다.

"당신은 무수무량(無數無量)한 부처님의 나라를 돌아서 왔습

---

2. 형상이 있는 것을 유상(有相)이라 하고 이것은 생멸변화하는 것이므로 유위법(有爲法)이며, 무상(無相)은 이에 상대되는 것이다. 그러나 대개의 경우는 유무의 상(相)을 초월한 것으로서 공(空) 그 자체의 양상을 나타낸다.

3. 인연에 의하여 만들어지지 않는, 즉 인연에 의하여 만들어진 생멸하는 현상적인 존재가 유위(有爲)이며, 이 생멸변화를 떠난 영원불변의 것을 무위법(無爲法)이라고 한다. 다시 말하면 열반을 가리킨다.

니다. 어느 부처님의 나라에 말할 수 없이 훌륭한 공덕을 갖춘 사자좌(獅子座)가 있습니까?"

문수사리는 말했다.

"거사님, 동쪽으로 항하(恒河, 지금의 갠지스 강)의 모래알과 같이 수많은 나라들을 35개나 지난 곳에 세계가 있고, 수미상(須彌相)이라4 이름합니다. 그 부처님은 수미등왕(須彌燈王)이라 이름하고, 지금 계십니다. 이 부처님의 신장은 8만 4천 유순(由旬)이며5 그 사자좌의 높이도 8만 4천 유순으로 세계 제일의 장엄입니다."

장자 유마힐이 초인적인 힘을 발휘하자 그 나라의 부처님은 높이가 3만 2천 유순의 장엄한 사자좌를 보내어 유마힐의 방에 설치했다. 여러 보살과 부처님의 제자들, 제석천, 범천(梵天), 사천왕들이 일찍이 보지 못한 것이었다. 그 방은 순식간에 넓혀져 3만 2천 유순의 사자좌를 수용하고도 아직 여유가 있었다. 그리고 바이살리 시(市)나 이 세계[염부제閻浮提]를 포함한 4개의 대륙[四天下]이 좁아진 것도 아니었다. 어디를 보아도 전과 같았다.

그때 유마힐은 문수사리에게 말했다.

---

4. 고대 인도는 세계의 중심은 수미산(Sumeru)이라고 하는 세계관을 가지고 있었다. 그리고 그 수미산이 중심이 되어 있는 세계는 수미산의 그늘에 가려져 있다고 생각했다. 따라서 그러한 세계의 모습을 수미상(須彌相)이라 하고, 그 세계를 제도하는 부처의 이름을 수미등왕(須彌燈王)이라고 한다. 또 수미산이 중심이 되어 있는 세계는 곧 사바세계를 동시적으로 의미한다.

5. yogana의 음사(音寫). 거리를 나타내는 단위. 그 표준에 대해서는 이설이 많다. 일설에 의하면 약 9마일.

"보살과 부처님의 제자들을 이끌어 사자좌에 올라앉으십시오. 그러나 이 사자좌에 합당한 몸을 갖추어야 합니다."

초인적인 힘을 지닌 보살은 곧 스스로의 몸을 4만 2천 유순이 되는 모습으로 바꾸어 사자좌에 앉았다. 그러나 새로 뜻을 낸〔초심初心〕보살이나 부처님의 제자들은 아무도 올라가지 못했다. 그때 유마힐은 사리불에게 사자좌에 오르도록 권했다.

사리불은 말했다.

"거사님, 이 자리는 높고 넓어 저는 오를 수가 없습니다."

유마힐이 말했다.

"알았습니다, 사리불. 수미등왕(須彌燈王)여래를 예배하면 앉을 수 있을 것입니다."

그리하여 새로이 뜻을 낸 보살과 부처님의 제자들이 곧 수미등왕여래를 예배하자 곧 사자좌에 앉을 수 있었다.

사리불이 말했다.

"거사님, 전에 없던 희귀한 일입니다. 이렇게 작은 방에 이같이 높고도 넓은 사자좌를 수용해도 바이샬리 시에 장애가 되지 않고, 또 이 세계의 마을과 거리와 그리고 네 개의 대륙, 모든 하늘, 용, 귀신의 궁전이 좁아지거나 답답해지는 일이 없기 때문입니다."

유마힐이 말했다.

"그와 같습니다, 사리불. 모든 부처님과 보살이 얻는 깨달음〔해탈〕을 불가사의라고 합니다. 만약 보살이 이 깨달음에 들면, 광대한 수미산을 겨자씨 안에 넣어도 그 겨자씨에는 증감이 없습니다. 수미산의 전망도 전과 같고,6 사천왕(四天王)이나 도리천(忉利天)7은 자신이 어디에 들어 있는지 전혀 깨닫지 못합니다. 다만 장차 깨달음을 얻을 수 있는 사람만이8 수미산이 겨자씨 안에 든 것을 알 뿐입니다. 이것을 불가사의한 깨달음의 경계[불가사의해탈법문]에 든다고 합니다. 또 네 개의 대해(大海)의 물을 하나의 털구멍에 넣어도 물고기와 자라와 큰 자라, 악어, 그 밖의 물에 사는 생물을 괴롭히는 일이 없으며, 그 대해의 모습도 전과 같습니다. 용, 귀신, 아수라들도 자신이 어디에 들어 있는지 알지도 깨닫지도 못하며 이들을 괴롭히지도 않습니다.

사리불, 또 불가사의의 깨달음에 든 보살이 삼천대천세계를 마치 도공(陶工)과 같이 오른손에 쥐고 항하(恒河)의 모래알과 같이 수많은 세계 밖으로 던져 버린다고 해도 그 안에 사는 중생은 자기가 어디로 갔는지 알지도 깨닫지도 못하며, 다시 제자리에 돌아와도 그 사람들로 하여금 가고 온 생각을 갖게 하지 않습니다.

사리불, 혹은 길이 이승에 머물기를 바라지만, 깨달음을 여는 능력이 있는 사람이 있으면 보살은 곧 7일을 1겁(劫)으로9

---

6. '수미산의 전망도 전과 같고'에 해당하는 구마라습 역은 '수미산왕본상여고(須彌山王本相如故)'이나 전후 문장의 흐름에 유의하여 이같이 번역했다.

7. 욕계의 6천(六天) 중 두 번째. 33천(天)이라 번역. 남섬부주(南贍部洲) 위에 8만 유순 되는 수미산 정상에 있으며, 제석천(帝釋天)은 여기에 산다. 사방에 봉우리가 있고 봉우리마다 8천이 있어 32천인데, 제석천과 함께 33천이 된다.

8. 구마라습은 '하도자(何度者)', 지겸은 '이인(異人)', 현장은 '신통력의 조복자(調伏者)', 티베트 역은 '신통에 의하여 화(化)한 타인들'이다.

늘여 그로 하여금 1겁으로 생각하게 하고, 혹은 길이 살기를 원하지 않는, 깨달음을 여는 능력이 있는 사람이 있으면 보살은 곧 1겁을 7일로 좁혀서 그로 하여금 7일이라고 생각하게 합니다.

또 불가사의의 깨달음에 든 보살은, 모든 부처님 나라의 장엄을 한 나라에 모아 중생에게 보여줍니다. 또 보살은 한 부처님 나라의 중생을 오른쪽 손바닥에 올려서 시방으로 날라 모든 것을 보여줍니다. 그러나 본래의 장소를 옮기는 것은 아닙니다. 또 시방세계(十方世界)10에 있는 태양·달·별자리를 하나의 털구멍 안에 나타나게 하여 널리 보여줍니다.

또 사리불, 보살은 시방세계의 모든 바람을 남김없이 입 안에 빨아들여도 몸을 상하는 일이 없으며, 수많은 수목이 넘어지거나 꺾이는 일이 없습니다. 또 시방세계의 때가 다하여[겁진劫盡]11 불타 없어질 때, 모든 불을 뱃속에 넣습니다. 그러

---

9. 겁(劫)은 kalpa. 지극히 긴 시간을 가리키는 단위. 이것을 바위와 겨자(芥子)로 비유하기도 한다. 일설에 의하면 40리에 이르는 암산(巖山)이 있다. 이 암산에 백 년에 한 번 한 사람이 와서 매우 부드러운 옷으로 바위를 털었다고 한다. 마침내 이 바위가 마멸(磨滅)했다. 그러나 겁은 아직도 끝나지 않았다고 한다. 이와 같은 겁에 대해서 흔히 세계의 성립과 괴멸(壞滅) 과정을 연결시켜서 말한다.

10. 동·서·남·북·사유(四維, 동북·동남·서남·서북)·상(上)·하(下)에 있는 무수한 세계.

11. '때가 다하다[겁진劫盡]'는 말은 세계의 성립과 괴멸 과정이 끝났다고 하는 뜻을 포함한다. 《구사론(俱舍論)》 12권에 의하면 겁은 성겁(成劫)·주겁(住劫)·괴겁(壞劫)·공겁(空劫) 등 사겁(四劫)이 있고, 이 사겁을 하나로 한 것이 대겁(大劫)이다. 대겁에는 80중겁(中劫)이 있다. 그리고 주겁을 말하면 20중겁이고, 이것은 다시 증(增)과 멸(滅)

나 불은 본래와 같이 - 타오르고 - 해하는 일이 없습니다. 또 아래[하방下方, 시방十方 중의 하나]를 향하여 항하의 모래알과 같이 수많은 부처님의 세계를 지나 하나의 부처님 나라를 취하고, 그것을 들어 위[上方]를 향하여 항하의 모래알과 같이 수많은 부처님의 세계를 지나 - 그 부처님 나라를 그곳에 - 두는 것이 바늘 끝으로 한 잎의 대추 잎을 들어 올리는 것과 같지만, 어지럽히는 일이 없습니다.

또 사리불, 불가사의의 깨달음에 든 보살은 초인적인 힘으로 부처님의 모습을 나타낼 수가 있습니다. 혹은 자기만의 깨달음에 정진하는 성자[성문聲聞]의 모습을 나타내고, 혹은 깨달음의 기쁨에 홀로 잠겨 있는 부처[벽지불辟支佛]의 모습을 나타내고, 혹은 제석천의 모습을, 혹은 범천의 모습을, 혹은 세주천(世主天)의[12] 모습을, 혹은 전륜성왕(轉輪聖王)의 모습을 나타냅니다.

또 시방세계의 모든 중생이 내는 고음·중음·저음 등 - 온갖 소리 - 을 부처님의 소리로 바꾸어 무상하고, 괴로움에 차고, 공(空)한, 그리고 변하지 않는 주체가 없음[무아無我]을 말하는 소리가 되게 합니다. 그리하여 시방의 모든 부처님이 설한 온갖 가르침을 그 안에서 널리 들을 수 있게 합니다.

로 나뉘고, 인간의 수명이 무한으로부터 10세까지 멸소(滅少)되어가는 과정과, 반대로 10세부터 무한에 이르는 과정을 각각 1중겁이라 한다. 그리고 이 주겁의 20중겁이 끝날 때를 '겁진'이라 했다.

12. 사천왕(四天王), 혹은 범천(梵天), 대자재천(大自在天)이라고도 한다. 색계(色界)의 가장 높은 곳에 있는 세계의 주(主)라고도 하며 혹은 욕계(欲界)의 제6천(天)이라고도 한다.

사리불, 나는 지금 보살의 불가사의한 깨달음의 힘에 관하여 간략하게 말했습니다. 만약 자세하게 말하고자 한다면 영원한 세월[劫]을 다하여도 설할 수 없을 것입니다."

이때 가섭(迦葉)은 보살의 불가사의한 깨달음의 경계[법문法門]에 대한 말씀을 듣고 미증유(未曾有)하다고 찬탄했다. 그리고 사리불에게 말했다.

"예를 들면, 어느 사람이 장님 앞에서 여러 가지 색상을 그려서 보여주어도 그에게는 보이지 않음과 같이, 자기만의 깨달음에 정진하는 모든 성자는 이 불가사의한 깨달음의 경계를 들어도 이해할 수가 없을 것입니다. 지혜로운 자가 이를 듣고 최고의 부처님의 깨달음[아뇩다라삼먁삼보리]을 얻고자 하는 뜻을 내지 않는 사람은 없을 것입니다. 그럼에도 우리는 어찌하여 이 마음[根]을 길이 끊고서, 이 대승(大乘)에 있어서 이미 썩은 종자[패종敗種]와13 같아져 버렸습니까? 자기만의 깨달음에 정진하는 성자는 누구나 이 불가사의한 깨달음의 경계를 들으면 반드시 큰 소리로 울고, 그 소리는 삼천대천세계를 진동할 것이며, 모든 구도자(=보살)는 반드시 기쁨에 넘쳐 이 가르침을 받들 것입니다. 만약 구도자로서 불가사의한 깨달음의 법문을 믿고 아는 사람이 있으면 모든 악마의 무리도 이를 어찌할 수 없을 것입니다."

대가섭(大迦葉)14이 이같이 설했을 때 3만 2천의 천상의 신

---

13. 자기만의 깨달음에 정진한 성자나, 깨달았어도 남에게 설하려고 하지 않는 부처를 이에 비유한다.

들은 모두가 높은 부처님의 깨달음을 구하는 마음을 내었다.

그때, 유마힐은 대가섭과 그 동료에게 말했다.

"여러분, 시방의 헤아릴 수 없이 많은 세계에서 마왕(魔王)이 된 자는 대부분 불가사의의 깨달음에 든 보살들입니다. 그들은 방편의 힘으로 중생을 교화하기 위하여 마왕이 되어 나타난 것입니다.

또 가섭, 시방에는 헤아릴 수 없이 많은 보살 - 이 있으나 이 구도자에게 - 혹은 어느 사람이 붙어서 손발이나 귀·코·머리·눈·뇌수(腦髓)·피·살·가죽·뼈를 구걸하고, 마을·거리·아내와 자식·하인과 하녀·코끼리·말·수레·가마·금은·유리·차거(硨磲)·마노(瑪瑙)·산호·호박·진주·조개·의복·음식 등을 구걸합니다. 이 같은 사람이야말로 대부분의 불가사의한 깨달음에 든 보살입니다. 그들은 훌륭한 방편으로 이 - 구도자 - 를 시험하고 그로 하여금 - 마음을 - 견고하게 하기 위해서입니다. 왜냐하면 불가사의한 깨달음의 경계에 머문 보살에게는 위엄과 덕의 힘이 갖추어져 있으므로 온갖 중생에게 이 같은 곤란한 일을 강요할 수가 있지만, 범부(凡夫)는 비열하기 때문에 힘이 없으므로 이같이 구도자에게 강요할 수가 없기 때문입니다. 예를 들면, 용이나 코끼리에게 차이거나

---

14. 부처님의 10대 제자 중의 한 사람. 마하가섭(摩訶迦葉)이라고도 한다. 대음광(大飮光)·대귀씨(大龜氏)라 번역. 본래 바라문으로서 석존이 성도한 지 3년쯤 뒤에 부처님께 귀의하였으며, 두타행(頭陀行)이 제일이다. 부처님의 심인(心印, 부처님의 깨달음을 도장에 비유한 말)을 전해 받다. 석존 입멸 뒤 오백 아라한을 데리고 제1결집(結集)을 하면서 그 우두머리가 된다.

밟힌 당나귀는 견딜 수 없는 것과 같습니다. 이것이야말로 불가사의한 깨달음의 경계에 든 보살의─나타내는─지혜의 방편인 것입니다."

❧ 제7장　중생에 대한 관찰[觀衆生品] ❧

그때 문수사리는 유마힐에게 물었다.

"보살은 이승에 생(生)을 받은 중생을 어떻게 봅니까?"

유마힐은 말했다.

"예를 들면, 환술사(幻術師)가 환술로써 만들어 낸 꼭두각시를 보는 것과 같이, 보살도 중생을 그렇게 봅니다. 지혜로운 사람이 물에 비친 달그림자를 본다든가, 거울 속의 자기 얼굴이나 모습을 본다든가, 한낮[열시熱時]의 아지랑이라든가, 부르는 소리의 메아리, 하늘에 뜬 구름, 물보라, 물에 뜬 거품, 파초의 줄기, 번갯불과 같다고 봅니다.[1]

또 다섯째 원소[大, 만유를 만들어 내는 원소 중의 하나에 공대空大가 있다. 이것은 땅·물·불·바람의 사대 다음가는 원소이다]나, 여섯째의 구성요소인 집적(=陰), 일곱째의 인식 기관, 열셋째의 의지하는 곳[入, 마음과 마음의 작용이 의

---

1. 구마라습은 '여전구주(如電久住)', 현장 역에는 이 비유가 없고 티베트 역에는 이 다음의 '제6의 구성요소의 집적', 그 다음의 '13의 의지처 (依持處)', '19의 종류'가 없다. 그러나 반대로 현장과 티베트 역에는 구마라습에게 없는 '거북의 털로 만든 의복', '젊어서 죽은 사람의 정욕의 즐거움' 등이 있다. 그러나 다음 구절 '한 번 더 태어나 깨닫는 자 [사다함斯陀含]'는 구마라습으로서 중요시함직한 것인데 아마 부주의 해서 빠뜨렸는지도 모른다.

지하여 일어나는 대상], 열아홉째의 종류(=界)와 같다고 보살은 중생을 봅니다.수다원

물질을 초월한-물질에 대한 상념이 없는-천계(天界=무색계)에 있어서 물질[色]을 보듯이, 불탄 곡물의 싹과 같다고 보살은 중생을 봅니다. 또 미혹을 끊고 처음으로 성자가 된 자2[수다원須陀洹, 자기만의 깨달음만을 구하는 성문 사과四果 중의 제1]가 몸에 대해서 가지는 생각[신견身見, 영원히 변하지 않는 주체가 있다고 하는 생각]과 같이, 다시는 태(胎)를 통해 태어나지 않는 성자[아나함阿那含, 욕계欲界에서 죽어 색계, 무색계에 나서 번뇌가 없어져 다시는 돌아오지 않는 성문 사과 중의 제3]가 다시 태에 들어 생을 받음과 같이, 이승의 존경을 몸에 받는 성자[아라한, 성문 사과 중의 가장 윗자리]가 가지는 세 가지 번뇌[삼독三毒=貪·瞋·痴]와 같이, 진리를 깨달은 경계에 안주(=득인得忍)하는 보살이 가지는 탐욕과 성냄과 계율을 범하고자 하는 생각과 같이, 부처님에게 있

---

2. srotāhanna. 예류(預流)라고 번역. 성자(聖者)로서 마침내는 아라한의 깨달음을 얻을 수가 있는 동료들의 흐름 속에 들어가는 것을 의미한다. 소승불교에서는 이것을 두 가지 면으로 나눈다. 동료들의 흐름 속에 끼고자 노력하고 있는 단계를 예류향(預流向), 동료들의 흐름 속에 낀 단계를 예류과(預流果)라고 한다. 여기서는 영원히 변하지 않는 주체가 있다고 생각[신견身見]하는 것을 비롯해서 88의 번뇌가 단절되는 것을 가리킨다. 그리고 이 단계가 점차 앞으로 나아가 아라한과(果)에 달한다고 한다. 이 아라한과에 나아가는 단계를 사향(四向), 또는 사과(四果)의 4단계로 나눈다. 그리고 지금 이 경의 본문은 그 2단계인 '사타함(斯陀含)'이 빠져 있다.(주 1 참조) 사과의 순위를 보면 ① 예류 ② 사다함 ③ 아나함 ④ 아라한(각각 본문 참조)

어서 남아 있는 번뇌의 버릇[여습餘習]과 같이, 장님이 형상[色]을 보는 것과 같이, 마음의 작용이 이미 다한 경지[멸진정滅盡定]에 든 사람의 호흡과 같이, 공중을 날아간 새의 자취와 같이, 석녀(石女)가 낳은 아이와 같이, 초인적인 힘으로 만들어진 꼭두각시가 일으키는 번뇌와 같이, 이미 잠에서 깨어나 보는 꿈과3 같이, 부처의 깨달음[열반]에 든 자가 다시 몸을 받는 것과 같이, 연기 없는 불과 같이 보살은 중생을 봅니다."

문수사리는 물었다.

"만약 보살로서 이와 같이 내관(內觀)4을 한다면, 어떻게 사랑[慈]을 행할 수 있습니까?"

유마힐은 말했다.

"보살은 이와 같은 내관을 마치면, 스스로 '나는 중생을 위하여 이와 같이 가르침[法]을 마땅히 설해야 한다.'고 생각하는 것이 진실한 사랑입니다. ─깨달음을 얻은 보살에게는 이미 ─생하는 일이 없으므로 깨달음의 경계[적멸]에 선 사랑을 행하며, 번뇌가 없으므로─번뇌의 불에─타지 않는 사랑을 행하며, 과거·현재·미래가 평등하므로 평등한 사랑을 행하며, ─대립하는 싸움이─일어나는 곳이 없으므로 다툼이 없는 사랑을 행하며, 안과 밖(보살 자신의 사랑하는 마음의)이 합하지

---

3. 이 대문은 공초(空超) 오상순(吳相淳)의 〈짝 잃은 거위를 곡(哭)함〉에 나오는 '꿈 깨인 꿈'을 연상시킨다. 따라서 선(禪)에는 전도된 견해와 집착을 경계하거나 논리적인 분석으로 미치지 못하는 경지를 이 같은 화법으로 흔히 표현한다. 대부분 미증유의 절실함을 비유한다.
4. 관(觀)·관법(觀法)·정관(正觀)이라고도 한다. 내성(內省)에 의해 마음속에 진리를 관찰하는 불교 일반의 수행법.

않으므로 차별 없는〔불이不二〕 사랑을 행하며, 필경에 가서는 다하므로 부서지지 않는 사랑을 행하며, 마음이 깨어지지 않으므로 견고한 사랑을 행하며, 모든 사물〔法〕이 본성이 청정하므로 청정한 사랑을 행하며, 허공과 같기 때문에 끝없는 사랑을 행합니다.

　－번뇌라고 하는－도둑을 깨뜨리므로 이승의 존경을 받는 성자〔아라한〕로서의 사랑〔慈〕을 베풀며, 중생을 편안하게 하므로 보살로서의 사랑을 행하며, 사물의 진실한 모습〔여상如相〕을 얻었으므로 여래로서의 사랑을 행하며, 중생을 깨닫게 하므로 부처로서의 사랑을 행하며, 인연이 없이 홀로 깨달았으므로 자연 그대로의 사랑을 행하며, 평등하여 일미(一味)5－의 깨달음－를 얻었으므로 깨달음을 구하여 중생을 구하고자 하는 마음〔보리〕의 사랑을 행하며, 온갖 애욕(愛慾)을 끊었으므로 일체를 초월〔무등無等〕한 사랑을 행하며, 대승(大乘)으로써 교화하므로 광대한 부처님의 자비〔大悲〕의 사랑을 행하며, 공(空)하며, 무아(無我, 영원히 변하지 않는 주체는 없다)를 깨닫고 있으므로 권태를 모르는 사랑을 행합니다.

　주는 것을 아끼지 않으므로 진리를 설하여 베풂〔법시法施〕으로써 사랑을 행하며, 계율을 범한 사람을 교화하므로 계율을 지키는 것〔지계持戒〕에 의하여 사랑을 행하며, 나와 남을

---

5. 모든 것이 평등하고 무차별하며 동일함을 말한다. 동시에 수많은 부처의 가르침이 각양각색이나 그 진수의 일미(一味)라고 하는 뜻이다. 예를 들면 《화엄경》 약초유품(藥草喩品)에 부처의 가르침을 비유하여 '일미(一味)의 비에 초목총림(草木叢林)의 저마다의 분에 따라 혜택을 받는다'고 했다.

지키므로 인욕(忍辱)으로써 사랑을 행하며, 중생의 무거운 짐을 지기 때문에 정진으로써 사랑을 행하며, 감각적인 기쁨〔味〕을 받아들이지 않으므로 선정(禪定, 마음이 조용하고 통일된 것)으로써 사랑을 행하며, ─교화하는 적당한─ 때를 모르는 일이 없으므로 지혜로써 사랑을 행합니다.

모든 것 앞에 나타나므로 방편에 따라서 사랑을 행하며, 진실한 마음은 청정하므로 감추지 않고 사랑을 행하며, 조잡한 행위를 하지 않으므로 깊은 마음의 사랑을 행하며, 거짓이 없으므로 거짓 없는 사랑을 행하며, 부처의 즐거움을 얻게 하므로 마음 편안한 사랑을 행합니다. 보살의 사랑은 이와 같습니다."

문수사리는 물었다.

"무엇을 비(悲, 중생의 괴로움을 없애주는 연민)라고 합니까?"

유마힐은 대답했다.[6]

"보살은 스스로 지은 공덕의 전부를 모든 중생과 함께 갖습니다."

"무엇을 희(喜, 남의 즐거움을 보고 기뻐하는 마음)라고 합니까?"

"이익을 얻으면 그것을 마음으로부터 기뻐하며 뉘우치지 않습니다."

"무엇을 사(捨, 모든 차별을 버린 마음의 평등)라고 합니까?"

"스스로 지은 공덕까지도 바라지 않습니다."

"생사에 두려움이 있는 구도자(보살)는 마땅히 무엇에 의지

---

6. 이하 문답의 연속이므로 그때마다 묻고, 답하는 번잡함을 생략했다.

합니까?"

"생사의 두려움 속에 있는 보살은 마땅히 부처님의 공덕의 힘에 의지해야 합니다."

"보살이 부처님의 공덕의 힘에 의지하고자 할 때에는 마땅히 무엇을 해야 합니까?"

"보살이 여래의 공덕의 힘에 의지하고자 하면 마땅히 모든 중생을 구하는 일에 전념해야 합니다."

"중생을 구하고자 하면 마땅히 무엇을 제거해야 합니까?"

"중생을 구하고자 하면 마땅히 그의 번뇌를 제거해야 합니다."

"번뇌를 제거하고자 하면 무엇을 행해야 합니까?"

"마땅히 마음을 바르게 하여 — 진실한 모습을 항상 — 지녀야 〔정념正念〕 합니다."

"어떻게 하면 마음을 바르게 하고 지닐 수 있습니까?"

"마땅히 생하는 것도 아니며 멸하는 것도 아님을 체득(= 行)해야 합니다."

"어떠한 것이 생하지 않고, 어떠한 것이 멸하지 않습니까?"

"악〔불선不善〕은 생하지 않고, 선은 멸하지 않습니다."

"선과 악은 무엇을 근본으로 삼고 있습니까?"

"이 몸을 근본으로 삼고 있습니다."

"이 몸은 무엇을 근본으로 삼고 있습니까?"

"탐심이 근본입니다."

"탐심은 무엇이 근본입니까?"

"허망한 — 그릇된 — 분별이 근본입니다."

"허망한 분별은 무엇이 근본입니까?"

"도리에 어긋난 그릇된 생각〔전도顚倒〕이 근본입니다."

"도리에 어긋난 그릇된 생각은 무엇이 근본입니까?"

"의지하는 곳이 없는 상태〔무주無住〕를7 근본으로 합니다."

"의지하는 곳이 없는 상태는 무엇이 근본입니까?"

"의지하는 곳이 없는 상태는 근본이 없습니다. 문수사리, 이 의지하는 곳이 없는 상태가 근본이 되어 모든 것〔法〕이 이루어지는 것입니다."

그때 유마힐의 방안에는 한 사람의 천녀(天女)가 있었다. 여러 보살들을 보고, 또 설하는 가르침을 들은 그녀는 곧 몸을 나타내 하늘꽃을 보살들과 부처님의 훌륭한 제자들 위에 뿌렸다. 보살들 위에 뿌려진 꽃은 몸에 붙지 않고 땅에 떨어졌다. 그러나 부처님의 훌륭한 제자들 위에 뿌려진 꽃은 떨어지지 않고 그들의 몸에 붙었다. 모든 제자들은 초인적인 힘으로 꽃을 떨어버리려 했으나 떨어지지 않았다.

그때 천녀는 사리불에게 물었다.

"무슨 까닭으로 꽃을 버리려 하십니까?"

"이 꽃은 매우 — 출가자의 — 법답지8 못하므로 버리려 하는 것

---

7. 현장은 '무주(無住)' '무소주(無所住)', 티베트 역은 '의지하는 곳이 없는 것'이다. 구마라습의 설명을 참고하면 '존재하는 것〔法〕에는 그 자체의 본성〔자성自性〕이 없다. 선(線)으로 해서 생기며, 생기지 않는 한은 그것이 의지하는 곳인지를 알 수 없다. 그 의지하는 것을 모르므로 의(依)하는 곳이 없다. 의하는 곳이 없으므로 있는 것도 없는 것도 아니다. 있는 것도 없는 것도 아니어서 있는 것과 없는 것과의 본(本)을 이루고 있다. 의지할 곳이 없는 것〔무주無住〕은 그 근원을 캐보아도 그 출처가 없으므로 본이 없다고 하는 것이며, 본 없이 사물의 본이 되므로 일체의 존재를 성립한다고 하는 것이다'고 말한다.

8. 출가자가 지키도록 지어진 계율. 예를 들면, 사미(沙彌)는 그 십계(十

입니다."

천녀는 말했다.

"이 꽃을 법답지 못하다고 하지 마십시오. 왜냐하면, 이 꽃은 아무런 분별(옷에 붙고 안 붙고를 스스로 가리지 않았다)을 하지 않았습니다. 당신께서 스스로 분별하는 마음을 낸 것에 지나지 않기 때문입니다. 만약 부처님의 가르침을 받들어 출가하고서 분별한다면 그것이야말로 법과 같지 않은 것입니다. 만약 분별하지 않는다면, 그것은 법다운 것입니다. 보살들을 보면 꽃이 붙어 있지를 않습니다. 그것은 이미 분별하는 마음을 끊었기 때문입니다. 예를 들면, 사람이 두려운 마음을 지니고 있을 때, 악귀(惡鬼=비인非人)의9 힘이 미치기 쉬운 것과 같이, 당신께서 생사를 두려워하고 있으므로 빛깔과 소리, 냄새〔香〕, 맛, 감촉 등이 그 힘을 미친 것입니다. 이미 두려워하지 않는 사람에게는 오관의 욕망〔오욕五欲〕 등이 전혀 힘을 미치지 못합니다. 번뇌가 아직 다하지 않았으므로 꽃이 몸에 붙습니다. 번뇌가 다하면 꽃은 붙지 않습니다."

사리불이 물었다.

"그대는 이 방에 머무른 지 오래 되오?"

"제가 이 방에 머문 것은 고덕(古德)께서10 깨달음〔해탈〕

戒) 중에 향을 바르거나 장신구를 몸에 붙이지 못하게 되어 있어서 꽃이 몸에 붙어 있는 것은 출가자의 계율을 어기는 결과가 된다.

9. 천(天)·용(龍) 등 소위 팔부중(八部衆), 악귀 등을 말하나 여기서는 그 일부를 취하여 악귀라고 번역했다.

10. 한문(漢文)은 '기년(耆年)'이다. 천녀(天女)가 사리불을 부를 때의 호

을 얻은 것과 같습니다."

"앞으로도 여기에 오래도록 머무르겠소?"

"고덕의 깨달음도 오래 지속할 것입니까?"

사리불은 묵묵히 대답을 못했다. 천녀가 말했다.

"웬일이십니까? 고덕께서는 뛰어난 지혜를 지니고 있으면서 묵묵부답이니."

"깨달음〔해탈〕은 말로-표현-할 수가 없어, 그래서 나는 할 말을 모르오."

라고 사리불이 대답하자 천녀가 말했다.

"말씀〔언설〕과 문자야말로 그 모두가 깨달음의 모습을 나타내고 있습니다. 왜냐하면, 깨달음이라고 하는 것은 마음 안에서도, 마음 밖에서도, 또 안과 밖의 중간-에서 성립하는 것-도 아니기 때문입니다. 문자도-이와 같아서-안(언설·문자를 입에 담는 사람)에서도 밖(설說해지는 그 내용)에서, 또 안과 밖의 중간(전달의 매개체인 음성)도 아니기 때문입니다. 그러므로 고덕이시여, 문자를 떠나서는 깨달음을 설할 수가 없습니다. 왜냐하면, 모든 것〔法〕은 그대로가 깨달음의 모습을 나타내고 있기 때문입니다."

사리불은 말했다.

"그러나 탐심과, 성내는 마음과, 어리석음을 떠나는 것이 깨

칭은 기년, 기구(耆舊), 사리불 등이다. 그러나 티베트 역은 사리불 앞에 반드시 '존자(尊者)'를 붙여 존칭을 쓰고 있다. 여기에서는 불도 수행에 오랜 세월을 정진하여 지혜와 학덕이 높은 출가자의 뜻으로 '고덕(古德)'이라고 번역했다. 또 이 부분의 대화는 선사(禪師)들의 선문답(禪問答)과 같아서 흥미가 있다.

달음이 아니겠습니까?"

"깨닫지 못했어도 깨달았다고 하는 교만한 마음을 가진 사람을 위해서 부처님께서는 탐심과, 성내는 마음과, 어리석음을 떠나는 것이 깨달음이라고 설했을 뿐, 만약 그와 같은 교만한 마음이 없는 사람에 대해서는 탐심과, 성내는 마음과, 어리석음이 곧 그대로 깨달음이라고 부처님께서는 설했습니다."

"참으로 옳은 말입니다. 그러나 그대는 무엇을 얻고 무엇을 깨달았기에 그와 같이 훌륭히 설할 수 있게 되었소?"

"저는 아무것도 얻은 것이 없으며, 깨닫고 있지도 않습니다. 그러므로 이같이 말하는 것입니다. 그 까닭은 얻었다든가 깨달았다고 하는 사람은 부처님의 가르침에서는 교만한 마음을 가진 사람이라고 하기 때문입니다."

사리불은 다시 천녀에게 물었다.

"그대는 세 가지 가르침〔삼승三乘＝성문聲聞・연각緣覺・보살〕가운데 어떤 것을 구하고 있소?"

천녀는 대답했다.

"자기만의 깨달음을 구하여 노력하는 자〔성문〕에 대하여 설해진 가르침을 설하여 중생을 교화하므로 저는 성문이며, 인연의 이치를 설하여 중생을 교화하므로 저는 깨달음을 홀로 즐기는 자〔연각緣覺＝벽지불〕이기도 하며, 광대한 자비를 드리워 중생을 교화하므로 대승(大乘＝보살)이기도 합니다.

고덕이시여, 참파카(Campaka, 황금색의 꽃을 피우는 식물로 향기가 좋고 껍질, 잎, 꽃에서 향료를 취함) 숲에 들어가면, 오직 참파카 냄새만을 맡을 뿐 다른 냄새를 맡을 수가 없습니다. 이와 같이 만약 이 방안에 들어오면 오직 부처님 공덕의 향내를 맡을 뿐, 스스로의 깨달음에 정진하는 성자나 깨달음을 홀로 즐기는 자의 공덕의 향내를 맡게 되지 않습니다.

고덕이시여, 대체로 제석천이나 범천, 사천왕, 온갖 하늘의 신들, 물의 신들〔용신龍神〕 내지는 귀신일지라도 이 방안에 들어온 자는 – 유마힐이라고 하는 – 훌륭한 분이 설하는 바른 가르침을 듣고, 누구나 부처님 공덕의 향내를 바라며 깨달음을 구하는 마음을 일으킨 다음에 나갔습니다. 고덕님, 저는 이 방안에 이미 12년을 머물러 있습니다. 그러나 지금까지, 자기만의 깨달음에 정진하는 성자나 깨달음을 홀로 즐기는 부처님에게 적합한 가르침을 설하는 것을 들은 적이 없습니다. 오직 보살의 크고 넓은 자비와 불가사의한 부처님의 가르침만을 들어왔습니다.

사리불님, 이 방에는 지금까지 없었던 일〔法〕 여덟 가지가 나타나 있습니다. 그 첫째는 이 방은 항상 황금빛으로 빛나고 있어 밤과 낮이 없으며, 태양과 달의 빛도 무색한 것이 전에 없던 일입니다. 또 이 방에 들어온 사람은 온갖 번뇌에 괴로워하는 일이 없습니다. 이것이 전에 없던 두 번째 일입니다. 이 방에는 항상 제석천, 범천, 사천왕천(四天王天), 그리고 이곳저곳의 보살들이 모여 와서 얼굴을 맞대고 있습니다. 이것이 전에 없던 세 번째 일입니다. 이 방에는 항상 깨달음을 얻는 여섯 가지 지혜의 완성〔육바라밀〕과 얻은 공덕을 잃지 않는 경지〔불퇴전不退轉〕에 관한 가르침이 설해지고 있습니다. 이것이 전에 없던 네 번째 일입니다. 또 이 방에서는 항상 천인(天人)의 가장 훌륭한 음악이 연주되고, 가야금 줄에서는 헤아릴 수 없이 많은 가르침을 설하는 소리와 교화하는 소리가 들리고 있습니다. 이것이 전에 없던 다섯 번째 일입니다. 이 방에는 네 개의 커다란 창고가 있어서 온갖 보배가 가득 차 있습니다. 가난으로 괴로움을 당하고 있는 이들에게 전부를 보시하지만 그 바닥이 드러나지 않습니다. 이것이 전에 없던 여섯 번째 일입니다. 이 방에는 이 훌륭한 분이 석존(釋尊)·아미타불·악소바야(Akṣobhya 아축불阿閦佛, 무동無動 혹은 사동불寫動佛. 노怒와 정욕을 끊고자 서원하며 부처가 됨. 정토의 해화불解化佛)·보덕(寶德)·보염(寶炎)·보월(寶月)·보엄(寶嚴)·난승(難勝)·사자향(獅子響)·일체리성(一切利成, 모든 중생을 이롭게 하는 부처의 별명) 등 시방의 헤아릴 수 없는 많은 부처님을 염(念)하면 곧 나타나 부처님의 비밀한 가르침을 여러 가지로 설하고 돌아갑니다. 이것이 전에 없던 일곱 번째 일입니다. 이 방에는 엄숙하게 장식된 천궁(天宮)이나 부처님의 정토(淨土)가 낱낱이 나타나 있습니다. 이것이 전에 없던 여덟 번째 일입니다.

사리불님, 이 방에는 전에 없던 여러 가지 일이 지금은 항상 나타나 있습니다. 이 같은 불가사의를 보면서도 스스로의 깨달음만을 구하는 성자를 위한 가르침 따위를 바라는 사람이 있겠습니까?"

사리불이 물었다.

"그대는 어찌하여 여자 모습을 바꾸지 않는가?"

"저는 지난 12년 동안 — 불멸하는 — 여자의 신체상의 특징에 관하여 생각해 보았습니다. 그러나 아직 알지 못하고 있습니다. 바꾸어야 할 무엇이 있습니까? 예를 들면 환술사가 환술에 의해서 꼭두각시 여자를 만들어 내는 것과 같습니다. 만약 누가 –꼭두각시에게– 어찌하여 여자 모습을 바꾸지 않느냐고 묻는다면, 이 사람의 질문은 마땅한 것일까요?"

사리불은 답했다.

"아니지. 꼭두각시에게는 정해진 특징이 없지. 바꿀 필요가 어디 있겠는가?"

"모든 것이 이와 같아서 정해진 특징이란 없습니다. 그런데 무슨 까닭으로 여자 모습을 바꾸지 않느냐고 물으십니까?" 라고 말한 천녀는 즉시, 초인적인 힘을 작용하여 사리불을 천녀와 같은 모습으로 바꾸었다. 그리고 천녀 자신은 사리불과 같은 모습으로 몸을 바꾸고 물었다.

"어찌하여 여자 모습을 바꾸지 않으십니까?"

사리불은 천녀 모습을 하고 답했다.

"나는 지금 어찌하여 변했는지 모르지만, 여자 모습으로 변하고 말았소."

천녀는 말했다.

"고덕님, 만약 –당신께서– 그 여자 모습으로 바꿀 수가 있게 되면, 여자라고 하는 모든 여자는 모습을 바꿀 수가 있음에 틀림없습니다. 고덕께서 남자이면서 여자 모습을 나타내고 있는 것과 같이, 모든 여자도 이와 같아서 여자 모습을 나타내고 있지만 여자는 아닙니다. 그러므로 부처님은 모든 것은 남자도 아니며 여자도 아니라고 설하신 것입니다."

천녀는 곧 초인적인 힘을 거둬들였다. 그러자 사리불의 몸은 본래와 같이 되었다. 천녀는 사리불에게 물었다.

"여자 모습은 지금 어디에 있습니까?"

사리불은 답했다.

"여자 모습은 있는 것도, 없는 것도 아니지."

천녀는 말했다.

"모든 것도 그와 같아서 있는 것도 아예 없는 것도 아닙니다. 그 있는 것도 아니고 없는 것도 아니라고 하는 말은 부처님이 설하신 것입니다."

사리불이 천녀에게 물었다.

"그대는 이곳에서 죽으면 어디에 태어나도록 되어 있소?"

천녀는 답했다.

"부처가 화신(化身)으로 태어나는 곳에 저도 그와 같이 태어날 것입니다."

"부처가 화신으로 태어나는 것은 죽어서 태어나는 것과는 다르지."

"중생도 그와 같아서 죽어서 태어나는 것은 아닙니다."

"그대는 이 뒤의 어느 때에 최고의 깨달음[아뇩다라삼막삼보리]을 얻게 되오?"

"만약 사리불님께서 다시 어리석은 사람으로 되돌아갈 때, 저는 그 최고의 깨달음을 얻게 될 것입니다."

"천만에, 나는 또 다시 어리석은 자로 되돌아갈 리가 없소."

"제가 최고의 깨달음을 얻는 일도 마찬가지입니다. 왜냐하면, 깨달음[보리]에는 머무를 곳이 없기 때문입니다. 그러므로 ─깨달음을─ 얻는 자도 없습니다."

"최고의 깨달음을 지금 얻고 있는 부처나, 이미 얻은 부처와 앞으로 얻을 부처는 항하의 모래알과 같이 많다고 말하는데 이것은 도대체 무슨 말인지?"

"이것은 세간에서 쓰이고 있는 표현을 빌렸기 때문에 과거·

현재·미래의 부처가 있음을 설했을 뿐, 깨달음에 과거·현재·미래가 있다고 한 것은 아닙니다."

그리고 이어서 천녀는 물었다.

"사리불님, 당신께서는 세간의 존경을 받음에 합당한 경지〔아라한阿羅漢〕를 체득하셨습니까?"

"집착을 버릴 수 있으므로〔무소득無所得〕**11** 체득했소이다."

천녀는 말했다.

"많은 불보살(佛菩薩)도 그와 같이 집착을 버림으로써 체득했습니다."

그때 유마힐이 사리불을 향하여 말했다.

"이 천녀는 지금까지 92억의 부처님에게 봉사하여 이미 보살에게 갖추어지는 초인적인 힘을 자유로이 구사할 수 있습니다. 세운 서원을 채우고, 진리를 깨달은 편안함〔무생인無生忍〕**12**을 얻었고, 이미 얻은 공덕을 다시는 잃지 않을 경지에 머물러 있습니다. 이미 세운 서원이 있으므로 뜻대로 모습을 나타내어 중생을 교화하고 이끌고 있습니다."

---

11. 아무것에도 얽매이지 않는 자유의 경지. 마음속에서 집착, 분별하지 않는 것. 사물에 구애되는 일이 없는 것.
12. 무생법인(無生法忍). 불생(不生)인 진리를 깨닫고, 분명히 알아 마음을 편안히 하는 것. 절대불변의 진리를 깨달은 평안함. 진여(眞如)의 깨달음을 말한다.

❧ 제8장 부처의 깨달음 ❧

그때 문수사리가 유마힐에게 물었다.

"보살은 어떻게 해서 부처의 깨달음에 이를 수 있습니까?"

유마힐은 답했다.

"만약 보살이 죄의 과보를 받는 미(迷)한 세계〔비도非道〕에1 간다면 곧 부처의 깨달음에 달한 것입니다."

"보살이 어떻게 하여 죄의 과보를 받아서 미한 세계에 갑니까?"

"만약 보살은 다섯 가지 무거운 죄〔오무간五無間죄〕2를 범해

---

1. 이 대문에 해당하는 구마라습 역은 '행어비도(行於非道)'이다. 이것을 '비도(非道)를 행한다'고 새기는 것이 보통이다. 그러나 이 다음 문장 '행오무간(行五無間)', '지어지옥(至於地獄)' '지우축생(至于畜生)' 등이 있는 것을 보면 '지(至)'는 '행(行)'으로 읽는 것이 타당하지 않을까 생각된다. 티베트 역에서도 '비취(非趣)에 간다'고 되어 있다. 그래서 '물질을 초월한 세계'까지는 일단 이러한 이해를 토대로 번역했다. 따라서 이러한 '지' '행'의 문장은 보살이 '오무간(五無間)의 죄를 짓고 그러한 무리 속에 생(生)하는 것', '지옥의 무리 속에 죄를 짓고 떨어지는 것', '축생의 업을 지어 축생이 되는 것'의 뜻을 내포하며 그것은 모두가 보살의 자비심에서 나온 것임을 시사한다. 예를 들면 제바달다(提婆達多)가 지옥의 중생을 제도하기 위해서 지옥에 떨어지는 방편으로 부처를 해치는 것과 같은 것이다.

2. 오역죄(五逆罪). 어머니·아버지·아라한을 죽이는 것. 불신(佛身)에서

도 성을 내는 일이 없습니다. 지옥에 떨어지면서도 죄로 인하여 오염되는 일이 없으며, 축생(畜生, 축생의 세계)에 떨어져도 어리석음[무명無明]이나3 교만한 마음 등의 과오가 없으며, 아귀(餓鬼, 아귀의 세계)에 떨어져도 공덕을 갖추고 있으며, 청정한 물질로 이루어진 세계[색계色界]나 물질을 초월한 세계[무색계無色界]에 이르러도 이것을 가장 뛰어난 일이라고 하지 않습니다. 탐욕을 표면에 나타내어도4 온갖 번뇌에 물드는

피를 내는 것. 불교 교단의 단결을 깨는 것의 다섯 가지로 무간지옥에 떨어지는 역죄.

3. 세상의 상태나 도리에 대하여 명철하고 정확한 판단을 내릴 수 없는 것을 어리석음이라 하고, 그것을 현상적으로 파악한 것이 무명(無明)이다. 무명은 12인연(因緣)에서는 일체의 미(迷)의 근원으로서 파악되고 있으나 여기에서는 티베트 역 '무지(無智)의 어두움'이라는 뜻에 근거를 두고 다만 '어리석음'이라고만 번역했다. 또 이 대문의 구마라습 역은 다른 번역에서 보이는 아수라의 세계에 관한 부분이 없다.

4. 이 대문의 구마라습 역은 '시행탐욕(示行貪欲)'으로 '탐욕을 행한다'고 읽힌다. 그러나 현장 역은 '행탐욕행취(行貪慾行趣)'로 번역하고 있다. 이하에 있어서도 이 '행취(行趣)'의 표현을 인용 '세계' '장소' 등의 의미가 분명하다. 따라서 '행(行)'은 '간다'는 뜻이며 그것은 보살이 스스로 그에 타당한 업을 스스로 지어서 '나아가는 것'을 의미하고 있다. 티베트 역도 '탐욕한 중생에게로 간다'고 했다. 그러나 이 부분의 새김 여하에 따라서는 의미의 차이가 매우 크다. 즉 대승적 사상의 표현에 그치지 않고 보살이라고 하는 대승의 구도자, 이상의 실천에 관한 문제를 야기하고, 그것은 대승의 본질에 관하기 때문이다. 예를 들면 이 대문의 번역에서 '섞인다' '끼인다' '섞여들다' '끼어들다' 등의 문장에 보살이 그러한 유(類)가 되어서 그와 같이 되는 것, 즉 '탐욕을 자기 몸에 나타내는 것'과 '탐욕한 사람의 무리 속으로 들어가는 것'은 차이가 큰 것이다. 다음의 '번뇌의 떼를 떠나다'고 하는 것과의 관계가 일변(一變)하기 때문이다. 여기에 문제가 있다. 구마라습의 '시행탐욕'을 오역(誤譯)으로 단정하면 간단하지만, 지금은 종래의 새김에 따라 번역해

일이 없으며, 진심(瞋心)을 표면에 나타내어도 성내는 마음은 없으며, 어리석음을 표면에 나타내어도 지혜로써 그 마음을 극복하고 있습니다. 재물을 아끼는 것처럼[5] 보이면서도 안과 밖의 모든 것을 보시하며 신체나 목숨까지도 아끼지 않으며, 계율을 범한 것같이 보이면서도 마음은 편안하고 바르게 계를 지켜 아무리 작은 죄에도 강한 두려움을 가지며, 성난 것 같으면서도 항상 너그럽게 인내하며, 게으른 것 같아도 마음을 다하여 공덕을 닦으며, 마음이 혼란한 것 같으면서도 마음은 언제나 조용하게 안정되어 있고, 어리석은 것 같으면서도 세속의 학식이나 깨달음의 지혜[세간출세간혜世間出世間慧]에 통달해 있습니다.

아첨하거나 거짓을 밖으로 나타내고 있는 것같이 보이면서도 훌륭한 방편을 강구하여 경전의 뜻에 따르고, 교만하고 뽐내는 것과 같이 보이면서도 중생에게 있어서는 흡사 교량과 같으며, 온갖 번뇌를 나타내고 있지만 마음은 항상 청정합니다. 악마의 속으로 들어가도 부처님의 지혜에 따르고 다른 가르침에는 따르지 않으며, 자기 혼자만의 깨달음에 정진하는 성자의 사이에 섞여도 중생을 위하여 아직 듣지 못한 가르침을 설하며, 스스로 깨달은 깨달음을 홀로 즐기는 부처들 사이에 끼어

둔다. 여하튼 보살이 중생을 교화하기 위한 방편으로 이같이 행하는 것은 알 수가 있다. 따라서 두 가지 관점에서 이해하며 읽는 것이 좋으리라 생각한다.

5. 재물에 대한 인색함 이하의 여섯 가지를 불교에서는 '육폐(六蔽)'라고 한다. 간탐(慳貪)·파계(破戒)·진에(瞋恚)·게으름·마음의 혼란·우치(愚痴).

도 광대한 자비를 완성하여 중생을 교화합니다.

가난으로 고생하는 사람들 사이에 섞여서도 보배를 낳는 손으로서 공덕은 다하는 일이 없으며, 불구자 사이에 끼어도 뛰어난 온갖 신체적 특징을 갖추어 그 몸은 장엄하고, 비천한 사람들 사이에 끼어서도 부처가 될 소질〔불종성佛種性〕을 가진 자의 안에 태어나서 온갖 공덕을 갖추고, 몸이 쇠약하고 추한 사람들 사이에 섞여도 나라야나(nārāyaṇa. 나라연那羅延, 천상의 역사力士 이름. 금강金剛이라고도 번역)와 같이 힘센 몸을 얻어 모든 중생이 부러워 즐겁게 바라보는 대상이 되며, 늙고 병든 사람들 사이에 끼어도 길이 병의 뿌리를 끊고 죽음의 공포를 초월합니다.

재물이 있는 것을 감추지 않지만 항상 무상을 내관(內觀)하여 결코 탐착(貪着)하지 않으며, 아내와 첩과 창녀가 있는 것을 감추지 않아도 항상 오관의 정욕의 진흙탕을 멀리 떠나 있고, 입이 무겁고 둔한 것같이 보이면서도 변재(辯才)를 완성하고 능히 기억하여 잊는 일이 없으며, 이교도의 무리 속에 들어가는 것처럼 보이면서도 부처님의 가르침〔정제正濟〕에 의하여 모든 중생을 구하며, 온갖 길〔道〕에 남김없이 드는 것처럼 보이면서도 그 인연을 끊고, 깨달음〔열반〕의 경지에 드는 것을 나타내면서도 생사를 끊어 없애지는 않습니다. 문수사리, 보살이 능히 이같이 죄의 과보를 받아 미한 세계〔비도非道〕에 갈 수가 있다면 이것이야말로 깨달음에 달한 것이라고 할 수 있습니다."

라고 말한 유마힐은 문수사리에게 물었다.

"무엇을 여래의 씨〔여래종如來種, 부처의 깨달음을 싹트게 하는 종자種子]라고 합니까?"

문수사리는 답했다.

"이 몸을 씨라고 합니다. 진리에 어두운 어리석음[무명無明]
과 집착도 씨입니다. 탐욕과 진심과 어리석음을 종자로 합니
다. 도리에 어긋나는 네 가지 과오[사전도四顚倒, 무상無常을 상
常으로 보고, 고苦를 낙樂으로 보고, 부정을 정淨으로, 자아가
없음에도 있다고 보는 견해]와 다섯 가지 번뇌[오개五蓋]와6
대상을 파악하는 여섯 개의 기관[육입六入, 眼·耳·鼻·舌·
身·意]과 마음이 구하는 일곱 가지 안주하는 곳[칠식처七識處]
과7 여덟 가지 과오[팔사법八邪法, 팔정도八正道에 반대되는 것]
와 아홉 가지 고뇌[구뇌처九惱處]와8 열 가지 악행[십불선도十
不善道, 십계十戒를 범하는 것. 즉 살생·도盜·간음·거짓말·

---

6. ①탐욕개(貪欲蓋) ②진에개(瞋恚蓋) ③신심(身心)의 작용을 둔하게 해
   잠들게 하는 혼면개(惛眠蓋) ④마음이 들뜨고 괴로워하는 도회개(掉悔
   蓋) ⑤의개(疑蓋). 개(蓋)는 마음을 덮는 것. 번뇌의 다른 이름.

7. 욕계(欲界)의 인간이나 천상의 세계 및 겁(劫)의 초기를 제외한 색계
   (色界)의 초선천(初禪天)·겁 초기의 초선천·제2선천·제3선천·무색
   계의 공무변처천(空無邊處天)·무색계의 식무변처천(識無邊處天)·무색
   계의 무소유처천(無所有處天).

8. 석존이 전생의 인연에 의하여 금생(今生)에서 받은 아홉 가지 고뇌. ①
   바라문의 여인 손타리(孫陀利)가 한 비방(誹謗) ②전차녀(旃茶女)가 아
   이를 배태했다고 하는 비방 ③제바달다(提婆達多)가 암석을 떨어뜨려
   발가락에 상처를 입은 것 ④목창(木槍)으로 발을 다친 일 ⑤석가족(釋
   迦族)이 유리왕(流離王)에게 살육 당한 일 ⑥아기달다(阿耆達多) 바라
   문의 초청을 받아 마맥(馬麥)을 수개월간 먹지 않으면 안 되었던 일
   ⑦동지(冬至) 전후의 8일간을 삼의(三衣)만으로 추위를 견뎌야 했던
   일 ⑧깨달음을 얻기 이전 6년간의 고행 ⑨걸식을 나갔어도 아무것도
   얻지 못했던 일이 있었던 것.

양설兩舌·악구惡口·허튼 소리·탐욕·진진瞋·치痴 등〕까지도 모두 씨앗이며, 중요한 것을 취해서 말한다면 예순두 가지 그 릇된 생각〔62견見〕이나 모든 번뇌가 모두 부처의 씨앗입니 다.”

"그것은 무엇을 의미합니까?"

"생멸의 변화를 초월하여 영원히 변하지 않는 진실〔무위無爲〕 을 보고 깨달음의 경계〔정위正位〕에 든 사람은 다시 최고의 깨 달음을 구하고자 하는 마음을 일으키지 않습니다. 예를 들면 고원(高原)의 육지〔마른 땅〕에서는 연꽃은 자라지 않지만 더럽 고 습한 진흙땅에서는 잘 자랍니다. 그와 같이 영구히 변하지 않는 진실〔무위법〕을 보고 깨달음의 경계에 든 사람은 종내 다시는 부처님의 가르침을 일으키지 않으며, 번뇌의 진흙 속 에 중생이 있어서 능히 부처님의 가르침을 일으킵니다. 또 공 중에 씨앗을 뿌리면 싹이 틀 수가 없습니다. 그러나 비옥한 땅 〔분양지糞壤地〕에서는 잘 자라는 것과 같이 영구히 변하지 않 는 깨달음의 경계에 든 사람은 부처님의 가르침을 일으키는 일 이 없습니다. 수미산(須彌山)과 같이 영원한 주체에 대한 집착 〔아견我見〕을 일으켜도 더욱 최고의 깨달음을 구하는 마음을 일으켜 부처님의 가르침을 일으킬 수가 있습니다. 이러한 까 닭으로 모든 번뇌가 부처의 깨달음을 싹트게 하는 씨앗임을 알 수가 있습니다. 예를 들면, 대해(大海)의 깊은 밑바닥에 들 어가지 않으면 값을 알 수 없을 만큼 비싼 보물을 얻을 수 없 는 것과 같이, 번뇌의 대해에 들지 않으면 일체를 아는 지혜 의 보물을 얻을 수는 없습니다.”

가섭(迦葉)이 탄식하며 말했다.

"참으로 훌륭합니다. 문수사리님, 참으로 명쾌하게 설한 그대로입니다. 번뇌에 싸인 중생은 부처의 씨앗입니다. 그러나 저희들은 이제 다시는 최고의 깨달음을 구하는 마음을 내는 것을 감당할 수 없습니다. 설사 무간지옥(無間地獄)9에 떨어지는 다섯 가지 중죄를 범한 사람도 더욱 발심(發心)하여 부처님의 가르침을 일으킬 수가 있음에도 지금 저희들에게는 길이 ─그 마음을─낼 수가 없습니다. 예를 들면, 성 불구자는 오관의 정욕을 만족시킬 수 없음과 같이, 자기만의 깨달음에 정진하여 온갖 번뇌가 없어진 성자는 부처님의 가르침에 있어서는 아무런 이익이 되지 않으며, 앞으로도─그러한─서원을 세우지 않을 것입니다.

그러므로 문수사리님, 어리석은 범부(凡夫)는 부처님의 가르침을 넓혀서 부처님의 가르침에 보답합니다.10 그러나 자기만의 깨달음에 정진하는 자에게는 없습니다. 왜냐하면, 범부는 가르침을 들으면 능히 최고의 깨달음을 구하는 마음[무상도심無上道心]을 내서 부처님과 부처님의 가르침과 그 가르침

---

9. 8열지옥(八熱地獄)의 하나. 범어 아비(阿鼻)·아비지(阿鼻旨)의 번역. 남섬부주 아래 2만 유순 되는 곳에 있는 몹시 괴롭다는 지옥. 괴로움을 받는 것이 끊임없으므로 무간(無間)이라 말함. 오역죄(五逆罪)의 하나를 범하거나 인과를 무시하고, 절이나 탑을 무너뜨리거나 성중(聖衆)을 비방하고, 공연히 시주 물건을 먹는 사람은 이 지옥에 떨어진다고 한다.

10. 이 대문을 구마라습은 '불법에 있어서 반복(反復)한다'고 했으나 승조(僧肇)는 이것을 주석하여 '법을 듣고 능히 불(佛)의 종(種)을 잇는 때는 은혜에 보답하여 반복이 있다'고 하였다. 현장, 티베트 역은 '불은(佛恩)에 보답한다'이다.

을 봉행하는 승단[僧]을 진심으로 신봉하지만, 자기만의 깨달음에 정진하는 성자는 설사 생애가 끝나도록 부처님의 가르침이나 지혜의 힘, 두려움을 모르는 자신에 관해서 이야기를 들어도 최고의 깨달음을 구하는 마음을 영구히 일으키는 일이 없기 때문입니다."

그때 이 자리에 참석한, 보현색신(普賢色身)이라고 불리는 보살이 유마힐에게 물었다.

"거사님, 그대의 양친과 처자·친척·권속(眷屬)·마름·벗들은 어떤 사람들입니까? 남녀 하인과 심부름하는 아이들, 코끼리와 말, 수레 따위는 모두 어디에 있습니까?"

이에 유마힐은 게송(偈頌)으로 답했다.

지혜[지도智度]는 보살의 어머니며, 방편으로 아버지를 삼고
일체 중생을 이끄는 스승도 이로써 태어나셨다.
법의 기쁨으로 아내를 삼고
자비심으로 딸을 삼고, 성실을 아들 삼아
구경(究竟)의 공(空=공적)은 나의 집이다.
번뇌는 나의 제자요, 뜻을 따르게 하며
수많은 수행의 길[도리]은 벗[선지식]으로써 깨달음에 이르게 한다.
지혜의 완성[바라밀]은 법의 반려이며
깨달음에 이르는 네 가지 방법[사섭四攝]은 기녀(伎女)이다.
노래는 법의 말씀으로 이를 음악 삼고,
기억의 동산에 번뇌가 없는 숲을 무성하게 하여,
깨달음에 이르는 지혜를 돕는 일곱 가지 수행[칠각七覺]11의

꽃을 피워 깨달음과 지혜의 열매를 거둔다.

여덟 가지 내관으로 탐욕을 버린 경계〔팔해탈八解脫〕**12**는 목

---

11. 칠각지(七覺支)·칠각분(七覺分)이라고도 한다. 불도를 수행하는데, 지혜로써 참되고 거짓되고 선하고 악한 것을 살펴서 골라내고 알아차리는데 7종이 있다. ①택법각지(擇法覺支, 지혜로 모든 법을 살펴서 선한 것은 골라내고, 악한 것은 버리는 것) ②정진각지(精進覺支, 수행할 때 쓸데없는 고행은 그만두고, 바른 도에 전력하여 게으르지 않는 것) ③희각지(喜覺支, 참된 법을 얻어서 기뻐하는 것) ④제각지(除覺支, 그릇된 견해나 번뇌를 끊어버릴 때에 능히 참되고 거짓됨을 알아서 올바른 선근을 기르는 것) ⑤사각지(捨覺支, 바깥 경계에 집착하면 마음을 여읠 때에 거짓되고 참되지 못한 것을 추억하는 마음을 버리는 것) ⑥정각지(定覺支, 정에 들어서 번뇌와 망상을 일으키지 않는 것) ⑦염각지(念覺支, 불도를 수행함에 있어서 잘 생각하여 정定·혜慧가 고르게 하는 것). 마음이 매우 혼미하면 택법각지·정진각지·희각지로 마음을 일깨우고, 마음이 들떠서 흔들리면 제각지·사각지·정각지로 마음을 고요하게 한다.

12. 팔배사(八背捨)라고도 한다. 멸진정(滅盡定)에 이르는 8종의 해탈. 이 관념에 의하여 오욕(五欲)의 경계를 등지고, 그 탐하여 고집하는 마음을 버림으로 배사라 하고, 또 이것으로 말미암아 삼계(三界)의 번뇌를 끊고 아라한과를 증득하므로 해탈이라 한다. ①내유색상관외색(內有色想觀外色)해탈-안으로 색욕을 탐하는 생각이 있으므로, 이 탐심을 없애기 위하여 밖의 부정인 퍼렇게 어혈든〔청어靑瘀〕빛 등을 관하여 탐심을 일어나지 못하게 하는 것 ②내무색상관외색(內無色想觀外色)해탈-안으로 색욕을 탐내는 생각은 이미 없어졌으나, 이것을 더욱 굳게 하기 위하여 밖의 부정인 퍼렇게 어혈든 빛 등을 관하여 탐심을 다시 일으키지 않게 하는 것 ③정해탈신작증구족주(淨解脫身作證具足住)-깨끗한 색을 관하여 탐심을 일으키지 못하게 함을 정해탈이라 하고, 이 정해탈을 몸안에 증득하여 구족원만(具足圓滿)하며, 정(定)에 들어 있음을 신작증구족주라 한다. ④공무변처(空無邊處)해탈 ⑤식무변처(識無邊處)해탈 ⑥무소유처(無所有處)해탈 ⑦비상비비상처(非想非非想處)해탈-이 네 가지는 각각 능히 그 아랫자리의 탐심을 버리므로 해탈이

욕하는 못이 되고 삼매의 물은 가득 차

땅에 일곱 가지 맑은 꽃을[13] 펴고 거기 목욕하는 이는 무구
(無垢)한 사람이다.

신통(神通)을 코끼리와 말을 삼아 대승(大乘)의 수레를 빌
려

한마음〔일심一心〕으로[14] 제어해 가며 여덟 가지 바른 길〔팔
정도八正道〕에 노닌다.

뛰어난 신체상의 특징 갖추어 용모를 장엄하고 아무나 흉내
낼 수 없는 모습이 되어

몸에 두른 참괴(慚愧)의 옷, 깊은 뜻은 꽃다발이다.

일곱 가지 재보〔칠재七財〕를[15] 지니고 가르침 받아 혜택을 베풀

라 한다   ⑧ 멸수상정해탈신작증구족주(滅受想定解脫身作證具足住)-이것
은 멸진정이니, 멸진정은 수(受)・상(想) 등의 마음을 싫어하여 길이 무
심(無心)에 머무므로 해탈이라 한다.

13. 칠정(七淨)이라고도 한다. 청정한 행(行)을 비유한 것. ① 일상생활을
청정하게 하는 것〔계정戒淨〕 ② 맑은 정신통일〔심정心淨〕 ③ 청정한 지
혜에 의하여 바르게 보는 것〔견정見淨〕 ④ 바르게 보고 의혹을 끊는 것
〔도의정度疑淨〕 ⑤ 정도(正道)와 사도(邪道)와를 바르게 보는 것〔분별
도정分別度淨〕 ⑥ 번뇌를 끊고 지혜가 밝은 것〔행단지정行斷知淨〕 ⑦ 깨
달음을 얻는 것〔열반정涅槃淨〕.

14. 구마라습의 설명에 의하면, 산스크리트 원본에는 '화합'이라고 했다 하
며, 그 화합의 의미를 설명하고 있는데, 수레를 다스려 뜻과 같이하는
것을 화합이라 했다. 현장과 티베트 역은 '깨달음에 나아가는 마음'이라
고 했으며, 지겸도 '도심(道心)'이라고 번역, 앞의 두 사람과 같다. 깨
달음에 나아가는 마음은 깨달음의 지혜를 구하는 마음이다.

15. 칠성재(七聖財)라고도 한다. ① 바른 가르침을 믿는 것〔信〕 ② 계(戒)
를 지키는 것〔戒〕 ③ 보는 것을 버려서 보시하는 것〔施〕 ④ 바른 가르
침을 많이 듣는 것〔聞〕 ⑤ 진실한 지혜를 얻는 것〔慧〕 ⑥ 스스로를 부

며

　가르침을 따라 수행하여 커다란 깨달음으로 회향(廻向)한다.

　사선(四禪＝사무색정四無色定, 제2장 삼계三界에 대한 주 참조)
이야말로 편안한 침상(寢床)이며 생활을 밝혀 거기 눕고

　많은 가르침을 들음으로써 지혜를 증진하고 이로써 깨달음
을 위한 음악으로 삼는다.

　먹는 것은 오직 단이슬〔감로甘露＝불사不死의 가르침〕뿐이며,
깨달음〔해탈〕만을 맛보아 마시고

　맑은 마음에 목욕하고 계율을 향 삼아 바르며

　번뇌의 도둑을 정복하고 그 용감함은 비할 곳 없어

　네 가지 악마를16 항복받아 도장에 승리의 깃발을 세운다.

　생과 멸이 없음을 알면서도 남을 위하여 새삼스러이 이승에
생을 받고

　온갖 국토에 남김없이 나타남은 마치 태양이 비추지 않는 곳
이 없음과 같다.

　시방의 무량억(無量億)의 여래를 공양해도

　그 모든 부처와 나의 몸을 분별하는 생각은 없다.

　모든 부처님의 나라와 중생의 공(空)함을 안다 해도

　항상 정토(淨土)의 행을 닦아 모든 중생을 교화한다.

　모든 중생의 모습과 소리와 위의를 두려움을 모르는 보살은

끄러워하는 것〔慚〕 ⑦ 타인에게 부끄러움을 느끼는 것〔愧〕.

16. ①다섯 가지 구성요소의 집적〔오온五蘊・오음五陰〕은 죽음이 작용하는
　　대상이므로 이는 악마이다〔오음마五陰魔〕 ②번뇌는 내생(來生)의 근원
　　이며 죽음을 초래한다〔번뇌마煩惱魔〕 ③죽음 그 자체〔사마死魔〕 ④죽음
　　을 초월하고자 하는 것을 방해하는 것〔천자마天子魔〕.

일시에 능히 남김없이 나타내고

온갖 악마의 소행을 알아 그를 따라가서 방편으로써 선으로 이끌고

뜻에 따라 모든 것을 성취한다.

자신의 몸에 늙음과 병과 죽음을 나타냄으로써 모든 중생을 성취하여

꼭두각시와 같음을 가르치고 능히 깨닫게 한다.

어느 때는 겁(劫)이 다하도록 불 속에 하늘과 땅이 타는 것을 보여

멸하지 않는다고 하는 생각을 끊게 하고 무상함을 알게 한다.

무수억(無數億)의 중생이 함께 와서 보살을 청하면,

일시에 그들 저마다의 집에 이르러 부처의 길에 나아가도록 교화한다.

일체의 속서(俗書)와 주술, 기예 등에 남김없이 통달하여

중생에게 혜택을 베푼다.

모든 세간의 도를 닦아 그 모든 세간에서 출가하여

이로써 사람의 미혹을 품고 삿된 소견에 떨어지지 않게 한다.

어느 때는 해·달·하늘, 그리고 범천(梵天)의 세계의 이름이 되고,

혹은 땅이 되고 물이 되며, 혹은 바람이 되고 불이 된다.

겁(劫) 동안에 병이 있으면 온갖 약초가 되어

이것을 복용한 자는 독과 병을 없앤다.

겁 동안에 기근(饑饉)이 있으면 몸을 바쳐 음식이 되고

먼저 그 기갈(飢渴)을 구한 다음 가르침을 설한다.

겁 동안에 전쟁이 일어나면 그를 위해 자비심을 일으켜

저 모든 중생을 교화하여 싸움이 없는 땅에 살게 한다.

만약 커다란 싸움터가 있으면 병력을 균등하게 하고

보살은 위세를 나타내어 항복하여 화평하게 한다.

모든 국토 안에 있는 온갖 지옥까지도 찾아가 그곳에 이르러 힘써 그곳의 고뇌를 구제한다.

모든 국토 안에서 모든 축생들이 서로 물고 뜯으면

그곳에 태어나 그들 모두에게 이익을 준다.

오욕의 몸을 받고는 있어도 마음은 선(禪)을 닦아 안온하며

악마가 찾아와 교란하려 해도 아무런 힘을 미치지 못한다.

불 속에 연꽃이 피는 것은 희유(稀有)한 일이다.

욕정이 있으면서 선을 닦는 것도 그와 같이 희유한 일이다.

어느 때는 창녀가 되어 온갖 호색한을 유혹하여 욕정을 갈고랑이로 해서 끌어들여 다음에 불도에 들게 한다.

어느 때는 읍장(邑長)이 되고, 혹은 상인(商人)을 이끌며

국사(國師)와 대신이 되어 중생을 복되게 한다.

모든 빈한한 자에게는 나타나 무진장한 창고가 되고

이를 계기로 깨달음을 구하는 마음을 내게 한다.

자만심이 강한 자에게는 대역사(大力士)로 나타나

그의 교만한 마음을 굴복시켜 위 없는 길에 머물게 한다.

두려움에 떠는 무리에게도 그들 앞에 있어 위안이 되고

두려움 없는 마음을 주고 다음에 도심으로 이끌어 들인다.

어느 때는 음욕(淫欲)을 떠나 신통력을 가진 선인(仙人)이 되고

모든 중생을 이끌어 계율과 의욕과 유화함에 머물게 한다.

공양을 구하는 자를 보면 그를 위해 몸을 아끼지 않는 종이

되고

그 마음을 기쁘게 하여 도심(道心)에 나아가도록 한다.

사람이 구하는 것을 기다려 불도에 이끌어 들이고

뛰어난 방편으로 풍족한 마음을 갖게 한다.

이와 같이 도(道)는 무량하여 그 행은 끝이 없으며

지혜는 또한 무한하여 무수한 중생을 해탈케 한다.

설사 일체의 부처가 무량억겁(無量億劫)에 걸쳐

그 공덕을 찬탄한다 해도 결코 다할 수 없다.

누가 능히 이 같은 법을 듣고 깨달음을 구하는 마음을 일으

키지 않겠는가.

다만 저 어리석고 무지한 사람, 그리고 비열한 사람을 제외

하고서.

제9장 평등한 경지를 깨닫다

그때 유마힐은 수많은 보살들을 향하여 말했다.

"여러분, 보살은 어떻게 하여 상대의 차별을 초월한 절대평등의 경지〔불이법문不二法門〕1에 드는지 저마다 생각하는 대로 말해 주십시오."

법자재(法自在)라고 하는 보살이 모임 가운데 있었다. 그는 말했다.

"여러분, 생하는 것과 멸하는 것은 서로 대립(=二)하고 있습니다. 그러나 존재하는 것〔法〕은 본래 생하는 것이 아니므로 여기에 멸하는 일도 없습니다. ─그러므로 이같이 체득하여 ─이 진리를 깨달은 편안함〔무생법인無生法忍〕을 얻는 것이 곧 절대평등한 경지에 드는 것이라고 생각합니다."

덕수(德守)보살이 말했다.

"인간이라고 하는 개체 그 자체〔我〕와 그것에 소속하는 것〔아소我所〕은 서로 대립하고 있습니다. 인간이라고 하는 개체 그 자체가 있음으로 해서 그에 소속하는 것이 있으므로 만약 이 주체가 없으면 그때, 이에 소속하는 것도 없을 것입니다.

---

1. 불이(不二)의 이치를 나타내는 법문. 상대의 차별을 초월한 절대평등의 경지. 대립을 초월한 훌륭한 이치를 나타내는 가르침을 말한다.

-이와 같이 체득하는 것이 절대평등한 경지에 드는 것이라고 생각합니다."

불현(不眴)보살이 말했다.

"감수하는 것[受]과 감수하지 않는 것[불수不受]과는 서로 대립하고 있습니다. 만약 존재하는 것을 감수하지 않으면 그때는 -사물을-감지할 수가 없으며, 감지할 수가 없으므로-사물을-취하는 일도 버리는 일도 없으며, 만드는 일도 제거하는 일도 없습니다. 이같이 체득하는 것이 절대평등한 경지에 드는 것이라고 생각합니다."

덕정(德頂)보살이 말했다.

"더러운 것[垢]과 맑은 것[淨]은 서로 대립해 있습니다. 그러나 더러운 것 그 자체의 본성[실성實性]을 보아도2-거기에는 더러움의 모양은 없고, 맑은 것 그 자체의 본성을 보아도-거기에는 맑음의 모양[정상淨相]이 없습니다.-즉 둘이라고 인정할 수 없으므로-깨달음의 모양[멸상滅相]과 같습니다. 이같이 체득하는 것이 절대평등의 경지에 드는 것이라고 생각합니다."

선숙(善宿)보살이 말했다.

"마음이 움직이는 것[動]과3 대상을 찾아서 그 모양을 파악

---

2. 이 이하의 문장을 현장은 '더러움과 맑음이 둘이 아니라고 분명하게 알 때, 분별은 없고 깊이 분별을 끊어서'라고 되어 있다. 이 중 '더러움' '둘이 아니다' '분명히 알 때'와 같은 표현을 현장은 일관해서 사용하고 있다.
3. 이 부분에 대해서 현장은 '산동(散動)과 사유(思惟)', 티베트 역은 '동요(動搖)와 집착'으로 되어 있다.

하는 것〔念〕과는 서로 대립하고 있습니다. 마음이 움직이지 않으면 그때 모양을 안으로 파악하는 일은 없을 것이며, 안으로 모양을 파악하는 일이 없다고 하는 것은 사량(思量＝분별)이 없는 것이므로 이것을 잘 체득하는 것이 절대평등의 경지에 드는 것이라고 생각합니다."

선안(善眼)보살이 말했다.

"하나의 모양〔일상一相〕을 가진 것과 아무런 모양도 갖지 않는 것〔무상無相〕은 서로 대립하고 있습니다. 만약 모양이 있는 것〔일상〕을 없는 것〔무상〕이라고 알고, 또 모양이 없는 것에도 얽매이지 않고서 평등을 체득하는 것, 이것이 절대평등한 경지에 드는 것이라고 생각합니다."

묘비(妙臂)보살이 말했다.

"보살의 마음〔티베트 역은 '깨달음의 지혜를 구하는 마음'이다. 그러나 다음 성문聲聞에 관한 구절과 대비해서 '중생의 구원을 바라는 마음'으로 풀이하고 싶다〕과 자기의 깨달음만을 생각하는 성자〔성문〕의 마음은 서로 대립하고 있지만, 마음의 모양은 공(空)하고 꼭두각시와 같은 것이라고 분명하게 알 때, 보살의 마음도 없고 성자〔성문〕의 마음도 없는 것입니다. 이것이 절대평등한 경지에 드는 것이라고 생각합니다."

불사(弗沙)보살은 말했다.

"선(善)과 불선(不善)은 서로 대립하고 있습니다. 그러나 만약 선도 불선도 일으키지 않고 평등하고 진실한 공(空)의 도리〔무상제無相際〕를 알아서 능히 이를 깨달았을 때, 이것이 절대평등한 경지에 드는 것이라고 생각합니다."

사자(獅子)보살은 말했다.

"죄악과 복덕은4 서로 대립하고 있으나, 만약 죄악 그 자체의 본성을 분명하게 밝히고 보면, 복덕과 다름이 없으므로 금강(金剛)과 같은 진실한 지혜에 의하여 다르지 않는 사실을 분명히 깨달아 속박을 받지 않고 해방되는 일도 없으면, 이것이 절대평등한 경지에 드는 것이라고 생각합니다."

사자의(獅子意)보살은 말했다.

"번뇌가 있는 것[유루有漏]과 없는 것[무루無漏]은 서로 대립하고 있으나, 만약 모든 것은 평등하다고 알면, 그때 번뇌라든가 번뇌가 없다고 하는 생각은 일지 않을 것이며, 그러한 생각에5 집착하는 일도 없을 것이며, 생각이 없는 상태에도 머물지 않습니다. 이것이 절대평등한 경지에 드는 것이라고 생각합니다."

정해(淨解)보살이 말했다.

"인연에 의해서 만들어진 — 생멸하고 변화하는 — 것[유위有爲]과6 인연에 의해서 만들어지지 않은 — 생멸과 변화를 초월하여 항상 절대한 — 것[무위無爲]은 서로 대립하고 있습니다. 그러나 일체 — 의 미망 — 를 떠났을 때는 마음은 커다란 허공과 같이 — 집착을 떠나 — 맑은 지혜는 장애를 받지 않습니다. 이것이 절

---

4. 현장, 티베트 역은 '유죄(有罪)와 무죄(無罪)'.
5. 여기서 말하고 있는 '생각'을 구마라습은 '상(相)'이라고 했으나, 전문(前文)과의 관계로 보아 '상(想)'이 옳을 듯하고, 현장과 티베트 역도 '상(想)'이다. 또 이곳을 '상(相)' '무상(無相)'이라고 한다면, 앞의 선안(善眼)보살과 중복되므로 지금은 '상(想)' '무상(無想)'으로 번역했다.
6. 이 부분에 대해 티베트 역은 '이것은 업(業)이다, 이것은 불업(不業)이다'고 번역.

대평등한 경지에 드는 것이라고 생각합니다."

나라연(那羅延)보살은 말했다.

"세간과 세속을 떠난 깨끗한 세계〔출세간出世間〕는 서로 대립하고 있습니다. 그러나 세간의 본성 자체가 공(空) ─ 을 깨닫는 것이 ─ 함이 그대로 세속을 떠난 깨끗한 세계인 것입니다. 그리고 그 세계에서는 ─ 세간과 같이 ─ 들고 나는 일이 없으며, 넘치고 흩어지는 일도 없습니다. 이것이 절대평등한 경지에 드는 것이라고 생각합니다."

선의(善意)보살은 말했다.

"생사와 깨달음〔열반〕은 서로 대립하고 있습니다. 그러나 만약 생사 그 자체의 본성을 이해하면 생사는 이미 없는 것입니다. ─ 거기에 사람을 ─ 결박하는 것은 없고 그로부터 벗어날 필요는 없습니다. ─ 또 고뇌로 인하여 몸을 ─ 태울 일이 없으므로 그것을 없앨 필요도 없습니다. 이같이 깨닫는 것이 절대평등한 경지에 드는 것이라고 생각합니다."

현견(現見)보살은 말했다.

"─ 인연에 의하여 만들어진 무상한 ─ 종말이 있는 것〔盡〕과7 종말이 없는 것〔부진不盡〕은 서로 대립하고 있습니다. 그러나 사물〔法〕이 만약 궁극에 있어서 다하고〔盡〕, ─ 종말이 없는 것이 ─ 만약 다하지 않는다고 해도, 그 어느 쪽에도 다함의 모양〔진상盡相〕은 없습니다. 다함의 모양이 없는 것은 곧 공(空)이며 공일 때, 다한다든가 다하지 않는다고 하는 모양은 없습니

---

7. 이 부분은 현장 역이나 티베트 역이 모두 일치하지 않고 뜻을 파악하기가 힘들고 분명치가 않아 승조(僧肇)의 주석에 따랐다.

다. 이같이 깨닫는 것이 절대평등한 경지에 드는 것이라고 생각합니다."

보수(普守)보살이 말했다.

"영원히 변하지 않는 주체〔我〕-가 있다고 하는 생각-와 그와 같은 주체는 없다〔무아無我〕고 하는 것은 서로 대립하고 있습니다. 그러나 영원히 변하지 않는 주체까지도 인지할 수 없으므로 주체가 없는〔비아非我〕 것이 어떻게 인지되겠습니까? 주체의 본성〔아실성我實性〕을 보는 사람은 이 두 가지 생각을 일으키지 않습니다. 이것이 절대평등한 경지에 드는 것이라고 생각합니다."

뇌천(雷天)보살은 말했다.

"지혜〔明〕와 어리석음〔무명無明〕은[8] 서로 대립하고 있습니다. 그러나 진리에 어두운 어리석음〔무명〕의 본성은 곧 지혜인 것입니다. 그러나 이 지혜를 지혜로써 집착해서는 안 됩니다. 일체를 떠나고 그 안에서 평등하여 상대하는 두 가지 것이 없는 것, 이것이 절대평등한 경지에 드는 것이라고 생각합니다."

희견(喜見)보살은 말했다.

"물질적 현상〔色〕과 그 현상이 공한 것〔색공色空〕은 서로 대립하고 있으나, 물질적 현상은 그대로가 공한 것으로서 물질적 현상이 멸했으므로 공(空)인 것은 아닙니다. 물질적 현상의 본성이 본래 공한 것입니다. 이같이 감각〔受〕, 표상(=想), 의지

---

8. 현장 역도 구마라습과 같다. 티베트 역은 '지(智)와 무지(無智)', 승조는 '명(明)이라고 하는 것은 지혜의 밝음이며, 무명(無明)이라고 하는 것은 치명(痴冥)이다'고 주석하고 있다.

(=行)도 그대로가 공인 것입니다. 마음[識]과 마음[心]이 공한 것도 서로 대립해 있으나 마음 그대로가 공한 것이지, 마음이 멸했기 때문에 공한 것은 아닙니다. 마음의 본성이 본래 공한 것입니다. 이같이 체득하는 것이 절대평등의 경지에 드는 것이라고 생각합니다."

명상(明相)보살은 말했다.

"네 가지 원소[땅·물·불·바람]가 다른 것과 공(空)의 원소[공종空種]가9 다른 것과는 서로 대립하고 있습니다. 그러나 네 가지 원소의 본성 그대로가 공(空=공종=공의 원소)의 본성인 것입니다. -이들 원소의-과거·미래가 공-의 원소-임과 같이 현재도 공-의 원소-인 것입니다. 만약 이같이 저마다의 원소의 본성을 알 수가 있으면, 이것이야말로 절대평등한 경지에 드는 것이라고 생각합니다."

묘의(妙意)보살은 말했다.

"눈과-그 작용의 대상인-형상[色]은 서로 대립하고 있습니다. 만약 눈의 본성을 알면, 형상에 탐착하지 않을 것이며, 성을 내거나 어리석을 일이 없을 것이며, 이것을 조용한 깨달음의 경지[적멸]라고 이름합니다. 이같이 귀와 들음, 코와 냄새, 혀와 맛, 신체와 감촉, 마음[意]과 마음의 대상이 되는 것[法] 등이 서로 대립하고 있으나, 만약 마음의 본성을 알면 마음의 대상에 대해서 탐착하는 일도, 성내는 일도, 어리석을 일

---

9. 허공(虛空)을 말한다. 즉 공간으로서 일체가 걸림이 없이 그 안에 안주시킬 수 있는 것을 말한다. 또 이 부분을 현장 역과 같이 '네 가지 원소와 공(空)과는' 하는 것이 더 이해하기 쉽다.

도 없을 것이므로 이것을 조용한 깨달음의 경지라고 이름합니다. 그리고 그 안에 안주하는 것을 절대평등한 경지에 드는 것이라고 생각합니다."

무진의(無盡意)보살은 말했다.

"보시와 공덕을 일체지(一切智＝일체를 아는 지혜)에로 회향하는 것은 서로 대립하고 있습니다. 그러나 보시의 본성은 그대로 공덕을 일체지에로 회향하는 본성인 것입니다. 이같이 계를 지키는 것〔지계持戒〕과 인욕과 정진, 마음속으로 조용히 내관하는 것〔선정〕, 완전한 지혜를 활용하는 것〔지혜〕 등도 공덕을 일체지에로 회향하는 것과 서로 대립해 있습니다. 그러나 − 계를 지키는 것과 내지 − 완전한 지혜를 활용하는 것의 본성은 그대로 그 − 공덕을 − 일체지에로 회향하는 것의 본성입니다. 그 안에서 이 진실한 도리〔일상一相〕를10 깨닫는 것이 절대평등한 경지에 드는 것이라고 생각합니다."

심혜(深慧)보살은 말했다.

"공(空)인 것과 차별의 모양을 떠나 있는 것〔무상〕과 바라며 구하는 뜻이 없는 것〔무작無作〕은 − 저마다 − 서로 대립하고 있습니다. 그러나 − 공인 이상 차별의 모양이 없으므로 − 공은 그대로 차별의 모양을 떠나 있으며, − 차별의 모양이 없으므로 바라고 구하는 일도 없을 것이므로 − 차별의 모양을 떠나 있는 것은 그대로 바라고 구하는 뜻이 없는 것입니다. 공이며, 차

---

10. 앞의 희안(喜眼)보살이 '일상(一相)과 무상(無相)'이라 대립해서 말했고, 또 희안보살의 말과 지금 것이 같지 않으므로 현장 역 '일리(一理)', 티베트 역 '일리취(一理趣)'를 참작해 이같이 번역했다.

별의 모양을 떠나고, 바라고 구하는 뜻이 없는 것은 마음[心]과 뜻[意]과 식(識, 식별하는 작용을 갖는 것)의11 세 가지가 없는 것이므로 깨달음에로 이끄는 하나의 문[일해탈문—解脫門]이 그대로 깨달음에의 세 가지 문[삼해탈문]인 것,―이것을 체득하는―이것이 곧 절대평등한 경지에 드는 것이라고 생각합니다."

적근(寂根)보살은 말했다.

"부처님과 부처님의 가르침과 그 가르침을 봉행하는 승단(僧團)은 서로 대립하고 있으나, 부처님은 곧 가르침이며12 가르침은 곧 그것을 봉행하는 승단인 것입니다. 이 세 가지 보배[삼보三寶]는 어느 것이나 모두가 영원불변한 절대적인 진실[무위無爲]의 나타남[相]으로서 허공과 같은 것입니다. 또 모든 것도 이와 같아서 이것을―알고―잘 행하는 것이 절대평등한 경지에 드는 것이라고 생각합니다."

심무애(心無礙)보살은 말했다.

"신체―가 있는 것―와 신체가 멸하는 것[멸신滅身]은 서로 대립하고 있지만 신체―가 있는 것―는 그대로 신체가 멸하는 것입니다. 왜냐하면, 신체의 진실한 본성[실상]을 보는 사람

---

11. 심(心)·의(意)·식(識)을 구마라습은 공(空) 이하의 세 가지 것에 관계시켜 이것들이 없는 것에는 심·의·식의 세 가지 작용이 없다고 했다. 그러나 지겸(支謙), 현장, 티베트 역은 모두 이 세 가지 것을 바라는 생각이 없는 것[무작無作·무원無願]이라고 했다.
12. 현장은 '불(佛)의 본성[法性]은 그대로 법의 본성'이라 했고, 티베트 역은 '불(佛)의 본성은 가르침이다' '가르침의 본성은 승단(僧團)이다'고 했다.

은 신체—가 있는 것—도 신체가 멸하는 것도 보지 않기 때문입니다. 신체—가 있는 것—와 신체가 멸하는 것은 두 가지에서 서로 다른 것이 아니며, 그렇게 사유(=분별)되는 것이 아닙니다. 이것을 알고 놀라지도, 두려워하지도 않는 것이 절대평등한 경지에 드는 것이라고 생각합니다."

상선(上善)보살은 말했다.

"몸과 입과 마음〔意〕과 그 행위〔善〕는 서로 대립하고 있으나 이 세 가지 행위에는 어느 것에도 행위로서의 모양〔작상作相〕이 없습니다. 몸에 행위로서의 모양이 없는 것은 그대로 입에 행위로서의 모양이 없는 것이며, 입에 행위로서의 모양이 없는 것은 그대로 마음에 행위로서의 모양이 없는 것입니다. 이들 세 가지 행위로서의 모양이 없는 것은 그대로 모든 것〔일체법一切法〕13에 행위로서의 모양이 없는 것입니다. 이같이 능히 행위가 없는 것〔무작無作〕을 아는 지혜에 따르는 것이 절대평등한 경지에 드는 것이라고 생각합니다."

복전(福田)보살은 말했다.

"선행(=복행福行)과 악행(=죄행罪行)과 보다 뛰어난 선행〔부동행不動行〕은14 서로 대립하고 있으나 이들 세 가지 행위의 본성〔실성實性〕은 그대로 공(空)한 것입니다. 공이므로 거

---

13. 일체제법·만법이라고도 한다. 모든 것, 일체의 사물, 모든 현상, 물리적·정신적인 모든 것, 일체의 현상적 존재를 말한다.

14. 구마라습의 설명에 의하면 복행(福行)은 욕계(欲界)의 선행으로 업(業)의 과보를 가져오고, 죄행(罪行)은 십불선(十不善), 즉 십악(十惡)으로 고(苦)의 과보를 가져오며, 부동행(不動行)은 색계(色界)·무색계(無色界)의 행위라고 한다.

기에는 선행도 악행도 보다 뛰어난 선행도 없습니다. 이 세 가지 행위에 아무런 일ㅡ차별ㅡ도 일으키지 않는 것이 절대평등한 경지에 드는 것이라고 생각합니다."

화엄(華嚴)보살은 말했다.

"주체적인 자아[我]ㅡ의 존재ㅡ로부터ㅡ거기에 나와 타자(他者)의ㅡ구별을 낳고 이 두 가지가 서로 대립해 있지만 이 자아의 진실한 모습을ㅡ공이라고ㅡ보는 사람은 타자와 나라고 하는 두 가지[이법二法]를 일으키지 않습니다. 만약 이 두 가지 것에 집착[住]하지 않으면ㅡ나라고ㅡ식별하는 것도ㅡ타자라고ㅡ식별하는 것도 있을 수 없습니다. 이것이 절대평등한 경지에 드는 것이라고 생각합니다."

덕장(德藏)보살은 말했다.

"집착한 마음을 가지고 취사선택[유소득]하면 두 개의 것이 대립하지만, 만약ㅡ공하다고 깨달아ㅡ집착하지 않으면[무소득] 취사선택은 없습니다. 취사선택이 없는 것이 절대평등한 경지에 드는 것이라고 생각합니다."

월상(月上)보살은 말했다.

"어둠과 밝음은 서로 대립해 있으나, 어둠도 없고 밝음도 없으면 대립도 없습니다. 왜냐하면, 비유컨대 모든 마음의 작용이 다해 버린 적정한 경지[멸수상정滅受想定]에 들면 어둠도 없고 밝음도 없는 것과 같이, 모든 존재의 모양도 그와 같기 때문입니다. 그 안에서 평등할 수 있는 것이 절대평등한 경지에 드는 것이라고 생각합니다."

보인수(寶印手)보살은 말했다.

"궁극의 깨달음[열반]을 바라는 것과 세간을 바라지 않는 것과는 서로 대립해 있으나, 만약 이 깨달음을 바라지 않고 세간을 싫어하지 않으면 곧 이 두 개의 대립은 없습니다. 왜냐하면, 속박[번뇌]이 있으므로 해방[깨달음]이 있는 것이며, 만약 본래부터 속박이 없으면 해방을 구하는 사람이 있을 리 없기 때문입니다. 속박도 없고 해방도 없으면 곧 바라는 일도 싫어하는 일도 없을 것입니다. 이것이 절대평등한 경지에 드는 것이라고 생각합니다."

주정왕(珠頂王)보살은 말했다.

"바른 길과 삿된 길은 서로 대립해 있습니다. 그러나 바른 길에 머문 사람은 이것은 삿되고, 저것은 옳다고 분별하지 않습니다. 이 두 가지를 떠나는 것이 절대평등한 경지에 드는 것이라고 생각합니다."

낙실(樂實)보살은 말했다.

"진실[實]과 허위[不實]는 서로 대립하고 있습니다. 그러나 진실을 보는 사람은 진실까지도 보지 않습니다. 하물며 허위를 보겠습니까? 왜냐하면―진실은―육안으로 보는 것이 아니며, 지혜의 눈으로 볼 수 있는 것이나, 그러면서도 이 지혜의 눈에는 본다고 하는 것도 보지 않는다고 하는 것도 없기 때문입니다. 이것이 절대평등한 경지에 드는 것이라고 생각합니다."

이와 같이 수많은 보살들이 제각기 설했다. 그러자 문수사리에게 다시 물었다.

"어떻게 하여 보살은 절대평등한 경지에 들 수 있습니까?"

문수사리가 대답했다.

"제 생각으로는 모든 것에 있어서 말이 없고, 설(說)함도 없으며, 가리키는 일도, 인지(=識)하는 일도 없으며, 모든 질문과 대답을 떠나는 것이 절대평등한 경지에 드는 것이라고 생각합니다."

그리고 문수사리는 유마힐에게,

"저희들은 저마다 자기의 생각을 말했습니다. 당신께서 말하십시오. 어떻게 하여 보살은 절대평등한 경지에 드는 것입니까?"

라고 물었다. 그러나 유마힐은 오직 묵연(默然)하여[15] 아무런 말이 없었다.

문수사리는 감탄하여 말했다.

"훌륭하도다, 참으로 훌륭하도다. 문자도 언어도 전혀 없도다. 이것이야말로 절대평등한 경지에 진실로 드는 것이다."

이와 같이 절대평등한 경지에 드는 장(章)이 설해졌을 때, 이곳에 모인 사람들 중 5천의 보살들 전부가 절대평등한 경지에 들고, 진리를 깨달은 평온함[무생법인無生法忍][16]을 얻었다.

---

15. 이것을 '유마의 일묵(一默)', '묵불이(默不二)'라고 하며, 이것을 찬탄해서 선가(禪家)에서는 흔히 '유마의 일묵, 만뢰(萬雷)와 같다'고 한다.
16. 무생(無生)의 법리(法理)의 인증이라는 뜻. 일체의 것이 불생불멸(不生不滅)이라고 확인하는 것. 인(忍)은 인가(忍可) · 인지(認知)라는 뜻으로 확실히 그렇다고 확인하는 것을 가리킨다. 무생인(無生忍)이라고도 한다.

❧ 제10장 향적불香積佛 ❧

그때 사리불은 마음속으로 '이제 점심시간이 되었을 텐데 이 수많은 보살들이 무엇을 먹을 것인가'고 생각했다.

그러자 유마힐은 이러한 생각을 알고 말했다.

"부처님은 마음 조용한 여러 가지 내관(內觀)에 의하여 집착을 벗어난 경계를 얻을 수 있는 것〔팔해탈八解脫〕을 설하셨습니다. 그러므로 그대도 이같이 수행하지 않으면 안 됩니다. 어찌 밥 먹는 일 따위를 생각하며 가르침〔法〕을 듣습니까. 만약 식사를 하고 싶으면 잠깐만 기다리십시오. 아직 한 번도 맛보지 못한 점심을 그대에게 드리겠습니다."

유마힐은 곧 마음 고요한 명상〔삼매〕에 들어갔다. 그리고 초인적인 힘〔신통력〕으로 모인 대중에게, 이 나라로부터 상방(上方)의 세계〔계분界分〕로1 항하(恒河)의 모래와 같이 수많은 부처님의 나라를 마흔두 번을 지난 곳에 중향(衆香)이라고 이름하는 나라가 있는데, 그 나라를 보여주었다. 그곳의 부처님은 향적(香積)이라고 불리고 지금 그곳에 계시지만, 그 나라의

---

1. 계(界)는 미(迷)한 세계인 삼계(三界), 또 분(分)의 뜻이므로 강조하기 위해 계분이라 한다. 여기서는 어조(語調)에 따라 세계라고 번역했다.

향기로움은 시방의 모든 부처님 나라의 중생과 천상 사람[天]의 향기와는 비교도 되지 않는 최상의 것이었다. 거기에는 스스로의 깨달음을 위하여 정진하고 있는 성자[성문]나, 스스로 깨닫고서도 남에게 설하고자 하지 않는 부처[벽지불辟支佛] 등의 이름을 들을 수 없으며, 오직 청정한 뛰어난 보살들만이 있어서 부처님은 이들을 위하여 가르침을 설하고 있었다. 이 나라 사람들은 모두 향으로 높은 전각을 짓고, 향기가 넘치는 곳을 산책하고, 정원도 향기로 가득 차 있었다. 그 음식 향기는 모든 시방의 헤아릴 수 없는 세계에 넘쳐흐르고 있었다. 때마침, 이 부처님은 많은 보살들과 함께 앉아서 식사를 하고 있었다. 그 자리에는 같은 향엄(香嚴)이라고 하는 천상의 신들이 있었는데, 그들은 모두가 최고의 깨달음[아뇩다라삼막삼보리]을 구하는 마음을 일으켜 그 부처님과 보살들의 시중을 들고 있었다. 여기―유마힐의 집에―모였던 사람들은 눈앞에 ―그러한 정경을― 보았다.

그때, 유마힐은 여러 보살들에게 물었다.

"여러분, 누가 능히 저곳 부처님의 음식을 얻어 올 수 있습니까?"

문수사리가 초인적인 힘으로―모든 사람의 입을 봉했으므로 모두가 묵연했다.

유마힐은 물었다.

"문수사리, 이 많은 사람들은―모두가 묵묵한데―오히려 부끄러워서 그런 것은 아닙니까?"

문수사리가 말했다.

"부처님께서 말씀하셨습니다만, 초심자(=미학未學)를 업신

여겨서는 안 됩니다."

그러자 유마힐은 앉은 채 수많은 사람 앞에서 순식간에 보살의 모습을 지었다. 빛나는 모습[상호相好, 뛰어난 신체적 특징]과 덕이 숭고함은 견줄 이 없을 만큼 뛰어나 모인 대중을 압도했다. 그리고-유마힐은-이 보살에게 말했다.

"그대는 위의 세계에 가시오. 항하의 모래와 같이 수많은 부처님 나라를 마흔두 번 지나면 중향(衆香)이라고 하는 나라가 있는데, 부처님은 향적(香積)이라고 불리며, 많은 보살들과 함께 앉아 지금 식사를 하고 계십니다. 그대는 그곳에 가서 나의 말을 그대로 전하시오. '유마힐은 세존의 발에 머리 조아려 한없는 존경심을 가지고 예배합니다. 하루하루 지나시기에 병 앓는 일은 적고 근심도 적으며, 기력도 여전하신지 문안드립니다. 세존께서 잡숫는 음식의 나머지를 베푸시어-멀리 내려와 있는 이곳-사바세계에서2 부처님의 덕을 나타내어[불사佛事] 주시어, 이 세계의 무익한 일[소법小法]을 원하는 중생들에게 진실한 길을 넓힘과 동시에 여래(＝세존)의 이름도 널리 알도록 해주시기 바랍니다.'라고."

그러자 그 꼭두각시 보살[화보살化菩薩]은 모여 있는 사람들 눈앞에서 곧장 위를 향해 갔다. 사람들은 모두 그 보살이 멀리 떠나가 중향국(衆香國)에 이르러 부처님 발에 예배하는 것을 보았다. 동시에,

"유마힐은 세존의 발에 머리를 조아리며 한없는 존경의 마음으로 예배합니다. 나날의 생활에 병 앓는 일이 적고 근심도

---

2. saha를 음사(音寫)한 것. 인토(忍土), 괴로움의 세계라는 뜻.

적으며, 기력은 여전하신지 문안드립니다. 세존께서 잡수시는
음식의 나머지를 베풀어 주시어—멀리 내려온 이—사바세계에
서 부처님의 덕을 나타내시고 이 세계의 무익한 일을 바라는
중생들에게 진실의 길을 넓힘과 동시에 세존의 이름을 널리
알려 주시기 바랍니다."
라고 하는 말도 들었다.

　그 나라의 보살들은 이 꼭두각시 보살을 보고, 또 한 번도
경험한 적이 없었던 일이라고 감탄했다.

　'지금, 이 보살은 어디에서 왔는가? 사바세계란 어디에 있
는가? 어떠한 것이 보잘것없는 것을 바라는 사람인가?'
라고—생각한 그들은—곧 부처님에게—이 일을—물었다. 부
처님은 이들에게,

　"밑으로 내려가서, 항하의 모래알만큼 무수한 부처님 나라
가 있고, 이곳을 마흔두 번 지나면 사바(娑婆)라고 하는 세계
가 있다. 부처님은 석가모니라고 부르며, 지금 다섯 가지 더
러움으로 가득 찬 말세(末世, 오탁악세五濁惡世)3에서 무익한 일
을 바라고 구하는 중생을 위하여 가르침[도교]을 설하고 있다.
그곳에 유마힐이라고 하는 보살이 있어서 불가사의한 깨달음
[제6장의 본문 참조]에 들어 많은 보살들을 위하여 가르침을 펴
고 있는데, 꼭두각시를 보내어 나의 이름을 찬탄하고 또 이
나라를 찬탄하며, 그럼으로써 그 나라의 보살들에게 많은 공
덕을 쌓게 하고자 한 것이다."

---

3. 오탁(五濁)은 겁탁(劫濁)·견탁(見濁)·번뇌탁(煩惱濁)·중생탁(衆生濁)·
　명탁(命濁)의 다섯 가지 더러움.

라고 말씀하셨다. 그 나라의 보살들은 물었다.

"그 사람은 무슨 까닭으로 이 꼭두각시를 만들었습니까? 또 그의 덕의 힘이나[4] 두려움을 모르는 자신[무외無畏], 초인적인, 어디든지 뜻대로 갈 수 있는 능력[신족神足]이 어떻게 이 같을 수 있습니까?"

부처님은 말씀하셨다.

"대단하다. 시방의 모든 곳에 꼭두각시를 보내어 그곳에 부처의 덕을 나타나게 하고, 중생에게 혜택을 베풀고 있다."

그리고 향적불은 향기가 높은 바리에 향기로운 음식을 가득 담아 꼭두각시에게 주었다. 그러자 이 나라의 9백만 보살들은 입을 모아 말했다.

"저희들은 사바세계에 가서 석가모니 부처님을 공양하고 싶고, 또 유마힐을 비롯한 수많은 보살들을 만나고 싶습니다."

부처님은 말씀하셨다.

"가거라. 그러나 그대들의 몸에서 향내가 나지 않도록 해라. 그 나라 사람들에게 유혹이나 집착하는 마음을 일으키게 해서는 안 된다. 또 그대들은 이곳의 모습을 버려야 한다. 그 나라의 보살이기를 원하는 사람들에게 스스로 부끄러움을 느끼게 하여 비굴하게 해서는 안 된다. 또 그대들이 그곳에 가서 경멸하는 마음을 갖거나 깨달음의 장애가 되는 생각을 가져서는 안 된다. 왜냐하면, 그것은 시방의 모든 국토는 허공과 같

---

4. 지겸은 '덕력(德力)', 구마라습과 현장은 '덕(德)', 티베트 역은 '역(力)'으로 티베트 역은 시방(十方)을 가리키는 듯하다. 이하의 '신족(神足)'은 지겸과 같고, 현장과 티베트 역은 '신통(神通)'이라 한다.

고, 또 어느 부처님도 무익한 일을 바라고 구하는 중생을 교화하기 위하여 저마다 청정한 나라의 모든 것을 나타내지 않을 뿐이기 때문이다."

그리하여, 꼭두각시 보살은 바리에 음식을 받고 그 나라의 9백만 보살들과 함께 부처님〔향적불香積佛〕의 불가사의한 힘과 유마힐의 힘으로 순식간에 모습을 감추고 그 순간 유마힐의 집에 모습을 나타내었다. 때를 놓치지 않고 유마힐도 9백만의 사자좌를 만들었다. 그것은 앞에 만든 것과 같이 장엄하고 훌륭한 것이었다. 보살들이 모두 그 위에 앉자 꼭두각시 보살은 향기로운 음식이 가득 찬 바리를 유마힐에게 바쳤다. 음식 향기는 널리 바이샬리 시와 삼천대천세계에 가득 찼다. 그때, 이 향기를 맡은 바이샬리의 바라문이나 거사들은 몸과 마음이 상쾌하고 아직 한 번도 경험한 적이 없었음을 감탄했다.

그리고 거기에 장자(長者)의 우두머리인 월개(月蓋)가5 8만 4천의 사람들을 이끌고 유마힐의 집에 와서 그 방안에 수많은 보살들이 사자좌에 높이 앉아 있고 장엄된 것을 보았다. 그들은 모두가 크게 기뻐하고 많은 보살들과 부처님의 제자들에게 인사한 다음 방 한쪽에 물러앉았다. 많은 지신(地神), 허공신(虛空神),6 그리고 욕계(欲界＝욕망의 세계)나 청정한 물질로

---

5. 이 번역은 각각 다르다. 지겸은 '제범지거사존자월개(諸梵志居士尊者月蓋)', 구마라습은 '장자주월개(長者主月蓋)', 현장은 '이첨비왕월개(離呫毘王月蓋)', 티베트 역은 '릿차비：인(人)의 장(長), 릿차비：월개(月蓋)'로 되어 있다.

6. 지신(地神)이란 지하의 신으로 견뢰(堅牢)라고도 한다. 여신(女神)이다. 허공신(虛空神)은 하늘을 다스리는 신. 지겸 역에서는 '지천인(地

되어 있는 세계[색계色界]의 하늘들도 이 향기를 맡고 모두 유마힐의 집에 찾아왔다.

그리하여, 유마힐은 사리불과 부처님의 큰제자[대성문大聲聞]들에게 말했다.

"여러분, 부처님[향적불]의 비교할 데 없는 감로(甘露) 맛의 음식을 드십시오. 이것은 부처님 자비의 보배입니다. 천하고 어리석은 생각으로 이것을 먹고 소화가 되지 않아서는 안 됩니다."

다른 제자[성문]들은 마음속으로 생각했다.

'이 음식은 매우 적다. 이 많은 대중이 어떻게 먹을 수 있을까?'

그러자 꼭두각시 보살이 말했다.

"자기만의 깨달음에 정진하는 성자[성문]의 아주 적은 부덕과, 지혜로 헤아릴 수 없는 부처님의 부덕과 지혜를 헤아리려 해서는 안 됩니다. 사해가 마르는 일은 있어도 이 음식이 다하는 일은 없습니다. 수미산(須彌山)과 같이 많고, 그것을 일겁(一劫) 동안 모든 사람에게 먹인다 해도 더욱 다함은 없을 것입니다. 왜냐하면, 계를 지키고, 마음의 동요를 가라앉혀 지혜를 닦고, 속박으로부터 해방되고, 해방된 마음의 평안함을 아는 것[계戒·정定·혜慧·해탈·해탈지견解脫知見, 이것을 오분법신五分法身이라고 한다]에 의하여 다함없는 공덕을 몸에 갖춘 분이 잡숫고 남긴 것이므로 다함없는 것입니다."

天人)', 구마라습은 현장과 같이 '지신, 허공신', 티베트 역은 '지상의 신들의 아들'.

그리하여, 바리의 음식을 모인 대중으로 하여금 배불리 먹도록 했다. 그러고도 음식은 전과 같아 조금도 줄지 않았다. 이 음식을 먹은 보살과 부처님의 제자와 천상의 신들은 몸이 안락하고 마음은 즐거워, 그것은 온갖 즐거움으로 장엄된 나라[일체낙장엄국—切樂莊嚴國]의 보살들과 같고, 또 털구멍에서 나는 말할 수 없는 아름다운 향기는 중향국의 향기와 같았다.

그때, 유마힐은 중향국의 보살들에게 물었다.

"향적(香積) 부처님은 어떻게 가르침을 설하십니까?"

"저희들 나라의 부처님은 말씀[문자]으로 설하지 않습니다. 오직 온갖 향기로써 많은 천인(天人)들에게 계를 지키도록 하십니다.7 보살들은 저마다 향기로운 나무 밑에 앉아서 이 표현할 수 없이 아름다운 향기를 맡으면 곧 일체덕장삼매(一切德藏三昧, 모든 공덕을 갖추고 베풀면서도 동요하지 않는 경계)에 젖습니다. 이 삼매에 젖을 수 있는 사람은 보살이 갖추고 있는 공덕을 모두 갖추는 것입니다."

라고 그들은 답했다. 그리고 그 보살들은 유마힐에게 물었다.

"지금 이 나라의 세존이신 석가모니 부처님은 어떻게 가르침을 설하십니까?"

유마힐은 말했다.

"이 세계의 중생은 굳어서 교화하기 힘들기 때문에 부처님은 강력한 말씀을 설하여 중생의 마음을 다스립니다[조복調伏].

---

7. 구마라습은 '율행(律行)', 현장은 '조복(調伏)'. 조복은 두 가지 뜻이 있다. 자기의 신심(身心)을 제어하여 악(惡)으로 나아가지 않게 하는 것. 이 점에서 부처님이 정한 제계규율(制戒規律, 律)의 뜻이 있으며, 따라서 현장 역과 같다. 티베트 역은 '지도(指導)한다'이다.

즉 '이것은 지옥이며, 이것은 축생이며, 이것은 아귀이며, 이것은 불도를 수행하는 장애〔난처難處＝팔난八難〕이며, 이것은 어리석은 사람이 태어나는 곳이다. 이것은 몸이 행하는 삿된 행위이며, 이것은 몸이 짓는 삿된 행위의 과보이다. 이것은 입이 짓는 삿된 행위이며, 이것은 입이 짓는 삿된 행위의 과보이다. 이것은 마음이 짓는 삿된 행위이며, 이것은 마음이 짓는 삿된 행위〔여기까지는 身・口・意 삼업三業〕의 과보이다.

이것은 산목숨을 죽이는 것이며, 이것이 산목숨을 죽인 과보이다. 이것은 도둑질이고, 이것이 도둑질한 과보이다. 이것은 사음(邪淫)이며, 이것이 사음의 과보이다. 이것은 거짓말이며, 이것이 거짓말한 과보이다. 이것은 이간질〔양설兩舌〕이며, 이것이 이간질한 과보이다. 이것은 나쁜 말〔악구惡口〕이며, 이것이 나쁜 말을 한 과보이다. 이것은 사탕발림을 한 말〔기어綺語〕이며, 이것이 사탕발림한 말의 과보이다. 이것은 탐욕이며, 이것이 탐욕의 과보이다. 이것은 성내는 것이며, 이것이 성낸 과보이다. 이것은 삿된 생각이며, 이것이 삿된 생각의 과보이다.〔여기까지가 십악十惡〕

이것은 인색한 것이고, 이것이 인색한 것의 과보이다. 이것은 계를 깨뜨리는 일이며, 이것이 계를 깨뜨린 과보이다. 이것은 성내는 것이고, 이것이 성낸 과보이다. 이것은 게으른 것이고, 이것이 게으름의 과보이다. 이것은 마음이 산란한 것이고, 이것이 마음이 산란한 과보이다. 이것은 우치(愚痴)함이며, 이것이 우치한 과보이다.〔여기까지는 육폐六蔽〕

이것이 계를 맺는 것〔결계結戒〕이며,8 이것이 계를 지키는 것이고, 이것이 계에 거스르는 것이다. 이것은 해서 안 되는 일이고, 이것은 해도 좋은 일이다. 이것은 수행에 장애가 되는 것이며, 이것은 수행하는 데 장애가 되지 않는다. 이것은 죄가 되고, 이것은 죄를 떠나는 것이다. 이것은 청정한 것이며, 이것은 오염이다. 이것은 번뇌〔유루有漏〕이며,9 이것은 번뇌가 없는 것〔무루無漏〕이다. 이것은 삿된 길〔邪〕이고, 이것은 바른 길〔정도正道〕이다. 이것은 인연의 화합에 의해 만들어진 것〔유위〕이며, 이것은 인연에 의해 만들어지지 않은 것〔무위〕이다. 이것이 미혹의 세계〔세간〕이며, 이것은 깨달음〔열반〕이다.'고 말씀합니다.

교화하기 어려운 사람의 마음은 원숭이와 같으므로 여러 가지 방법으로 그 마음을 다스려 극복할 수가 있습니다. 예를 들면 뜻대로 움직이지 않고 훈련되지 않은 코끼리나 말에게는 여러 가지로 고통을 주어, 혹은 뼈나 몸에 영향을 주어 다스리는 것과 같이, 마음이 굳어서 교화하기 어려운 사람들뿐이므로 마음에 고통을 느끼게 하는 고언(苦言)을 함으로써 비로소

---

8. 계율을 정하여 그것을 지키는 것인데, 현장은 '차수소학(此受所學)'으로 번역, 오계(五戒), 팔계(八戒) 등의 계〔학처學處〕를 받는 것이라고 해석했다. 티베트 역은 '이것은 각각 다른 해탈이다'라고 했으므로 계율의 조문(條文)을 모은 계본(戒本)과 같은 것이 된다. 계본이란 산스크리트 prātimokṣa의 역어(譯語)로 바라제목우(波羅提木又)라고 음사하며, '별별해탈(別別解脫)' '별해탈(別解脫)'이라고 번역한다. 제각각 계율을 지킴으로 해서 각각 몸은 몸의 잘못을, 입은 입의 잘못을 막고, 번뇌로부터 해방하는 것을 의미한다.

9. 누(漏)는 샌다는 뜻. 즉 번뇌가 있는 것을 말한다. 또 번뇌는 여러 가지로 번역되고 있는데 그 예를 보면, 염(染), 혹(惑), 결(結), 박(縛), 전(纏), 개(蓋), 사(使) 등이며 번뇌가 작용하는 면에서 여러 가지로 사용된다.

규율이 바른 생활〔律〕에 들게 합니다."

그 나라의 보살들은 이 같은 말씀을 듣고 모두가 말했다.

"아직 한 번도 들은 일이 없습니다. 세존이신 석가모니 부처님과 같은 분은 자유자재한 힘을 헤아릴 수 없을 만큼 지니고 계셔서 마음이 좁고 가난한 사람들이 바라고 구하는 것에 따라 가르침을 설하고 구제하십니다. 그리고 이 나라의 수많은 보살들도 굳이 이곳에 내려와 헤아릴 수 없는 광대한 자비로써 이 부처님 나라에 태어났군요."

유마힐은 말했다.

"이 나라의 보살들이 모든 중생에게 베푸는 자비는 참으로 말씀한 바와 같이 견고합니다. 더욱 그 생애에 중생에게 베푸는 혜택은 당신네 나라에서 백천겁(百千劫)에 걸쳐 베푸는 혜택보다 많습니다. 왜냐하면, 이 사바세계에서는 열 가지 선〔십종선十種善〕이 행해지고 있으나, 다른 부처님 나라에서는 행해지지 않고 있기 때문입니다. 열 가지란 무엇인가 하면 보시로써 가난한 사람을 돕는 것이며, 바른 계율〔정계淨戒〕에 의하여 계를 깨뜨린 사람을 이끌고, 인욕으로 성낸 사람을 진정하게 하며, 정진으로 게으른 사람을 이끌며, 선정(禪定)으로 마음이 산란한 사람을 이끌며, 지혜로 어리석은 사람을 이끌고, 불도의 수행에 장애가 되는 것을 없애는 방법을 가르쳐 여덟 가지 난〔팔난八難〕에 떨어진 사람을 구하고, 대승(大乘)의 가르침을 설하여 소승(小乘)을 구하는 사람을 구하며, 온갖 선의 씨앗으로 공덕을 쌓아 복덕이 없는 사람을 구하며, 중생을 깨달음으로 나아가게 하는 네 가지 방법〔사섭四攝〕에 의하여 언제든지 중생을 교화하는 것, 이것을 열 가지라고 합니다."

그 나라의 보살들은 물었다.

"이 사바세계의 보살은 어느 정도의 수행을 완성하면 행(行)에 하자가 없이 정토에 태어날 수가 있습니까?"

유마힐은 말했다.

"이 사바세계에서 보살이 여덟 가지 일을 편성하게 되면 행에 하자가 없고 정토에 태어날 수 있습니다. 그것은 1. 중생에게 혜택을 주어도 그 보답을 바라지 않고, 2. 모든 중생을 대신하여 모든 고뇌를 받아서 지은 공덕은 낱낱이 남을 주며, 3. 중생과 마음을 같게 가져 겸허하고 장애가 없으며, 4. 많은 보살에게 대해서는 부처님을 대하듯 하고, 5. 들은 적이 없는 새로운 경전을 들어도 이를 의심하지 않고 소승의 가르침을 봉행하는 사람〔성문〕과도10 다투지 않으며, 6. 남이 받는 공양을 시기하지 않고 자기가 얻은 이득(利得)을 뽐내지 않으며, 7. 더욱 그러한 가운데 자기 마음을 억제하여 항상 자신의 잘못을 반성하고 남의 단점을 지적하지 않으며, 8. 항상 변함없는 마음으로 온갖 공덕을 구합니다. 이것이 여덟 가지입니다.11"

유마힐과 문수사리가 수많은 사람들 가운데서 이같이 가르침을 설했을 때, 10만의 천상의 신들은 모두 최고의 깨달음을 구하고자 서원하고 1만의 보살들은 진리를 얻은 마음의 편안함〔무생법인無生法忍〕을 얻었다.

---

10. 구마라습 이외에는 이에 해당하는 것이 없다.
11. 여기에는 여러 가지 해석이 있다. 현장 역에는 번호가 붙어 있으므로 지금은 이에 따랐다.

❧ 제11장 보살의 수행 ❧

그때, 부처님은 망고 숲의 정원에서 가르침을 설하고 계셨다. 홀연, 그 주변의 땅이 넓어지고 아름다워져 그곳에 모인 대중은 황금빛으로 빛났다. 아난(阿難)이 부처님께 아뢰었다.

"세존이시여, 어떠한 인연으로 이같이 상서로운 일이 나타났습니까? 홀연, 이곳이 넓어지고 아름다워져 모여 있는 대중 모두가 황금빛으로 빛나고 있음은."

부처님이 아난에게 말씀하셨다.

"이것은 유마힐과 문수사리가 수많은 사람들로부터 존경을 받으며 둘러싸여 있는데, 이곳을 찾아올 뜻을 일으켰으므로 우선 이 같은 상서가 나타난 것이다."

그때, 유마힐은 문수사리에게 이렇게 말했다.

"함께 부처님을 만나 뵈옵고 보살들과 함께 예배하고 공양하도록 합시다."

문수사리가 답했다.

"좋습니다. 갑시다. 지금이 알맞은 때입니다."

유마힐은 곧 초인적인 힘을 발휘하여 모든 대중과 사자좌를 오른쪽 손바닥에 올려놓고 부처님이 계신 곳으로 향했다. 부처님이 계신 곳에 이르러 사자좌를 땅에 내려놓고, 부처님의 발에 머리를 조아려 절하고 오른쪽으로 일곱 번을 돌고 일심

(一心)으로 합장한 다음 한쪽에 물러섰다. 수많은 보살들도 곧 자리에서 일어나 부처님의 발에 머리를 조아려 절하고 마찬가지로 일곱 번을 돈 다음 한쪽에 섰다. 부처님의 높은 제자들과 제석천·범천·사천왕 등도 자리에서 일어나 부처님의 발에 머리를 조아려 절하고 한쪽으로 물러섰다. 이에 세존께서는 법대로 여러 보살들을 위로하고 저마다 자리에 돌아가도록 했으므로 모든 사람은 허가를 얻어 자리에 앉았다.

부처님께서 사리불에게 말씀하셨다.

"그대는 뛰어난 보살〔대사大士〕의1 자유자재한 초인적인 힘이 미치는 곳을 보았는가?"

"네, 말씀하시는 것을 확실히 보았습니다."

"그대는 어떻게 생각하는가?"

"세존이시여, 저는 그것을 보았습니다. 그러나 불가사의하여 마음〔意〕으로 헤아릴 수도 없었으며, 자로 잴 수도 없었습니다."

그때, 아난이 부처님께 물었다.

"세존이시여, 지금 풍기는 향기는 지금까지 맡아보지 못한 것입니다. 이것은 무슨 향기입니까?"

부처님께서는 아난에게 말씀하셨다.

"이는 저 보살들의 털구멍에서 나오는 향기이다."

---

1. 보살은 최고의 완전한 깨달음을 구하여 온갖 수행을 하고 중생에게 이익을 주고자 하는 수행자, 혹은 구도자이다. 그러나 특히 대승의 수행자임을 나타내기 위하여 마하살(摩訶薩)이라는 말을 사용한다. 이 말은 산스크리트 mahāsattva의 음사(音寫)로서 '대사(大士)'라고 번역해, 보살마하살이라고 한다.

사리불이 아난에게 말했다.

"우리들의 털구멍에서도 이 향기가 풍기고 있소."

아난이 말했다.

"이것은 어디서 온 것입니까?"

"이것은 장자 유마힐이 중향국(衆香國)에서 그 나라의 부처님의 음식을 가져왔기 때문이오. 유마힐의 집에서 그것을 먹은 사람은 그 몸에 있는 모든 털구멍으로 이 같은 향기를 풍기고 있소."

아난은 유마힐에게 물었다.

"이 향기로운 향기는 얼마나 오래 갈 수 있습니까?"

유마힐이 답했다.

"이 음식이 소화되기까지요."

"이 음식은 얼마나 있으면 소화됩니까?"

"이 음식의 힘은 7일이 지난 후에 소화하게 되어 있소. 또 아난, 소승(小乘)을 봉행하는 성자[성문]가 아직 번뇌가 없는 경계[정위正位]에 달하지 못했을 때 이 음식을 먹으면 번뇌가 없는 경계에 달한 다음에 소화되고, 이미 번뇌가 없는 경계에 이른 사람이 이 음식을 먹으면 마음이 모든 속박으로부터 해방[심해탈心解脫]된 다음에 소화가 되지요. 또 만약 대승(大乘)의 뜻을 내지 않았을 때 이 음식을 먹은 사람은 그 뜻을 일으킨 다음에 소화가 되고, 이미 그 뜻을 일으킨 다음에 이 음식을 먹은 사람은 진리를 깨닫는 평안함[무생인無生忍]을 얻은 다음에 소화되고, 이미 진리를 깨달은 평안함을 얻은 다음에 이 음식을 먹은 사람은 다음에 태어날 때는 부처로서 태어날 것이 약속된 보살[일생보처一生補處]이2 된 다음에 소화가 됩니다. 예를 들면, 상미(上味)라고 부르는 약이 있는데 이것을 복용해서 몸 안의 모든 독이 완전히 없어진 다음에 소화되는 것과 같습니다. 이 음식도 이와 같아서 일체의 번뇌의 독이 온전히 없어진 다음에 비로소 소화가 됩니다."

아난이 부처님께 아뢰었다.

"참으로 희유(稀有)한 일입니다. 세존이시여, 이같이 향기 높은 음식이 능히 불사(佛事, 중생을 교화하여 부처님의 덕을 나타내는 일)를 이룩하다니요."

부처님은 말씀하셨다.

"그와 같느니라. 아난,－그러나 이밖에도－혹은 부처님 나라의 부처님 광명으로 불사를 이룩하기도 하며, 혹은 여러 보살들에 의하여 불사를 이룩하기도 하며, 혹은 부처님이 만든 꼭두각시에 의하여 불사가 이루어지기도 하며, 혹은 보리수에 의하여 불사를 이룩하기도 하며, 혹은 부처님의 옷과 침구에 의하여 불사를 이룩하기도 하며, 혹은 음식으로 불사를 이루기도 하며, 혹은 정원과 숲과 누각으로써 불사를 이룩하기도 하며, 혹은 부처님의 신체적 특징〔32상相, 80수형호隨形好〕[3]에

---

2. 이번에 태어날 때는 부처가 되므로 보살로서는 최고위(最高位). 이것을 불(佛)과 거의 같은 의미로 '등각(等覺)'이라고 한다. 미륵이 석존의 예언을 받은 것은 제4장 '보살들'의 본문에 보이는데, 그 '이 일생'이 다한 다음 석존에 이어서 부처가 되도록 부처로서의 보처(補處)가 되어 있으므로 미륵보살이 이에 해당한다.

3. 80수형호(隨形好)는 80종류의 뛰어난 모습을 말하는 것으로 다음과 같다. 1) 손톱이 좁고, 길고, 엷고, 광택이 있는 것. 2) 손가락, 발가락이 둥글고 길고 보드랍고 마디가 나타나지 않는 것. 3) 손과 발이 비슷하여 차별이 별로 없는 것. 4) 손발이 원만하고 보드랍고 깨끗하

고 광택이 있는 것. 5) 힘줄과 핏대가 얽히고 단단하고 깊이 있어서 나타나지 않는 것. 6) 복사뼈가 겉으로 나타나지 않는 것. 7) 걸음걸이가 반듯하고 자늑자늑하여 코끼리와 같은 것. 8) 걸음 걷는 것이 엄숙하여 사자와 같은 것. 9) 걸음걸이가 편안하고 조용하여 지나치지도 않고 못 미치지도 않아 소 걸음과 같은 것. 10) 걸음 걸어 나아가고 그침이 정당하여 거위와 같은 것. 11) 몸을 돌려 돌아볼 적에 반드시 오른쪽으로 돌리는 것이 코끼리 같은 것. 12) 팔다리가 차례차례로 통통하고 원만하여 묘하게 생긴 것. 13) 뼈마디가 서로 연락되어 틈이 없는 것이 용이 서린 것 같은 것. 14) 무릎이 묘하고 잘생겨 견고하며 원만한 것. 15) 남근은 무늬가 묘하고 위세가 구족하여 원만하고 청정한 것. 16) 몸과 팔다리가 윤택하고, 부드럽고 때가 묻지 않는 것. 17) 몸매가 돈독하고 엄숙하여 항상 겁약하지 않은 것. 18) 몸과 팔다리가 견고하고 탄탄하여 잘 연결된 것. 19) 몸과 팔다리가 안정되고 정중하여 요동되지 않고 원만하여 이지러지지 않는 것. 20) 몸매가 선왕(仙王)과 같아서 단정하고 깨끗하여 티가 없는 것. 21) 몸에 광명이 있어 환하게 비치는 것. 22) 배가 네모나고 반듯하여 이지러짐이 없고 부드럽고 드러나지 않으며 여러 가지 모양이 장엄한 것. 23) 배꼽이 깊숙하고 오른쪽으로 돌았으며, 원만하고 묘한 것. 24) 배꼽이 깊고 오른쪽으로 돌았으며, 둥글고 묘하고 깨끗하여 광택이 있는 것. 25) 살갗에 버짐이 없고 기미, 검은 점, 혹, 사마귀가 없는 것. 26) 손바닥이 충실하고, 보드랍고, 발바닥이 평평한 것. 27) 손금이 깊고 분명하여 끊어지지 않은 것. 28) 입술이 붉고 윤택하고 빛나는 것이 빈바(頻婆, binbha) 열매 같은 것. 29) 얼굴이 길지도 짧지도 크지도 작지도 않아 원만하고 단정한 것. 30) 혀가 연하고 엷고 넓고 길며 구릿빛 같은 것. 31) 목소리가 깊고 웅장하고 위엄있게 떨치는 것이 사자의 영각(암소를 찾는 황소의 울음소리)과 같이 명랑하고 맑은 것. 32) 음성의 꼬리가 아름답고 묘하고 구족한 것이 깊은 골짜기 같은 것. 33) 코가 높고 곧고 구멍이 드러나지 않는 것. 34) 이[치아]가 반듯하고 깨끗하고 흰 것. 35) 송곳니가 둥글고 희고 깨끗하고 점차로 날카로운 것. 36) 눈이 맑고 깨끗하고 검은자위 흰자위가 분명한 것. 37) 눈이 넓고 길어 푸른 청련화 같아서 매우 사랑스러운 것. 38) 속눈썹이 위아래가 가지런하고 빽빽하여 희지 않은 것. 39) 눈썹이 길고 촘촘하고 가는 것. 40) 눈썹이 아름답게 쏠리어 검붉은 수정 빛 같은 것. 41) 눈썹이 흰칠하고 빛나고 윤택하여 초생달 같은 것. 42) 귀가 두껍고 크고 길며 귓불이 길게 늘어진 것. 43) 두 귀가 아름답고 가지런하여 아무 흠이 없는 것. 44) 용모는 보는 이마다 사랑하고 공경하는 마음을 내게 하는 것. 45) 이마가 넓고 원만하고 번듯하여 아름답고 훌륭한 것. 46) 몸의 웃통이 원만하여 사자와 같이 위엄이 있는 것. 47) 머리카락이 길고 검푸르고 촘촘한 것. 48) 머리카락이 향기롭고 깨끗하고 보드랍고 윤택하여 오른쪽으로 꼬부라진 것. 49) 머리카락이 가지런하여 헝클어지지 않은 것. 50) 머리카락이 단단하여 부스러지지 않는 것. 51) 머리카락이 매끄럽고 때가 끼지 않는 것. 52) 몸매가 견고한 것이 나라연(那羅延, 천상 역사力士의 이름)보다도 수승한 것. 53) 키가 크고 몸이 단정한 것. 54) 여러 구멍이 깨끗하고 훌륭한 것. 55) 목과 팔다리가 수승하여 견줄 이가 없는 것. 56) 몸매가 여러 사람이 보기 좋아하여 싫어하지 않는 것. 57) 얼굴이 넓고, 원만하기가 보름달 같아서 깨끗하고 맑은 것. 58) 얼굴빛이 화평하여 웃음을 머금은 것. 59) 낯빛이 빛나고 화려하여 찡그리거나 푸르거나 붉지 않은 것. 60) 살갗이 깨끗하고 때가 없고 냄새가 나지 않는 것. 61) 털구멍에서 아름다운 향기가 풍기는 것. 62) 입에서 훌륭한 향기가 나는 것. 63) 목이 둥글고 아름다운 것. 64) 몸의 솜털이 검푸르고 빛나고 깨끗하기가 공작의 목덜미와 같은 것. 65) 법문 말하는 소리가 듣는 사람의 많고 적음에 따라 알맞은 것. 66) 정수리는 볼 수 없는 것. 67) 손가락 발가락 사이에 그물 같은 얇은 막이 분명하여 묘하게 장엄한 것. 68) 다닐 때에 발이 땅에서 네 치(四寸)쯤 뜨며 발자국마다 무늬가 나타나는 것. 69) 신통력으로 스스로 자신을 지키고, 다른 이의 부축을 받지 않는 것. 70) 위덕(威德)이 멀리 떨치어 나쁜 마음이 있는 중생은 두려워하고, 무서움에 떨던 중생은 편안함을 얻는 것. 71) 말소리가 중생들의 마음을 따라 화평하고 기쁘게 하는 것. 72) 여러 중생들의 말로서 그들이 좋아하는 대로 법문을 연설하는 것. 73) 한 말소리로 법을 말씀하시되, 여러 중생들이 제각기 알아 듣는 것. 74) 법을 말씀하심에 차례가 있고 반드시 인연이 있으며 말에 조금도 실수가 없는 것. 75) 중생들을 평등하게 보아 착한 일은 칭찬하고 잘못된 것은 나무라지만 치우쳐 사랑하거나 미워함이 없는 것. 76)

의하여 불사를 이룩하기도 하며, 부처님의 몸ー을 나타냄ー으로써 불사를 이룩하기도 하며, 혹은 허공ー을 나타냄ー으로써 불사를 이룩하기도 한다. 중생은 마땅히 이러한 인연으로써 규율이 바른 수행 생활[율행律行]에 들 수가 있느니라.

또 꿈·환상·그림자·메아리·거울 속의 영상·물속의 달·한낮의 아지랑이 등 이 같은 비유에 의해서도 불사를 이룩하며, 혹은 음성·언어·문자로서도 불사를 이룩하며, 혹은 청정한 부처님 나라가 적막하여, 무언(無言)·무설(無說)·무시(無示, 선택하지 않음)·무식(無識, 선택함이 없음, 즉 뜻함이 없는 것)·무작(無作, 뜻함이 없으므로 마음에 동요가 일지 않는 것)·무위(무작無作으로 아무런 작자作者가 없는 것)로써 불사를 이룩하기도 한다. 아난, 이같이 부처님의 행주좌와(行住坐臥), 일거수일투족, 그 모두가 불사 아님이 없느니라.

아난, 이 세상에는 네 가지 악마[사마四魔]와ー그로부터 생긴ー8만 4천의⁴ 번뇌의 문(門)이 있어서 중생은 이들로부터 괴로움을 받고 있다. 그러나 수많은 부처님은 참으로 이들 번뇌를 통하여 불사를 이룩하고 있느니라. 이같이 교화하는 것을 모든 부처님의 법문에 든다고 한다. 그리고 이 법문에 들

온갖 일을 먼저 관찰하고 뒤에 실행하여 모범이 되어 잘하고 깨끗함을 알게 하는 것. 77) 상호(相好)가 구족하여, 여러 사람의 우러러봄이 끝이 없는 것. 78) 정수리의 뼈대가 굳고 원만한 것. 79) 얼굴이 항상 젊고 늙지 않아 늘 한결 같은 것. 80) 손, 발, 가슴 앞에 길상스럽고 환희한 덕상을 구족하여 그 무늬가 비단 같고 빛은 주홍 같은 것.
4. 수많은 것을 표현하는 관용어. '8만 4천 법문' '8만 4천 광명' 등으로 쓰인다.

면, 보살은 아무리 청정하고 아름다운 부처님 나라를 본다 해도 기뻐하는 일이 없고, 탐착(貪着)하는 일도 뽐내는 일도 없으며, 또 아무리 더러운 부처님 나라를 보아도 슬퍼하는 일이 없다. 그러므로 마음이 장애를 받지 않고 침울해지지도 않는다. 오직 부처님에게 대하여 청정한 마음을 안고 미증유(未曾有)하다고 기뻐하며 공경할 뿐이다. 부처님〔제불여래諸佛如來〕들의 공덕은 평등하다. 그러나 중생을 교화하기 위해서 나타내는 부처님의 나라는 같지가 않을 뿐이다.

아난, 너는 부처님의 나라들을 보아라. 그 땅에는 여러 가지 다른 것이 있으나 허공은 한결같다. 이같이 여러 부처님의 몸에는 차이가 있으나, 아무것에도 장애를 받지 않는 부처님의 지혜〔무애지無礙智〕에는 차이가 없다. 아난, 부처님들의 모양〔색신色身〕과 뛰어난 신체적 특징〔위상威相〕, 가계(家系, 종성種性), 계(戒), 정(定, 마음의 동요를 가라앉힌 고요함), 지혜, 번뇌로부터의 해방〔해탈〕, 그 해탈의 기쁨에 젖는 것〔해탈지견解脫智見〕—등 다섯 가지 공덕과 거기에—몇 가지 지혜의 힘, 네 가지 두려움을 모르는 자신〔사무소외四無所畏〕, 부처님에게만이 갖추어진 특질〔불공법〕, 광대한 자비, 위의가 바른 행위, 그밖에 수명, 교화, 중생을 깨달음에 이르게 하고, 부처님의 나라를 청정하게 하며, 다른 부처님의 가르침도 몸에 지니는 것, 그것은 모든 부처님에게 한결같이 갖추어져 있다. 그러므로 최고의 부처님〔삼막삼불타三藐三佛陀〕이라고[5] 부르기도

5. 산스크리트 anuttara-samyak-saṁbuddha를 음사한 것을 아뇩다라삼막삼불타라고 한다. 위의 네 자를 약하여 삼막삼불타라고 했다. 뜻을

하며, 여래라고 부르기도 하며, 붓다[불타]라고 부르기도 하는 것이다.

아난, 만약 내가 이 3구(句)의⁶ 뜻을 자세하게 설한다면, 네가 무한한 생명을 가지고 들어도 다 들을 수가 없다. 비유컨대 삼천대천세계에 가득 찬 중생이 모두 아난과 같이 가르침의 전부를 듣고서 잘 기억하는 능력을 갖추었다 하고, 이 모든 사람들이 무한한 생명을 가지고 들어도 또한 전부를 들을 수는 없다. 이같이 아난, 부처님들의 최고의 깨달음[아뇩다라삼막삼보리]은 헤아릴 수 없이 무한하고, 지혜와 변설의 재능은 생각이 미칠 수 없느니라."

아난이 부처님께 아뢰었다.

취하여 무상등정각(無上等正覺), 정변지(正偏知)라 번역. 여래의 10호(號)라고 불리는 하나이다. 10호는 다음과 같다. ①응공(應供)-공양하고 존경 받음에 합당하다는 뜻. 아라한이라고도 한다. ②정변지(正偏知) ③명행족(明行足)-초인적인 세 가지 능력, 즉 삼명(三明), 삼통(三通) 등으로 신체나 언어·행위가 완전하다는 뜻 ④선서(善逝)-미혹의 세계를 잘 떠나간다는 뜻 ⑤세간해(世間解)-세간의 모든 것을 샅샅이 알고 있다는 뜻 ⑥무상사(無上士)-세상에서 가장 뛰어난 사람이란 뜻 ⑦조어장부(調御丈夫)-생명이 있는 모든 것을 다스려 깨달음에로 이끄는 자라는 뜻 ⑧천인사(天人師)-천상계의 사람과 인간과를 교화하여 이끄는 스승의 뜻 ⑨불(佛)-불타, 각자(覺者), 깨달은 이의 뜻 ⑩세존(世尊)-세간에서 가장 높은 이라는 뜻. 이 같은 것은 때로는 성불(成佛)의 열 가지 계위(階位)로 쓰이기도 한다.

6. 자기의 각증(覺證)과, 남을 각증케 하려는 마음과, 그 마음을 토대로 해 대비심(大非心)의 행(行)을 닦고, 이러한 수행의 방편으로 성불하는 것을 3구(句)라 한다. 여기서는 앞의 문장 즉 '부처님의 색신(色身)……해탈지견' '……불공법(不共法)' '……부처님 나라의 청정'까지 각각 설하고 있다.

"저는 오늘부터, 제 자신이 누구보다도 부처님의 가르침을 가장 많이 들어서 알고 있다〔다문제일多聞第一〕고 말하지 않겠습니다."

부처님이 아난에게 말했다.

"두려워하지 말라. 왜냐하면, 나는 네가 소승(小乘)의 가르침을 구하는 자〔성문〕들 가운데서 가장 많이 가르침을 들어서 알고 있는 것이지 보살〔대승大乘〕을 포함해서 그렇게 말한 것은 아니다. 성급하지 말 것이다.

아난, 도대체 지혜가 있는 사람이면, 보살 - 의 능력 - 을 헤아리지는 않는다. 바다 속은 어디고 측량할 수가 없지만, 보살의 선정(禪定)이라든가 지혜, 기억력〔총지總持〕, 변설의 재능 등 일체의 공덕은 헤아릴 수가 없느니라. 아난, 너희들은 보살의 능력에 대한 생각을 버려야 한다. 이 유마힐이 한순간 보여준 초인적인 힘은 - 스승의 가르침으로 - 자기만의 깨달음을 구하여 정진하는 성자나 스스로 얻은 깨달음을 홀로 즐기는 부처〔벽지불辟支佛〕가 무한한 시간〔劫〕의 백천(百千) 배를 거쳐 힘껏 나타내려 해도 되는 일이 아니니라."

그때, 중향국에서 온 보살이 합장하고 부처님께 아뢰었다.

"세존이시여, 저희들은 이 나라를 처음으로 보았을 때, 보잘 것없고 비천한 곳이라고 생각했습니다. 그러나 지금은 스스로 뉘우치고 그러한 생각을 버렸습니다. 왜냐하면, 수많은 부처님의 훌륭한 방편(方便)은 저희들의 생각이 미칠 수 없는 것으로서 중생을 구하기 위하여, 그 필요에 따라서 온갖 차별은 부처님 나라에 나타나고 있기 때문입니다. 참으로 그렇게 생각합니다. 세존이시여, 아무쪼록 적은 가르침이라도 베풀어

주십시오. 저희들은 본국에 돌아가 마땅히 여래를 염(念)할
것입니다."

부처님께서 많은 보살들에게 말씀하셨다.

"다하는 것에도, 다하지 않는 것에서도 장애를 받지 않는 가
르침[진무진해탈법문盡無盡解脫法門]이 있다. 그대들은 그것을
위해서 가도록 하여라. 무엇을 다하는 것[盡]이라고 하는가
하면, 인연의 화합으로 만들어진 것[유존법有存法]을 말한다.
무엇이 다하지 않은 것[무진無盡]이라고 하는가 하면, 인연에
의하여 만들어진 것이 아니라 영원불변의 것[무존법無存法]을
말한다. 보살이라고 하는 것은 인연에 의해서 만들어진 것도
버리지 않고, 영원불변한 것에도 집착하지 않는다.

인연으로 만들어진 것을 버리지 않는다고 하는 것은, 광대
한 자비심을 항상 지니고, 일체를 깊이 아는 지혜[일체지一切
智]를 구하여 한순간도 잊지 않으며, 중생을 교화하는 일에
권태를 느끼지 않고 중생을 깨달음에 나아가게 하는 네 가지
방법[사재법四才法]을 항상 지니고 그에 따라 행하는 것이니
라. 또 바른 가르침을 굳게 지키고 신명까지도 아끼지 않으며,
번뇌를 버리도록 노력하여 피로를 모르며, 마음은 항상 중생
을 교화하는−방편과−그에 의한−공덕을 남에게 돌려서 베
풀고자 하며, 진실을 구하는 일에 게으르지 않고, 진실을 설하
는 일에 인색하지 않는 것이니라. 수많은 부처님에게 공양하고
자 노력하고, 스스로 생사윤회의 세계에 찾아와 두려움을 갖
는 일이 없으며, 명예나 욕을 당해도 기뻐하거나 슬퍼하지 않
는 것이니라.

초심자를 경멸하지 않고, 수행을 쌓은 사람을 부처처럼 존

경하며, 번뇌에 싸인 사람에게는 바른 생각을 일으키게 하지
만-번뇌를-멀리 한 즐거움을 귀중하게 여기지 않으며, 자신
의 즐거움만을 추구하지 않고, 남의 즐거움을 보고 기뻐하며,
선정(禪定)에 있으면서 이를 지옥과 같이 생각하고, 생사를
대하기를 정원을 관상하듯 하고, 가르침을 구하여 찾아온 사
람을 보면 훌륭한 스승을 생각하는 것, 그것을 보살이 인연으
로 인하여 만들어진 것을 버리지 않는 것이라고 한다.

또 자기 것은 모두 보시하면서 일체를 아는 지혜까지도 주
고 싶어 한다.[7] 계를 깨뜨리는 사람을 보면 구해주고 싶어 하
며, 지혜의 완성〔바라밀〕을 정진할 때는 부모를 받드는 생각
을 갖고, 깨달음의 지혜를 얻기 위한 수행〔37도품道品〕은 권
속(眷屬)을 대하듯 하고, 선근(善根)을 보다 한없이 성장시키
는 것이니라. 온갖 정토가[8] 훌륭하게 장식된 것을 취하여 자
신의 정토를 세우고, 한없는 보시로써[9] 뛰어난 신체적 특징

---

7. 구마라습은 '구일체지상(具一切智想)'으로 의미를 알기가 힘들다. 그러
   나 현장은 '일체지에 있어서 회향의 생각을 일으킨다'고 하여 뜻이 분
   명하고, 그래서 지금은 이것을 참고로 했으며, 티베트 역은 '일체지를
   성취하는 것을 생각한다'이다.
8. 일반적으로는 부처님이 사는 곳. 이 현실 세계는 번뇌에 더럽혀져 있
   으므로 예토(穢土)라 한다. 그러나 이 경전은 고정관념으로서의 불국
   토(佛國土)를 거부하고 마음이 청정하면 그 나라도 청정하다고 하므로
   굳이 불국토라고 번역하기보다는 그대로 정토라 했다.
9. 구마라습은 '무한시(無限施)', 현장은 '제상호(諸相好)를 위하여 원만하
   게 장엄하여 청정무애(淸淨無礙)한 대시(大施)를 수행한다'이며, 티베
   트 역은 '상(相)도 종호(種好, 신체적 특징)를 충족시키기 위하여 무비
   (無比)한 공시(供施)를 완전하게 한다'이다. 이것은 뛰어난 신체적 특
   징을 얻는 일이 목적으로 되어 있고, 그 목적을 위해서 보시하는 것을

〔상호相好〕을 갖추고, 모든 악을 버리고 몸과 입과 뜻을 맑게 하며, 생사윤회가 아무리 오래 계속된다 해도 마음속에는 굳은 용기가 있고, 부처님에게 무량한 공덕이 갖추어져 있음을 듣고서 스스로도-그 공덕을-뜻하여 지치는 일이 없는 것이다.

또 지혜의 칼로써 번뇌의 도둑을 깨뜨리고, 주관과 객관의 대립된 세계〔음계인陰界人〕에서 중생을 업고 나와 길이 해방시키고, 노력에 노력을 쌓아 악마의 군대를 깨뜨리고, 항상 진실한 모습 그대로를 구하여 그 마음까지도 떠나는〔무념실상無念實相〕 지혜의 수행에 정진하며, 세속 일에는 근소한 소망이 충족될 뿐인데도 만족하지만, 진실을 구하는 깨달음의 수행〔출세간出世間〕에서는 구하여 충족하는 일이 없다. 더욱 세속을 버리지도 않으며, 바른 행위를 지키고 속세에도 따른다. 초인적인 힘이나 뛰어난 지혜를 발휘하여 중생을 인도하고 염(念, 심소心所 또는 뜻)과 기억력을 얻어서 들은 가르침을 잊지 않으며, 능히 중생의 본래의 능력을 판별하여 중생의 의문을 해명하고, 명료하게 바른 이치를 설〔낙설변樂說辯〕하며 걸림이 없다. 몇 가지 선행으로 인간과 천상의 신들의 복덕을 받고, 모든 것에 대해 네 가지 자비심〔사무량四無量〕으로 닦아, 범천(梵天)이 되는 길을 열고, 부처님에게 가르침을 설하여 주시도록 바라고, 마음으로부터 기뻐하며 찬탄하고, 부처님의

설하고 있음을 알 수 있다. 여기서는 일반적인 보시와 결국 같은 것으로 해석해도 좋을 듯하나 뉘앙스가 다른 것은 분명하다. 이하 지혜의 항까지 이러한 상위를 볼 수 있다.

소리와 그리고 몸과 입과 뜻의 세 가지 과오가 없는 청정함〔신구의선身口意善〕을 몸에 지녀 부처와 같은 위의를 지니며, 바른 행을 깊이 닦고, 행위는 점차 보다 뛰어나고, 대승의 가르침으로 보살의 집단〔보살승〕을 이룩하고, 방종한 마음은 없어지고, 모든 선을 잃지 않는 것—이같이 법을 다시 행하는 것을 보살이 인연으로 만들어진 것도 버리지 않는 것이라고 하느니라.

무엇을 보살의 영원불변한 것에도 안주하지 않는 것이라고 하는가 하면, 공(空)을 수행하지만 그것이 일체가—공이라고 보는 것을 깨달음으로 삼지 않는 것이며,10 공이기 때문에—차별이 없고〔무상無相〕, 바라는 일도 없다〔무작無作〕고 보는 것을 수행하지만, 차별의 모습도 바라는 일도 없는 것이 깨달음이라고는 생각하지 않으며, 모든 것은 인연이 없으면 생하지 않는다〔무생無生〕11고 배워서 수행하지만, 인연이 없으면 생하지 않는다고 아는 것으로 깨달음을 삼지 않는 것이니라.

또 무상함을 알면서도 그렇다고 선의 씨앗을 뿌리는 일을 싫어하지 않으며, 세간의 괴로움을 알면서도 그렇다고 생사를 미워하지 않으며, 영원히 변하지 않는 주체는 없다〔무아無我〕고 알지만, 그렇다고 사람들을 교화하는 일을 싫어하지 않으며, 깨달음의 경계〔적멸〕를 알지만, 그렇다고 길이 깨달음의 경계에

---

10. 현장은 '기공(其空)에 있어서 바람〔樂〕을 일으켜 깨달음〔證〕을 이룬다'고 되어 있어 '공(空)으로써 깨달음을 삼지 않는다'고 한다. 그러나 티베트 역은 이들 두 역에 없는 말이 들어 있어 일치하지 않는다.
11. 현장은 '무작(無作)'이라 번역, 티베트 역은 '무활동(無活動)'이다. 지금은 승조의 주석에 따른다.

머물지 않고 염리(厭離, 이 세계는 괴로움의 세계이기 때문에 잊어야 한다는 생각)를 알고 있으면서 몸과 마음을 바르게 하여 선을 닦고, 돌아갈 곳이 없음을 알고 있으면서도 바른 행에 의지할 것을 바라고, 생하는 것이 아님을 알면서도 생하는 것으로써 모든 것을 짐 지며, 번뇌가 없는 경계[무루無漏]를 알면서도 온갖 번뇌를 끊어 버리지 않으며, 행위를 받은 자는 없음을 알면서도 행위로써 중생을 교화하며, 공이며 무(無)라고 내관(內觀)하면서도 광대한 자비를 베푸는 일을 그치지 않으며, 깨달음의 경계[정법위正法位]를 알면서도 소승(小乘)에 떨어지는 일이 없으며, 모든 것은 허망하고 변하지 않는 것[牢]은 없으며, 실제로는 개인[人]도 실제로서의 주체도, 그 외모(=相)도 없음을 알고 있으나ー모든 것을 구하고 싶은 보살의ー근본적인 서원은 아직 완성되어 있지 않으므로 복덕을 쌓고, 선정에 들고, 지혜를 닦는 것을 무의미하다고 생각하지 않는다. 이와 같이 노력하는 것이 보살이 영원불변한 것에 안주하지 않는 것이니라.

또ー보살은ー복덕을 갖추고 있으므로 그 때문에 영원불변한 것에도 안주하지 않고, 지혜를 갖추고 있으므로 인연으로 만들어진 것도 버리지 않는다. 광대한 자비를 가지고 있으므로 영원불변한 것에도 안주하지 않고, 근원적인 서원을 이룰 필요가 있으므로 인연에 의해서 만들어진 것을 버리지 않는다.12 가르침의 약을 손에 넣어야 하므로 영원불변한 것에 안주하지

---

12. 이 다음에 구마라습 역에는 없는 장문(長文)의 문장이 현장과 티베트 역에는 있다.

않으며, 따라서 그 약을 투약할 필요가 있으므로 인연으로 만들어진 것을 버리지 않는다. 중생의 병을 알고 있으므로 영원불변한 것에 안주하지 않으며, 중생의 병을 없애기 위해서 인연으로 생긴 것을 버리지 않는다. 보살〔정사正士보살〕들은 이같이 정진하여 인연에 의하여 생긴 것도 버리지 않고, 영원불변한 것에 안주하지도 않는다. 이것을 다함이 있는 것에도 다함없는 것에도 장애를 받지 않는 깨달음의 가르침이라고 이름한다. 그대들은 이것을 배워 가도록 하여라."

그때 중향국의 보살들은 이 가르침을 듣고서 기쁨에 넘치고, 아름다운 온갖 꽃 속에서 갖가지 색깔과 향기가 풍기는 꽃을 가려내어 삼천대천세계에 뿌리고, 부처님께서 방금 설한 가르침과 보살들에게 공양했다. 그리고 부처님의 발에 머리를 조아려 절하고, 그 가르침의 뛰어남을 찬탄했다.

"석가모니 부처님이야말로 그 훌륭한 방편을 행하실 수 있을 뿐입니다."
라고 말을 마치자, 곧 모습을 감추어 그들의 나라로 돌아갔다.

❧ 제12장 아축불阿閦佛에의 친근親近 ❧

그때 부처님이 유마힐에게 물었다.

"그대는 여래〔세존 자신을 가리킴〕를 만나고자 하는데 어떻게 여래를 보았는고?"

유마힐은 대답했다.

"제 자신이 이 몸 그대로의 진실한 모습〔실상〕을 보듯이 부처님을 보는 경우도 같습니다. 저의 보는 바에 의하면, 부처님은 과거에 생한 것도 미래에 멸하는 것도 아니며, 따라서 현재에 머물러 있지도 않습니다.─단 부처님을─물질적인 현상〔色〕이라고는 보지 않으며, 물질적인 현상 그대로의 진실한 모습〔如〕이라고도, 존재성〔性〕이라고도,1 보지 않습니다. 감각·표상·의지·마음〔수상행식受想行識〕이라고도 보지 않으며, 마음 그대로의 진실한 모습이라고도, 존재성이라고도 보지 않습니다. 네 가지 원소〔사대四大〕로부터 생긴 것도 아니며, 흡사 허

---

1. 이 부분을 현장은 '진여성(眞如性)', 티베트 역은 '진여의 자성(自性)'이라 했다. 구마라습 역은 진여와 〔自〕성(性)과를 구별하고 있으므로 받아들이는 방법이 달라지는 것을 알 수 있다. 자성은 산스크리트 svabhāva로 '사물 그 자체의 존재성'으로 이를테면 독자의 본성을 말한다.(타르카바샤 참조) 그러나 '진여의 자성'이라고 하는 말에 의문이 있으므로 구마라습 역이 좋을 듯하다.

공과 같습니다. 오관(五官)과 마음(六入)이 결합한 것도 아니며, 눈·귀·코·혀·몸·마음을 초월하여 생사가 겹친 미혹의 세계(삼계三界)에 있지 않고, 세 가지 번뇌(삼구三垢)를 이미 떠나서 깨달음에 통하는 세 가지 길(삼탈문三脫門)에 따라서 세 가지 초인적인 힘(삼명三明)을 갖추고, 그러면서도 진실로 어두운 어리석음(무명無明)과 다르지 않습니다. 공통된 모습(일상一相)을2 한 것도, 다른 모습(이상異相)을 한 것도, 고유하고 특수한 모습(자상自相)을 한 것도, 타자의 모습(타상他相)을 한 것도 아니며, 모습이 없는 것도, 모습으로서 파악되는 모습(취상取相)이 있는 것도 아닙니다. 미혹의 세계(차안此岸)에 있는 것도, 깨달음의 세계(피안)에 있는 것도, 그 중간에 있는 것도 아닙니다. 그러나 중생을 교화하고 계십니다. 깨달음의 경계(적멸)에 들어 있으면서도 깊이 들어간 것은 아니며,3 이곳저곳에 —중생을 교화하고— 있으면서도 이곳저곳에 머문 것이 아니며, 지혜나 인식으로는 알 수 없습니다. 밝음과 어두움도 없으며, 이름과 형상도 없고, 강약, 정예(淨穢)도 없습니다. 방향과는 관계가 없지만 그렇다고 방향과 무관계한

---

2. 현장은 '유상(有相) 무상(無相) 타상(他相) 이상(異相) 즉소상(卽所相) 이소상(離所相) 동소상(同所相) 이소상(異所相) 즉능상(卽能相) 이능상(離能相) 동능상(同能相) 이능상(離能相)'으로 부정(否定)이 반복되고 있다. 어쩌면 다음의 여덟 가지 소상(所相)과 능상(能相)으로 정리해도 좋을 것이다. '일상(一相)'의 역어(譯語)는 제9장에도 보이나 지금 이곳의 뜻과는 다르다고 생각되어 이와 같이 번역했다.

3. '중생을 … 깊이 들어간 것은 아니며'까지는 현장이나 티베트 역에 보이지 않는다. 이 같은 곳은 이 장 이외에도 두 군데 있으나, 반대로 없는 곳은 일곱 군데나 있다.

것도 아니며, 인연에 의해서 생하는 것도, 영원불변한 것도 아닙니다. 가르치지도 설하지도 않으며, 베풀지도 않고 탐착하지도 않으며, 계를 지키지도 않고 깨뜨리지도 않으며, 인내하는 일도 성내는 일도 없으며, 정진하는 일도 게으름을 피우는 일도 없으며, 마음이 조용히 안정하거나 산란하지도 않으며, 지혜롭지도 어리석지도 않으며, 나는 일〔出〕도 드는 일〔入〕도 없으며, 어떠한 말로써 표현할 길이 없습니다. 복덕을 낳는 밭〔복전福田〕도 아니고, 부덕을 낳는 밭이 아닌 것도 아니며, 공양에 응하는 것도 아니며, 응하지 않는 것도 아니며, -공양을-취하는 것도 버리는 것도 아니며, 자색(姿色)이 있는 것도 없는 것도 아니며, 진실한 궁극의 깨달음 그 자체〔진제眞諦〕와4 같으며, 진실 그대로의 모습〔법성法性〕과도 같습니다.

말할 수도 잴 수도 없으며, 재는 한도를 넘어서 있으며, 큰 것도 아니고5 작은 것도 아니며, 볼 수도 없고 들을 수도 없으며, 감각할 수도 지각할 수도 없습니다. 이미 번뇌는 모두 끊어 버렸으나 어떠한 지혜와도 같고 어떤 사랑과도 같으므로, 모든 것에 대하여 차별하고 사유하는 일이 없습니다. -그러므로-전혀 잃는 일도 없으며, 더럽혀질 일도 괴로워할 일도 없으며, 지는 일도 일으키는 일도 없으며, 생하는 일도 멸하는 일도 없으며, 두려워하는 일도 근심하는 일도 없으며,

---

4. 현장은 '평등평등(平等平等). 진실제(眞實際)와 같고 법계성(法界性)에 같다'고 했고, 티베트 역은 '평등성에 의하여 평등하고 법성(法性)에 의하여 평등하다'고 했다.
5. 티베트 역은 '간 것도 아니며, 든 것도 아니며, 초절(超絶)한 것도 아니다'고 했다.

기뻐하는 일도 싫어하는 일도 없습니다. 이전에 있었던 것도 아니고 앞으로 있을 것도 아니며, 지금 있는 것도 아니며, 어떠한 언어로도 분명하게 밝힐 수가 없습니다.

세존이시여, 부처님의 몸은 이와 같아서 이같이 보았습니다. 그리고 이같이 보는 것을 바른 내관(內觀＝정관正觀)이라고 하며, 이 밖의 관찰은 그릇된 내관〔사관邪觀〕이라고 합니다.”

그때,6 사리불이 유마힐에게 물었다.

“당신은 어느 나라에서 모습을 없애고〔沒〕, 이 세계에 태어났습니까?”

유마힐이 반문했다.

“그대가 얻은 진실〔法〕은7 모습이 없어지고 생기고 합니까?”

사리불이 말했다.

“없어지고 생기고 하지 않습니다.”

“만약 어떠한 것도 멸하거나 생하는 일이 없다고 한다면 그대는 어찌해서 당신은 어느 나라에서 모습을 없애고 이곳에 태어났느냐고 묻습니까? 어떻게 생각하십니까? 예를 들면 마술사가 꼭두각시 남자나 여자를 만든 경우, 그것은 어디서 모습을 없애고 여기에 태어난 것입니까?”

“모습을 없애고 태어난 것은 아닙니다.”

“그대는 부처님께서 모든 것은 꼭두각시와 같은 것이라고 설

---

6. 다른 역본(譯本)은 어느 것이나 이 앞에 사리불이 부처님에게 유마힐이 어느 부처님 나라에서 이곳으로 왔는가를 묻고, 부처님은 자기 스스로 유마힐에게 물어보라고 한 문장이 있으나 구마라습 역본에는 없다.
7. 승조의 주석에 의하면 ‘얻어진 법이라고 하는 것은 곧 무위무상(無爲無相)의 법이다’고 했다. 이를 참고한 번역이다.

한 것을 들은 일이 없습니까?"

사리불이 답했다.

"그와 같이 들었습니다."

"만약 모든 것이 꼭두각시와 같은 것이라고 한다면, 그대는 어느 나라에서 모습을 없애고 여기 태어났느냐고 어찌하여 묻습니까? 사리불, 모습을 없앤다〔沒〕고 하는 것은 허망한 것이8 무너져 망하는 것이며, 생한다고 하는 것은 그 허망한 것이 존속하고 있는 모습입니다. 보살은 − 어리석은 사람과는 달라서 − 모습을 없애기는 하지만 선의 근본은 없애지 않으며, 태어나도 온갖 악을 증장(增長)하지는 않습니다."

그때, 부처님께서 사리불에게 말씀하셨다.

"묘희국(妙喜國)이라고9 하는 나라가 있는데 부처님의 이름은 무동(無動)이다. 이 유마힐은 그 나라에서 모습을 없애고 이곳에 태어난 사람이다."

사리불은 놀라서 말했다.

"희유한 일입니다. 세존이시여, 이분이 일부러 청정한 나라를 버리고 이같이 성냄과 악화가 많은 곳을 원한 것입니까?"

유마힐은 사리불에게 말했다.

"어떻게 생각하오? 햇빛이 빛날 때 어둠과 함께입니까?"

"아닙니다. 햇빛이 비칠 때는 어떠한 어둠도 없습니다."

---

8. 구마라습은 '허광(虛誑)의 법', 현장은 '행(行)'이라고 번역했다. 즉 전변(轉變)하는 것으로서의 유위(有爲)의 뜻.

9. 이 세계의 부처님은 무동불(無動佛)이다. 이 무동불은 아축불이다. 여기서는 표제가 아축불로 되어 있으나 본문 중에서는 무동불이라고 번역하고 있다. 그러나 지겸 역의 본문은 아축불로 되어 있다.

"그렇다면 태양은 무슨 까닭으로 이 세계〔염부제閻浮提〕10를 비추는 것이지요?"

"밝게 비춤으로써 어둠을 없애고자 하기 때문입니다."

유마힐은 말했다.

"보살도 그와 같습니다. 비록 부정(不淨)한 부처님 나라에 생했다 해도 그것은 이 세상의 중생을 교화하기 위해서이지 결코 어리석은 마음의 어둠과 하나로 결합된 것은 아닙니다. 오직 중생의 번뇌의 어둠을 없앨 뿐입니다."

그때, 모인 대중은 마음속으로 묘희국의 무동여래와 - 그 나라의 - 보살과 성문들을 보고 싶다고 원했다. 부처님은 모인 대중 전부가 마음속으로 생각한 것을 알고 유마힐에게 말씀하셨다.

"그대〔선남자善男子〕는 이 대중을 위하여 묘희국의 무동여래와 보살과 성문을 나타내 주어라, 모두가 보고 싶어 한다."

이에 유마힐은 이렇게 마음속으로 생각했다.

'나는 이곳에 앉은 그대로 묘희국을 옮겨 와야겠다. 철위산(鐵圍山)과 강과 계곡과 하천, 대해(大海), 수원(水原), 수미산과 그 주변의 산들 및 해와 달, 별, 하늘, 용, 귀신, 범천 등의 궁전과 또 수많은 보살들과 성문들, 촌락, 성읍(城邑)의 남녀노유(老幼)들, 내지는 무동여래와 보리수, 시방에서 불사를 이룩하는 온갖 묘한 연꽃까지도 이곳으로 가져와야겠다.

─────────────

10. 수미산 남방에 있는 대륙. 4대주(四大州)의 하나. 수미산을 중심으로 인간 세계를 동서남북의 4주로 나누는데, 염부제는 남주로, 인도 등은 염부제에 속한다고 한다. 본래는 인도의 땅을 가리켰지만, 후에는 이 인간세계를 일컫게 되었다. 현실의 인간세계, 이 세상.

보석과 구슬로 장식된 세 줄기 계단이 염부제(閻浮提)로부터 도리천(忉利天)을 향하여 걸려 있고, 이 보옥으로 장식된 계단을 건너 하늘들이 내려와 무동여래를 예배하고 그 가르침을 듣는가 하면, 염부제의 사람들도 그 계단을 올라 도리천에 이르러 그 천신(天神)들을 만난다. 묘희국은 이같이 한량없는 공덕을 성취했고, 위로는 아카니슈타(Akbniṣtc＝정천頂天. 색계의 18천 가운데 최고이므로 색구경천色究竟天이라 함)로부터 아래로는 물가에 이르기까지 마치 도공(陶工)이 녹로(轆轤)를 오른손에 쥐고 이 세계에 가져다 꽃다발을 보이듯이 보여주어야겠다.'

이같이 생각하고 삼매에 들었다. 그리고 초인적인 힘을 발휘하여 묘희국을 떼어 내어 이 땅 위에 놓았다. 그러나 초인적인 능력을 갖춘 그 나라의 보살들과 성문들과 그 밖의 천신들은 함께 소리를 내어 말했다.

"아, 이것은 어찌된 일인가? 세존이시여, 누가 저희들을 데리고 가는 것입니까? 바라오니 구해 주십시오."

무동불은 말했다.

"내가 하는 것이 아니다. 이는 유마힐의 초인적인 힘이 하는 것이다."

그밖에 초인적인 능력을 갖추지 못한 자들은 자기가 어디로 가고 있는지를 알지 못하고 느끼지도 못했다. ―그리고 보다 불가사의한 것은― 묘희국의 세계가 이 나라 안에 들어와도 증감하는 일이 없고, 이 세계가 좋아지지도 않고 본래와 같은 것이다.

그때, 부처님[석가모니불]께서는 모든 대중에게 말씀하셨다.

"너희들은 묘희국의 무동여래와 그 나라의 아름다운 장엄과 보살들의 청정한 행과 제자들의 청정함을 보아라."

모든 사람들이 말했다.

"예, 말씀과 같이 이미 보았습니다."

부처님께서 말씀하셨다.

"만약 이같이 청정한 부처님의 나라를 건설하고자 원하면 보살은 마땅히 무동여래가 행한 길을 닦아 가지 않으면 안 된다."

그런데 이 묘희국이 이곳에 출현했을 때, 이 사바세계의 14 나유타(那由陀, 아주 많은 수를 가리키는 단위)에 달하는 사람들이 최고의 깨달음을 구하는 마음[아뇩다라삼막삼보리심]을 일으키고 묘희국에 태어나기를 원했으므로, 부처님[석가모니불]은 곧 그들에게 예언하셨다.

"반드시 저 나라에 태어나리라."

그때, 묘희국이 이 세계에서 도움을 주는 일이 끝났으므로 본래의 곳으로 돌아갔다. 모든 사람은 똑같이 그것을 보았다.

부처님께서는 사리불에게 말씀하셨다.

"그대는 저 묘희국과 무동불을 보았는가? 어떠한가?"

"예, 보았습니다. 세존이시여, 원하옵니다. 일체 중생으로 하여금 청정한 나라를 얻음이 무동불과 같고, 초인적인 힘을 얻음이 유마힐과 같도록 해주십시오. 세존이시여, 저희들은 명쾌하게 뛰어난 은혜[선리善利]를 얻어 이 같은 분을 가까이하고 공양할 수 있게 되었습니다. 만약 지금 현재, 혹은 부처님께서 멸한 다음에도 이 경전을 귀에 하는 모든 중생은 지금과 똑같은 은혜를 입을 것입니다. 하물며 들은 다음에 믿고 이해하며, 기억하고, 독송하며, 해설하고, 가르침 그대로 수행하면 그 은혜는 얼마나 하겠습니까?

만약 이 경전을 손에 하면 그 사람은 이미 가르침의 보고(寶庫)를 손에 넣은 것이 되고, 만약 독송하고 그 뜻을 해석하고 설하는 바와 같이 수행하면 그때는 수많은 부처님의 가호를 받습니다. 또 이 같은 사람을 공양할 때는 부처님을 공양하는 것이라고 마땅히 알아야 합니다. 이 경전을 서사(書寫)하여 지닌 사람이 있으면 마땅히 그 방 안에 여래가 있다고 알아야 합니다. 만약 이 경전을 듣고 마음으로부터 기뻐하는 사람은 진정 일체를 아는 지혜[일체지—切智]를 얻은 사람이며, 만약 이 경전의 아주 적은 시(詩) 한 구절이라도 믿고 이해하고 남에게 설하여 들려주는 사람은 최고의 깨달음을 얻는다고 하는 예언을 받는 사람이라고 알아야 합니다."

제13장 가르침의 공양供養

그때 제석천이 모인 대중 가운데서 부처님께 아뢰었다.

"세존이시여, 저는 부처님과 문수사리로부터 백천(百千)의 경을 들었습니다. 그러나 지금까지 이처럼 불가사의하고 자유자재하며, 초인적인 힘을 가진 결정적 실상의 경전에 접한 적은 없습니다. 부처님께서 설하신 말씀의 뜻을 제가 이해한 범위 안에서는, 만약 누구든 이 경전의 가르침을 듣고 그것을 믿고 이해하며 기억하고 독송할 때에는 반드시 이 경전−의 진실−을 체득함에 틀림없을 것이며, 가르침 그대로 수행한다면 이 사람은 온갖 죄의 과보를 받는[악취惡趣] 일이 없으며, 선의 과보를 받아서 항상 많은 부처님의 가호를 받을 것입니다. 또 이교도[외학外學]를 설복하고, 악마나 원수를 쳐부수고, 깨달음[보리]에의 길에 나아가게 하며, 도장(道場)에 편안하게 거처하여 부처가 수행하신 뒤를 밟아 갈 것입니다.

세존이시여, 만약 기억하고 독송하며 혹은 설해진 그대로 수행하는 사람이 있을 때, 저는 반드시 권속과 함께 공양하고 받들겠습니다. 촌락이나 성읍, 산과 숲, 광야, 그 어디를 가리지 않고 이 경전이 있는 곳이면 저와 저의 권속은 이 가르침을 듣기 위하여 찾아가고, 아직 믿지 않는 사람이 있으면 당연히 믿게 하고, 이미 믿은 사람은 반드시 지키겠습니다."

부처님이 말했다.

"매우 좋은 일이다. 그대가 말한 그대로이므로 나도 그대의 기뻐하는 일을 도우리라. 이 경전은 과거·현재·미래의 모든 부처와 그 불가사의한 최고의 깨달음을 널리 설한 것이다. 그러므로 제석천, 이 경전을 기억하고 독송하며 공양하는 훌륭한 남녀는 과거·현재·미래의 모든 부처님을 공양한 것이 된다. 제석천, 지금 이곳에 삼천대천세계의 부처님이 충만하여, 비유컨대 감자나 대〔竹〕, 갈대, 베, 삼〔麻〕, 숲과 같이 많다고 하자. 만약 착한 남녀가 있어서 혹은 일겁(一劫)에 걸쳐, 혹은 일겁이 못 되는 동안1 – 이들 부처들을 – 존경하고 찬탄하며 공양하여 – 부처의 몸을 – 조심하는 온갖 봉사를 다하고, 부처가 멸한 다음은 하나하나의 전신사리(全身舍利)를2 모아서 칠보로 장식된 탑을 짓고, 그 넓이는 네 개의 대륙〔일사천하一四天下〕에 미치며, 높이는 범천에 이를 만큼 높고, 앞의 기둥은 장엄하고, 꽃이나 향, 영락(瓔珞), 당(幢), 번(幡), 음악 등 언어라는 모든 언어를 가져도 표현할 수 없을 만큼 훌륭하게

---

1. 구마라습은 '멸일겁(滅一劫)'이라고 했으나 현장과 티베트 역은 '일겁여(一劫餘)'라고 했다. 문맥으로 보아도 '일겁을 지나서까지'가 옳다고 생각된다.

2. Śarīra의 음사(音寫). 신체, 신골(身骨)의 뜻. 특히 불(佛)이나 성자(聖者)의 유골을 말한다. 석존 멸후(滅後) 유체(遺體)를 화장하여 나온 사리를 각지에 보내서 탑에 안치했다. 그 탑을 스투파(stūpa)라고 하는데, 1898년 카피라 밧투에서 조금 떨어진 지금의 인도 피프라흐와의 한 고분(古墳)에서 '석존의 유골'이라고 명기된 골호(骨壺)가 발견된 것은 유명하다. 그리고 우리나라의 전국 각 사찰에도 불사리는 많이 안치되어 있다.

지어서, 혹은 일겁에 걸치고, 혹은 일겁에 미치지 못하는 동안 이 탑에 공양한다면, 제석천의 생각은 어떠한가? 이 사람이 심은 부덕은 많은 것일까, 어떠한가?"

제석천은 답했다.

"매우 많습니다. 세존이시여, 그 부덕은 길고 긴 무한의 시간[백천억겁百千億劫]에 걸쳐 설해도 다 설할 수는 없습니다."

부처님께서 제석천에게 말씀하셨다.

"이 불가사의한 깨달음의 경전을 듣고 믿고 이해하고 기억하며 독송하고 수행하는 훌륭한 남녀의 복덕은-지금 말한-그 사람보다도 많다고 알아야 한다. 왜냐하면 부처님의 깨달음은 모두 이 경전에서 나온 것이며, 그 깨달음의 모습은 헤아릴 수가 없기 때문이다. 그러므로 부덕은 헤아릴 수가 없다."

부처님은 다시 제석천에게 말씀하셨다.

"헤아릴 수 없을 만큼 먼 무한한 과거[과거무량아승지겁過去無量阿僧祇劫]에 부처님이 나타나 약왕(藥王)여래라고 불렸다. 그리고 응공(應供), 정변지(正徧知), 명행족(明行足), 선서(善逝), 세간해(世間解), 무상사(無上士), 조어장부(調御丈夫), 천인사(天人士), 불(佛), 세존이라고도 부른다. 그 세계를 대장엄(大莊嚴)이라 하고 그 때[劫]를 엄장(嚴莊)이라고 말한다.

부처님의 수명은 20소겁(小劫=현장과 티베트 역은 20중겁中劫)이며, 그 출가한 제자들[성문승聲聞僧]은 30억 나유타이고 보살의 모임[보살승]은 12억이 있었다.

제석천, 그 무렵 전륜성왕(轉輪聖王)이 있어서 칠보(금은 등의 칠보가 아니고 전륜성왕이 지닌 것)를 갖추고 네 개의 대륙을 통일하고 있었다. 이 왕에게는 1천 명의 왕자가 있었으며, 단정하고 강건하여 능히 적을 항복시킬 수가 있었다. 이때, 보개왕(寶蓋王)은 그 권속과 함께 약왕여래에게 공양을 올리고—부처님의 몸을—평안하게 하는 온갖 것을 올려 다섯 겁에 이르고 이윽고 다섯 겁이 지났으므로, 그 천 명의 왕자들에게 이같이 말했다. '너희들도 나와 같이 진심으로 부처님에게 공양해야 한다.' 그리하여 천 명의 왕자들은 부왕(父王)의 분부대로 약왕여래에게 공양을 바치고 편안하게 하는 모든 것을 받들어 올리기 다섯 겁에 이르렀다.

이에 그 왕자 중에 월개(月蓋)라고 하는 아들이 있었는데, 그는 홀로 고요히 앉아 '도대체 공양 중에 이 같은 공양이 또 있을까?'하고 생각했다.

그때, 부처님의 초인적인 힘으로 공중에 하늘이 나타나, '여보게, 가르침[法]의 공양이 어떠한 공양보다도 훌륭한 것일세.'라고 말했다.

왕자는 곧 물었다.

'가르침의 공양이란 어떤 것인가?'

하늘이 말했다.

'자네가 약왕여래에게 가서 묻는 것이 좋을 것일세. 자네를 위하여 반드시 상세히 가르침의 공양을 가르쳐 줄 거야.'

월개왕자는 곧 약왕여래를 찾아갔다. 부처님의 발에 머리를 조아려 절하고 물러나 한쪽 자리에 앉았다. 그리고 부처님께 물었다.

'세존이시여, 모든 공양 가운데 가르침의 공양이 가장 훌륭하다고 하는데, 어떠한 것을 가르침의 공양이라고 합니까?'

부처님[약왕여래]은 다음과 같이 말씀하셨다.

'젊은이, 가르침의 공양이라고 하는 것은 부처님들이 설하시는 깊은 의미를 지닌 경전을 말하는 것이다. 이는 모든 세간에서는 믿기 어렵고 받아들이기 어려운 것으로서 미묘하기 때문에 보기가 어렵고, 청정하므로 물들지 않았으며, 분별이나 사유로써 이해되는 것이 아니다. 보살을 위한 가르침의 갈무리 안에 쌓여 있고 다라니(陀羅尼)의 인(印)으로 봉인되어 있어서, 얻은 공덕은 두 번 다시 잃지 않는 것이다.─그러므로 보살은─여섯 가지 수행을 완성[육도六度]3하고, 뜻을 바르게 분별하여 깨달음[보리]의 진실[法]에 따르는 자가 된다.─이 경전이야말로─모든 경전의 위에 있어 광대한 부처님의 자비에 이끌어 들이고, 모든 악마의 장애와 삿된 생을 떠나서 인연의 도리에 따르고, 자아(=我)도4 실제로서의 개인[人]도 살아 있는 것[중생]도 생명으로서의 개체[수명]도 없으며, 공(空)하여 차별도 없고 바라는 일도 없으며, 인연이 없으면 생하는 일도 없다고 설하여 중생으로 하여금 도장에 앉게 하여 법륜(法輪, 진실한 가르침을 설하는 것)을 굴리게 한다. 하늘과 용신(龍神), 건달바(乾達婆)들은 한결같이 이를 칭찬한다.

또 중생을 부처님의 가르침[법장法藏]에 이끌어 들이고, 많

---

3. 보시(布施)・지계(持戒)・인욕(忍辱)・정진(精進)・선정(禪定)・지혜(智慧)의 피안(彼岸)에 이르는 여섯 가지 뛰어난 수행. 육바라밀과 같다.
4. 이 대문을 현장은 '안으로 자아가 없고[무아無我], 밖으로 살아 있는 것[유정有情]이 없다고 알고, 그 중간에 있어서도 생명으로서의 개체[수명자壽命者]도 없으며, 기르는 자[양육자]도 없고, 궁극에 있어서 실체로서의 개인[보특가라補特伽羅]이라고 하는 본성도 있지 않다'고 했으며, 티베트 역은 '자아도 없고, 살아 있는 것도 없으며, 생명으로서의 개체도, 실체로서의 개인도 없다'고 했다.

은 현자와 성인의 지혜를 모두 포용하며, 보살이 행하는 일을 설하여 가르치며, 모든 존재의 진실한 모습〔제법실상諸法實相〕이 가리키는 바를 따라─모든 존재는─무상하고, 괴로움으로 가득 차고, 공하며 영원히 변하지 않는 주체〔我〕는 없다는 것과, 깨달음의 가르침을 밝혀서 계를 지키지 않는 어떠한 사람도 구제하고, 많은 악마와 이교도와 탐욕으로 얽힌 사람에게 두려워하게 한다.─그러므로─부처님과 현성(賢聖)이 함께 칭찬한다. 또 생사의 괴로움을 버리고 깨달음의 경계〔열반〕의 즐거움을 나타내고, 과거・현재・미래에 걸친 시방의 모든 부처가 설하는 바인 것이다. 만약 이와 같은 경전을 듣고서 믿고 이해하고 기억하여 독송하고, 방편을 써서 온갖 중생을 위하여 분별해 주고 해설하고 분명하게 밝혀서 납득하게 하면, 이것은 가르침을 지키고자 하는 것이므로 이것을 가르침의 공양이라고 하는 것이다.

또 설해진 바와 같이 모든 것에 있어서 수행하고 생존의 조건을 가리킨 열두 가지 계열〔12인연〕에 따라서 모든 삿된 생각을 떠나고, 진리를 깨달은 마음의 평온함〔무생인無生忍〕을 얻어 개체적인 전체로서의 주체〔我〕가 없고 살아 있는 것〔중생〕도 없음을 분명하게 깨달음과 동시에, 직접 간접의 원인과 그 결과에 있어서도 상이함이 없으며 개체적인 전체로서의 주체에 소속〔아소我所〕하는 온갖 것으로부터도 멀어지며, 가르침의 의미를 중시(重視)하나 말에 얽매이지 않으며,5 진실한 지

---

5. 이 이하의 네 가지를 '사의(四依)'라고 하여 그 반대되는 것을 '사불의(四不依)'라고 한다. 즉 여기서 가리키고 있는 것을 순서대로 말하면

혜를 의지하지만 마음의 움직임[識]에 의하지 않으며, 가르침을 완전히 나타낸 경전[대승경전]을 의지하나 불완전한 경전[불요의장不了義張＝소승경전]에 의지하지 않고, 가르침[法]에 의지하나 사람에게 의지하지 않고, 있는 그대로의 진실한 모습[법상法相]에 따르므로 들어감[入]도 돌아감[歸]도 없으며, 무명(無明)이 궁극에 없어지므로 모든 행도 궁극에 있어서는 없어지며, 내지 생도6 궁극에 있어서는 없어지므로 늙음도 죽음도 궁극에 있어서는 없어지는 것이며, 이같이 관찰하면 이 열두 가지 계열[12인연]에 있어서 다하여 없어지는 모습이 있지 않고, 또 그와 같이 보는 생각도 일지 않는다. 이것을 최상의 가르침의 공양이라고 하는 것이니라.'"

그리고 다시 부처님[석가모니불]은 제석천에게 말씀하셨다.

"월개 왕자는 약왕에게 이와 같은 가르침을 받고 바르게 생각하여 스스로 깨달을[유순인柔順忍] 수가 있었다. 그리고 곧 보옥으로 장식한 옷과 장신구를 부처님께 공양했다. 그리고 부처님께 아뢰었다.

'세존이시여, 부처님께서 멸하신 뒤에 저는 반드시 가르침의 공양으로 가르침을 지켜 나아갈 것입니다. 바라오니 뛰어난 힘으로 자비를 베푸시어 힘이 되어 주십시오. 제가 악마나 원수를 항복시켜 보살의 행을 닦을 수 있도록 해주십시오.'

부처님은 그 깊은 마음으로부터 바라는 것을 알고 그에게

다음과 같다. ① 의의불의어(依義不依語) ② 의지불의식(依智不依識) ③ 의료의경의불료의경(依了義經依不了義經) ④ 의법불의인(依法不依人).
6. 12인연의 행(行)으로부터 유(有)까지를 생략하여 내지라 했다.

예언을 주었다.

'그대는 내가 멸한 뒤 가르침의 성[법성法城]을 지키리라.'

제석천, 월개왕자는 가르침이 청정한 것을 알고 부처님의 예언을 얻어 출가했다. 그리하여 바른 가르침을 닦고 정진한 결과 오래지 않아 다섯 가지 초인적인 능력을 갖추게 되고, 보살의 수행을 성취하여 뛰어난 기억력[다라니]과 다함없는 변설의 재능을 얻었다. 부처님이 멸한 뒤에는 그 얻은 초인적인 능력과 기억과 변설의 재능을 가지고 10소겁(小劫)이 다하도록 약왕불이 설한 가르침을 그대로 설하여 넓혔다.

월개비구(月蓋比丘)는 가르침을 지키고 잘 수행했으므로 그 생애에 있어서 백만억(億)의 사람을 교화하고 그 모두가 최고의 깨달음[아뇩다라삼막삼보리]을 얻게 하여 다시는 물러서지 않게 했다. 또 14나유타에 달하는 다른 사람들은 스스로의 힘으로 성문이나 벽지불이 되고자 깊이 원했으며, 수많은 사람들이 천상에 태어날 수가 있었다.

제석천, 그때의 보개왕은 다른 사람이 아닌, 지금의 부처가 되어 보염(寶焰)여래라고 불리는 분이며, 그 왕자들은 곧 현겁(賢劫)의 천불(千佛)이다.7 가라구손다(迦羅鳩孫馱)가 처음

---

7. 현겁천인불(賢劫千人佛), 혹은 현겁천불(賢劫千佛)이라고도 한다. 세계의 성립과 파괴 과정에 관련하여 설해지는 것에 겁(劫, 제6장 주 8 참조)의 관념이 있다. 이것을 나타내는데 성(成), 주(住), 괴(壞), 공(空)의 4겁이 있고 이것이 하나가 되어 1대겁(大劫)을 구성한다. 4겁은 각각 20중겁(中劫)이므로 1대겁은 80겁, 그리고 지금 현재의 1대겁을 현겁(賢劫)이라고 한다. 이 현겁에서는 주겁(住劫)의 제9 멸겁(滅劫) 때에 처음으로 부처가 이승에 출현하고 그 부처님의 이름이 가라구손다(迦羅鳩孫馱), 혹은 구류손(拘留孫)으로 Krakucchanda의 음사(音寫)

부처가 된 이래 최후의 부처는 누지(樓至)라고 해왔다. 그리고 월개비구는 곧 나이니라.

제석천, 이와 같이 마땅히 알아야 한다. 가르침의 공양을 모든 공양 중에 제일 으뜸으로 삼고 비교할 바 없는 제일로 삼는다. 그러므로 제석천, 가르침의 공양에 의하여 부처님을 공양해야 하느니라."

이다. 이 부처님을 필두로 천불(千佛)이 나온다고 했는데 구나함년니불(拘那含年尼佛)→가섭불→석가모니불로 이어져 제10의 증멸(增滅)의 멸겁에 미륵불, 그리고 그 뒤로 994인의 불(佛)이 나와 제20의 증멸의 증겁(增劫) 때 누지불(樓至佛)이 나와서 현겁은 끝난다.

❧ 제14장 위촉委囑 ❧

그리하여 부처님께서는 미륵(彌勒)보살에게 말씀하셨다.

"미륵, 나는 이제 헤아릴 수 없이 무수한 시간에 걸쳐 모아온 최고의 깨달음에 관한 가르침을 그대에게 위촉하고자 한다.

이 같은 종류의 경전은 부처가 멸한 뒤의 말세(末世)에 있어서 너희들이 초인적인 힘을 발휘하여 염부제에 널리 설하여 유포시켜 단절되지 않도록 해야 한다. 왜냐하면 앞으로의 오랜 장래에는 훌륭한 젊은 남녀가 하늘, 용, 귀신, 건달바, 나찰(羅刹 Rākṣasa, 악귀로서 인간의 혈육을 먹고 공중과 지상을 질주한다. 여성성을 가지면 나찰녀羅刹女라고 한다. 범천 등과 같이 불교 수호신 12천의 하나) 등이 최고의 깨달음을 얻고자 원(願)을 세워 대승의 가르침을 구하는 일이 반드시 있을 것이기 때문이다. 만약, 이러한 경전을 듣지 못하게 하면, 그때는 뛰어난―대승의―은혜를 잃게 될 것이다. 이러한 사람은 이들 경전을 들으면 반드시 마음으로부터 믿고 기쁨에 싸일 것이고, 희유한 마음을 낼 것이다. 그러므로 받아서 중생이 어떻게 하면 이익을 얻을 수 있는가에 따라, 이들을 위하여 널리 설하여 들려주어야 한다.

미륵, 보살에게는 두 가지가 있음을 알고 있을 것이다. 하나는 잡된 글귀나 무익한 말의 수식을 즐기는 것이며, 나머지

하나는 심원한 뜻과 내용을 두려워하지 않고 참으로 그 핵심을 정확하게 파악하는 사람이다. 잡된 글귀나 무익한 말의 수식을 즐기면 그것은 수행에 겨우 들어선〔신학新學〕보살이라고 알아야 한다. 만약, 그와 같이 오염이나 집착을 초월한 심원한 경전을 접해도 두려워하지 않고 능히 그 안에 들고, 듣고, 마음이 청정해지고, 기억하고, 독송하며, 설하는 그대로를 수행하면, 이 사람은 깊이 깨달음의 수행을 닦은 사람이라고 알아야 한다.

미륵, 또 수행에 겨우 들어선 보살에게는 두 가지가 있다. -이들은- 심원한 가르침을 확실하게 파악하지 못한다. 무엇을 둘로 보는가1 하면, 하나는 아직 들은 일이 없는 심원한 경전을 듣고 놀라고 두려워 의심하는 마음이 생겨서, '나는 아직 들은 일이 없다. 어디서 온 것일까?'고 말한다. 둘은, 이같이 심원한 경전을 지키고 해설하는 사람이 함께 있어도 인정하고자 하지 않고, 친근(親近)하여 공양하고자 하지 않고 공경하지 않으며, 때로는 -청중- 속에 있으면서 비방까지 한다. 이 두 가지를 갖춘 사람은 수행을 겨우 시작한 보살로서 스스로를 상하게 하고, 심원한 가르침을 들으면서도 그 마음을 억제하여 다스릴 수 없는 사람이라고 알아야 한다.

미륵, 또 두 가지가 있다. 이 보살은 심원한 가르침을 믿고 이해하고는 있지만, 그럼에도 불구하고 스스로 상처를 내므로 진리를 깨달은 마음의 평온〔무생법인無生法忍〕을 얻을 수가 없

---

1. 현장은 '4'라 번역했다. 즉 구마라습이 1로 본 내용을 둘로 나누어 4로 셈한 것이다.

다. 무엇을 둘이라 하는가 하면, 하나는 겨우 수행에 들어선 보살을 경멸하여 교화하고자 하지 않는 것이며, 둘은 심원한 가르침을 믿고는 있으나 표면(=相)만을 가지고 분별한다. 이 것을 둘이라 한다."

미륵보살은 이같이 설하는 것을 듣고 부처님께 아뢰었다.

"세존이시여, 참으로 훌륭합니다. 부처님께서 설하신 바와 같이, 저는 이 같은 나쁜 점을 멀리하고, 헤아릴 수 없이 영원한 시간[무수아승지겁無數阿僧祇劫]에 걸쳐 모여진 최고의 깨달음에 관한 가르침을 봉행하겠습니다. 만약, 장차 훌륭한 젊은 남녀로서 대승(大乘)을 구하는 이가 있으면, 이 같은 종류의 경전을 전하고, 그에게 기억력을 주어 기억하게 하고, 독송하게 하며, 남을 위하여 상세히 설하도록 하겠습니다.

세존이시여, 만약 뒤에 오는 말세에 기억하고 독송하며 남을 위하여 설하는 사람이 있으면 이는 미륵이 초인적인 힘을 발휘하여 성취한 일이라고 살펴 주십시오."

부처님은 말씀하셨다.

"선재(善哉), 선재라. 미륵, 그대의 말과 같다. 부처도 그대의 기쁨을 성원하리라."

이에 보살들은 합장하고 부처님께 아뢰었다.

"저희들도 부처님께서 멸한 뒤에는 시방의 나라에서 이 최고의 깨달음에 이르는 가르침을 널리 유포하고, 가르침을 설하는 많은 사람을 지도하여 이 경전을 이해시키겠습니다."

그때 사천왕들도 부처님께 아뢰었다.

"세존이시여, 이 경전이 설해지는 모든 곳의 성읍과 촌락, 산과 숲, 광야의 어디든, 저희들은 권속을 데리고 가서 가르침을 듣고, 그 사람을 지키고, ─악마가 엄습하는─백유순(百由旬)의 사방을 틈이 없게 하겠습니다."

그때 부처님께서는 아난에게 말씀하셨다.

"이 경전을 기억하여 널리 퍼지도록 설해라."

아난이 말했다.

"네, 이미 저는 중요한 것을 기억하고 있습니다. 세존이시여, 이 경전의 이름을 어떻게 부름이 마땅합니까?"

부처님께서 말씀하셨다.

"아난, 이 경전을 '유마힐이 설하다[經]'고 이름한다. 혹은 또 '불가사의한 깨달음의 경계'라고 부르기로 한다. 이같이 기억하여라."

부처님께서는 이 경전을 설하여 마쳤다. 장자 유마힐과 문수사리·사리불·아난·천상의 신들·아수라 등 모인 대중은 한결같이 커다란 기쁨에 싸이고 마음으로부터 믿고 봉행했다.

화엄경

華嚴經

제1 적멸도장(寂滅道場)의 모임

❧ 제1장 세간정안품世間淨眼品 ❧

1장은 붓다가 처음으로 깨달음을 얻은 때의 광경이다. 붓다는 깨달음을 얻자 곧 화엄경(華嚴經)의 교주(敎主)인 비로자나불(佛)과1 일체가 된다. 붓다를 둘러싼 많은 사람들이 한 사람씩 차례로 일어서서 붓다를 찬탄한다. 이 찬탄은 깨달음의 내용을 암시하는 서곡이다.

이와 같이 나는 들었다.

어느 때, 부처님께서는 마가다국의 적멸도장(寂滅道場)에 계셨다. 부처님께서 처음으로 깨달음을 열었을 때, 대지는 깨끗해지고 온갖 보화와 꽃으로 장식되어 있었으며 아름다운 향기가 넘쳐흘렀다. 또 화환(花環)은 부처님 주위를 둘러싸고 있었으며, 그 위에 금·은·유리·수정·산호·마노(瑪瑙)·차거

---

1. Vairocana. 광(光)·태양의 뜻. 화엄경의 교주(敎主)로서 3세(世)시방의 우주와 동체(同體)이다. 따라서 석가모니불(佛)과는 일체이다. 그러므로 화엄경의 교주는 곧 석가모니불이며, 화엄경을 설하고 있는 연화장장엄세계(蓮華藏莊嚴世界)는 석가모니불이 교화하는 세계가 된다.

(碑磲) 등 진귀한 보석이 뿌려져 있었으며, 수많은 나무들은 그 잎과 가지에서 빛을 발하여 빛나고 있었다. 이 같은 광경은 부처님의 신통력에 의해서 나타난 것이었다.

부처님은 이 사자좌(獅子座)에 앉아서 최고의 깨달음을 이루었던 것이다. 부처님은 과거·현재·미래의 진리가 평등함을 깨달았으며, 그 지혜의 빛은 모든 사람의 몸속까지 비추고 그 미묘한 깨달음의 음성은 세계 끝까지 들렸다. 그것은 마치 허공을 질러가듯이 아무런 장애도 받지 않는다. 부처님은 평등한 마음으로 모든 사람들 가까이에 계시며, 모든 사람들의 행(行)을 알고 계신다. 그 지혜의 빛은 일체의 어둠을 없애고, 무수한 부처의 나라를 나타내며, 여러 가지 방편을 써서 사람들을 교화한다.

부처님은 보현(普賢)보살, 보덕지광(普德智光)보살 등 무수한 보살들과 함께 계신다. 이 보살들은 옛날 함께 수행한 비로자나 부처의 벗들이며 뛰어난 모든 덕을 완성한 이들이었다. 그들은 보살의 수행을 마쳤으며 지혜의 눈은 밝아 과거·현재·미래를 통찰하고 있다. 마음은 고요히 통일되어 있지만, 한 번 진리를 말하기 시작하면 광대한 바다와 같이 다하는 일이 없다. 모든 사람의 마음의 움직임을 알고 있으며, 그에 따라 그 괴로움을 없애주고, 또 어떠한 일이든 그 안에 뛰어들어 능히 이를 경험하고, 버릴 것은 버리고 지닐 것은 취한다. 모든 부처의 세계에 놀며 정토(淨土)를 건설하고자 하는 원(願)을 일으키고, 무수한 부처를 예배하며 공양하고 자신의 몸은 부처의 공덕으로 충만해 있다.

이 보살들은 부처님 주위에서 시중을 들고 있었다. 그러나 이 밖에도 부처님을 호위하는 자들과 도장을 지키는 신들, 대지와 수목의 신들, 하천과 바다의 신들, 혹은 아수라, 나후라(羅睺羅), 긴나라(緊那羅), 그 밖의 악귀(惡鬼)와 악신(惡神), 또는 삼십삼천왕(三十三天王), 야마천왕(夜摩天王), 도솔천왕(兜率天王), 화락천왕(化樂天王), 타화자재천왕(他化自在天王) 등 무수한 자들이 부처님의 곁에 엎드려 있었다. 그들은 모두가 부처님의 가르침을 자유자재하게 지니고 있었으며 여러 방편(方便)으로 모든 사람을 교화하는 능력을 지니고 있었다.

그때 이들 수많은 하늘과 왕, 그리고 보살들 한 사람 한 사람은 부처님의 신통력을 받아 부처가 깨달은 세계를 찬탄했다.

그 가운데 낙업광명천왕(樂業光明天王)이라는 자가 있었다. 그는 부처님의 신통력을 받아 다음과 같이 찬탄했다.

"모든 부처의 경계는 매우 깊어서 마음으로 측량할 수가 없다. 부처는 수를 알 수 없는 중생을 교화해 궁극의 깨달음에 이르는 길을 걷게 한다. 모든 사물의 진실한 모습은 동란(動亂)을 떠나서 고요히 통일되어 있고, 그 근저는 어떠한 것으로부터도 장애를 받지 않는다. 여래는 신통력으로, 비록 한 개의 털구멍 안에서라도 중생을 위해 위 없는 진리를 설해 밝혀 준다. 여래는 진리의 깊은 의미를 통찰하고 중생의 능력에 따라서 불멸의 가르침을 비와 같이 내리고, 그로 인해 많은 진리의 문이 열려 고요히 통일되어 있는 평등하고 진실한 세계로 중생을 이끌어 들인다."

또 시기대범(尸棄大梵)은 부처님의 신통력을 입어 다음과 같이 칭찬했다.

"부처의 몸〔불신佛身〕은 맑아 언제나 고요하다. 가령 시방세계를 비추어도 부처의 몸은 모습이 없고 형태를 나타내는 일이 없으며, 흡사 하늘에 떠있는 구름과 같다. 이같이 부처의 몸은 고요한 통일의 경계에 있으므로 어떠한 중생도 마음으로 측량해 알 수 있는 것이 아니다. 또 여래는[2] 진리의 대해(大海)를 한 소리로써 설해 맞추고 조금도 모자람이 없다. 여래의 미묘한 음성은 깊고 또 충만하며, 중생은 저마다의 능력〔인격〕에 따라서 그 가르침을 받아들일 수가 있다. 삼세(三世)에 걸친 시방의 부처가 얻은 바의 보살행(菩薩行)은 모든 여래의 몸 안에 나타나 있다. 그러나 여래는 그것을 조금도 꾸미지(의식하지) 않는다. 부처의 몸은 흡사 허공과 같으며 다하여 그치는 일이 없다. 부처의 몸은 모습이 없으며, 따라서 어떠한 것으로부터도 방해를 받지 않는다."

또 일광천자(日光天子)는 부처님의 신통력을 입고 다음과 같이 찬탄했다.

"부처의 지혜의 빛은 한량없는 시방의 국토를 비추어 끝이 없으며, 모든 중생으로 하여금 눈앞에 부처를 보고 신봉하게 한다. 중생의 세계는 대해와 같이 넓지만 부처는 그 마음을 잘 알고 있으며, 중생의 지혜의 바다를 개발한다. 여래는 이 세상에

---

2. Tathāgata. '여(如)로부터 온 사람'이란 뜻. 즉 진여(眞如, 영원불변하는 진리의 당체當體)로부터 와서 중생을 교화하는 부처를 말한다. 따라서 각자(覺者)인 불(佛, Buddha)과 같은 뜻.

나시어 넓은 시방을 남김없이 비춘다. 여래의 영원불변한 진실의 모습(법신法身)은3 어떠한 것에도 비교할 수가 없으며 위없는 지혜로써 진리를 설한다. 여래가 중생의 여러 가지 생활 속에 뛰어들어 고난을 겪는 것은 오로지 중생을 위해서다. 여래는 그때그때의 〔환경에〕 따라서 오묘한 몸을 나타낸다. 그러나 그것은 마치 보름달과 같고, 혹은 허공에 맑은 빛이 비치는 것과 같은 것이다. 무지(無知)로 인해 마음이 어두운 중생은 장님이 눈을 잃은 것과 같다. 여래는 그러한 괴로움을 당하고 있는 중생을 위해 밝은 눈을 열어 주고, 지혜의 등불을 밝혀 청정한 몸을 중생 앞에 나타낸다."

또 비사문야차왕(毘沙門夜叉王)은 부처님의 신통력을 입어 다음과 같이 칭찬했다.

"중생의 죄는 깊고 무겁다. 아무리 오랜 세월을 보내도 부처님을 만날 수가 없다. 미혹의 세계를 흐르고 또 흘러가 다음에서 다음으로 이어 오는 괴로움을 받는다. 부처님은 이들 중생을 구하기 위해 이승에 나오셨다. 부처님은 시방의 모든 중생 앞에 모습을 나타내고 여러 가지 세계에 있는 중생의 괴로

---

3. 부처의 몸을 법신(法身)·보신(報身)·응신(應身)으로 나눈다. 보신은 깨달음을 완성한 몸. 응신은 중생을 교화하기 위해서 나타내는 몸. 법신은 빛깔도 형상도 없는 진실 그 자체의 몸으로 영원불변하는 진실의 그 자체를 말한다. 존재하는 것의 있는 그대로의 모습을 알 때, 진리는 얻어지며 진실의 모습이야말로 만유(萬有)의 본원적(本源的)인 실체이며 차별을 떠난 절대(絶對)이며, 이것을 불교에서는 진여(眞如), 법성(法性), 제법실상(諸法實相)이라고 한다. 이 같은 진여를 부처라고 파악할 때 이를 법신이라고 한다.

움을 뽑아 버린다. 부처님은 방편을 써서 중생의 무거운 죄와 악업(惡業)의 장애를 없애고, 중생을 진리[정법正法] 안에 안주하게 한다. 부처님은 헤아릴 수 없이 긴 세월을 수행하고 있던 때, 시방의 모든 부처님을 찬탄한 일이 있었다. 그로 인해 높고 위대한 부처님 이름이 시방의 모든 나라에 전해졌다. 부처님의 지혜는 허공과 같이 끝이 없으며, 그 영원불멸하는 진실의 모습 그 자체[법신法身]는 불가사의하다고 할 수밖에 없다."

이 밖에도 많은 천신과 보살들이 차례로 부처님의 신통력을 받아서는 부처님의 세계를 찬탄했다. 그러한 찬탄이 끝났을 때, 연화장장엄세계(蓮華藏莊嚴世界)는4 부처님의 초인적인 힘으로 불가사의한 변화를 일으키며 진동했다. 그리고 모든 세계의 왕들은 불가사의한 공양의 구름을 나타내고, 부처님의 적멸도장 위에 비를 내렸다. 그 하나하나의 세계 안에 부처님의 도장이 있고, 부처님은 그 도장에 앉아 있었다. 모든 세계의 모든 왕들은 그들의 세계에 있는 부처님을 믿고 마음을 통일했으며, 불도를 행하고 깨달음을 열었다. 시방의 모든 세계도 이와 같다.

---

4. 비로자나불(佛)의 나라로서 이곳에는 모든 것이 연꽃으로 싸여 있다. 불교에서 연꽃은 제도(濟度), 깨달음, 해탈, 열반을 상징한다. 그러므로 비로자나불이 교화하는 연화장장엄세계는 제도 받은 세계, 해탈의 세계를 의미한다. 따라서 이 세계에 사는 중생은 반드시 해탈을 하게 되어 있다.

❧ 제2장 노사나품盧舍那品 ❧

2장부터 화엄경의 본문은 시작한다. 제목이 가리키는 바와 같이 교주 비로자나불의 세계를 설하고 있다. 그러나 비로자나불 자신은 경전 가운데서 한 말씀도 설하지 않는다. 다만 광명을 발하고 그의 국토인 연화장세계(蓮華藏世界)를 비춘다. 2장에서는 수많은 보살들이 등장하고 있다. 그중 보현보살은 비로자나불을 대신해서 부처의 세계를 설하고, 또 비로자나불의 대행(大行)을, 문수(文殊)보살은 비로자나불의 대지(大智)를 나타내고 있다.

그때 많은 보살들과 왕들은 다음과 같은 의문을 일으켰다.
'도대체 부처의 경계라고 하는 것은 무엇일까. 부처의 행(行)과 부처의 힘과 부처의 명상(冥想), 부처의 지혜라고 하는 것은 도대체 무엇일까. 또 부처의 명호(名號)의 바다, 부처의 생명의 바다, 중생의 바다, 방편(方便)의 바다라고 하는 것은 무엇일까. 또 모든 보살들이 실천하고 있는 행의 바다라는 것은 무엇일까. 아무쪼록 부처님께서 우리들의 마음을 열어 주어 이와 같은 문제에 대해 분명하게 알도록 해주면 좋겠다.'

이에 많은 보살들은 부처님의 초인적인 힘의 영향을 받아 자연스러운 목소리를 내어 다음과 같이 말했다.

"여래는 한없는 긴 세월 동안 수행을 성취해 스스로 깨달음을 여셨다. 그리고 때와 장소를 묻지 않고 몸을 나타내어 중생을 교화한다. 그러한 일은 흡사 구름이 피어올라 허공에 충만하는 것과 같다. 중생의 의심을 낱낱이 제거해 광대한 믿음을 일으킨다. 깊이를 알 수 없는 세간의 괴로움을 벗어나 깨달음의 안락을 갖도록 자비를 베풀어 주신다."

이렇게 찬탄한 다음 그들은 부처님을 향해 말했다.

"무수한 보살들은 일심으로 합장하고 한결같이 여래를 받들어 모시고 있습니다. 아무쪼록 보살의 원(願)에 따라 뛰어난 가르침을 설해 주십시오. 그리하여 그 의혹을 제거해 주십시오. 부처님의 경계와 부처님의 지혜와 힘은 어떠한 것입니까. 아무쪼록 저희들을 위해 가르쳐 주십시오. 수많은 부처의 삼매(三昧)와 청정한 수행과, 깊고 오묘한 법과 신통력이라고 하는 것은 헤아릴 수가 없습니다. 아무쪼록 가르침의 커다란 구름을 피어오르게 해 중생들의 머리 위에 비를 뿌려 주십시오."

그때 부처님은 많은 보살들의 소원을 아시고 자기의 입 속에 있는 하나하나의 이 사이로부터 무수한 광명을 발했다. 그 하나하나의 광명으로부터 무수한 광명이 다시 퍼져 나와 수없이 많은 부처님의 나라를 비추었다. 수많은 보살들은 이 광명에 의해 비로자나불의 연화장장엄세계(蓮華藏莊嚴世界)의 바다를 볼 수가 있었다. 그리고 그들은 부처님의 신통력에 의해 이 광명 속에서 다음과 같이 말했다.

"비로자나불은 한없는 긴 세월 동안 공덕을 닦았고, 시방(十方)[1]의 모든 부처님을 공양하고, 헤아릴 수 없는 온갖 중생들을 교화하여 최고의 깨달음을 완성하셨다. 커다란 광명을 발하여 시방세계를 비추며, 하나하나의 털구멍으로부터 화신(化身)의2 구름을 내뿜었다. 그리하여 중생의 능력[근기根畿]에 따라서 교화하는 방편의 길을 얻었다.

많은 뛰어난 불자들이여, 여래에게 공양하라. 그리고 다만 일심으로 공경하고 예배하여 여래를 받들어라. 여래의 설하신 진리는 그 한 말씀 안에도 무한한 경전의 바다가 있고, 일체 중생에게 감로(甘露)의3 비를 뿌려 준다. 여래의 커다란 지혜의 바다는 아무리 깊은 곳까지도 그 광명으로 비추며, 진리에의 모든 길이 충만해 있는 것이다."

이 같은 연화장엄세계의 동쪽에는 또 세계가 있고, 그 안에 부처님 나라가 있다. 그 부처님을 중심으로 무수한 보살들이 둘러싸 있고 그들은 결가부좌(結跏趺坐)하고 있다. 마찬가지로 남에도, 북에도, 서에도, 또 동남·서남·서북·상·하 어디에도 저마다의 세계가 있어서 그 안에는 부처님의 나라가 있고, 그 부처님을 중심으로 무수한 보살들이 둘러싸 결가부좌하고 있다. 이들 무수한 보살들은 자기 몸의 모든 털구멍 하나하나로부터 구름과 같은 빛을 뿜어내고 하나하나의 빛 속

---

1. 동(東)·서(西)·남(南)·북(北)·동남(東南)·서남(西南)·서북(西北)·동북(東北)·상(上)·하(下). 혹은 동·서·남·북·상·하·좌(左)·우(右)·전(前)·후(後).
2. 중생을 교화하기 위해 나타내는 여래의 신체. 즉 응신(應身). 이는 중생의 이해하는 능력, 감화력에 따라서 나타난다.
3. amṛta. 불사(不死)의 의미.

에 무수한 보살들을 드러내고 있다. 그때 부처는 이들 모든 보살들에게 부처의 무량무변(無量無邊)한 세계와 자유자재한 진리의 세계와 자유자재한 진리의 길을 가르쳐 주기 위해 미간(眉間)의 백호(白毫)로부터4 광명을 발했다. 그 빛은 모든 부처의 나라를 남김없이 비추고 보현(普賢)보살을 빛 속에 나타나게 했다. 보현보살을 대중에게 보인 다음, 부처님의 족하상륜(足下相輪)5 안에 갈무리했다.

보현보살은 부처님 앞에서 연화장의 사자좌(師子座)에 앉았다. 그리고 부처님의 신통력에 의해 삼매에 들었다. 그것을 비로자나 부처님의 몸의 삼매라고 이름한다. 그러자 시방세계의 모든 부처님이 나타나 보현보살을 칭찬했다.

"훌륭하고 훌륭하도다. 그대는 이 삼매에 들 수가 있었다. 이것은 한결같이 비로자나불의 본원력(本願力)에6 따르기 때문에 이루어진 것이다. 또 그때가 모든 부처님의 소원을 실행했기 때문이다. 혹은 또 모든 부처님의 설하신 진리를 설해 전하기 위해서이고, 모든 부처님의 지혜의 바다를 넓히기 위해서이고, 또 일체 중생의 번뇌를 없애고 청정한 길을 얻게 하기 위해서이며, 또 모든 부처님의 모든 경계에 자유자재하게 들어가게 하기 위해서이다."

---

4. 부처님의 두 눈썹 사이에 있는 것으로 항상 광명을 발하고 있다. 이는 부처님만이 지니고 있는 신체상의 특징, 즉 32상(相) 중의 하나이다.
5. 부처님만이 가지고 있는 신체상의 특징 가운데 하나로, 발바닥에 둥근 원 무늬를 그리고 있다. 천복륜상(千福輪相)이라고도 한다.
6. 일체의 것을 제도하고자 하는 근원적인 서원(誓願)과 그 서원을 성취하게 하는 지혜의 힘.

그때 시방의 모든 부처님은 보현보살에게 여러 가지 지혜를 주고, 저마다 오른팔을 뻗어 보살의 머리를 어루만졌다. 그 지혜라고 하는 것은, 이를테면 무량무변한 진리의 세계에 들어가는 지혜, 과거·현재·미래의 모든 부처님이 가졌던 경지에 이르는 지혜, 그리고 무량한 중생의 세계에 드는 지혜, 일체 중생의 말씀의 바다로써 진리를 설해 주는 지혜들이다.

이 광경을 보고 있던 뭇 보살들은 일제히 소리 높여 보현보살을 향해 말했다.

"아무쪼록 청정한 가르침〔法〕을 가르쳐 주십시오."
라고 원했다.

그때 보현보살은 부처님의 신통력을 입어 중생의 바다〔중생해衆生海〕, 업의 바다〔업해業海〕, 삼세(三世) 제불의 바다〔제불해諸佛海〕를 관찰했다. 그리고 보살들을 향해 말했다.

"불자들이여, 모든 부처님의 지혜의 바다를 마음속으로 생각해 헤아릴 수가 없습니다. 나는 부처님의 신통력을 의지해 말하려 합니다. 다만 일체 중생이 지혜의 바다에 들어가게 하고자 원하기 때문입니다."

보현보살은 삼매로부터 일어섰다. 그러자 모든 세계는 여섯 가지로 진동하고,7 모든 중생은 평화로워지고, 마음은 기쁨으

---

7. 6종(種)진동이다. 인도 고래의 사상에는 세간에 상서로운 일이 있을 때면 대지가 진동하는데 그 양상이 여섯 가지가 있다고 한다. 그리고 가장 상서로운 일, 예를 들면 부처가 날 때는 그 여섯 가지 진동이 일시에 일어난다. 불법을 진실로 믿는 사람은 이 6종진동을 두려워하지 않는다. 왜냐하면 부처님이 오시는 징조이기 때문이다. 그래서 경(經)에서는 자주 '두려움을 모르는 믿음'을 강조한다. 6종이란 동(動)·기

로 차고, 모든 여래의 바다에는 열 가지 보배의 비가 내렸다. 그때 보현보살은 무수한 보살들에게 말했다.

"모든 불자들이여, 첫째는 모든 세계의 바다는 한없는 인연에 의해 성립되고 있습니다. 모든 것은 인연에 의해 이미 성립되어 있으며, 현재도 성립되어 가고 있습니다. 또 장래에도 성립할 것입니다. 여기서 말하는 인연이라고 하는 것은 다음과 같은 것을 가리킵니다. 즉 그것은 여래의 신통력입니다. 또 그것은 사물은 모두가 있는 그대로의 존재인 진여(眞如)라는 것입니다. 또 중생의 행위나 숙업(宿業)인 것입니다. 모든 보살은 궁극의 깨달음을 얻는 가능성을 가지고 있다고 하는 것입니다. 또 보살이 부처님의 나라를 청정하게 하는 일이 자유자재하다고 하는 것입니다. 이것이 세계의 바다에 있어서 인연인 것입니다. 또 비로자나불의 경계는 헤아릴 수가 없습니다. 우리가 경험하고 있는 바와 같이 모두가 안정되어 있습니다. 왜냐하면 비로자나불은 무량무변한 모든 세계의 바다를 청정하게 했기 때문입니다.

둘째는, 하나하나의 세계해(世界海)는 여러 곳에 의지함으로써 안정하고 있습니다. 예를 들면 하나하나의 세계해는 부처님의 힘을 입어 안정되어 있고, 혹은 허공에 의지해 안정되어 있으며, 혹은 부처님의 광명에 의지해 안정되어 있고, 혹은 꼭두각시와 같은 업력(業力)에[8] 의해 안정되어 있으며, 혹은 보

(起)·송(誦)·진(震)·후(吼)·각(覺)이다.
8. Karman. 작용·일의 과보(果報) 등을 의미한다. 중생의 업, 부처의 업

현보살의 원력에 의해 안정되어 있습니다.

비로자나 부처님은 여러 부처님과 여러 보살들의 신통력을 나타내고 있습니다. 하나하나의 작은 티끌 속에도 부처님의 나라가 있어 안정되어 있고, 하나하나의 티끌 속으로부터 부처님의 구름이 피어올라서 모든 것을 빠짐없이 포섭하고 있으며, 모든 것을 지키고자 항상 염원하고 있습니다. 하나의 작은 티끌 속에 부처님의 자재력(自在力)이 활동하고 있으며, 그 밖의 모든 티끌 속에서도 같은 일이 이루어지고 있습니다.

셋째는, 모든 세계해에는 여러 가지 형태가 있습니다. 혹은 둥글고, 혹은 네모지며, 혹은 세모지고, 혹은 팔각(八角)이며, 혹은 물이 굽이쳐 흐르는 것과 같고, 혹은 꽃 모양과 같아 여러 가지 형태가 있습니다. 모든 부처님의 국토는 마음의 업(業)에 의해 일어나고, 헤아릴 수 없을 만큼 많은 여러 가지 모양을 가지고 있습니다. 그리고 부처님의 힘에 의해 장엄(莊嚴)되고 있습니다. 그 나라의 모든 것은 저마다 자유자재하며 무량한 모습을 나타내고 있습니다. 깨끗한 것이 있는가 하면 더럽혀진 것도 있고, 괴로운 것이 있으면 즐거움도 있으며, 사물이 항상 유전(流轉)하고 있고, 그에 따라서 그 모양도 변해 갑니다. 일체의 업은 불가사의하다고 말할 수밖에 없습니다.

하나의 털구멍 안에도 무량한 부처님의 나라가 장엄되어 있으며 유유하게 안정되어 있습니다. 모든 세계에는 여러 가지

등으로 쓰이며, 전자는 생사윤회(生死輪廻)의 업, 숙업(宿業) 등이다.
후자는 깨달음, 해탈의 업이다.

형상이 있고, 어떤 형상의 세계 속에서도 높은 불법이 설해지고 있습니다. 그것이야말로 비로자나불의 설법인 것입니다. 이는 비로자나불의 본원력이며 초인적인 힘의 작용으로 이루어지는 것들입니다. 그것은 흡사 꼭두각시와 같고, 또 허공과 같고, 온갖 심업(心業)의 힘에 의해 장엄되어 있는 것입니다.

넷째는, 일체의 세계해에는 여러 가지 몸이 있습니다. 예를 들면, 많은 보배로 장엄되어 있는 몸, 혹은 하나의 보배로 장엄되어 있는 몸, 혹은 금강(金剛)과 같이 견고한 대지의 몸 등이 그것입니다.

때로는 세계해는 많은 보배로 성립되어 있고 견고해 결코 부서지는 일이 없습니다. 혹은 세계해는 광명에 의해 안정되어 있고, 광명의 구름에 의해 둘러싸여 있습니다. 혹은 세계해는 번개와 같아서, 도저히 말로써는 표현할 수가 없습니다. 이는 모든 부처님의 원력에 의해 일어나는 것입니다. 혹은 부처님의 광명은 보배로 이루어진 나라에 안주(安住)하고 있으며, 깨달음의 구름은 모든 것을 싸고 일체의 부처님은 자유자재합니다. 혹은 보현보살은 부처님의 나라를 나타내고 일체의 보배를 가지고 장식하며, 이는 모든 부처님의 원력으로 장엄하는 것입니다.

불자들이여, 다섯째는 모든 세계해에는 헤아릴 수 없는 장엄이 있습니다. 예를 들면, 모든 중생의 숙업이 장엄되어 있고, 또 과거·현재·미래의 온갖 부처님과 보현보살의 원력이 장엄되어 있는 것이 그것입니다. 시방의 세계해는 여러 가지로 장엄되어 있고, 광대무변(廣大無邊)합니다. 중생의 숙업의 바다는 넓고 끝이 없으며, 때와 상황에 따라서 변해 갑니다. 그리고 그 깊이를 알 수 없는 곳까지도 부처님의 힘에 의해 장엄되어 있습니다.

여섯째는, 모든 세계해는 여러 가지 청정한 방편이 있습니다. 예를 들면 보살은 많은 선지식(善知識)에게9 친근해 덕을 닦고 지혜를 닦으며, 또 여러 가지 뛰어난 경지를 관찰하고 그에 도달하며, 혹은 중생의 온갖 고뇌를 없애고자 염원합니다. 모든 부처님 나라의 장엄은 헤아릴 수 없는 원해(願海)로부터 생기며, 모든 부처님 나라의 청정한 빛〔色〕은 보살의 깊은 업력(業力)으로부터 나타나 있습니다. 보살은 구원(久遠)한 옛날로부터 선지식에게 친근해 수행하고, 그 자비심은 널리 퍼져 흘러서 중생에게 혜택을 줍니다. 그 때문에 보살은 세계해를 청정하게 한다고 하는 것입니다. 보살은 깊고 청정한 마음을 일으켜 부처님을 믿고 의심하지 않으며, 어떠한 난관을 당해도 이를 인내합니다. 때문에 보살은 세계해를 청정하게 맑게 한다고 합니다. 보살은 중생을 위해 청정한 행(行)을 다하고, 중생은 그에 의해 무량한 복덕을 얻습니다. 때문에 세계해를 청정하게 맑게 한다고 합니다. 보살은 모든 부처님의 공덕의 바다에 들어 모든 중생으로 하여금 괴로움의 근본을 알게 하고, 그리하여 광대한 부처님의 나라를 완성합니다. 때문에 보살은 세계해를 청정하게 맑게 한다고 합니다.

---

9. 부처의 가르침〔도리〕을 설하고 중생을 교화해 해탈케 하는 성인(聖人).

일곱째는, 하나하나의 세계해에는 무수한 부처님이 나와 있습니다. 그 모습은 혹은 작고, 혹은 크며, 그 목숨은 혹은 짧고 혹은 길며, 단 하나의 불국토(佛國土)를 청정하게 했는가 하면, 무수한 부처님의 나라를 청정하게 하기도 하고, 단 하나의 법을 가르쳤는가 하면, 불가사의한 무수한 법을 설하기도 합니다. 또 중생의 일부를 이끌어 교화하는가 하면 무변한 중생을 교화하기도 합니다.

모든 부처님은 헤아릴 수 없는 방편의 힘에 의해 모든 부처님 나라의 바다를 일으키고, 중생의 바라는 바에 따라 이승에 오셨습니다. 부처님의 법신(法身)은 불가사의합니다. 빛〔色〕도 없고 형상도 없고 아무것에도 비교할 수가 없습니다. 그러나 중생을 위해 여러 가지 형상을 나타내고, 중생의 마음가짐에 따라서 모습을 보여줍니다. 혹은 하나의 털구멍으로부터 부처님의 화신(化身)이 구름과 같이 피어오르고 시방세계에 충만하며 헤아릴 수 없는 방편의 힘으로 중생을 교화합니다. 혹은 부처님의 음성은 모든 세계에 남김없이 울려 퍼지고, 중생이 바라는 바에 따라서 설법을 계속하며 한순간도 끊이는 때가 없습니다.

불자들이여, 여덟째는 하나하나의 세계해에는 저마다 그 세계의 시간이 있습니다. 긴 것도 있는가 하면 짧은 것도 있고, 또 헤아릴 수 없이 긴 시간을 가진 것도 있습니다. 모든 부처님은 무량한 방편과 원력에 의해 이들 모든 시간 속에 자유자재하게 출입합니다.

아홉째는, 모든 세계해에는 여러 가지 변화가 있습니다. 예를 들면 세계해는 자연의 움직임에 따라 세상에 나타나고 이윽고는 소멸합니다. 또 세계해는 번뇌하는 중생이 살고 있기 때문에 번뇌에 의해 변화합니다. 또 세계해는 지혜를 가진 보살이 살고 있기 때문에 청정함과 오염에 의해서도 변화합니다. 또 세계해는 무수한 중생이 깨달음에 대한 마음을 일으키기 때문에 오직 청정함에 의해 움직이고 있습니다. 또 세계해는 모든 보살이 구름과 같이 모여 있기 때문에 헤아릴 수 없는 대장엄(大莊嚴)에 의해서 변화합니다. 또 세계해는 여래의 신통력이 작용하고 있기 때문에 모든 것은 남김없이 청정한 모습 그대로 변화합니다. 이와 같이 시방의 모든 국토는 다만 업력에 따라서 변화하는 것입니다.

불자들이여, 열째는 모든 세계해에는 많은 무차별이 있습니다. 예를 들면, 하나하나의 세계해 속에는 또 수많은 세계해가 있고 거기에는 조그마한 차별도 없습니다. 또 하나하나의 세계해에는 여러 가지 부처님이 나와 있지만 그 위력에는 차별이 없습니다. 또 하나하나의 세계해 안에는 여러 가지 부처님의 광명이 있어 남김없이 비추고 있는데 고루 비추기 때문에 차별이 없습니다. 또 하나하나의 세계해 안에는 모든 부처님의 음성이 울려 퍼져 차별이 없습니다. 또 하나하나의 세계해 안에는 하나하나의 작은 티끌까지도 삼세(三世)의 모든 부처님이 광대한 경계를 나타내고 있으며 거기에는 차별이 없습니다. 하나하나의 작은 티끌 안에까지도 헤아릴 수 없는 많은 부처님이 계시고, 중생의 마음에 따라서 나타나며 드디어는 모든 국토해(國土海)에 충만하고 있습니다. 그리고 이와 같은 방편에는 차별이 없습니다."

보현보살은 다시 계속해서 설했다.

"불자들이여, 다음과 같이 알아야 합니다. 이 연화장세계해는 비로자나불이 구원한 오랜 옛날, 보살의 수행을 닦을 때, 한 사람 한 사람의 부처님 밑에서 보살의 대원(大願)을 일으켜 장엄한 세계입니다. 이 세계는 과거의 무수한 부처님이 수행을 위해 자기 몸을 버리기를 수없이 한 곳입니다. 그리고 드디어는 모든 부정(不淨)을 떠나고 남김없이 청정하게 된 세계해입니다. 대비(大悲)의 구름은 모든 중생의 위에 드리워지고, 비로자나불의 광대한 염원은 모든 국토에 미치고 있습니다. 중생의 괴로움은 제거되고 궁극의 깨달음은 확정되고 있으며, 모든 세계해는 남김없이 광명으로 비추어져 있습니다. 이 연화장세계해 안에는 하나하나의 작은 티끌 안에도 삼천대천세계의 광경을 볼 수가 있습니다. 모든 부처님은 중생의 마음이 생각하는 바를 남김없이 알고 있으며, 무수한 방편의 가르침에 의해 중생을 교화합니다. 사람들의 마음은 바른 자리에 되돌아가고 언제나 고요하게 안주하고 있습니다. 이와 같이 비로자나불의 위대한 활동은 모든 세계를 청정하게 밝히고 있습니다. 그 세계는 헤아릴 수 없이 많으며, 또 그 세계는 광대해 끝이 없습니다. 비로자나불은 이와 같이 무수하고 무변한 세계해에서 자유자재하게 활동하고 있습니다. 비로자나불은 시방 세계해에 충만하고 스스로 무수한 화신불(化身佛)을 나타내고 있습니다. 그 화신불은 오는 것도 아니요, 또 가는 것도 아닙니다. 화신불은 다만 비로자나불의 본원력 때문에 우

리들이 우러러 볼 수가 있는 것입니다. 이와 같은 연화장세계
해 안에서 무수한 불자들은 저마다 자기의 행을 닦고 있으며,
그 수행은 본래의 불도(佛道)로 들어가는 길입니다. 불자들에
게는 이윽고 반드시 궁극의 깨달음에 이른다고 하는 보장이
주어져 있습니다."

보현보살은 최후로 보장엄(普莊嚴)이라는 소년의 보리심(菩
提心)에 대해 설했다.

"먼 옛날에 보장엄이라고 하는 소년이 있었습니다. 소년은 부
처님의 한없는 덕을 받들고 갖가지 삼매(三昧)를 얻었습니다.
그때 소년은 부처님을 찬양하면서 이렇게 말했습니다.

'부처님은 도장에 앉아 계시며 청정한 대광명을 발했다. 그
것은 흡사 천의 태양이 일시에 나와서 허공을 비추는 것과 같
았다. 천만억겁(千萬億劫)을 지나도 만나기 어려운 부처님이
이제 이승에 나타나셨다. 그리고 모든 사람들이 부처님을 볼
수가 있다. 모든 사람들이 부처님을 공경하고 있다. 광명은 부
처님 몸의 털구멍에서 나오고, 마치 구름이 피어오름과 같아
다함이 없어 시방세계에 충만하고 있다. 어디에서고 흡사 눈
앞에 보듯이 광명을 볼 수 있다. 중생은 부처님의 빛에 닿으
면 곧 괴로움을 떠나고 마음이 고요해지며 평화하고 기쁘고
마음은 즐거움으로 가득 찬다.'

그때 부처님은 일체 중생을 교화하기 위해 대중해(大衆海)
안에서 경을 설했습니다. 소년은 이 경을 다 듣고 나서 여러
가지 삼매를 얻었습니다. 그것은 속세의 인연에 의한 것입니
다. 소년은 기쁜 나머지 다음과 같이 말했습니다.

'나는 최고의 진리에 대한 가르침을 듣고 지혜의 눈이 열려 모든 부처님이 행한 공덕의 바다를 볼 수가 있다. 나는 생사의 바다 속에서 자기를 무수히 버리더라도 오직 보살의 행을 닦아 오직 불국토를 장엄했다. 귀를 버리고, 코를 버리고, 눈과 머리와 수족까지도, 그리고 궁전도, 왕의 몸도, 모두 버리고서 나라를 청정하게 하는 것만을 닦았다. 태양의 빛에 비쳐 태양 그 자체를 볼 수 있는 것과 같이 나는 부처님의 지혜의 빛에 의해 부처님의 행한 길을 볼 수가 있다. 불국토를 우러러보니 거기에는 최고의 깨달음을 완성한 기쁨이 충만하고 있다. 나는 부처님의 위신력을 받아 또 새로이 깨달음에의 길을 나아가리라.'

소년이 이와 같이 말했을 때, 헤아릴 수 없이 많은 중생이 모두 무상한 보리심을 일으켰습니다. 그때 부처님은 소년에게 다음과 같이 설했습니다.

'착하고 착하도다. 소년이여, 그대는 용감하게 깨달음을 구했다. 그대는 중생의 의지할 바가 될 것이다. 또 장차는 부처님의 다함 없는 활동의 세계에 들어갈 수가 있을 것이다. 게으른 자는 깊은 방편의 바다를 깨달을 수가 없다. 정진의 힘이 완성됨으로써 부처님의 세계는 청정하게 되는 것이다.'"

제2 보광법당(普光法堂)의 모임

❧ 제3장 여래명호품如來名號品 ❧

첫 번째 모임이 끝나고 두 번째 모임으로 옮긴다. 이 보광법당은
적멸도장(寂滅道場)으로부터 그다지 멀지 않은 곳에 있다. 여기서
는 제3장에서 제8장까지 설해졌다. 첫 번째 모임이 주로 부처의
광대무변한 세계를 설하고 있음에 대해 이번에는 주로 부처의 일
을 가르치고 있다. 그러므로 제3장의 여래의 명호(名號)는 곧 여
래가 하고 있는 일을 나타내며, 그것은 중생을 깨달음의 길에 나
아가도록 가리키는 도표(道標)이다.

부처님께서는 마가다국의 적멸도장에서 깨달음을 열고 설법
을 마친 다음 보광법당에 있는 연화장(蓮華藏)이라고 하는 사
자좌에 앉아 있었다. 부처님 주위에는 많은 보살들이 모여 있
었고, 그들은 모두 진리의 세계에 들고 중생의 본성을 판별하
는 뛰어난 보살들이었다.

그때 다음과 같은 소원이 보살들의 마음속에 떠올랐다.

'부처님이시여, 아무쪼록 저희들을 가엾게 여기시어 가르쳐
주십시오. 저희들이 번뇌를 끊고, 무명(無明)에서 떠나고, 의

혹의 그물을 찢고, 애욕의 탐심이 없어지는 길을 가르쳐 주십시오. 또 부처님의 최고의 경지, 부처님의 생명, 부처님의 힘과 임무와 그리고 빛과 지혜와 선정(禪定)을 여기에 나타나게 해주십시오.'

그때 부처님께서는 보살들의 생각을 알고, 신통력을 발휘했다. 그 초인적인 힘에 의해 동방의 나라로부터 문수(文殊)보살이 수많은 보살들을 거느리고 부처님을 찾아왔다. 부처님을 예배하고 공양한 다음, 문수보살은 그의 초인적인 힘으로 사자좌를 만들어 거기에 결가부좌(結跏趺坐)했다.

남방의 나라로부터는 각수(覺首)보살이 무수한 보살들과 함께 부처님을 찾아와 예배하고 공양한 다음 결가부좌했다.

마찬가지로 서방과 북방, 동북방, 동남방, 서남방, 서북방, 상, 하의 나라로부터 보살들이 부처님을 찾아와 예배하고 공양한 다음 결가부좌했다.

그때 문수보살은 부처님의 신통력을 받아 모인 보살들을 향해 설법을 시작했다.

"불자들이여, 다음과 같이 알아야 합니다. 부처님의 나라는 불가사의합니다. 부처님의 생명과 부처님의 가르침, 부처님의 말씀, 부처님의 무상한 깨달음, 부처님께서 이 세상에 오신 것 등 이러한 모든 것은 참으로 불가사의한 것입니다. 왜냐하면 시방(十方)의 모든 부처님께서는 중생들의 소원이 각기 다른 것을 가늠하고 그 저마다의 소원에 알맞도록 법을 설하지만, 그 설법의 힘은 마치 허공을 자유자재하게 뛰어다니듯 훌륭하기 때문입니다.

불자들이여, 이 나라에서 여래는 많은 이름을 지니고 있습니다. 즉 만월(滿月), 사자후(獅子吼), 석가모니(釋迦牟尼), 신선(神仙), 대사문(大沙門), 최승(最勝) 등 그 수는 1만에 이릅니다.

또 동방 나라에서도 여래는 많은 이름을 지니고 있습니다. 금강(金剛), 존승(尊勝), 대지(大智), 불괴(不壞), 무쟁(無諍), 평등(平等), 환희(歡喜), 무비(無比), 묵연(默然) 등이 있어 그 수는 1만에 달합니다. 또 남방 나라에서도 이구(離垢), 조어(調御),1 대음(大音), 무량(無量), 승혜(勝慧) 등이 있어 그 수는 1만입니다. 서방 나라에도 애현(愛現), 무상왕(無上王), 무외(無畏), 실혜(實慧), 지족(知足), 구경(究竟), 능인(能忍) 등이 있고 그 수는 1만입니다. 북방 나라에도 고행(苦行), 바가바(婆伽婆),2 복전(福田), 일체지(一切智), 선의(善意), 청정(淸淨) 등이 있고 그 수는 1만입니다. 그리고 동북방 나라에도, 동남방 나라에도, 서남방 나라에도, 서북방 나라에도, 위쪽 나라에도, 아래쪽 나라에도, 각각 1만의 이름이 있습니다.

이같이 사바세계에는 백억(百億)의 나라들이 있고, 따라서 백억만(百億萬)에 달하는 여래의 이름이 있습니다. 이 사바세계의 동(東)에는 밀훈(密訓)이라고 하는 세계가 있고, 그곳에도 평등, 안위(安慰), 일체사(一切捨), 대초월(大超越), 무비지(無比智) 등 백억만에 달하는 여래의 이름이 있습니다.

불자들이여, 마찬가지로 사바세계의 남·서·북 등 시방에

---

1. 마음의 움직임을 조정하고 번뇌를 억제한다는 뜻으로, 부처를 '조어(調御)' 또는 '조어장부(調御丈夫)'라고 하는 것은, 마음을 가장 잘 다스려 평정(平定)을 이룬 사람이란 뜻이다.
2. Bhagavat. 마땅히 존경해야 할 사람. 세존(世尊)이라고 번역.

도 각각 세계가 있고, 그 세계마다 백억만에 달하는 여래의 이름이 있습니다.

이와 같이 셈할 수도, 생각으로 헤아릴 수도 없는 무수한 여래의 이름이 있고, 시방의 중생은 모두 저마다 여래의 이름을 부르고 있습니다. 오랜 옛날 부처님께서 아직 보살이었을 때, 온갖 수행을 거쳐 드디어 불도(佛道)를 이루었습니다. 이와 같이 무수한 이름은 오로지 부처님의 가르침을 중생에게 알리기 위한 것입니다."

제4장 사제품四諦品

사제(四諦)란 네 가지 진리란 뜻으로 첫째는 고제(苦諦), 이 세상
은 모두가 고(苦)라는 진리, 둘째는 집제(集諦), 고(苦)의 원인은
번뇌라는 진리, 셋째는 멸제(滅諦), 번뇌가 없어진 것이 열반이라
는 진리, 넷째는 도제(道諦), 열반에 들어가기 위해서는 여덟 가
지 정도(正道)가 있다는 진리이다. 이 사제는 원시 불교에서 설해
졌고 또 소승(小乘)의 가르침이라고 말하지만 본 경(經)에서는 이
것에 무수한 이름이 있는 것을 나타내고, 광대무변한 대승(大乘)
의 입장에 서 있다.

문수보살은 이어서 설했다.

"불자들이여, 이 사바세계에서는 고제(苦諦)를 재해와 죄와
무엇엔가 늘 쫓기고 있는 핍박과, 사랑하는 것으로부터 떠나
야 하는 괴로움과, 어린아이와 같은 무지한 소행 등이라고 합
니다. 또 그러한 괴로움이 모인 것[집제集諦]에 대해서는 불
[火], 속박, 애착, 망념(妄念), 전도된 사고(思考) 등이라고 하
며, 괴로움이 모여서 이윽고 없어지는 것[멸제滅諦]을 장애가
없고, 번뇌로부터 떠나며, 적정(寂靜)하고, 불사(不死)이며,
진실이며, 있는 그대로 존재하는 것 등이라고 합니다. 그리하
여 진리의 길에 들어서는 것[도제道諦]을 일승(一乘)으로 나

아가고, 그것은 변하지 않는 것이며, 인도(引導)이며, 평등이며, 선인행(仙人行) 등이라고 합니다.

네 가지 진리에 관한 이름이 이 사바세계에서는 부지기수입니다. 그 까닭은 중생의 행위와 마음에 따라 합당하게 가르치고 이끌기 위해 무수한 이름이 붙여진 것에 불과합니다.

이 사바세계와 한가지로 동방에 있는 밀훈세계(密訓世界)에 있어서도 네 가지 진리에 관한 이름은 부지기수입니다. 또 그 밀훈세계 안에서 네 가지 진리에 관한 이름이 무수한 까닭은 중생의 마음과 행위에 따라 중생을 가르치고 이끌어야 하므로 무수한 이름을 설하고 있는 것입니다.

불자들이여, 이와 같이 이 사바세계의 남방, 서방, 북방, 동북방, 동남방, 서남방, 서북방, 상, 하의 모든 세계에 있어서도 네 가지 진리에 관한 무수한 이름이 설해지고 있습니다.

또한 이 사바세계를 비롯해 시방의 모든 세계와 같이 동방의 백천억(百千億)에 이르는 수없는 세계에 있어서도 네 가지 진리에 관한 이름은 설해지고 있으며, 남, 서, 북, 사유(四維), 상하(上下)의 세계도 그와 같습니다.

이는 모두가 중생의 마음과 행위에 따라 가르치고 이끌기 위해서 무수한 이름을 설하고 있는 것에 지나지 않습니다."

제5장 여래광명각품如來光明覺品

이 장에서도 문수보살은 부처님의 깨달음을 되풀이해서 설하고 있다.

그때 부처님의 두 발로부터 무수한 광명이 비쳐 나와 삼천 대천세계의 모든 것을 비추었다. 부처님은 연화장의 사자좌에 앉아 있고, 문수보살을 비롯한 많은 보살들이 저마다 자기 동료들을 데리고 부처님 주위에 다가섰다.

문수보살은 다음과 같이 부처님을 찬탄했다.
"여래는 모든 것이 꼭두각시〔幻〕 같고 허공과 같다고 깨달았습니다. 그리고 그 마음은 청정해 걸림이 없고 모든 중생을 각성하게 합니다.

부처님께서 처음으로 이 세상에 태어났을 때, 그 모습은 황금의 산과 같이 눈부시고, 보름달과 같이 밝게 빛났습니다. 태어나시자 곧 일곱 걸음을 걸으셨고, 그 한 걸음 한 걸음은 무량한 공덕을 지니고 지혜와 선정을 갖추었습니다.

부처님께서는 밝고 맑은 눈으로 시방세계를 두루 살폈습니다. 그리고 중생이 기뻐하는 것을 보고 방긋 웃었습니다. 또 사자가 짓는 것과 같은 위엄을 갖춘 음성으로 '천상천하(天上天下), 유아독존(唯我獨尊, 오직 나 홀로 높다)'이라고 했습니다.

카필라성(Kapila城)을 나와 출가할 때는 모든 속박을 벗어버리고 모든 부처님들이 닦은 수행에 정진해 항상 번뇌의 불이 꺼진 조용한 마음의 상태〔적멸〕를 원했습니다. 그리하여 드디어 깨달음의 피안(彼岸)에 이르러 미혹과 번뇌의 소멸을 체험했습니다.

중생에 대해서는 진리의 바퀴〔법륜法輪〕를 굴리고 대비심(大悲心)으로써 가르쳤습니다. 이승의 인연이 다한 최후에는 열반(涅槃)에 들었습니다. 그러나 부처님은 지금도 더욱 다함없는 힘으로 자유자재한 진리를 가르치고 있습니다."

그때 부처님의 광명이 무수한 세계를 비추고 세계의 온갖 것이 드러났다. 이 세계에서는 부처님이 연화장의 사자좌에 앉아 시방세계의 무수한 보살들에게 싸여 있는 것과 같이 하나하나의 세계에 있어서도 그와 같다.

문수보살은 이어서 설법했다.

"부처님의 설하시는 진리는 매우 깊어서 빛깔도 모양도 없습니다. 그 경계는 모든 번뇌를 넘어서 있으므로 모든 아집(我執)을1 떠나 있으며, 때문에 공적(空寂)하며 청정합니다.

---

1. 영원불멸한 존재로서의 자아(自我)가 있다고 하는 생각을 가지고 이에 집착하며, 또 그러한 자아에 소속되는 것이 있고, 그 자아에 소속한 것

깨달음의 세계는 넓고 또 무변(無變)해 그 안에서 온갖 사상(事象)은 서로 얽히고 설켜 있습니다. 그러나 그 하나하나는 해탈해 있고, 본래가 항상 공적해 모든 속박으로부터 떠나 있습니다."

또 문수보살은 이 같은 부처님의 깨달음의 세계 안에서 보살의 임무에 대해 설법했다.

"인간 세계나 천신(天神) 세계에 있어서 추구하는 쾌락을 떠나 항상 커다란 자비심을 행하고 모든 중생을 구하고 지켜야 합니다. 이것이 보살의 첫째 임무입니다.

둘째는, 깊이 부처님을 믿고 그 마음이 퇴보하지 않도록 항상 모든 부처님을 마음속에 지녀야 합니다.

셋째는, 영원히 생사의 바다를 떠나 불법의 흐름을 따라 청량(淸凉)한 지혜에 안주해야 합니다.

넷째는, 일상생활 속에서 늘 부처님의 깊은 공덕을 생각[念]하고 낮이나 밤이나 이를 게으르지 말아야 합니다.

다섯째는 과거·현재·미래가 무량(無量)한 것을 알고 태만한 마음을 일으키지 말고 항상 부처님의 공덕을 구해야 합니다.

여섯째는, 자기 자신의 실상을 관찰하고 모든 것은 적멸함을 알고, 나[我]와 무아(無我)에 대한 집착을 떠나야 합니다.

일곱째는, 중생의 마음을 관찰하여 미혹의 망상을 떠나고 진실의 경계를 완성해야 합니다.

여덟째는, 무변(無邊)한 세계에 뜻이 가득하게 하고 모든 대

에 집착하는 것을 의미한다.

해(大海)를 남김없이 마시는 초인적인 지혜를 완성해야 합니다.

아홉째는, 모든 부처님 나라에 있는 형상이 있는 것과 형상이 없는 것을 알아야 합니다.

열째는, 헤아릴 수 없는 부처님 나라에 있는 한 알의 티끌까지도 하나의 부처가 되게 하고, 그리하여 모든 티끌을 부처가 되도록 해야 합니다."

그때 부처님의 광명은 무수한 세계를 비추어 나타나게 하고, 그 세계에 있는 모든 것이 남김없이 그 모습을 드러냈다. 문수보살은 이어서 설법했다.

"부처님께서는 진리를 굳게 지키고 행하여 낮과 밤을 가리지 않으며, 항상 정진하면서도 아직 피로를 느끼지 않습니다. 부처님께서는 가장 험난한 생사윤회(生死輪廻)의 큰 바다를 넘어 '나는 모든 중생으로 하여금 남김없이 생사의 바다를 넘게 하리라.'고 크게 말씀하십니다.

중생은 생사의 흐름 속을 헤매면서 애욕의 바다에 잠기고 무지(無智)와 미망(迷妄)은 열 겹 스무 겹으로 그 마음을 싸고 칠흑과 같은 어둠 속에서 두려움으로 떨고 있습니다. 중생은 번뇌가 가리키는 대로 행하며, 오욕(五欲)에 취하고 망상을 일으켜 영구한 세월을 괴로워하고 있습니다.

미혹을 떠난 부처님께서는 중생의 고뇌를 낱낱이 끊고 세계를 해탈한 사람이 되었습니다. 이것이 대비(大悲)의 경계입니다.

부처님은 생사의 근본인 아집을 끊었으며, 중생은 이러한 아집에 의해 생사 간을 유전(流轉)하고 있습니다. 이 같은 중생을 적멸의 세계로 이끌어 들이기 위해 최고의 진리를 설하십니다. 이것이 대비의 경계입니다.

중생은 고독하며, 의지할 곳 없으며, 탐욕하고, 성내며, 미망에 붙들려 있습니다. 이같이 항상 번뇌의 불에 타고 있는 것을 보시고 부처님께서는 이 고뇌로부터 중생을 구하리라 서원(誓願)합니다. 이것이 대비의 경계입니다.

중생은 헤매다가 바른 길을 잃고 사악의 길에 들어서 어둠 속에 떨어졌습니다. 부처님께서는 지혜의 등불을 밝히고 모든 부처님의 가르침을 보여주리라 생각해 부처님 스스로가 그 등불이 되었습니다. 이것이 대비의 경계입니다.

생사의 바다는 깊고 또 넓어 끝이 없습니다. 중생은 여기에 빠져서 표류하고 있습니다. 부처님은 진리의 커다란 배를 만들어 중생을 태우고 남김없이 생사의 바다를 건네주십니다. 이것이 대비의 경계입니다.

부처님의 깊은 가르침을 듣고 믿어 의심치 않으며, 적멸의 세계를 관찰해 마음에 두려워하지 않고, 어떠한 중생의 경계에도 동화하게 합니다. 이것이 사람과 하늘〔천신天神〕의 스승입니다."

문수보살의 설법은 다시 계속된다.

"헤아릴 수 없는 시간의 흐름을 한 생각〔일념一念〕 사이에서 관찰해 보면 오는 것도 가는 것도 없으며, 현재도 또한 머물러 있지 않습니다.

있는 그대로의 실상에 따라서 잘 판별하고 그것을 알며 궁극의 모습을 체득(體得)하면 부처님의 자유자재한 힘을 얻어 시방의 모든 세계를 볼 수 있습니다.

부처님에게 공양하고, 모든 것을 잘 참아 내는 지혜를 닦고, 꿈은 선정(禪定)에 들고, 진실한 가르침을 관찰하고, 모든 중생으로 하여금 기쁘게 부처님을 향해 나아가도록 해야 합니다. 만약 이같이 가르침을 행하면, 보살은 최고의 깨달음에 신속히 도달할 수가 있습니다.

시방의 부처님에게 묻고 받들어 그 마음은 물이 가득 찬 것 같이 항상 움직이지 않고 부처님을 믿고 물러서지 않으며, 일상생활 속에서 부처님의 공덕을 갖추고, 모든 사물은 '유(有)'도 아니고 '무(無)'도 아니라고 체득해야 합니다. 이같이 바르게 관찰하면 보살은 진실한 부처님을 받들어 모실 수가 있습니다."

제6장　보살명난품菩薩明難品

6, 7, 8장은 믿는 자의 입장에 대해서 설하고 있다. 그중 6장은
믿음의 내용에 대해서 설하고 있으며, 거기에는 깊은 연기(緣起)
로부터 깊은 불교계에 이르는 열 가지 깊은 세계가 있다고 한다.
이에 대해서 묻는 사람은 문수(文殊)보살이며 답하는 사람은 10
명의 보살들이다.

문수보살이 각수(覺首)보살에게 물었다.

"불자여, 마음의 본성은 하나임에도 불구하고 어찌하여 이
세상은 여러 가지 차별이 있습니까. 행복한 사람이 있는가 하
면 불행한 사람이 있고, 사지(四肢)가 완전한 사람이 있는가
하면 불구자도 있으며, 용모가 단정한 사람이 있고 보기 싫은
사람도 있습니다. 괴로워하는 사람이 있는가 하면 즐거워하는
사람도 있습니다. 또 자신의 세계를 반성해 보면 업(業)은 마
음을 알 수 없고, 마음은 업을 알지 못합니다. 감각[受]은 그
결과를 알 수 없으며 결과는 감각을 알지 못합니다. 마음은 감
각을 알지 못하며 감각은 마음을 알지 못합니다. 인(因)은 연
(緣)을1 알지 못하며 연은 인을 알지 못합니다."

이에 대해 각수보살은 다음과 같이 대답했다.

"중생을 교화하기 위해 그대는 이 문제를 잘 물어 주었습니다. 나는 세계가 있는 그대로의 모습을 설하고자 합니다. 잘 들도록 하시오. 모든 것은 자성(自性)을 갖지 않습니다. 그것이 무엇인가 묻는다 해도 체득할 수가 없습니다. 따라서 어떠한 것이라도 서로 알고 있지는 않습니다. 예를 들면, 냇물은 흐르고 흘러서 끝이 없으나 그 물 한 방울, 한 방울은 서로 알 수 없는 것과 같이 모든 것도 그러합니다. 또 큰불은 타올라 잠시도 쉬지 않지만 그 속에 있는 불꽃들은 서로 알지 못합니다. 그와 같이 모든 것도 그러합니다. 눈과 귀와 혀와 몸과 마음 등은 괴로움을 받고 있다고 느끼고 있으나 실제로는 아무런 괴로움도 받고 있는 것이 아닙니다. 사물 그 자체는 항상 조금도 움직이지 않고 있으나 나타나고 있는 쪽에서 보면 항상 움직이고 있는 것입니다. 그러나 실제로 나타나고 있다고 하는 것에도 아무런 자성은 없습니다. 바르게 사유(思惟)하고 있는 그대로 관찰하면 모든 것에 자성이 없는 것을 알 수 있습니다. 이와 같은 심안(心眼)은 청정하고 불가사의합니다. 그러므로 허망(虛妄)이라고도 말하며, 허망이 아니라고도 말하며, 진실이 아니라고 말하는 것 등은 모두가 꾸며진 말에 불과한 것입니다."

문수보살은 이어서 재수(財首)보살에게 물었다.
"불자여, 여래가 중생을 교화하는 경우, 어떠한 까닭으로 해서 여래는 중생의 시간·수명·일체의 행위·견해 등에 따라

---

1. 인(因)은 직접적인 원인, 연(緣)은 간접적인 원인.

서 교화하는 것입니까?"

그때 재수보살은 다음과 같이 말했다.

"지혜가 밝은 사람은 항상 적멸의 행을 바라고 있습니다. 나는 있는 그대로를 그대에게 설하고자 합니다. 자신의 신체를 안으로부터 관찰해 보면, 도대체 나의 몸에 어떤 소재가 있다고 하겠는가. 이와 같이 관찰이 정확한 사람은 자아의 유(有)와 무(無)를 이해할 수가 있습니다. 신체의 모든 부분을 관찰해 보면, 어디에도 자아가 소재하는 근거는 찾을 수 없습니다. 이와 같이 신체의 상태를 깨닫고 있는 사람은 마음의 어디에도 집착하지 않습니다. 신체가 있는 그대로의 상태를 깨닫고, 모든 것으로부터 그에 대해 요달(了達)한 자는 모든 것이 전혀 허망함을 알고 다시-허망을 느끼는-그 마음에도 집착하지 않습니다. 신체와 정신이 서로 관계하고 있고, 관련을 가지고 활동하고 있는 모양은 흡사 선화륜(旋火輪)과 같아서 어느 것이 앞이고 뒤인지 식별할 수가 없습니다. 인연에 의해 일어나는 업은 비유컨대 꿈과 같은 것이며, 따라서 그 결과도 또 모두가 적멸한 것입니다. 모든 세상의 일은 다만 마음을 중심으로 해 움직이고 있습니다. 그러므로 자기의 기호에 의해 판단을 내리는 자는 그 견해가 잘못되어 있다고 해도 좋습니다. 생멸(生滅)하고 유전(流轉)하는 일체의 세계는 모두가 인연으로부터 일어나 있고 찰나찰나에 소멸하고 있습니다. 지혜 있는 자는 모든 존재는 무상하고, 재빠르게 변하며, 공(空)해서 자아는 없다고 관철하며 집착하는 마음을 떠납니다."

문수보살은 또 보수(寶首)보살에게 물었다.

"불자여, 중생은 지(地)·수(水)·화(火)·풍(風)의 네 가지 원소로 이루어져 있고, 그 안에 자아의 실체는 없습니다. 또 모든 사물의 본성은 선(善)도 아니고 악(惡)도 아닙니다. 그럼에도 불구하고 어떠한 까닭으로 중생은 고락을 받고, 선악을 행하며, 또 모습이 단정한 자가 있는가 하면 추악한 자도 있습니까."

그때 보수보살은 다음과 같이 대답했다.

"저마다 행하는 업(業)에 따라서 과보를 받고 있는 것이며, 그 행하는 실체는 존재하지 않습니다. 이것이 모든 부처님께서 설하신 가르침입니다. 예를 들면, 밝은 거울에 비치고 있는 영상이 여러 가지이듯이 법의 본성도 또 그와 같습니다. 혹은 식물의 종자는 서로 알지 못하는 사이에 싹을 내는 것과 같이, 업의 본성도 또한 그와 같습니다. 많은 새들이 저마다 다른 소리를 내는 것과 같이 업의 본성도 또한 그와 같습니다. 지옥에서 받는 괴로움은 밖에서 별도로 오는 것이 아닌 것과 같이 업의 본성도 또한 그와 같습니다."

문수보살은 덕수(德首)보살에게 물었다.

"불자여, 부처님께서 깨달은 진리는 다만 하나입니다. 그럼에도 불구하고 어떠한 까닭으로 부처님은 무량한 법을 설하고, 무량한 소리를 내며, 무량한 몸을 나타내는 것입니까. 또 초인적인 힘에 의해 나타나는 여러 가지 이변을 무량하게 보여서 무량한 중생을 교화하는 것입니까. 더욱 법성(法性) 안에서 이와 같은 차별을 구해도 얻을 수 없는 것이 아닙니까."

그때 덕수보살은 다음과 같이 대답했다.

"불자여, 그대의 묻는 질문은 실로 의미가 깊습니다. 지혜 있는 사람이 이것을 알면 항상 부처님의 공덕을 구할 것입니다. 예를 들면, 대지의 본성은 하나이면서 모든 중생을 저마다 안주시키고 있고, 그러면서도 대지 자신은 아무런 분별도 하지 않습니다. 이와 같이 모든 부처님의 법도 또한 같습니다. 또 불의 본성은 하나이면서도 모든 것을 태워 없애지만 불 자신에게는 아무런 분별도 없는 것과 같이 모든 부처님의 법도 또한 그와 같습니다. 또 대해(大海)에는 무수한 강물이 흘러들고 있지만, 그 맛에 있어서는 변함없는 것과 같이 모든 부처님의 법도 또한 그와 같습니다. 또 바람의 본성은 하나이면서 일체의 것을 불어서는 날려 보냅니다. 그러나 바람 그 자체는 변함없는 것과 같이 모든 부처님의 법도 또한 그와 같습니다. 태양은 시방의 모든 것을 비추지만 그 빛에 차별은 없습니다. 이와 같이 제불(諸佛)의 법도 또한 차별이 없습니다. 또 공중의 밝은 달은 모든 사람이 한가지로 우러러보지만, 달은 그것에 대해 마음을 두지 않는 것과 같이 모든 부처의 법도 또한 그러합니다."

다음으로 문수보살은 목수(目首)보살에게 물었다.

"불자여, 여래의 복전(福田)은 하나이지만 어떠한 까닭으로 중생이 받는 과보는 각기 다릅니까. 중생에게는 모습이 아름다운 자도 있고 추한 자도 있으며, 귀한 자도 있고 천한 자도 있으며, 부자도 있고 가난한 자도 있습니다. 지혜가 많은 자가 있는가 하면 적은 자도 있으며 제각각입니다. 그러나 여래는 평등해 친하고 친하지 않은 분별이 있을 까닭이 없지 않습니까."

그때 목수보살은 다음과 같이 대답했다.

"예를 들면, 대지는 하나입니다. 친하고 친하지 않음이 없습니다. 그러나 여러 가지 식물의 싹을 트게 하는 것과 같이 복전도 또한 그와 같습니다. 또 같은 물이지만 그릇에 따라서 그 모양이 달라지는 것과 같이 모든 부처님의 복전도 중생에 의해 달라집니다. 또 변재천(辯才天)이2 사람을 즐겁게 하는 것과 같이 모든 부처님의 복전도 또한 중생을 즐겁게 합니다. 밝은 거울이 여러 가지 영상을 비추는 것과 같이 모든 부처님의 복전도 온갖 중생을 양육합니다. 태양이 떠오를 때, 모든 어둠이 사라지는 것과 같이 모든 부처님의 복전도 시방세계를 남김없이 비춥니다."

문수보살은 진수(進首)보살에게 물었다.

"불자여, 부처님의 가르침은 하나이면서도 가르침을 들은 중생은 어찌하여 같은 번뇌를 끊을 수가 없습니까."

그때 진수보살은 다음과 같이 대답했다.

"불자여, 잘 들으시오. 나는 진실한 의미[法]를 설하고자 합니다. 중생에게는 신속하게 해탈하는 자가 있는가 하면, 신속하게 해탈하지 못하는 자도 있습니다. 만약 미혹을 없애고 해탈에 달하고자 생각한다면 항상 마음을 굳게 갖고 커다란 정진을 일으켜야 합니다. 예를 들면, 나무가 젖어 있으면 약한

---

2. 불법(佛法)을 지키는 천녀(天女). 불법을 전파하고, 수명을 길게 하며, 원수와 적을 퇴치하고, 재물을 보시해 사람들을 기쁘게 한다.

불은 꺼져 버리는 것과 같이 불법 안에 있어서 해탈한 자는 그와 같습니다. 불을 피우는 경우에 있어서도 때때로 쉬면은 불길은 약해지고 이윽고는 꺼져 버립니다. 해탈한 자도 이와 같습니다. 또 눈을 감고 빛을 보고자 하는 자와 같이 해탈한 자가 불법을 구하는 경우도 같습니다."

문수보살은 법수(法首)보살에게 물었다.

"불자여, 중생 가운데는 불법을 듣기만 해서는 번뇌를 끊을 수 없는 자가 있습니다. 불법을 들으면서도 탐욕을 일으키고, 성내는 마음을 일으키며, 어리석음을 말하는 것은 어떠한 까닭입니까."

그때 법수보살은 다음과 같이 대답했다.

"불자여, 다만 듣기만 해서는 불법을 체득할 수 없습니다. 이것이 구도의 진실한 모습인 것입니다. 예를 들면, 산해진미가 있다 해도 입으로 먹지 않으면 굶어 죽는 것과 같이, 다만 듣기만 한 자도 또한 같습니다. 또 온갖 약을 알고 있는 훌륭한 의사일지라도 스스로의 병을 구하지 못하는 것과 같이, 다만 듣기만 한 자도 또한 그와 같습니다. 또 가난한 사람이 낮과 밤을 가리지 않고 남의 보물을 세고 있다 해도 스스로는 반 푼어치도 갖지 못하는 것과 같이, 다만 듣기만 한 자도 그와 같습니다. 또 장님이 그림을 그려서 남에게 보여준다 해도 스스로는 볼 수 없는 것과 같이, 다만 듣기만 한 자도 그와 같습니다. 또 물속에 떠다니면서도 마실 줄을 모르고 마침내는 목말라 죽는 사람이 있는 것과 같이, 듣기만 한 자도 또한 그와 같습니다."

문수보살은 또 지수(智首)보살에게 물었다.

"불자여, 불법 중에서 지혜를 제일로 삼는데, 여래는 어떠한 까닭으로 네 가지 자비의 마음[사무량심四無量心]을 찬탄하는 것입니까. 이러한 법은 최고의 깨달음을 얻을 수 있는 것입니까."

그때 지수보살은 다음과 같이 대답했다.

"불자여, 잘 들으시오. 과거·미래·현재의 여래는 다만 한 법만으로는 최고의 깨달음을 완성할 수가 없습니다. 여래는 중생의 성질을 잘 알고 그에 적절한 법을 설하고 있습니다. 탐욕한 자에게는 보시를 가르치고, 규칙을 어기는 자에게는 지계(持戒)를 가르치며, 성 잘 내는 자에게는 인욕(忍辱)을 가르치며, 게으른 자에게는 정진을 가르치고, 마음이 혼란하기 쉬운 자에게는 선정(禪定)을 가르치며, 어리석은 자에게는 지혜를 가르치며, 사랑이 없는 자에게는 즐거움을 주는 자애를 가르치며, 사람을 상해(傷害)하는 자에게는 괴로움을 없애는 따뜻한 정[悲]을 가르치며, 마음에 괴로움을 가진 자에게는 기쁨을 가르치며, 애욕이 강한 자에게는 누구에게나 평등하게 대하는 마음[捨]을 가르칩니다. 이와 같이 훈련을 계속해 간다면 이윽고는 모든 진리를 깨닫게 될 것입니다."

다음으로 문수보살은 현수(賢首)보살에게 물었다.

"불자여, 모든 부처는 다만 일승(一乘)에 의해 생사를 초월하고 있습니다. 그럼에도 불구하고 일체의 모든 불국토(佛國土)를 관찰해 보면 사정이 각각 다릅니다. 즉 세계·중생·설법·초월·수명·광명·신력(神力) 등 모두가 같지 않습니다.

그렇다고 하면 일체의 불법을 갖추지 않고서는 최고의 깨달음을 완성하는 것은 어려운 것이 되지 않겠습니까."

그때 현수보살은 다음과 같이 대답했다.

"문수보살이여, 불법은 변하지 않는 것[상주常主]입니다. 오직 한 법[一法]일 뿐입니다. 모든 부처님은 한 길[一道]에 의해 생사를 초월하고 있습니다. 모든 부처님의 몸[身]은 다만 하나의 법신(法身)이며, 또 그 마음이나 지혜도 일심(一心)이며, 하나의 지혜입니다. 그러나 중생이 최고의 깨달음을 구하는 방법에 따라서 설법과 교화도 달라집니다. 또 모든 부처님의 국토는 평등하게 장엄되어 있지만, 중생의 숙업(宿業)이 서로 다르기 때문에 눈에 비치는 것도 같지 않습니다. 부처님의 힘은 자유자재하기 때문에 중생의 숙업이나 과보(果報)에 따라서 진실한 세계를 나타내는 것입니다."

모든 보살들은 문수보살을 향해 물었다.

"불자여, 우리들이 알고 있는 것을 저마다 설했습니다. 아무쪼록 다음에는 그대가 그 깊은 지혜에 의해 부처님의 경계를 설해 주십시오. 부처님의 경계라고 하는 것은 무엇이며, 또 그 원인은 무엇이며, 어떻게 하면 거기에 들어갈 수 있습니까. 또 어떻게 하면 그 경계를 알 수 있는가 가르쳐 주십시오."

그때 문수보살은 다음과 같이 대답했다.

"여래의 깊은 경계는 흡사 허공과 같이 광대하고, 설사 일체의 중생이 거기에 들어간다 해도 진실로는 들어가지 않는 것과 같습니다. 경계의 원인은 오직 부처님만이 알고 있으며, 가령 부처님이 헤아릴 수 없이 오랜 세월을 설한다 해도 전부를 설할 수는 없을 것입니다.

부처님이 중생을 해탈시키고자 할 때에는 중생의 마음이나 지혜에 따라서 불법을 설하며, 그리고 아무리 설해도 불법은 다하지 않습니다. 이와 같이 부처님은 중생의 능력에 따라서 자유자재하게 설해 중생의 세계에 들지만 부처님의 지혜는 항상 적연(寂然)합니다. 이것은 오직 부처님만의 경계인 것입니다. 부처님의 지혜는 과거·현재·미래에 걸쳐서 거침이 없으며 그 경계는 마치 허공과 같습니다. 부처님의 경계는 그 자성(自性)이 참으로 청정해 마음이나 의식으로 알 수 있는 것이 아닙니다. 부처님의 경계는 업(業)도 아니고, 번뇌도 아니며, 적멸(寂滅)도 아닙니다. 의지할 곳도 없고, 그러나 평등하게 중생의 세계에서 활동하고 있습니다. 일체 중생의 마음은 과거·현재·미래 안에 있고, 부처님은 단 한 생각〔一念〕만으로 중생의 마음을 낱낱이 분명하게 압니다."

그때 부처님의 신통력에 의해 이 사바세계의 모든 중생이 가진 숙업과 신체·능력·지계(持戒)·범계(犯戒) 등의 각기 다른 상태가 나타났다. 이와 마찬가지로 시방의 무수무량(無數無量)한 세계에 있는 중생의 차별도 이와 같이 분명하게 나타났다.

제7장 　정행품淨行品

설법자는 문수(文殊)보살이다. 앞 장의 대해(大解)에 의거해 여기서는 대행(大行)을 설하고 있다. 또 재가자(在家者)와 출가자(出家者)의 많은 원을 설한다.

그때 지수(智首)보살은 문수보살을 향해 말했다.

"불자여, 보살은 어떻게 해서 청정해지며, 사물[法]의 영향을 받아 움직이지 않는 그러한 신구의(身口意) 삼업(三業)을[1] 얻을 수 있습니까. 또 보살은 어떻게 하면 지혜를 완성하고, 두려움을 모르는 자신을 가져 구도(求道)의 결의를 굳게 할 수가 있습니까.

또 보살의 가장 뛰어난 지혜와 불가사의, 불가칭(不可稱), 불가설(不可說)의 지혜라고 하는 것은 어떠한 것입니까. 보살은 어떻게 하면 방편(方便)의 힘과 선정(禪定)의 힘을 갖출 수 있습니까. 보살은 어떻게 하면 연기(緣起)의 이법(理法)을 알고, 또 공의 삼매[공삼매空三昧]와 차별을 초월한 삼매[무상無相

---

1. 몸의 동작, 입으로 하는 말, 마음으로 갖는 생각 · 뜻 따위의 인간의 모든 활동을 말한다.

삼매]를 행할 수가 있습니까.

보살은 어떻게 하면 지혜를 완전하게 하는 여섯 가지 수행
〔육바라밀六波羅蜜〕과, 모든 중생에게 은혜를 베풀고자 하는 네
가지 자비심〔사무량심四無量心〕을 만족할 수 있습니까.

보살은 어떻게 하면 모든 천왕(天王), 용왕(龍王), 귀신왕(鬼
神王), 범천왕(梵天王) 등에 의해서 수호되고 또 공경 받을 수
있게 됩니까. 보살은 어떻게 하면 중생을 위해 안정하는 집이
되고, 구호하는 손이 되며, 등불이 되고, 교화하는 손이 될 수
있습니까. 보살은 어떻게 하면 일체 중생의 안에서 비교가 되
지 않을 만큼 뛰어난 자가 될 수 있습니까.”

그때 문수보살은 지수보살에게 대답했다.

“불자여, 그대의 물음은 매우 훌륭합니다. 중생을 사랑하고
중생에게 은혜를 베풀기 위해 그대는 매우 훌륭한 질문을 했
습니다.

불자여, 만약 보살이 청정해 사물의 영향을 입어 움직이지
않는 몸과 말과 뜻의 삼업(三業)을 성취하면 보살은 뛰어난
모든 덕을 얻을 것입니다. 이때 보살은 부처님의 바른 가르침
과 마음이 서로 일치할 것이며, 부처님이 가르친 최고의 깨달
음〔불법〕을 스스로도 나타낼 수 있으며 중생을 버리지 않고,
분명하게 모든 사물의 실상에 도달해 모든 악을 없애고 모든
선을 갖추어 일체의 모든 사물에 자유자재하게 될 것입니다.

불자여, 보살이 청정해 사물의 영향을 입지 않아 움직이지
않는 몸과 말과 뜻의 삼업을 성취해 모든 것에 뛰어난 덕을
얻는다고 하는 것은 무엇인가 하면 다음과 같습니다.

보살은 마땅히 이렇게 원을 세워야 합니다. 즉 보살이 집에 있을 때에는 집의 온갖 고난을 버리고 인연이 공(空)함을 체득하는 것입니다. 부모를 섬길 때에는 흔히 이것을 지키고 양친에게 커다란 안심을 얻을 수 있게 합니다. 처자와 권속이 모였을 때는 원친(怨親)을 버리고 평등하며, 애욕의 탐착(貪着)으로부터 떠납니다. 육체의 다섯 가지 기관이 바라는 욕망〔오욕五慾〕을 만나서는 탐욕과 미혹을 버리고 덕이 갖추어지도록 합니다. 음악이나 춤을 감상할 때는 최고의 진리〔불법〕에 접한 기쁨을 얻어 모든 것은 환상과 같은 것이라고 하는 체득(體得)을 얻습니다. 침실에 있을 때에는 애욕의 오욕을 떠나서 맑은 경지에 나아갑니다. 아름다운 옷을 입을 때에는 거기 집착하는 마음을 버리고 진실한 세계에 이르도록 합니다. 높은 곳에 올랐을 때에는 불법의 높은 곳에 오른다고 하는 생각으로 모든 것을 봅니다. 타인에게 보시를 할 때에는 일체의 집착을 버리고 밝은 마음으로 보시를 하고, 집회에 참석했을 때에는 깨달음을 성취하며, 모든 부처님의 집회가 되도록 노력합니다. 또 재난을 만났을 때는 자유자재하게 마음이 작용해 그 재난이 마음에 장애가 되지 않도록 합니다.

　보살〔구도자〕이 신심(信心)을 일으켜 집을 버릴 때에는 일체의 세상일을 버리고 집착하지 않게 합니다. 승방(僧房)에 있을 때에는 모든 출가자는 화합해 마음에 거리가 없어야 합니다. 출가할 때에는 일단 얻은 공덕을 다시는 잃지 않는 경지〔불퇴전지不退轉地〕를 목표하고 마음에 장애가 없어야 합니다. 속복(俗服)을 버릴 때에는 오로지 부처님의 가르침을 찾아 덕을 닦아 게으르지 않아야 합니다. 삭발할 때에는 번뇌도 함께 깎아 버리고 깨달음[적멸]의 세계에 도달하도록 노력해야 합니다. 승복을 입을 때에는 탐욕과 진심[진에瞋恚]과 어리석음[우치愚痴]의 삼독(三毒)을 떠나 부처님의 가르침에 젖는 기쁨을 얻도록 해야 합니다. 출가했을 때에는 부처님과 같이 집을 나와 모든 중생을 교화하는 일에 정진해야 합니다.

또 스스로, 부처님에게 귀의했을 때에는 진실한 길[대도大道]을 체득해 최고의 깨달음을 향한 마음을 일으켜야 합니다. 스스로 부처님의 가르침에 귀의했을 때에는 깊이 부처님의 말씀[경전]을 배워서 대해(大海)와 같은 지혜를 얻어야 합니다. 스스로 부처님과 부처님의 가르침을 믿고 받들어 행하는 승단(僧團)에 귀의했을 때에는 모든 대중을 받아들여 화합하게 해야 합니다.

몸을 바로 해 단정하게 앉을 때에는 어떠한 것―망상―에도 잡히지 않도록 해야 합니다. 결가부좌(結跏趺坐)하고 있을 때에는 진리를 구하는 마음을 굳게 해 흔들리지 않는 깨달음의 경지를 얻어야 합니다.

마음을 조용하게 통일한 상태[삼매]에 들었을 때에는 그것을 철저히 해 무심한 경지[선정禪定]에 이르도록 해야 합니다. 모든 사물을 관찰할 때에는 있는 그대로의 진실한 모습을 보고 장애나 거리가 있어서는 안 됩니다. 의복을 입을 때에는 모든 공덕을 입는 생각으로 항상 참회해야 합니다. 옷을 입고 허리띠를 두를 적에도 부처님의 가르침에 정진하는 마음을 새롭게 해야 합니다. 손에 칫솔을 들었을 때에는 마음에 부처님의 가르침[정법正法]을 얻어 자연히 청정하게 되어야 합니다. 대소변을 볼 때에는 모든 더러움을 없애고 탐욕과 진심과 어리석음의 삼독(三毒)을 버리도록 해야 합니다. 물로 손을 씻을 때에는 그 깨끗한 손으로 부처님의 가르침을 받도록 해야 합니다. 입을 열어 말할 때에는 청정한 가르침〔법문法門〕을 향해 해탈을 완성하도록 해야 합니다. 길을 갈 때에는 청정한 진리의 세계〔법계法界〕를 밟고 나아가 마음의 장애인 번뇌를 없애야 합니다. 올라가는 길을 보고서는 무상(無上)한 길을 올라가 삼계(三界)를 초월하고자 하고, 내려가는 길을 보았을 때에는 깊은 부처님의 법 저 깊숙이 내려가도록 노력해야 합니다. 험한 길을 보고서는 인생의 악도(惡道)[2]를 버리고 사견(邪見)으로부터 떠나도록 하고, 곧 바른 길을 보았을 때에는 마음을 정직하게 하고 거짓이 없도록 해야 합니다. 커다란 나무를 보았을 때에는 다투는 마음을 버리고 분노나 원한으로부터 떠나야 하며, 높은 산을 보고서는 무상한 깨달음을 향해 불법의 멧부리를 찾아보아야 합니다. 가시밭을 보았을 때에는 삼독의 가시를 빼버리고 상처 입은 마음을 없애야 합니다. 부드러운 과일을 보았을 때에는 불도의 대행(大行)을 일으켜 무상(無上)한 성과를 거두도록 하고, 흐르는 물을 보았을 때에는 정법(正法)의 흐름을 타고 부처님 나라의 대해(大海)에 나아가도록 해야 합니다. 우물의 물을 보았을 때에는 다함없는 가르침〔법수法水〕을 마시고, 위 없는 덕을 갈무리해야 합니다. 골짜기에 흐르는 물을 보고서는 먼지와 때를 씻고 맑은 마음이 되도록 해야 합니다. 다리를 보았을 때는 불법의 다리를

---

2. 나쁜 일을 이룸에 의해 생긴 장소. 육도(六道) 중 지옥도·아귀도·축생도를 3악도라고 한다.

만들어 쉼없이 사람들을 깨달음의 저 언덕[피안彼岸]으로 건너가게 해야 합니다.

즐거운 사람을 보았을 때는 청정한 가르침을 원하고, 부처님의 가르침에 따라 스스로 기뻐해야 합니다. 또 굶주린 자를 보았을 때에는 미혹(迷惑)을 떠나는 마음을 일으키고, 괴로워하는 사람을 보았을 때에는 모든 괴로움을 없애고 부처님의 지혜를 얻어야 하며, 건강한 사람을 보았을 때에는 금강(金剛)과 같이 부서지지 않는 법신(法身)에 이르고, 병든 사람을 보았을 때에는 몸이 본래 공(空)한 것임을 알아 일체의 괴로움을 해탈해야 합니다. 은혜를 갚는 사람을 보았을 때는 항상 모든 부처와 모든 보살의 은덕을 생각하고, 출가한 사람을 보았을 때에는 청정한 불법을 얻어 모든 악을 떠나야 합니다. 고행하는 사람을 보았을 때에는 심신을 굳게 갖고 불도에 정진해야 하며, 밥을 얻었을 때는 밥을 먹고 얻은 그 힘으로 부처님의 가르침에 뜻을 두고 정진해야 하며, 밥을 얻지 못했을 때에도 모든 악행으로부터 벗어나야 됩니다. 아름다운 맛을 가진 음식을 얻어서는 절도를 지키고 욕심을 줄이고 그에 집착하는 것을 끊어야 합니다. 맛없는 음식을 얻었을 때에는 모든 것은 허공과 같이 무상(無常)하다고 하는 삼매에 사무쳐야 합니다. 음식을 삼킬 때에는 선정의 기쁨을 삼킨다는 마음을 갖고, 음식을 먹은 다음에는 공덕이 몸에 충만해 부처님의 지혜를 완성하도록 해야 합니다. 여래를 보았을 때에는 모두가 불안(佛眼)을 얻고 여래의 실상을 볼 수 있어야 하며, 여래의 실상을 보았을 때에는 모두가 시방(十方)을 보고 단정하기가 부처와 같아야 합니다.

저녁에 잠자리에 들었을 때에는 모든 번거로움을 그치고 마음의 혼란을 떠나야 하며, 아침에 눈을 떴을 때에는 모든 마음을 기울여 시방을 되돌아보아야 합니다."

❧ 제8장 현수보살품賢首菩薩品 ❧

설법자는 현수보살이다. 앞 장의 보살행에 의한 여러 가지 공덕
이 완성되는 것에 관해서 설하고 있다.

문수보살은 불법의 깊은 의미를 체득하고 있는 현수(賢首)
보살에게 물었다.

"불자여, 나는 이미 보살의 청정한 행에 관해서 설했습니다.
아무쪼록 그대는 보살의 광대한 공덕의 의미를 설해 주십시오."

현수보살이 대답했다.

"불자여, 잘 들으시오. 보살의 공덕은 광대무변하여 헤아릴
수 없습니다. 나는 자신의 힘에 의해 그중 일부의 공덕을 설
하고자 합니다. 내가 설하는 것은 마치 큰 바다 속의 한 방울
물에 지나지 않습니다.

보살이 처음 깨달음을 구하는 마음〔보리심〕을 내었을 때 그
는 오로지 꾸준하게 깨달음을 구해 동요하지 않습니다. 그 일
념(一念)의 공덕을 여래가 설한다 해도 그 일념의 공덕을 설
해 마칠 수는 없습니다. 하물며 보살이 여러 가지 행을 닦은
공덕에 대해서 충분히 말할 수는 더욱 불가능합니다. 모든 세

계의 모든 부처님이 설한다고 해도 다 설할 수는 없습니다. 지금 나는 공덕의 일부를 설하지만 그것은 마치 새가 허공을 품는 것과 같고, 또 대지의 한 티끌과 같습니다.

보살이 깨달음을 구하는 마음을 일으킬 때에는 다음과 같은 여러 가지 이유가 있습니다. 불(佛)·법(法)·승(僧)의 삼보(三寶)에 대한 깊고 청정한 심신을 갖기 때문에 보리심을 일으킵니다.

감각상의 욕망이나 재물을 구하지 않고 세간의 명예를 바라지 않으며, 중생의 고뇌를 없애 맹세코 이 중생들을 구하고자 하는 염원 때문에 보리심을 일으킵니다. 부처님의 정법(正法)을 세워서 위 없는 깨달음을 얻고자 생각하고 모든 지혜를 닦기 때문에 보리심을 일으킵니다. 깊고 청정한 신심은 견고해 부서지는 일이 없습니다. 모든 부처님을 공경하고 정법과 스님을 존경하기 때문에 보리심을 일으킵니다.

신심은 불도의 근본으로서 공덕의 어머니입니다. 모든 선법(善法)을 증진해 모든 의혹을 없애고 무상의 불도를 열어 줍니다. 신심은 때가 없고 흐리지 않으며, 성내는 마음을 없애고, 존경하고 근신하는 근본입니다. 신심은 첫째가는 보고(寶庫)이며, 청정한 손이 되어 온갖 행을 받아들입니다. 신심은 모든 집착을 떠나고 깊고 오묘한 불법을 깨달으며, 모든 선(善)을 행하고 드디어는 반드시 부처님의 나라에 이를 것입니다. 신심의 힘은 견고해 부서지는 일이 없습니다. 모든 악을 영구히 제거하고, 일체의 악마의 경지를 넘어서 무상(無上)한 해탈의 길을 나타낼 수 있습니다. 만약 진실한 불법을 믿는다면 항상 그것을 듣고자 원하며 권태를 느끼는 일이 없을 것입니다. 만약 권태를 느끼는 일이 없다면 드디어는 불가사의한 불법을 깨달을 것입니다.

만약 신심이 견고해 동요하는 일이 없으면 몸과 마음이 함께 밝고 모든 것이 청정하게 될 것입니다. 모든 것이 청정하게 되면 모든 악우(惡友)를 떠나서 선우(善友)와 가까이 지낼 것입니다. 선우와 친근하면 헤아릴 수 없는 많은 공덕을 닦을 것입니다. 공덕을 닦으면 온갖 인과(因果)를 배우고 그 도리를 깨달을 것입니다. 그 도리를 깨달으면 일체의 모든 부처가 지켜주며 무상의 깨달음〔보리심〕을 일으킬 것입니다. 무상의 깨달음을 일으키면 모든 부처의 집에 태어나 일체의 집착을 떠날 것입니다. 일체의 집착을 떠날 수 있으면 깊고 청정한 마음을 얻을 수 있어 모든 보살행(菩薩行)을 실천하고 대승(大乘)의 법을 갖추게 될 것입니다. 대승의 법을 갖추면 모든 부처에게 공양하고 염불삼매가 끊이지 않을 것입니다.

염불삼매가 확립되면 항상 시방의 부처를 볼 수 있으며, 부처는 항상 안주함을 알 수 있을 것입니다. 부처가 안주하는 것을 알면, 불법은 영원히 몸에 있게 되어 한없는 변재(辯才)를 갖고 무량한 불법을 설할 수 있을 것입니다. 무량의 불법을 설할 수 있으면, 모든 중생을 해탈시킬 수가 있고 대비심(大悲心)은 확립될 것입니다. 대비심이 확립되면 깊고 깊은 불법을 기뻐하고 만심(慢心)이나 게으름을 떠날 수 있을 것입니다. 자만심과 게으름을 떠날 수 있으면, 고뇌의 생사에 있으면서도 조금도 근심하는 일이 없고 노력하고 정진할 수가 있을 것입니다. 정진할 수가 있으면, 온갖 신통을 얻고 중생의 생활을 알 것입니다. 중생의 생활을 알면 중생에 대해 법을 설하고, 재물을 보시하며, 사랑스러운 말을 걸고 선행으로써 이끌며 함께 활동할 것이고, 헤아릴 수 없는 이익을 베풀 것입니다. 헤아릴 수 없는 이익을 베풀게 되면 스스로는 무상(無上)한 길에 안주하고, 악마로 인해 정복되는 일은 없을 것입니다. 악마로 인해 정복되는 일이 없으면 부동지(不動地, 보살의 인격 형성을 10개의 경지로 나누는데, 그중 제8지地)[1]에 도달해 불생불멸의 진리를 체득할 수 있을 것입니다. 불생불멸의 진리를 체득하면 이윽고 성불하는 것이 약속되고, 모든 부처의 깊은 가르침을 깨닫고, 모든 부처님은 항상 지켜줄 것입니다. 모든 부처님이 지키게 되면 부처님의 무량한 공덕이 몸에 넘치고 그 모습은 광명으로 빛날 것입니다. 광명을 받아 빛나면 그 광명으로부터 무량한 연꽃이 나타나 그 연꽃 하나하나의 꽃잎에 무량한 부처가 나타나고, 중생을 교화해 해탈하게 할 것입니다. 중생을 교화하면 무량한 자재력을 얻고 적절한 곳에 마음을 나타내고, 일념 가운데 모든 중생의 마음을 낱낱이 알 수 있을 것입니다. 일념 가운데 중생의 마음을 알면 고뇌의 생사는 영원히 종식(終熄)되고, 모든 번뇌는 적멸(寂滅)하며, 법신(法身)의 지혜가 갖추어져 모든 사물의 실상을 깨달을 수 있을 것입니다. 모든 사물의 실상을 깨달으면 모든 자재력을 낱낱이 실현해 뛰어난 해탈에 이르고, 시방의 모든 보처(補處)로부터 성불의 약속을 받을 수 있으며, 감로(甘露＝불사不死)의 법수(法水)가 이마에 부어질[2] 것입

---

1. 수행이 완전히 완성된 상태를 가리킨다. 노력 정진하는 일 없이 자연스럽게 보살행이 행해지는 상태.

니다. 감로의 법수가 이마에 부어지면 법신은 허공에 충만하고 시방세계에 안주할 것입니다. 이와 같이 보살의 대행(大行)에 의해 정법은 항상 안주하며 영원히 불멸(不滅)하게 될 것입니다. 그 힘은 대해와 같이 광대하고, 또 금강과 같이 견고합니다."

현수보살은 이어서 설했다.

"보살은 일념 사이에 시방세계에 나타나 시방세계에서 염념(念念)히 불도를 실현해 열반에 듭니다. 혹은 남녀의 모습으로, 혹은 천상인(天上人)의 모습으로, 인간의 모습으로, 용신(龍神)의 모습에 의해 무량한 활동을 하고, 온갖 음성을 내어 불법을 설합니다. 이와 같이 보살이 시방세계에 나타나 가득 차는 것은 해인삼매(海印三昧)의3 힘에 의한 것입니다. 또 보살은 일체의 모든 보살을 공양하고, 모든 부처님을 공양하고, 스스로 발한 광명은 불가사의하며 중생을 교화하는 것이 무량합니다. 이와 같이 모든 것에 자유자재하여 불가사의한 것은 화엄삼매(華嚴三昧)의 힘4 때문입니다.

---

2. 보살이 최고지상(最高至上)의 깨달음을 완성하는 열 가지 경지를 마치고 성불(成佛)할 때 모든 부처는 대비(大悲)의 법수(法水)를 보살의 머리에 붓는다. 이것을 관정(灌頂)이라고 한다.
3. 바람이 자고 파도가 잔잔할 때, 만유(萬有)는 모두 바다에 그 모습을 비친다. 그와 같이 번뇌의 파도가 없어진 마음의 바다에는 일체제법(一切諸法)이 낱낱이 비친다고 본다. 이같이 모든 것이 비친 마음의 통일된 상태를 말한다.
4. 보살의 인행(因行)의 꽃〔華〕을 가지고 불과(佛果)를 장엄한 것이라는 뜻. 그러므로 불과는 장엄한 보살 인행의 삼매(三昧)이다.

또 보살은 일체의 부처님을 공양하고자 생각했을 때 무량한 삼매가 생기는 것입니다. 온갖 춤과 음악과 노래와 시(詩)를 가지고 모든 부처님의 공덕을 찬양하고 그 음성이 시방세계에 충만해도 이것은 모두가 보살의 손 안에서 나오는 것입니다. 또 보살은 중생을 편안하게 하는 삼매에 들어서 광명을 발하고 이 광명에 의해 중생을 해탈시킵니다. 예를 들면, 발하는 광명을 선현(善現)이라고 이름합니다. 중생이 이 빛을 만나면 과보(果報)를 받음이 한이 없고 드디어 무상한 길을 알 수 있습니다. 이 빛에 의해 불·법·승의 삼보(三寶)가 나타나고 당탑(堂塔)과 불상이 건립됩니다. 또 발하는 광명을 제애(除愛)라고 이름합니다. 그 빛은 모든 중생을 눈뜨게 하고 온갖 애욕을 버리고 해탈의 감로수를 마시게 합니다. 그리고 그때 해탈의 감로(甘露)의 비는 모든 중생 위에 뿌려질 것입니다. 또 발하는 광명을 환희라고 이름합니다. 그 빛은 모든 중생을 눈뜨게 하고, 기쁨으로 가득 차 깨달음을 구하며, 무상(無上)한 진리의 보배를 원하게 합니다. 부처님의 대자비상(大慈悲像)이 건립되고 온갖 공덕은 찬탄을 받고, 그로 인해 환희의 광명은 완성됩니다.

또 광명을 애락(愛樂)이라 이름합니다. 그 빛은 모든 중생을 눈뜨게 하고 마음은 항상 모든 여래와, 무상한 불법과, 청정한 승단(僧團)을 기쁘게 합니다. 항상 시방의 모든 부처님 앞에 나와서 무상한 불법을 이해하게 하고, 중생을 교화해 깨달음을 구하는 바를 개발하며, 그로 인해 애락(愛樂)의 광명이 완성됩니다.

또 광명을 혜등(慧燈)이라고 합니다. 그 빛은 모든 중생을 눈뜨게 하고, 모든 사물은 공적하고, 생(生)하지도 않고 멸(滅)하지도 않으며, 유(有)도 아니고 무(無)도 아니라고 하는 것을 깨닫게 해 해탈하게 합니다. 예를 들면, 아지랑이와 물에 비친 달그림자와 같이, 꼭두각시나 꿈, 혹은 거울 속의 영상과 같이 모든 사물은 실재가 없으며 모두가 공적합니다. 이 때문에 혜등의 광명은 완성됩니다.

또 광명을 무간(無慳)이라고 이름합니다. 그 빛은 모든 중생으로부터 탐심을 없애고 재보(財寶)는 영원한 것이 아님을 알게 해, 모든 집착을 떠나게 합니다. 억제할 수 없는 탐욕을 잘 통제하고 재보는 꿈과 같고 뜬구름과 같다고 깨닫게 해 항상 기쁜 마음으로 사람들에게 보시하게 합니다. 이로 인해 무견의 광명은 완성됩니다.

또 광명은 인장엄(忍莊嚴)이라고 합니다. 그 빛은 분노한 사람을 눈뜨게 해 분노하는 마음을 버리고 항상 유화하고 인욕하는 부처님의 법을 원하게 합니다. 성품이 포악해 참지 못하는 중생으로 하여금 모든 일을 참게 하고, 불도를 구하며, 항상 인욕에 대한 부처님의 가르침을 칭찬하게 하며, 그로 인해 인장엄의 광명은 완성됩니다.

또 광명을 적정(寂靜)이라고 합니다. 그 빛은 마음이 혼란한 사람의 눈을 뜨게 하고 탐욕과 분노[진에瞋恚]와 어리석음[우치愚痴]의 삼독(三毒)을 떠나서 깊고 깊은 삼매에 안주하게 합니다. 악인이나 착하지 못한 일에서 멀어지게 하고, 거짓과 같은 옳지 않은 말을 떠나 조용한 곳에서 좌선(坐禪)하는 것을 기뻐하게 하며, 그 때문에 적정의 광명이 완성됩니다.

또 광명을 견불(見佛)이라고 이름합니다. 그 빛은 죽음에 이른 사람을 눈뜨게 해, 염불삼매의 힘으로 반드시 부처를 보게 하며, 목숨이 다할 때에는 부처님 앞에 태어나게 합니다. 그 임종(臨終)을 보고서는 염불을 권하고 불상을 예배하게 하며, 그 때문에 견불의 광명은 완성됩니다.

또 광명을 법청정(法淸淨)이라고 이름합니다. 하나하나의 털구멍 안에서 무량한 모든 부처님은 저마다 불가사의한 불법을 설하고 있으며, 중생을 기쁘게 합니다. 즉 인연에 의해 생기는 것은 실체가 아니며, 또 여래의 법신(法身)은 신체가 아니라 부동으로서 영원하며, 그 영원함은 마치 허공과 같다고 설합니다. 이 때문에 법청정의 광명이 완성됩니다.

이와 같은 광명은 저마다 무량하고 무변하며, 또 그 수는 헤아릴 수 없습니다. 낱낱이 보살의 털구멍에서 나왔고, 하나하나의 털구멍에서 나온 광명은 무변무량하며 그 수는 헤아릴 수가 없습니다. 모든 털구멍에서 나온 광명도 또한 이와 같습니다. 이것은 보살의 삼매에 있어서의 자제력 때문입니다. 만약 무량한 공덕을 닦고, 무수한 부처님을 공경하고, 마음이 항상 무상한 불도를 바라고 구하는 자는 이와 같은 광명을 만날 것입니다. 예를 들면, 장님이 해를 볼 수 없는 것은 해가 지상에 떠오르지 않기 때문이 아니며, 눈을 가린 모든 자는 모든 것을 낱낱이 볼 수 있어 저마다의 일에 따라서 그 일의 성과를 얻는 것과 같습니다. 광명도 또 그와 같아서 보는 자도 있고 보지 못하는 자도 있습니다. 삿된 소견을 가진 사람은 보지 못하나, 지혜가 뛰어난 사람은 능히 볼 수 있습니다.

또 보살은 시방세계에 인연[緣]이 있기 때문에 오가며 출입해 중생을 구제하고, 때로는 삼매에 들고, 때로는 삼매에서 일어섭니다. 혹은 동방에서 삼매에 들고 서방에서 삼매로부터 일어나며, 혹은 서방에서 삼매에 들고 동방에서 삼매로부터 일어납니다. 이와 같이 삼매에 출입해 시방에 충만한 것은 보살에게 있는 삼매의 자제력 때문입니다.

시각으로써 삼매에 들고, 색채로써 삼매에서 일어서며, 색채의 불가사의함을 봅니다. 색채로써 삼매에 들고, 시각으로써 삼매에서 일어서도 마음은 혼란하지 않습니다. 시각은 생하는 일도 없고, 자성(自性)도 없으며, 오직 적멸할 뿐이라고 설합니다. 청각으로써 삼매에 들고, 음성으로써 삼매에서 일어서며, 온갖 음성을 듣고 판별합니다. 음성으로써 삼매에 들고, 청각으로써 삼매에서 일어서도 마음은 혼란하지 않습니다. 청각은 생하는 일도 없으며, 자성도 없고, 오직 적멸할 뿐이라고 설합니다. 이와 같이 취각(嗅覺)·미각·촉각에 대해서도 한가지입니다.

마음으로서 삼매에 들고, 대상으로서 삼매에서 일어서며, 온갖 대상을 식별합니다. 대상으로 삼매에 들고, 마음으로써 삼매에서 일어서도 마음에 생하는 일도 없고, 자성(自性)도 없으며, 오직 적멸하다고 설합니다.

소년의 몸으로 삼매에 들고, 장년의 몸으로 삼매에서 일어서며, 장년의 몸으로 삼매에 들고, 노년의 몸으로 삼매에서 일어섭니다. 노년의 몸으로 삼매에 들고, 선한 여인으로서 삼매에서 일어서며, 선한 여인으로서 삼매에 들고, 선한 남자로서 삼매에서 일어섭니다.

선한 남자로서 삼매에 들고, 비구니의 몸으로서 삼매에서 일어섭니다. 비구니의 몸으로 삼매에 들고, 비구의 몸을 가지고 삼매에서 일어섭니다. 비구의 몸으로 삼매에 들고, 성문(聲聞)의 몸으로 삼매에서 일어서며, 성문의 몸으로 삼매에 들고, 연각(緣覺)5의 몸으로 삼매에서 일어섭니다. 연각의 몸으로 삼매에 들고, 여래의 몸으로 삼매에서 일어서며, 여래의 몸으로 삼매에 들고, 모든 하늘〔天神〕의 몸으로 삼매에서 일어섭니다. 모든 하늘의 몸으로 삼매에 들고, 모든 귀신으로서 삼매에서 일어서며, 모든 귀신으로서 삼매에 들고, 하나의 털구멍으로서 삼매에서 일어섭니다.

하나의 털구멍으로서 삼매에 들고, 모든 털구멍으로서 삼매에서 일어서며, 모든 털구멍으로서 삼매에 들고, 하나의 털끝으로서 삼매에서 일어섭니다. 하나의 털끝으로서 삼매에 들고, 모든 털끝으로서 삼매에서 일어서며, 모든 털끝으로서 삼매에 들고, 하나의 작은 티끌로서 삼매에서 일어섭니다. 하나의 작은 티끌로서 삼매에 들고, 모든 작은 티끌로서 삼매에서 일어서며, 모든 작은 티끌로서 삼매에 들고, 모든 부처님의 광명으로서 삼매에서 일어섭니다. 모든 부처님의 광명으로서 삼매에 들고, 큰 바다의 물로서 삼매에서 일어서며, 큰 바다의 물로서 삼매에 들고, 허공 가운데에 삼매로부터 일어섭니다.

이같이 무량한 공덕이 있는 사람은 그 삼매에 자유자재해 불가사의합니다. 설사 시방의 모든 여래가 그 삼매를 설한다

---

5. 12인연에 의해 홀로 깨달았으므로 독각(獨覺)이라고도 한다. 성문(聲聞)과 함께 소승을 지칭하게 된 것은 혼자서 깨달음의 기쁨에 젖어 타인의 구제(救濟)에 무관심하기 때문이다.

해도 모두 설할 수는 없을 것입니다. 일체의 모든 부처님은 모두가 칭찬하며 중생의 과거는 불가사의하다고 합니다.

이때 공중에서 소리가 들렸습니다.

'일체의 오욕(五欲)은 모두가 무상하다. 허망하고 물거품과 같으며 꼭두각시나 아지랑이와 같으며, 물속에 뜬 달과 같고, 뜬구름과 같다. 오욕은 모든 공덕을 마멸하는 것이다. 그대는 항상 진실하고 청정한 보살행을 구하라.'

모든 세계의 중생 가운데 성문(聲聞)의6 길을 바라고 구하고자 하는 자는 적으며, 연각(緣覺)을 구하고자 하는 자는 보다 적으며, 대승(大乘)을 구하고자 하는 자는 더욱 적습니다. 그러나 대승을 구하는 것은 또 쉬우나 대승의 법을 믿는 것은 어렵습니다. 하물며 이 법을 잘 수지(受持)하고 바르게 기억하며 가르침 그대로 행하고 진실을 이해하는 것은 더더욱 어렵습니다.

설사, 삼천대천세계를 머리에 이고 일겁 사이를 움직이지 않는 상태로 있는 것은 그다지 어렵지 않은 일입니다. 그러나 대승의 법을 믿는 것은 보다 어려운 일입니다. 설사, 모든 세계의 중생이 1겁 동안 공양한다 해도 그 공덕은 그다지 뛰어나다고 할 수는 없습니다. 그러나 대승의 법을 믿는 공덕은 보다 뛰어납니다. 설사, 손바닥 안에 열 개의 부처님 나라를 가지고 1겁 동안 허공에 머무를 수 있다 해도 그것은 그다지 어

---

6. sravaka. 본래의 뜻은 세존의 설법을 듣는 불제자. 그러나 대승불교에서 연각(緣覺)과 함께 소승(小乘)을 지칭한다. 왜냐하면 사제(四諦)에 통달해 있으나 오직 자기만의 깨달음에 정진하기 때문이다.

려운 일은 아닙니다. 그러나 대승법을 믿는 것은 훨씬 어려운 일입니다. 설사, 열 개의 부처님 나라에 사는 중생에게 1겁 동안을 공양한다 해도 그 공덕은 그다지 뛰어난 것이라고 할 수는 없습니다. 대승의 법을 믿는 공덕은 보다 뛰어납니다. 하물며 이 8장을 수지하고 있는 그 공덕이 더더욱 뛰어날 것입니다."

현수보살이 이 장(章)을 설해 마쳤을 때 시방세계는 여섯 가지로 진동했다. 모든 악마의 궁전은 흡사 칠흑과 같이 어두웠으나, 부처님의 광명은 시방을 비추어 모든 악도(惡道)를 낱낱이 제거했다.

시방의 모든 부처님은 모두가 현수보살 앞에 나타나 저마다 오른손을 뻗어 그 머리를 어루만졌다. 그 때문에 보살의 인덕은 무량한 것이 되었다. 모든 여래는 보살의 머리를 어루만진 다음에 칭찬하여 이와 같이 말했다.

"착하고 착하도다. 진실한 불자여, 그대는 대승의 법을 분명하게 설해 마쳤다. 나는 그대와 함께 마음으로부터 즐기리라."

제3 도리천(忉利天)의 모임

❧ 제9장 불승수미정품佛昇須彌頂品 ❧

9장부터 14장까지는 도리천(忉利天)에서 있었던 모임이다. 앞의 제2의 모임이 믿음을 중심으로 설해진 것임에 대해 이 제3의 모임은 보살의 몇 가지 수행상의 경계가 주제의 중심이 되어 있다. 즉 앞의 '믿음'을 근거로 해 불법의 이해를 몇 가지 단계로 나누어 설한 것이다. 설법하는 장소는 제1, 제2의 모임이 지상이었으나 제3의 모임은 수미산정(須彌山頂)에 있는 도리천이다. 이러한 허구는 지상의 보살이 지상, 즉 오염된 세계로부터 차츰 승화되는 것을 암시한다. 따라서 제4의 모임부터는 보살들이 보다 높은 천상으로 오른다. 9장과 10장은 그러한 도리천에서의 모임에 대한 서장(序章)에 해당한다.

세존은 위신력으로 이 깨달음의 자리를 떠나서 수미산의 산정(山頂)을 올라 도리천에 있는 제석천(帝釋天)에게로 향하셨다. 그때 제석천은 저 멀리 부처님이 오시는 것을 보고 많은 보배를 뿌린 자리를 만들어 그 위에 또 보배로 된 자리를 몇 겹으로 폈다. 그리고 제석천은 부처님 앞에 합장 예배하고 말했다.

"잘 오셨습니다. 세존이시여, 아무쪼록 저희들을 불쌍히 여기셔 이 궁전에 머물러 주십시오."

세존께서는 이 원을 받아들여 궁전으로 올라갔다. 그때 제석전(帝釋殿)의 무량한 음악은 부처님의 위신력으로 인해 조용해졌다. 제석천은 전에 지난 세계의 부처님〔과거불〕 밑에 있으면서 진리를 지키는 구도자의 고행을 닦던 일을 생각해 내고 다음과 같이 말했다.

"가섭불(迦葉佛)은[1] 대자비를 갖추어 복덕이 원만합니다. 그 부처님은 전에 여기에 오셨습니다. 그 때문에 이 땅은 보다 더 축복되었습니다.

구나함모니불(拘那含牟尼佛)의 지혜는 장애가 없고 복덕이 원만합니다. 그 부처님은 전에 이곳에 오셨습니다. 때문에 이 땅은 보다 더 축복되고 있습니다. 구류손불(拘留孫佛)의 몸은 흡사 황금의 산과 같고 복덕이 원만합니다. 그 부처님은 전에 이곳에 오신 일이 있었습니다. 그 때문에 이 땅은 보다 더 축복되고 있습니다. 비사부불(毘舍浮佛)은 탐욕과 분노와 어리석음의 삼독을 떠나서 복덕이 원만합니다. 그 부처님은 전에 이곳에 오신 적이 있습니다. 때문에 이 땅은 보다 더 축복되고 있습니다. 시기불(尸棄佛)은 항상 적연(寂然)하고 복덕이

---

1. 가섭불 이하 등장하는 부처들은 모두가 지난 세계의 부처로, 가섭불은 그 지난 세계의 부처로서 제6위이다. 다음이 5위, 이렇게 나아가 비바시불(毘婆尸佛)은 제1위의 부처이지만, 이러한 순위는 단순히 중생에 대한 보살―대부분이 석가 세존의 인행(因行) 때 구도자였던 것을 가리킨다―의 방편설일 뿐이지 대승(大乘)에서는 순위도 인정하지 않으며, 이들 부처는 동시불(同時佛)인 것이다.

원만합니다. 그 부처님은 전에 이곳에 오신 일이 있습니다. 때문에 이 땅은 더 축복되고 있습니다. 비바시불(毘婆尸佛)은 흡사 보름달과 같으며 복덕이 원만합니다. 그 부처님은 전에 이곳에 오신 적이 있습니다. 그 때문에 이 땅은 보다 더 축복되고 있습니다. 연등불(燃燈佛)은 세계를 밝게 비추며 복덕이 원만합니다. 그 부처님은 전에 이곳에 오신 적이 있습니다. 때문에 이 땅은 보다 더 축복되고 있습니다."

이와 같이 제석천은 부처님의 위신력을 받아서 과거의 모든 부처님의 공덕을 찬탄했다. 이와 한가지로 10만의 제석천도 또한 저마다 전에 수행했던 곳에 있는 지난 세계의 모든 부처님을 찬탄했다.

그때 세존은 사자좌에 올라 결가부좌했다. 그러자 궁전은 곧 순식간에 넓어지고 도리천도 같은 넓이가 되었다. 10만의 궁전도 또한 그와 같이 넓어졌다.

❧ 제10장 보살운집 묘승전상설게품 ❧
菩薩雲集 妙勝殿上說偈品

본 장은 앞 장과 함께 제3 도리천(忉利天) 모임의 서장이다.

시방세계에 있는 모든 보살은 저마다 수많은 보살들을 이끌고 부처님을 찾아와 합장하고 예배했다. 이때 이 세계의 수미산 위에는 보살들이 운집해 흡사 시방세계와 같았다. 그때 세존은 두 발의 발가락에서 아름다운 무수한 광명을 발하고 시방세계의 궁전을 비추었다. 그리하여 거기에 모인 모든 보살들이 광명 속에 떠올랐다.

그때 법혜(法慧)보살은 부처님의 신통력을 받아서 시방세계를 남김없이 관찰하고 게송(偈頌)을 읊었다.

"일체의 모든 부처님은 수미산 위의 제석천 묘승전(妙勝殿)에 나타나셨습니다. 이 모든 부처님을 시봉(侍奉)하는 무수한 보살은 시방으로부터 찾아와 결가부좌했습니다."

그리고 법혜보살은 대중을 향해 말했다.

"모든 보살들이여, 다음과 같이 알아야 합니다. 여래의 위신력에 의해 모든 세계 속의 모든 사람 앞에 부처님이 계십니다. 지금 우리는 부처님이 제석천의 묘승전에 앉아 계시는 것을 보고 있습니다. 시방세계의 묘승전도 또한 같습니다. 이는 한결같이 여래의 자재력에 의한 것입니다. 모든 세계 안에서 뜻을 세우고 최고의 깨달음을 구하는 자는 먼저 청정한 서원(誓願)을 일으켜 보살행을 닦아야 합니다. 보살은 헤아릴 수 없을 만큼 긴 세월을 수행하고, 가르침을 펴는 경계에 있어서도 장애가 없으며, 시방을 비추어 어리석음의 어두움을 제거하고, 그 힘은 무엇에도 비교할 수가 없습니다."

또 그때 일체혜(一切慧)보살은 부처님의 신통력을 받아서 시방세계를 남김없이 관찰하고 다음과 같이 칭찬했다.

"헤아릴 수 없이 긴 세월 동안, 항상 여래를 볼 수 있기를 원했습니다. 그러나 그 바른 가르침 안에서도 아직도 진실을 볼 수가 없습니다. 망상에 얽매이고 생사에 윤회하며 마음의 눈은 감겨서 부처님을 볼 수가 없습니다.

또 모든 사물을 관찰하지만 아직도 실상을 볼 수 없습니다. 일체의 모든 사물은 생멸(生滅)하고 있다고 생각해 모든 사물의 관념에 얽매여 있습니다. 만약 일체의 사물은 생하는 일이 없고 멸하는 일도 없음을 깨달을 수가 있으면, 모든 부처는 항상 눈앞에 나타날 것입니다.

모든 사물은 본래가 집착도 없고, 변하지 않는 주체〔아견我見〕가 있는 것도 아니며, 공적해 진실 그 자체까지도 없습니다. 모든 부처는 본래 공(空)하며 사량(思量)할 수가 없습니다. 일체의 모든 사물을 사량할 수가 없다고 깨닫는 자는 어떠한 번뇌 속에 있어서도 그 마음이 오염되지 않을 것입니다."

또 그때 공덕혜(功德慧)보살은 부처님의 신통력을 받아서 시방세계를 남김없이 관찰하고 게송을 읊었다.

"모든 것은 꼭두각시와 같이 허망해 실체가 없습니다. 그럼에도 불구하고 사람들은 이에 집착해 항상 생사에 윤회하고 있습니다. 여덟 가지 바른 길〔팔정도八正道〕을 알지 못하고 있습니다. 그러니 어떻게 자기 마음을 알 수 있겠습니까. 도리에 어긋난 견해〔전도顚倒〕로 인해 여러 가지 악을 만들고 있습니다.

사람들은 모든 것이 공(空)함을 보지 않고, 항상 무량한 고뇌를 받고 있습니다. 그것은 부처님의 가르침〔정도正道〕에 대한 청정한 눈을 완성하지 못하고 있기 때문입니다. 만약 일체의 마음을 알고자 한다면 먼저 부처님의 가르침에 대한 눈을 구해야 합니다. 그렇게 하면 진실한 부처를 볼 수가 있을 것입니다. 만약 부처를 보고서 자기 마음에 집착하지 않으면 모든 것의 진실을 깨달을 수가 있을 것입니다. 부처는 실로 이 진실한 가르침으로 중생을 교화하십니다."

또 그때 선혜(善慧)보살은 부처님의 신통력을 받아 남김없이 관찰하고 게송을 읊었다.

"훌륭하고 훌륭합니다. 무량한 여래는 해심(害心)을 떠나서 해탈하고 스스로 생사를 넘어, 중생도 넘게 합니다. 세간의 양상은 모두가 공(空)해 실체가 없음에도 미혹된 사람은 이것을 진실이라고 생각합니다. 실제로 모든 것에는 그 자체의 본성은 없으며, 이 본성이 없는 것으로 성품을 삼아 마치 허공과 같습니다. 설사 이러한 모양을 설한다 해도 설해 마칠 수가 없습니다. 따라서 지혜 있는 자는 이것을 무진(無盡)이라고 설하지만, 그것으로써 다 설한 것이 되지는 않습니다. 모든 것이 본성이 허공과 같아 무진하기 때문에 불가사의라고 할 수밖에 없습니다."

또 그때 진혜(眞慧)보살은 부처님의 신통력을 입어 시방세계를 남김없이 관찰하고 게송을 읊었다.

"헤아릴 수 없이 긴 세월 동안 모든 고뇌를 받고 생사 속에 유전하고 있는 것은 부처님의 이름을 듣지 않기 때문입니다. 현재의 부처님은 인연에 의해 생긴 것이 아닙니다. 과거·미래의 부처도 또한 그러합니다. 일체의 모든 것은 차별을 초월한 모습〔무상無相〕이라고 하는 것이 부처님의 참 성품입니다. 만약 이와 같이 모든 것의 깊은 뜻을 관찰하면 무량한 부처님의 영원불멸하는 진실한 모습 그 자체를 볼 수가 있을 것입니다. 진실을 진실이라고 알며, 진실하지 않은 것을 진실하지 않다고 아는 이것이 구경의 깨달음이며, 부처라고 이름하는 것입니다.

모든 부처님은 이와 같이 닦았으면서도 하나〔一法〕도 얻지 않았습니다. 하나에 의해 많음을 알고, 많음에 의해 하나를 알며, 모든 것은 의지하는 곳 없이 다만 인연에 의해 일어납니다. 활동의 주체도, 활동 그 자체도 함께 얻는 바가 없으며, 이것을 구해도 얻을 수는 없습니다. 이 얻을 수 없는 것이야말로 모든 부처가 의지하는 곳입니다. 왜냐하면 모든 것에는 의지하는 바가 없고 각자에게는 집착이 없기 때문입니다."

그밖에 많은 보살이 부처님의 신통력을 받아 시방세계를 남김없이 관찰하고 게송을 읊었다.

제11장 보살십주품菩薩十住品

이 장은 제3 도리천(忉利天) 모임의 주제인 보살의 수행의 열 가지 단계에 대해서 법혜(法慧)보살이 설한다.

그때 법혜(法慧)보살은 부처님의 신통력을 받아서 보살의 무량한 방편의 삼매에 들었다. 삼매에 든 다음, 시방의 무수한 부처님 나라와 그 밖의 무수한 부처님들이 삼매의 힘으로 나타났다. 이들 부처님의 이름은 모두가 법혜였다.

그때 그 모든 부처님들은 법혜보살에게 다음과 같이 말했다. "훌륭하고 훌륭하도다. 선남자(善男子)여, 그대는 능히 이 보살의 무량한 방편의 삼매에 들었도다. 선남자여, 그대가 이 삼매에 든 것은 시방의 무수한 부처가 그대에게 신통력을 주었기 때문이다. 또 비로자나불의 일체 중생을 구하고자 하는 서원의 힘과 선근력(善根力)에 의한 것이다. 또 그대로 하여금 넓은 가르침〔법〕을 설하게 하고자 생각했기 때문이다. 또 가르침의 지혜를 키우고 진리의 세계를 열며, 중생의 세계를 분별하게 하고 장애를 없애 무애(無礙)한 경계에 들어가게 하기 위해서이다. 선남자여, 참으로 부처님의 신통력을 받아 오묘한 진리〔법〕를 설해야 한다."

그때 모든 부처님은 저마다 오른쪽 팔을 뻗어 법혜보살의 머리를 어루만졌다. 법혜보살은 삼매로부터 일어나 모든 보살의 무리에게 말했다.

"모든 불자들이여, 보살의 본성〔주住하는 곳〕은 광대하고 깊어 흡사 허공과 같습니다. 일체의 보살은 과거·미래·현재의 모든 부처의 본성으로부터 생긴 것입니다. 모든 불자들이여, 보살의 십주(十住, 보살이 수행하는 몇 가지 단계 내지는 몇 가지 수행의 경지)의 행(行)은 과거·미래·현재의 모든 부처님이 설하신 것입니다.

무엇을 십주(十住)라고 하는가. 초발심(初發心), 치지(治地), 수행(修行), 생귀(生貴), 방편구족(方便具足), 정심(正心), 불퇴전(不退轉), 동진(童眞), 법왕(法王), 관정(灌頂)입니다. 이것이 보살이 머무는 열 가지 곳입니다.

모든 불자들이여, 첫째, 보살이 머무는 초발심(初發心)이라고 하는 것은 무엇인가 하면, 이 보살은 부처님만이 지니고 있는 신체상의 특징을 갖추고 있는 부처를 보며, 혹은 부처의 신통을 보고, 설법을 들으며, 또 일체 중생의 무량한 고통을 보고 깨달음을 구하는 마음을 일으켜 일체지(一切智)를 구하고 결코 퇴보하지 않는 것입니다. 이 보살은 초발심에 의해 열 가지 힘을 얻습니다. 예를 들면, 도리와 도리가 아닌 것을 분별하는 지혜이며, 업보(業報)로 인해 주어진 생의 때와 맑음을 아는 지혜이며, 과거의 생애를 아는 지혜이며, 멀리 떨어져 있는 자를 볼 수 있는 지혜이며, 모든 번뇌와 그 여습(餘

礙)이 없어지는 것을 아는 지혜 등입니다.

모든 불자들이여, 이 보살들은 열 가지 항목을 배워야 합니다. 즉 부처님을 공경하고 공양하며, 모든 보살을 칭찬하고 중생의 마음을 지키고, 현명한 자를 가까이하며, 물러서지 않는 부처님의 가르침을 칭찬하고 부처님의 공덕을 닦으며, 모든 부처의 앞에 태어나는 것을 칭찬하며, 방편에 의해 삼매를 익히고, 생사의 윤회를 떠나기를 바라며, 괴로움에 젖은 중생을 위해 스스로 귀의(歸依)하는 곳이 되도록 배워야 합니다. 왜냐하면, 이것에 의해 깨달음을 구하는 마음을 보다 더 견고하게 하고, 위 없는 부처님의 가르침을 완성하게 하고자 원하기 때문입니다. 만약 진리〔불법〕를 들을 수 있으면 스스로 이것을 듣고 이해하며, 결코 타인에게 의지해 깨닫는 일을 하지 않습니다.

모든 불자들이여, 둘째로 보살이 머무는 치지(治地)라고 하는 것은 무엇인가 하면, 이 보살은 일체의 중생에 대해 열 가지 마음을 일으킵니다. 즉 대비심(大悲心)과 대자심(大慈心)과 안락심(安樂心), 안주심(安住心), 연민심(憐愍心), 섭수심(攝受心), 수호심(受護心), 동기심(同己心), 사심(師心), 여래심(如來心)입니다.

모든 불자들이여, 이 보살들은 열 가지 항목을 익혀야 합니다. 즉 많이 듣기를 원하고 탐욕을 떠나 삼매를 닦으며, 선지식(善知識)을 가까이해 그 가르침에 따라서 말할 때에는 적절한 때를 선택하고, 마음의 두려움을 지니지 않으며, 진리〔불법〕의 깊은 뜻을 깨닫고 부처님의 가르침〔정법正法〕에 요달(了達)하며 진리 그대로를 행하며, 마음의 어리석음을 떠나 움직이지 않는 마음에 안주해야 합니다. 왜냐하면 이로 인해 일체 중생에 대해 대자비를 증진하고자 하기 때문입니다. 만약 들을 수 있는 진리가 있으면 스스로 듣고 이해하며 결코 타인에게 의지해 깨닫는 일을 하지 않습니다.

불자들이여, 셋째로 보살이 머무는 수행(修行)이라고 하는 것은―이 보살은 모든 존재를 관찰하는 열 가지 길을 닦습니다. 즉 모든 존재는 무상하며, 괴로움[苦]이며, 공(空)이며, 영원히 변하지 않는 주체는 없으며[무아無我], 모든 존재는 즐거워할 것(바람직한 것이 아니다)이 아니며, 모이고 흩어지는 일도 없으며(영원불변의 주체가 없기 때문에 상호집산相互集散할 수 없다), 영원히 변하지 않는 것도 아니며, 모든 사물은 허망하며, 거기에는 노력도 화합도 견고함도 없다고 이같이 관찰합니다.

불자들이여, 이 보살은 다음과 같은 열 가지 항목을 익혀야 합니다. 즉 모든 중생의 세계―진리의 세계, 땅[地]의 세계, 물[水]·불[火]·바람[風]의 세계, 욕망의 세계, 형상이 있는 세계, 형상이 없는 세계를 알도록 배워야 합니다. 왜냐하면, 보살은 모든 사물에 대해서 맑고 밝은 지혜를 증진하고자 하기 때문입니다. 만약 들을 수 있는 진리가 있으면 스스로 이를 듣고 이해하며 결코 타인에게 의지해 깨닫는 일을 하지 않습니다.

모든 불자들이여, 넷째로 보살이 머무는 생귀주(生貴住)라고 하는 것은―이 보살은 거룩한 가르침 안에서 태어나 열 가지 부처님의 가르침을 수행합니다. 즉 부처님을 믿고, 진리를 실현하며, 선정(禪定)에 들고, 또 중생과, 부처님의 나라와, 세계와, 모든 업(業)과, 과보(果報)와, 생사와, 열반 등을 아는 것입니다.

불자들이여, 이 보살은 열 가지 항목을 익혀야 합니다. 즉 과거·미래·현재의 모든 부처님의 가르침을 알고, 과거·미래·현재의 가르침을 수행하며, 과거·현재·미래의 진리를 몸에 감추고, 일체의 모든 부처가 평등한 것을 관찰해야 합니다. 왜냐하면 보살은 과거·미래·현재의 삼세(三世)에 밝게 요달(了達)하고 마음의 평등을 얻고자 하기 때문입니다. 만약 들을 수 있는 진리가 있으면 스스로 이를 듣고 이해하며, 결코 타인에 의지해서 깨닫는 일을 하지 않습니다.

불자들이여, 다섯째로 보살이 머무는 방편을 갖추다〔방편구족주方便具足住〕라고 하는 것은-이 보살은 열 가지 가르침을 듣고 수행해야 합니다. 즉 이 보살의 수행하는 공덕은 모두가 일체 중생을 구호하고, 일체 중생에게 이익을 주며, 일체 중생을 안락하게 하고, 일체 중생을 연민하며, 일체 중생의 인격을 완성하고, 일체 중생으로 하여금 모든 재난을 떠나게 하고, 일체 중생을 생사의 고뇌로부터 벗어나게 하며, 일체 중생을 기쁘게 하고, 일체 중생으로 하여금 번뇌를 극복하게 하며, 모두가 열반을 얻도록 해야 하는 것입니다.

불자들이여, 이 보살은 열 가지 항목을 익혀야 합니다. 즉 중생은 무변하고, 무량하며, 무수하고, 불가사의하며, 여러 가지 형태를 가지고 있으며, 공(空)하고, 자재하지 못하며, 진실하지 못하며, 의지할 곳이 없고, 자성(自性)이 없다고 하는 것을 익혀야 하는 것입니다. 왜냐하면, 보살은 자기 마음이 집착하지 않기를 원하기 때문입니다. 만약 들을 수 있는 불법이 있으면 이를 듣고 이해하고, 결코 타인에게 의지해 깨닫는 일을 하지 않습니다.

모든 불자들이여, 여섯째로 보살이 머무는 바른 믿음[정심주正心住]이란 것은—이 보살은 열 가지 가르침을 듣고 믿음을 결정해 흔들리지 않는 마음을 결정해 흔들리지 않는 마음을 얻습니다. 즉 설사 부처를 칭찬하거나 비방하는 말을 들어도 부처님의 가르침 안에 마음은 안정되어 있어 움직이지 않습니다. 진리를 칭찬하거나 비방하는 말을 들어도 부처님의 가르침 안에 마음은 안정되어 있어 움직이지 않습니다. 보살을 칭찬하거나 비방하는 말을 들어도 가르침 안에 마음은 안정되어 있어 흔들리지 않습니다. 보살의 행하는 진리를 칭찬하고 비방하는 것을 들어도 가르침 안에 마음은 안정되어 있어 흔들리지 않습니다. 중생의 수는 유한(有限)하고, 혹은 무한하다고 하는 것을 들어도 부처님의 가르침 안에 마음은 안정되어 있어 흔들리지 않습니다. 중생은 더럽혀져 있다든가, 혹은 더럽혀져 있지 않다고 하는 것을 들어도 부처님의 가르침 안에 마음은 안정되어 있어 흔들리지 않습니다. 중생은 구하기 쉽다, 혹은 구하기 어렵다고 하는 것을 들어도 가르침 안에 마음은 안정되어 있어 흔들리지 않습니다. 진리의 세계는 유한하며, 혹은 무한하다고 하는 것을 들어도 부처님의 가르침 안에 마음은 안정되어 있어 흔들리지 않습니다. 세계는 생성되어 있고, 혹은 파괴되어 가고 있다고 하는 것을 들어도 가르침 안에 마음은 안정되어 있어 흔들리지 않습니다. 세계는 실재한다든가, 혹은 실재하지 않는다 하는 것을 들어도 가르침 안에 마음이 안정되어 있어 흔들리지 않습니다.

불자들이여, 이 보살은 열 가지 항목을 익혀야 합니다. 즉 존재하는 모든 것은 모습이 없는 것이며, 본성이 없고, 수행할 수도 없으며, 실제적이 아니며, 진실하지도 않고, 자성도 없으며, 흡사 허공과 같고, 꼭두각시와 같고, 꿈과 같고, 메아리와 같은 것이라고 알아야 하는 것입니다. 왜냐하면, 보살은 일단 얻은 공덕을 다시는 잃지 않는 경지[불퇴전]에서 불생불멸(不生不滅)하는 절대적인 진리를 깨달은 평온함[무생법인]을 체득하고자 하기 때문입니다. 만약 진리를 들을 수 있으면 스스로 이를 듣고 이해하지, 결코 타인을 의지해 깨닫는 일은 하지 말아야 합니다.

불자들이여, 일곱째로 보살이 머무는 깨달음을 확약 받은 구도자의 경지[불퇴전주不退轉住]는—이 보살은 열 가지 일에 대한 이야기를 듣고서도 그 마음은 견고해 흔들리지를 않습니다. 즉 부처는 존재한다든가, 혹은 존재하지 않는다고 하는 것을 들어도 부처님의 가르침 안에 있어 물러서는 일이 없습니다. 진리가 있다든가, 혹은 없다고 하는 것을 들어도 부처님의 가르침 안에 있어 물러서는 일이 없습니다. 보살은 있다든가 없다고 하는 것을 들어도 부처님의 가르침 안에 있어 물러서는 일이 없습니다. 보살의 행(行)이 있다든가 없다고 하는 것을 들어도 부처님의 가르침 안에 있어 물러서는 일이 없습니다. 보살의 행이 미혹(迷惑)을 초월한다든가 초월하지 않는다고 하는 것을 들어도 부처님의 가르침 안에 있어 물러서는 일이 없습니다. 과거의 부처와, 미래의 부처와, 현재의 부처가 각각 있다든가 없다고 하는 것을 들어도 부처님의 가르침 안에 있어 물러서는 일이 없습니다. 최고의 깨달음을 여는 부처의 지혜는 다함이 있다든가 다함이 없다고 하는 것을 들어도 부처님의 가르침 안에 있어 물러서는 일이 없습니다. 과거·현재·미래의 존재는 동일한 모습이나, 혹은 동일한 모습이 아니라고 하는 것을 들어도 부처님의 가르침 안에 있어 물러서는 일이 없습니다.

불자들이여, 이 보살은 열 가지 항목을 익혀야 합니다. 즉 일(一)은 다(多)이며, 다(多)는 일(一)이며, 가르침에 따라서 의미를 알고, 의미에 의해 가르침을 알며, 비존재(非存在)는 존재이며, 존재는 비존재이며, 모습을 갖지 않는 것이 모습이며, 모습이 모습을 갖지 않는 것이며, 본성이 아닌 것이 본성이며, 본성이 본성이 아니라고 알아야 합니다. 왜냐하면 보살은 모든 사물에 있어서 방편을 얻고자 원하기 때문입니다. 만약 들을 수 있는 진리가 있으면 스스로 이를 듣고 이해하며, 결코 타인에게 의지해 깨닫는 일을 하지 않습니다.

모든 불자들이여, 여덟째로 보살이 머무는 동진(童眞)이라고 하는 것은 이 보살은 열 가지 사물에 있어서 마음을 안정할 수 있습니다. 즉 마음과 말과 행위에 있어서 청정하게 되고, 뜻대로 생을 받으며, 중생의 마음과 바라는 것과 본성과 업을 알고, 세계의 생성과 소멸을 알며, 초인적인 힘이 자유자재하여 장애를 받는 일이 없습니다.

불자들이여, 이 보살은 열 가지 항목을 익혀야 합니다. 즉 모든 부처님의 나라를 알고, 관찰하고, 진동(震動, 부처가 탄생하는 등의 상서로운 일이 있을 때 일어나는 현상)하며, 지속하고, 또 모든 부처님의 나라나 그 밖의 모든 세계에 이르러 헤아릴 수 없는 진리를 문답하고, 초인적인 힘에 의해 온갖 모습을 나타내며, 무량한 음성을 이해하고 일념 안에 무수한 모든 부처님을 공경하고 공양하는 것을 익혀야 합니다. 왜냐하면, 보살은 여러 가지 방편에 의해 모든 법을 완성하고자 바라기 때문입니다. 만약 들을 수 있는 사람은 진리가 있으면 스스로 이를 듣고 이해하며, 결코 타인에게 의지해 깨닫는 일을 하지 않습니다.

모든 불자들이여, 아홉째로 보살이 머무는 법왕〔법왕주法王住〕이라고 하는 것은—이 보살은 열 가지 사물을 이해하고 있습니다. 중생의 나라들, 모든 번뇌, 그리고 이별의 아쉬움, 헤아릴 수 없는 진리, 그 방편, 모든 예의와 작법(作法), 모든 세계의 실정, 과거·미래·현재의 때의 흐름, 세간의 도리와 궁극의 진리 등입니다.

불자들이여, 이 보살은 열 개의 항목을 익혀야 합니다. 즉, 법왕(法王, 불법의 왕, 즉 불법의 중심이 되는 주체로 불佛을 가리킴)이 머무는 곳과 법왕의 작법, 법왕이 있는 곳에 안주하는 것, 법왕이 있는 곳에 교묘히 들어가는 것, 법왕이 있는 곳을 분별하는 것, 법왕의 진리를 오래도록 지속하는 것, 법왕의 진리를 칭찬하는 것, 법왕이 안전하게 진리를 실현하는 것, 법왕이 두려워하지 않는 진리, 법왕의 집착이 떠난 진리 등을 배워야 합니다. 왜냐하면, 보살은 모든 사물에 있어서 장애를 받지 않는 지혜를 얻고자 바라기 때문입니다. 만약 들을 수 있는 부처님의 가르침이 있어 듣게 되면 스스로 이를 이해하고, 결코 타인을 의지해서 깨닫지 않습니다.

불자들이여, 열째로 보살이 머무는 관정〔관정주灌頂住〕이라고 하는 것은—이 보살은 열 가지 지혜를 완성합니다. 즉 혜아릴 수 없는 세계를 진동하고, 비추며, 지속하며, 맑게 하고, 그리고 그 세계에 들며, 또 헤아릴 수 없는 중생의 마음과, 행위와, 감관의 작용을 알고, 온갖 방편에 의해 중생으로 하여금 번뇌를 극복하고 깨달음을 얻게 합니다.

불자들이여, 이 보살의 실체는 알 수가 없습니다. 즉 그가 명상에 들고, 초인적인 힘이 자유자재하고, 그의 과거·현재·미래의 지혜와 모든 부처님의 모든 나라를 맑게 하는 지혜와, 그의 마음의 경계 등을 낱낱이 알 수가 없습니다.

불자들이여, 이 보살은 열 가지 지혜를 익혀야 합니다. 즉 과거·미래·현재의 지혜, 최고의 깨달음을 여는 부처님의 지혜, 진리의 세계는 장애를 받지 않는다고 하는 지혜, 진리의 세계는 무량무변이라고 하는 지혜, 모든 세계를 비추고 지속하며 충실하게 하는 지혜, 모든 중생을 분별하는 지혜, 최고의 깨달음을 여는 무량무변한 부처님의 지혜 등을 익혀야 합니다. 왜냐하면 보살은 있는 모든 종류의 지혜를 갖고자 원하기 때문입니다. 만약 들을 수 있으면 스스로 이를 듣고 이해해야 하며, 결코 타인에게 의지해 깨닫는 일을 하지 않습니다."

그때 부처님의 신통력에 의해 시방의 무량한 부처님 나라는 온갖 모양으로 진동하고, 하늘의 꽃과 꽃다발과 하늘옷이 비 오듯이 뿌려지고, 하늘의 음악은 스스로 소리를 내고 울려 퍼졌다.

🍃 제12장 범행품梵行品 🍃

이 장은 앞 장의 십주(十住)를 완성하기 위한 10종의 청정한 행(行)을 설한다. 범행(梵行)이라고 하는 것은 청정한 행을 말한다.

이때 정념천자(正念天子)가 법혜보살에게 말했다.

"불자여, 온 세계의 모든 보살들이 여래의 가르침을 의지해 물든 옷을 입고 출가했으면, 어떻게 해야 범행(梵行)이 청정하게 되며 보살의 지위로부터 위 없는 보리의 도에 이릅니까."

법혜보살이 말했다.

"불자여, 보살 마하살이 범행을 닦을 때에는 마땅히 열 가지 법으로 반연(攀緣)1을 삼고 뜻을 내어 관찰해야 하나니, 이른바 몸과 몸의 업[신업身業]과, 말과 말의 업[어업語業]과, 뜻과 뜻의 업[의업意業]과, 부처님과 부처님의 가르침과, 부처님과 부처님의 가르침을 봉행하는 승단과 계율입니다. 마땅히 다음과 같이 관찰해야 합니다. 첫째, 만일 몸이 범행이라면 범행은

---

1. 반(攀)은 기어오른다는 뜻. 대상에 의탁하여 마음이 일어나는 것. 외부의 사물을 인식하는 것.

선하지 않은 것이며, 진실하지 않으며, 흐린 것이며, 냄새 나는 것이며, 부정한 것이며, 싫은 것이며, 어기는 것이며, 잡되고 물든 것이며, 송장이며 벌레라고. 둘째, 만일 몸의 업이 범행이라면, 범행은 곧 가는 것, 머무는 것, 앉는 것, 눕는 것, 왼쪽으로 돌아보는 것, 오른쪽으로 돌아보는 것, 구부리는 것, 펴는 것, 숙이는 것, 우러르는 것이라고. 셋째, 만일 말의 업이 범행이라면 범행은 곧 음성[聲]이며, 말하는 것이며, 혀의 움직임이며, 이와 입술이 서로 어울리는 것이라고. 넷째, 만일 말의 업이 범행이라면 범행은 곧 문안하고, 약설(略說)하고, 광설(廣說)하고, 비유로 말하고, 직설하고, 칭찬하고, 헐뜯고, 방편으로 말하고, 세속에 따라 말하고, 분명하게 말하는 것이라고. 다섯째, 만일 뜻의 업이 범행이라면, 범행은 곧 깨달음이며, 관찰이며, 분별이며, 기억함이며, 생각함이며, 요술이며, 꿈이라고. 여섯째, 만일 뜻의 업이 범행이라면 범행은 곧 추위이며 더위이며, 주림이며, 목마름이며, 괴로움이며, 즐거움이며, 근심이며, 기쁨이라고. 일곱째, 만일 부처가 범행이라면 색온(色蘊)2이 부처입니까, 수온(受蘊)이 부처입니까, 상온(想蘊)이 부처입니까, 행온(行蘊)이 부처입니까, 식온(識蘊)이 부처입니까, 상(相)이 부처입니까. 호(好)가 부처입니까, 신통이 부처입니까, 과보(果報)가 부처입니까고. 여덟째, 만일 법[부처님의 가르침]이 범행이라면 적멸이 법입니까, 열반이 법

---

2. 색온(色蘊) 이하 수온(受蘊)·상온(想蘊)·행온(行蘊)·식온(識蘊)은 오온(五蘊)을 가리킨다. 온(蘊)은 모여서 뭉친 것으로 화합하여 한 덩어리가 된 것.

입니까, 생기지 않음이 법입니까, 일어나지 않음이 법입니까, 말할 수 없음이 법입니까, 분별없음이 법입니까, 행할 바 없음이 법입니까, 순종치 않음이 법입니까, 얻을 바 없음이 법입니까고. 아홉째, 부처님과 부처님의 가르침을 봉행하는 승(僧)이 미혹을 벗어나 처음으로 깨달음의 지위에 나아가는 것〔예류향預流向〕3이 스님〔僧〕입니까, 미혹을 벗어나 처음으로 깨달음의 지위에 오르고, 다시 태어나 깨달음을 여는 것〔일래一來〕과 다시는 이승에 태어나지 않는 깨달음의 경지와, 그를 향하는 것과, 아라한(阿羅漢)의 수행이 승입니까고. 또 세 가지 지혜〔삼명三明〕와 여섯 가지 초인적인 능력〔육통六通〕이 승입니까. 열째, 만일 계율이 범행이라면 계단〔단장壇場〕의 계율입니까, 청정한가 묻는 것이 계율입니까, 위의를 가르침이 계율입니까, 갈마(羯磨)4를 세 번 말함이 계율입니까, 화상이 계율입니까, 아사리(阿闍利, 수행자를 지도하는 고승대덕高僧大德)가 계율입니까, 머리 작은 것이 계율입니까, 가사 입는 것이 계율입니까, 걸식함이 계율입니까, 정명(正命)이 계율입니까고.

이렇게 관찰하면 몸에 취할 것이 없고, 닦는 데 집착할 것이 없고, 법에 머물 것이 없으며, 과거는 이미 멸했고 미래는 이르지 못했고 현재는 고요하며, 업을 짓는 이도 없고 과보를

---

3. 예류(預流)는 비로소 법(法)의 흐름에 들어간 자의 뜻. 제1단계의 성자(聖者). 성자(聖者)로 흘러드는 자. 예류향은 예류에 향하여 전진해가는 과정을 말한다. 성문사향(聲聞四向)의 하나.
4. kamma의 음역. 업(業)·사(事)·소작(所作)·작법(作法)이라고 번역한다.

받을 이도 없으며, 이 세상은 이동하지 않고 저 세상은 바뀌지 않을 것입니다. 이 가운데 어느 법이 범행입니까. 범행은 어디서부터 왔으며, 누구의 소행이며, 자체는 무엇이며, 누구로 말미암아 지어졌습니까. 이것이 있는 것인지 없는 것인지, 색(色)인지 색이 아닌지, 감각〔受〕인지 감각이 아닌지, 상(想)인지 상이 아닌지, 행(行)인지 행이 아닌지, 식(識)인지 식이 아닌지 어느 것입니까. 이렇게 관찰하면 범행이란 법은 얻을 수 없는 연고이며, 삼세의 법이 다 공적한 연고이며, 뜻에 집착이 없는 연고이며, 마음에 장애가 없는 연고이며, 행할 바가 둘이 없는 연고이며, 방편이 자재한 연고이며, 모양 없는 법을 받아들이는 연고이며, 모양 없는 법을 관찰하는 연고이며, 부처님 법이 평등함을 아는 연고이며, 온갖 부처님 법을 갖춘 연고로 이렇게 청정한 범행이라 이름합니다.

다시 열 가지 법을 닦아야 하나니 무엇이 열인가. 이른바 옳은 곳 그른 곳을 아는 지혜, 지난 세상, 지금 세상, 오는 세상의 업과 과보를 아는 지혜, 모든 선정(禪定)·해탈·삼매를 아는 지혜, 모든 근성의 승(勝)하고 열(劣)함을 하는 지혜, 가지가지 이해를 아는 지혜, 가지가지 경계를 아는 지혜, 온갖 곳에 이르는 길을 아는 지혜, 천안통(天眼通)이 걸림 없는 지혜, 숙명통(宿命通)이 걸림 없는 지혜, 여습(餘習)을 영원히 끊는 지혜이니, 여래의 열 가지 힘을 낱낱이 관찰하며, 낱낱이 힘써 한량없는 뜻이 있는 것을 마땅히 물어야 합니다. 들은 뒤에는 크게 자비한 마음을 일으키니 중생을 관찰해 버리지 아니하며, 모든 법을 생각해 쉬지 않으며, 위 없는 업을 행하고도 과보를 구하지 말며, 경계가 환상과 같고, 꿈같고, 그림자 같고, 메아리 같고, 변화와 같음을 분명히 알 것입니다. 만일 보살들이 이렇게 관행(觀行)함으로 더불어 서로 응하면 모든 법에 두 가지 이해를 내지 않으며, 온갖 부처님의 법이 눈앞에 나타날 것이며, 처음 발심할 때에 최고의 깨달음을 구하는 마음을 얻을 것이며, 온갖 법이 곧 마음의 성품임을 알 것이며, 지혜의 몸을 성취하되 남에게 의지해 깨닫지 않을 것입니다."

제13장

초발심보살공덕심 初發心菩薩功德心 ⌇

초발심(初發心)은 11장에서 설해진 십주(十住)의 제1이다. 처음으로 깨달음에의 마음을 일으킨 것을 의미한다. 이 장은 보살의 공덕심이 광대무변함을 설하고 있다.

제석천(帝釋天)이 법혜(法慧)보살에게 물었다.

"불자여, 초발심의 보살은 얼마만한 공덕을 완성하고 있습니까."

법혜보살이 대답했다.

"불자여, 그 도리는 심원하며, 알기 어렵고, 믿기 어렵고, 또한 이해하기가 어려우며, 설하기도 어렵고, 판별하기도 어렵습니다. 그러나 나는 부처님의 신통력을 받아서 그대에게 설하고자 합니다. 불자여, 예를 들면 어느 사람이 동방의 무수한 세계의 중생을 오랫동안 공양하고 그 뒤에 오계(五戒)1를 행

---

1. 다섯 가지 계율. 재가(在家)의 불교신자가 지켜야 할 다섯 가지 훈계. ①살생하지 말 것. ②도둑질하지 말 것. ③남녀 사이를 혼란시키지 말 것. ④거짓말하지 말 것. ⑤술을 마시지 말 것.

하도록 합니다. 또 동방의 세계와 같이 사방팔방, 시방세계의 중생에게도 그와 같이 합니다. 이렇게 한다면 이 사람의 공덕은 많다고 생각할 수 있습니까."

제석은 말했다.

"불자여, 모든 여래 이외에는 이 사람의 공덕을 대적할 만한 사람은 없을 것입니다."

법혜보살은 제석을 향해 말했다.

"불자여, 이 사람의 공덕이 아무리 많아도 초발심을 한 보살의 공덕에는 비할 수 없습니다. 비유한다면, 그 백분의 1, 천분의 1, 백천분의 1, 억분, 백억분, 천억분 내지 헤아릴 수 없으며, 따라서 그 공덕은 다함이 없고, 설할 수도 없을 만큼 많습니다.

불자여, 또 어느 사람이 시방의 무수한 세계의 중생을 오랫동안 공양하고 그 뒤에 십선(十善)을 행하도록 합니다. 또 긴 동안 공양한 뒤에는 사선(四禪)[2]을 행하도록 합니다. 이와 같이 하여 모든 중생에게 혜택을 베풀고자 하는 자비심〔사무량심四無量心〕과 물질을 초월한 경계에 안정〔사무색정四無色定〕하도록 하며, 한 번 다시 태어나 깨달음을 얻은 경계〔일래一來〕에 이르도록 하고, 미혹의 세계에 다시는 태어나지 않는 경계〔불환不還〕와 아라한(阿羅漢)의 경계에 이르도록 하며, 최후에는 연각(緣覺)의 깨달음을 얻게 한다면 어떻겠습니까. 이 사람의

---

2. 색계(色界)에 있어서 네 가지의 단계적 경지. 초선(初禪)에서부터 제4선까지를 말한다. 욕계(欲界)의 미혹을 뛰어넘어 색계에 생겨나는 4단계의 명상.

공덕은 많다고 생각합니까."

제석은 말했다.

"모든 부처님 이외에는 이 사람의 공덕을 낱낱이 알고 있는 사람은 없을 것입니다."

법혜보살은 제석을 향해 말했다.

"불자여, 이 사람의 공덕이 아무리 많다 해도 초발심한 보살의 공덕에 비한다면 그 백분의 1, 천분 내지 헤아릴 수 없으며 다함이 없습니다. 설할 수 없을 만큼 많으며, 또한 설할 수도 없습니다. 불자여, 왜냐하면 일체의 모든 부처님은 시방세계의 무수한 중생을 오랫동안 공양하기 위해 이 세상에 나온 것은 아닙니다. 또 무수한 세계의 중생으로 하여금 오계(五戒)와 십선(十善), 사선(四禪), 사무량심(四無量心), 사무색정(四無色定), 예류(預流), 일래(一來), 불환(不還), 아라한(阿羅漢), 연각(緣覺) 등 그러한 길을 행하게 하기 위하여 이 세상에 나온 것은 아닙니다. 일체의 모든 보살이 처음으로 깨달음을 구하는 마음〔보리심〕을 일으켰던 것은 부처님의 씨를 끊이지 않게 하기 위함이며, 모든 세계는 스스로 청정함을 알기 때문이며, 모든 중생을 구하고 깨달음을 열고자 생각했기 때문이며, 모든 중생의 번뇌와 그 오염, 번뇌, 그리고 이별의 아쉬움, 마음의 움직임을 알기 때문이며, 모든 중생이 여기에 죽고 저기에서 태어나는 것을 알기 때문이며, 또 일체의 모든 부처님 세계가 평등한 것을 알기 때문입니다.

불자여, 또 다음과 같은 예가 있습니다. 어느 사람이 한 찰나에 무량한 세계를 통과할 수 있을 만한 신통력을 가지고, 그에 필적할 만한 긴 시간 동안 동방을 향해 나아간다 해도 세계의 끝에 이를 수는 없습니다. 또 두 번째 사람이 앞사람의 뒤를 이어서 다시 긴 시간 동안을 동방을 향해 나아간다 해도 역시 세계의 끝에 이를 수는 없습니다. 이와 같이 하여 제3, 제4, 내지 제10의 사람이 동방을 향해 나아간다 해도 한가지로 그 끝에 이를 수는 없습니다. 또 이 동방의 경우와 같이 시방세계에 있어서도 도합 백 사람이 저마다의 방향을 향해 나아갈 때, 설사 시방세계의 끝에 이를 수가 있다고 가정한다 해도 초발심을 한 보살의 공덕과 양을 알 수는 없을 것입니다. 왜냐하면, 초발심을 한 보살은 한정된 세계의 중생을 위해 보리심을 일으킨 것은 아니기 때문입니다. 시방의 무변한 세계의 실정을 알고, 그 세계의 일체의 중생을 구하고자 생각하기 때문에 최고의 깨달음을 구하는 마음을 일으킨 것입니다.

또 작은 세계는 곧 커다란 세계라고 알고, 커다란 세계는 곧 작은 세계임을 알며, 넓은 세계는 곧 좁은 세계임을 알고, 좁은 세계는 곧 넓은 세계임을 알며, 하나의 세계는 곧 무량한 세계임을 알고, 무량한 세계는 곧 하나의 세계임을 알며, 무량한 세계는 하나의 세계에 드는 것을 알고, 하나의 세계는 무량한 세계에 드는 것을 알며, 더럽혀진 세계는 곧 깨끗한 세계임을 알고, 깨끗한 세계는 곧 더럽혀진 세계임을 알며, 하나의 털구멍 속에 일체의 세계가 있음을 알고, 일체의 세계 속에서 일체의 털구멍의 성질을 알며, 하나의 세계로부터 일체의 세계가 생하는 것을 알고, 일체의 세계는 흡사 허공과 같음을 알고, 일념 사이에 일체의 세계를 낱낱이 알고자 하기 때문에, 보살은 무상한 깨달음을 향해 마음을 일으키는 것입니다.

불자여, 또 다음과 같은 비유를 들 수 있습니다.

신통력을 가지고 한 찰나에 무량한 세계에 사는 모든 중생의 소망을 알 수 있고, 사람이 아득한 시간에 걸쳐 능력을 다해도 동방의 일체 세계에 있어서의 중생의 소망을 알 수는 없다는 것입니다. 이와 같이 제2, 제3 내지 제10의 사람이 그 뒤를 이어서 시간을 다해도 동방세계에 사는 중생의 소망을 낱낱이 알 수는 없습니다. 또 시방세계의 중생에 대해서도 마치 한가지입니다. 그러나 가령 시방의 무변한 세계에 사는 중생의 소망을 낱낱이 알 수가 있다고 가정해도 더욱 초발심을 한 보살의 공덕을 알 수는 없을 것입니다. 왜냐하면, 초발심의 보살은 한정된 세계의 중생의 소망을 알기 위해 최고의 깨달음을 구하는 마음을 일으킨 것은 아니기 때문입니다.

보살이 무상한 깨달음을 향한 마음을 일으킨 것은 일체 중생의 다함없는 소망의 대해(大海)를 알고자 하고, 중생의 욕망은 일체 중생의 욕망임을 알고자 하고, 또 일체의 욕망은 하나의 욕망이며, 하나의 욕망은 일체의 욕망임을 알고자 하고, 또 여래의 온갖 욕망의 힘을 갖추고 생각하며, 또 선(善), 혹은 불선(不善)에 대한 욕망, 세간 혹은 출세간(出世間)에 대한 욕망, 커다란 지혜의 욕망, 청정한 욕망, 장애가 없는 지혜의 욕망, 장애를 받지 않는 지혜를 갖는 부처님의 해탈에 관한 욕망 등을 낱낱이 알고자 하기 때문입니다.

불자여, 혹은 또 중생의 감각기관, 희망, 방편, 마음, 움직임, 모든 업, 번뇌 등을 한가지로 알고자 하는 것을 비유로 들 수 있습니다. 불자여, 혹은 또 다음과 같은 비유도 들 수 있습니다. 어느 사람이 한 찰나에 동방의 무변한 세계에 활동하고 있는 모든 부처님과 그 일체의 중생을 공경하고 찬탄하며 예배하고 존경하고, 또 온갖 공양을 다하고 장엄할 수 있는 신통력을 가지고 아득한 오랜 시간을 다한다고 하면, 이같이 하여 동방세계와 한가지로 서방세계의 모든 부처님과 일체 중생을 공양할 수 있다고 하면, 불자여, 어떻겠습니까, 이 사람의 공덕은 많다고 생각합니까."

제석은 이에 대답했다.

"오직 부처님만이 이 사람의 공덕을 알고 있으며, 다른 사람은 도저히 알 수가 없을 것입니다."

법혜보살은 말했다.

"불자여, 이 사람의 공덕을 초발심한 보살의 공덕에 비한다면, 그 백분의 1, 천분의 1 내지 헤아릴 수 없을 만큼 많습니다. 따라서 설할 수도 없습니다.

초발심한 보살이 보리심을 내면, 무한한 과거로부터 활동해 온 모든 부처님의—장애를 받지 않는—지혜를 알 수가 있으며, 무한한 미래를 향해 활동하고자 하는 모든 부처님의 공덕을 믿을 수가 있으며, 현재의 모든 부처님의 설하는 지혜를 알 수가 있습니다. 또 이 보살은 삼세의 모든 부처님의 공덕을 믿고 받으며, 행하고, 체득하고, 모든 부처들의 그 공덕과 같은 것이 됩니다. 왜냐하면, 초발심한 보살이 최고의 깨달음을 향한 마음을 일으키는 것은 다음의 이유에 근거하기 때문입니다. 즉 이 보살은 일체의 모든 부처님의 성질을 끊이지 않게 하기 위해 커다란 자비심을 가지고 모든 세계의 중생을 구하고자 생각하기 때문이며, 또 모든 세계의 중생의 오염이나 청정함이 생기는 실정을 알고자 하기 때문입니다. 또 일체 중생의 마음의 움직임이나 번뇌·여습(餘習)을 낱낱이 알기 때문이며, 또 삼세의 모든 부처님의 무상한 깨달음을 알고자 생각하기 때문에, 또 삼세의 부처님의 힘을 기르고 그 무변한 평등의 지혜를 얻고자 하기 때문에 이 보살은 무상한 깨달음을 향한 마음을 일으킨 것입니다.

이 초발심의 보살이야말로 실은 부처님인 것입니다. 이 보살은 삼세의 모든 부처님의 경계와 한가지로 여래의 일심(一心)과 무량심(無量心)과 삼세의 모든 부처님과 평등한 지혜를 얻고 있습니다. 그는 일체 세계를 비추고, 일체 세계의 악도(惡道)의 고통을 잠재우며, 일체 세계에 있어서 성불하는 것을 실현하고, 일체 중생으로 하여금 불법의 기쁨을 얻게 하고, 그 깊은 진리의 세계를 깨닫게 합니다. 또 모든 부처님의 본성을 지키며, 모든 부처님의 지혜와 광명을 얻고 있습니다. 이 초발심의 보살은 항상 삼세의 모든 부처님과, 그 모든 부처님의 가르침과, 모든 보살과 연각(緣覺)과 성문(聲聞) 내지 그 법, 세간·출세간(出世間)의 법, 중생의 법 등을 떠나지 않고 그대로 깨달음을 구하며 그 지혜는 장애를 받는 일이 없습니다."

그때 부처님의 신통력과 초발심한 보살의 공덕을 설하는 힘에 의해 시방의 무변한 모든 부처님의 세계는 6종(種)으로 진동했다. 그리고 하늘의 꽃과, 하늘의 향기와, 하늘의 꽃다발과, 하늘의 보배가 비와 같이 뿌려져 미묘한 음악은 스스로 울려 퍼졌다.

그때 시방의 무변한 세계의 모든 부처님은 낱낱이 그 몸을 법혜보살의 앞에 나타냈다. 그리고 이 보살에게 말했다.

"착하고 착하도다, 불자여. 그대는 능히 초발심의 공덕을 설했다. 우리들 시방의 무변한 모든 부처도 또 낱낱이 초발심의 공덕을 설하고 있다. 그대가 초발심의 보살의 공덕을 설했을 때, 시방의 중생은 모두 초발심의 공덕을 얻고 무상한 깨달음을 향한 마음을 일으킨다. 우리들은 이제 중생에게 약속한다. 그들은 반드시 미래세(未來世)에 저마다 시방에 있어서 동시에 반드시 성불할 것이라고. 우리들은 미래에 모든 보살들을 위해 이 초발심의 법을 지키고 전해야 한다."

이와 같이 법혜보살이 사바세계의 수미산정에서 초발심의 법을 설하고 중생을 교화한 것과 같이, 시방의 무변(無邊)한 혜아릴 수 없고 생각할 수도 없는 모든 세계 안에서도 초발심의 법을 설하고 중생을 교화했다. 그리고 이 법을 설하는 자를 각각 법혜라고 이름했다.

그것은 부처님의 신통력에 의하고, 또 부처님의 본원력(本願力)에 의해, 또 지혜의 광명이 남김없이 비추는 것에 의해, 또 제일의(第一義)3를 깨닫는 것에 의해, 또 법은 이와 같이 자연에 의하고, 또 모든 보살은 기쁨에 넘쳐 있음에 의하고, 또 모든 부처님의 공덕을 칭찬한 것에 의하며, 또 모든 부처님의 평등함을 아는 것에 의해, 또 법계(法界)는 하나이며 둘이 아님을 깨닫는 것에 의하기 때문이다.

그때 법혜보살은 시방세계를 남김없이 관찰하고 중생의 미혹과 오염을 제거하고, 넓은 해탈을 얻게 하고자 생각하기 때

---

3. 최고의 법. 뛰어난 도리. 진제(眞諦)·승의제(勝義諦)와 같다.

문에, 또 스스로의 깊고 청정한 공덕을 나타내기 위해 부처님의 신통력을 받아 다음과 같이 게송을 읊었다.

"초발심의 보살은 일체 중생 안에서 항상 대자비를 일으키고, 진심〔진에瞋恚〕을 떠나며, 남을 이롭게 하는 마음을 기르고, 그 자비의 빛은 시방세계를 비추고, 중생을 위해 그 의지처가 되도록 하며, 모든 부처님은 남김없이 이 보살을 지키며 염(念)합니다.

이 보살의 신심을 방해할 수는 없습니다. 흡사 금강과 같이 견고하며, 항상 모든 여래 밑에서 은혜를 알고 은혜에 보답합니다.

보살은 부처님의 지혜를 성취해 그 뜻에 거리가 없습니다. 분명하게 진실한 세계를 깨닫고 마음은 적멸해 허망을 떠나 있습니다. 그 믿음의 힘은 고요하고 평안하며, 지혜의 힘은 청정하게 성취하고 있습니다.

미래의 끝까지 다해도 중생에게 힘을 바쳐 드디어는 해탈을 얻게 하고자 생각하며 다함없는 생사 안에서 헤매고 주저하며, 어떠한 지옥의 괴로움을 받아도 중생을 위해 힘을 다합니다. 하나의 털구멍 안에서 시방세계를 보고, 그 세계는 미묘하게 장엄한 모습을 띠고 있어 모든 부처님과 모든 보살이 여기에 모여 있습니다.

만약 시방세계의 일체 삼세의 모든 부처님을 만나 받들고자 하며, 또 헤아릴 수 없는 깊은 공덕을 얻고자 원하며, 혹은 또 일체 중생의 끊임없는 생사의 괴로움을 없애고자 생각한다면, 진정으로 서원을 세워서 곧 깨달음을 향한 마음을 일으켜야 합니다."

제14장 명법품明法品

이 장은 제3 모임의 마지막 장으로 초발심(初發心)한 보살의 공덕이 덜해졌으나 여기서는 초발심의 공덕을 얻은 다음의 보살이 어떠한 불법의 수행을 해야 하는가에 대해서 설하고 있다. 법혜보살이 설했다.

그때 정진혜(精進慧)보살이 법혜보살에게 물었다.

"불자여, 초발심을 한 보살은 이와 같이 헤아릴 수 없는 공덕을 얻고, 그 모습은 위엄에 가득 차 있으며, 애욕의 밧줄에서 벗어나 모든 부처님이 쉬시는 곳에서 쉬고, 그 뜻이 지향하는 바는 위 없는 깨달음의 세계의 완성을 향하고 있습니다. 그렇다면 이 보살이 어떠한 법을 행하고, 그 공덕은 보다 뛰어나고, 모든 여래는 낱낱이 기뻐하며, 그리하여 이 보살의 청정한 대행(大行)과 대원(大願)이 완성되겠습니까. 아무쪼록 불자여, 우리들을 위해 이 불법을 설해 주십시오. 기쁘게 듣고자 합니다."

그리하여 법혜보살은 정진보살에게 말했다.

"불자여, 이 문제를 잘 물었습니다. 이 불법은 중생을 안락하게 하고, 중생에게 커다란 이익을 주는 매우 깊은 보살의 대행입니다. 불자여, 그대는 진실한 지혜 안에 쉬고 있으며, 대정진(大精進)을 전심전력으로 행함으로써 드디어는 한 번 얻은 공덕을 다시 잃지 않을 경지에 도달하고, 속계를 뛰어넘어 있습니다. 그대가 지금 묻고 있는 것은 참으로 여래의 세계입니다.

불자여, 잘 듣고 잘 생각하기 바랍니다. 나는 부처님의 신통력을 받아서 그대를 위해 설하고자 합니다.

불자여, 이 보살은 이미 초발심의 공덕을 얻고 있으므로 참으로 무지(無智)의 어둠을 떠나고 온갖 게으른 마음을 떠나야 합니다. 보살에게는 열 가지 법이 있어서 게으른 마음을 제거할 수가 있습니다. 즉 마음을 맑게 하고, 계율을 지니며, 어리석음을 버리고 깨달음을 구하여 중생을 제도하고자 하는 마음〔보리심〕을 밝게 하고, 거짓 마음을 버리고, 중생을 연민하며 선행에 정진해 얻은 공덕을 다시는 잃지 않을 경지를 얻고, 항상 적연(寂然)하기를 원해 재가(在家)나 출가의 모든 범부(凡夫)를 떠나고, 세속의 즐거움을 마음에 두지 않고, 오직 한결같이 뛰어난 수행을 닦아 소승(小乘)의 가르침을 버리고, 보살의 길을 구하며, 항상 공덕을 잊지 않고 더럽히는 일이 없으며, 스스로 자기 본분을 훌륭하게 분별합니다. 이것이 게으른 마음을 없애는 열 가지 방법입니다.

불자여, 보살은 더욱 나아가 다음의 열 가지 청정한 법을 행합니다. 즉 가르침을 받은 그대로 수행하고, 뜻하는 것이 지혜에 적응하게 하며, 게으른 마음을 버리고서 깊은 불법 안에 쉬고, 항상 불법을 원하고 구해 게으르지 아니하고, 마음에 들은 그대로 진실의 세계를 보고 훌륭한 지혜를 낳으며, 부처님의 자유자재한 세계에 들고, 마음은 항상 적연해 산란하지 않으며, 설사 호악(好惡)의 일을 들어도 마치 대지와 같이 마음은 동요하지 않고, 상·중·하의 중생을 보아도 모두가 부처님을 생각하는 마음을 일으키게 하며, 스승과 선지식(善知識), 출가자, 보살들을 공경하고 공양하며, 일념 일념의 마음에 일체의 지혜를 소유하게 됩니다. 이것이 보살의 열 가지 청정한 법입니다.

불자여, 보살은 이와 같이 노력해 마음마다 지혜를 갖추고 방편을 버리지 않으며, 마음에 의지하는 바를 구하지 않고, 다툼이 없는 세계에 들며, 무변무량한 불법을 낱낱이 분별하고, 그리하여 일체의 모든 부처님을 기쁘게 합니다.

불자여, 보살은 열 가지 법을 행하여 일체의 모든 부처님을 즐겁게 합니다. 즉 자기의 행하는 바를 힘써 결코 물러남이 없고, 신명(身命)을 아끼지 않으며, 세속의 이익을 구하지 않고, 일체의 불법을 수행해 닦지만 흡사 허공과 같이 집착하지 않고, 방편의 지혜에 의해 모든 것을 관찰하고, 법계와 같아지며, 일체를 분별하면서 마음에 의지함을 구하지 않고, 대원(大願)을 일으키고, 청정한 지혜의 빛을 완성해 중생의 모든 손득(損得)을 아는 그러한 행의 불법은 낱낱이 청정합니다. 이것이 일체의 모든 부처님을 기쁘게 하는 열 가지 법입니다.

불자여, 다음으로 보살은 열 가지 법을 실행해 재빠르게 보살의 모든 경지를 완성합니다. 즉 마음은 항상 모든 공덕을 행하고자 원하며, 피안(彼岸)에 이르는 모든 길을 닦고, 지혜는 밝고 도달해 헤매지 않으며, 항상 선지식을 친근하고, 항상 노력해 물러남이 없으며, 부처님의 마음을 이어 받아서 모든 불법을 지니고, 모든 선을 행해 마음의 근심이 없으며, 지혜의 빛은 일체의 사물을 남김없이 비추고, 모든 경지의 불법에 쉬며, 삼세의 모든 부처님의 정법(正法)에 동화합니다. 이것이 보살의 모든 경지를 완성하는 열 가지 법인 것입니다.

불자여, 이 보살은 저마다의 경지에 안주하고 있으며, 여러 가지 방편을 사용해 얻은 깊은 지혜에 따르고, 스스로의 숙업(宿業), 경계, 지위에 따르고, 일체의 뛰어난 불법을 낱낱이 판별하면서도 그 모든 사물에는 집착함이 없습니다. 왜냐하면, 모든 사물은 마음에 근거하고 있기 때문입니다. 구도자[보살]가 이와 같이 명확하게 관찰하면 모든 보살의 경지를 나의 몸에 갖출 수가 있을 것입니다. 보살이 마음에 생각하기를, '나는 재빠르게 모든 보살의 경지를 완성해야겠다. 내가 그 경지에 있어서 가르침 그대로를 알 때, 무량한 공덕을 얻을 것이다. 무량한 공덕을 얻은 다음에는 차츰 부처님의 경계에 나아가리라. 부처님의 경계에 이르러서는 부처님의 하고자 하는 임무를 다하리라.'고. 그 때문에 보살은 항상 노력해 불법을 행하며 방편을 버리지 않고, 마음에 근심이 없으며, 커다란 위엄에 가득 차고, 보살의 경지에 안주하는 것입니다.

불자여, 다음에 보살은 열 가지 법을 행해 보살의 행을 맑게 합니다. 즉 일체를 버리고 중생의 바라는 바를 채워 주며, 계율을 지니고 어기는 일이 없으며, 인내가 다하는 일이 없으며, 방편을 써서 물러서는 일이 없으며, 무지를 떠나서 무상삼매에 들어 마음이 혼란하지 않고, 모든 사물을 분명하게 하며, 모든 행을 완성하고, 공덕을 존경하는 마음은 흡사 산왕(山王)과 같고, 일체 중생을 위해 스스로 청량한 못이 되고,

일체 중생으로 하여금 모든 부처님의 법에 동화하도록 합니다. 이것이 보살의 행을 맑게 하는 열 가지 방법입니다.

불자여, 보살에게는 열 가지 맑은 서원(誓願)이 있습니다. 즉 중생의 덕을 완성해 마음에 괴로움이 없기를 원하고, 선행을 오래도록 행하여 부처님의 나라를 청정하게 하는 것을 원하며, 모든 여래를 공경하고 공양하기를 원하며, 신명(身命)을 아끼지 않고 정법(正法)을 지키기를 원하며, 여러 가지 지혜나 방편에 의해 중생이 남김없이 부처님의 나라에 태어나기를 원하며, 보살이 상대적인 차별을 초월한 절대평등한 경지〔불이법문不二法門〕와 부처님의 한없는 진리〔법문〕에 들어 모든 사물을 밝게 알고자 원하며, 부처님을 만나 보고자 원하는 자로 하여금 남김없이 만날 수 있기를 바라며, 다함없는 미래의 시간을 일순(一瞬)과 같이 느끼기를 원하며, 보현(普賢)보살의 서원(誓願)을 스스로 몸에 익히고자 원하며, 모든 종류의 지혜를 밝히고자 원합니다. 이것이 보살의 열 가지 청정한 서원입니다.

불자여, 보살은 보다 나아가서 열 가지 법을 수행해 모든 서원을 다합니다. 이 열 가지 법이라고 하는 것은 마음의 피곤이나 염리(厭離)를 느끼지 않는 것이며, 마음에 근심도 외로움도 없으며, 모든 보살은 염하여 시방의 부처님 나라에 낱낱이 왕생하고자 원하고, 미래를 밀고 나아가 일체 중생의 덕을 완성하고자 생각하며, 헤아릴 수 없이 오랜 시간 안에 안주하면서도 길다고 하는 느낌이 없으며, 어떠한 괴로움을 당해도 괴로움을 기억하지 않고, 어떠한 즐거움을 당해도 마음에 집착하지 않으며, 비교할 수 없는 대오(大悟)를 알고자 합니다.

이것이 모든 서원을 다하는 보살의 열 가지 방법입니다.

불자여, 보살이 어떻게 하여 그 구하고자 하는 중생을 교화할 수 있는가 하면, 이 보살은 중생에게 있어서 적절한 방편을 알고 있으며, 중생의 숙업의 인연을 알고, 또 중생이 마음에 생각하고 있는 바를 알고 있습니다. 그리하여 그에 따라서 번뇌를 제거하는 방법을 가르치는 것입니다. 탐욕이 많은 사람에게는 육신의 부정(不淨)을 기억하게 하고, 성을 잘 내는 사람에게는 자비를 생각하도록 가르치며, 어리석은 사람에게는 모든 것은 인연에 의해 있음을 알게 하고, 모든 것에 집착하는 사람에게는 일체는 공(空)임을 가르치며, 게으른 사람에게는 노력할 것을 권하고, 자신의 뜻을 스스로 높이고 내세우는 마음이 너무 강한 사람에게는 일체는 평등함을 알게 하고, 자기의 마음을 굽혀서 남에게 아첨하는 사람에게는 보살의 마음은 정연하여 아무것에도 집착하지 않음을 가르칩니다. 이와 같이 온갖 번뇌에 대해서 무량한 가르침으로 응하는 것입니다.

보살은 분별의 지혜를 잘 활용해 가르침의 의미를 훌륭하게 설하고 전해 주며, 사물의 질서를 문란하게 함이 없으며, 모든 사물은 파멸하도록 마련된 것이면서도 진리의 세계에 있어서는 소멸함이 없음을 가르치며, 중생의 의혹을 없애고 모든 진리를 기쁘게 하며, 그 능력에 따라서 모든 공덕을 가르치며, 드디어는 여래의 커다란 바다에 들어가게 하는 것입니다.

보살은 이와 같이 모든 중생을 교화하여 그 마음이 정연해 혼란함이 없고, 다음과 같은 열 가지 수행의 완성〔바라밀〕을 갖추고 있습니다.

첫째로, 일체 중생을 위해 정신적인 것이나 물질적인 모든 것을 베풀며, 따라서 여기에 집착하지 않는 것, 이것이 보시의 완성〔보시布施바라밀〕입니다.

둘째로, 모든 계율을 지니면서 계율을 지녔다고 하는 의식도 없으므로 여기에 집착하지 않습니다. 이것이 계율의 완성〔계戒바라밀〕입니다.

셋째는, 어떠한 고통에도 인내하며 좋은 일을 듣거나 나쁜 일을 들어도, 평등하고 동요하지 않는 것이 마치 모든 것을 번성하게 하는 대지와 같습니다. 이것이 인욕의 완성〔인욕忍辱바라밀〕입니다.

넷째는, 노력 정진해 항상 게으르지 않고 흔들림 없는 마음을 가지고 결코 물러남이 없습니다. 이것이 정진의 완성〔정진精進바라밀〕입니다.

다섯째는, 어떠한 욕망에도 집착함이 없고 차례로 선정(禪定, 마음이 고요하게 가라앉아 있는 내관內觀)에 들어 모든 번뇌를 다하고, 이윽고는 무량한 삼매에 나아가 커다란 신통을 갖추고 더욱 초월해 하나의 삼매 안에서 무량한 삼매에 들고, 모든 삼매의 경지를 알아서 모든 부처님의 지혜를 갖추기에 이릅니다. 이것이 선의 완성〔선禪바라밀〕입니다.

여섯째로, 모든 부처님 밑에서 가르침을 듣고 잘 받들어 모든 선지식에 친근하고 공경하며, 마음이 게으르지 않고 모든 사물〔法〕을 바르게 관찰해 진실한 선정에 들며, 모든 편견을 떠나서 진리의 바다를 건너 아무런 의도함 없이 봉사〔무공용無功用〕하는 여래의 길을 알아 모든 지혜를 갖추기에 이릅니다. 이것이 반야의 완성〔반야般若바라밀〕1입니다.

일곱째로, 세간의 여러 가지 모습을 가르쳐 중생을 교화하며 그 마음가짐에 따라서 몸을 나타내고, 어떠한 작용에도 집착함 없이, 혹은 범부의 몸이 되고, 혹은 성인(聖人)의 몸이 되며, 혹은 생사를 나타내고, 혹은 열반을 나타내며, 모든 경지에 들어가 중생을 눈뜨게 합니다. 이것이 방편의 완성〔방편方便바라밀〕입니다.

여덟째는, 모든 중생을 완성하게 하고, 모든 세계를 장엄하며, 모든 여래를 공양하고, 모든 사물의 진실을 깨달으며, 수행해 법계의 지혜를 갖추고, 다른 부처님 나라를 드러내게 하고, 모든 부처님의 지혜를 체득합니다. 이것이 서원의 완성〔원願바라밀〕입니다.

아홉째는, 진리를 추구하는 마음〔대심력大心力〕에 의해 모든 번뇌를 떠나고 진리에 대한 믿음〔대신력大信力〕에 의해 어떤 것에도 지지 않으며, 남의 괴로움을 제거해 주는 커다란 연민(＝대비력大悲力)에 의해 피로를 모르며, 남에게 즐거움을 주는 깊은 마음〔대자력大慈力〕에 의해 행하는 바가 모두 평등하고, 도리를 판별하는 능력〔변재력辯才力〕에 의해 모든 중생을 기쁘게 하며, 초인적인 힘으로 모든 중생을 지킵니다. 이것이 힘의 완성〔역力바라밀〕입니다.

열째는, 탐욕과 성냄과 어리석음이 강한 사람들을 알고, 일념 동안에 중생의 마음이 움직이는 것을 알며, 모든 사물의 진

---

1. 이 반야바라밀도 지혜의 완성을 말한다. 따라서 반야지(般若智)라고도 말한다. 이 반야지는 근본지(根本智)이며, 열째의 지(智)바라밀은 차별지(差別智)로서 반야지에 의거하여 일어난다.

실을 알고, 모든 부처님의 깊은 지혜력(진실을 아는 능력)에 도달해 일체의 도리를 남김없이 압니다. 이것이 지혜의 완성〔지智바라밀〕입니다.

불자여, 보살은 이와 같이 모든 수행의 완성을 맑게 하고, 모든 수행을 완성하며, 중생의 취향에 따라서 가르침을 설합니다. 탐욕이 많은 사람에게는 탐욕을 떠나라고 가르치며, 성내는 사람에게는 평등관(平等觀)을 가르치며, 사적 견해를 가진 사람에게는 인연관(因緣觀)을 가르치며, 소승(小乘)을 추구하는 사람에게는 적정(寂靜)의 행(行)을 가르치고, 대승(大乘)을 원하는 사람에게는 그것의 장엄(莊嚴)을 가르칩니다.

그 옛날, 보살〔인행因行 때의 석가 세존을 말함〕이 처음으로 깨달음에 향하는 마음을 일으켰을 때, 많은 중생이 악도(惡道)에 떨어져 가는 것을 보고 보살은 다음과 같이 사자후(獅子吼)했습니다. '나는 중생의 마음의 병을 알고, 그 병에 따라서 중생을 가르치며 드디어 이것을 눈뜨게 하리라.' 보살은 이와 같이 지혜를 갖추어 무량한 중생을 구하고 있습니다.

불자여, 또 보살은 삼보(三寶＝불佛·법法·승僧)를 성왕하게 일으키고 끊임이 없도록 하고자 합니다. 즉 보살은 중생을 교화해 깨달음을 구하는 마음을 일으키게 하며, 이로 인해 부처님〔불보佛寶〕은 끊이지 않습니다. 보살은 항상 뛰어난 법을 열어서 보여줍니다. 이 때문에 부처님의 가르침〔법보法寶〕은 끊이지 않습니다. 보살은 항상 작법(作法)을 지키며 가르침을 몸에 지니고 있습니다. 이 때문에 부처님과 부처님의 가르침을 봉행하는 승단(僧團)은 끊이는 일이 없습니다.

또 보살은 모든 대원(大願)을 칭찬하고 있습니다. 그 때문에 부처님〔불보佛寶〕2이 끊이는 일이 없습니다. 보살은 인연의 도리를 판별하고 이것을 설법하고 있습니다. 이 때문에 부처님의 가르침〔법보法寶〕3은 끊이는 일이 없습니다. 보살은 여섯 가지 화합하는 일〔육화경六和敬〕을4 행하고 있습니다. 이 때문에 부처님을 신봉하고 가르침을 봉행하는 승단은 끊일 수가 없습니다.

또 보살은 부처님의 종자(種子)를 중생의 밭에 뿌리고 깨달음의 싹을 트게 합니다. 이 때문에 부처님〔불법佛法〕이 끊이는 일이 없습니다. 보살은 몸과 목숨을 아끼지 않고 정법(正法)을 지킵니다. 이 때문에 부처님의 가르침〔법보〕은 끊이는 일이 없습니다. 보살은 대중을 다스리고 싫어하기를 않습니다. 이 때문에 부처님을 신봉하고 그 가르침을 봉행하는 승단은 끊이는 일이 없습니다.

불자여, 보살은 지혜의 등불에 의해 무지(無智)의 어둠을 없애고, 자비의 힘에 의해 모든 악마를 격퇴하며, 금강정(金剛定)에5 들어서 모든 마음의 때와 번뇌를 없애며, 청정한 지혜

---

2. 부처님이라는 보배. 부처님은 스스로 진리를 깨닫고, 또 다른 이를 깨닫게 하여 자각(自覺)·각타(覺他)의 행(行)이 원만하여 세상의 귀중한 보배와 같으므로 이같이 말한다.
3. 부처님의 가르침이라고 하는 보물. 가르침의 보물. 보물에 비해야 할 부처님의 가르침.
4. 육화경은 승려들이 서로 존경하고 협조하는 화합상(和合相)으로 즉 신(身)·구(口)·의(意)의 세 가지를 통하여 상호 자비를 행하고, 이익을 나누며, 계율을 지키며, 바른 사고를 하는 것이다.
5. 금강(金剛)에 비유할 만한 견고함과 날카로움을 가지고 모든 미세한

를 완성하는 것에 의해 모든 악도의 재난을 떠나며, 진리〔대법大法〕를 가르쳐 무량무변한 중생을 눈뜨게 합니다. 불자여, 보살은 이와 같이 무량한 법을 수행해 차례로 몸에 익히고, 마침내는 여래의 경지에 도달하는 것입니다.

　무량한 나라에 있어서 정법을 지키고, 큰 스승이 되어 여래의 가르침을 받들며, 대중 안에서 깊은 가르침을 설법해 전하며, 용모는 단정하고 그 음성은 뛰어나 한마디를 말할 때마다 많은 중생을 기쁘게 하며, 적절하게 교화하고 마음의 눈을 크게 하여 지혜의 세계에 들어가게 합니다. 보살은 이와 같이 많은 방편에 의해 모든 중생을 위한 진리의 갈무리〔장藏〕를 엽니다. 그리고 그러한 일에 아직 한 번도 권태를 느낀 일이 없고, 대중 속에 있으면서 조금도 두려워하지 않으며, 누구도 보살의 지혜를 깨뜨릴 수가 없습니다. 보살은 차례로 모든 사물의 모습을 식별하고, 중생의 괴로움을 없애 주는 연민〔대비심大悲心〕으로 모든 중생을 청정하게 하며, 또 즐겁게 하며, 사자(獅子)의 자리에 있어서 뛰어난 변설로 모든 중생을 위해 깊은 진리를 설합니다."

　번뇌를 잘라버리는 힘이 있는 선정(禪定). 보살이 부처가 되는 최후의 과위(果位)이다. 금강심(金剛心)·금강삼매(金剛三昧)라고도 한다.

제4 야마천궁(夜摩天宮)의 모임

❧ 제15장

불승야마천궁자재품佛昇夜摩天宮自在品 ❧

이 4회의 모임은 십행(十行)이 주제이다. 즉 앞의 3회의 모임이 부처님의 가르침을 이해하는 모임이었던 것에서 한걸음 더 나아가 이번 모임은 그 부처님의 가르침에 의지해 수행하는 것이 주제이다. 15장과 16장은 이 모임의 서장(序章)에 해당된다.

부처님은 신통력으로 제석천(帝釋天)을 떠나서 야마천(夜摩天)의 보장엄전(寶莊嚴殿)을 향했다. 그때 야마천왕은 저 멀리 부처님이 오시는 것을 보고 전상에 연화장(蓮華藏)의 사자좌를 만들어 많은 보배로 장식하고, 많은 보배의 옷을 그 위에 깔고, 많은 천자들은 그 앞에 나란히 섰다. 많은 범천(梵天)이 그것을 둘러싸고, 또 많은 보살은 그 앞에 나와 칭찬했다. 무수한 광명이 빛나고, 무수한 음악은 자연히 정법을 노래하며 전했다. 그때 야마천왕은 연화장의 사자좌를 장엄하고서, 합장하고 예배하며 부처님께 말했다.

"아무쪼록 세존이시여, 이 궁전에 머물러 주십시오."

부처님은 그 원을 받아들여 궁전으로 올라갔다. 그때 연주되고 있던 무량한 음악은 정연해지고 고요해졌다. 야마천왕은 전에 과거불(過去佛) 밑에서 수행했던 불법을 생각하면서 다음과 같이 말했다.

"명칭(名稱)여래는 시방에 울려 퍼지고 전에 이 궁전에 들어오셨습니다. 때문에 여기는 보다 더 축복되고 있습니다.

보왕(寶王)여래는 세간의 등불로서 전에 이 궁전에 들어오셨습니다. 그 때문에 여기는 보다 더 축복되고 있습니다.

희왕(喜王)여래는 지혜가 헤아릴 수 없으며 전에 이 궁전에 들어오셨습니다. 그 때문에 이곳은 보다 더 축복되고 있습니다.

무사(無師)여래는 세간으로부터 존경 받고 있으며 전에 이 궁전에 들어오셨습니다. 그 때문에 이곳은 보다 더 축복되고 있습니다.

고행(苦行)여래는 세간에 이익을 주며 전에 이 궁전에 들어오셨습니다. 그 때문에 이곳은 보다 더 축복되고 있습니다."

그때 세존은 연화장의 사자좌 위에 올라 결가부좌했다. 그러자마자 궁전은 갑자기 넓어지고 야마천 가득히 넓혀졌다.

제16장 야마천궁보살설게품

夜摩天宮菩薩說偈品

이 장은 앞 장과 함께 제4 야마천궁 모임의 서장에 해당된다. 여기에서는 여러 보살이 부처님의 세계를 칭송한다.

그때 부처님의 신통력으로—시방에 각각 대보살(大菩薩)이 있고, 낱낱의 보살은 저마다 부처님 세계의 티끌수만큼 많은 보살들과 함께 십만 세계의 티끌 수만큼 많은 국토 밖으로부터 와서 모였다. 그들 이름은 공덕림(功德林)보살, 혜림(慧林)보살, 승림(勝林)보살, 무외림(無畏林)보살, 참괴림(慚愧林)보살, 정진림(精進林)보살, 역림(力林)보살, 행림(行林)보살, 각림(覺林)보살, 지림(智林)보살들이었고, 그 보살들이 떠나온 세계는 친혜(親慧)세계, 당혜(幢慧)세계, 보혜(寶慧)세계, 승혜(勝慧)세계, 등혜(燈慧)세계, 금강혜(金剛慧)세계, 안락혜(安樂慧)세계, 일혜(日慧)세계, 정혜(淨慧)세계, 범혜(梵慧)세계들이었다. 이 보살들은 저마다 세계의 부처님 앞에서 범행(梵行)을 닦고 있었다. 이 여러 보살들은 부처님 계신 곳에 이르러 부처님 발에 정례(頂禮)하고, 떠나온 방위를 따라 제각기 연꽃의 사자좌를 마련해 그 위에 결가부좌했다. 또 이 세계의 야마천상(夜摩天上)에서 보살들이 모인 것처럼 일체의 세계에서도 그러했으며 그 보살들의 세계와 여래의 이름도 모두 같았다. 그때 세존께서 두 발등으로 백천억(百千億)의 묘한 광명을 놓아 모든 세계를 비추니 야마천궁의 부처님과 대중이 모두 나타났다. 공덕림보살이 부처님의 신통력을 받아 시방을 두루 관찰하고 게송으로 말했다.

"부처님은 큰 광명을 놓아 시방을 두루 비추시니 천상 인간의 높은 어른 뵈옵기가 환히 트여 걸림이 없습니다. 부처님은 야마천궁에 앉아서 시방세계에 두루 하시니 이런 일은 매우 희귀해 세간에 드문 일입니다. 모든 부처님의 세계에 모인 모든 보살들은 위 없는 설법을 들으면서 청정한 수행에 정진하고 있습니다.

시방세계 모든 곳마다 부처님이 계신다지만 혹은 인간에 계시고, 혹은 천궁(天宮)에 계시며, 여래는 모든 국토에 두루 평안히 계시지만 우리는 부처님이 지금 이 천궁에 계신 것을 봅니다.

옛적 깨달음〔보리〕을 이루려는 소원은 시방세계에 두루 했으며, 부처님의 신통력은 가득 차서 헤아릴 수 없습니다. 세상의 탐욕을 멀리 떠나고, 그지없는 공덕 구족하시니 신통한 힘 얻으신 일을 중생들은 못 보는 이가 없습니다. 시방세계는 허공처럼 장애가 없으니 한 몸인지, 무량한 몸인지, 그 모양 찾을 길 없고, 그지없는 부처님의 공덕은 어떻게 헤아릴 수가 있겠습니까. 머물지 않고 가지 않지만, 온 법계에 두루 드십니다."

그때 혜림(慧林)보살이 부처님의 위신력을 받들어 시방에 두루 관찰하고 게송으로 말했다.

"세간에 가장 크신 길잡이이시고, 때 없고 위 없는 세존은 불가사의한 겁(劫)을 지나도 만나 뵐 수 없고, 부처님은 큰 광명 놓으시니 세간에 못 보는 이 없으며, 대중에게 널리 연설하시어 모든 중생을 이익 되게 하며, 여래께서 세상에 나심은 세상 사람이 어두운 곳에서 뛰어나도록 하니, 이러한 세상의 등불 희유해 보기 어렵습니다. 보시·지계·인욕·정진, 그리고 선정·반야의 수행을 이미 마치고 이것으로 세상을 비춥니다. 여래는 동등한 이도 없고, 짝을 구해도 얻을 수 없으니 진실한 법을 알지 못하고는 아무도 보지 못하며, 부처님의 몸과 신통 자재하심은 헤아릴 수 없어 가는 일도 없고 오는 일도 없지만, 진리를 설해 중생을 건집니다.

청정한 천상·인간의 길잡이를 누구라도 뵙기만 하면 나쁜 길에서 영원히 나와 모든 고통을 없애게 됩니다. 한량없고 수 없는 겁 동안 깨달음을 구하는 행을 닦으셨으니 이 이치를 알지 못하고는 부처를 이룰 수 없으며, 헤아릴 수 없는 겁 동안 한량없는 부처님을 공양했으니 이런 뜻 안다면 공덕이 저보다 뛰어날 것이며, 한량없는 세계에 가득한 보배로 부처님께 공양했으니 이런 이치를 알지 못하면 끝까지 깨달음을 이룰 수 없습니다."

승림(勝林)보살이 부처님의 신통력을 받들어 시방을 두루 관찰하고 게송으로 말했다.

"비유컨대 첫여름 어느 날, 구름 없는 깨끗한 허공, 붉은빛 광명이 퍼져 시방에 가득 차거늘, 그 빛이 한량없어 헤아려 알 수 없으니 눈뜬 사람도 그렇거늘 하물며 시각 장애인이겠습니까. 부처님들도 그와 같아서 끝이 없는 크나큰 공덕, 불가사의한 겁을 지나면서도 분별해 알 수 없으니 모든 법이 온 곳도 없고, 지은 이도 없으며, 어디로부터 난 곳도 없으니 어떻다고 분별할 수가 없습니다. 온갖 사물이 온 곳이 없으니 생(生)한 것이 아니며, 이미 생한 것이 아니니 멸한다고 할 수도 없습니다. 온갖 사물이 생(生)한 일도 없고, 또 멸(滅)함도 없으니 이렇게 이해한다면 이 사람은 여래를 보게 될 것입니다.

모든 사물이 난 일이 없으니 제 성품도 있는 것이 아니고, 이렇게 분별해 안다면 이 사람은 깊은 이치를 알 것이며, 사물이 제 성품이 없으므로 능히 알 리도 없는 것이니 이렇게 사물을 이해하면 필경은 이해해야 할 것이 없습니다.

생하는 것이 있다고 말하는 이는 국토가 지금 있지 않느냐고 하겠지만, 국토의 성품을 능히 알면 그 마음은 미혹하지 않을 것이며, 세간과 국토의 성품을 관찰하면 실상과 같으며, 만일 이를 알면 일체의 모든 이치를 잘 설할 것입니다."

무외림(無畏林)보살이 부처님의 신통력을 받들어 시방을 두루 관찰하고 게송으로 말했다.

"여래의 넓고 크신 몸 끝없는 법계에 가득하며 이 자리를 떠나지 않고 온갖 곳에 두루 하며, 만일 이러한 가르침을 듣고 공경해 믿고 좋아하니 이는 세 가지 나쁜 길과 모든 고난을 길이 없앱니다. 무량하고 무수한 모든 세계를 두루 다니더라도 여래의 자재한 힘을 정성으로 듣도록 하십시오. 이러한 부처님의 가르침은 참으로 위 없는 진리[보리]이니 설사 잠깐만 듣고자 해도 능히 들을 수 없습니다.

과거세(過去世)의 사람으로 이 부처님의 가르침을 믿은 사람은 이미 양족존(兩足尊)을1 이루어 세간의 등불이 되었으며, 만일 미래세(未來世)라도 여래의 자재한 힘을 듣고 신심을 내는 사람이 있으면 마땅히 부처를 이룰 것이며, 만일 현세(現世)에서 이런 부처님의 가르침을 믿으면 마땅히 정각(正覺)을 이루고 진리를 설하기가 두렵지 않을 것입니다.

한량없고 수없는 겁(劫)을 지나도 이 가르침은 만나기 어려운 것이니 만일 들은 이 있다면 본래의 원력(願力)2인 줄 알아야 합니다. 이러한 부처님의 가르침을 누구나 능히 받아 지니고, 또 다른 이에게 널리 설하면 이 사람은 마땅히 부처를 이룰 것이니 하물며 부지런히 정진해 견고한 마음을 버리지 않으면 이러한 사람은 반드시 깨달음을 성취할 것입니다."

그때 참괴림(慚愧林)보살이 부처님의 신통력을 받아 시방을 두루 관찰하고 게송으로 말했다.

"만일 어떤 사람이 이 희유하고 자재한 가르침을 듣고 능히 기쁜 마음을 내면 모든 의심을 빨리 없애고 일체를 알고, 보는 사람은 여래를 모르는 것이 없다고 스스로 말할 것입니다. 또 지혜가 없는 곳에서는 지혜가 날 수 없으며, 세간은 항상 어두운 것이어서 지혜가 나올 수 없습니다. 빛과 빛 아닌 것

---

1. 불(佛)의 다른 이름. 두 발을 가진, 즉 인간 중에서 가장 높은 사람이라는 뜻. 또는 대원(大願)과 수행, 혹은 복덕(福德)과 지혜의 두 가지를 구족(具足)했다는 뜻이다.
2. 본원력(本願力)·숙원력(宿願力)의 약어. 본원(本願)의 작용.

이 하나가 될 수 없으니 지혜와 무지도 마찬가지입니다. 그 자체가 저마다 다르고 모양 있는 것과 모양 없는 것, 나고 죽는 것과 열반도 차별해 각각 다르니 지혜와 무지도 그러합니다. 세계가 처음 생길 때 무너지는 모양은 없습니다. 지혜와 무지도 그와 같습니다. 두 모양이 일시에 이루어지는 것은 아니며, 보살의 처음 마음은 나중 마음과 함께하지 않습니다. 지혜와 무지도 그러합니다. 두 마음이 동시에 일어나지 않고, 모든 식(識)은 각각 화합하지 않습니다. 지혜와 무지도 그러합니다. 끝까지 화합이 없고, 마치 독으로 독을 풀 듯이 지혜도 그와 같아서 무지를 능히 없앱니다. 여래는 위가 없고 같은 이도 없으며, 온갖 것이 짝할 이 없으니 그래서 만나기 어렵습니다."

그때 정진림(精進林)보살이 부처님의 신통력을 받아 시방을 두루 관찰하고 게송으로 말했다.

"모든 사물에 차별이 없고, 능히 알 사람도 없으나 부처님만이 아시니 지혜가 끝에 이른 까닭입니다. 마치 금과 금빛이 그 성품에 차별이 없듯이 법과 법 아닌 것도 그러하여 성품이 다르지 않습니다. 중생과 중생 아닌 것의 둘 다 진실하지 않습니다. 이와 같이 모든 법의 성품에 진실한 뜻이 있지 않고, 마치 미래세에는 과거세의 모양이 없듯이, 모든 법도 그와 같아서 온갖 모양이 없습니다. 마치 생하고 멸하는 모양의 여러 가지가 진실하지 못하듯, 모든 법도 그와 같아서 제 성품은 없는 것입니다. 이렇게 법을 알아야 합니다.

저 셈하는 법이 하나씩 더해 한량이 없으니 산수의 법이 제 성품이 없거늘 지혜로 차별을 냅니다. 말하자면 모든 세간은 겁(劫)의 불이 탈 때 끝나지만 허공은 무너지지 않는 것과 같이 부처님의 지혜도 그러합니다. 마치 시방의 중생들이 제각기 허공의 모양을 말하듯이, 모든 부처님도 그와 같아서 세상에서 허망하게 분별하는 것입니다."

역림(力林=역성취力成就)보살이 부처님의 신통력을 받아 시방을 두루 관찰하고 게송으로 말했다.

"모든 중생의 세계는 모두가 삼세(三世) 안에 있고, 삼세의 중생들은 모두 오온(五蘊) 중에 있으니, 모든 온(蘊)은 업(業)이 근본이며, 모든 업은 마음의 근본이니, 마음이란 꼭두각시와 같으며 세간도 그러합니다. 세간은 스스로 이루어진 것도 아니며, 다른 이가 이룬 것도 아니지만, 이루어짐이 있으니 역시 파괴도 있는 것이고, 세간이 이루어지기도 하고 세간이 파괴도 하거니와, 세간을 분명히 통달한 이는 이 둘을 말하지 않습니다. 어떤 것을 세간이라 하고, 어떤 것을 세간이 아니라고 하지만, 세간과 세간 아닌 것은 이름만이 다를 뿐이며, 삼세와 오온을 말하여 세간이라 하고, 그가 멸한 것을 세간이 아니라고 합니다. 무엇을 여러 가지 온(蘊)이라 하며, 온은 무슨 성품을 지녔는가 하면, 온의 성품은 멸할 수 없으며, 그래서 생(生)이 없다고 하며, 이 온을 분별해 보면 그 성품은 본래부터 공적(空寂)하므로 멸할 수 없어 이것이 생이 없다는 이치이며, 중생이 이미 이러하면 부처님도 역시 이러할 것이며, 부처님과 부처님의 법에 그 성품이 있는 것은 아닙니다. 이런 모든 법이 진실해 뒤바뀌지 않은 줄을 알면 일체지(一切智)의 부처님은 항상 눈앞에 나타납니다."

각림(覺林)보살이 부처님의 신통력을 받아 시방을 두루 관찰하고 게송으로 말했다.

"마치 그림 잘 그리는 화가가 여러 가지 채색을 하면서 허망하게 여러 모양을 그리지만 대종(大種)은 차별이 없습니다. 대종 가운데 빛깔이 없고, 빛깔 가운데 대종이 없지만, 그러나 대종을 떠나서 빛깔을 찾을 수도 없습니다. 마음속에 그림이 없고, 그림 속에 마음이 없지만, 그러나 마음을 떠나서는 그림을 찾을 수도 없습니다. 마음은 항상 머물지 않고, 한량없고, 헤아릴 수도 없으며, 온갖 것을 그리지만 마음과 그 사물은 서로 알지 못합니다. 마치 그림 그리는 화가가 자기의 마음은 알지 못하지만, 마음으로 그림을 그리는 것과 같이 모든 법의 성품도 그러합니다.

마음이 화가와 같아서 모든 세간을 그려 내는 데 오온이 마음을 따라 생겨서 무슨 법이나 짓지 못하는 일이 없으며, 마음과 같이 부처도 그러하고, 부처와 같이 중생도 또한 그러합니다. 마음과 부처와 중생은 서로 차별이 없으며, 서로 다하는 일이 없습니다. 마음이 모든 세간 짓는 줄을 아는 사람이 있다면 이 사람은 부처를 보아 부처의 참 성품을 알게 되며, 마음이 몸에 있지 않고 몸도 마음에 있지 않지만 모든 불사(佛事)를 능히 지어 자재함이 미증유(未曾有)합니다. 만일 어떤 사람이 삼세의 일체 부처님을 알려면 마땅히 법계의 성품, 이 모든 것이 마음으로 된 줄을 보아야 합니다. 만약 이같이 깨달을 수 있으면 이 사람은 참다운 부처를 볼 수가 있을 것입니다."

❧ 제17장 십행품十行品 ❧

이 장은 다음 장과 함께 제4 모임의 본론에 해당한다. 그중에서
도 이 장은 제4 모임의 중심 테마인 십행(十行)에 대해서 설하고
있다. 설법자는 공덕림(功德林)보살이다.

그때 공덕림보살은 부처님의 신통력을 받고 선복삼매(善伏
三昧)에1 들었다. 삼매에 다 들어가서 수없는 여러 부처님을
만나 뵈었다. 이 여러 부처님은 모두 공덕림이라고 이름 붙여
있다.

여러 부처님은 공덕림보살에게 말씀하셨다.

"참 잘하는 일이다. 불자(佛子)여, 너는 능히 이 선복삼매에
들었다. 시방세계의 수없는 여러 부처님이 신통력을 주었기 때
문에 너는 이 선복삼매에 들 수가 있는 것이다. 그리고 비로
자나불의 본원력(本願力)과 위신력(威神力) 및 여러 보살의 선
근(善根)의2 힘은 너로 하여금 이 삼매에 들게 하고, 마침내

---

1. 선복(善伏)은 번뇌를 잘 통제하고 극복하는 것.
2. 좋은 보답을 받을 만한 착한 업인(業因). 선행(善行). 선을 나무의 뿌
   리에 비유해서 말한 것. 선을 만드는 근원.

깊고 깊은 법을 설하게 할 것이다.

즉, 보살이 십행을 일으키는 것은 일체의 지혜를 증장하려는 것이고, 모든 장애물을 떠나 무엇에도 구애받지 않는 세계에 들어가기 위한 것이며, 진실에 사는 한량없는 방편을 얻기 위한 것이고, 모든 진리를 받아들이고 몸으로 행하기 위해서이다.

불자여, 너는 부처님의 신통력을 받아 이 미묘한 법을 설해야 할 것이다."

그리하여 여러 부처님은 공덕림보살에게 걸림 없는 지혜·안정된 지혜·스승을 필요로 하지 않는 지혜·한량없는 지혜·빼앗기지 않는 지혜를 주셨다. 왜냐하면 이 삼매력은 법에 의해 그렇게 시킨 것이기 때문이다.

그때 여러 부처님은 제각기 오른손을 내밀고 공덕림보살의 머리를 어루만져 주었다. 그러자 보살은 삼매에서 일어나 많은 보살을 향해 십행의 설법을 시작했다.

"여러 불자들이여, 보살의 행은 헤아릴 수가 없습니다. 그것은 광대함이 마치 법계와 같으며 무량무변하기가 마치 허공과 같습니다. 왜냐하면 보살은 삼세의 여러 부처님이 행하는 것을 배우고 있기 때문입니다.

불자여, 보살에게는 삼세의 여러 부처님이 설하신 십행이 있습니다. 십행이란 무엇입니까. 환희행(歡喜行), 요익행(饒益行), 무에한행(無恚恨行), 무진행(無盡行), 이치난행(離癡亂行), 선현행(先現行), 무착행(無着行), 존중행(尊重行), 선법행(善法行), 진실행(眞實行)입니다.

불자여, 첫째의 보살의 환희행(歡喜行)이란 무엇입니까. 이 보살은 평등한 마음을 가지고 자기의 모든 물건을 일체 중생에게 보시합니다. 보시하고 나서 아낌이 없으며, 과보를 바라지 않고, 명예를 바라지 않으며, 좋은 세계에 태어나려고 생각하지 않습니다. 다만 바라는 것은 일체 중생을 구하고 거두고, 그리고 여러 부처님의 생을 생각하고 배우고, 몸에 지니고 실현하고, 모든 사람들에게 그것을 설법하려고 생각합니다.

이것이 보살의 환희행입니다. 보살이 환희행을 닦을 때 일체 중생은 기뻐하고 공경합니다. 가난한 사람이 있으면 그곳으로 가서 재보(財寶)를 줍니다. 수없는 중생이 보살에게로 와서 말하기를, '우리는 가난하고 아무런 목표도 없습니다. 아무쪼록 자비로써 목숨을 구해 주십시오.' 합니다.

보살은 그 요구에 응해 모두 다 만족시키고 기쁘게 해주지 않는 일이 없습니다. 보살은 무상의 대자비심을 일으켜 중생이 구걸하러 오면 더욱 이것을 기뻐해 이렇게 생각하십니다. '나는 선사(善事)를 얻었다. 이들 중생은 그의 복전[복인福因]이다.3 나의 선지식이다. 내가 구하지도 않았는데 중생 자신이 와서 나를 가르치고 나를 발심(發心)시키고4 불도를 수행시킨다. 나는 이와 같이 수행해 널리 중생을 기쁘게 해주자. 내가 삼세에서 닦은 공덕이 어서 속히 청정의 법신을 완성하고, 중생의 요구에 응해 모두 다 기쁨을 얻을 수 있기를. 또이 공덕으로 여러 중생이 모두 아뇩다라삼막삼보리를 성취할

---

3. 진실의 행복을 낳는 원인.
4. 깨달음으로 향하는 마음을 일으키는 것.

수 있기를. 나는 먼저 일체 중생으로 하여금 그 소원을 만족시키자. 그 후에 나의 아뇩다라삼막삼보리를 완성하자.'

보살이 이렇게 생각할 때 보살은 주는 것을 보지 않고, 그것을 받는 것을 보지 않고, 재물을 보지 않고, 복전을 보지 않고, 업보를 보지 않고, 결과를 보지 않는 것입니다.

보살은 삼세의 중생을 관찰하고 이렇게 생각하십니다. '참으로 불쌍한 일이다. 중생은 우치(愚癡)5에 덮이고, 번뇌에 싸이고, 항상 생사하는 속에서 흔들리고, 고해(苦海)를 헤매며, 조금도 견고한 진실을 얻지 못하고 있다. 나는 여러 부처님들이 배운 것을 모두 배우고, 중생을 위해 힘을 다하고, 중생으로 하여금 아뇩다라삼막삼보리를 얻게 하자.'

이것이 보살의 환희행입니다.

불자여, 두 번째의 보살의 요익행(饒益行)이란 무엇입니까.

이 보살은 계율을 지키기를 청정하여 어떠한 감각의 대상에 있어서도 마음은 집착하지 않고 중생을 위해서도 무집착의 법을 설해 스스로의 이익을 구하지 않습니다. 다만 굳게, 계율을 견고하게 가지고 다음과 같이 생각합니다. '나는 모든 번뇌, 두려움, 슬픔, 고통을 떠나 중생의 소원을 어기지 않고 아침에는 아뇩다라삼막삼보리를 얻도록 하자.'

보살이 이와 같이 계율을 수호할 때, 가령 여러 마왕이 아름다운 수많은 천녀를 데리고 와서 보살을 홀리려고 해도 그

---

5. 마음이 어두워 일체의 도리에 통하는 지혜가 없는 모습. 번뇌의 근본으로 삼독〔탐貪·진瞋·치癡〕의 하나.

는 다음과 같이 생각합니다. '이 오욕(五欲)은[6] 불도의 장애가 된다. 이에 집착해서는 아뇩다라삼막삼보리를 얻을 수 없다.'

그래서 보살은 직접 부처님을 만나 뵌 이래로는 일념의 욕심도 일으키지 않고, 마음이 청정하기가 마치 부처님과 같아졌습니다. 그때 보살은 다음과 같이 생각합니다. '중생은 광야의 생사 가운데서 오욕을 생각하고, 오욕을 즐기며, 오욕에 집착하고, 오욕에 헤매며, 오욕에 침몰하며, 오욕에서 빠져나올 수가 없다. 나는 지금 여러 마왕·천녀 및 일체 중생으로 하여금 무상의 계율을 세우게 하자. 또 가르쳐서 불퇴전(不退轉)의[7] 경지를 얻게 하고 아뇩다라삼막삼보리를 얻게 하자. 왜냐하면 이것이 나의 사업이며, 일체의 여러 부처님은 모두 이와 같이 행했기 때문이다. 온갖 법은 허망하고 진실하지 못하며, 잠시도 머물러 있지 않고 견고하지 못하다. 그것은 마치 환상처럼 중생을 현혹케 한다. '일체의 여러 법은 꿈과 같고 번개와 같은 것이라고 깨닫는 사람은 능히 생사를 헤아려 열반에 통달할 수가 있다. 또한 번뇌를 극복하지 못한 중생으로 하여금 극복케 하고, 고요하지 못한 중생을 고요하게 하며, 청정하지 못한 중생을 청정케 하고, 열반에 통달하지 못한 중생을 열반에 통달케 할 수가 있다.'

이것이 보살의 요익행입니다.

---

6. 색(色)·성(聲)·향(香)·미(味)·촉(觸)의 다섯 가지 감각대상에 대한 욕망. 총괄하여 세속적인 인간의 욕망을 말한다.
7. 결코 뒤로 물러나지 않는 것. 불도 수행의 과정에서 이미 얻은 공덕을 절대 잃는 일이 없는 것, 또 그 경지. 불퇴(不退)라고도 한다.

불자여, 세 번째의 보살의 무에한행(無恚恨行)이란 무엇입니까. 이 보살은 항상 인내의 법을 행하고, 스스로 겸손하고, 남을 공경하며, 온유한 얼굴로 상냥한 말을 사용하고, 스스로를 해치지 않고, 남을 해하지도 않으며, 항상 다음과 같이 생각합니다. '나는 항상 중생을 위해 법을 설하고, 모든 악을 떠나게 하자. 즉 탐욕·노여움·우치의 마음·교만심·난심(亂心)·질투심을 떠나게 해 큰 지혜 속에 안온케 하자.'

보살이 이와 같이 인내의 법을 완성하면 가령 수없는 중생이 나쁜 소리를 내어 보살을 욕하고 헐뜯고, 또한 여러 무기로써 박해를 가하더라도 보살은 언제나 다음과 같이 생각합니다. '만약 내가 이 고초로 노여움의 마음을 일으킨다면 나 스스로 번뇌를 극복하지 못하고, 고요하지 못하고, 진실이 아니며, 자기 몸을 애착하는 것이 될 것이다. 하물며 어떻게 남으로 하여금 기쁜 마음을 일으켜 망령된 고집에서 빠져 나오게 할 수 있겠는가.'

또한 보살은 다음과 같이 생각합니다. '내가 아득한 옛적부터 여러 가지 고뇌를 받았다. 그러므로 스스로 마음을 가다듬어 스스로 번뇌를 극복하자. 왜냐하면 나는 무상의 법에서 안주해야 하기 때문이다.'

다시 보살은 중생으로 하여금 이 법을 얻게 하기를 원해 다음과 같이 생각합니다. '이 몸은 공적(空寂)하고 나도 없으며, 내게도 없으며 진실의 본성도 없다. 모든 고락도 그 실체가 없다. 모든 것은 공(空)한 것이라는 것을 나는 능히 이해하고, 사람들을 위해 널리 설하리라. 가령 내가 지금 고뇌나 박해와 만나더라도 능히 그것을 참고 견뎌야 한다. 즉 중생을 가엾이 여기고, 중생을 안락케 하여 중생을 거두어 붙들고, 중생으로 하여금 불퇴전의 경지를 얻게 해 마침내는 아뇩다라삼막삼보리를 완성시키려고 생각하여 부처님이 행하던 법을 나도 또한 행해야 할 것이다.'

이것이 보살의 무에한행입니다.

불자여, 네 번째의 보살의 무진행(無盡行)이란 무엇입니까.

이 보살은 훌륭한 여러 노력 정진을 행합니다. 이 보살은 오욕 때문에 마음이 산란해지거나 노여움, 우치, 교만, 질투, 원망 때문에 번뇌하는 일이 없습니다.

또 보살은 다음과 같이 생각합니다. '어떠한 중생도 괴롭히려고 생각하지 않는 고로 정진을 행한다. 다시 모든 번뇌를 떠나려고 생각해 모든 중생의 생사, 번뇌, 희망, 마음의 움직임을 알려고 생각하며, 여러 부처님의 진실의 법을 알려고 생각하고, 청정한 평등의 법을 알려고 생각하고, 여러 부처님을 무량무변해 불가사의라는 것을 알려고 생각하기 때문에 정진을 행한다.'

보살이 이와 같은 정진을 완성할 때 어떤 사람은 다음과 같이 물을 것입니다. '수없는 세계의 하나하나의 중생을 위해 당신은 천만억년 동안 지옥의 고통을 받고, 그 중생으로 하여금 열반에 들게 하려고 생각합니까. 또 수없는 여러 부처님이 세상에 출현하시어 수없는 중생을 가지가지의 낙을 맡게 해도, 그래도 당신은 낱낱이 지옥의 고통을 겪은 후 비로소 아뇩다라삼막삼보리를 얻으려고 생각합니까.'

보살은 이에 대답해 말합니다. '나는 수없는 세계의 하나하나의 중생을 위해 지옥의 고통을 받겠다. 또한 여러 부처님이 세상에 출현하시어 중생이 그 때문에 낙을 받아도 나는 지옥의 고통을 두루 맡은 후에 비로소 아뇩다라삼막삼보리를 얻겠다.'

또 어떤 사람은 이렇게 물을 것입니다. '가령 당신이 하나의 털끝으로 여러 큰 바닷물을 찍어내어 다하게 하고, 또한 수없는 세계를 부수어 티끌로 만들어 그 물방울과 티끌을 낱낱이 세어 많은 겁을 지내도, 당신은 법의 마음을 떠나지 않겠습니까.'

보살은 이와 같은 말을 들어도 결코 퇴전하지 않고, 후회하지 않으며, 환희 용약해 정진을 행하고, 그리고 다음과 같이 생각합니다. '나는 선사를 얻을 수가 있었다. 무량무변의 세계의 중생은 나에 의해서 영원히 고통에서 벗어날 것이다.'

다시 보살은 다음과 같이 생각합니다. '나는 일체 중생을 대신해 일체의 고통을 받을 것이다. 그리고 일체 중생으로 하여금 모두 열반을 끝까지 얻게 할 것이다.'

이것이 보살의 무진행입니다.

불자여, 다섯 번째로 보살의 이치난행(離癡亂行)이란 무엇입니까.

이 보살은 어떠한 경우에도 마음을 산란케 한 일이 없고, 헤아릴 수 없는 겁 동안 정법을 들어왔습니다. 보살은 정법을 들으면서 아직 일찍이 정법에서 퇴전한 일이 없습니다. 왜냐하면 보살이 불도를 행할 때, 아직 일찍이 중생의 삼매를 산란시킨 일이 없고, 또한 정법이나 지혜를 끊은 일이 없기 때문입니다.

보살은 남의 험담을 들어도, 또한 찬탄의 말을 들어도 마음이 산란한 일이 없습니다. 선정(禪定)도 산란치 않고, 보살행도 산란치 않고, 보리심을 훈련하는 데도 산란치 않고, 염불삼매도 산란치 않으며, 중생을 가르쳐 인도하는 지혜도 산란치 않습니다.

보살은 선정 가운데서 모든 음성의 모습을 관찰하고 그 본성을 알고 있습니다. 가령 남으로부터 좋고 나쁜 소리를 들어도 애증(愛憎)의 마음을 일으키는 일이 없습니다. 왜냐하면 보살은 모든 소리를 실체가 없고 무차별이라는 것을 알고 있기 때문입니다.

보살은 동작, 말, 마음이 적정하므로 법에서 퇴전하는 일이 없습니다. 그리고 선정에 안주해 지혜는 깊어지고, 모든 음성을 떠난 삼매를 얻고, 자비의 마음을 키우고, 일념일념 속에서 한량없는 삼매를 얻고, 마침내는 일체의 지혜를 완성하는 데 이를 것입니다.

보살은 남의 나쁜 소리를 다 듣고 나서 다음과 같이 생각합니다. '나는 모든 중생으로 하여금 청정한 마음으로 안락케 하고, 모든 지혜를 얻게 하여 마침내는 큰 열반의 세계를 완성시킬 것이다.'

이것이 보살의 이치난행입니다.

불자여, 여섯 번째로 보살의 선현행(先現行)이란 무엇입니까.

이 보살은 동작, 말, 마음이 청정해 모든 것이 실체가 없다는 지혜에 도달하고 있습니다. 보살의 동작, 말, 마음에는 속박도 없고 해탈도 없습니다. 그러므로 보살의 행동은 의지하는 곳이 없고 머무르는 곳이 없습니다. 다만 마음에 따라 나타나고 마음에 따라 움직입니다.

보살은 다음과 같이 생각합니다. '일체 중생은 성(性)이 없는 것을 성으로 삼고, 일체의 것은 적멸을 성품으로 삼았고, 일체 국토는 형체가 없으므로 형체를 담았다. 과거, 현재, 미래의 삼세가 오직 말뿐이고, 모든 말이 여러 법 가운데 의지한 곳이 없고, 모든 법이 말 가운데 의지한 곳이 없다.'

보살은 이와 같이 깊은 진리를 깨닫고, 모든 세계가 고요한 것을 알고, 일체 여러 부처님의 심심한 묘법을 깨닫고, 불법과 세간법과는 동일해 구별이 없다고 깨닫고 있습니다. 보살은 세간의 법은 불법에 들고, 불법은 세간의 법에 들어, 더더구나 불법과 세간의 법과는 혼란되는 일이 없다고 깨닫고 있습니다.

보살은 삼세의 평등한 진리에 안주하며 고뇌를 버리지 않고, 중생을 교화하고 인도하는 마음을 버리지 않고, 대자대비(大慈大悲)의 마음을 키워 일체 중생을 구하기를 원하며, 따라서 다음과 같이 생각합니다. '내가 중생의 덕을 완성시키지 않으면 누가 완성할 수 있겠는가. 내가 중생의 번뇌를 극복하지 않으면 누가 극복할 수 있겠는가. 내가 중생의 고민을 가라앉히지 않으면 누가 가라앉힐 수 있겠는가. 내가 중생의 마음을 청정케 하지 않으면 누가 청정케 할 수 있겠는가.'

또 보살은 다음과 같이 생각합니다. '중생의 덕이 아직 완성되지 않았는데 다만 아뇩다라삼막삼보리를 얻는다는 것은 잘못이다. 나는 우선 중생을 교화하고 인도하여 한없는 겁 동안

보살행을 수행하여 중생의 덕을 완성시키자.'

보살이 이와 같은 행에 안주할 때 여러 천인, 출가자와 재가자들이 이 보살을 보고 마음으로부터 기뻐하고 공경할 것입니다. 만약 중생이 이 보살을 공경하고 예배하고 그 법에 따르면, 마침내 아뇩다라삼막삼보리를 얻을 것입니다.

이것이 보살의 선현행입니다.

불자여, 일곱 번째로 보살의 무착행(無着行)이란 무엇입니까.

보살은 집착이 없는 마음으로 생각하며, 수없는 불국토를 관찰하고, 수없는 여래가 계신 곳으로 나아가 예배하고 공양합니다.

보살은 부처님의 광명을 받아도 마음에 집착하지 않습니다. 또 부처님의 설법을 들어도, 혹은 시방세계와, 부처님과, 보살과, 일체 대중 속에 있어서도 집착이 없습니다.

보살의 청정하지 않은 나라를 보아도 마음에 미움을 느끼지 않습니다. 왜냐하면 보살은 그 마음이 적멸(寂滅)하고, 모든 것은 평등하다는 것을 알고 있기 때문입니다. 즉 모든 것은 청정하지도 않고 부정하지도 않고, 암흑도 아니며 광명도 아니고, 분별도 없으며 무분별도 없고, 희망도 아니고 진실도 아니며, 안락도 아니고 위험도 아니며, 정도도 아니고 사도(邪道)도 아니라고.

이와 같이 보살은 모든 것의 진실의 모습을 관찰하고, 중생의 본성에 들어가 교화하고 인도해, 덕을 완성하고 더욱이 마음에 집착하는 바가 없습니다.

또 보살은 보살의 마음을 버리지 않고 부처님의 세계에 안주하면서 집착하지 않고, 여러 가지 말에도 집착하지 않고, 중생의 갈래에 들어가면서도 그 갈래에서 집착하지 않고, 여러 선정을 분별하고 모두 그 안에 들어가면서도 마음에 집착하지 않고, 수없는 여러 부처님의 국토에 들어가 그 불국을 보아도 집착하지 않고, 혹은 그 불국을 떠날 때에도 미련을 남기지 않습니다.

그때 보살은 일체 중생이 여러 고통을 받고 있는 것을 보고 대비심을 일으켜 다음과 같이 생각합니다. '나는 시방세계의 하나하나의 중생을 위해 한량없는 겁을 지나면서 항상 중생과 더불어 안주하고, 그 덕을 성취시키며, 어떠한 경우에도 중생을 버리려고는 티끌만큼도 생각하지 않을 것이다.'

이와 같이 보살은 일념일념에 대비심을 안고 끊어지는 일이 없고, 더구나 중생에게 집착하지 않습니다.

또 보살은 모든 보살행을 학습하고 몸에 갖추어, 더욱이 신체에 집착하지 않고, 진리에 집착하지 않고, 마음에 집착하지 않고, 소망에 집착하지 않고, 선정에 집착하지 않고, 적정(寂靜)에 집착하지 않고, 깊은 진리의 세계에 들어가는 일에 집착하지 않고, 중생을 교화 인도하여 그 덕을 성취시키는 일에 집착하지 않습니다.

왜냐하면 보살은 다음과 같이 생각하고 있기 때문입니다. 즉 '일체의 세계는 환상과 같고, 여러 부처님의 설법은 번개와 같고, 보살의 행동은 꿈과 같고, 듣는 불법은 메아리와 같다.'

보살은 일념 속에서 널리 시방세계에 충만하여 보살의 행을 거듭니다. 그 행의 광대함은 마치 법계와 같으며, 무량무변하기가 마치 허공과 같은 것입니다.

보살은 이와 같이 온갖 것이 무아(無我)라는 것을 관찰하고, 대비심을 일으켜 모든 사람을 구하고, 아직 덕을 성취하지 못한 사람은 성취케 하고, 아직 번뇌를 극복하지 못한 사람은 극복시키고, 세간을 초월해 있으면서 더구나 세간에 따르게 합니다.

이것이 보살의 무착행입니다.

불자여, 여덟 번째로 보살의 존중행(尊重行)이란 무엇입니까.

이 보살은 항상 여러 부처님의 훌륭한 진리를 즐기고, 오로지 아뇩다라삼막삼보리를 구하여 잠시도 보살의 대원(大願)을 버리지 않고 한량없는 겁 동안 보살의 도를 지니고 있습니다.

보살은 일념일념 가운데서 한량없는 생사의 고난을 전환하여 보살의 대원을 키우고 있습니다. 만약 중생이 이 보살을 공경하고 예배하고, 또한 그 소원을 들을 수가 있다면 중생은 불퇴전의 자리에 머물러 반드시 아뇩다라삼막삼보리를 완성할 수가 있을 것입니다.

보살은 한 중생을 무시하고 많은 중생에게 집착하지 않고, 또한 많은 중생을 무시하고 한 중생에게 집착하지 않습니다. 왜냐하면 중생의 세계와 진리의 세계는 두 개가 아니라는 것을 깨닫고 있기 때문입니다.

이와 같이 보살은 깊은 진리의 세계를 깨닫고, 형체 없는 형체로 머물러 있으면서, 온갖 불국토에 몸을 나타내도 그 불국토에 집착하지 않습니다.

또한 보살은 모든 일에 대하여 욕망을 떠나 있어도 더구나 보살의 도를 그만두지 않고 보살의 행을 버리지 않습니다. 보살이 지니고 있는 공덕의 장(藏)은 다할 수가 없으며, 중생을 교화하고 인도하는 것도 또한 다할 수가 없습니다. 즉 보살은 궁극의 깨달음에 도달해 있는 것도 아니며, 도달해 있지 않은 것도 아닙니다. 집착을 떠나 있는 것도 아니며, 떠나 있지 않은 것도 아닙니다. 세간의 일도 아니며, 부처님의 진리도 아니고, 범부(凡夫)도 아닙니다.

보살은 이와 같이 존중 지혜의 마음을 성취하여 항상 보살의 행을 닦고, 일체 중생으로 하여금 영구히 나쁜 갈래에서 떠나게 하고, 중생을 교화하고 인도하여 삼세의 여러 부처님의 진리 속에 편안히 두게 합니다.

그리고 다음과 같이 생각합니다. '모든 중생은 은의(恩義)를 모르고, 서로 해치고, 사심은 불타오르고, 정도(正道)를 어기고, 번뇌가 많아서 무지의 어둠에 덮여 있다. 나는 오로지 일체 중생의 번뇌를 극복하고, 일체 중생을 청정케 하고, 또한 구하려고 생각할 뿐이다.'

이것이 보살의 존중행입니다.

불자여, 아홉 번째로 보살의 선법행(善法行)이란 무엇입니까.

이 보살은 일체 중생을 위하여 청정한 법의 못〔池〕이 되며, 정법을 수호하여 불종(佛種)이 끊이지 않게 합니다. 보살은 중생의 요구에 의하여 능력에 따라 설하고, 하나하나의 말에 한량없는 의미를 담고 사람들을 기쁘게 만듭니다.

가령 중생이 수없는 말을 알고, 한량없는 숙업이나 인과응보를 알고 있고, 그와 같은 중생이 한량없이 세계에 충만해 있어도 보살은 그 안에 있으면서 하나의 진리의 말로써 이들 사람들의 마음을 눈뜨게 합니다.

그때 보살은 다음과 같이 생각합니다. '한 오라기 털끝만한 곳에도 잠깐 사이에도 수없이 중생이 와서 모여, 이와 같이 해서 일념일념 사이에 과거, 현재, 미래에 걸쳐 와 모이더라도 중생은 다하지 못할 것이다. 더구나 가령 그 중생의 말은 같지 않고 그 물음은 제각기 다르더라도, 나는 그와 같은 중생의 문제를 모두 들어서 마음에 조금도 두려울 것이 없고, 단 한마디로써 의문의 그물을 부수고, 중생들로 하여금 모두 기쁘게 할 것이다.'

보살이 설법하는 말은 진실이며, 한 마디 한 마디 가운데 한량없는 지혜가 담겨져 있으며, 그 지혜의 광명은 일체의 세계를 비추고 중생의 공덕을 완성합니다. 보살은 선법행에 편히 머물고는 스스로 청정하고 일체 중생을 교화하고 인도합니다.

불자여, 이 보살에게는 열 가지 몸이 있습니다.

첫째로, 무량무변의 법계에 들어가는 몸, 그것은 일체 세간을 초월하고 있습니다.

둘째로 미래신(未來身), 그것은 어떠한 국토에서도 태어날 수가 있습니다.

셋째로 불생신(不生身), 그것은 아직 일찍이 난 일이 없다는 진리를 얻고 있습니다.

넷째로 불멸신(不滅身), 모든 여러 가지 법은 말로 할 수가 없습니다.

다섯째로 진실신(眞實身), 그것은 진실의 도리를 얻고 있습니다.

여섯째로 무지를 떠나 있는 몸, 그것은 중생의 요구에 응하여 교화하고 인도합니다.

일곱째로 과거도 미래도 없는 몸, 그것은 여기서 죽고 저기서 난다는 일이 전혀 없습니다.

여덟째로 불괴(不壞)의 몸, 법계의 본성은 파괴할 수가 없습니다.

아홉째로 일상(一相)의 몸, 과거, 현재, 미래는 나타낼 도리가 없습니다.

열째로 무상(無相)의 몸, 그것은 법이 형체를 잘 관찰하고 있습니다.

보살은 이와 같은 열 가지 몸을 완성하여 일체 중생을 위하여 스스로 집이 됩니다. 왜냐하면 선의 능력을 기르고 있기 때문입니다.

보살은 일체 중생의 구호함이 됩니다. 왜냐하면 중생에게 두려움이 없는 마음을 주기 때문입니다.

보살은 일체 중생의 귀의(歸依)가[8] 됩니다. 왜냐하면 중생으로 하여금 평안한 세계에 안주시키기 때문입니다.

보살은 일체 중생의 지도자가 됩니다. 왜냐하면 중생에게 무상도(無上道)에 이르는 문을 열어 보이기 때문입니다.

보살은 일체 중생의 스승이 됩니다. 왜냐하면 중생으로 하여금 진실의 법에 들게 하기 때문입니다.

보살은 일체 중생의 등불이 됩니다. 왜냐하면 중생에게 인과응보(因果應報)를 환히 보게 하기 때문입니다.

---

8. 종교적으로 의지할 곳.

보살은 일체 중생의 명지(明智)가 됩니다. 왜냐하면 중생으로 하여금 심심의 불법을 얻게 하기 때문입니다.

보살은 일체 중생의 횃불이 됩니다. 왜냐하면 중생에게 여래의 자재력(自在力)을 나타내기 때문입니다.

이것이 보살의 선법행입니다.

이 보살은 선법행에 머물러 일체 중생을 위하여 청정한 법의 못[법지法池]이 됩니다. 심심미묘의 불법의 근원을 얻고 있기 때문입니다.

불자여, 열째로 보살의 진실행(眞實行)이란 무엇입니까.

이 보살은 진리의 말을 성취하고, 그 말대로 행하고 행하는 대로 설법합니다. 보살은 삼세 부처님들의 진실의 말을 배우며, 삼세 부처님들의 본성에 들어가 삼세 부처님들의 공덕과 같습니다.

보살은 또 다음과 같이 생각합니다. '일체 중생이 한량없는 고통을 받고 있는 것을 보고 나는 이것을 구하려고 생각한다. 만약 아직 중생을 구하기 전에 스스로 아뇩다라삼막삼보리를 이룬다면 이것은 적당치 않다. 나는 먼저 보살의 대원(大願)을 만족한 후에 일체 중생으로 하여금 위 없는 보리와 무여열반(無餘涅槃)9을 얻게 한 뒤에 성불케 할 것이다. 왜냐하면 중생은 나에게 의뢰하여 보리심을 일으키는 것이 아니다. 나 자신이 보리심을 일으켜 일체 중생으로 하여금 온갖 종류의

___

9. 무제약(無制約)의 열반 세계. 완전한 진실의 열반. 번뇌가 없는 영원한 평안.

지혜를 얻게 하려고 생각하기 때문이다.

나는 일체에 있어서 가장 승해 있다. 왜냐하면 중생에게 집착하지 않기 때문이다.

나는 일체에 있어서 최고자이다. 왜냐하면 중생을 통어[어법御法]하고 있기 때문이다.

나는 일체의 암흑을 떠나 있다. 왜냐하면 중생의 끝이 없음을 알고 있기 때문이다.

나는 얻을 것을 얻고 있다. 왜냐하면 본래의 소원을 성취하고 있기 때문이다.

나는 선을 거두고 있다. 왜냐하면 삼세 부처님들에게 수호되고 생각을 받고 있기 때문이다.'

보살은 본래의 소원을 버리지 않기 때문에 무상의 지혜에 들어갈 수가 있습니다.

보살은 일체 중생의 요구에 응하여 교화하고 인도하여 그 본래의 소원에 따라 중생의 소원을 만족시키고 모두 청정케 합니다.

보살은 일념일념 속에서 널리 시방세계에 유행(遊行)하며, 일념일념 속에서 한량없는 불국(佛國)에 두루 나아가며, 일념일념 속에서 한량없는 부처님들을 만나뵙니다.

보살은 여래의 자재한 신통력을 나타내어 그 마음은 법계와 허공계와 동등하며, 그 몸은 한량없고 중생의 요구에 응하여 나타나고, 심신 모두가 방해 받는 일이 없으며, 의지함이 없습니다.

보살 자신 가운데 일체 중생, 일체 법과, 삼세의 여러 부처님들이 모두 나타나 있습니다.

보살은 중생의 가지가지 생각, 가지가지 욕망, 가지가지 업보(業報)를10 알며, 중생의 요구에 응하여 그 몸을 나타내고 중생의 번뇌를 가라앉힙니다.

보살은 대비심에 머물러 심심의 불법을 거두고 적정(寂靜)의 세계를 관찰하고 있습니다. 불력(佛力)을 얻어 자유자재로 인다라망(因陀羅網)의11 법계에 들어 여래의 해탈을 성취하고, 지혜의 큰 바다를 관찰하고, 항상 일체 중생을 위해 활동하고 있습니다.

이것이 보살의 진실행입니다."

그때 부처님의 신통력으로 시방세계는 여섯 가지로 진동하여 하늘에서 꽃의 비, 향의 비, 영락의 비, 보배의 비가 내렸다. 또한 하늘의 광명은 두루 일체를 비추고, 하늘의 음악은 스스로 미묘한 울림으로 울려 나오기 시작했다.

그때 시방 수없는 불국토에서, 시방 수없는 보살들이 와서 저마다 공덕림보살에게 말했다.

"얼마나 기쁜 일입니까. 불자여, 당신은 능히 여러 보살의 행을 연설해 주셨습니다. 우리들은 당신과 같은 이름인 공덕림이며, 우리들의 국토는 공덕당(功德幢), 우리들의 부처님은 보공덕(普功德)입니다.

---

10. 선악의 업인(業因)에 따라 나타나는 고락의 과보. 업(業)에 의한 보답.
11. 인도의 제석전(帝釋殿)에 걸려 있는 그물로 그 그물의 하나하나의 눈에 구슬이 달려 있고, 그 무수한 구슬이 서로 비추고 있다. 다하는 일 없는 연기(緣起)를 나타낸다.

불자여, 우리들은 부처님의 신통력을 받고 이 국토에 와서 당신의 설법을 위해 증명합니다."

제18장 십무동장품十無盡藏品

이 장은 앞 장과 함께 제4 모임의 본론에 해당하며 10종의 장
(藏)을 설하고, 각각의 장이 무진(無盡)함을 표시하고 있다. 설법
자는 앞 장과 같은 공덕림보살이다.

공덕림보살은 여러 보살에게 말했다.

"불자여, 보살에 10종의 장(藏)이 있는데 삼세 부처님들이 이
미 말씀하신 바입니다.

10종의 장이란 무엇입니까. 신장(信藏), 계장(戒藏), 참장
(慚藏), 괴장(愧藏), 문장(聞藏), 시장(施藏), 혜장(慧藏), 염
장(念藏), 지장(持藏), 변장(弁藏)입니다.

첫째로 보살의 신장(信藏)이란 무엇입니까.

이 보살은 일체 법이 공(空)함을 믿고, 일체 법은 형태가 없
음을 믿고, 일체 법에는 이것을 만드는 주체가 없음을 믿고,
일체 법은 불생(不生)이라고[1] 믿고 있습니다.

만약 보살이 이와 같은 신심(信心)을 완성하면 가령 부처님

---

1. 모든 것은 아직 일찍이 생(生)한 일이 없다는 의미로, 이것을 체득하
는 것이 보살의 기본적인 지혜이다.

들, 중생, 법계, 열반계 등의 불가사의한 것을 들어도 마음에 놀라움을 느끼지 않습니다. 또 가령 과거세, 미래세, 현재세의 불가사의한 것을 들어도 마음에 놀라움을 느끼지 않습니다.

왜냐하면 보살은 여러 부처님 밑에서 오로지 신심견고(信心堅固)하여 무너지는 일이 없기 때문입니다.

그 부처님은 무량무변의 지혜를 갖추고 계십니다.

더욱이 시방세계 속에서 삼세 무수의 부처님들이 계셔 이미 아뇩다라삼막삼보리를 얻었고, 이미 열반에 들었습니다. 부처님들의 지혜는 더하는 일도 없고 덜하는 일도 없고, 생기는 일도 없고 멸하는 일도 없습니다.

보살은 이와 같은 무변무진의 신장을 완성하면 여래의 큰 힘을 타고 나아가며, 모든 불법을 지키고 보살의 일체의 덕을 닦고, 여래의 일체의 덕에 따르고, 일체 부처님들의 방편에 가고 있습니다.

이 신장은 결코 퇴전하지 않는 신, 산란하지 않는 신, 깨뜨리지 않는 신, 집착하는 일이 없는 신, 여래 본성의 신입니다.

이것이 보살의 무진(無盡)의 신장입니다.

불자여, 둘째로 보살의 계장(戒藏)이란 무엇입니까.

이 보살은 여러 가지 계를 성취합니다.

즉 첫째로는 요익계(饒益戒)입니다. 보살은 중생을 위하여 일하고 중생을 안락케 합니다.

둘째로는 불수계(不受戒)입니다. 보살은 외도(外道)의 여러 가지 계를 받지 않고 삼세 부처님들의 평등의 계를 지킵니다.

셋째로는 무착계(無着戒)입니다. 보살은 어떠한 세계의 계에도 집착하지 않습니다.

넷째로는 안주계(安住戒)입니다. 보살은 어떤 계도 깨뜨리지 않고 청정하여 의심도 후회도 없는 계를 성취합니다.

다섯째로는 부쟁계(不諍戒)입니다. 보살은 항상 열반으로 향하는 계에 따르고, 이 계를 위하여 중생을 괴롭히는 일이 없습니다. 보살이 계를 지니는 것은 다만 중생의 이익을 생각하고 중생을 기쁘게 하기 위해서입니다.

여섯째로는 불뇌해계(不惱害戒)입니다. 보살은 계를 지님으로써 중생을 괴롭히거나 주술(呪術)을 배우는 일은 없습니다. 왜냐하면 보살은 중생을 구하기 위해 계를 지니기 때문입니다.

일곱째로는 부잡계(不雜戒)입니다. 보살은 한쪽의 견해를 떠나야만 인연을 관찰하고 청정의 계를 갖습니다.

여덟째로는 이사명계(離邪命戒)입니다. 보살은 다만 청정의 계를 지니고, 오로지 불법을 구하고 일체의 지혜를 성취하려고 생각할 뿐입니다.

아홉째로는 불악계(不惡戒)입니다. 보살은 스스로 교만하여 '나는 계를 갖고 있다'라고는 말하지 않습니다. 또 계를 범하는 사람을 보고도 이것을 경멸하고 구하거나 괴롭히지 않습니다. 다만 일심으로 계를 지닐 뿐입니다.

열째로는 청정계(淸淨戒)입니다. 보살은 살생(殺生), 도둑질, 바르지 못한 성관계(性關係), 거짓말, 나쁜 말, 이간하는 말, 성내는 일, 우치(愚癡), 바르지 못한 소견 등에서 떠나 오로지 계를 지킵니다. 그때 보살은 생각합니다.

'만약 중생이 계를 범한다면 그것은 중생의 전도(顚倒)에2 의한 것이다. 모든 부처님들은 중생은 전도에 의하여 계를 범한다는 것을 알고 계신다. 그래서 나는 오로지 불도를 구하고 아뇩다라삼막삼보리를 완성하여 널리 중생을 위하여 진실의 법을 설하고, 전도를 떠나 청정의 계를 지니게 하고, 모두 아뇩다라삼막삼보리를 성취케 하자.'

이것이 보살의 무진의 계장입니다.

불자여, 셋째로 보살의 참장(慚藏)이란3 무엇입니까.

이 보살은 스스로 자기의 과거세를 생각합니다.

'나는 한량없는 옛적부터 부모, 형제 가운데서 죄를 범해 왔다. 혹은 상대를 업신여기고 스스로 교만하고, 혹은 마음이 산란하여 절의(節義)를 잃고, 혹은 화를 내어 친근함이 없어지고, 이와 같이 혼미하여 여러 가지 악을 만들어 왔다. 일체 중생도 또한 그와 마찬가지로 여러 가지 죄를 범하고 있다. 어찌하여 이것으로 좋은 일이 있겠는가.

그래서 나는 스스로 죄를 부끄럽게 생각하여 아뇩다라삼막삼보리를 완성하고, 또한 중생을 위하여 진실의 법을 설하고, 중생으로 하여금 죄를 부끄럽게 생각하여 아뇩다라삼막삼보리를 완성시키자.'

이것이 보살의 무진의 참장입니다.

불자여, 넷째로 보살의 괴장(愧藏)이란 무엇입니까.

---

2. 견해가 거꾸로 되어 있는 것.
3. 참(慚)도, 다음의 괴(愧)도 부끄럽게 생각하는 것을 말한다. 참과 괴를 구별하는 경우도 있으나 여기서는 구별하고 있지 않다.

이 보살은 스스로 부끄러워 생각합니다.

'나는 옛날부터 감각의 대상이나, 처자형제나, 재산이나, 보물 등을 탐내기 이를 데 없었다. 이러한 일은 그만두지 않으면 안 된다.'

또 다음과 같이 생각합니다.

'중생은 독심을 품고 서로 해치고 있다. 그것을 조금도 수치로 생각하지 않는다. 이 때문에 혼미 속에 빠져 한량없는 고뇌를 받고 있다. 삼세의 부처님들은 모두 이것을 아시고 있다.

나는 자기의 행위를 스스로 부끄럽게 생각하여 아뇩다라삼막삼보리를 완성하고, 널리 중생을 위하여 이 진리를 설하고 불도를 완성시키자.'

이것이 보살의 무진의 괴장입니다.

불자여, 다섯째로 보살의 문장(聞藏)이란 무엇입니까.

이 보살은 많은 진리를 듣습니다. 이를테면 보살은 어떤 일이 있음으로 해서 다른 일이 있고, 어떤 일이 없음으로 해서 다른 일이 없다, 어떤 일이 일어나니까 다른 일이 일어나고, 어떤 일이 멸하니까 다른 일이 멸한다는 상대관계를 알고 있습니다.

혹은 또, 보살은 이 세계에 있어서의 진리, 이 세계를 초월하고 있는 진리, 모양이 있는 세계의 진리 등을 알고 있습니다.

보살은 다음과 같이 생각합니다.

'중생은 혼미의 세계에 흐르고 흘러서 불도를 닦을 줄을 모른다. 그래서 나는 노력 정진하여 불도를 배우고, 일체 부처님들의 법을 지니고, 아뇩다라삼막삼보리를 완성하고, 또한 널리 중생을 위하여 진실의 법을 설하고, 무상의 불도를 완성시키자.'

이것이 보살의 무진의 문장입니다.

불자여, 여섯째로 보살의 시장(施藏)이란 무엇입니까.

이 보살은 10종의 보시를 합니다. 즉 수습시법(修習施法), 최후난(最後難)시법, 내(內)시법, 외(外)시법, 내외시법, 일체(一切)시법, 과거시법, 미래시법, 현재시법, 구경(究竟)시법입니다.

첫째로 보살의 수습(修習)시법이란 무엇입니까.

보살은 어떠한 진품(珍品)도, 맛있는 음식에도 스스로 집착하지 않고 모두 사람들에게 보시합니다. 보시한 후에 만약 남은 것이 있으면 자기가 그것을 먹고 다음과 같이 생각합니다.

'내가 식사를 하는 것은 내 몸속의 약 8만 마리 가량의 벌레를 위해서이다. 나의 몸이 안락하면 그들도 또한 안락하고, 나의 몸이 굶주림에 고통받으면 그들도 또한 굶주림에 고통스러울 것이다.'

이와 같이 보살이 식사를 하는 것은 몸속의 벌레를 위해서이며, 그 맛을 보는 것이 아닙니다.

또 보살은 다음과 같이 생각합니다.

'나는 오랫동안 내 몸을 위해 먹을 것, 마실 것을 탐해 왔다. 나는 조속히 이 몸을 떠나는 일에 노력정진하자.'

이것이 보살의 수습시법입니다.

둘째로 보살의 최후난(最後難)시법이란 무엇입니까.

만약 보살이 가지가지 맛있는 음식이나 의복, 그 밖의 생활 도구를 자기를 위해 사용하면 생명을 연장하여 쾌적한 인생을 보낼 수가 있는데, 반대로 만약 이것을 모든 사람들에게 보시한다면 보살은 곤궁하고 목숨을 단축할 것입니다. 그러한 경우 어떤 거지가 나타나 보살에게 모든 것을 소망해 왔습니다.

보살은 그때 생각합니다.

'나는 지금까지 목숨을 죽인 일은 많으나, 남을 구하기 위해 내 목숨을 버린 일은 아직 한 번도 없었다. 다행히 맛있는 음식과 의복을 얻은 것은 더없는 기쁨이다. 이번 기회에 나는 목숨을 버리고 일체를 바쳐서 중생을 위해 아끼지 않고 큰 보리를 완성하자.'

이것이 보살이 최후의 행하기 어려운 보리입니다.

셋째로 보살의 내(內)시법이란 무엇입니까.

보살은 젊었을 때 모양이 단려(端麗)하고 엄숙하고, 그 얼굴은 더구나 승하고, 청정한 의복을 입고, 장식을 몸에 달고, 국왕의 자리에 앉아 천하를 다스리고 있었습니다.

그때 어떤 거지가 나타나서 왕에게 말했습니다.

'나는 지금 나이가 늙었고 병들어 쇠약하고, 고독하고 아무도 돌봐주는 사람이 없습니다. 이대로 있으면 반드시 죽을 것입니다. 대왕이시여, 아무쪼록 나를 살려 주십시오. 만약 내가 당신의 왕신(王身)을 얻을 수가 있다면 나는 당신의 수족, 혈육, 뇌수 등을 쓸 수 있을 것입니다. 아무쪼록 자비하신 마음으로 나에게 보시해 주십시오.'

보살은 그때 다음과 같이 생각합니다.

'내 몸도 마침내는 거지와 같은 운명이 될 것이다. 만약 죽

는다면 무엇 하나 보시할 수도 없게 된다. 그러면 조속히 이 몸을 버리고 목숨을 구하자.'

보살은 기꺼이 자기 몸을 거지에게 보시했습니다.

이것이 보살의 내시법입니다.

넷째로 보살의 외(外)시법이란 무엇입니까.

보살은 젊었을 때 모습이 단려하고 엄숙하고, 그 얼굴은 더욱이 승하여, 청정한 옷을 입고, 장식을 몸에 달고, 국왕의 자리에 앉아 천하를 다스리고 있었습니다.

그때 한 거지가 나타나서 왕에게 말했습니다.

'나는 나이 많고 병들어 쇠약해서 마침내 빈곤 속에서 목숨을 끝낼 것입니다. 이와 달리 대왕께서는 모든 즐거움을 몸에 지니고 계십니다. 대왕이시여, 아무쪼록 왕위를 저에게 보시해 주십시오. 나는 천하를 다스려 왕의 행복을 만끽할 것입니다.'

보살은 그때 다음과 같이 생각합니다.

'부귀는 덧없는 것이다. 그것은 마침내 빈천(貧賤)으로 변할 것이다. 만약 빈천해지면 남에게 보시할 수도 없고, 그 소원을 이루어 줄 수도 없다. 그러면 조속히 왕위를 버리고 거지의 마음을 만족시켜 주자.'

이때 보살은 기꺼이 왕위를 보시했습니다.

이것이 보살의 외시법입니다.

다섯째로 보살의 내외(內外)시법이란 무엇입니까.

보살은 젊었을 때 모습이 단려하고 엄숙하며, 그 얼굴은 더욱이 승하여, 청정한 의복을 입고, 장식을 몸에 달고, 국왕의 자리에 앉아 천하를 다스리고 있었습니다.

그때 한 거지가 나타나 왕에게 말했습니다.

'나는 나이 많고 병으로 쇠약하여 은근히 대왕의 생활을 바라고 있습니다. 대왕이시여, 아무쪼록 당신의 왕신과 천하를 저에게 보시해 주십시오.'

보살은 그때 다음과 같이 생각합니다.

'나의 몸과 재보(財寶)는 모두 덧없는 것이며 마침내 멸망해 갈 것이다. 나는 지금 나이도 젊고 힘도 왕성하여 천하의 부(富)를 갖고 있는데, 더구나 구걸하는 사람이 눈앞에 나타나 있다. 그러면 이 덧없는 것 가운데서 영원한 진실을 구하자.'

보살은 이와 같이 마음으로 생각하고 기꺼이 내외의 것을 버리고 거지에게 보시했습니다.

이것이 보살의 내외시법입니다.

여섯째로 보살의 일체(一切)시법이란 무엇입니까.

보살은 젊었을 때 모습이 단려하고 엄숙하며, 그 얼굴은 더구나 승하여, 향기 높은 탕에서 목욕하고, 청정한 의복을 입고, 장식을 몸에 달고, 국왕의 자리에 앉아 천하를 다스리고 있었습니다.

그때 한 거지가 나타나 왕에게 말했습니다.

'대왕의 이름은 널리 세계에 알려져 있습니다. 나는 우리나라에서 왕의 이름을 듣고 멀리서 찾아왔습니다. 대왕이시여, 아무쪼록 나의 소망에 맡기고 이 마음을 만족시켜 주십시오.'

그리고 그 거지는 왕의 나라와 성, 처자, 권속, 수족 혈육, 두뇌 등 모두를 요구해 왔습니다.

그때 보살은 다음과 같이 생각합니다.

'내가 친한 모든 사람은 만나면 마침내 헤어지지 않으면 안 된다. 지금 남에게 보시를 하지 않으면 그 소원을 이루어 줄

수는 없을 것이다. 나는 조속히 탐애(貪愛)의 마음을 떠나서 모든 것을 버리고 남을 위해 힘을 다하자.'

보살은 이와 같이 마음으로 생각하여 기꺼이 거지에게 모든 것을 보시했습니다.

이것이 보살의 일체시법입니다.

일곱째로 보살이 과거시법을 실행한다는 것은 무엇입니까.

보살은 과거의 부처님들, 보살의 행이나 공덕을 들어도 그에 집착하지 않고, 망상도 일으키지 않습니다. 다만 사람들을 교화하고 인도하기 위하여 몸을 나타내고, 널리 법을 설하고, 중생으로 하여금 불법을 완성시키려고 생각할 뿐입니다.

또 보살은 가령 시방세계를 찾아가 과거의 여러 법을 관찰하더라도 그 실체를 얻을 수가 없습니다. 그때 그는 다음과 같이 생각합니다.

'과거의 여러 법을 모두 떠나자.'

이것이 보살의 과거시법을 실행하는 일입니다.

여덟째로 보살이 미래시법을 실행한다는 것은 무엇입니까.

보살은 미래의 여러 부처님, 보살의 행이나 공덕을 들어도 그 모습을 그리지 않고, 집착하지 않고, 그 불국(佛國)에 탄생하려고 생각하지 않고, 맛들이지도 않으며, 싫어하지도 않고, 마음을 닦아 산란하는 일이 없습니다. 다만 중생을 교화하고 인도하며, 중생으로 하여금 불법을 성숙시키려고 진실을 관찰할 뿐입니다.

이 진실의 법은 그 소재가 있는 것도 아니고 없는 것도 아니고, 안에 있는 것도 아니고 밖에 있는 것도 아니며, 멀리 있는 것도 아니고 가까이에 있는 것도 아닙니다.

이것이 보살의 미래시법을 실행하는 일입니다.

아홉째로 보살이 현재시법을 실행하는 것이란 무엇입니까.

보살은 사천왕, 도리천, 야마천, 도솔천 등 온갖 천상의 세계, 혹은 성문, 연각의 공덕을 몸에 지니고 있다는 것을 들어도 그 마음은 미혹하지 않고, 두려움을 품지 않고, 항상 고요하고 집착하지 않습니다.

보살은 다만 다음과 같이 생각합니다.

'모든 현상은 모두 꿈과 같고, 모든 행은 모두 진실이 아니다. 중생은 그것을 모르기 때문에 미혹의 세계에 유전하는 것이다.'

보살은 중생을 위하여 널리 설법하고, 중생으로 하여금 모든 악을 떠나 불도를 완성시키고, 이와 같이 스스로 보살의 도를 닦아 마음에 미혹이 없습니다.

이것이 보살의 현재시법을 실행하는 일입니다.

열째로 보살의 구경(究竟)시법이란 무엇입니까.

많은 중생 가운데는 눈, 귀, 코, 수족들이 없는 사람이 있습니다. 이들이 보살에게 말했습니다.

'우리들은 불구자이며 박행한 몸입니다. 아무쪼록 보시로써 우리들을 완전하게 해주십시오.'

그때 보살은 기꺼이 자기 것을 보시했습니다.

그 때문에 보살은 가령 자기가 한량없는 겁 동안 불구자가 되어도 일념의 후회도 일으키지 않습니다.

다만 보살은 스스로 자기 몸을 관찰해 보건대 이미 수태(受胎) 때부터 부정하고 악취를 뿜으며, 한 조각의 진실도 없고, 골절이 서로 연속되고, 혈육으로 덮이고, 여러 구멍에서는 항상 부정이 흐르고, 그리하여 마침내는 시체가 됩니다.

보살은 이와 같이 자기 몸을 관찰하고 일념의 애착도 일으키지 않습니다.

또 보살은 다음과 같이 생각합니다.

'이 몸은 연약하고 또 위태롭다. 어찌하여 이 몸에 애착이 생기겠는가. 기꺼이 사람들에게 보시하여 그 소원을 만족시켜 주자. 그리고 마침내는 중생의 마음을 열고 교화하며 인도하고, 모두 청정의 법신(法身)을[4] 얻게 하며, 심신의 몸에서 떠나게 하자.'

이것이 보살의 구경시법입니다.

이상이 보살의 무진의 시장입니다.

불자여, 일곱째로 보살의 혜장(慧藏)이란 무엇입니까.

이 보살은 모양의 세계나 마음의 세계의 고뇌, 그 고뇌의 원인, 그 고뇌가 소멸한 열반, 고뇌를 소멸하는 방법을 분명히 알고 있습니다.

또 근본 무지의 고뇌, 그 원인, 그 멸한 열반, 소멸의 방법도 분명히 알고 있습니다.

또 성문, 연각, 보살의 제각기의 법, 그 열반도 분명히 알고 있습니다.

그러면 보살은 어떻게 알고 있는 것입니까.

보살은 온갖 것은 모두 숙업의 과보이며, 인연에 따라 생하고 있다고 알고 있습니다. 그런 고로 모든 것에는 나의 실체

---

4. 색(色)도 없고 형태도 없는 진실의 불신(佛身).

가 없고, 견고하지 않고, 진실이 아니고 모두가 공(空)이라는 것을 알고 있으며, 널리 중생을 위해 진실의 법을 설하고 있습니다.

그러면 보살은 어떻게 설합니까.

즉, '온갖 것은 파괴되는 것이 아니다.'라고.

모양의 세계, 마음의 세계는 파괴되는 것이 아니고, 근본 무지도 파괴되는 것이 아니며, 또한 성문, 연각, 보살의 제각기의 법도 파괴되는 것이 아닙니다.

왜냐하면 온갖 것은 스스로 생한 것도 아니고, 남에 의해서 만들어진 것도 아닙니다. 그것은 불생(不生)이며 불멸이고, 보시하는 것도 아니고 받는 것도 아니며, 말로써 나타낼 수가 없기 때문입니다.

보살은 이와 같은 무진의 혜장을 완성하고, 스스로 구극의 도에 도달하고 있습니다.

이것이 보살의 무진의 혜장입니다.

불자여, 여덟째로 보살의 염장(念藏)이란 무엇입니까.

이 보살은 무지의 암흑에서 떠나 과거의 일생, 십생, 백생 내지는 한량없이 많은 생애와 세계와 생성소멸의 되풀이를 마음에 생각합니다.

또 보살은 일불(一佛)의 이름이나 내지 한량없이 많은 부처님들의 이름을 기억하고, 일불의 출현이나 내지 많은 부처님들의 출현을 기억하고, 일불의 일설법이나 많은 부처님들의 많은 설법을 기억하고, 하나의 번뇌나 많은 번뇌를 기억하고, 하나의 삼매나 많은 삼매를 기억합니다.

보살의 위의 기억은 10종이 있습니다.

즉, 고요한 기억, 청정한 기억, 탁하지 않은 기억, 분명한 기억, 티끌을 여읜 기억, 가지가지의 티끌을 여읜 기억, 때를 여읜 기억, 광명이 빛나는 기억, 사랑스러운 기억, 막힘이 없는 기억입니다.

보살이 이 기억을 할 때 어떠한 세간도 보살의 마음을 교란시킬 수는 없고, 어떠한 악마도 그 마음을 움직일 수는 없습니다.

보살은 부처님들의 진리를 마음에 견지하고, 분명히 그 까닭을 깨닫고, 아직 그릇된 일이 없습니다.

이것이 보살의 무진의 염장입니다.

불자여, 아홉째로 보살의 지장(持藏)이란 무엇입니까.

이 보살은 여러 부처님에게서 하나의 경전 내지 한량없이 많은 경전을 배우고, 한 자 한 구도 잊은 일이 없습니다. 일생 동안이나 잊지 않고, 또한 많은 생애 동안도 잊은 일이 없습니다.

보살은 일불 내지 많은 부처님들의 이름을 들어 기억하고 있습니다. 또 하나의 세계 내지 많은 세계의 이름을 기억하고 있습니다. 또 하나의 집회 내지는 많은 집회를 맡아보고 있습니다. 또 일시의 설법 내지 많은 때의 설법을 시험하고 있습니다. 또 하나의 번뇌 내지는 많은 번뇌를 분별하고 있습니다. 또 하나의 삼매 내지 많은 번뇌에 드나들고 있습니다.

이것이 보살의 무진의 지장입니다.

불자여, 열째로 보살의 변장(弁藏)이란 무엇입니까.

이 보살은 깊은 지혜를 완성하여 일체 중생을 위하여 여러 가지 진리를 말해 전하고 있습니다.

보살은 하나의 경전의 진리, 내지 한량없이 많은 경전의 진리를 설하고, 또 일불의 이름 내지 수없는 부처님들의 이름을 설하고, 또 하나의 세계, 하나의 집회, 하나의 설법, 하나의 번뇌, 하나의 삼매 내지 제각기 수없는 세계, 집회, 설법, 번뇌, 삼매를 설하고 있습니다.

혹은 하루에 일구일미(一句一味)의 법을 설하는 데 다하는 일이 없고, 내지 한량없이 오랜 시간에 일구일미의 법을 설하여 더욱이 다하는 일이 없습니다.

가령 시간의 흐름을 다하는 일은 있어도 일구일미의 법을 다하게는 못할 것입니다.

왜냐하면 이 보살은 10종의 무진장을 완성하고 있기 때문입니다. 또한 그러므로 일체의 불법을 닦고 있습니다. 다라니(陀羅尼)도5 얻고 있습니다.

보살은 이 다라니에 의해서 일체 중생을 위해서 불법을 말해 전하고, 그 미묘한 음성은 시방세계에 충만하여 중생의 번뇌를 제거하고, 중생으로 하여금 다 기쁘게 합니다.

보살은 모든 음성, 언어, 문자를 분별하고, 일체 중생으로 하여금 여래의 종자를 끊이지 않도록 하고, 불법을 말해 전하는 데 조금도 권태를 느끼지 않습니다.

왜냐하면 보살은 대허공에 충만하는 청정의 법신을 완성하

---

5. 선법(善法)을 갖추어 악법(惡法)을 막는다는 뜻.

고 있기 때문입니다.

　이것이 보살의 무진의 변장입니다.

　불자여, 이상이 보살의 10종의 무진장(無盡藏)이며, 이에 의해서 일체 중생은 아뇩다라삼막삼보리를 완성할 수가 있습니다."

제5 도솔천궁(兜率天宮)의 모임

❦ 제19장 여래, 도솔천궁에 오르다 ❦

19장부터 21장은 도솔천궁에서 있었던 일이다. 이 다섯 번째 모임의 중심은 21장의 십회향(十回向)1이다. 앞의 네 번째 모임의 중심이 십행(十行)이었으므로 그 행(行)을 무상(無上)한 깨달음이나 중생을 위한 곳으로 향해 간다는 구상이다. 19, 20장은 그러한 다섯 번째 모임의 서문에 해당하며, 19장은 여래가 도솔천에 올라 설법 준비를 하는 것으로 되어 있다.

자재한 신통력으로 지금까지의 여러 가지 모임이 있던 장소를 떠나지 않고, 도솔천궁에 있는 일체보장엄전(一切寶莊嚴殿)으로 향했다.

그때, 도솔천왕(兜率天王)은 저 멀리 여래의 모습을 보고 일체보장엄전 안에 여래의 사자좌를 마련하고, 온갖 보배로 사

---

1. 보살이 수행하는 계위(階位)인 52위(位) 중에서, 제31위에서 제40위까지. 10행위(行位)를 마치고, 다시 지금까지 닦은 자리(自利)·이타(利他)의 여러 가지 행을 일체 중생을 위하여 돌려주는 동시에, 이 공덕으로 불과를 향해 나아가 오경(悟境)에 도달하려는 지위.

자좌를 장식했다.

도솔천왕은 여래의 자리를 장식한 다음, 무수한 도솔천의 천자(天子)와 함께 여래를 맞이했다. 그리고 온갖 미묘한 꽃을 비처럼 뿌려 여래를 공양했다. 또 미묘한 전단향(栴檀香)과 온갖 화환, 그리고 아름다운 하늘 옷〔천의天衣〕을 뿌려서 여래를 공양했다. 또 온갖 향을 피웠다. 그 향내는 모든 시방세계에 충만했다. 그러한 속에서 무수한 천자와 천녀(天女)들은 삼매에 들어 한결같이 여래의 경지에 뜻을 모았다.

모든 천자와 천녀는 부처님의 신통력으로 부처님을 보며 다음과 같이 생각했다.

'여래의 출현을 만나기란 매우 어려운 일이다. 그러나 우리는 장애가 없는 지혜를 갖춘 여래를 지금 만나 볼 수가 있게 되었다.'

그때, 다른 국토에서 모여든 무수한 천자와 천녀들, 그리고 무수한 부처의 나라에서 온 보살들도 여래의 위 없는 깨달음을 접할 수 있었다.

여래의 몸은 무량하여 헤아릴 수 없으며, 신기한 기적을 나타내어 중생을 기쁘게 하고, 끝없는 대허공(大虛空)에 충만하여, 중생으로 하여금 착한 성품에 머물도록 했다.

여래는 위 없는 공덕을 나타내고, 그 지혜는 다함이 없으며, 그 법신(法身)은 모든 중생에게 고루 스며들어 부족함이 없었다.

여래는 중생의 능력에 따라 모습을 나타내고, 그 경계는 모든 중생을 받아들이고, 모든 중생의 활동을 알며, 중생으로 하여금 미혹의 세계를 초월하게 하여 한결같이 무상(無上)한 깨달음에 나아가도록 했다.

그때, 천자와 천녀 등 모든 신들이 여래를 우러러보니 그 몸의 털구멍 하나하나에서 무수한 광명이 뿜어 나오고, 그 빛 하나하나는 온갖 빛깔로 빛나고 있었다. 또 여래의 몸을 우러러보니 그 몸으로부터는 불가사의한 광명의 바퀴가 나타났다. 그 광명의 바퀴에는 불가사의한 빛깔이 있어서 시방의 끝없는 세계를 비추고 무수한 기적을 나타내었다.

모든 중생은 여래의 미묘한 향내를 맡고 자기도 모르게 불가사의한 게송(偈頌)을 읊어 세상에서 뛰어난 여래의 광명을 찬탄했다. 그러나 여래의 광명을 충분히 찬탄할 수는 없었다. 왜냐하면, 모든 중생은 여래의 다함없는 자재력(自在力) 안에서 생겼기 때문이다.

그때, 여래는 대자비로써 끝없는 모든 세계를 덮고, 중생으로 하여금 아직 믿지 않은 자는 믿게 하고, 이미 믿는 자는 그 착한 성품을 지속(持續)하게 하고, 착한 성품을 지속하고 있는 자는 청정(淸淨)한 경지에 이르게 하며, 청정한 자는 보다 더 성숙하게 하여, 이미 성숙한 경지에 이른 자는 마침내 해탈하게 하리라 생각했다.

도솔천왕은 여래를 위하여 사자좌의 설비를 끝내고, 무수한 도솔천의 천자들과 함께 부처님께 합장하여 예배하고 말했다.

"세존이시여, 잘 오셨습니다. 아무쪼록 자비로써 이 궁전에 머물러 주시기 바랍니다."

그때, 일체보장엄전은 표현할 수 없는 빛으로 빛나며, 온갖 보배로써 장식되고, 주옥(珠玉)의 그물이 그 위를 덮었다. 하늘 옷의 비, 전단(栴檀)의 비, 묘향(妙香)의 비, 불가사의한 꽃

비가 뿌려지는 가운데 오묘한 음악이 흐르고 있었다.

이윽고 부처님의 신통력에 의하여 모든 음악은 그쳐 고요해지고, 도솔천왕은 삼매에 들어 그 착한 성품을 길러 무상한 깨달음을 구하는 마음을 일으켰다.

도솔천왕은 부처님의 신통력을 받아 과거의 부처들 밑에서 기른 선덕(善德)을 스스로 기억하면서 다음과 같이 찬탄했다.

"그 옛날 무애(無礙)라고 하는 여래가 계셨습니다. 흡사 보름달과 같아서 온갖 축복 중에 가장 뛰어난 부처님이었습니다. 그가 이곳에 오셔 이 장엄전(莊嚴殿)에 드셨기 때문에 이 궁전은 더욱 축복을 받고 있습니다.

또 그 옛날 무변(無邊)이라고 하는 여래가 계셨습니다. 그의 지혜는 매우 깊어서 모든 축복 가운데 제일이었습니다. 그가 오셔 이 금색전(金色殿)에 드셨습니다. 때문에 이 궁전은 더욱 축복을 받고 있습니다.

또 그 옛날, 무량(無量)이라고 하는 여래가 계셨습니다. 그 빛은 끝이 없어 모든 축복 가운데 제일이었습니다. 그가 오셔 이 연화전(蓮華殿)에 드셨기 때문에 이 궁전은 보다 더 축복을 받고 있습니다."

그때, 세존은 일체보장엄전의 사자좌에 올라 결가부좌하셨다.

제20장 도솔궁중게찬품兜率宮中偈讚品

이 장은 앞 장과 함께 다섯 번째 모임의 서문이다. 여기서는 여러 보살들이 부처님의 신통력을 받아 부처의 세계를 찬탄한다.

무수한 나라의 무수한 보살이 저마다 자기 동족(同族)을 이끌고 부처님을 찾아와 참배했다. 그들은 삼가 공경하여 예배한 다음 결가부좌했다. 그러한 그들은 시방에 차고 넘쳤다. 또 그들은 저마다 부처의 밑에서 불도(佛道)를 수행하고 있으며, 지금은 헤아릴 수 없는 부처의 진리를 완성하고 있었다.

그때 부처님께서는 두 무릎에서 무수한 광명을 발하여 끝없는 시방의 모든 세계를 비추셨다. 그 때문에 모든 보살들은 여래의 신통력이 자재함을 볼 수가 있었다.

이들 보살들은 비로자나 부처가 그 옛날 보살의 도를 행하여 헤아릴 수 없이 많은 가르침〔불법〕을 닦을 때의 그 선지식(善知識)들이었다.

보살들은 항상 여러 부처의 깨달음과 신통력을 바라며, 스스로 부서지지 않는 법신(法身)을 이루고, 장애가 없는 삼매에 들며, 그럼으로써 불가사의한 부처를 만날 수 있고 마음에 집착함이 없었다.

보살들은 항상 여러 부처의 가호(加護)를 받으며, 부처의 신통력에 의하여 피안(彼岸=깨달음)의 세계에 도달한다. 그리고 그럼으로써 무상한 깨달음을 완성하여 여래의 마음의 근저(根底)에 들고, 그 청정한 법신은 부처가 사는 곳에 스스로도 산다.

그때, 금강당(金剛幢)보살은 부처님의 신통력을 받아 끝없는 시방세계를 관찰하고 다음과 같이 찬탄했다.

"여래께서는 커다란 원력(願力)으로 자유자재한 불법을 나타내십니다. 이 법은 불가사의하며, 오직 피안에 도달한 사람만이 여러 부처의 경지를 볼 수가 있습니다.

모양으로 나타난 신체는 여래가 아닙니다. 음성도 또한 여래가 아닙니다. 그러나 부처의 자재력(自在力)은 모양과 소리를 떠나지 않고서 작용합니다.

부처는 이곳에 오는 일도 없고, 저곳으로 가는 일도 없으면서 오직 청정한 법신만이 자재력을 나타냅니다.

만약 보살이 일체의 지혜를 구하여 스스로 무상(無上)의 깨달음을 완성하고자 생각한다면, 먼저 참으로 그 마음을 맑게 하고 꾸준히 보살행(菩薩行)[1]을 닦아야 합니다."

그때, 견고당(堅固幢)보살은 부처님의 신통력을 받아 끝없는 시방세계를 관찰하고 다음과 같이 찬탄했다.

"부처의 세계는 매우 깊어서 설할 수가 없습니다. 모든 언

---

1. 보살이 행하는 수행. 보살로서 행해야 하는 행위. 보살의 실천행.

어가 미치지 못하는 그 청정함은 흡사 허공과도 같습니다.

부처의 설하는 법은 매우 깊고 인연을 따라 청정한 몸을 나타냅니다.

이 같은 대승의 지혜가 곧 모든 부처님의 경계입니다. 만약 이 지혜를 구하고자 하면, 항상 부처와 친해야 합니다.

만약 청정한 마음을 가져 모든 부처를 공양하고 받들되 쉬지 않으면, 드디어 불도를 이룰 것입니다.

다함없는 공덕의 갈무리[藏]로써 깨달음을 구하는 마음[보리심]은 깊어지고, 온갖 의혹을 떠나 부처를 마음속에 간직하여 싫어함이 없습니다."

그때, 야광당(夜光幢)보살은 부처님의 신통력으로 시방의 모든 세계를 남김없이 관찰하고 다음과 같이 찬탄했다.

"시방 모든 세계의 모든 중생은 남김없이 부처님의 청정한 법신(法身, 영원불변한 진실한 모습)을 만날 수 있습니다. 비유컨대 일심(一心, 동요하지 않는 믿음)의 힘이 여러 가지 마음을 낳는 것과 같이 부처님의 한 법신도 여러 가지 부처의 몸을 낳습니다. 법신은 둘이 아니며, 또 자성(自性)도 없으며, 청정하게 장엄되어 있어서, 시방세계에 나타나지 않는 곳이 없습니다.

법신은 흡사 허공과 같고, 공덕은 다함이 없습니다. 그것은 오직 모든 부처님만의 경계입니다. 삼세(三世)의 모든 부처님은 그 법신이 낱낱이 청정하여 중생의 능력에 따라 그 모습을 여러 가지로 나타냅니다. 그러나 부처님은 지금까지 내가 어떠한 모습을 하리라고 생각하신 적은 없습니다. 다만 자연스럽게 중생의 능력에 따를 뿐입니다."

그때, 이구도(離垢道)보살은 부처님의 신통력을 받아서 시방세계를 남김없이 관찰하고 다음과 같이 찬탄했다.

"모든 부처님의 지혜의 광명은 원만하여 세간을 청정하게 합니다. 만약 사람이 중생의 수와 같은 모든 부처님을 만나고자 하면, 여래는 그 모든 소망에 따릅니다. 그러나 결코 이곳에 오는 것도, 저곳으로 가는 것도 아닙니다. 부처님의 경계를 염(念)하여 무량한 마음을 내면, 보이는 모든 여래의 수는 무량한 그 마음과 같습니다.

여래는 중생을 위하여 중생의 능력에 따라서 진리〔法〕를 설하고, 남김없이 부처의 몸을 나타냅니다. 일체의 모든 부처님은 무량한 자재력을 가지고 중생의 소망에 맞는 부처의 몸을 나타내고, 여러 가지 모습에 의하여 세계를 청정하게 합니다."

제21장 십회향품十廻向品

이 장은 다섯 번째 모임의 본론이다. 회향(廻向)이란 공덕을 다른 데로 돌린다는 뜻이니, 열 가지 대행(大行)을 중생과, 최고의 깨달음과, 부처님께 돌림을 설한 것이다.

금강당(金剛幢)보살은 부처님의 신통력을 받아, 명지삼매(明智三昧)에 들었다. 삼매에 완전히 들어가자 시방세계의 무수한 불국토(佛國土)에 계시는 무수한 부처님들을 뵐 수 있었다. 이 무수한 부처님들의 이름은 모두 '금강당'이라는 이름이었다.

그때 여러 부처님들은 금강당보살에게 다음같이 말했다.

"얼마나 훌륭한 일인가. 불자여, 그대는 능히 명지삼매에 들어갈 수가 있었다. 그대가 삼매에 들 수 있는 것은 시방세계의 무수한 부처님들이 그대에게 신통력을 주셨기 때문이다.

또 비로자나불의 본원력(本願力)을 힘입었기 때문이다. 또 그대로 하여금 청정하고 지장 없는 지혜의 경지에 들어가게 하려고 생각하셨기 때문이다.

또 그대로 하여금 무량한 불법(佛法), 열 가지 회향의 행(行)을 설하게 하려고 생각하셨기 때문이다.

또 그대로 하여금 큰 원(願)을 개발케 하여, 모든 보살을 기쁘게 하고, 모든 부처님과 똑같은 공덕을 체득하게 하려고 생각하셨기 때문이다.

불자여, 그대는 부처님의 신통력을 받아, 마땅히 이 법을 설해야 할 것이다. 그것으로 말미암아 그대는 부처님의 집에 안주(安住)하고, 세간을 초월하는 온갖 공덕을 길러, 두루 법계(法界)를 비추며, 지장 없는 불법의 광명 속에 안주할 수가 있을 것이다."

그때 여러 부처님들은 금강당보살에게 무량한 지혜를 주시고, 지장 없는 불법의 광명을 주시고, 일체의 여래와 똑같은 몸을 주시고, 온갖 보살의 불가사의한 삼매의 방법을 주시고, 모든 처소에서 설법하여 끊어짐이 없는 변설을 주셨다. 그것은 저 명지삼매의 공덕의 힘에 의지했기 때문이다.

그때 여러 부처님들은 각기 오른손을 내밀어 금강당보살의 머리를 쓰다듬으셨다. 그러자, 이 보살은 삼매로부터 일어나 온갖 보살들에게 이렇게 말했다.

"불자여, 이 보살의 불가사의한 대원은 두루 일체 중생을 구하고 지켜 주려 함입니다. 보살은 이 원을 세우고, 삼세(三世) 제불(諸佛)의 회향을 배우고 있습니다.

불자여, 보살의 회향이란 무엇입니까.

보살의 회향에는 열 가지가 있습니다. 과거·미래·현재의 여러 부처님들은 모두 이 회향에 대해 설하셨습니다.

그 열 가지란 무엇입니까.

첫째는 일체 중생을 구호하면서, 중생이라는 관념을 떠난 회향, 둘째는 깨뜨려짐 없는 회향, 셋째는 모든 부처님과 평등한 회향, 넷째는 모든 처소에 이르는 회향, 다섯째는 다함없는 공덕장(功德藏) 회향, 여섯째는 평등에 따르는 공덕의 회향, 일곱째는 평등하게 일체 중생을 따르는 회향, 여덟째는 진여(眞如)의 모양인 회향, 아홉째는 속박도 집착도 없는 해탈의 회향, 열째는 법계 무량의 회향입니다.

불자여, 이 보살의 열 가지 회향을 삼세의 부처님들이 설하시는 것입니다.

불자여, 첫째로, '일체 중생을 구호하면서, 중생이라는 관념을 떠난 회향'이란 무엇입니까.

이 보살은 보시(布施)·지계(持戒)·인욕(忍辱)·정진(精進)·선정(禪定)·지혜의 육바라밀을 수행하여, 다음같이 생각합니다.

'내가 행하는 바의 선(善)은 일체 중생에 도움이 되고, 중생으로 하여금 마침내는 청정하게 되게 할 것이다.

내가 행하는 바의 선으로써, 일체 중생을 지옥·아귀·축생 따위의 무량한 고통으로부터 구하자.'

또 다음같이 생각합니다.

'나는 이 선을 회향해서, 일체 중생을 위해 스스로 집이 되자. 그것은 중생의 고통을 멸하기 위함이다.

스스로 일체 중생을 위해 구호자가 되자. 그것은 중생으로 하여금 번뇌에서 벗어나게 하기 위함이다.

스스로 일체 중생을 위해 귀의처(歸依處)가 되자. 그것은 중생으로 하여금 공포에서 떠나게 하기 위함이다.

스스로 일체 중생을 위해 안락처(安樂處)가 되자. 그것은 중생으로 하여금 궁극적인 안락처를 얻게 하기 위함이다.

스스로 일체 중생을 위해 큰 광명이 되자. 그것은 중생으로 하여금 무지를 없애고 지혜의 빛을 얻게 하기 위함이다.

스스로 일체 중생을 위해 등불이 되자. 그것은 중생으로 하여금 궁극적인 광명 속에 안주케 하기 위함이다.'

불자여, 보살은 이런 무량한 선을 회향하여, 일체의 지혜를 완성시킬 것입니다.

불자여, 보살은 친한 자를 위해서나, 원한이 있는 자를 위해서나, 온갖 선을 회향하여 결코 차별하지 않습니다.

왜냐하면, 보살은 일체를 평등하게 보아 친원(親怨)을 초월해 있으므로, 항상 자애의 눈으로 온갖 중생을 보는 까닭입니다.

만약 중생이 나쁜 마음을 품고 보살을 해치려 든다면, 보살은 그 중생을 위해 좋은 스승이 되어 온갖 훌륭한 진리를 설명해 줄 것입니다. 이를테면, 어떤 독도 바다를 해칠 수 없듯이, 중생의 어떤 죄악도 보살의 도심을 어지럽히지는 못할 것입니다.

보살이 보리심을 일으켜 온갖 선을 회향하는 것은 한 중생을 위하는 까닭도 아니며, 한 불국토를 위하는 까닭도 아니며, 한 부처님을 믿고자 하는 까닭도 아니며, 한 부처님의 법을 듣고자 하는 까닭도 아닙니다.

보살은 일체 중생을 구하기 위해 온갖 선을 회향합니다. 일체의 불국토를 정화하고, 일체의 부처님을 믿고, 일체의 부처님을 공경·공양하고, 일체의 부처님이 설하시는 바른 법을 듣기 위해 온갖 선을 최고의 깨달음을 향해 회향하는 것입니다.

보살은 다음과 같이 생각합니다.

'보리심의 보배를 발굴하는 것은 여래의 힘이다. 보리심은 여러 부처님과 같고, 광대하고 평등하다. 아무리 오랫동안 수행하고 배운다고 해도, 얻기는 어렵다.'

보살은 또 이렇게 생각합니다.

'이 회향의 공덕으로 일체 중생이 항상 여러 부처님을 뵈옵고, 부처님들 밑에서 깨뜨려지지 않는 신심(信心)을 얻고, 바른 법을 듣고, 가르침대로 수행하여, 지혜와 해탈을 완성하며, 일체 중생에 대해 자애의 눈길을 돌려, 마침내는 부처님 계신 곳에 안주하게 되었으면 좋겠다.'

보살은 또 이렇게 생각합니다.

'일체 중생은 헤아릴 수 없는 악업(惡業)을 거듭하고 있다. 이 숙업(宿業)을 거듭하고 있다. 이 숙업으로 하여 헤아릴 수 없는 고통을 받고, 여래도 뵐 수가 없으며, 정법(正法)을 듣지 못한다.

나는 지옥·아귀·축생의 삼악도 속에서 중생 대신 고통을 받아, 중생으로 하여금 해탈을 얻게 하겠다.'

보살은 또 이렇게 생각합니다.

'나는 일체 중생으로 하여금, 부처님의 편안한 거처에 안주케 하겠다. 그것은 결코, 자기가 깨달음에 이르기 위함이 아니다. 오직 중생으로 하여금 미혹의 세계를 떠나, 지혜를 얻게 하고자 원하기 때문이다.'

보살은 이렇게 회향하여, 집착하는 데가 없습니다. 중생이나 세계의 모양[相]에도 집착하지 않고, 말에도 집착하지 않는 것입니다.

보살은 오직 중생으로 하여금 진실한 법을 깨닫게 하기 위해 회향하고, 일체 중생은 평등하다고 알아 회향하고, 아욕(我慾)을 떠나 온갖 선을 관찰하여 회향합니다.

보살은 이러한 선의 회향에 의해, 영구히 일체의 악을 떠남으로써, 부처님께서 칭찬하는 자가 됩니다.

불자여, 이것이 '일체 중생을 구호하면서, 중생이라는 관념을 떠난 회향'입니다.

불자여, 둘째로 '깨뜨려짐 없는 회향'이란 무엇입니까.

이 보살은 과거·현재·미래의 여러 부처님 처소에서, 깨뜨려짐 없는 믿음을 얻었기에, 모든 부처님들께서는 다 기뻐하고 계십니다.

보살은 청정한 선에 있어서, 깨뜨려짐 없는 믿음을 얻고 있습니다. 왜냐하면, 온갖 선을 실천하고 있는 까닭입니다.

보살은 모든 회향에 있어서, 깨뜨려짐 없는 믿음을 얻고 있습니다. 왜냐하면, 오로지 해탈을 얻어 만족하고 있는 까닭입니다.

보살은 여래의 자재한 신통력에 있어서, 깨뜨려짐 없는 믿음을 얻고 있습니다. 왜냐하면, 명백히 여러 부처님의 불가사의함을 믿고 있는 까닭입니다.

불자여, 보살은 이같이 깨뜨려짐 없는 믿음에 안주함으로써, 부처님이나 보살이나 일체 중생의 무수한 세계에 있어서 온갖 선을 실천하고, 보리심을 기르고, 자비심을 길러, 여러 부처님들을 따라 모든 청정한 선을 섭취해서, 과거·미래·현재의 삼세를 평등하게 관찰합니다.

보살은 이런 온갖 선을 지혜에 회향하여, 항상 여러 부처님들을 뵙고, 좋은 스승을 가까이하며, 무수한 보살들과 회합하여, 일체 중생을 가르치고 인도합니다.

보살은 온갖 선의 회향을 끝내고, 이런 선의 회향이 가져오는 힘에 의해 보살행을 닦을 때, 순간순간 속에서 모든 부처님들을 뵙고, 그 부처님들을 모두 기쁘게 해드리고, 무수한 보배·꽃·향·화만(華鬘)·의복·당기(幢旗)·자리·궁전·수목 따위로 헤아릴 수 없이 긴 시일을, 마음을 오로지하여 모든 부처님들을 공양합니다.

보살의 마음은 물러섬이 없고, 휴식이 없고, 잠시도 태만함이 없습니다.

보살은 근심이나 고민도 품지 않고, 모든 집착을 떠나, 부처님 계시는 곳에 안주하고 있습니다.

보살은 빛깔도 없고 형체도 없는 진리 자체의 세계를 관찰하며, 그 보리심은 진리 자체가 되어 있으며, 어떤 존재에도 집착하지 않고 회향하며, 처음으로 보리심을 일으킨 이래, 온갖 뛰어난 선을 실천하여, 남김없이 회향합니다.

보살이 실천한 선은, 비록 생사 중에 있어서도 깨뜨려지는 일이 없습니다.

보살은 진실한 지혜를 구하여 물러나지 않으며, 어떤 환경에서도 마음이 어지러워지지 않으며, 일체의 중생을 깨닫게 하고자 노력하여, 집착하는 바가 없습니다.

보살은 이같이 무명(無明)을 떠나 보리심을 성취하며, 청정한 마음으로 일체가 평등함을 관찰하여, 깊이 존재의 진실을 깨닫는 것입니다.

업(業)은 마치 환영(幻影) 같고, 업보는 번개 같고, 인연에서 생긴 존재들은 음향 같고, 보살행은 그림자 같다고 알며, 또 집착을 떠난 지혜의 눈이 열리는 곳, 보살의 활동은 작용하면서 조금도 작용함이 없어서, 모든 존재에 있어서 무이(無二)임을 깨달아, 그리하여 보살은 있는 그대로의 진실에 도달합니다.

보살은 이렇게 온갖 선을 회향하여 두루 일체 법계를 비추고, 일체의 지혜를 성취하고 있습니다.

불자여, 이것이 '깨뜨려짐 없는 회향'입니다.

보살이 이 회향에 안주하면 무수한 부처님을 뵐 수 있으며, 온갖 청정한 진리를 얻게 되며, 일체 중생에 있어서 평등한 마음을 지니며, 무명을 떠나 일체의 존재를 깨달으며, 온갖 여래의 자재한 신통력을 얻어서 모든 악마를 꺾으며, 지장 없는 지혜를 얻어 스스로 마음의 눈을 뜹니다. 보살은 '깨뜨려짐 없는 회향'의 힘을 가지고, 온갖 선을 닦고 있는 터입니다.

불자여, 셋째로 '모든 부처님과 평등한 회향'이란 무엇입니까.

이 보살은 삼세 제불(諸佛)의 회향을 배웁니다.

보살이 보살행을 닦을 때, 그 마음은 청정하여 사랑도 미움도 없으며, 모든 근심과 고민을 떠나 정직한 마음을 얻어서, 몸과 마음이 부드럽고 깨끗해집니다.

보살이 이런 기쁨을 얻을 때에, 여러 부처님께 회향하여 이렇게 생각합니다.

'모든 부처님께서는 이 이상 없는, 맑은 즐거움을 누리고 계시거니와, 다시 다음같이 되기를 축원하자. 즉 부처님들께서는 불가사의한 부처님의 즐거움을 갖추시고, 헤아릴 수 없는 부처님의 삼매의 즐거움을 닦으시고, 헤아릴 수 없는 대자비의 즐거움을 성취하시고, 다시 부처님들의 헤아릴 수 없는 힘의 즐거움, 영구히 일체의 상념을 떠나는 즐거움, 적멸의 극치에 이르러 결코 변함이 없는 즐거움, 어지러워지지도 않고 깨뜨려지지도 않는 행(行)의 즐거움을 갖추시게 되시라.'

보살은 이렇게 온갖 선을 부처님들께 회향한 다음, 다시 또 일체의 보살들에게 회향하여, 다음같이 생각합니다.

'원컨대, 아직 만족하고 있지 않은 자는 모두 만족시켜 주고, 아직 마음이 청정해지지 않은 자는 모두 청정하게 해주고, 금강(金剛)같이 견고한 보리심에 안주하여, 일체의 지혜에 있어서, 물러섬이 없도록 해주고, 태만한 마음을 떠나 보리심을 일으키게 하여, 각자의 소원을 만족케 하자.'

이같이, 보살은 온갖 선을 일체 중생에게 회향합니다.

보살은 일체 중생으로 하여금 부처님을 뵙고, 법을 듣고, 승(僧)에 접근하도록 하기 위해 회향합니다. 즉, 오로지 부처님을 염(念)하게 하고자 회향하며, 청정하고 뛰어난 법을 염하게 하고자 회향하며, 승려를 공경하고 존중하게 하고자 회향합니다.

또 보살은 일체 중생으로 하여금, 부처님을 뵙고 멀어져 감이 없게 하고자 회향하며, 온갖 청정한 마음을 완성케 하고자 회향하며, 모든 의혹을 제거하게 하고자 회향합니다.

보살은 일체 중생으로 하여금, 모두 더없는 깨달음을 얻고자 하는 마음을 일으키게 하여, 그 마음을 길러서, 오로지 일체의 지혜를 구하게 합니다.

보살은 집에서 처자와 함께 있어도 잠시나마 깨달음을 구하는 마음을 떠나지 않고, 모든 지혜의 경계를 마음에 생각하여, 스스로 깨달음을 지향하며, 다른 사람들도 거기로 인도합니다.

보살은 솔직하고 평등한 마음을 가지고, 여러 모습으로 처자·친척 앞에 나타나, 방편의 지혜로써 모두 궁극의 해탈을 완성케 하며, 함께 살면서도 마음에 집착하는 바가 없습니다.

또 보살은 대비심(大悲心)에 의해 집에서 행동하고, 대자심(大慈心)에 의해 처자와 함께 있어도, 보살의 청정한 도에 있어서는 아무 장애를 받지 않습니다.

이와 같이, 보살이 집에 있을 때에는 일체의 지혜의 마음을 가지고 온갖 선을 회향합니다.

이를테면 보살은 옷을 입고, 음식을 먹고, 또 걸을 때나 설 때나, 앉을 때나 잘 때나, 항상 언행에 조심하여 결코 흐트러지는 일이 없습니다. 보살은 이런 생활방식으로 온갖 선을, 최고의 깨달음을 중생에게 회향합니다.

보살은 이렇게 생각합니다.

'과거의 보살은 모두 부처님들을 공경·공양하고, 중생을 해탈케 하고, 온갖 선을 행하여 깨달음에 회향했으며, 그러고도 집착함이 없었다. 모든 존재는 불생불멸(不生不滅)이므로 어디에도 집착할 데가 없고, 파괴될 수도 없으며, 진실의 세계에 안주하고 있다고 체득하고 있었다.

이런 과거의 보살같이 나도 또한 진리를 구하고, 진리를 체득하여, 모든 것은 환상 같고, 번개 같고, 물에 비친 달과 같고, 거울 속의 그림자 같아서, 실체가 없고 공(空)한 줄을 알자. 오직 여래만이 내가 도달해야 할 궁극의 세계이다.'

보살은 이렇게 온갖 선을 회향하여 행동과 말과 마음이 청정해지고, 안주해야 할 곳에 안주하여, 일체의 존재는 공이며 실체가 없다고 깨달아, 세간을 초월하는 진리를 배워서, 마음에 조금도 집착하는 바가 없습니다. 이것이 보살의 '모든 부처님과 평등한 회향'입니다.

불자여, 넷째로 '모든 처소에 이르는 회향'이란 무엇입니까.

이 보살은 온갖 선을 배울 때, 그 선을 다음과 같이 회향합니다.

'나는 이 선의 힘을 모든 처소에 이르게 하겠다. 이를테면, 사물의 실상(實相)은 세간에나 중생에나 과거·미래·현재의 삼세에나 이르지 않는 곳이 없듯이, 내 선의 힘도 모든 처소에 이르러, 두루 모든 부처님 처소까지 도달하여, 그것으로 부처님들을 공양하겠다.'

보살은 부처님들 밑에서 온갖 선을 행하여, 그 일체의 힘을 부처님께 회향합니다. 오직 한마음으로, 어지러움 없고 흔들림 없고 집착을 떠나, 고요한 마음을 가지고 여러 부처님께 회향합니다.

보살은 막힘이 없는 진리의 등불을 얻어 중생을 가르치고 인도하여, 모든 선을 중생에게 회향하여, 생사의 세계를 초월하게 합니다.

보살은 일체 중생으로 하여금 모두 무량한 부처님들을 뵙게 하며, 온갖 것 중에 안주케 하며, 모든 사물에 집착함이 없게 하며, 헤아릴 수 없는 모든 세계에 들어가게 하고, 또 선의 힘을 회향하여, 모든 여래의 신통력 속에 들어가게 하고, 그리하여 최고의 깨달음을 완성시킵니다.

보살은 이와 같이 선을 회향해서, 일체 중생으로 하여금 모든 나라를 정화시키며, 부처님의 자유자재한 힘을 얻어 중생들을 가르쳐 인도하고, 스스로 모든 세간의 최상의 복전(福田)이1 되어, 중생을 위해 불법의 보배를 발굴하는 인도자가 됩니다.

보살은 일체 세간을 위해 밝은 등불을 켜고, 보살의 하나하나의 선은 법계에 차고 넘쳐서 중생을 지켜서, 일체 중생으로 하여금 모두 청정한 공덕을 완성케 합니다.

불자여, 이것이 '모든 처소에 이르는 회향'입니다.

불자여, 다섯째로 '다함없는 공덕장(功德藏)의 회향'이란 무엇입니까.

이 보살은 온갖 선을 배움으로써, 모든 숙업(宿業)2의 장애를 떠나갑니다.

보살은 삼세제불의 모든 선과, 삼세의 일체 중생의 선에 있어서, 그 모두와 기쁨을 나눕니다.

온갖 여래를 존중·공경하고, 예배·공양하여 생기는 선(善)과, 여러 부처님들의 설법을 듣고 기억하여 그대로 수행함으

---

1. 복덕을 낳는 밭. 행복을 키우는 밭의 뜻. 보시하고, 신봉하는 것에 의해 행복을 가져온다고 하는 대상.
2. 과거 세상에 있어서의 업. 인간이 어떻게도 할 수 없는 근원적인 힘.

로써 불가사의한 경계로 들어가는 선과, 삼세제불의 다함없는 선과, 모든 보살이 수행하는 선과, 삼세제불이 깨달음을 완성할 때의 최고선-보살은 이런 일체의 선에 있어서 그 모두와 기쁨을 나눕니다.

삼세제불께서 처음으로 깨달음을 지향하는 뜻을 일으켜, 여러 보살행을 실천하여, 마침내 부처가 되어 열반을 실현하기에 이르기까지, 그 사이에서 얻는 선에 있어서 보살은 그 모두와 기쁨을 나눕니다.

보살은 이러한 모든 선을 남김없이 회향합니다.

보살은 온갖 청정한 공덕을 갖추고 지혜를 완성하여, 모든 중생의 세계를 인식하고, 어리석음을 떠나 적멸(寂滅)의3 세계에 들어가, 부처님을 믿고, 불가사의한 법을 염하고, 청정한 승(僧)을 염합니다.

보살이 얻은 법은 원만히 성취하여, 그 지혜의 광명은 두루 비치고 있습니다.

그 마음은 깨끗하기 허공과 같고, 일체의 법계를 완전히 인식하고 있습니다.

보살은 온갖 불가사의한 삼매에 자유자재로 출입하며, 일체의 지혜로 나아가고, 부처님들의 나라에 안주하여, 능히 부처님들의 신통력을 분별하며, 조금도 두려워하는 바가 없습니다.

보살은 일체 제불, 일체 보살, 일체 정각(正覺)4, 일체 대원(大願), 일체 중생, 일체 세계에 회향하여, 항상 여래를 뵙고,

---

3. 번뇌가 완전히 가라앉는 것.
4. 부처님의 깨달음. 진리를 깨달은 사람. 부처님. 여래(如來)와 같음.

법계와 평등해지려고 생각합니다.

이렇게 보살은 온갖 선을 회향함으로써 모든 제국을 정화하며, 모든 중생의 바다를 정화하며, 모든 부처님으로 하여금 법계에 충만케 하며, 또 여래의 청정한 법신으로 하여금 모든 불국에 충만케 합니다.

보살은 이렇게 비길 데 없는 회향으로써 일체의 지혜로 나아가, 그 마음의 깨끗하기는 허공과 같으며, 흔들리지 않기는 대지와 같아, 온갖 불가사의한 회향으로 들어갑니다.

보살은 이렇게 온갖 선의 회향을 마친 다음, 다함없는 선의 힘을 얻습니다.

항상 일체의 삼세제불을 염하여 다함없는 선의 힘을 얻고, 제불의 나라를 정화하여 다함없는 선의 힘을 얻고, 중생의 세계를 정화하여 다함없는 선의 힘을 얻고, 심심(甚深)한 법계에 들어가 다함없는 힘을 얻고, 헤아려 알 수 없는 마음을 배우고 정화하여 다함없는 선의 힘을 얻고, 일체 제불의 경계를 이해하여 다함없는 선의 힘을 얻습니다.

보살이 이같이 회향할 때, 회향의 위력에 의해 보살의 행위는 뛰어나서 비길 데 없어지고, 모든 세간도 이를 파괴하지 못하며, 온갖 악마를 항복받아 물러섬이 없는 공덕의 힘을 완성하게 되어, 헤아릴 수 없는 큰 소원은 완전히 채워집니다.

보살의 마음은 더욱더욱 넓어져 일체의 지혜와 같고, 순간에 무량한 모든 불국에 갈 수 있으며, 무량한 지혜의 힘을 얻어 빠뜨림없이 부처님들의 경계를 이해하고, 항상 일체의 불법을 보호하여 헤아릴 수 없는 대지에 안주하고 있습니다. 이것이 '다함없는 공덕장의 회향'입니다.

불자여, 여섯째로 '평등에 따르는 공덕의 회향'이란 무엇입니까.

이 보살이 국왕이 될 때는, 백성은 편안하고 부유하며, 모든 나라들은 귀순하여 그 명령을 어기는 자가 없습니다.

국왕은 정도(正道)를 가지고 다스리며, 그 덕은 시방에 번져서, 군대를 가지고 있지 않아도 천하는 태평해집니다.

보살은 숙업의 장애를 떠나 청정한 몸이 되고, 모든 보시를 행합니다. 이를테면 마실 것·먹을 것·의복·가옥·약, 기타 갖가지 보배를 보시하는 것입니다.

죄수가 고통 받는 것을 보면, 보살은 대비심을 일으켜, 스스로 감옥을 찾아가 그를 구하고, 또 죄수가 사형장으로 호송되는 것을 보면, 스스로 몸을 버려서 그의 목숨을 건집니다.

만약, 중생이 요구해 오는 것에 대해서는 빈천과 부귀를 가리지 않고, 모든 것을 보시하여 조금도 아까워하지 않습니다.

보살은 이렇게 온갖 선을 회향한 다음, 다음과 같이 생각합니다.

'내가 행하는 보시는 집착·번뇌가 없고, 그 마음은 곧아서 아까워하는 바가 없다. 나는 이런 보시의 공덕의 힘으로 모든 중생으로 하여금 큰 지혜를 얻게 하고, 마음에 장애가 없도록 하겠다.'

보살이 마실 것을 베풀 때에는, 다음과 같이 회향합니다.

'이 선행에 의해 일체 중생으로 하여금, 불법의 감로(甘露)를 마시게 하고, 보살도를 완성하고, 애욕을 제거하여, 항상 대승을 희구하도록 하겠다. 삼매에 의해 마음을 가다듬고, 지혜의 바다에 들어가 대법(大法)의 구름을 일으켜 대법의 감로

를 비 오듯 하게 하겠다.'

보살이 먹을 것을 보시할 때에는, 매운 것·신것·짠것·단 것·담백한 것·쓴것 따위, 이런 무한한 음식은 먹어도 싫증 나지 않으며, 몸을 부드럽게 하고, 편안하게 합니다.

그 힘은 온몸에 넘쳐, 기력은 강해지고 유쾌한 기분이 되며, 눈과 귀 같은 각 기관은 밝고 깨끗해지며, 살결은 윤이 나고, 어떤 독도 침범하지 못하며, 모든 병은 소멸하여 청정한 불법을 즐기게 해줍니다.

보살이 이런 무량한 음식을 보시할 때, 다음과 같이 회향합니다.

'이 선행에 의해, 모든 중생으로 하여금 법미(法味)의 깊은 지혜에 안주케 하며, 온갖 맛의 작용을 알게 하며, 법의 구름에서 두루 비를 내리게 하여 법계에 충만케 하며, 모든 중생의 몸을 부드럽게 해주겠다. 다시 모든 중생으로 하여금 무애(無礙)의5 맛을 얻게 하며, 지혜의 수레를 타고 불퇴전(不退轉)의6 자리에 나아가게 해, 청정한 불법에 안주하게 하겠다.'

보살이 집을 보시할 때는, 다음과 같이 회향합니다.

'이 선행에 의해 모든 중생으로 하여금 모두 불국토를 얻게 하며, 공덕을 닦아 그 불국토를 장엄(莊嚴)케7 하며, 깊은 삼매의 경지에 안주케 하고, 그러고도 그 경지에 집착함이 없게 하겠다.'

---

5. 막힘없이 흘러, 장애가 없는 것.
6. 결코 물러섬이 없는, 반드시 깨달음에 이르기로 결정된 경지.
7. 장식의 뜻. 불교에서 장식한다 함은, 정화하는 일을 가리킨다.

보살이 약을 보시할 때는, 다음과 같이 회향합니다.

'이 선행에 의해 모든 중생으로 하여금 온갖 장애에서 떠나게 하며, 병든 몸을 버리고 모두 여래의 청정한 법신(法身)을[8] 얻게 하며, 약의 성능을 좋게 하여 모두 불선(不善)의 병을 고치게 하며, 여래의 약을 완성하여 번뇌의 가시를 뽑게 하며, 세상의 모든 치료법을 터득하여 일체의 병을 고치도록 하겠다.'

보살이 온갖 보배의 창고를 열어 보시할 때는, 다음과 같이 회향합니다.

'이 선행에 의해, 모든 중생으로 하여금 항상 불보(佛寶)[9]를 뵙고, 어리석음을 떠나 정념(正念)에 머물도록 하겠다. 또 모든 중생으로 하여금 법보(法寶)[10]를 얻어, 밝게 세계를 비치고, 일체 제불의 보배를 지키도록 하겠다. 또 모든 중생으로 하여금 승보(僧寶)를 취하여, 인색한 마음을 떠나 보시를 행하도록 하겠다. 또 모든 중생으로 하여금 일체지(一切智)의 심보를 얻어, 청정한 보리심에서 물러섬이 없도록 하겠다.'

보살이 감옥의 죄수가 고통 받고 있는 모양을 보건대, 혹은 결박당하고, 얻어맞으며, 혹은 어두운 방에 갇혔으며, 혹은 손

---

8. 진리 자체를 인격화 한 것. 법불(法佛)·법신불(法身佛)·자성신(自性身)·법성신(法性身)·보불(寶佛) 등이라 한다.
9. 부처님이라는 보배. 삼보(三寶)의 하나. 부처님은 스스로 진리를 깨닫고, 또 다른 이를 깨닫게 하여 자각(自覺)·각타(覺他)의 행(行)이 원만하여 세상의 귀중한 보배와 같으므로 이같이 말한다.
10. 삼보(三寶) 중의 하나로서의 법. 부처님의 가르침이라고 하는 보물. 가르침의 보물. 보물에 비해야 할 부처님의 가르침(교법).

발에 차꼬를 차고 피를 흘리며, 혹은 굶주리고 목마름을 못 견뎌 바짝 말랐으며, 혹은 머리카락이 길어 몸을 덮었는데, 이처럼 한없는 고통을 받건만 아무도 구해 주는 사람이 없습니다.

보살은 이렇게 괴로워하고 있는 사람들을 보면 재물이나 가족을 버리고, 다시 자기 몸까지도 버려서, 감옥에 갇힌 사람들을 구합니다.

보살이 감옥에 갇힌 사람들을 구할 때, 다음과 같이 회향합니다.

'이 선행에 의해 모든 중생을 애욕의 구속으로부터 해방하며, 또 모든 중생으로 하여금 생사의 흐름을 끊고 지혜의 피안(彼岸)에 이르게 하며, 또 모든 중생으로 하여금 무명(無明)을 제거하고 명정(明淨)한 지혜를 얻게 하며, 또 모든 중생으로 하여금 영구히 번뇌를 없애고 장애 없는 지혜를 얻게 하며, 또 모든 중생으로 하여금 청정한 깊은 마음을 얻어 항상 부처님들에 의해 수호되게 하며, 또 모든 중생으로 하여금 집착과 구속이 없는 마음을 얻어, 광대하기 법계와 같고, 궁극에 도달하기 허공같이 되게 하겠다.'

죄수가 호송되어 사형장으로 가는 것을 보면, 친했던 사람과 헤어지고 옥졸의 감시를 받아, 그 마음의 고뇌는 몸에 스며옵니다. 혹은 처형대 위에 실리고, 혹은 칼을 받고, 혹은 불에 태워지는 등, 이런 끝없는 고통을 받습니다.

보살은 이런 모습을 보고 스스로 목숨을 내던져 죄수의 고난을 구합니다. 그리고 이렇게 생각합니다.

'나는 내 몸을 버려, 그 목숨을 대신해 주자. 비록 내 고통

이 헤아릴 수 없더라도 고통을 그 대신으로 받아, 그를 해탈케 해주자.'

다시 이렇게 생각합니다.

'이런 고통을 보고도 대신해 주지 않는다면, 대리(大利)를 잃게 된다. 왜냐하면, 나는 오로지 중생을 구하기 위해 보리심을 일으켰기 때문이다. 그러므로 몸을 희생하여, 그의 고통을 받아 주자.'

보살은 이같이 괴로워하는 사람을 구할 때, 다음과 같이 회향합니다.

'이 보살행에 의해, 모든 중생으로 하여금 영구히 걱정과 슬픔과 고뇌를 떠나게 하며, 또 모든 중생을 온갖 공포에서 구하여 악도(惡道)를 떠나게 하며, 또 모든 중생으로 하여금 영원한 생명을 얻어 불사의 지혜에 이르게 하며, 또 모든 중생으로 하여금 도장(刀杖)을[11] 버리고 청정한 행위를 닦게 하며, 또 모든 중생으로 하여금 석존과 같이 보리수(菩提樹)[12] 밑에 앉아, 번뇌의 마군(魔軍)을 항복받게 하며, 또 모든 중생으로 하여금 공포 없는 경지에 이르러, 모든 고뇌를 안은 중생을 지키도록 하겠다.'

법(진리)을 보시하는 사람이 있어서, '당신이 만약 몸을 불에 던진다면, 당신에게 법을 들려주리라.'고 한다면, 보살은

---

11. 형벌에 쓰는 칼이나 곤장.
12. 석존은 보리수 밑에 앉아 깨달음을 얻었다. 도수(道樹)·각수(覺樹)라고도 한다.

이를 듣고 기쁨을 이기지 못하여, 다음과 같이 말합니다.

'나는 법을 위해서라면, 지옥에라도 떨어져 무량한 고뇌를 받겠다. 하물며, 인간세계의 작은 불에 들어가는 것만으로 법을 들을 수 있음에랴. 얼마나 이상한 일인가. 정법(正法)을 아주 얻기 쉽지 않은가. 나는 다행히도 지옥의 무량한 고통을 면하고, 작은 불 속에 들어가는 것만으로 정법을 들을 수 있게 되었다. 부디 법을 설해 달라. 나는 불 속에 뛰어들겠다.'

보살은 그리하여, 기꺼이 불에 들어가 다음과 같이 회향합니다.

'모든 중생으로 하여금 온갖 악도의 불을 제거하여 어떠한 즐거움을 받게 하면, 또 모든 중생으로 하여금 항상 법을 희구하여 보살의 마음을 얻어서, 법을 체득하게 하며, 또 모든 중생으로 하여금 보살의 마음을 얻어, 탐(貪)·진(瞋)·치(痴)의 불을 끄게 하며, 또 모든 중생으로 하여금 보살의 삼매를 얻어 널리 여러 부처님들을 뵙고, 마음이 크게 기뻐지도록 하겠다.'

보살은 유원지나 숲을 보시할 때는, 이렇게 생각합니다.

'나는 모든 중생들을 위해 스스로 진리의 숲이 되겠다. 나는 모든 중생들을 위해 즐거운 처소를 보여주겠다. 나는 모든 중생들을 위해 청정한 진리의 문을 열어, 미혹의 세계에서 탈출하게 하겠다.'

보살은 이렇게 유원지나 숲을 보시하고, 모든 중생에게 다음과 같이 회향합니다.

'모든 중생으로 하여금 뛰어난 공덕을 얻어, 마침내는 더없는 깨달음의 마음을 완성케 하며, 모든 중생으로 하여금 항상 진리의 숲을 원하고, 부처님 나라의 유원지의 숲을 얻게 하며, 모든 중생으로 하여금 여래의 자유자재한 활동을 동경하여, 두루 시방에 놀도록 하겠다.'

보살은 이렇게 회향할 때, 안에도 집착하지 않고, 밖에도 집착하지 않고, 환경에도 집착하지 않고, 마음의 작용에도 집착하지 않고, 인연에도 집착하지 않습니다. 따라서 보살은 어떤 것에도 구속받지 않습니다.

왜냐하면, 모든 존재는 생기는 일도 없고, 멸하는 일도 없고, 스스로 실체도 없으며, 선도 없고 악도 없고, 고요함도 없고 어지러움도 없으며, 1도 없고 2도 없는 까닭입니다.

보살이 이런 진리를 깨닫고 보면, 그런 진리도 또한 존재하지 않습니다. 왜냐하면, 모든 것은 언어로 나타낼 수 없으며, 꿈같고, 음향 같고, 거울 속 그림자 같고, 그러면서도 인연과 숙업(宿業)에 어김이 없는 까닭입니다.

깊은 숙업 속에 들어가 인생의 진실을 깨달으면, 터럭만큼의 수행도 활동도 없으면서, 그러면서도 모두는 숙업·수행의 길에 틀림이 없음을 알게 됩니다.

회향이란 대체 무엇입니까. 고뇌 많은 생사의 피안에 건너가기 때문에 회향이라 하고, 오온(五蘊)의13 피안에 건너가기 때문에 회향이라 하고, 언어의 세계의 피안에 건너가기 때문에 회향이라 하고, 중생의 모습의 피안에 건너가기 때문에 회향이라 합니다.

---

13. 색(色)·수(受)·상(想)·행(行)·식(識)의 각자가 모인 것. 색은 육체적인 것, 수상행식은 심리적인 요소.

보살은 이렇게 회향하고 나서, 모든 중생으로 하여금 부처님의 진리를 얻게 하며, 다시 부처님을 뵙게 하며, 진리에 있어서 어김이 없고 잃음이 없으며, 그러고도 불력(佛力)을 얻어 활동을 쉬지 않습니다. 이것이 '평등에 따르는 공덕의 회향'입니다.

불자여, 일곱째로 '평등하게 일체 중생을 따르는 회향'이란 무엇입니까.

이 보살은 헤아릴 수 없는 온갖 선을 실천하여, 그를 성장시키고, 마침내는 그것을 완성하여, 영구히 부정한 마음을 떠나, 일체 제불의 가르침을 받아들이는 그릇이 됩니다.

보살은 두루 일체 중생을 위해 복덕의 밭이 되며, 온갖 선을 낳아 그를 기르며, 마음에 자유자재한 힘을 얻어, 일체 제불을 공양합니다.

보살은 모든 여래의 힘을 궁극까지 추구하며, 하늘에 태어나기를 바라지 않으며, 온갖 수행에 집착하지 않으며, 생사 속에서 중생을 구해내되, 중생에도 집착하지 않고, 세상에도 의지하지 않으며 일체의 지혜의 문을 엽니다.

보살은 다음과 같이 생각합니다.

'나는 미래제(未來際)14를 다하여 보살행을 닦겠다. 그리고 온갖 선을 남김없이 일체 중생에게 회향하겠다.'

또 보살은 다음과 같이 생각합니다.

'나는 헤아릴 수 없는 보시를 행할 때, 집착 없는 마음, 속

14. 미래 세계의 끝. 미래가 끝나지 않아 영원히 같은 것.

박 없는 마음, 큰마음, 깊은 마음, 애증(愛憎)을 떠난 마음, 지혜의 광명으로 충만한 마음으로써 하겠다.'

보살은 이런 선으로 다음과 같이 순간순간에 회향합니다.

'모든 중생으로 하여금 다함없는 공덕의 곳집을 갖추게 하며, 일체 제불을 뵙게 하며, 모두 청정하고 평등한 마음을 얻게 하며, 부드러운 보시의 마음을 얻게 하며, 미래제가 다하도록 보시를 하게 하며, 깨뜨려짐 없는 정직한 마음을 서게 하며, 평등한 지혜를 얻어 온갖 것을 관찰케 하며, 모두 보살의 불퇴전의 힘을 얻어 평등하게 만족하게 하겠다.'

이같이 보살은 대비심을 가지고 중생을 불쌍히 여겨, 평등한 마음의 회향을 완성합니다. 일체 중생으로 하여금 항상 편안하게 하며, 궁극의 해탈을 얻게 하고, 장애 없는 마음의 눈과, 자유자재한 신통력을 얻어, 중생을 가르치고 인도합니다.

보살은 이렇게 온갖 선을 회향할 때, 숙업(宿業)에 집착하지 않고 회향하며, 중생에 집착하지 않고 회향하며, 또 중생을 떠나지 않고 회향합니다.

보살은 이렇게 회향할 때, 다음과 같이 생각합니다.

'모든 중생으로 하여금 부처님의 지혜를 만족하도록 얻고, 청정한 몸을 얻어 고요한 마음으로 삼세제불의 집에 태어날 수 있게 하겠다.'

보살은 이같이 회향을 행해서 평등한 숙업을 얻으며, 평등한 과보(果報)를 얻으며, 평등한 도(道), 평등한 원(願), 평등한 일체지(一切智), 평등한 일체행(一切行)15을 얻어, 이것으

---

15. 일체의 행위. 모든 것에 널리 미치는 것. 모든 것을 포함하는 것.

로 일체 중생을 완성시킬 수가 있습니다. 이것이 '평등하게 일
체 중생을 따르는 회향'입니다.

불자여, 여덟째로 '진여(眞如)의 모양인 회향'이란 무엇입니
까.

불자여, 이 보살은 지혜를 완성하여, 부동의 세계에 안주합
니다. 모든 경계에 있어서 불퇴전이요 겁냄이 없는, 대승의 용
맹심을 얻습니다.

보살은 다함없는 온갖 선을 닦고, 일체 제불의 청정한 법을
염하면서, 갖가지 방편으로 중생에게 회향합니다.

보살은 이 같은 온갖 선을 닦아, 오로지 일체의 지혜의 무
이(無二)16의 경계를 관찰합니다.

보살은 이런 온갖 선을 중생에게 회향하여, 장애가 없는 몸
을 성취하고, 장애가 없는 마음의 작용을 갖추어, 중생으로 하
여금 대승의 세계에 안주케 하려고 합니다.

보살은 자유자재한 마음을 얻어 모든 존재를 비치며, 깨뜨
려짐이 없는 마음을 얻어 일체의 지혜를 갖추며, 삼세의 일체
제불을 염하여 완전히 염불삼매를 체득할 수 있습니다.

보살은 두루 모든 세계에 놀되 조금도 집착하지 않으며, 모
든 세계에 안주하되 조금도 싫증을 내지 않으며, 일체 중생을
가르쳐 인도하되 일찍이 휴식한 일이 없습니다.

보살은 순간 중에 모든 부처님의 나라를 정화하며, 모든 지
혜에 있어서 자유로울 수 있으며, 한 나라에 있어서 모든 나

---

16. 두 가지 것의 대립이 없는 것. 불이(不二). 단 하나.

라를 보며, 깨뜨려짐 없는 지혜를 완성하여, 모든 나라를 지탱합니다.

보살은 다음과 같이 회향합니다.

'온갖 선과 온갖 원을 닦아, 마치 큰 구름이 비를 내리듯이, 모든 중생으로 하여금 청정케 하며, 온갖 장애를 떠나 청정한 법계에 안주케 하며, 노여움을 떠나 마침내는 일체의 지혜를 성취하게 하겠다.'

보살은 온갖 선을 육성하여 항상 선지식(善知識)으로[17] 지켜지고, 여래의 지혜에 의해 밝게 그 마음이 비쳐져서 무명(無明)을 제거하며, 온갖 선의 대해의 바다 속까지 들어가 지혜를 성취합니다.

보살은 이와 같이 온갖 선을 회향하되 중생에 집착하지 않고, 국토에 집착하지 않고, 마음에 집착하지 않고, 고요히 가라앉아 있어서 조금도 어지러워짐이 없고, 여래의 도에 수순(隨順)하여, 널리 세계를 비추고 있습니다.

보살은 두려움 없는 마음으로 온갖 선을 일체 제불에게 회향하며, 헤아릴 수 없는 마음으로 온갖 선을 일체 제불에게 회향하며, 무아(無我)의 마음으로 온갖 선을 시방세계에 회향하되, 조금도 집착함이 없습니다.

보살은 모든 중생으로 하여금 모든 존재를 이해하게 하고자 회향하며, 모든 존재는 자성(自性)이 없다고 회향하며, 부처님들의 법에서 물러섬이 없고자 회향하며, 모든 중생을 안주케 하고자 회향합니다.

---

17. 좋은 지도자. 가르침을 설명하고, 불도에 들어가게 하는 사람.

보살은 미래제(未來際)를 다하여 불법을 따르겠다고 회향하며, 모든 세상의 거주지를 떠나 궁극의 거주지에 안주하려고 회향하며, 모든 번뇌를 타파하려고 회향하며, 모든 보살도를 행해서 싫증이 없기 위해 회향합니다.

보살은 모든 중생으로 하여금 정직한 마음을 잃지 않게 하고자 회향하며, 모든 중생으로 하여금 다 대지(大智)의 광명으로 두루 일체를 비추게 하고자 하여 회향합니다.

보살은 미래제를 다하여 청정한 보살행을 배우고 닦아 무량한 대원을 성취케 하고자 회향하며, 모든 중생으로 하여금 순간에 일체 제불을 뵈오며, 그러면서도 일찍이 순간도 떨어짐이 없게 하고자 회향합니다.

보살은 새로이, 또 새로이 보리심을 일으켜, 원컨대 미혹에서 오는 생사를 제거하여, 중생을 청정하게 하려고 회향하며, 완전히 번뇌를 제거하여, 일체의 지혜를 만족케 하려 회향합니다.

보살이 이렇게 회향할 때, 보살은 모든 부처님의 나라와 평등합니다. 왜냐하면, 보살은 모든 세계를 정화하는 까닭입니다. 또 모든 세간과도 평등합니다. 왜냐하면, 세간을 향해 깨뜨려짐이 없는 청정한 불법을 설하는 까닭입니다. 또 신통력의 자재함도 부처님들과 평등합니다. 왜냐하면, 세간에 수순(隨順)하여, 부처님의 활동을 나타내는 까닭입니다. 이것이 '진여의 모양인 회향'입니다.

불자여, 아홉째로 '속박도 집착도 없는 해탈의 회향'이란 무엇입니까.

이 보살은 모든 선에 있어서, 경박한 마음을 내지 않습니다. 이를테면, 생사의 이탈을 가벼이 여기지 않는 마음, 오로지 온갖 선을 구하기를 가벼이 여기지 않는 마음, 부처님들 예배하기를 가벼이 여기지 않는 마음 따위입니다.

보살은 항상 온갖 선을 닦아 그 선에 안주하며, 그 선에 마음을 쓰며, 그 선을 육성하고, 그러면서도 그 선에 집착하지 않습니다.

보살은 속박도 집착도 없는 해탈심을 가지고, 온갖 선을 회향하고, 보현(普賢)보살18 같은 행위와, 변설과, 마음의 작용을 갖추고 있습니다.

또 보현보살같이 모든 부처님들을 뵈올 수 있으며, 무량한 진리를 전하며, 자유자재한 신통력을 나타냅니다.

보살은 이 속박도 집착도 없는 해탈심을 가지고, 보현보살같이 순간순간 중에서 무량한 부처님을 뵙고, 그 설법을 들어, 결코 잊는 일이 없습니다.

보살은 이 속박도 집착도 없는 해탈심을 가지고, 보현보살같이 미래 영겁에 걸쳐 온갖 세계에서 진리를 전파하고 있습니다.

보살은 이 속박도 집착도 없는 해탈심을 가지고, 궁극의 깨달음을 완성하여 현실세계에 나타나, 하나의 광명으로 모든 세계를 비쳐, 그 지혜는 헤아릴 수 없으니, 항상 보현보살의 행(行)을 수련하고 있습니다.

---

18. 문수보살과 함께 석가불의 협시(脇侍)로서 부처님의 이(理)·정(定)·행(行)의 덕을 담당한다고 한다.

보살은 이 속박도 집착도 없는 해탈심을 가지고 일체 제불의 장애 없는 법신(法身)을 얻어, 부처님의 경지에 안주하여, 자유자재한 헤아릴 수 없는 대승의 활동을 일으켜, 온갖 중생을 무상(無上)의 대도로 향하게 하여, 보현보살의 행과 원에 회향합니다.

보살은 이 속박도 집착도 없는 해탈심을 가지고, 여래의 집에 태어나 보살행을 수행함으로써, 무량하고 불가사의한 진리를 체득하고, 무량한 대원을 빠짐없이 완성하여, 보현보살의 행을 따라 지혜의 세계를 속속들이 탐구합니다.

보살은 이 속박도 집착도 없는 해탈심을 가지고, 무한한 시간을 한순간으로 만들며, 일체 중생의 무수한 상념을 한순간에 이해하며, 무량한 여러 몸을 한몸 속에 섭취하여 보현보살의 깊은 마음의 세계에 들어갑니다.

보살은 이 속박도 집착도 없는 해탈심을 가지고, 한 처소에서 무량한 여러 처소를 인식하며, 한 업(業)에서 무량한 여러 업과 연기(緣起)를 분별하며, 한 법에서 모든 법을 알며, 한 마디 말에서 무량의 음성은 마치 음향 같은 줄 알며, 한 진리 속에서 무수한 진리를 전파합니다.

이렇게 보살은 순간순간 속에서 뛰어난 법신을 기르고, 미래 영겁에 걸쳐 모든 세계의 모든 부처님 밑에서, 허공 같은 보살행을 수련하여 보현보살의 경지에 안주합니다.

보살이 이렇게 회향할 때, 그것은 삼세제불과 여러 보살의 회향과 평등하여, 그 회향을 완성해서 거기에 안주할 수 있습니다.

보살이 이 회향에 안주하여 일체의 선을 회향하면, 보살은 일체 중생 중 가장 훌륭한 자가 되어, 어떤 악마라도 보살의 마음을 방해할 수 없게 됩니다.

그뿐 아니라, 도리어 악마의 활동을 항복받고 없애며, 두루 모든 세계에 나타나 중생을 위해 부처님들의 법을 설하고, 행주좌와(行住坐臥)[19]에 있어서 항상 보살의 의무를 다하여, 잠시도 쉬는 일이 없습니다. 이것이 '속박도 집착도 없는 해탈의 회향'입니다.

불자여, 열째로 '법계 무량의 회향'이란 무엇입니까.

이 보살은 대자비를 완성하여, 중생의 마음을 깨달음으로 향하게 하고, 중생을 위해 활동해서 잠시도 쉬는 일이 없습니다.

보살은 보리심을 가지고 온갖 선을 길러, 모든 중생을 위해 지도자가 되어 지혜의 길을 보여주며, 모든 중생을 위해 진리의 태양이 되어 두루 일체의 국토를 비추고, 모든 중생으로 하여금 선을 행하게 하여 잠시도 쉬는 일이 없습니다.

보살은 부처님께서 설하시는 진리를 듣고 분별하여, 다시 그것을 중생에게 설법함으로써 다음과 같이 회향합니다.

'나는 마음을 오로지하여, 무량무변한 세계의 삼세제불을 바로 염(念)하여, 보살의 의무를 행하겠다.

나는 한 세계에서 한 중생을 위해, 미래 영겁에 걸쳐 보살의 의무를 행하겠다.

나는 모든 세계에서 모든 중생을 위해, 미래 영겁에 걸쳐

---

19. 사위의(四威儀)라고도 말함. 인간의 기거동작(起居動作)의 네 가지 근본을 말한다.

보살의 의무를 행하겠다. 그리고 부처님과 보살이 떨어지지 않도록 하겠다.'

이를 위해 보살은 항상 현재의 모든 부처님을 뵙고, 일찍이 한 부처님으로부터도 떠난 적이 없습니다.

보살은 스스로 정직한 마음을 가지며, 또 다른 사람으로 하여금 정직한 마음을 가지게 합니다.

보살은 스스로 무엇에나 인내하고, 온갖 선에 의해 그 마음을 가다듬으며, 또 다른 사람으로 하여금 무엇에나 인내하고, 온갖 선에 의해 그 마음을 가다듬게 합니다.

보살은 스스로 온갖 의혹을 떠나며, 또 다른 사람으로 하여금 온갖 의혹에서 떠나게 합니다.

보살은 스스로 기쁜 신심(信心)을 얻으며, 또 다른 사람으로 하여금 기쁜 신심을 얻게 합니다.

보살은 이같이 온갖 선을 회향합니다.

'무량무변한 모든 부처님을 뵙고, 무량무변한 모든 중생을 가르쳐 인도하고, 무량무변한 모든 불국토를 정화하고, 무량무변한 보살의 온갖 지혜를 얻고, 무량무변한 온갖 선을 체득하겠다.'

또 보살은 온갖 선을 다음과 같이 회향합니다.

'진리의 세계가 무량하듯, 지혜를 낳기도 또한 무량하다. 진리의 세계가 무량하듯, 뵙는 부처님들도 또한 무량하다.

진리의 세계가 무량하듯, 불국토에 들어가는 것도 또한 무량하다. 진리의 세계가 무량하듯, 보살의 행(行)도 또한 무량하다.

진리의 세계는 끊을 수가 없듯이, 일체의 지혜도 또한 끊을 수가 없다.

진리의 세계가 일여(一如)[20]이듯, 일체의 지혜도 또한 일여이다.

진리의 세계가 스스로 청정하듯, 일체 중생도 또한 스스로 청정하게 한다.'

보살은 이렇게 회향함으로써, 진리의 세계는 주체가 없음을 깨닫고, 진리의 세계는 그 자신의 본성이 없으며, 의지할 근거가 없음을 깨닫고, 진리의 세계는 적정(寂靜)하여 모든 형상을 떠났음을 깨닫는 것입니다.

또 보살은 온갖 선을 다음과 같이 회향합니다.

'모든 불국토를 청정하게 하고, 한 불국토에 모든 불국토가 나타나게 하고, 모든 불국토에도 그와 같이 되게 하겠다.'

이렇게 보살이 온갖 선을 회향하는 것은 그 선을 육성하기 위함이며, 불국토를 정화하기 위함입니다. 또 모든 중생으로 하여금 청정하고 평등하게 하며, 진심(瞋心)을 떠나게 하며, 심심한 불법을 체득하게 하며, 다함없는 지혜를 얻어 부처님들의 지혜에 이르게 하기 위함입니다.

보살은 또 다음과 같이 생각합니다.

'이 온갖 선에 의해, 모든 중생으로 하여금, 보살행을 닦아 무량한 진리의 바다에 들어가게 하고, 진리의 바다와 평등한 청정한 지혜를 가지고, 두루 모든 세계를 비추게 하겠다.'

---

20. 일(一)은 불이(不二)로 절대의 뜻. 여(如)는 진여(眞如)의 한역으로 불이(不異, 다른 것이 아님)를 말한다. 실상과 같음. 모든 사물이 하나라고 하는 도리.

보살은 진리의 세계에 안주하는 온갖 선을 회향하고, 무량한 몸의 행위, 무량한 입의 변설, 무량한 마음의 작용을, 각기 진리의 세계에 회향합니다.

보살이 이렇게 회향할 때, 진리의 세계와 같은, 무량 청정한 몸의 행위에 안주하고, 입의 변설에 안주하고, 마음의 작용에 안주합니다.

보살은 이와 같이 모든 선을 다 회향하고 나서, 보현보살의 무량무변한 모든 행과 원을 성취하고, 무량무변한 모든 불국토를 정화하며, 또 모든 중생으로 하여금 보살과 같아지게 합니다.

보살은 무량무변한 지혜를 완성하여, 깊이 모든 사물 속에 들어가 순간순간에 있어서, 무량무변한 온갖 세계의 부처님들을 나타내어, 무량무변한 부처님들의 자유자재를 얻습니다.

보살은 순간순간에 있어서 삼세제불의 청정한 지혜를 완성하여, 모든 중생으로 하여금 다 청정하게 하고, 평등의 관찰을 체득하여, 결정적인 지혜를 가지고, 마침내 열반의 세계에 이릅니다.'

그때 부처님들의 신통력으로 말미암아, 시방 일체의 세계는 여섯 가지 모양으로 진동했다. 하늘로부터는 꽃과 화만과 옷과 보배와 불가사의한 음악의 꽃이 쏟아졌다.

무량한 온갖 신들은 공경·예배하고, 기뻐하여 부처님을 염하면서, 미묘한 음악을 연주하여 부처님을 공양하고, 광대무변한 광명을 발해 모든 불국토를 비춰서, 무량한 부처님의 화신(化身)을 나타냈다.

그때, 시방세계의 불국토에 무량무변한 보살이 있어서, 부처님의 신통력을 힘입어 모두 구름처럼 모여 와, 다음과 같이 말했다.

"얼마나 훌륭한 일인가. 불자여, 그대는 이 온갖 대회향에 대해 잘 설해 주셨습니다. 우리들은 모두 같은 이름으로 금강당이라 하며, 금강광세계(金剛光世界)의 금강당불 처소로부터 이 국토에 왔습니다. 저 온갖 세계에서도, 부처님의 신통력으로 말미암아, 같은 진리가 설해지고 있습니다. 우리들은 부처님의 신통력을 받아 저 국토로부터 왔거니와, 그대를 위해 증거를 서겠습니다."

그때, 금강장보살은 부처님의 신통력을 받아 시방세계의 온갖 사물을 관찰하고, 무량광대한 마음을 수련하여, 무상(無上)의 대비(大悲)로써 모든 중생을 뒤덮었으며, 그 마음은 삼세 일체의 부처님들 경지에 안주하여, 일체 중생의 희망을 모두 인식하고, 법신에 따라 보살신을 나타냈다.

제22장 십지품十地品

보살의 인격 성장 과정을 10단계로 나누어 설명한 것이, 이 '십지품'이다. 반드시 누구나가 이런 과정을 거친다는 것은 아니며, 대체적인 분류이거니와, 보살이 불지(佛地)를 향해 나아가는 모양이 잘 설명되어 있다. 설하는 사람은 금강장(金剛藏)보살이다.

금강장보살이 삼매에서 일어나 온갖 보살들에게 말했다.

"불자들이여, 모든 보살이 과거·현재·미래의 부처님의 지혜지(智慧地)에 들어가는 곳, 거기에 보살의 열 개의 보살지가 있어서, 온갖 부처님의 지혜지에 들어가게 됩니다.

열 개의 보살지란 무엇입니까. 그것은 환희(歡喜)라는 보살지, 이구(離垢)라는 보살지, 발광(發光)이라는 보살지, 염혜(焰慧)라는 보살지, 난승(難勝)이라는 보살지, 현전(現前)이라는 보살지, 원행(遠行)이라는 보살지, 부동(不動)이라는 보살지, 선혜(善慧)라는 보살지, 법운(法雲)이라는 보살지입니다. 그리고 보살들이여, 이것은 과거·미래·현재의 온갖 부처님에 의해 설해졌으며, 설해질 것이며, 또 지금 설해지고 있는 터입니다.

불자들이여, 환희지(歡喜地)에 들어가자마자 보살은 범부지

(凡夫地)를 초월한 자가 되며, 보살의 확정된 자리에 들어가며, 여래의 집에 태어나며, 깨달음을 궁극의 목적으로 해서 미래의 혈통에 속하는 자가 됩니다.

불자여, 그래서 환희의 보살지에 들어간 보살은 많은 기쁨이 있게 됩니다.

그는 환희의 보살지에 들어가자마자, 곧 이러한 서원을 세웁니다.

'모든 부처님을 공양하고 공경하기 위해, 모든 뛰어난 상(相)을 갖추고, 뛰어난 확신에 의해 마음을 청정히 하겠다.

모든 여래께서 설하신 진리의 눈을 수지(受持)하고, 그 가르침을 지켜 가겠다.

온갖 부처님들이 세상에 나오시는 온갖 세계에서, 갖가지 보살의 생존 모습을 나타내겠다.

모든 보살의 십지(十地)까지 이르는 길을 있는 대로 가르치며, 바라밀의 청정한 가르침을 설하며, 보시에 의해 지탱된 발심(發心)을 하겠다.

모든 중생계를 성숙시키기 위해 불법에 들어가고, 모든 미혹을 끊으며, 전지자의 지혜에 안주하게 하기 위해 모든 중생계의 성숙에 힘쓰겠다.

넓고 좁고, 크고 작은, 모든 곳에 두루 들어가, 인드라(Indra)신1의 그물같이 시방의 온갖 분별에 들어가는 지혜를 얻겠다.

---

1. 인다라(因陀羅)라고 음역. 고대 인도신화에 나오는 전쟁의 신으로, 인도에 침입해 원주민들을 정복한 아리아인들의 수호신. 천둥과 번개를 지휘하고 비를 관장한다. 불교에서는 불법(佛法)의 수호신으로 수용되어 제석천(帝釋天)이라고 한역됨.

모든 국토가 한 국토에 들어가고, 한 국토가 모든 국토에 두루 들어가, 무량한 불국토의 광명으로 장식되며, 모든 번뇌를 떠나 청정한 도에 도달하며, 헤아릴 수 없는 지혜로 중생을 채워 주겠다.

원망 없는 선근(善根)을 모으기 위해, 온갖 불·보살과 만나 떨어짐이 없기 위해, 궁극에 도달한 초자연적인 능력을 얻기 위해, 불가사의한 대승을 갖추도록 하겠다.

물러섬 없는 보살행을 하기 위해, 신(身)·구(口)·의(意)의 활동이 헛되이 되지 않기 위해, 번뇌를 제거하기 위해 활동을 게을리하지 않겠다.

모든 세계에서 더없는 깨달음을 얻기 위해, 또 온갖 중생의 경계 안에서 위대하고 완전한 열반을 나타내 보이기 위하여, 또 부처님의 위대한 경계·위신력(威神力)·지혜에 도달하기 위하여, 또 중생의 소원에 응해 그때그때에 알맞은 분별과 편안을 나타내기 위하여, 대지(大智)의 활동을 계속하겠다.'"

"불자여, 제1의 보살지에서 매우 청정한 수행을 한 보살은 제2의 보살지를 원하게 됩니다. 그에게는 열 가지의 의향이 일어납니다. 열 가지란 무엇인가. 즉, 정직·유연(柔軟)·근면·교화·정적·진실·혼합하지 않는 것·돌아보지 않는 것·대아(大我)의 의향이 그것입니다. 그러기에, 더러움을 떠났다〔이구離垢〕는 제2의 보살지에 들어간 것이 됩니다.

불자여, '이구'라는 보살지에 든 보살은 본래, 열 가지 선한 행위의 길〔십선업도十善業道〕2을 갖춘 자입니다. 열 가지란 무엇인가.

그는 생물을 상하게 하는 일에서 떠난 자가 됩니다.

그는 주어지지 않은 것을 취하는 일에서 떠난 자가 됩니다.

그는 욕정에 사로잡힌 행위에서 떠난 자가 됩니다.

그는 거짓말에서 떠난 자가 됩니다.

그는 이 말 하고 저 말 하는 일에서 떠난 자가 됩니다.

그는 욕설에서 떠난 자가 됩니다.

그는 야유하는 말에서 떠난 자가 됩니다.

그는 탐욕이 없는 자가 됩니다.

그는 마음이 성내지 않는 자가 됩니다.

그는 바른 견해를 가진 자가 됩니다.

또 그는 중생을 관찰한 끝에 다음과 같이 생각합니다.

'아, 그들 중생은 악한 견해에 떨어지고, 지혜도 악하며 의향도 악하다.

아, 그들 중생은 사이좋게 안 지내고 서로 배반하여, 항상 증오하고 있다.

아, 그들 중생은 만족할 줄 몰라서, 남이 얻은 것을 가지고 싶어 한다.

아, 그들 중생은 탐(貪)·진(瞋)·치(痴)3를 갖추어 여러 번뇌의 불꽃에 의해 타고 있다.

아, 그들 중생은 큰 무명(無明)에 덮여서, 깨달음의 지혜의 광명과는 멀리 떨어져 있다.

---

2. 10가지의 올바른 행위. 십선업(十善業), 십선(十善)과 같음.
3. 탐(貪)·진(瞋)·치(痴)는 선근(善根)을 해치는 세 가지 번뇌임. 삼독
   (三毒).

아, 그들 중생은 항상 큰 윤회의 숲을 헤매어, 언제나 불안에 떨고 있다.

아, 그들 중생은 정욕과 무지의 흐름 속에 떨어지고, 윤회의 물결에 표류하여 갈망의 기슭에 도달한다.

아, 그들 중생은 많은 고뇌와 우수와 불안을 수반하고 탐욕에 의해 방해 받는다.

아, 그들 중생은 자기와 자기 소유라는 관념에 사로잡혀 있다.

아, 그들 중생은 보잘것없는 것을 믿고, 대승에 귀의하려 하지 않는다.'"

"불자여, 제2의 보살지에서 마음이 청정해진 보살은 제3의 발광지(發光地)로 들어갑니다.

불자여, 이 보살은 제3의 보살지에 머물면서, 모든 존재가 무상함을 있는 그대로 관찰합니다. 또 그것이 고뇌요, 부정(不淨)임을 관찰합니다.

이렇게 하여 모든 존재를 관찰하면 그것들은 반려가 없고, 편이 없고, 걱정과 슬픔, 고뇌를 수반함을 알아, 그의 마음을 여래의 지혜 쪽으로 돌리게 합니다. 그는 여래의 지혜가 불가사의하며, 비길 데가 없으며, 무량함을 잘 관찰합니다.

그리하여, 그는 중생계의 많은 고난을 잘 관찰하면서 다음 같은 노력을 일으킵니다.

'이들 중생은 마땅히 나에 의해 구제되어야 한다.'

그는 중생을 구제하고자 하여 다음과 같이 관찰합니다.

'대체 어떤 수단으로 이렇게나 고뇌에 싸인 중생들을 구출

하며, 궁극의 안락처인 열반에 안주시켜야 하는가.'

그리고 그 보살은 이렇게 생각합니다.

'그것은 자유로운 지혜에서 생기는 깨달음을 얻는 수밖에는 없다.'

그리하여, 그는 더욱 진리의 가르침을 갈구합니다. 주야로 진리에 대해 듣기를 원하며, 진리를 사랑하며, 진리를 즐기며, 진리를 기뻐합니다.

그는 처음으로 듣는 진리의 말씀에 접하면 기뻐하지만, 삼천대천세계를 채울 수 있는 보배를 얻어도 기뻐하지 않습니다. 그는 잘 설해진 한 시구(詩句)를 들으면 기뻐하지만, 전륜왕 (轉輪王)의 지위를 얻어도 기뻐하지 않습니다.

그에게는 사섭사(四攝事) 중에서 이행(利行)이 가장 뛰어나고, 십바라밀 중에서는 인욕(忍辱)바라밀이 가장 뛰어납니다.

불자여, 이것이 요약해 보인 '보살의 발광(發光)'이라는 이름의 제3의 보살지입니다."

"불자여, 제3의 보살지에서 청정한 광명을 지니게 된 보살은, 제4의 염혜지(焰慧地)에 도달합니다.

보살은 염혜의 보살지를 얻자마자, 곧 스스로 진리를 얻기 위해, 지혜를 성숙하게 하는 열 가지 진리를 가지고, 여래의 집에서 생장하는 자가 됩니다. 열이란 무엇인가. 퇴전하지 않는 의향을 지닐 것, 삼보에 대한 신앙이 궁극에 달한 것, 존재의 생멸을 관찰할 것, 모든 것의 자성(自性)은 불생(不生)임을 관찰하는 지혜, 세계의 생성과 파멸을 관찰하는 지혜, 업(業)에 의해 생존이 생김을 관찰하는 지혜, 윤회와 열반을 관찰하는 지혜, 중생의 국토와 업을 관찰하는 지혜, 원초(原初)와 종말을 관찰하는 지혜, 비존재(非存在)와 소멸을 관찰하는 지혜가 그것입니다.

불자여, 이 염혜지에 든 보살은 개체는 실재한다는 견해와, 이것으로 야기되고, 사고되고, 관찰된 모든 것을 떠나 버립니다.

그는 도를 깨닫기 위해 팔정도(八正道)[4]를 수련해 감에 따라, 그 마음은 윤택해지고, 부드러워지고, 부지런해지고, 순수해져 갑니다.

그는 사섭사 중 동사(同事)에 가장 뛰어났고, 십바라밀에서는 정진(精進)바라밀이 뛰어났습니다.

이상이 요약해 보인 '보살의 염혜'라는 이름의 제4의 보살지입니다."

"불자여, 제4의 보살지에서 도가 정화된 보살은 제5의 난승지(難勝地)에 들어갑니다.

여기에 이른 보살은 사제(四諦)와 팔정도에 대해 청정한 활동이 생기고 고결한 마음이 생겼으므로, 다시 다음 단계의 도를 구하면서 여실성(如實性)에 도달한 자가 됩니다. 그리고 자비에 의해 중생을 버리는 일 없이, 복덕과 지혜를 닦아 점점

---

4. 팔성도(八聖道)라고도 함. 이상(理想)의 경지에 도달하기 위한 8가지의 길. 8종의 실천 덕목. 정견(正見, 올바르게 사제四諦의 도리를 봄)·정사유(正思惟, 올바르게 사제의 도리를 사유함)·정어(正語, 올바른 말을 함)·정업(正業, 올바른 행동을 함)·정명(正命, 신신身·구口·의意의 삼업三業을 청정하게 하며 올바른 이법理法에 따라 생활함)·정정진(正精進, 정도正道를 억념憶念하고, 사념邪念이 없는 것)·정정(正定, 미혹이 없는 청정한 깨달음의 경지에 들어가는 것).

위를 바라보고 나갑니다.

그는 '이것은 고(苦)라는 성스러운 진리'라고, 있는 그대로 인식합니다. '이는 고의 원인이다, 이는 고의 소멸이다, 이는 고의 소멸로 이끌어가는 도다'라고, 그는 있는 그대로 인식합니다.

또 그는, 세속적 진리와 불법의 진리에 다 같이 뛰어난 자가 됩니다.

그리하여, 그는 모든 존재는 헛되고, 허망하고, 기만하는 것이라고, 있는 그대로 인식합니다. 그리고 그에게는 중생에 대한 위대한 연민의 정이 나타납니다.

그는 그리하여, 지혜의 힘으로 모든 중생을 돌아보며, 부처님의 지혜를 구하며, 온갖 존재의 원초와 종말을 관찰합니다.

그는 어떤 선을 행하는 때에도 중생을 구제하기 위해 행합니다. 모든 중생의 이익을 위해, 모든 중생의 안락을 위해, 모든 중생을 열반에 들게 하기 위해 선을 행합니다.

그는 보시・애어(愛語)・이행(利行), 기타 모든 일에 의해 중생을 교화합니다.

또, 세상에서 중생 구제에 도움이 될 것, 즉 글씨・논서・도장・수학・의학・복술 등에 대해서도 배웁니다.

그에게 있어서는 십바라밀 중, 선정바라밀이 가장 뛰어납니다.

불자여, 이상이 요약해 보인 '보살의 난승'이라는 이름의 보살지입니다."

"불자여, 제5지에서 도가 충만해진 보살은 제6의 현전지(現

前地)에 들어갑니다. 그는 열 가지 진리의 평등성에 의해 거기에 도달합니다. 열이란 무엇인가. 모든 것은 무상(無相)이라는 평등성, 모든 것은 발생하지 않는다는 평등성, 모든 것은 무성(無性)이라는 평등성, 모든 것은 불생(不生)이라는 평등성, 모든 것은 고요하다는 평등성, 모든 것은 원래 청정하다는 평등성, 모든 것에는 희론(戱論)이 있을 수 없다는 평등성, 모든 것에는 취사가 없다는 평등성, 모든 것은 환상·꿈·그림자와 같다는 평등성, 모든 것은 존재와 비존재 둘이 아니라는 평등성입니다.

그는 세간의 발생과 소멸을 관찰할 때, 다음과 같이 생각합니다.

'무릇 세간의 작용이 발생하는 것은, 모두 아집(我執)에서 생긴다. 자아의 집착을 제거하면, 세간의 작용은 발생하지 않는다.'

그는 12인연(十二因緣)5을 순역(順逆)으로 관찰한 끝에, 다음과 같이 생각합니다.

'이 미혹의 세계에 속하는 것은 오직 마음뿐이다.'

여래가 설하신 12인연도 또한 한 마음에 의지함을 알 수 있습니다. 왜 그런가. 어떤 사물에 대해 탐욕과 결부된 마음이 생겼을 때는 그것이 인식작용이기 때문입니다. 사물은 구성된 것이며, 구성에 관한 어리석음이 무지입니다. 무지에서

---

5. 인간의 고통, 고민이 어떻게 해서 성립하는지를 고찰하고, 그 원인을 추구하여 12가지 항목의 계열을 세운 것. 연기(緣起)의 이법(理法)을 12가지 항목으로 나누어서 설명한 것.

생기는 것이 개체입니다. 개체에서 중대한 것이 여섯 감각기관입니다. 이 감각기관과 결부되는 것이 접촉입니다. 접촉과 함께 생기는 것이 감수작용입니다. 감수에서 싫증을 느끼지 않을 때, 그것이 갈망입니다. 핍박되는 것이 취착(取着)입니다. 이런 생존의 지분(支分)이 생기는 것이 생존입니다. 생존이 발생하는 것이 생(生)입니다. 생이 성숙한 것이 노(老)입니다. 노가 붕괴한 것이 죽음입니다.

그리하여 그는 열 가지 양상을 가진 연기(緣起)를 관찰하면서, 자아가 없고, 중생이 없고, 목숨 있는 것, 개체의 존재가 없으며, 원래 공이요, 지은 자와 감수하는 자를 떠난 것으로서 관찰할 때, 공무성(空無性)의 깨달음의 문〔공해탈문空解脫門〕이 생긴 것이 됩니다.

그가 이런 온갖 생존의 지분(支分)의 자성(自性)을 없애고 궁극의 깨달음에 안주할 때, 어떤 상(相)도 생겨나는 일이 없습니다. 그러므로 그는 무상의 깨달음의 문〔무상無相해탈문〕이 생긴 자가 됩니다.

그가 공무성과 무상의 깨달음에 들어갔을 때, 그에게는 중생에 대한 대자비 이외의 어떤 원도 생기지 않습니다. 그리하여 그는 소원 없는 깨달음의 문〔무원無願해탈문〕을 갖춘 자가 됩니다.

그는 십바라밀 중 지혜바라밀에서 뛰어났습니다.

불자여, 이것이 '보살의 현전'이란 제6의 보살지입니다.”

“불자여, 제6의 보살지에서 보살도를 만족시킨 보살은 제7의 원행지(遠行地)에 들어갑니다.

제7의 보살지에 머무는 보살은 헤아릴 수 없는 중생계·세계·종종성(種種性)을 지닌 진리·겁수(劫數)·뛰어난 확신·갖가지 의향·마음의 작용·성문승(聲聞乘)의 출리(出離)에 있어서의 확신의 갖가지 성질·독각승(獨覺乘)의 완전지(完全智)의 완성·보살행의 가행(加行)6에 들어가며, 그와 동시에 부처님의 지혜에 들어갑니다.

그는 이렇게 생각합니다.

'여래의 경계는 백천억 내지 백천억무수의 겁을 세어도 셀수가 없다. 그리고 부처님의 경계는 우리들에 의해 완성되지 않으면 안 된다. 더욱 그것은, 저절로 분별함 없이 충족되어야 한다.'

부처님의 지혜를 구하나, 선을 중생에게 회향하는 일, 이것이 그의 보시바라밀입니다. 번뇌의 온갖 불꽃을 끄는 일, 이것이 그의 지계(持戒)바라밀입니다. 자비한 마음으로 모든 중생에 대해 참는 일, 이것이 그의 인욕(忍辱)바라밀입니다. 선을 쉬지 않고 닦는 일, 이것이 그의 정진바라밀입니다. 전지자의 지혜를 실현코자, 어지러움 없는 도를 갖추는 일, 이것이 그의 선정바라밀입니다. 모든 것은 본래 불생(不生)임을 아는 일, 이것이 그의 지혜바라밀입니다. 헤아릴 수 없는 지혜를 완성하는 일, 이것이 그의 방편바라밀입니다. 훌륭한 지혜를 얻으려는 원을 세우는 일, 이것이 그의 원(願)바라밀입니다. 남의 논설과 악마에 의해 도가 끊이지 않는 일, 이것이 그

---

6. 노력하는 것. 수행. 어떤 일을 달성하기 위한 방편·수단으로 하는 준비적인 수행을 말함. 방편이라고도 한다.

의 역(力)바라밀입니다. 모든 것에 대해 있는 그대로 지혜를 내는 일, 이것이 그의 지(智)바라밀입니다.

그러나 그에 있어서는, 십바라밀 중 방편바라밀이 가장 뛰어났습니다.

불자여, 이것이 요약해서 보인 '보살의 원행'이라는 제7의 보살지입니다."

"불자여, 보살은 제8 부동지(不動地)에 들어감과 함께 신(身)·구(口)·의(意)의 공용(功用, 의식적 활동)을 떠나고, 온갖 사념이나 분별을 떠나, 과보(果報)의 본성에 머무는 자가 됩니다.

불자여, 제8지에 이른 보살은 구제와 지혜의 방편을 완성하고, 무공용(無功用, 저절로)으로 만들어진 보살의 깨달음에 의해 부처님의 지혜를 관찰하면서, 세계의 생성을 잘 관찰하고, 세계의 파멸을 잘 관찰합니다.

그는 세계의 극소성(極小性)을 알고, 또 위대성과 무량성을 압니다. 그는 국토, 중생 등 온갖 것의 극소성을 알고, 또 위대성과 무량성을 압니다.

또, 그는 온갖 중생신(衆生身)의 차별을 이해하여, 불국토와 집회에서 각기 그대로 자기 몸을 나타냅니다. 그는 온갖 신체의 분별을 떠나 평등성을 얻었건만, 중생을 구제하기 위해 그 몸을 나타내 효과를 거둡니다.

그는 중생신이 업신(業神)임을 알고, 또 번뇌신·색신(色身)·무색신(無色身)임을 압니다. 그는 이렇게 신체에 관한 지혜를 완성하여 자재한 자가 됩니다. 또 마음·용구(用具)·업·생을 받는 것·확신·원·신통력·진리·지혜의 자재를 얻는 것입니다.

그는 모든 번뇌를 떠났으므로 의향의 힘이 안정되고, 도를 떠나지 않으므로 고결한 마음이 안정되고, 중생의 이익을 버리지 않으므로 대비(大悲)의 힘이 안정되고, 온갖 중생을 구제하므로 대자(大慈)의 힘이 안정되고, 진리성을 망각하지 않으므로 다라니〔주문呪文〕의 힘이 안정되고, 불법을 잘 분별하므로 변재(辯才)의 힘이 안정되고, 무한한 세계에서 일어나는 행위를 잘 구별하므로 신통력이 안정되고, 보살행을 버리지 않으므로 원력이 안정되고, 불법을 수집하므로 바라밀의 힘이 안정되고, 온갖 형태로 부처님의 지혜를 실현하므로 여래의 가지력(加持力)[7]이 안정되고 있습니다.

또 그는 원하자마자 한순간에 무수 백천만억의 삼매를 얻어 거기로 들어가고, 무수 백천만억의 부처님의 나라에 들어가고, 무수 백천만억의 중생을 제도할 수 있습니다."

"불자여, 보살이 제9 선혜지(善慧地)에 들면, 무기(無記, 선도 악도 아닌 것)의 법과, 세간·출세간의 법과, 보살행의 법, 여래지(如來地)의 법이 현재에 나타나는 것을 그대로 인식하게 됩니다.

그는 온갖 중생의 마음을 있는 그대로 압니다. 마음은 다양하다는 것, 마음은 순간에 변하고, 또 변하지 않기도 한다는

---

7. 중생을 보호하는 불가사의한 힘. 삼력(三力, 아공덕력我空德力·여래가지력如來加持力·법계력法界力)의 하나.

것, 마음에는 체성(體性)이 없다는 것, 마음은 미혹의 세계〔趣〕를 따라 현존한다는 것을 압니다.

그는 온갖 소질의 둔하고 예민하고, 그 중간인 것의 성질을 있는 그대로 알고, 또 처음과 끝에 따라 차별이 있고 없는 것을 압니다.

그는 온갖 미혹된 습성이 의향과 함께 생기고, 마음과 함께 생김을 있는 그대로 압니다.

그는 생(生)을 받는 것의 갖가지 성질을 있는 그대로 압니다. 그것이 업에서 나온다는 것, 물질적인 세계와 정신적인 세계에 생긴다는 것을 압니다.

이 보살지에 들어간 보살은 설법자가 되고, 여래의 진리의 창고를 지킵니다.

그는 사무애지(四無礙智)로써 완성된 변설을 가지고 설법을 합니다. 사(四)란 무엇인가. 법(法)무애지・의(意)무애지・사(辭)무애지・변재(辯才)무애지입니다.

그는 법무애지에 의해 모든 존재 자체의 상(相)을 알고, 의무애지에 의해 온갖 존재의 차별을 알고, 사무애지에 의해 온갖 존재를 착란 없이 설하고, 변재무애지에 의해 모든 존재가 연속하여 끊어지지 않음을 압니다.

불자여, 그리하여 보살이 위대한 설법자가 되고, 여래의 진리의 창고를 수호할 때, 그에게는 무수한 다라니가 얻어집니다. 그는 무량한 다라니를 얻어, 무수한 부처님에게서 진리를 듣고, 그것을 잊지 않는 것입니다.

그리하여, 그는 다라니를 얻고 변재를 얻어, 설법하기 위해 한 곳에 앉았으면서도 동시에 온갖 삼천대천세계에 충만하여,

온갖 중생을 위해 진리를 설합니다.

이 선혜의 보살지를 얻은 사람은 밤이나 낮이나 오로지 부처님의 경계에 들어가, 여래와 함께 있으면서 보살의 심심한 깨달음을 얻은 자가 됩니다."

"불자여, 이 보살이 제9지에 이르기까지 무량한 대상을 잘 관찰한 각지(覺智)에 의해, 힘과 무외(無畏)와 불공법(不共法)을 바로 관찰하기에 이르고, 전지자의 지혜를 관수(灌水)하는 경지〔관정지灌頂地〕를 얻게 됩니다.

불자여, 보살이 이 관정지에 이르면 무수한 삼매가 나타납니다. 백만 불가수(不可數)의 삼매를 얻고, 수용하는 것입니다.

이 삼매가 실현되면, 삼천세계의 백만 배나 되는 큰 보옥의 연꽃이 나타납니다. 그것은 온갖 보배로 아로새겨지고, 불가사의한 아름다움으로 차 있습니다.

그가 전지자의 '지혜의 관수'라는 삼매를 얻자마자, 그는 이 큰 연꽃에 앉아 있게 됩니다. 보살이 이 위에 앉으면, 무수한 보살이 시방세계로부터 와 앉아, 이 보살을 둘러싸고 연꽃 위에 앉습니다. 그들 각자가 이 보살을 우러러보면서, 백만의 삼매에 들어가는 것입니다.

이 법운지(法雲地)에 안주한 보살은 진리의 세계를 있는 그대로 인식합니다. 그는 욕망의 세계, 물질의 세계, 정신계의 세계, 중생계의 세계, 기타 모든 세계에 대해 있는 그대로 인식합니다.

그는 중생신의 변화를 있는 그대로 알고, 부처님의 가지(加持)를 있는 그대로 알고, 여래가 티끌 속으로 들어가는 지혜를 알고, 여래의 모든 비밀, 그 신체·언어·마음 등의 비밀을 있는 그대로 압니다.

그리고 여래가 겁(劫)에 들어가 깨닫는 지혜, 온갖 깨달음에 들어가는 지혜를 압니다.

그리하여 이 보살지를 얻은 자는, '불가사의'라는 이름의 깨달음을 얻고, '무애'라는 깨달음을 얻습니다.

그리하여 모든 보살의 깨달음으로 헤아릴 수 없는 것을, 이 십지의 보살은 얻는 것입니다.

여기에 안주한 보살은 대개 대자재천왕(大自在天王)이 되며, 온갖 중생에게 바라밀을 가르치는데 교묘하고 위력이 있으며, 진리의 세계를 분별하는 질문에 의해 지는 일이 없습니다.

또 보시나 애어(愛語) 따위에 의해 어떤 활동을 해도, 어느 경우라도 부처님의 지혜를 떠나지 않는 것입니다.

왜냐하면, '나는 온갖 중생의 우두머리가 되겠다. 가장 뛰어난 자, 가장 탁월한 자, 지도자가 되겠다'고 생각하기 때문입니다.

그의 신체에 대해, 광명에 대해, 신통력에 대해, 음성이나 장식에 대해, 가호나 확신이나 활동에 대해, 백천만 무수겁을 지나도 다 헤아릴 수는 없을 것입니다."

법화경

法華經

❦ 서품序品 제1 ❦

이같이 나는 들었다. 어느 때 세존께서는 왕사성(王舍城) 기사굴산(耆闍崛山)[1]에서 비구 무리 1만 2천 명과 함께 머물고 계셨다. 비구들은 다 존경받을 만한 사람[아라한]으로서, 온갖 더러움은 이미 없어지고, 본능에서 나오는 마음의 동요도 없으며, 깨달음을 얻었고, 모든 집착이 없어져 마음은 깨달음에조차 얽매이지 않는 자재(自在)의 경지에 달해 있었다. 또 8만 명의 보살도 있었다. 모두 더없는 바른 깨달음을 지향하는 마음에서 물러남이 없으며, 굳센 정신력을 가졌으며, 자유로이 설법할 능력이 있으며, 물러섬이 없는 진리의 바퀴[법륜法輪]를 굴리며, 무량 백천(百千)의 부처님들을 공양하여, 그 부처님들이 계신 곳에서 온갖 덕과 지혜를 쌓아, 여러 부처님들의 칭찬하는 바가 되었으며, 자비에 의해 몸을 닦아, 능히 부처님의 지혜를 이해하여 큰 지혜에 도달했으며, 피안(彼岸)에 이르러, 그 이름은 널리 무량한 세계에 들리어, 능히 무량 백천의 중생들을 구제하는 보살들이었다.

---

1. 독수리가 사는 산, 혹은 산의 모습이 매 또는 독수리와 닮았기 때문이라고 설명되고 있다. 취봉산(鷲峰山)이라고도 한역함. 구마라습은 영취산(靈鷲山)이라고 한역하고 있다. 마가다국의 수도 왕사성(王舍城) 동북쪽에 있는 산. 석존이 설법했던 땅으로 유명하다.

또 제석천(帝釋天)은 그 휘하에 있는 2만 명의 천자(天子)와 함께 와 있었다. 또 명월천자(明月天子)·보향천자(普香天子)·보광천자(寶光天子)·사대천왕(四大天王)도 휘하의 천자들과 같이 와 있었다.

자재천자(自在天子)·대자재천자(大自在天子)는 그 부하인 3만 명의 천자와 함께 와 있었다. 사바세계(우리들이 사는 세계)의 주인인 범천왕(梵天王)·시기대범천(尸棄大梵天)·광명대범천(光明大梵天)은 그 권속 1만 2천 명과 함께 와 있었다.

또 여덟 용왕도 각기 수백 수천의 권속들과 같이 와 있었다.

또 네 명의 긴나라왕, 네 명의 건달바왕, 네 명의 아수라왕, 네 명의 가루라왕, 그리고 위제희(韋提希)2 부인의 아들 아사세왕(阿闍世王)은 수백 수천의 부하와 함께 와 있었다.

그들은 각기, 부처님의 발에 이마를 조아려 예배하고, 물러나 한쪽에 앉았다.

그때, 세존께서는 4부 대중으로부터 공양과 예배를 받으시고 존경 찬탄되었던 것이거니와, 이 모든 보살을 위하여, 〈무량의(無量義)〉라고도 하고 〈보살을 가르치는 법〉이라고도 하고, 〈부처님에게 호념(護念)되는 법〉이라고도 부르는 대승경전을 설하신 것이었다.

세존께서는 이 경을 다 설하시자, 결가부좌(結跏趺坐)하고 '무량의처삼매(無量義處三昧)'에 들어, 심신이 아울러 부동하는

---

2. 마가다국 빈바사라왕의 부인이며 아사세왕의 어머니. 비제희(毘提希)·비타제(韓陀提)라 음역. 관무량수경(觀無量壽經)의 중심인물로 사적에 여러 가지 설이 있다.

상태에 몰입하셨다. 이때, 하늘은 만다라바꽃·대(大)만다라바꽃·만쥬샤카꽃·대만쥬샤카꽃을 세존과 대중 위에 뿌렸고, 부처님의 세계는 여섯 가지로 진동했다. 그때, 이 모임에 참가했던 비구·비구니·신남(信男)·신녀(信女)·천(天)·용·야차(夜叉)·건달바·아수라·가루라·긴나라·마후라가 따위의 인간 및 인간 아닌 것들, 온갖 소왕(小王)·전륜성왕(轉輪聖王) 따위의 대군중은 불가사의한 일을 만나, 기뻐하여 합장하고 열심히 세존을 지켜보고 있었다. 그때, 세존께서 미간의 백호상(白毫相)으로부터 광명을 발하여 동방 1만 8천의 세계를 비추셨다. 그 광명은 두루 비쳐 아래로는 아비지옥(阿鼻地獄)[3]에 이르고, 위로는 아가니타천(阿迦尼吒天, 색구경천色究竟天)에 이르렀다.

그런 세계에서는 여섯 가지 업보를 받은 중생들이 보였다. 그런 세계에 계신 여러 부처님이 보이고, 그 부처님들이 설법하시는 음성도 들렸다. 또 모든 비구·비구니·신남·신녀가 온갖 수행으로 깨달음을 얻어 가는 모습이 보였다. 또 보살들이 갖가지 인연에 의해 갖가지로 믿고, 이해함에 의해 갖가지 행위에 의해 보살도를 실행하고 있는 것이 보였다. 또 여러 부처님들이 세상을 떠나신 다음에 그 부처님들의 유골 위에 칠보탑을 세우는 것이 보였다.

그때 미륵보살은 미리 생각했다.

'이제 세존께서는 신통신변(神通神變)을 나타내셨다. 어떤

---

3. 쉴새없이 고통을 받으므로 무간(無間)지옥이라고 함. 8대 지옥 중 하나. 오역죄와 불법을 비방한 중죄를 범한 자가 떨어지는 곳.

인연으로 이런 기서(奇瑞)를 보이신 것일까? 이제 세존께서는 삼매에 드셨다. 이 불가사의하고 희유한 사태가 나타난 것을 대체 누구에게 물어야 할 것인가? 대체 누가 대답할 수 있을까?'

또 이렇게 생각했다.

'이 문수사리법왕자(文殊師利法王子)는, 일찍이 무수한 과거의 부처님들을 뵈옵고 공양한 바 있었으니, 그는 반드시 이 희유한 양상도 본 적이 있을지 모른다. 나는 이제 그에게 물어야 되겠다.'

그때 비구·비구니·신남·신녀와 온갖 천(天)·용·귀신들은 모두 이렇게 생각했다.

'이 부처님의 광명과 신통의 양상을, 이제 누구에게 물어야 할까?'

그때, 미륵보살은 자기가 생각한 의문을 해결하리라 생각하고, 또 4부 대중인 비구·비구니·신남·신녀와 온갖 천(天)·용·귀신들의 심리를 간파하여 문수사리에게 물었다.

"어떤 인연으로 이 상서로운 신통의 양상이 나타난 것입니까? 대광명을 발하사 동방 1만 8천의 국토를 비침으로써, 그 불국토(佛國土)의 화려한 모습이 다 보이도록 하심은 무슨 인연이겠습니까?"

미륵보살은 거듭 이 뜻을 밝히기 위해 게송으로 물었다.

문수사리보살이여, 도사께서 무슨 일로
양미간의 백호상에 큰 광명을 비추시며

만다라꽃·만수사꽃 비오듯 내려오고

전단향 맑은 바람 여러 마음 기뻐하니

이와 같은 인연으로 땅이 모두 엄정하며
이러한 세계마다 6종으로 진동하네.
그런 때에 4부 대중 서로 모두 기뻐하여
몸과 뜻이 쾌락하니 처음 보는 일이로다.

미간으로 놓은 광명 동방으로 멀리 비쳐
1만 8천 나라마다 금빛처럼 찬란하니

아래로는 아비지옥, 위로는 유정(有頂)까지
그 여러 세계 중에 여섯 갈래 중생들

나고 죽어가는 곳과 선악의 업과 인연
곱고 밉게 받는 과보 이 모두를 보나이다.

또 보니 여러 부처 성주(聖主)이신 사자들이
연설하는 그 경전은 미묘하기 제일이며

그 음성이 청정하여 부드러운 말씀으로
수도 없는 여러 억만 보살들을 교화하며

범음(梵音)이 깊고 묘해 듣는 사람 기뻐하고
각각 여러 세계에서 바른 법을 설하실세

가지가지 인연들과 한량없는 비유로써
불법을 밝게 밝혀 많은 중생 깨우치며

어떤 사람 늙고 병나 죽는 고통 싫어하면
열반법을 설하시어 그 괴로움 끊게 하고

만일 복 있는 이 부처님께 공양하며
수승(殊勝)한 법 구하면 연각법을 설해 주며

만일 어떤 불자 가지가지 행을 닦아
무상(無上) 지혜 구하면 청정한 도 설해 주니

문수사리보살이여, 여기에서 보고 들은
천만 가지 많은 일을 이제 대강 말하리다.

내가 보니 저 세계의 항하 모래 같은 보살
가지가지 인연으로 부처님 도 구하오며

어떤 이는 보시하되 금과 은과 산호를
진주들과 마니 보배 차거(硨磲)들과 많은 마노

금강석과 여러 보배 남종 여종 수레들
보배로 된 연과 가마 기뻐하여 보시하며

불도에 회향(廻向)하여 3계에서 제일가는

대승을 구할 적에 여러 부처 찬탄 받고

혹은 어떤 보살은 네 필 말이 끄는 보배 수레
난간과 화개(花蓋) 있게 꾸민 것을 보시하며

또 보니 어떤 보살 몸뚱이와 손발과
처자까지 보시하여 위 없는 도 구하고

또 어떤 보살들은 머리 눈 신체들을
기쁘게 보시하여 부처 지혜 구하오며

문수사리보살이여, 내가 보니 여러 왕들
부처님께 나아가서 위 없는 도 묻자옵고

국토와 좋은 궁전, 첩과 신하 다 버리고
출가하여 머리 깎고 법복을 입사오며

혹은 보니 어떤 보살 큰 뜻 품고 비구 되어
고요한 데 있으면서 경전 읽기 즐겨하고

또 보니 보살들이 용맹하게 정진하며
깊은 산에 들어가서 부처님 도 생각하며

어떤 이는 욕심 떠나 고요한 데 머물면서
깊은 성정 닦으면서 다섯 신통 얻나이다.

또 보니 보살들이 합장하고 편히 앉아
천만 가지 게송으로 부처님을 찬탄하며

다시 보니 어떤 보살 지혜 깊고 뜻이 굳어
부처님께 묻자옵고 듣는 대로 간직하며

또 보니 불자들이 선정(禪定) 지혜 구족하여
한량없는 비유로써 대중 위해 법 설하고

기쁜 마음 설법하여 여러 보살 교화하고
마군들을 파한 후에 법고를 둥둥 치며

또 보니 보살들이 묵연히 앉아 있어
하늘, 용이 공경해도 기뻐하지 않고

또 보니 어떤 보살 숲속에서 광명 놓아
지옥 고통 제도하여 불도에 들게 하며

또 보니 불자들이 잠도 자지 아니하고
산림 속을 거닐면서 불도를 잘 구하며

또 보니 계(戒) 가진 이 깨끗한 보옥처럼
위의를 구족하여 부처님 도 구하고

어떤 불자 인욕의 힘 미워하고 헐뜯어도

그 모두를 능히 참아 부처님 도 구하오며

또 보니 보살들이 희롱하고 웃는 일과
어리석음 다 여의고 지혜로운 이 친근하여

산란한 맘 가다듬어 산림 속에 고이 앉아
억천만년 지내면서 부처님 도 구하오며

혹은 또 어떤 보살 희유한 찬과 음식
여러 가지 탕약으로 불승(佛僧)께 보시하고

천냥, 만냥 값나가는 훌륭한 의복이나
값도 모를 좋은 옷을 불승께 보시하며

천만억 가지가지 전단(栴檀)으로 지은 집과
여러 가지 묘한 침구 불승께 보시하고

꽃과 열매 무성한, 청정한 숲과 동산
솟는 샘 맑은 못을 불승께 보시하며

가지가지 아름다운 이런 것을 보시하되
기뻐하는 마음으로 위 없는 도 구하고

혹은 어떤 보살 적멸의 법 설하여서
무수한 중생들을 갖가지로 교화하여

혹은 보니 여러 보살 법의 성품 허공 같아
두 모양이 없는 줄을 진실하게 관찰하며

또 보니 어떤 불자 집착하는 마음 없어
미묘한 지혜로써 위 없는 도 구합니다.

문수사리보살이여, 또 어떤 불자들은
부처님 멸도 후에 사리에 공양하며

또 보니 여러 불자 항하의 모래 같은
무수한 탑을 세워 나라마다 장엄하니

아름다운 그 보배탑 높이가 5천 유순(由旬)
넓이로나 길이로나 똑같아서 2천 유순

이러한 탑묘(塔廟)마다 당(幢)과 번(幡)이 1천이요
진주로 된 교로만(交露幔)에 보배 방울 울려오니

하늘, 용과 여러 귀신, 인간이며 인간 아닌 것들이
향과 꽃과 기악으로 항상 공양하옵니다.

문수사리보살이여, 그 많은 불자들이
사리(舍利) 공양 하느라고 모든 탑을 장식하니

이 세계가 자연으로 특수하게 아름다워

도리천 원생수에 꽃이 핀 듯합니다.

부처님 놓으신 광명 이 세계의 아름다움
갖가지로 특수함을 우리들이 보나이다.

여러 부처 신통한 힘 그 지혜가 희유하여
밝은 광명 놓으시사 무량세계 비추시니

이를 보는 우리들 미증유의 일이므로
불자이신 문수보살 의심 풀어 주옵소서.

3부의 여러 대중 나와 당신 바라보니
세존께서 무슨 일로 이 광명을 놓나이까?

문수보살 불자시여, 의심 풀어 기쁘도록
무슨 이익 있기에 이런 광명 놓나이까?

부처님 도장에서 얻으신 미묘한 법
말씀하려 하나이까? 수기(授記) 주려 하나이까?

여러 불토마다 보배로써 장엄함과
부처님을 뵙게 되니 작은 인연 아니리다.

문수사리보살이여, 4부 대중과 용과 신이
당신만을 바라보니 이 뜻을 말하소서.

그때, 문수사리는 미륵보살과 다른 보살들에게 말했다.

"훌륭한 젊은이들이여, 내 생각 같아서는 이제 세존께서는 큰 가르침을 설하시고, 큰 가르침의 비를 내리시고, 큰 가르침의 소라를 부시고, 큰 가르침의 북을 울리시고, 큰 가르침의 의미를 말씀하시고자 하실 듯합니다.

모든 훌륭한 젊은이들이여, 나는 과거의 여러 부처님의 처소에서, 일찍이 이런 상서로운 조짐에 접한 일이 있거니와, 이 광명이 발해진 다음에는 큰 가르침이 설해지곤 했습니다. 그러므로 알 수 있는 것은, 이제 부처님께서 광명을 발하신 것도 역시 그것과 마찬가지여서, 모든 중생에게 일체의 세간(世間)이 믿기 어려울 큰 가르침을 들려주리라고 생각하사, 이 상서로운 조짐을 나타내 보이신 것이라는 점입니다.

모든 훌륭한 젊은이들이여, 과거 무량무변 불가사의한 무수겁(無數劫) 옛날에 일월등명여래(日月燈明如來)라는 부처님이 계셨습니다. 가르침을 설하시매, 처음도 좋고 중간도 좋고 끝도 좋았으며, 그 의미는 심원했고 그 말씀은 교묘했으며, 순수·원만·청정·신선했으며, 깨끗한 수행을 권고하는 내용이었습니다. 성문(聲聞)의 깨달음을 구하는 사람에게는 그것에 어울리는 사제(四諦)의 가르침을 설하사, 생로병사에서 벗어나 영원한 편안[열반]에 이르게 하셨습니다. 독각(獨覺)에 이르게 하셨습니다. 독각의 깨달음을 구하는 사람에게는 그것에 어울리는 인연의 가르침을 설하시고, 모든 보살을 위해서는 그것에 어울리는 여섯 가지 덕[육바라밀]을 설하사, 더없는 바른 깨달음을 얻어, 일체종지(一切種智)를 완성하게 하셨습니다.

다음에 또 부처님이 계셨으니, 역시 이름이 일월등명이었습니다. 다음에 또 부처님이 계셨으니, 역시 이름이 일월등명이었습니다. 그리하여 2만 명의 부처님이 다 일월등명이라 불렸고, 또 그 모두가 바라타(頗羅墮, 바라두바쟈)라는 성이었습니다.

그 마지막 부처님께서 출가하시기 전에 여덟 명의 왕자가 있었습니다. 각기, 유의(有意)·선의(善意)·무량의(無量意)·보의(寶意)·증의(增意)·제의의(除疑意)·향의(響意)·법의(法意)라는 이름이었습니다.

이 여덟 명의 왕자는 신통자재(神通自在)했고, 제각기 네 개의 대세계를 영토로 가지고 있었는바, 아버지가 출가하여 더없는 바른 깨달음을 얻으셨다는 말을 듣고, 모두 왕위를 버린 다음, 아버지인 세존을 따라 출가하여 대승을 지향하는 마음을 일으켜서, 항상 청정한 수행을 실천하여, 모두 가르침을 설하는 자가 되었습니다. 그리고, 천만의 부처님 밑에서 온갖 선근(善根)을 심었습니다.

이때 일월등명불께서는 〈무량의(無量義)〉〈보살을 가르치는 법〉〈부처님에게 호념(護念)되는 법〉이라는 대승경(大乘經)을 설하셨습니다. 이 경을 다 설하시고 나서 결가부좌하고, 무량의처삼매에 드시어, 심신이 아울러 부동의 상태에 몰입하셨습니다. 이때, 하늘은 만다라바꽃·대만다라바꽃·만쥬샤카꽃·대만쥬샤카꽃을 부처님과 대중 위에 뿌렸고, 부처님의 세계는 여섯 가지로 진동했습니다. 그때, 거기에 모인 비구·비구니·신남(信男)·신녀(信女)·야차(夜叉)·건달바·아수라·가루라·긴나라·마후라가 따위, 인간과 인간 아닌 것, 그리고 소왕·대왕·전륜성왕 등은 불가사의한 느낌을 가져, 기쁨에 합장하고 열심히 부처님을 지켜보았습니다.

그때 여래께서는, 미간의 백호상으로부터 광명을 발하사 동방 1만 8천의 불국토를 두루 비추셨습니다. 참으로 미륵이여, 지금 우리가 보는 이 온갖 불국토와 완전히 같은 것이었습니다.

그런데 그때 모인 사람들 속에 20억의 보살이 있어서, 가르침을 듣고자 원했습니다. 이 모든 보살은 이 광명이 두루 불국토를 비치는 것을 보자, 일찍이 없던 일이라 생각한 나머지, 이 광명이 발해진 인연을 알고 싶다고 생각한 것이었습니다.

그런데 그때 묘광(妙光)이라는 보살이 있어서, 8백 명의 제자를 거느리고 있었습니다. 이때 일월등명불께서는, 삼매로부터 깨어나서 묘광보살을 위해, 〈묘법연화(妙法蓮華)〉〈보살을 가르치는 법〉〈부처님에게 호념되는 법〉이라는 이름의 대승경전을 설하시고, 60소겁(小劫) 동안 자리에서 일어나지 않으셨습니다. 그때 거기에 모인 대중들도 한곳에 앉은 채 60소겁 동안 몸도 마음도 움직이지 않고 부처님의 설법을 들었으며, 그 시간이 음식을 먹는 정도의 짧은 시간이었다고 생각했습니다. 그때, 거기 모인 사람 중 누구 하나도 몸이 지치든가, 마음에 싫증을 느끼든가 한 사람은 없었던 것입니다.

일월등명불께서는 60소겁 동안 이 경을 설하신 다음 범천·악마·사문·바라문·천인·인간·아수라 등을 포함한 사람들 앞에서 이렇게 말씀하셨습니다.

'여래는 오늘 밤중에 몸과 마음도 완전히 멸한 영원의 편안〔무루열반無漏涅槃〕에 들어갈 것이다.'

그때 덕장(德藏)이라는 이름의 보살이 있었는데, 일월등명불께서는 이 보살에 대해 예언하여, 비구들에게 이렇게 말씀하셨습니다.

'이 덕장보살은 다음의 부처가 될 것이다. 그리하여 정신여래(淨身如來)라 불릴 것이다.'

이렇게 예언하신 다음, 부처님께서는 그날 밤중에 몸도 마음도 남김없이 멸한 영원한 열반에 드셨던 것입니다.

부처님께서 그리하여 세상을 떠나신 다음, 묘광보살은 〈묘법연화경〉을 수지(受持)하여, 80소겁 동안 이 경을 설했습니다. 일월등명불의 여덟 왕자는 모두 묘광을 스승으로 받들고, 묘광에 의해 교화되어서 더없는 바른 깨달음을 지향하는 사람이 되었습니다. 이 여러 왕자는 무량 백천만억의 부처님을 공양하고 나서 모두 불도를 완성하셨습니다. 그 마지막에 부처님이 되신 이가 연등불(燃燈佛)4이었습니다.

묘광보살의 8백 제자 중에 구명(求名)이라는 사람이 있었습니다. 명리에 집착하여, 많은 경전을 독송해도 이해하지 못하고 잊어버리므로, '구명(명성)을 구하는 자'라는 이름이 붙은 것입니다. 그러나 이 사람은 여러 선근(善根)을 심은 인연이 있었기에 무량 백천만억의 부처님을 만나 뵐 수 있어서, 그 부처님들을 공양하고, 존경하고, 찬탄했습니다. 미륵이여, 알라. 그때의 묘광보살이야말로 다름 아닌 나였던 것입니다. 그리고 구명보살은 바로 그대였습니다. 지금 이 상서로운 조짐을 뵈

---

4. 과거세(過去世)에 출현하여 석존에게 미래에 성불(成佛)할 것이라고 예언한 부처님. 석존 이전에 나타났다고 전설적으로 전해지는 24명의 부처님 중 한 사람으로 알려져 있다.

올 때 옛날에 있었던 그대로입니다. 그것으로 미루어 생각건대, 오늘의 여래께서도 또한, 〈묘법연화〉〈보살을 가르치는 법〉〈부처님에게 호념되는 법〉이라는 이름의 대승경전을 설하실 것으로 보입니다."

그때 문수사리는 대중에 대해 거듭 이 뜻을 밝히고자 게송으로 설했다.

생각하면 지난 세상 한량없이 오랜 겁에
부처님 계셨으니, 그 이름이 일월등명

세존께서 법 설하사 무량중생 제도하고
무수억(無數億)의 보살을 부처의 지혜에 들게 하며

그 부처님 출가 전에 낳으신 여덟 왕자
부왕 출가함을 보고 범행을 따라 닦고

부처님 설하신 경 그 이름이 ≪무량의경(無量義經)≫5
여러 대중 가운데 널리 분별했나이다.

이 경 다 설하시곤 법좌에 가부좌 틀고
깊은 삼매 드시오니 그 이름 무량의처(無量義處)

---

5. 무량의경(無量義經)·묘법연화경(妙法蓮華經)·관보현보살행법경(觀普賢菩薩行法經)이 법화부의 세 가지 근본 경전인 법화삼부경이다. 무량의경은 덕행품(德行品)·설법품(說法品)·십공덕품(十功德品)의 3품의 내용으로 이루어졌다.

하늘에선 꽃비 오고 하늘 북 절로 우니,
여러 천룡과 귀신들 세존께 공양하고

일체의 여러 국토 큰 진동이 일어나고
미간으로 놓는 광명 희유한 일 나타내며

이 광명이 동방으로 만 8천 불토 비추니
일체중생 나고 죽는 그 업보를 볼 수 있고

그 많은 불토마다 보배로써 장식되니
유리빛과 파리빛을 광명 비춰 보게 되고

혹은 보니 천인들과 용과 신과 야차들과
건달바와 긴나라들 부처님께 공양하고

또 보니 여러 여래 자연으로 성불하사
금빛 같은 그 몸이 단정하고 미묘하기

깨끗한 유리병에 참다운 모습 나타내신 듯
대중 중에 계신 세존 깊은 법을 연설하니

하나하나 불세계에 무수한 성문 대중
부처님의 광명으로 그 대중을 모두 보며

혹은 여러 비구들이 산림 속에 있으면서

정진하여 가진 계행(戒行) 밝은 구슬 보호하듯

또 보니 여러 보살 보시하고 인욕하는
그 수가 항하 모래 부처 광명 비추오며

여러 보살 또 보니 모든 선정 깊이 들어
심신이 부동하여 위 없는 도 구하며

또 보니 여러 보살 적멸(寂滅)한 법을 알아
그 국토에 설법하여 부처님 도 구하시네.

그때에 4부 대중 일월등명 부처님의
큰 신통의 힘을 보고 그 마음이 기뻐서
서로서로 묻는 말이 이런 일은 무슨 인연.

천인 공경 받는 세존 삼매에서 일어나사
묘광보살 칭찬하길

'너는 세상 눈이 되니
모든 중생 귀의하고
법장을 받을진대
내가 말한 온갖 법을
네가 능히 증지(證知)하라.'

세존께서 찬탄하니 묘광보살 기뻐하네.

이 ≪법화경≫ 설하시기 60소겁 지나도록
자리에서 뜨지 않고 설하신 미묘한 법
묘광보살 법사께서 모두 받아 지니었네.

이 ≪법화경≫ 설하시니 중생들 기뻐하고
그날 바로 천인들과 대중에게 선언하되

'모든 법의 참다운 뜻
그대들에게 말했으니
나는 이제 오늘 밤에
열반에 들겠노라.

그대들은 일심으로
정진하고 방일(放逸) 말라.
부처 출현 어려우니
억겁에나 만나 볼까?'

세존님의 여러 제자
부처 열반 소식 듣고
슬픈 맘 각각 품어
'왜 이리도 빠르신가.'

성주이신 법왕께서
무량중생 위로하여

'내가 열반하더라도
너희들은 걱정 말라.
여기 덕장보살께서
무루(無漏)의 참다운 상

마음에 통달하여
이다음에 성불하면
정신이라 이름하여
많은 중생 제도하리.'

이날 밤에 멸도하시니 섶 다하여 불 꺼지듯

많은 사리 나누어다 무량한 탑 일으키는
비구들과 비구니의 그 수도 항하 모래

더욱더 정진하여 위 없는 도 구할 적에
묘광법사 보살께서 부처님의 법장 지녀

80소겁 긴 세월 ≪법화경≫을 설하시니
그 왕자 여러 사람 묘광법사 교화 받고

무상도에 견고하여 많은 부처 뵈오면서
여러 부처 공양하고 큰 도를 따라 닦아

차례대로 성불하며

점차로 수기(授記)하니
최후의 천중천(天中天)은
그 이름이 연등불

여러 신선 도사 되어
무량중생 제도하네.

묘광보살 법사에게
한 제자가 있었으니
마음 항상 게으르고
이익에만 탐착(貪着)하며

이름 또한 구하여서
명문 집만 드나들며
하던 공부 내던지고
모두 잊어 불통일세.

이러한 인연으로
그 이름 구명이라
그도 또한 선업으로
많은 부처 만나 뵙고

부처님께 공양하며
큰 도를 따라 닦아
육바라밀 갖추어서

석가 세존 만나 뵙고

이다음 부처 되어
미륵(彌勒)이라 이름하고
제도하는 많은 중생
그 수가 끝없으리.

저 부처님 멸도한 후
게으른 자 네 몸이요,
그때의 묘광법사
지금의 내 몸이라.

내가 본 등명불(燈明佛)의
상서가 이러할세
이 부처님 이런 일로
≪법화경≫을 설하리라.

지금 광명 옛날 상서
여러 부처 방편이라.
이제 세존 광명 놓아
참다운 뜻 도우시니

그대들은 바로 알아
일심으로 기다리라.
부처님 법비 내려

구도자를 충족하리.

삼승법(三乘法)6을 구하는 이
만일 의심 가지면
부처님 그 의심을
남김없이 끊어 주리.

---

6. 삼승(三乘)의 가르침. 성문(聲聞)을 위한 가르침과 연각(緣覺)을 위한
   가르침과 보살을 위한 가르침이 따로 이야기된 것. 삼승교(三乘敎)와
   같다.

❧ 방편품方便品 제2 ❧

그때, 세존께서는 보아야 할 것을 명확히 보신 다음에 고요히 삼매에서 일어나서, 사리불(舍利佛)에게 말씀하셨다.

"부처님들의 지혜는 매우 심원하고 무량한 터이다. 그 지혜의 문은 이해하기 어렵고 들어가기 어려우니, 모든 성문(聲聞)이나 독각(獨覺)의 미칠 바가 아니다. 왜냐하면, 부처님은 일찍이 무수 백천만억의 부처님들을 가까이 모셨고, 부처님들의 무량한 가르침을 모두 실행하고, 용맹정진하여, 그 명성이 널리 들렸고, 매우 심원한 미증유(未曾有)의 가르침을 완성해서, 자유자재로 설하시는 터이므로, 그 의미를 깨닫기가 어려운 것이다. 사리불이여, 나는 부처가 된 이래, 갖가지 인연, 갖가지 비유에 의해 널리 가르침을 설하고, 무수한 방편으로 중생들을 인도하여 온갖 집착으로부터 떠나게 했다. 여래는 방편과 지견(知見)의 덕을 이미 갖추고 있는 까닭이다.

사리불이여, 여래의 지견은 광대하고 심원해서 헤아릴 수 없으며, 장애가 없고, 힘에 충만해 있고, 자신에 넘쳐 있고, 안정되어 있고, 자유롭고, 집중적이고, 멀리 한계를 넘어, 일체의 미증유의 가르침을 완성하고 있는 터이다. 사리불이여, 여래는 능히 갖가지로 분별하여 교묘히 온갖 가르침을 설하고, 말은 부드러워서 많은 사람들의 마음을 기쁘게 해준다. 사리불이여,

요컨대 부처는 무량무변의 미증유의 가르침을 남김없이 완성하고 있는 바이다.

사리불이여, 그를 설명할 수는 없느니라. 부처가 완성한 것은 제1급의, 희유하고 이해하기 어려운 가르침이어서 오직 부처만이 능히 부처가 알고 있는 존재의 실상(實相)을 속속들이 이해할 수 있느니라. 즉 존재란 상(相)의 것이다, 이런 본성(本性)의 것이다, 이런 본체(本體)의 것이다, 이런 힘의 것이다, 이런 작용의 것이다, 이런 원인의 것이다, 이런 조건의 것이다, 이런 결과의 것이다, 이런 보(報)의 것이라고 속속들이 이해하여, 마침내 본체와 형상이 하나임을 이해하기에 이르는 것이니라."

그때, 그 대중 속에는 온갖 제자들과, 번뇌가 다한 존경 받을 사람〔아라한〕인 아야교진여(阿若憍陳如)¹를 비롯한 천 2백 명과, 성문의 입장이나 독각(獨覺)의 입장을 지향하는 비구·비구니·신남·신녀가 있어서 제각기 이렇게 생각했다.

'이제 세존께서는 어째서 간곡히 방편(方便)을 찬탄하실까? 더욱 부처가 얻은바 가르침은 매우 심원하여 이해하기 어렵다. 설하는 뜻에는 알기 어려운 데가 있으니, 모든 제자나 독각의 미칠 바가 아니라고 말씀하신다. 그전에 부처님께서는 해탈은 다 동일하다고 설하셨으며, 우리들 또한 이 가르침에 의해 영원의 편안에 도달했다. 그렇거늘 이제 방편이었다고 하

---

1. 5비구의 한 사람. 줄여서 교진여(憍陳如)라고 . 아야(阿若)는 잘 알았다는 의미로 최초에 부처님의 교화를 받고 잘 안 사람임을 뜻한다.

시는 뜻은 알 수 없다.'

그때 사리불은 4부 대중의 마음에 생긴 의문을 눈치 채고, 자기도 역시 그것을 이해하지 못했기에, 부처님을 향해 이렇게 여쭈었다.

"세존이시여, 어떤 인연으로 간곡히 부처님들의 제1 방편을 찬탄하시나이까? '매우 심원하고 미묘하다'든가, '이해하기 어려운 가르침이다'든가 하는 말씀을 저는 예전부터 지금까지 한 번도 부처님께 들은 바가 없습니다. 지금 4부 대중은 누구나 모두 의심을 품고 있습니다. 원컨대 세존이시여, 이를 설명해 주시옵소서. 세존께서는 무슨 까닭으로 매우 심원하고 미묘하며 이해하기 어려운 가르침을 찬탄하셨나이까?"

그때 부처님께서는 사리불에게 말씀하셨다.

"그만두라, 그만두라. 설법해 무엇하랴. 만약 이를 설한다면 일체 세간(世間)의 천인이나 인간들은 다 놀라고 의심할 것임에 틀림없는 까닭이다."

사리불은 거듭 부처님을 향해 말씀드렸다.

"세존이시여, 오직 원컨대 이를 설하시옵소서. 왜냐하면, 여기 모여 있는 무량무수 백천만억의 중생들은 일찍이 여러 부처님들을 예배한 바 있기에, 온갖 능력은 예리하고 확실한 지혜를 가지고 있는 자들이므로, 부처님께서 설하시는 말씀을 듣는다면, 잘 믿고 존중할 것이기 때문입니다."

부처님께서는 다시 사리불의 말을 제지하셨다.

"만약 이를 설명한다면, 일체 세간의 천인·인간·아수라는 모두 놀라 의심할 것이며, 오만한 비구는 큰 죄의 함정에 빠지게 되리라."

그리고 세존께서는 거듭 게송으로 설하셨다.

그만두라, 그만두라, 말하지 말라.
나의 법은 어렵고도 미묘해서
오만한 자 이 법을 익히 들으면
반드시 믿지 않고 공경 않으리.

그때 사리불은 거듭 부처님께 여쭈었다.

"세존이시여, 오직 원컨대, 이를 설하시옵소서. 오직 원컨대 이를 설하시옵소서. 지금 여기에 모여 있는, 저 같은 자 백천만억은 전세(前世)에서 이미 부처님을 모시고 그 교화를 받은 바 있습니다. 이 사람들은, 반드시 세존의 가르침을 잘 믿어 존중할 것입니다. 또 그것은 긴 기간에 걸쳐 그들을 편안히 하고, 이익이 되게 하는 바 클 것입니다."

그때 세존께서는 사리불에게 말씀하셨다.

"너는 이미 세 번이나 간곡히 청했다. 그렇다면 설하지 않을 수 없으리라. 사리불이여, 이제야말로 똑똑히 들어서 잘 이것을 생각해 보도록 하라. 나는 이제, 너를 위해 소원을 받아들여 가르침을 설해 주리라."

세존께서 이렇게 말씀하셨을 때, 이 모임 속에 있던 5천 명의 비구·비구니·신남·신녀가 자리에서 일어나, 부처님께 예배드린 다음 나가버렸다. 왜냐하면, 이 사람들은 죄의 뿌리가 깊고 무거우며 오만해서, 깨달음을 얻지 못했는데도 얻었다고 생각하고, 또 깨달음을 체험하지 못했는데도 체험했다고 생각하고 있었기 때문이었다. 이런 과실을 범하고 있었기에, 그 모임에서 퇴장한 것이었다. 그러나 세존께서는 묵묵히 앉아 계신 채, 이를 제지하려고는 하지 않으셨다.

그리고 세존께서는 사리불에게 이렇게 말씀하셨다.

"이제 이 모임에서는 지엽(枝葉)에 속하는 자는 없어지고, 진실한 자만이 남게 되었다. 사리불이여, 저런 오만한 자들은 물러가는 것이 좋다. 이제야말로 사리불이여, 잘 들어라. 너를 위해 가르침을 설하리라."

사리불이 말했다.

"그렇게 하겠나이다. 세존이시여, 잘 듣겠습니다."

부처님께서 말씀하셨다.

"이런 미묘한 가르침은, 여러 부처님께서 이를 설하심이 우담화(優曇華) 꽃이 3천 년 만에 한 번 피는 것과 같다. 사리불이여, 부처의 설하는 바를 믿으라. 부처의 말씀에는 거짓이 없는 까닭이다. 사리불이여, 온갖 부처님들이 자유자재로 설하시는 가르침의 뜻은 이해하기가 어렵다. 왜냐하면, 나는 무수한 방편과, 온갖 인연과 비유와 말로써 가르침을 설하거니와, 이 가르침은 생각하고 분별해 가지고는 이해할 수 없는 터이며, 오직 부처님만이 능히 이를 아시고 계신 데 불과한 까닭이다. 그것은 또 왜냐하면, 온갖 불타·세존은 오직 일대사인연(一大事因緣)2으로 말미암아 세상에 나타나시기 때문이

---

2. 부처님이 이 세상에 나타난 가장 중요한 인연이란 뜻. 정도·능력이 다른 사람들을 여러 가지 방편으로 이끌어, 모두 구한다고 하는 중대한

다. 그러면 사리불이여, 온갖 불타·세존은 오직 일대사인연에 말미암아서만 세상에 나타나신다 함은 무엇을 이름인가?

온갖 불타·세존께서는, 중생들에게 부처님의 지견(知見)[3]을 들려주어, 청정하게 만들기 위해 이 세상에 나타나신다. 중생들에게 부처님의 지견을 보이시기 위해 이 세상에 나타나신다. 중생들에게 부처님의 지견을 깨닫게 하기 위해 이 세상에 나타나신다. 중생들에게 부처님의 지견의 도(道)에 들게 하기 위해 이 세상에 나타나신다.

사리불이여, 부처님들이 오직 일대사인연에 말미암아서만 이 세상에 나타나신다 함은, 이런 사실을 말함이니라."

부처님께서는 다시 사리불에게 말씀하셨다.

"온갖 불타·여래는 오직 보살들만을 교화하신다. 모든 행위는 항상, 다만 한 가지를 위하심이니, 오직 부처님의 지견을 중생들에게 보여 깨닫게 하기 위하심이다.

사리불이여, 여래는 오직 하나인 부처님의 입장〔일불승一佛乘〕만을 가지고 중생들에게 가르침을 설하신다. 제2의 입장, 제3의 입장 따위는 존재하지 않는다.

사리불이여, 일체 시방(十方)의 여러 부처님의 가르침도 역시 이와 같다. 사리불이여, 과거의 여러 부처님도, 무량무수의 방편과 갖가지 인연과 비유와 말로, 중생들을 위해 가르침을 설하셨다. 이 가르침도 다 유일한 부처님의 입장에 의해

인연. 중생은 이것에 의해 성불(成佛)한다.
3. 지혜에 의해서 보는 것, 또는 지식에 기초한 견해. 부처님의 십호(十號)의 하나.

설해진 것이었다. 이 온갖 중생들은 온갖 부처님으로부터 가르침을 듣고, 결국 모두 일체종지(一切種智)4를 얻은바 있었다.

사리불이여, 미래에 이 세상에 나타나실 여러 부처님들도 또한 무량무수의 방편과, 갖가지 인연과 비유와 말로, 중생들을 위해 가르침을 설하실 것이다. 이 가르침도 모두 유일한 부처님의 입장에 의거해 설해질 것이다. 이 온갖 중생들도 온갖 부처님들로부터 가르침을 받아 결국 다 일체종지를 얻게 될 것이다.

사리불이여, 이 온갖 부처님들은 오직 보살만을 교화하신다. 부처님의 지견을 중생들에게 보임으로써, 부처님의 지견에 의해 중생들을 깨닫게 하고, 중생들을 부처님의 지견의 도(道)로 끌어들이려 하기 때문이다.

사리불이여, 나도 또한 이제 그와 마찬가지이다. 온갖 중생에게 갖가지 욕망이 있고, 깊이 마음에 집착하는 바가 있음을 이해하여, 그 본성에 따라 갖가지 인연과 비유와 말과 방편력에 의해 가르침을 설하는 터이다.

사리불이여, 이는 모두 유일한 부처님의 입장, 일체종지를 획득케 하고자 하는 까닭이다.

사리불이여, 시방세계에는 제2의 입장조차도 존재하지 않는다. 하물며 제3의 입장 따위가 있을 수 있겠는가? 사리불이여, 부처님께서는 오탁(五濁)의 악세에 나타나신다. 오탁이란, 긴 시간이라는 더러움〔겁탁劫濁〕, 본능에서 나오는 마음의 동요라

---

4. 일체지(一切智, 모든 것을 다 알아낸 자의 지혜)의 지(智). 부처님의 일체지를 가리킨다.

는 더러움〔번뇌탁煩惱濁〕, 중생이라는 더러움〔중생탁衆生濁〕, 편견이라는 더러움〔견탁見濁〕, 목숨이라는 더러움〔명탁命濁〕 따위를 이른다.

사리불이여, 긴 시간이라는 더러움이 있는 어지러운 시대에는, 중생들의 더러움은 무거워 인색하고 탐욕스러우며, 질투심이 깊고, 온갖 악의 뿌리만을 심고 있는 터이므로, 부처님들은 방편력에 의해, 유일한 부처님의 입장이기는 하나 그것을 분별하여 세 가지로 설하신다.

사리불이여, 만약 내 제자 중에 자기가 자신을 존경받을 만한 사람〔아라한〕이라고 생각한다든가, 홀로 깨달은 사람〔벽지불辟支佛〕이라고 생각하는 자가 있어서, 부처님들은 오직 보살만을 교화한다는 말씀을 들으려 하지 않고, 또 모른다고 한다면, 이 사람은 부처님의 제자가 아니며, 존경받을 만한 사람이 아니며, 홀로 깨달은 사람도 아니다.

또 사리불이여, 이 모든 비구·비구니 중에서 자기가 자신을 이미 존경받을 만한 사람이 되었다든가, 이것이 최후의 생(生)이라든가, 궁극의 편안〔열반〕에 들어 있다든가 생각하여, 더없는 바른 깨달음을 구할 생각을 하지 않는다면, 이 자들은 다 오만한 인간인 줄 알라. 왜냐하면, 진실로 존경받을 만한 사람이 되어 있는 비구로서 이 가르침을 믿지 않을 도리는 없기 때문이다. 단, 부처님이 이 세상을 떠나셔서, 눈앞에 부처님이 안 계실 때에는 별도다. 왜냐하면, 부처님이 이 세상을 떠나신 다음에, 이런 경전을 받들고, 독송하고, 그 의미를 깨닫는 사람은 좀처럼 있기 어려운 까닭이다. 그러나 그런 경우라도, 만약 다른 부처님을 만난다면, 이 가르침을 깨달을 수 있을 것이다.

사리불이여, 그대들은 마땅히 마음을 오로지하여 믿음으로써 부처님의 말씀을 받들어 가라. 온갖 부처님의 말씀에는 거짓이 없다. 다른 입장이란 없으며, 오직 유일한 부처님의 입장만이 있느니라."

❧ 비유품譬喩品 제3 ❧

그때 사리불은 흔희작약하여 일어나 합장하고, 세존의 얼굴을 우러러보면서 이렇게 여쭈었다.

"이제 세존으로부터 이 말씀을 듣고, 마음은 기쁨에 뛰고, 미증유(未曾有)의 생각을 품었습니다. 왜냐하면 저는 옛날에, 부처님에게서 이런 가르침을 듣고 여러 보살들이 부처가 될 것이라고 예언 받는 장면을 목격했습니다만, 우리들은 그 일과 무관했으므로, 자기들이 여래의 무량한 지견(知見)을 상실했음에 생각이 미쳐 매우 슬퍼하고 있었습니다. 세존이시여, 저는 항상 산을 찾아가, 나무 밑에 앉아서는 이렇게 생각하고 있었습니다.

'우리들도 마찬가지로 가르침의 경계에 들어 있는데도, 어째서 여래께서는 작은 입장의 가르침에만 의해 구하려는 것일까?'

그러나, 이것은 우리들의 허물일지언정 세존의 허물일 수는 없습니다. 왜냐하면, 만일 우리들이 더없는 바른 깨달음을 완성하는 원인이 될, 가르침이 설해지기를 기다리고 있었다면, 반드시 큰 입장에 의거해 깨달을 수가 있었을 것임에 틀림없습니다. 그런데도 우리들은, 상대에 어울리는 방편의 가르침이 설해진 줄은 까맣게 모르고, 처음에 설해진 부처님의 가르침을 듣고는 곧 이를 믿고 받아들여, 그것을 생각하고, 그것을 깨달았기 때문입니다.

세존이시여, 저는 이 일로 인하여 예전부터 밤이나 낮이나 항상 자기를 책망하고 있었습니다. 그런데 이제, 부처님으로부터 지금껏 들어본 적도 없는 가르침을 들은 결과, 온갖 의혹을 끊어 버려, 몸도 마음도 편안해지고, 유쾌하며 안온해졌습니다. 오늘, 저는 진실로 부처님의 아들이 되었습니다. 부처님의 입에서 태어나고, 가르침에서 태어나, 부처님의 가르침의 유산을 나누어 가질 수 있게 되었음을 알았습니다.”

그때 부처님께서 사리불에게 말씀하셨다.

“나는 이제 천인·인간·사문(沙門)·바라문 등의 대중 속에서 설하리라. 나는 옛날, 2만억의 부처님 처소에서 무상도(無上道)1를 위해 항상 너를 교화하고 있었다. 너는 또 오랫동안, 나를 따라서 배워 왔다. 나는 방편으로써 너를 인도했으며, 너는 내 가르침 속에 태어나게 되었다.

사리불이여, 나는 옛날, 너를 불도를 희구하도록 만들었음에도 불구하고, 너는 이제 그것을 모두 망각한 나머지, 스스로 깨달음을 얻은 줄 알고 있다. 나는 이제 너에게 네가 전생에서 서원을 세우고 실행하던 일을 다시 기억하도록 하기 위해, 모든 성문(聲聞)을 위해 〈묘법연화경〉〈보살을 가르치는 법〉〈부처님에게 호념(護念)되는 법〉이라는 이름의 대승경전을 설한 것이다.

---

1. 최고의 가르침. 무상도심(無上道心)의 약어. 이 이상 없는 가장 뛰어난 길을 걸으려고 하는 마음이라는 뜻.

사리불이여, 너는 미래세(未來世)에 있어서 무량무변 불가사의겁을 지나, 기천만억의 부처님을 공양하고, 바른 가르침을 수지(受持)하여, 보살이 실행할 도를 구비한 끝에 부처님이 될 것이다. 그 이름을 화광여래(華光如來)라 하고, 나라를 이구(離垢)라 부를 것이다. 그 국토는 평탄하고 청정하며, 매우 아름답고 편안하고, 풍족하고 안락해서, 천인과 인간이 충만해 있을 것이다. 이 화광여래 또한 세 가지 입장에 의해 중생들을 교화할 것이다.

사리불이여, 그 부처님이 나타나는 시기는 악세(惡世)는 아닐 것이로되, 옛날에 제일 서원에 의해 세 가지 입장〔삼승三乘〕2의 가르침을 설하실 것이다. 그 겁(劫)의 이름을 대보장엄(大寶莊嚴)이라 한다. 왜 대보장엄이라 말하는가 하면, 그 나라 안에서는 보살을 큰 보배로 여기는 까닭이다. 그 모든 보살의 수효는 무량무변하고 불가사의해서 헤아릴 수도 비유할 수도 없으리니 부처님의 지력 이외에는 능히 알 수 있는 자는 없을 것이다. 그 보살들은 걸음을 옮길 때마다 보석의 꽃이 그 발을 받들 것이다. 이 모든 보살은 처음으로 깨달음을 향해 발심(發心)한 사람들이 아니다. 다 오랫동안 덕의 뿌리를 심어, 무량 백천만억의 부처님 처소에서 청정한 수행을 하고, 항상 부처님들에게서 찬탄을 받았으며, 언제나 부처님의 지혜를 닦아 대신통력을 갖추고 능히 모든 가르침을 이해하여, 실직(實直)하며, 거짓이 없고, 의지는 견고하리라. 이런

---

2. 삼승(三乘)은 성문(聲聞)·연각(緣覺)·보살의 세 가지 능력에 맞도록 깨달음으로 이끌어 가는 가르침을 탈것에 비유한 말.

보살이 그 나라에는 가득할 것이다.

사리불이여, 화광여래의 수명은 12소겁(小劫)일 것이다. 단 왕자로 있으면서 아직 부처가 되지 않았던 시일은 이에서 제외한다. 그 나라 백성의 수명은 8소겁일 것이다. 화광여래는 12소겁을 지낸 다음, 견만보살(堅滿菩薩)의 장래를 예언하여 비구들에게 이렇게 말씀할 것이다.

'이 견만보살은 다음의 부처가 될 것이다. 그 이름을 화족여래(華足如來)라 이를 것이다. 그 불국토도 또한 이와 같으리라.'

이 화광불이 이 세상을 떠나신 다음, 정법(正法)이 세상에 행하고 32소겁, 상법(像法, 정법 비슷한 가르침)이 세상에 머물기 또한 32소겁일 것이다.”

그때 대중은 사리불이 부처님 면전에서 더없는 바른 깨달음을 얻으리라는 예언을 받는 것을 보고, 마음에 크게 기뻐하여 작약하기 헤아릴 수 없었다. 그리하여 각기 몸에 걸친 웃옷을 벗어 부처님께 공양했다. 제석천(帝釋天)·범천왕(梵天王) 등은 무수한 천자와 함께 하늘의 묘의(妙衣)·하늘의 만다라바꽃·대만다라바꽃을 가지고 부처님께 공양했다.

뿌려진 천의(天衣)는 허공에 춤추고, 온갖 천인은 백천만종의 기악(伎樂)을 허공에서 연주하고, 온갖 천화(天花)를 내리면서 이렇게 말했다.

“부처님께서는 예전에 바라나시에서 처음으로 가르침의 바퀴〔법륜法輪〕를 굴리셨거니와, 이제 또 무상(無上)·최대의 가르침의 바퀴를 굴리셨다.”

그때 사리불이 부처님께 이렇게 여쭈었다.

"저는 이제 의문이 사라졌으며, 친히 부처님 앞에서 더없이 바른 깨달음을 얻으리라는 예언을 받자올 수 있었습니다. 이 천2백의 자재(自在)한 마음을 얻은 사람들은, 옛날 아직도 배워야 할 것이 남아 있던 시기에 부처님으로부터 항상 이런 말씀을 들어왔습니다.

'내 가르침은 능히 생로병사를 떠나게 하고, 영원한 편안〔열반〕에 이르게 한다.'

이 배울 것이 없어진 사람이나, 아직 남아 있는 자나, 실아(實我)[3]라는 것이 있다는 견해라든가, 죽은 후에 자아(自我)가 있느니 없느니 하는 견해를 떠나서, 자기가 자신을, 영원한 편안을 얻은 것으로 생각해 왔습니다. 그러나 이제 세존으로부터 친히 일찍이 들어 본 바 없는 가르침을 듣잡고, 모두 의심에 빠져 있습니다. 부디 세존이시여, 원컨대 4부 대중을 위해 그 인연을 설하사 의심에서 해방되도록 해주시옵소서."

그때 부처님께서 사리불에게 말씀하셨다.

"나는 아까 '모든 부처님들께서 갖가지 인연과 비유와 말씀을 방편으로 하여 가르침을 설하신 것은, 모두 더없는 바른 깨달음을 얻게 하기 위함이다.'라고 말하지 않았던가? 이 온갖 가르침은 다 보살을 교화하기 위함이었느니라.

그러나 사리불이여, 이제 다시 비유를 써서 이 뜻을 밝히겠다. 모든 지혜 있는 자는 비유에 의해 깨달을 수가 있을 것이기 때문이다.

---

3. 실재하는 아(我). 실체로서의 아(我). 가아(假我)의 상대어.

사리불이여, 나라나 마을이나 향리(鄕里)에 늙은 큰 장자(長者)가 있다고 하자. 부유해서 재산은 헤아릴 수 없고, 밭이나 집이나 하인들도 많이 가지고 있다. 그 집은 광대했으나 대문은 오직 하나였는데, 백 명 내지 5백 명의 식구가 그 속에서 살고 있었다. 집은 낡았고, 담이나 벽은 무너질 듯하고, 기둥은 썩고, 대들보나 서까래는 기울어 위험한 상태였다. 그 집에 갑자기 불이 나서 타기 시작했다. 장자의 아들은 열 명, 스무 명 내지 서른 명이나 이 집에 있었다. 장자는 이 큰불이 사방에서 일어남을 보고 크게 놀라고 두려워하여 이렇게 생각했다.

'나만은 이 불붙은 집 대문에서 편안히 나올 수 있었지만, 아이들은 불타는 집에서 장난을 즐기며 집착하여, 깨닫지도 못하고, 알지 못하고, 놀라지도 겁내지도 않고 놀고 있다. 불이 그 몸에 다가오고, 고통이 자기들에게 접근해 오는데도 마음에 언짢게도 생각하지 않고, 집에서 나가려는 뜻도 없다.'

사리불이여, 이 장자는 이렇게도 생각했다.

'나는 몸에도 손에도 힘이 있다. 꽃병이나 책상이라도 옮겨 내듯이 그들을 이 집으로부터 끌어내 올까?'

또 이렇게도 생각했다.

'이 집에는 오직 한 개의 대문밖에는 없고, 또 협소한 터이다. 아이들은 어려서 아직 불이라는 것을 모르므로 노는 데만 열중해 있다. 어쩌면 불 속에 넘어져 타 죽을지도 모른다. 나는 그들에게 불이 무섭다는 것을 말해 주리라. 이 집은 불타고 있다. 빨리 도망하여 불에 타 죽지 말도록 하라고.'

이렇게 생각하여, 생각한 대로 자세히 불의 무서움을 여러 아들에게 이르고, '얘들아, 빨리 집에서 나오라.'고 아버지는 아이들을 가엾이 여겨서 별말을 다하면서 타일렀건만 노는 것에 집착해 있는 아이들은, 그 말을 믿어 받아들이려고 하지 않아서, 조금도 겁냄이 없었고, 마침내 집에서 나오려고 하지 않았다. 불이란 무엇인가, 집이란 무엇인가, 무엇을 잃는가를 알지 못하고, 다만 동서로 뛰고 장난치면서, 아버지를 바라볼 뿐이었다.

그때 장자는 이렇게 생각했다.

'이 집은 이미 큰불이 붙고 있다. 나와 이 아이들이 여기서 탈출하지 않으면 반드시 타 죽을 것이다. 나는 이제 방편을 만들어, 아이들을 이 위험에서 벗어나게 하는 수밖에 없다.'

아버지는 이 아이들이 각기 온갖 진귀한 장난감, 색다른 것에 곧 마음이 쏠리는 것을 알고 있는지라 이렇게 말했다.

'너희들이 아주 좋아할 장난감 중에서, 손에 넣기가 매우 어려운 것이 있다. 만일 그것을 지금 가지러 가지 않는다면 후일에 가서 반드시 후회할 것이다. 그것에는 여러 종류가 있다. 양이 끄는 수레, 사슴이 끄는 수레, 소가 끄는 수레가 지금 대문 밖에서 너희들을 기다리고 있다. 너희들은 그것을 가지고 마음껏 놀 수 있을 것이다. 빨리 이 타고 있는 집에서 나가거라. 너희들이 좋아하는 것이라면 무엇이라도 주리라.'

그때 아이들은 아버지가 진귀한 장난감에 대해 말하는 것을 듣고, 그것을 가지고 싶어서 마음이 들떠, 서로 떠밀면서 앞다투어 불붙고 있는 집에서 뛰어나갔다.

장자는 아이들이 안전하게 집에서 나와, 모두 네거리 광장에 앉아 있음을 보고 비로소 마음의 평정을 되찾고 기뻐 뛰었다. 아이들은 각기 아버지에게 이렇게 말했다.

'아버지, 아까 말씀하신 양이 끄는 수레, 사슴이 끄는 수레, 소가 끄는 수레를 저희들에게 주십시오.'

사리불이여, 그때 장자는 각 아들들에게 똑같은 큰 수레를 주었다. 그 수레는 높고 크며, 온갖 보석으로 장식한데다가, 난간을 두르고, 사면에 풍경이 달려 있었다. 또 그 위에는 천개(天蓋)를 드리우고, 여러 가지 진귀한 보석으로 아름답게 꾸며져 있었다. 보석으로 된 줄을 두르고 영락을 드리웠으며, 자리를 겹쳐서 깔고, 붉은빛 베개가 놓여졌으며, 흰 소가 이를 끌었는데 그 살결이 맑고, 형체는 아름답고, 힘이 세어서 걸음이 평탄하고, 빠르기는 바람 같았다. 왜냐하면, 이 장자는 부유해서 재물은 한량이 없는지라, 온갖 창고는 모두 충만해 있는 까닭이었다.

그리고 이렇게 생각했다.

'내가 가진 재물에는 한량이 없으니, 변변찮은 조그만 수레를 아이들에게 줄 필요는 없다. 이제 이 아이들은 모두 내 아들인데 사랑함에 차별이 있을 수 없다. 나에게는 이렇게 칠보로 만든 큰 수레가 있어서 그 수효는 헤아리지 못한다. 마땅히 평등한 마음으로 각자에게 이것을 주어야 할망정, 차별해서는 안 된다. 왜냐하면 나의 이런 수레를 온 나라 사람들에게 나누어 준대도 모자라지는 않을 것이기 때문이다. 하물며 아이들에게 주는 것쯤 무슨 문제가 되랴.'

이때 아들들은 각기 큰 수레를 타고 나자, 미증유의 느낌을 맛보았다. 그러나 이것은 그들이 애당초에 바라던 것 자체는 아니었다.

사리불이여, 너는 어떻게 생각하느냐. 이 장자는 아이들에게 평등히 진귀한 보석으로 장식된 큰 수레를 주었거니와, 이는 거짓말 한 것은 안 되겠는가?"

　사리불이 대답했다.

　"그렇지는 않습니다. 세존이시여, 이 장자는 오직 아이들을 불의 위험으로부터 건지고, 목숨을 보존케 해주었을 뿐이니, 거짓말 한 것은 되지 않습니다. 왜냐하면, 목숨을 보존했기에 좋아하는 장난감도 얻을 수 있는 까닭입니다. 하물며 방편에 의해 저 불붙은 집으로부터 구해 내지 않았습니까? 세존이시여, 비록 이 장자가 가장 작은 수레 한 채도 주지 않았다 해도, 오히려 거짓말 한 것은 되지 않습니다. 왜냐하면 이 장자는 애당초에 '나는 방편에 의해 아이들을 집밖으로 나오게 하리라.'고 생각했기 때문입니다. 이 인연으로 말미암아 거짓말 한 것은 아닙니다. 하물며 장자는 스스로 부유하여 재물이 무량함을 알고, 아이들을 행복하게 해주고자 평등하게 큰 수레를 나누어 주지 않았습니까?"

　부처님께서 사리불에게 말씀하셨다.

　"잘 말했다, 잘 말했다. 네 말이 옳다. 사리불이여, 여래도 또한 그러하니라. 일체 세간(世間)의 아버지가 되고, 온갖 공포・고뇌・근심・무명・어둠을 완전히 없애서 무량한 지견(知見)과 힘과 자신을 완성하고, 대신통력과 지혜의 힘을 지니고, 방편과 덕을 완성하고, 대자대비심이 있어서 항상 싫증냄 없이, 늘 착한 일을 추구하여 모든 사람들의 이익을 염원하고 있는 터이다. 그리고 불붙은 낡은 집과도 흡사한 이 삼계(三界)4에 태어나는 것은, 중생들을 생・노・병・사・우(憂)・비

(悲)·고(苦)·뇌(惱)·우치(愚癡)·어둠·삼독(三毒)의 불로부터 구해 내어 교화함으로써 더없는 바른 깨달음을 얻게 해 주고자 생각하는 까닭이다.

내가 온갖 중생들을 보건대, 생·노·병·사·우·비·고·뇌의 불에 타고, 또 오욕(五欲)과 재물 때문에 여러 가지 고통을 당하고 있다. 또 탐욕을 내어 집착하기 때문에 현세에서는 온갖 고통을 맛보고, 후세에서는 축생·아귀의 고통을 받기도 한다. 만약 천상(天上)에 태어나든가, 인간계에 태어나든가 하면, 빈궁이나 곤고(困苦), 사랑하는 자와 이별하는 고통, 미운 자와 만나는 고통 따위의 온갖 괴로움이 따르기 마련이다. 중생들은 그런 속에 잠겨 있으면서도 기뻐하여, 즐기면서 깨닫지도 못하고, 알지도 못하고, 놀라지도 않고, 겁내지도 않고, 또 싫어하지도 않는다. 그리하여 거기에서 벗어나고자 바라지도 않은 채, 불붙은 집과도 비슷한 이 삼계(三界)에 있어서, 동으로 서로 뛰며 큰 고통을 만나도 그를 걱정하지 않는다.

사리불이여, 나는 이렇게 생각했다.

'나는 중생들의 아버지니, 마땅히 이 고통을 제거하고, 무량 무변한 지혜의 즐거움을 그들에게 주어 그것에 의해 즐겁게 뛰놀도록 해주지 않으면 안 된다.'

사리불이여, 나는 또 이렇게 생각했다.

'만약 내가 다만 신통력과 지혜만을 가지고, 방편을 버린

---

4. 불교의 세계관으로 중생이 왕래하고 거주하는 세 가지 세계의 뜻. 욕계(欲界)·색계(色界)·무색계(無色界)의 세 가지.

채, 일체 중생을 위해 여래의 지견과 힘과 자신을 찬양한다고 해도, 중생들은 이것에 의해 깨닫지는 못할 것이다. 왜냐하면 이 일체 중생은 아직도 생·노·병·사·걱정·슬픔·고뇌를 면하지 못하고, 불붙은 집과도 비슷한 이 삼계에서 타고 있는 까닭이다. 어떻게 부처님의 지혜를 깨달을 수 있으랴.'

사리불이여, 저 장자가 몸이나 손에 힘은 있어도, 그것을 쓰지 않고, 오직 교묘한 방편으로 아이들을 불붙은 집으로부터 구해 내어, 그 다음에 각기 진귀한 보석으로 만든 큰 수레를 나누어 준 것처럼, 그와 같이 여래도 또한 힘이나 자신은 있어도 이것을 쓰지 않은 채, 오직 지혜와 방편에 의해, 불붙은 집과도 같은 이 삼계로부터 중생들을 구해 내고자, 그를 위해 성문(聲聞)의 입장·독각(獨覺)의 입장·부처님의 입장이라는 세 입장을 설해서 이렇게 말한 것이었다.

'너희들은 불붙은 집과도 비슷한 이 삼계에 머물고자 원해서는 안 된다. 형태·소리·향기·맛·촉감 따위의 저열한 것에 탐심을 내서는 못쓴다. 만일 그런 것에 탐심을 내고 집착해서 애착을 가진다면, 그것에 의해 자신을 불태우리라. 너희들은 속히 이 삼계에서 나가, 성문의 입장·독각의 입장·부처님의 입장이라는 세 가지 입장을 터득하라. 나는 이제 너희들을 위해 책임을 지고 보증을 주어, 헛되이 끝나는 일이 없도록 해주겠다. 너희들은 오직 노력 정진할 것이다.'

나는 이 방편에 의해 중생들의 마음을 이끈 다음, 또 이렇게 말했다.

'너희들은 마땅히 알라. 이 세 가지 입장이라는 가르침은 모두 성인이 찬탄하시는 바임을. 그것은 자재로우며, 얽매임이 없으며, 의거하는 데가 없다. 이 세 가지 입장에 서면, 더러움 없는 오근(五根)과, 오력(五力)과, 칠각지(七覺支, 깨달음을 향해 나아가는 일곱 가지 수단)와, 팔정도(八正道)와, 선정(禪定)과, 해탈과, 삼매 등에 의해 스스로 즐기면서 무량한 편안과 즐거움을 얻게 되리라.'

사리불이여, 만약 중생 가운데 안에 지성(智性)이 있고, 부처님에게서 가르침을 듣고 이를 믿어 받아들이며, 정진 노력하여, 속히 삼계를 벗어나고자 생각해서 스스로 영원한 편안〔열반〕을 구하는 자가 있다면, 이는 성문의 입장에 서는 사람이다. 저 여러 아들들이 양이 끄는 수레를 얻고자 불난 집에서 뛰쳐나간 것과 비슷하다.

만약 중생 중에서 부처님에게서 가르침을 듣고 이를 믿고 받아들여서 정진 노력하여, 자연의 도리를 관찰해서 얻는 지혜를 구하고, 홀로 조용히 생활하는 것을 즐기며, 깊이 존재의 인연을 이해하는 자가 있다면, 이는 홀로 깨닫는다는 입장에 서는 사람이다. 저 여러 아들들이 사슴이 끄는 수레를 탐내어 불이 난 집에서 뛰쳐나온 것과 비슷하다.

만약 중생 중에서 부처님에게서 가르침을 듣고 이를 믿고 받아들여서 정진 노력하여, 일체지(一切智)·불지(佛智)·자연지(自然智)[5]·무사지(無師智)[6]·여래의 지견(知見)·역(力)·자신 등을 구하며, 무량한 중생들을 불쌍히 여겨서, 안락하게

---

5. 스스로 존재하는 지혜. 인위적인 노력에 의하지 않고, 자연적으로 생기는 부처님의 깨달음의 지혜를 말함.
6. 스승 없이 깨달은 부처님의 지혜. 스승 없이 혼자서 얻은 깨달음.

하고, 천인과 인간을 이롭게 하고, 일체 중생들을 구하는 자가 있다면, 이는 큰 입장에 서는 사람이다. 보살은 이 입장을 구하기에, 대사(大士)라 이르는 것이다. 저 여러 아들들이 소가 끄는 수레를 탐내어 불난 집에서 뛰쳐나간 것과 비슷하다.

사리불이여, 저 장자가 아이들이 무사히 불난 집으로부터 벗어나, 두려울 것 없는 처소에 이른 것을 보았을 때, 스스로 부유하여 재물이 무량함을 생각하고, 평등하게 큰 수레를 여러 아들에게 준 것같이 여래도 또한 일체 중생의 아버지인지라, 만약 무량 백천만억의 중생들이 '부처님의 가르침'이라는 문으로 해서, 삼계의 고통과 공포에 찬 험한 길에서 벗어나, 영원의 편안이라는 즐거움을 얻었음을 보았을 때 여래는 이렇게 생각하느니라.

'나에게는 무량무변의 지혜와 힘과 자신이라는, 여러 부처님들의 가르침의 곳집[庫]이 있다. 이 일체 중생은 다 내 아들이므로 평등하게 큰 입장을 주어서 자기 나름의 깨달음을 얻는 것이 아니라, 모두 여래의 깨달음을 얻도록 해주리라.'

이 삼계를 벗어난 일체 중생에게는 모두, 여러 부처님들의 선정(禪定)·해탈이라는 즐거운 장난감을 주는 것이다. 이는 다 오직 하나의 상(相)이요, 오직 하나의 종류여서, 성자에 의해 찬탄되고, 능히 정묘(淨妙) 제일의 즐거움을 생기게 하는 성질의 것이다.

사리불이여, 저 장자는 처음에 세 가지 수레로 아이들을 꾀었으나, 나중에는 오직 보석으로 장식된 안온(安穩) 제일인 큰 수레를 주었거니와, 그럼에도 불구하고 저 장자가 거짓말 한 것이 안 되는 것과 마찬가지로, 여래도 또한 그와 같아서 거짓말 한 것은 결코 아니니라. 처음에는 세 가지 입장을 설해 중생들을 인도하지만, 뒤에 와서는 오직 큰 입장에 의해 이를 구하는 바이다. 왜냐하면, 여래에게는 무량한 지혜와 힘과 자신이라는 가르침의 곳집이 있어서, 능히 일체 중생에게 큰 입장의 가르침을 나누어 주건만, 그래도 그 전부를 주는 것은 안 될 만큼 그 가르침이 풍족한 까닭이다.

　사리불이여, 이 인연에 의해 마땅히 알라. 부처님들은 방편의 힘에 의해 하나인 부처님의 입장에 서서, 분별하여 삼(三)이라고 설하셨느니라."

❧ 신해품信解品 제4 ❧

그때 장로(長老) 수보리(須菩提), 마하가전연(摩訶迦旃延), 마하가섭(摩訶迦葉), 마하목건련(摩訶目犍連)은 부처님께 들은 미증유(未曾有)의 가르침과, 세존께서 사리불에게 더없는 바른 깨달음을 얻으리라고 예언하신 데 대해 희유한 마음을 일으켜, 뛰어오를 듯 기뻐하여, 자리에서 일어나 옷을 여미고, 온 어깨를 드러내어, 오른쪽 무릎을 땅에 대고, 마음을 오로지하여 합장한 다음, 몸을 굽혀 예배드리고, 세존의 얼굴을 우러러보면서 이렇게 아뢰었다.

"저희들은 승단(僧團)의 우두머리 지위에 있습니다만, 모두 노쇠해서 자기가 자신을 두고 이미 영원의 평안을 얻은 터이므로 더 이상 애쓸 것은 없다고 생각하여, 나아가서 더없는 바른 깨달음을 구하고자 하지 않았습니다. 세존께서는 예전부터 이미 긴 시일을 설법해 오셨습니다. 저희들도 그 자리에 있기는 했습니다만, 몸이 지친 나머지 공(空)·무상(無相)·무작(無作)만을 생각하고, 보살의 가르침이나 신통력으로 자유로이 행동하는 일이나, 불국토를 정화하는 일이나, 중생들을 성취시키는 일 같은 것에는 마음으로 기쁨을 느끼지 못했습니다. 왜냐하면 세존께서 우리들로 하여금 삼계로부터 벗어나 영원한 평안을 깨닫게 하셨기 때문입니다. 또 지금 우리들은 이미 노쇠해서 부처님께서 가르치시는 보살의 더없는 바른 깨달음에 대해 듣는데도, 그것을 기뻐하는 마음은 조금도 생기지 않게 되었습니다. 그런데 지금, 부처님 면전에서 성문(聲聞)으로도 더없는 바른 깨달음을 얻으리라고 예언함을 듣고, 마음에 큰 기쁨이 생겨 일찍이 없었던 감명을 받았습니다. 이제 와서 갑자기 희유한 가르침을 들을 수 있으리라고는 미처 생각하지 못했습니다. 큰 이익을 얻고, 구하지 않은 무량한 진보(珍寶)를 얻었음을 깊이 마음속에서 기뻐하고 있습니다.

세존이시여, 저희들은 지금 비유를 들어 이 뜻을 밝혀보고자 생각합니다.

이를테면, 여기에 한 사나이가 있다고 합시다. 어렸을 적에 아버지 슬하로부터 도망쳐 나와 타국에 가 살기를 10년, 20년, 50년이 되었습니다. 나이는 점차 먹어 갔어도 더욱 가난과 고생은 늘기만 해서, 의식(衣食)을 얻고자 사방을 돌아다니다가 차츰 돌고 돌다 보니 다시 본국에 와 있게 되었습니다. 그보다 앞서 그 아버지는 아들을 찾아도 찾지 못하자, 어느 도시에 머물러 살고 있었습니다. 그 집은 매우 부유하여 재물은 헤아릴 수 없었으니, 금·은·유리·호박·파리주(頗梨珠) 따위는 창고에 가득했습니다. 많은 시동(侍童)·하인·일꾼이 있었고, 코끼리·말·수레·소·양은 수효도 모를 지경이었습니다. 돈을 꾸어 주고 이자를 받는 범위가 타국에도 미쳤으며, 거래하는 상인이나 고객의 수효도 엄청났습니다.

한편, 가난뱅이 아들은 마을과 읍과 나라들을 방랑한 끝에 마침내 아버지가 살고 있는 도시에 나타났습니다. 아버지는 항상 아들 생각을 했고 아들과 헤어진 지 50여 년이 되었건만,

남에게는 그런 말을 한마디도 한 적이 없었습니다. 다만 자기 혼자 생각하면서 뉘우치고 있었을 뿐입니다. 그는 이렇게 생각했습니다.

'나는 노쇠했다. 나에게는 많은 재물이 있어서, 금·은·진귀한 보배는 창고에 가득하건만 나에게는 아들이 없다. 내가 죽고 나면 재산은 흩어져 버리고, 상속할 사람도 없을 것이다. 그러기에 더 한층 언제나 아들 생각이 간절하다.'

또 이렇게도 생각했습니다.

'만약 그 아이를 찾아 재산을 상속받게 할 수 있다면, 편안하고 유쾌하여 걱정도 없을 것이다.'

세존이시여, 그때 그 가난한 아들은 여기저기 고용되어 일하다가 마침 아버지의 집을 찾아왔습니다. 대문 옆에 발걸음을 멈추고 멀리 그 아버지 쪽을 바라보니, 사자를 아로새긴 의자에 걸터앉아 보석을 박은 디딤대〔족대足臺〕에 발을 놓았는데, 수많은 바라문과 무사와 부자들이 모두 그를 에워싸고 서서 경의를 표하고 있었습니다. 천만금이나 값나가는 진주의 영락으로 그 몸을 장식했으며, 고용인과 시동·하인들이 손에 불자(拂子)를 들고 좌우에 서있었습니다. 그리고 보석을 아로새긴 장막을 치고, 온갖 꽃을 그린 기를 드리우고, 향수를 땅에 뿌리고, 온갖 아름다운 꽃을 뿌려 놓았으며, 보물들을 늘어놓고, 내고들이며 주기도 하는 것이었습니다. 이런 갖가지 아름다운 장식이 있으므로 위덕(威德)은 한층 더 높아 보였습니다. 가난뱅이 아들은 아버지에게 큰 위세가 있음을 보자 겁을 집어먹고, 그곳에 온 것을 후회하여 가만히 생각했습니다.

'이 사람은 왕이든가 또는 왕과 비슷한 사람일 것이다. 여기는 내가 품을 팔아 삯을 받을 만한 데가 아니다. 빈민들이 사는 곳에 가면 일자리가 있어서, 의식은 쉽게 해결될 것이다. 그쪽이 낫다. 만약 이런 곳에서 어물어물하고 있다가는 그야 말로 붙들려 강제적으로 일하지 않으면 안 될 것이다.'

이렇게 생각한 아들은 황급히 도망치기 시작했습니다.

그때 부유한 장자는 사자좌 위에서 그를 보고 곧 아들임을 알아 마음에 크게 기뻐하여 생각했습니다.

'내 재물과 창고는 이제야말로 상속자가 있게 되었다. 나는 항상 이 아들을 생각하고 있었지만 아무리 해도 만날 수가 없었다. 그런데 갑자기 그 아이 쪽에서 찾아왔다. 내 소원은 이루어졌다. 나는 노쇠하기는 해도 아직 아들에 대한 애착을 잃지는 않았다.'

그래서 옆에 있는 사람을 보내 급히 쫓아가서 데려오도록 했습니다. 명령을 받은 사람은 쫓아가 그 아들을 붙잡았는데, 가난뱅이 아들은 깜짝 놀라서 겁먹은 나머지 큰 소리로 외쳤습니다.

'저는 아무것도 나쁜 짓은 하지 않았습니다. 왜 나를 잡는 것입니까?'

사자는 더욱 꼭 움켜잡고, 강제로 끌고 왔습니다. 그때 아들은 이렇게 생각했습니다.

'죄도 없이 붙들렸으니 나는 죽게 될 것이다.'

그래서 더욱 겁을 먹고 기절해 땅에 넘어졌습니다. 아버지는 멀리서 이 모습을 보고 사자에게 말했습니다.

'이 사람을 그렇게나 억지로 끌어올 것까지는 없었다.'

그리고 차가운 물을 이마에 부어 정신이 들게 했습니다만,

그 이상 이 사람과 이야기 같은 것은 하려 하지 않았습니다. 왜냐하면, 아버지는 그 아들의 생각이 저열함을 알고, 자기가 부유하고 고귀함을 아들이 꺼리고 있음을 알았으므로, 명백히 그가 자기 아들이라고 알고 있었어도, 방편에 의해 '이는 내 아들이다'라고 남에게 말하지 않은 것이었습니다.

그래서 사자는 아들에게 말했습니다.

'그러면 좋다. 너 가고 싶은 데로 가거라.'

가난뱅이 아들은 기뻐서 일찍이 없었던 감격을 느끼고, 땅에서 일어나 빈민가를 찾아가 품팔이를 했습니다.

그때 장자는 그 아들을 꾀어 데려오고자 방편을 생각해내어, 살며시 용모가 야위어서 보잘것없게 생긴 사람 두 명을 불러 말했습니다.

'너희들은 거기에 가서 그 가난한 자에게 말하라. 여기에 일자리가 있다, 2배의 삯을 준다고. 그 가난뱅이 사나이가 승낙하거든 데리고 와서 일하게 해라. 만약 어떤 일이냐고 묻거든 네가 할 일은 오물 청소다. 우리 둘도 역시 그 일을 하고 있다고 말해라.'

그래서 그 두 사람은 가난뱅이 아들을 찾아가 그렇게 말했습니다. 아들은 그 삯을 받고 오물을 청소하게 되었습니다. 아버지는 아들을 보고 가엾게 여기고, 이렇게 된 운명을 이상하게 여겼습니다.

어느 날, 창문을 통해 멀리서 아들 모습을 바라보았더니, 아들은 지치고 마르고 야위었으며 오물로 몸이 더러워지고 깨끗하지 못했습니다. 그래서 아버지는 영락과, 부드럽고 아름다운 의복과, 아리따운 장식품들을 벗고, 대신 해지고 때 묻은 옷으로 갈아입었습니다. 그리고는 진흙과 흙을 몸에 칠한 다음, 오른손에 오물을 넣은 통을 들고 접근하여, 일꾼들에게 이렇게 말했습니다.

'자네들은 게으름을 피우지 말고 일하라.'

이런 방편으로 아버지는 아들에게 접근할 수가 있었습니다. 그리고 또 이런 말을 했습니다.

'이것 봐, 거기 있는 사람. 자네는 언제나 여기서 일하게. 내 곁에서 떠나선 안 되며, 자네에게는 특별히 후한 삯을 주겠네. 필요한 것이 있다면 병이든, 쌀이든, 국수든, 소금이든, 초든 무엇이나 거리낌없이 청구하게. 낡았긴 해도 헌 저고리도 있으니 입겠다면 그것도 주지. 나는 자네 아버지나 다름없으니 조금도 어려워 말게. 왜냐하면 나는 늙었고 자네는 젊었으니까. 그리고 자네는 일하면서 속인다든가, 게으름을 피운다든가, 미워한다든가, 원망한다든가 하지 않았네. 다른 하인들에게 흔히 있는 그런 일이 전혀 없단 말일세. 오늘부터 자네는 내 친아들이나 다름없네.'

그리하여 장자는 이 가난뱅이에게 아들이라는 이름을 붙여 주었습니다. 그때 가난한 그 아들은 이렇게 대우 받는 것을 기뻐하기는 했습니다만, 그래도 역시 자기는 품팔이꾼인 천한 사람이라고 생각하고 있었습니다. 그리하여 20년 동안, 항상 오물 청소를 시켰습니다. 20년의 세월이 흐르자, 아버지와 아들의 마음은 서로 통하게 되어 거리낌없이 오가는 사이가 되었으나, 그래도 거주하는 곳은 여전히 옛날 그대로였습니다.

세존이시여, 그 장자가 병이 들었습니다. 얼마 안 있어 자기가 죽을 것을 느낀 장자는 아들에게 말했습니다.

'나는 지금 막대한 금·은·보배를 가지고 있어서 창고에 가득하다. 그 다소(多少)와 받고 주어야 할 곳을 너는 전부 알고 있다. 내 뜻은 이와 같으니, 내 마음을 알아주기 바란다. 이제 나와 너는 한몸이다. 너도 주의해서 내 재산에 손상이 없도록 하라.'

그때 아들은 그 말대로 막대한 금·은·보배와 여러 창고를 관리했으나, 그중에서 무엇 하나 가지려는 생각은 하지 않았습니다. 여전히 그전 처소에서 살았으며, 자기가 가난하다는 생각도 버릴 수가 없었습니다.

그로부터 다시 얼마가 지난 다음, 아버지는 아들의 마음이 차츰 열려서 편안해지고 커졌으며, 지난날의 자기 마음이 비천했음을 부끄러워하고 있는 줄 알자, 임종 때 그 아들에게 말하여 친척·국왕·대신·무사·부자들을 모두 모이도록 했습니다. 그들 앞에서 아버지는 이렇게 말했습니다.

'여러분, 이 사실을 마땅히 알아주십시오. 이 사람은 바로 나의 아들입니다. 내가 낳은 친자식입니다. 어느 읍에서 내게서 도망쳐서 떠돌아다니며 고생하기 50여 년이 되었습니다. 원래의 이름은 아무개, 내 이름은 아무개입니다. 나는 옛날의 그 읍내에서 걱정하며 찾아다녔으나, 우연히 여기서 만나게 되었습니다. 이는 참으로 내 자식입니다. 그리고 나는 그의 아비입니다. 이제 내가 소유하고 있는 일체의 재산은 다 아들의 소유입니다. 이제까지의 거래관계는 전부 이 아들이 알고 있습니다.'

세존이시여, 이때 아들은 아버지 말을 듣고 크게 기뻐하여, 일찍이 없었던 감명을 받아 말했습니다.

'나는 본래 마음에 아주 바라는 바가 없었는데도 불구하고, 이제 이 재물은 저절로 내 것이 되었다.'

세존이시여, 큰 재산을 가진 장자란 여래이십니다. 우리들은 모두 부처님의 아들입니다. 그것은 여래께서 언제나 우리들에게 '너희들은 내 아들이다.'라고 말씀하셨기 때문입니다. 세존이시여, 저희들은 세 가지 고뇌 때문에 생사 중에서 온갖 사나운 고통을 당하고 미혹하여, 무지하고 저열한 가르침에 집착하고 있었습니다.

그렇거늘 오늘 세존께서는 우리들을 타이르사, 오물과도 같은 존재에 대한 헛된 논의를 제거하게 해주셨습니다. 저희들은 노력 정진하여 마치 하루 품삯을 받은 듯, 영원의 편안〔열반〕을 얻고, 그것을 일단 얻자 마음으로 매우 기뻐하여 스스로 만족해 있었습니다. 그리하여, '부처님의 가르침 속에서 정진한 덕분에 매우 큰 것을 얻었다'고 말하고 있었습니다.

그래서 세존께서는 먼저 저희들의 마음이 하찮은 욕망에 집착하여 천한 가르침을 원하고 있는 줄 아시고, 일단 버려두시고 저희들을 위해 '너희들에게는 여래의 지견(知見)이라는 보장(寶藏)의 유산이 있다'고는 예언하시지 않은 것이었습니다. 세존께서는 방편으로 여래의 지혜를 설하셨건만, 저희들은 부처님으로부터 하루치의 품삯을 받아들고, 그래도 크게 얻었다고 생각하여 이 대승을 구하려고 하지 않았습니다.

저희들은 또 여래의 지혜로 온갖 보살들을 위해 설해진 가르침을 원하고, 구하려고도 하지 않겠습니다. 왜냐하면 부처님께서는 저희들이 마음으로 저속한 가르침을 원하고 있는 줄 아시고, 방편에 의해 저희들에게 어울리도록 설하셨는데도, 저

회들 쪽에서는 자기들이 진정한 부처님의 아들임을 알지 못했기 때문입니다.

이제, 저희들은 바야흐로 알았습니다. 세존께서는 부처님의 지혜를 나누어 주심에 있어서 인색하지 않으심을. 그러나 저희들은 옛날부터 원래가 부처님의 아들이었건만 저속한 가르침만에 연연해 있었던 것이었습니다. 만약, 저희들에게 진작 대승을 원하는 마음이 있었던들, 부처님께서는 일찍이 저희들을 위하여 대승의 가르침을 설하셨을 것입니다.

이제 이 경전 속에서는 오직 하나인 입장만을 설하고 계십니다. 그리고 예전에는 보살들 앞에서는 저속한 가르침을 원하는 성문(聲聞)을 비난하시곤 하셨습니다만, 사실은 부처님께서는 언제나 대승으로써 교화하고 계셨습니다. 이런 까닭으로, 저희들에게는 원래 마음으로 원하고 구하는 바가 없었던 것이나, 이제 가르침의 왕인 큰 보배가 저절로 굴러들어와 부처님의 아들로서 얻을 수 있는 것은 전부 이미 이를 얻었다고 이렇게 여쭙는 바입니다."

약초유품藥草喻品 제5

그때 세존께서는 마하가섭과 여러 대제자에게 이렇게 말씀하셨다.

"그렇다, 그렇다. 가섭이여, 여래의 진실한 공덕을 잘 말했다. 참으로 네 말 그대로다. 그러나 여래에게는 또 무량무변무수한 공덕이 있으므로, 너희들이 만약 무량억겁 동안 그를 설한대도 다 설할 수는 없을 것이다.

가섭이여, 마땅히 알라. 여래는 온갖 가르침의 왕이므로, 설하는 바가 다 허망치 않느니라. 모든 가르침에 있어서 지혜의 방편에 의해 이를 설하며, 그 설하는 바의 가르침은 모두 일체지(一切智)의 기초, 즉 실상(實相)에 이르게 하는 것이다. 여래는 모든 존재하는 것들이 어디로 가는가를 관찰해 알고, 또 모든 중생들의 마음속의 작용도 알고 있어서 통달함에 막힘이 없는 터이다. 또 모든 가르침을 궁극에까지 명백히 깨닫고 있어, 모든 중생들에게 일체의 지혜를 보여주는 바이다.

가섭이여, 이를테면 삼천대천세계의 산과, 내와, 골짜기와, 토지에 나는 풀이나, 나무나, 숲이나, 온갖 약초는 여러 가지 종류가 있고 이름도 형태도 각각이지만, 이것들 위에 빽빽한 구름이 널리 번져 두루 삼천대천세계를 뒤덮은 끝에, 일시에 고루고루 비가 내리며, 그 물기운은 두루 풀과, 나무와, 숲과,

온갖 약초의 작은 뿌리, 작은 줄기, 작은 가지, 작은 잎이나 중간쯤 크기의 뿌리, 중간쯤 크기의 줄기, 중간쯤 크기의 가지나 큰 뿌리, 큰 줄기, 큰 가지, 큰 잎을 적시는 것이다. 온갖 나무에 대소가 있는 것은 나무 크기에 따라 각기 받아들이는 바에 차이가 있어서, 같은 한 구름에서 내리는 비건만 각기 다르게 받아들여서 그 본성에 따라 자라고, 꽃을 피우고, 열매를 맺는 까닭이다. 같은 대지에서 나고, 같은 비에 젖어도, 여러 초목들에는 각기 차별이 있는 것이다.

가섭이여, 마땅히 알라. 여래도 또한 이러하니라. 세상에 나타남은 큰 구름이 이는 것과 같고, 큰 목소리로 세계 중의 천인과 인간과 아수라 등에게 가르침을 들려줌은 저 큰 구름이 두루 삼천대천세계를 뒤덮는 것과 같다."

여래는 대중 속에서 이렇게 말했다.

"나는 여래다. 아직 저쪽 기슭[피안]에 건너가지 못한 자를 건너게 하고, 아직 깨닫지 못한 자를 깨닫게 하고, 아직 안심 못한 자를 안심케 하고, 아직 영원한 평안을 얻지 못한 자에게는 영원한 평안을 얻게 해준다. 여래는 이 세상과 저 세상을 있는 그대로 알고 있으므로 나는 일체를 아는 자, 길을 아는 자, 길을 여는 자, 길을 설하는 자다. 너희들, 천인과, 인간과, 아수라들이여, 가르침을 듣기 위해 모두 이리로 오라."

그때, 무수천만억의 중생들이 부처님을 찾아와 가르침을 들었다. 여래는 그때, 이 중생들의 기근(機根)이 날카로운가 둔한가, 노력하는가 게으른가를 관찰하여, 그 감당하는 능력에 따라 갖가지 무량한 가르침을 설해서 그들 모두를 기쁘게 하고 좋은 이익을 얻게 했다. 이 모든 중생들은 이 가르침을 듣고 나자, 현세에서는 평안하고, 후세에서는 좋은 세계에 태어나 도에 의해 즐거움을 누리고, 또 가르침을 들을 수가 있어서 그를 듣고 온갖 장애를 떠나 존재 속에서 그 능력에 어울리게 깨달을 수가 있었다.

"저 큰 구름이 모든 풀과, 나무와, 숲과, 온갖 약초 위에 비를 내렸을 때, 그 본성에 따라 물기운을 흡수해서 각기 성장하는 것과 같다. 여래의 설법은 같은 모양[相]이며, 같은 맛이다. 그 가르침은 생사의 결박으로부터의 해방, 애욕으로부터의 이탈, 집착하는 마음을 끊는다는 특징이 있어서, 결국 일체종지(一切種智)에 이르게 하는 성질의 것이다. 그 경우, 중생들 쪽에서는 여래의 가르침을 듣고 그것을 수지(受持) 독송하여 가르침대로 수행한다고 해도, 얻는바 공덕은 스스로 이해하지 못하게 마련이다. 왜냐하면, 오직 여래만이 이 중생들이 어떤 부류에 속하며, 어떤 상(相)을 지녔으며, 어떤 체(體)를 지녔으며, 어떤 성(性)을 지녔는가. 또 어떤 일을 염(念)하고, 어떤 일을 생각하고, 어떤 일을 닦고, 어떻게 염하고, 어떻게 생각하고, 어떻게 닦는가. 또 어떤 가르침에 의해 염하고, 어떤 가르침에 의해 생각하고, 어떤 가르침에 의해 닦고, 어떤 가르침에 의해 어떤 가르침을 얻을 것인가를 알고 있기 때문이다.

중생들이 얼마나 여러 가지 땅에 살고 있는가를 오직 여래만이 있는 그대로 이를 보고, 명백히 깨닫고 있어서 자유자재한 것이다. 저 풀과, 나무와, 숲과, 온갖 약초가, 자기로서는 상·중·하의 차이가 있음을 모르는 것과 같다. 아는 것은 오직 여래뿐이다. 같은 모양이요, 같은 맛인 가르침이란 생사의 결박으로부터의 해방, 애욕으로부터의 이탈, 집착하는 마음을 없앤다는 특징을 지닌 것이거니와, 그것은 궁극적인 영원한 평안이며, 상주(常住)의 적멸이어서 마침내는 공(空)으로 귀착한다. 부처님께서는 이를 일일이 알고 있건만, 중생들의 소원을 관찰하여 이를 지켜주려 생각하시므로, 일체종지를 설하지는 않는다.

가섭이여, 너희들이 여래가 상대에 어울리게 설하는 가르침을 이해하여, 잘 믿고, 잘 받아들인다는 일은 매우 드물다. 왜냐하면 여러 부처님들이 상대에 어울리게 설하시는 가르침은 이해하기 어렵고, 알기 어려운 까닭이다."

☙ 수기품授記品 제6 ☙

그때 세존께서는 모든 대중에게 말씀하셨다.

"내 제자, 이 대가섭은 미래 세상에서 3백만억의 부처님을 뵈옵고 공양하고, 공경하고, 존경하고, 찬탄하여, 널리 여러 부처님들의 무량한 큰 가르침을 널리 전파할 것이다. 그리하여, 그 마지막 생(生)에서 부처가 될 것이다. 그 이름을 광명(光明)여래라 하고, 나라를 광덕(光德), 겁(劫)을 대장엄(大莊嚴)이라 이르리라. 부처님의 수명은 12소겁(小劫)이며, 정법(正法)이 세상에 행하기 20소겁, 상법(像法)1도 세상에 행하기 20소겁이리라. 그 나라의 보살은 무량천억이며, 모든 성문들도 또한 무수할 것이다. 악마가 모습을 나타내는 일도 없으며, 비록 악마의 패거리가 나타난다 해도 다 부처님의 가르침을 수호할 것이다."

그때, 대목건련과 수보리와 마하가전연은 모두 몸을 떨면서 마음을 오로지하여 합장하고, 눈썹 하나 깜짝하지 않은 채 세존의 얼굴을 우러러보면서 목소리를 합쳐 다음과 같은 시를 설했다.

---

1. 상(像)은 유사하다는 의미로, 정법(正法)과 유사한 가르침의 뜻.

장하신 세존은 석(釋)씨 문중 법왕이라
불쌍한 우리 위해 부처 말씀 주옵소서.

우리 마음 아시고 수기를 주신다면
감로수로 열을 제하여 시원함과 같나이다.

주린 배로 헤매다가 대왕 성찬 만났어도
마음이 두려워서 감히 먹지 못하오니

만일 왕이 먹으라면 그때에야 달게 먹듯
우리들도 그와 같아 소승의 허물만 생각하며

부처님의 무상 지혜 구할 길도 모르고
'너희들도 성불한다' 부처 음성 들었어도,

도리어 마음 두려워서 선뜻 먹지 못함이나
만일 수기 주신다면 이젠 안락하오리다.

장하신 세존께서 세상 안락케 하시려니
저희에게 수기 주시면 그 가르침 받으리다.

그때 세존께서는 모든 대제자들이 마음으로 생각하고 있는
일을 아시고, 비구들에게 이렇게 말씀하셨다.
"이 수보리는 미래세에 있어서 3백만억 나유타 부처님을 뵈
옵고 공양하고, 공경하고, 존중하고, 찬탄하여, 항상 청정하게

수행해서, 보살의 도를 갖추어 마지막 생에서 부처가 되리라. 그 이름을 명상(名相)여래라 하고, 겁을 유보(有寶), 나라를 보생(寶生)이라 할 것이다. 모든 보살들은 무수천만억 나유타일 것이다. 부처님의 수명은 12소겁이며, 정법이 세상에 행하기 20소겁, 상법도 세상에 행하기 20소겁이리라. 그 부처님은 항상 허공에 계시면서 사람들을 위해 가르침을 설해서 무량한 보살과 성문을 깨닫게 할 것이다."

그때, 세존께서는 또 온갖 비구들에게 이렇게 말씀하셨다.

"나는 이제 너희들에게 이르리라. 이 대가전연(大迦旃延)은 미래세에서 온갖 공양구(供養具)에 의해 8천억의 부처님을 공양하고, 섬기고, 공경하고, 존중할 것이다. 여러 부처님들이 세상을 떠나실 때마다 각각 탑을 세우리니, 그 높이는 1천 유순(由旬, 요자나), 넓이와 길이가 다 같이 5백 유순일 것이다. 금·은·유리·차거·마노·진주·매괴의 7보로 만들고, 많은 꽃과 영락·도향·말향·소향·비단으로 된 천개(天蓋)·당번(幢幡)을 탑에 공양할 것이다. 이 일을 마친 다음 다시 2만억 부처님을 공양하기도 이와 같을 것이다. 이 여러 부처님들의 공양을 마치고 나서 보살의 도를 갖추어 부처가 되리라. 그 이름은 염부나제금광여래(閻浮那提金光如來)라 이를 것이다. 온갖 성문이나 보살이 무량만억이나 있어서 그 국토를 미화할 것이다. 부처님의 수명은 12소겁이며, 정법이 세상에 행해지기 20소겁, 상법도 세상에 행해지기 20소겁이니라."

그리고 세존께서는 다시 대중에게 이렇게 말씀하셨다.

"나는 이제 너희들에게 말하리라. 이 대목건련은 갖가지 공양구를 가지고 8천의 부처님들을 공양하고 위해 드릴 것이다.

부처님들이 세상을 떠나신 다음에는 각각 탑을 세울 것인데, 그 높이는 1천 유순, 넓이와 길이는 마찬가지로 5백 유순일 것이다. 금·은·유리·차거·마노·진주·매괴의 7보로 만들어지고, 많은 꽃·영락·도향·말향·소향·비단으로 된 천개·당번에 의해 공양될 것이다. 이 일이 끝나면 다시 2백만억의 부처님을 공양하기도 또한 이같이 하고 나서 부처가 되리라. 그 이름을 다마라발전단향여래(多摩羅跋栴檀香如來)라 이르고 겁을 희만(喜滿), 나라를 의락(意樂)이라 부르리라. 보살과 성문의 수효는 무량할 것이고, 부처님의 수명은 24겁이며, 정법이 세상에 행해지기 40소겁, 상법도 세상에 행해지기 40소겁일 것이다."

⑧ 화성유품化城喩品 제7 ⑧

부처님께서는 모든 비구들에게 말씀하셨다.

"과거 무량무변 불가사의의 무수겁 옛날에, 대통지승여래(大通智勝如來)라는 이름의 부처님이 계셨다. 그 나라를 호성(好成)이라 이르고, 겁(劫)을 대상(大相)이라고 했다. 이 부처님께서 세상을 떠나신 것은 매우 먼 옛날 일이다. 이를테면 삼천대천세계의 대지(大地)를 모두 갈아서, 크기가 티끌 같은 먹가루를 만들어 가지고 동방으로 천의 국토를 지나 한 알을 떨구었다 하자. 그리고는 또 천의 국토를 지나 다시 한 알을 떨구었다. 이렇게 되풀이하여 대지를 갈아서 만든 먹가루가 없어질 때까지 그 일을 했다고 하자. 너희들은 어떻게 생각하는가? 이 온갖 국토의 마지막 것까지의 수효가 어느 정도가 되는지, 수학의 대가나 그 제자라 할지라도 능히 알 수 있겠는가?"

"세존이시여, 도저히 알지는 못할 것입니다."

"모든 비구들이여, 이 사람이 지나온 국토 중에는 먹가루를 떨군 국토도 있고 떨구지 않은 국토도 있거니와, 그것들을 모두 갈아서 티끌을 만들고, 그 티끌 하나를 1겁으로 하자. 저 부처님이 세상을 떠나신 이래의 겁의 수효는 그보다도 더 길어서 무량무변 백천만억 무수겁이다. 나는 여래의 지견력(知

見力)에 의해 그 오래고 먼 옛일을 오늘 일같이 볼 수 있다."

부처님께서는 다시 모든 비구에게 말씀하셨다.

"대통지승불의 수명은 540만억 나유타 겁이다. 그 부처님은 원래 도장(道場)에 앉아 악마의 대군을 깨뜨리고, 더없는 바른 깨달음을 획득하시려 했으나, 여러 부처님의 가르침은 나타나지 않았다. 그리하여 1소겁에서 10소겁에 이르기까지 결가부좌하고 마음과 몸이 흔들리지 않았건만, 그래도 부처님들의 가르침은 나타나지 않았다. 그때 33천(天)의 천인들은 이미 이 부처님을 위해 보리수 밑에 높이 1유순(由旬)의 사자좌를 만들어 놓고 있었다. 부처님은 이 자리에 앉아 더없는 바른 깨달음을 얻게 되어 있었던 까닭이다. 저 부처님이 이 자리에 처음으로 앉으셨을 때, 모든 범천왕은 온갖 천화(天花)를 주위 100유순에 걸쳐서 뿌렸다. 이렇게 하여 끊어짐 없이 10소겁 동안 부처님을 공양하고, 다시 영원한 평안을 얻으실 때까지 항상 이 천화를 뿌렸다. 사천왕의 천인들은 부처님을 공양하고자 늘 하늘의 북을 울렸으며, 기타의 천인들도 하늘의 기악(伎樂)을 연주하여 10소겁에 이르렀고, 다시 영원한 평안을 얻으실 때까지 그 연주를 계속했다.

모든 비구들이여, 대통지승불께서는 10소겁이 지난 다음에야 부처님들의 가르침이 나타나시어, 더없는 바른 깨달음을 완성하셨다.

그 부처님께서 출가하시기 전에 16명의 왕자가 계셨는데, 그 제1왕자를 지적(智積)이라 했다. 왕자들은 각기 진귀한 장난감을 가지고 있었으나, 아버지가 더없는 바른 깨달음을 완성하셨다는 말을 듣자, 모두 진귀한 장난감을 내던지고 부처님 계신 처소로 찾아왔다. 그리고 그들의 어머니는 눈물을 흘리면서 이를 전송했고, 그 조부인 전륜성왕(轉輪聖王)과 백 명의 대신과, 백천만억의 백성들은 모두 왕자를 에워싸고, 왕자들을 따라 도장에 이르러, 빠짐없이 대통지승불에 접근하여 공양하고, 공경하고, 존중하고, 찬탄하려 했다. 그들은 도장에 오자, 부처님 발에 머리를 조아려 예배하고, 부처님 둘레를 오른쪽으로 돌아 경의를 표하고 나서, 마음을 오로지하여 합장한 다음 세존의 얼굴을 우러러보면서 이런 시를 설했다.

큰 위덕 세존께서 중생 제도하시려
억만년을 지나서야 성불을 하셨나니

여러 소원 구족하고 거룩하기 위 없으며
세존 매우 희유하사 10소겁을 한자리에

신체와 수족들은 부동하여 편안하고
그 마음 담백하여 산란치 않으시며

필경에는 적멸하여 무루법에 머물러서
세존께서 편안하게 성불하심 보옵나니

저희들 선리(善利) 얻어 크게 기뻐하나이다.
중생 고뇌 항상 해도 도사 없고 어두워서

고(苦) 끊는 길 모르고 해탈도 구하지 못해

긴 세월 악만 늘고 하늘 인간 적어지며

어둠 속만 파고들어 부처 이름 못 듣더니
안온하고 위 없는 도 부처님이 얻으시니

저희들과 하늘 인간 큰 이익 얻으므로
머리 함께 조아리어 무상존께 귀의하나이다.

그때, 16명의 왕자는 시로 부처님을 찬탄하고, 세존께 가르침을 설하시도록 청하여 이구동성으로 이렇게 말했다.
"세존이시여, 가르침을 설하옵소서. 온갖 천인과 인간들을 평안케 하고 긍휼히 여기시옵소서. 이익을 주심이 크오리다."

부처님께서는 모든 비구들에게 말씀하셨다.
"대통지승불께서 더없는 바른 깨달음을 얻으셨을 때, 시방(十方)에 있는 각 5백억 부처님 세계는 여섯 가지 모양으로 진동했고, 그런 나라 중간의, 어두워서 해나 달의 빛도 비칠 수 없는 곳까지 완전히 밝아졌으며, 그 속에 있는 중생들은 서로 바라볼 수 있게 되어, 모두들 이같이 말했다.
'이 속에 어찌하여 갑자기 중생들이 생겼는가?'
또 그 국토 세계의 모든 하늘 궁전에서 범천의 궁전에 이르기까지, 여섯 가지 모양으로 진동했으며, 큰 광명이 두루 비쳐 세계에 충만하니, 온갖 하늘의 광명보다도 더 밝았다.
그때 동방 5백만억의 온갖 국토 중에 있는 범천의 궁전은 광명으로 빛나서 평상시의 그것보다 배나 밝았다. 온갖 범천왕들은 이렇게 생각했다.

'지금과 같은 궁전의 광명은 예로부터 있은 일이 없었다. 어떤 인연으로 이런 광경이 나타났을까.'

이때 모든 범천왕들은 각기 서로 찾아다니면서 이 사실을 두고 이야기를 주고받았다. 그런데 그들 중에 구일체(救一切)라는 대범천왕이 있어서, 모든 범천왕을 위해 시를 설했다.

우리는 궁전마다
예전에 없던 이 광경
그 인연 무엇인가
서로 함께 찾아보자.

대덕(大德)이 나심인가?
부처 출세하심인가?
이렇게 큰 광명이
시방세계 밝히누나.

그때 5백만억 국토의 온갖 범천왕은 각기 궁전에 올라가기도 하고, 또 각기 그릇에 온갖 꽃을 담아 들고 함께 서쪽으로 가서 이 상서로운 조짐의 원인을 찾았는데, 대통지승여래께서 도장의 보리수 밑 사자좌에 앉으니, 온갖 천인과, 용왕과, 건달바와, 긴나라와, 마후라가와, 인간과, 비인(非人) 등에 공경되고, 에워싸여 있음을 보고, 또 16명의 왕자가 부처님께 가르침의 바퀴〔법륜法輪〕를 굴리시도록 청하고 있음을 보게 되었다. 그래서 모든 범천왕은 부처님 발에 이마를 조아려 예배하고, 부처님의 둘레를 오른쪽으로 5백 회나 돌아, 천화(天花)를 부처님 위에 뿌렸다. 뿌린 꽃의 분량은 수미산 정도나 되었다. 또 부처님의 보리수에도 공양했다. 그 보리수 높이는 10유순이었다. 꽃 공양을 마친 다음 각각 궁전을 부처님께 바치고 아뢰었다.

'오직 저희들을 가엾이 아시고 이익 되게 하사, 저희들이 바치는 궁전을 원컨대 받아 주시옵소서.'

그때 모든 범천왕은 시로 부처님을 찬탄한 다음, 각기 아뢰었다.

'원컨대 세존이시여, 가르침의 바퀴를 굴리사, 중생들을 구하시고, 영원한 편안에 이르는 길을 열어 주시옵소서.'

그때 대통지승여래께서는 묵묵히 이를 허락하셨다.

모든 비구들이여, 그리하여 다시 동남방의 5백만억 국토의 온갖 대범천왕, 남방 5백만억 국토의 온갖 대범천왕, 상방(上方) 5백만억 국토의 온갖 대범천왕들도 모두 대통지승여래 처소에 찾아와 부처님과 보리수에 공양하고, 각자의 궁전을 부처님께 바쳤다.

그때 5백만억의 온갖 범천왕들은, 시로 부처님을 찬탄하고 나서, 각각 부처님께 아뢰었다.

'원컨대 세존이시여, 가르침의 바퀴를 굴리시옵소서. 편안케 하심이 많고, 구제하시는 바 많사오리다.'

그때 대통지승여래께서는 시방의 온갖 범천왕과 16왕자의 청을 받아들여, 즉시 12인연의 가르침의 바퀴를 세 가지로 굴리셨다. 그것은 사문이거나 바라문이거나, 천인·악마·범천이

거나 기타의 어떤 자거나, 굴리지 못하는 성질의 것이었다. 즉
그 가르침이란, '이는 고(苦)다, 이는 고의 원인이다, 이는 고
의 멸(滅)이다, 이는 고의 멸에 이르는 길이다'라는 가르침이
었다. 또 널리 12인연의 가르침이 설해졌다. 즉 '무명(無明)이
원인이 되어 변화[行]가 생기고, 변화가 원인이 되어 식별 작
용[識]이 생기고, 식별 작용이 원인이 되어 명칭과 형상[명색
名色]이 생기고, 명칭과 형상이 원인이 되어 6종의 감관(感官,
육입六入)이 생기고, 6종의 감관이 원인이 되어 접촉감각[觸]
이 생기고, 접촉감각이 원인이 되어 감수작용[受]이 생기고, 감
수작용이 원인이 되어 애착[愛]이 생기고, 애착이 원인이 되어
깊이 생각하는 바[取]가 생기고, 깊이 생각하는 바가 원인이 되
어 생존[有]이 있고, 생존이 원인이 되어 태어나는 일[生]이 생
기고, 태어나는 일이 원인이 되어 노(老)·사(死)·우(憂)·비
(悲)·고(苦)·뇌(惱)가 있다. 무명이 없어지면 변화가 없어
지고, 변화가 없어지면 식별작용이 없어지고, 식별작용이 없
어지면 명칭과 형상이 없어지고, 명칭과 형상이 없어지면 6종
의 감관이 없어지고, 6종의 감관이 없어지면 접촉감각이 없어
지고, 접촉감각이 없어지면 감수작용이 없어지고, 감수작용이
없어지면 애착이 없어지고, 애착이 없어지면 깊이 생각하는
바가 없어지고, 깊이 생각하는 바가 없어지면 생존이 없어지
고, 생존이 없어지면 태어나는 것이 없어지고, 태어나는 것이
없어지면 노(老)·사(死)·우(憂)·비(悲)·고(苦)·뇌(惱)가
없어진다'는 것이었다.

부처님께서 천인과 인간과 대중 속에서 이 가르침을 설하셨
을 때, 6만억 나유타의 사람들은 무엇에나 얽매임이 없어지고

온갖 더러움에서 마음이 해방되어, 모두 심원 미묘한 선정과 세 가지 명(明)과 6종의 신통력을 얻고, 8종의 해탈을 갖춘 자가 되었다. 제2·제3·제4의 설법 때에도 항하(恒河)의 모래와 같은 천만억 나유타의 중생들은 또 무엇에나 얽매임이 없게 되고, 온갖 더러움에서 마음이 해방되었다. 이 이후에 생긴 제자들은 무량무변해서 헤아릴 수가 없을 지경이다.

그때, 16왕자들은 모두 소년이었으므로, 출가하여 사미(沙彌)가 되었다. 그들은 온갖 기근(機根)이 날카롭고, 지혜가 밝았다. 일찍이 백천만억의 부처님들을 공양하여, 청정한 수행을 했고, 더없는 바른 깨달음을 구한 까닭이다.

그들은 함께 부처님에게 아뢰었다.

'세존이시여, 이 온갖 무량 천만억의 장로인 제자들은 모두 이미 완성되어 있습니다. 세존이시여, 다시 저희들을 위하여, 더없는 바른 깨달음에 이르는 가르침을 설해 주시옵소서. 저희들은 듣고 나서, 다 같이 이를 배우겠나이다. 세존이시여, 저희들은 여래의 지견(知見)을 구하고 있습니다. 마음속에서 생각하고 있는 바를 부처님께서는 알고 계시리다.'

그때, 전륜성왕 휘하에 있는 8만억이나 되는 사람들이 16왕자가 출가함을 보고 자기들도 출가하기를 바랐으므로, 왕은 이를 허락했다.

그때 그 부처님께서는 사미(沙彌)의 청을 받아들여서, 2만 겁이 지난 다음에, 4부 대중 속에서 〈묘법연화〉 〈보살을 가르치는 법〉 〈부처님에게 호념(護念)되는 법〉이라는 이름의 대승경을 설했다.

이 경 설하시기를 마쳤을 때, 16명의 사미들은 더없는 바른 깨달음을 위해 모두 함께 이를 기억하고, 가락을 붙여 독송하며 그 의미에도 정통했다. 이 경이 설해졌을 때, 16명 보살인 사미는 다 이를 믿고 받아들였으며, 제자들 중에도 또한 믿고 이해하는 자가 있었다. 그러나 그 밖의 기천만억 중생들은 다 의혹을 품었다.

부처님께서는 8천 겁 동안 쉬지 않고 이 경을 설하셨다. 이 경 설하시기를 마치자, 고요히 방에 들어가 선정(禪定)에 드시기 8만 4천 겁을 하셨다. 이때 16명의 보살인 사미는, 부처님께서 방에 들어가서 고요히 선정에 드신 줄 알자, 각기 법좌(法座)에 올라가, 또 8만 4천 겁 동안 4부 대중을 위해 〈묘법연화경〉을 널리 설하셨다. 한 사람 한 사람이 다 항하의 모래수와 같은 6백만억 나유타의 중생을 구하고, 가르치고, 기쁘게 하여 더없는 바른 깨달음을 지향하는 마음을 일으키게 했다.

대통지승불께서는 8만 4천 겁이 지나자, 명상으로부터 일어나 법좌로 가서, 고요히 앉아 널리 대중들에게 말씀하셨다.

'이 열여섯 보살인 사미는 매우 희유한 존재이다. 온갖 기근은 날카롭고, 지혜는 밝은 것이다. 이미 전세에서 무량 백천만억의 부처님들을 공양하고, 여러 부처님 처소에서 항상 청정한 수행을 하여, 부처님의 지혜를 수지(受持)하고, 중생들에게 열어 보여 그 속으로 들어가게 하고 있다. 너희들은 다 자주 접근하여 이들을 공양하라. 왜냐하면, 만약 성문·독각·보살들이 이 열여섯 보살의 가르침을 믿고 수지하여 깨뜨리지 않는다면, 이 사람은 더없는 바른 깨달음, 즉 여래의 지혜를 얻을 것이기 때문이다.'

부처님께서는 모든 비구에게 말하셨다.

'이 열여섯 보살은 항상 자진하여 이 〈묘법연화경〉을 설하고 있다. 하나하나의 보살이 교화한 항하의 모래수와 같은 6백만 억 나유타의 중생들은, 태어날 때마다 언제나 이 보살들과 같이 태어나서, 보살을 따라 가르침을 듣고, 모두가 이를 믿고 이해했다. 이 인연으로 6만억의 부처님들을 뵈올 수 있었고, 그 인연은 지금도 다하지 않았다. 모든 비구들이여, 나는 이제 너희들에게 이르리라. 저 부처님의 제자였던 16명의 사미는 지금 모두 더없는 바른 깨달음을 얻어, 시방(十方) 국토에서 현재 가르침을 설하시고, 무량 백천만억의 보살과 성문이 그 가르침을 받고 있는 중이다. 그중 두 사미는 동방에서 부처님이 되셨으니, 한 분은 아축(阿閦)이라 하여 환희국(歡喜國)에 계시고, 또 한 분은 수미정(須彌頂)이라 이른다. 동남방에도 두 부처님이 계시니, 한 분을 사자음(師子音), 다른 한 분을 사자상(師子相)이라 한다. 남방에도 두 부처님이 계시니 한 분을 허공주(虛空住), 다른 한 분을 상멸(常滅)이라 한다. 서남방에도 두 부처님이 계시니 한 분을 제상(帝相), 또 한 분을 범상(梵相)이라 한다. 서방에도 두 부처님이 계시니 한 분을 아미타(阿彌陀), 다른 한 분을 도일체세간고뇌(度一切世間苦惱)라 한다. 서북방에도 두 부처님이 계시니 한 분을 다마라발전단향신통(多摩羅跋栴檀香神通), 다른 한 분을 수미상(須彌相)이라 한다. 북방에도 두 부처님이 계시니 한 분을 운자재(雲自在), 또 한 분을 운자재왕(雲自在王)이라 한다. 동북방에도 부처님이 계시니 괴일체세간포외(壞一切世間怖畏)라고 한다. 열여섯 번째는 나 석가모니불이니, 사바국토에서 더없는 바른 깨달음을 얻었다.

모든 비구들이여, 우리들이 사미였을 시절, 각기 항하의 모래수와 같은 무량 백천만억의 중생들을 교화했다. 그들이 내게서 가르침을 받은 것은 더없는 바른 깨달음을 얻기 위함이었다. 이 모든 중생 중에서 지금도 여전히 성문의 자리에 있는 자는 내가 항상 더없는 바른 깨달음을 얻도록 교화했으므로, 이 여러 사람들은 이 가르침에 의해 차츰 부처님의 도로 들어가게 될 것이다. 왜냐하면 여래의 지혜는 믿기 어렵고, 깨닫기 어려운 까닭이다. 그때 교화한, 항하의 모래수 같은 중생들은 바로 너희들 여러 비구와, 내가 세상을 떠난 미래세의 성문인 제자들이다.

내가 세상을 떠난 다음에, 제자가 있어서 이 경을 듣지 않는다면, 보살의 행위를 모르고, 깨닫지 못할 것이다. 그리고, 자기가 얻는 공덕에 의해 완전한 깨달음을 얻고자 생각하여 영원한 편안[열반]에 들 것이다. 내가 다른 나라에서 부처가 되어, 다른 이름으로 거기에서 부처로 있을 때, 이 사람은 한 번 완전한 깨달음을 구하여 영원한 편안에 들었다 해도 그 국토에 다시 태어나, 부처님의 지혜를 구하고 이 경을 들을 수 있을 것이다. 오직 부처님의 입장에 의해서만 완전한 깨달음에 이를 수 있으며, 다른 입장이란 없기 때문이다. 단 온갖 여래의 방편에 의한 설법은 별도로 하고.

모든 비구들이여, 만일 여래가 스스로 영원한 편안에 들어갈 때가 온 줄 아시고, 주위의 대중들이 청정해서, 신해력(信解力)이 견고하고 공(空)의 가르침을 깨달으며, 깊이 선정에 들어 있다고 아시면, 그때 여래께서는 보살과 제자들을 모아

놓고, 그들을 위해 이 경을 설하시느니라. 세상에는 제2의 입장에서 완전한 깨달음을 얻는 자는 없으며, 오직 유일한 부처님의 입장에 의해서만 완전한 깨달음을 얻게 되는 것이다.

비구들이여, 마땅히 알라. 여래의 방편은 깊이 중생들의 본성(本性) 속에 들어가, 중생들이 저속한 가르침을 기뻐하고, 깊이 오욕에 집착해 있음을 알고, 그런 것들이야말로 영원한 평안이라고 말씀하시기도 한다. 이런 사람들은 그 말씀을 듣고 곧 믿게 된다.

이를테면, 여기에 넓이 5백 유순의 아직 사람이 지나간 일이 없는 험난한 길이 있다고 하자. 이 길을 여러 사람이 지나서 진귀한 보배가 있는 곳에 이르려 하는데, 총명하고 지혜가 있으며, 지리에 밝아 그 길의 상태를 잘 알고 있는 지도자가 한 사람 있었다 하자. 그가 많은 사람들을 인솔하고 그 험한 길을 통과하려 했는데, 따라가는 사람들은 중도에서 지친 나머지 지도자에게 말했다.

'우리는 지치고, 두려워서 죽겠다. 더 이상 나아가지 못하겠다. 앞길은 아직 머니 여기서 되돌아가자.'

이 지도자는 여러 방편을 알고 있었는데 생각했다.

'얼마나 가엾은 일이냐. 큰 보배를 버려두고, 어찌 되돌아가려는 생각을 할까?'

이렇게 생각하고 방편력에 의해, 이 험난한 길 앞에 3백 유순 지난 곳에 도시를 신통력으로 만들어 놓은 다음, 사람들에게 말했다.

'여러분, 겁내서는 안 되고, 되돌아가서는 안 되오. 이제 이 큰 도시에 머물면서 마음 내키는 대로 행동하시오. 이 도시에 들어가면 유쾌하고 편안하리니, 만약 다시 나아가 보배가 있는 곳에 이르고 싶은 생각이 들면 여기를 떠나면 되오.'

이때 지쳐 있던 사람들은 크게 기뻐하여, 미증유(未曾有)의 일이라 감탄하고, '우리는 이제 이 험로에서 벗어나, 유쾌하고 평안할 수 있게 되었다'라고 말했다. 그래서 사람들은 앞으로 나아가 환술(幻術)로 만들어진 도시에 들어가 이미 험로는 통과했다고 생각하고 마음들이 평안해졌다.

그때 지도자는 이 사람들이 이미 휴식을 취하여 피곤도 없어진 것을 알고 신통력으로 만든 도시를 없앤 다음 사람들에게 말했다.

'여러분, 보배가 있는 곳은 가깝소. 아까까지 있던 도시는 여러분을 휴식시키고자 신통력으로 만들어 낸 것이었소.'

여러 비구들이여, 여래도 또한 이와 같다. 이제 너희들을 위해 대도사(大導師)가 되어 온갖 생사유전(生死流轉)이나 번뇌 등의 악도(惡道)는 험난하고 멀지만, 거기를 떠나야 하고, 넘어가야 함을 알고 있다. 그런데 만약 중생들이 오직 하나인 부처님의 입장에 선 가르침만을 듣는다면 부처님을 보려고도 하지 않고, 접근하는 것도 단념하여, 이렇게 생각할 것이다.

'불도는 멀고 멀므로, 오랫동안 고생하지 않고는 완성할 수 없을 것이다.'

부처님은 중생들의 마음이 비겁하고 유약하며, 저열한 것을 알기 때문에 방편력에 의해 중도에서 휴식시키고자 두 가지 평안을 설하셨다. 만약 중생들이 두 가지 평안의 경지에 안주(安住)하면, 여래는 그때 그들을 위해 이렇게 설하신다.

'너희들은 아직 해야 할 일을 모르고 있다. 너희가 있는 경지는 확실히 부처님의 지혜에 가깝다. 그러나 잘 관찰하고, 잘 생각해 보라. 너희들이 얻은 평안은 진실한 평안이 아니다. 그것은 다만, 여래가 방편력으로 하나인 부처님의 입장에서 분별하여 세 가지 입장을 설한 데 지나지 않는다.'

그는 마치, 저 지도자가 휴식을 위해 큰 도시를 신통력으로 만들어 내고, 이미 휴식했음을 알자 사람들에게 '보배가 있는 곳은 가깝다. 이 도시는 진짜 도시가 아니라 내가 신통력으로 만든 것에 불과하다'고 말한 것과 같다."

🌿 오백제자수기품五百弟子授記品 제8 🌿

　그때, 부루나미다라니자(富樓那彌多羅尼子)는 부처님으로부터 이 지혜의 방편에 의한 상대에 어울리는 설법을 듣고, 또 여러 대제자에게 더없는 바른 깨달음을 얻으리라 예언 내리심을 듣고, 또 과거의 인연에 대해 듣고, 또 여러 부처님에게 대자재(大自在)의 신통력이 있음을 들어, 미증유의 생각을 품고 마음은 깨끗해져, 뛰어오를 듯 기뻐했다. 그는 자리에서 일어나 부처님 앞에 나아가, 부처님의 발에 이마를 조아려 예배하고, 물러나 한쪽에 앉아 세존의 얼굴을 눈도 깜짝하지 않고 우러러보면서 이렇게 생각했다.

　'세존께서는 매우 기특하시며, 하시는 일은 희유하십니다. 세상 사람들의 온갖 성질을 따라, 방편의 지견(知見)에 의해 가르침을 설하사, 중생들의 여러 집착을 없애 주십시오. 우리들은 부처님의 공덕에 대해 말로 설명할 수 없습니다. 오직 부처님께서만, 저희들의 마음속에 있는 옛날부터의 소원을 알고 계십니다.'

　그때, 부처님께서 여러 비구에게 말씀하셨다.

　"너희들은 이 부루나미다라니자를 보라. 나는 언제나 그를 칭찬하여 설법제일이라 하고, 또 항상 그의 갖가지 공덕을 찬탄해 왔다. 그는 노력 정진하여 내 가르침을 호지(護持)하고 선양하여, 4부 대중에게 잘 가르쳐 기쁘게 하고, 부처님의 바른 가르침을 해설하여 같이 수도하는 사람들에게 많은 이익을 주었다. 여래 이외에는 그렇게까지 훌륭히 논하는 자는 없는 것이다. 너희들은 부루나가, 오직 내 가르침만을 호지하고 선양한 줄 알아서는 안 된다. 그는 과거 90억 부처님 처소에서는 바른 가르침을 호지하고 선양하여, 거기에서도 설법의 제일인자였었다. 또, 부처님들이 설하시는 공(空)의 가르침을 명확히 깨달아 네 가지 자유자재한 지혜를 얻어, 항상 자세하고 청정하게 가르침을 설하여 한 점의 의혹도 없었고, 보살의 신통력을 갖추어 수명이 다하는 날까지 늘 청정한 수도를 해왔으므로 그 부처님의 세계 사람들은 모두, 그야말로 진정한 성문이라고 생각했다. 더욱 부루나는 이 방편에 의해 무량무수한 사람들을 교화해서 더없는 바른 깨달음을 지향하는 마음을 일으키게 했다. 불국토(佛國土)를 정화하고자 항상 불사(佛事)를 일으켜 중생을 교화한 것이다.

모든 비구들이여, 부루나는 과거 일곱 부처님 밑에서 설법자 중 1인자였다. 이제 내 밑에서도 설법자 중 1인자다. 성(成)·주(住)·괴(壞)·공(空)의 사겁(四劫)1 중, 현재의 주겁(住劫)인 현겁(賢劫) 중에서 나타나실 미래의 여러 부처님 밑에서도 설법자 중 1인자가 될 것이다. 어느 부처님 밑에서도 늘 불법을 호지하고 선양할 것이다.

---

1. 세계가 성립과 파괴를 번복하여 순환하는 4시기. 하나의 세계가 성립되고, 계속되고, 파괴되고, 다음 세계가 다시 성립하기까지의 성과를 4기로 분류한 것. 성겁(成劫)은 성립기, 주겁(住劫)은 존속기, 괴겁(壞劫)은 파괴기, 공겁(空劫)은 완전한 무(無)가 되는 시기.

또 미래에 있어서도, 무량무변한 부처님들의 가르침을 호지하고 선양하여 무량한 중생들을 교화하고, 이익을 주어 더없는 바른 깨달음을 지향하는 마음을 일으키게 할 것이다. 부처님의 국토를 정화하기 위해 늘 노력 정진하여 중생들을 교화할 것이다.

점차로 보살의 도를 갖추어 가다가, 무량무수겁을 지나 바로 이 국토에서 더없는 바른 깨달음을 얻을 것이다. 이름을 법명(法明)여래라 하며, 그 부처님은 항하의 모래수와 같은 삼천대천세계를 1불국토로 하고, 7보를 대지로 하며, 대지가 편편함이 손바닥 같아서, 산도, 골짜기도, 도랑도 존재하지 않을 것이다. 7보의 높은 다락은 그 속에 가득하고, 온갖 천인의 궁전은 허공에 치솟아, 인간과 천인이 서로 접촉하여 서로 만나리라. 온갖 악도가 없고, 여인도 없고, 일체 중생은 모두 저절로 태어나, 음욕이 없을 것이다. 대신통력이 있어서 몸에서 광명을 발하며 날아다님이 자유자재일 것이다. 뜻은 견고하며, 정진과 지혜가 있으며, 누구나 다 피부가 금빛이요, 32상(相)을 지니고 있을 것이다. 그 나라 중생들에게는 항상 두 가지 음식이 있을 것이다. 하나는 가르침을 즐거워하는 음식〔법선식法善食〕이요, 또 하나는 명상을 즐기는 음식〔선열식禪悅食〕이다. 무량무수 천만억 나유타의 보살이 있어서 대신통력과 네 가지 자유자재한 지혜를 얻어, 잘 중생들을 교화할 것이다. 그 제자들은 수로는 헤아릴 수 없을 정도이다. 모두 여섯 신통력과, 세 가지 명(明)과, 여덟 가지 해탈을 갖추고 있을 것이다.

그 부처님의 국토에는 이런 무량한 공덕이 있어서, 장식되고 완성될 것이다. 겁(劫)을 보명(寶明)이라 하고, 나라를 선정(善淨)이라 이를 것이다. 그 부처님의 수명은 무량무수겁이며, 가르침이 매우 오래 행해질 것이다. 그 부처님이 세상을 떠나신 후에는 칠보의 탑이 세워져서, 나라 안에 충만할 것이다."

그때 천2백 명의 존경받을 만한 사람, 마음이 자유자재한 사람은 이렇게 생각했다.

'우리들은 기쁘고, 미증유(未曾有)의 생각을 얻었다. 만약 세존께서 이런 대제자들에게 예언을 내리신 것처럼, 우리들 한 사람에게도 예언을 내리신다면, 얼마나 즐거울까?'

부처님께서는 이들이 마음속에서 생각하고 있는 것을 아시고 마하가섭에게 말씀하셨다.

"천2백 명의 존경받을 만한 사람들에게 나는 이제 눈앞에서 차례차례로 더없는 바른 깨달음을 얻으리라는 예언을 내리리라. 이 사람들 중에서 내 대제자 교진여(憍陳如)비구는 6만 2천억의 부처님을 공양한 끝에 부처가 될 것이니, 이름을 보명(普明)여래라 할 것이다. 또 5백 명의 존경받을 만한 사람, 우루빈라가섭(優樓頻螺迦葉)·가야(伽倻)가섭·나제(那提)가섭·가류타이(迦留陀夷)·우타이(優陀夷)·아누루타(阿耨樓馱)·이바다(離婆多)·겁빈나(劫賓那)·박구라(薄拘羅)·주타(周陀)·사가타(莎伽陀) 등은 다 더없는 바른 깨달음을 얻을 것이다. 다 같은 이름이어서, 보명(寶明)이라 부를 것이다."

그때 5백 명의 존경받을 만한 사람들은 부처님 앞에서 예언을 받고 뛸 듯이 기뻐하여, 자리에서 일어나 부처님 앞으로 나아가, 부처님의 발에 머리를 조아려 예배하고 과실을 뉘우치며 스스로 책망했다.

"세존이시여, 저희들은 항상 이렇게 여겼습니다. 우리들은 이미 궁극적인 완전한 깨달음을 얻었다고. 이제야 비로소 우리가 무지한 사람이었음을 알았습니다. 왜냐하면, 우리들은 마땅히 여래의 지혜를 얻게 되어 있는데도 스스로 조그만 지혜에 만족해 있었기 때문입니다. 세존이시여, 이를테면 한 사나이가 친구 집에 갔다가, 술에 취해 잠들어 버린 이야기 같습니다. 그때 친구는 공적인 일로 외출해야 했으므로 값을 매길 수 없을 정도의 귀중한 구슬을 그 의복 안쪽에 매달아 두고 나갔다고 합시다. 그 사람은 취해 있었기에 아무것도 모르고, 깨어나 다른 곳으로 갔습니다. 그는 의식주를 위해 일하며, 힘든 고생을 했고, 조금이라도 벌면 그것으로 만족하고 있었습니다. 그 후, 친구는 우연히 그 사람을 만나 말했습니다.

'바보 같은 사람이군. 왜 너는 의식을 위해 이렇게까지 되었는가? 나는 예전에 네가 편안하게 되고, 뜻대로 오욕을 만족시킬 수 있도록 해주려 생각하여, 지난 모년 모일에 값을 매길 수도 없을 비싼 구슬을 네 옷 안쪽에 달아주었다. 그것은 지금도 반드시 있을 것이다. 그럼에도 불구하고 너는 그것도 모른 채 괴로워하고 근심하여, 스스로 일하느라고 고생하고 있었구나. 참으로 어리석은 짓이다. 너는 곧 구슬을 팔아다가 무엇이건 생각대로 사도록 해라.'

부처님께서도 또한 이러하십니다. 보살이셨을 적에 우리들을 교화하여 일체지(一切智)의 마음을 일으키도록 하셨음에도 불구하고, 우리들은 그것을 잊고 이미 존경받을 만한 사람[아라한]의 단계에 올랐으므로, 완전한 깨달음을 얻은 것이라 착각하고, 그러면서도 살기에는 고생하여, 보잘것없는 것을 얻고도 만족하고 있습니다. 그러나 일체지를 얻고자 하는 소망은 아직도 잃지 않고 지니고 있으므로 그래서 세존께서는 이제, 우리들로 하여금 깨닫게 하시고자 이렇게 말씀하셨습니다.

'모든 비구들이여, 너희들이 얻은 것은 궁극적인 깨달음이 아니다. 나는 오랫동안 너희들에게 선근(善根)을 심게 했고, 방편에 의해 영원의 평안〔열반〕의 모습을 보여주었다. 그것을 너희들은 진정으로 완전한 깨달음을 얻은 듯 알았던 것이다.'

세존이시여, 저희들은 알았습니다. 우리들이 이제야말로 틀림없는 보살이어서, 더없는 바른 깨달음을 얻으리라는 예언을 얻을 수 있었다는 것을. 이 인연으로 매우 크게 기뻐하며, 미증유의 생각을 얻었습니다."

수학授學 · 무학인기품無學人記品 제9

그때 아난(阿難)과 나후라(羅睺羅)는 이렇게 생각했다.

'우리들은 항상 이렇게 생각하고 있었다. 만약 예언을 수여 받을 수 있다면 얼마나 기쁜 일이겠는가라고.'

그래서 자리에서 일어나 부처님 앞으로 나아가 부처님의 다리를 이마 위에 받들어 예배를 하고 함께 부처님에게 말했다.

"세존이시여, 저희들에게도 응분(應分)이 있을 것으로 생각합니다. 저희들은 여래에게만 귀의하고 있습니다. 또한 저희들은 모든 이 세상의 천인(天人)이나 인간이나 아수라에게 잘 알려져 있습니다. 아난은 항상 부처님의 시자(侍者)가 되어 법장을 보지(保持)하고 있으며, 나후라는 부처님의 아들입니다. 만일 부처님께서 '아뇩다라삼막삼보리를 얻을 것이다'하고 예언을 수여해 주신다면 우리들의 소원은 충족되며 사람들의 소망도 또한 충족되게 될 것입니다."

그때 학습중이거나 혹은 이미 학습이 완료된 성문(聲聞)의 제자 2천 명은 모두 자리에서 일어나 오른쪽 어깨를 벗어 드러내고, 부처님 앞으로 나아가 한마음으로 합장하고 세존의 얼굴을 우러러보며 아난과 나후라와 같은 소원을 가지고 한쪽에 서 있었다.

그때 부처님은 아난에게 이렇게 말씀하셨다.

"너는 내세(來世)에 반드시 성불할 것이다. 이름을 산해혜자재통왕(山海慧自在通王)이라 할 것이다. 62억의 여러 부처님을 공양하고 법장을 보지하여 그 뒤에 더없이 올바른 깨달음을 얻을 것이다. 항하의 모래알에 맞먹는 20만억의 보살들을 교화하고 아뇩다라삼막삼보리를 완성시킬 것이다. 그 나라를 상립승번(常立勝幡)이라 하고, 그 국토는 청정(淸淨)하여 유리를 땅으로 하며, 겁(劫)을 묘음편만(妙音遍滿)이라 할 것이다. 이 부처님의 수명은 한량없이 수천만억 겁이 될 것이다. 정법(正法)이 행해지기는 수명의 두 배이며 상법(像法)이 행해지기는 정법의 두 배가 될 것이다. 아난아, 이 산해혜자재통왕불은 시방의 항하의 모래알과 맞먹는 한량없는 천만억의 여러 부처님이 모두 그 공덕을 찬탄(讚歎)하시고 칭찬하실 것이다."

그때, 회중 속의 새로 불도에 들어온 8천 명의 보살은 모두 다 이렇게 생각했다.

'우리들은 어느 대보살조차도 이와 같은 예언을 받았다는 말을 들은 적이 없다. 어떠한 인연으로 여러 성문들이 이와 같은 예언을 받은 것일까?'

그때 세존께서는 여러 보살이 마음먹고 있는 것을 알고 이렇게 말씀하셨다.

"선남자들이여, 나와 아난은 함께 공왕불(空王佛)[1] 밑에서 동시에 아뇩다라삼막삼보리를 얻고자 마음먹었다. 아난은 항상 많이 듣기를 바랐고, 나는 항상 노력 정진했다. 그런 고로

---

1. 부처님의 다른 명호. 과거 공겁(空劫)에 세상에 나온 최초의 부처님.

나는 이미 아뇩다라삼막삼보리를 완성할 수 있었다. 그런데, 아난은 나의 법을 호지(護持)하고 또한 미래의 여러 부처님의 법장도 지켜 여러 보살들을 교화하고 완성시킬 것이다. 이것이 옛날부터의 소원이었다. 그러므로 이 예언을 얻은 것이다."

아난은 부처님의 눈앞에서 자기에게 예언이 수여된 것과, 국토의 아름다움을 듣고 소원이 성취되었기 때문에 마음이 매우 기뻐서 더할 바가 없었다. 그때 과거의 한량없는 천만억의 여러 부처님의 법장을 회고하니, 자유자재로 생각이 나서 지금 듣고 있는 듯했다. 또 자기의 옛날의 서원(誓願)도 생각났던 것이다.

그때 아난은 게송(偈頌)으로 말했다.

거룩하고 높은 세존 희유하시도다.
지나간 과거의 여러 부처님
그 법을 이제 와 생각해 보니
오늘날 듣는 바와 똑같아서

품었던 의심이 다시는 없어
불도에 편안히 머무르건만
방편으로 부처님의 시자가 되어
여러 부처님의 법 가졌나이다.

그때 부처님은 나후라에게 말씀하셨다.

"너는 내세에 반드시 성불할 것이다. 이름을 답칠보화(踏七寶華)여래라 하여 시방 세계의 미진(微塵)과 맞먹는 수의 여러 부처를 공양할 것이다. 지금 나의 장자(長子)인 것처럼 항상 여러 부처님의 장자가 될 것이다. 이 답칠보화불의 국토의 아름다움과, 수명의 겁수(劫數)와, 교화되는 제자와, 정법과 상법은 또한 산해혜자재통왕여래의 경우와 마찬가지이며, 다를 것이 없을 것이다. 또한 이 산해혜자재통왕여래를 위해서도 그 장자가 될 것이다. 이같이 한 후에 반드시 아뇩다라삼막삼보리를 얻을 것이다."

그때 세존께서 학습중이거나 혹은 이미 학습을 완료한 2천 명의 제자들을 보았더니, 그 마음은 유연(柔軟)하고 조용했으며, 청정하여 한마음으로 부처님을 우러러보고 있었다. 부처님은 아난에게 이렇게 말씀하셨다.
"아난이여, 이 학습중이거나 이미 학습이 완료한 2천 명의 제자들이 보이는가?"
"예, 보입니다."
"아난이여, 이 사람들은 반드시 50세계의 미진의 수와도 같은 여러 부처님을 공양하고, 공경하고, 존중하고, 법장을 호지하여 최후의 삶에 동시에 시방의 나라에서 제각기 부처님이 될 수 있을 것이다. 모두 동일한 이름을 붙여 보상(寶相)여래라고 하여 수명은 1겁일 것이다. 국토의 아름다움과, 성문과, 보살과, 정법과 상법은 모두가 같을 것이다."
그때 학습중이거나 혹은 학습이 완료된 2천 명의 제자들은 부처님이 예언하시는 것을 듣고 기뻐 날뛰며 게송으로 말했다.

지혜의 밝은 등불 거룩하신 세존께서
우리에게 주시는 수기의 음성 듣고
마음 크게 기쁨이 온몸에 가득하니
감로의 단비를 퍼부은 것 같나이다.

❧ 법사품法師品 제10 ❧

그때 세존께서는 약왕(藥王)보살을 통하여 8만 명의 보살들에게 말씀하셨다.

"약왕이여, 너는 이 대중 속의 한없는 천인·용왕·야차·건달바·아수라·가루라·긴나라·마후라가와 인간과 비인(非人)과 비구·비구니·재가신사(在家信士)·재가신녀(在家信女)와 성문의 입장을 구하는 자·독각(獨覺)의 입장을 구하는 자·불도(佛道)를 구하는 자를 보는가? 이들이 모두 부처님 앞에서 〈묘법화경(妙法華經)〉의 하나의 시, 하나의 구절이라도 듣고 가령 일념으로라도 수순(隨順)하여 기뻐한다면 그자에게는 나는 모두 예언을 주어 아뇩다라삼막삼보리를 얻을 것이라고 말할 것이다."

부처님은 또 약왕에게 말씀하셨다.

"또 여래가 이 세상을 떠난 뒤에 만약 어떤 사람이 있어서 〈묘법화경〉의 한 시, 한 구절이라도 듣고 가령 일념으로라도 수순하여 기뻐한다면 그자에게는 나는 아뇩다라삼막삼보리를 얻을 것이라고 예언할 것이다. 만약 또 다른 사람이 있어서 이 〈묘법화경〉을 기억하여 독송(讀誦)하고, 해설하고, 서사(書寫)함으로써 이 경전을 부처님처럼 존경하여 여러 가지 꽃과, 향과, 영락(瓔珞)과, 말향(抹香)과, 도향(塗香)과, 소향(燒香)과,

비단 천개(天蓋)와, 당번(幢幡)이나, 의복이나, 기악(伎樂)을 공양하고 합장하여 공경한다면 약왕이여, 반드시 알라. 이 사람들은 이미 옛날 10만억의 부처님을 공양하고, 여러 부처님 밑에서 대원(大願)을 성취하고 있었음에도 불구하고, 중생을 가엾이 여기는 마음에서 이 인간으로 태어난 것이라고.

약왕이여, 만약 누가 있다가 어떠한 중생이 미래에 성불하느냐고 물었다고 치자. 그때는 반드시 이러한 사람들만이 내세에서 반드시 성불할 수 있을 것이라고 말해야 할 것이다. 그것은 왜냐하면 만약 선남자나 선여자가 〈법화경〉의 한 구절이라도 기억하여 독송하고, 해설하고, 서사하여, 여러 가지로 경권(經卷)에 꽃과, 향과, 영락과, 말향과, 도향과, 소향과, 비단 천개와, 당번과, 의복과, 기악을 공양하여 합장하고 공경한다면 이 사람은 일체 세간이 우러러볼 것이며, 반드시 여래를 공양하듯 공양하겠기 때문이다.

반드시 알라, 이 사람은 대보살이며, 아뇩다라삼막삼보리를 완성하고 있음에도 불구하고 중생을 가엾게 여기는 마음에서 자기 스스로 인간 사이에 태어나 널리 〈법화경〉을 연설하고 분별하는 것이다. 그뿐만 아니라 잘 기억하고 여러 가지로 공양할 사람인 것이다.

약왕이여, 잘 알라. 이 사람은 청정한 업보(業報)를 스스로 버리고 내가 이 세상을 떠난 뒤에 중생들을 가엾이 생각하는 마음에서 악세(惡世)에 태어나 널리 이 경을 연설하는 것이다. 만약 이 선남자나 선여자가 내가 이 세상을 떠난 뒤, 은밀히 한 사람을 위해서라도 〈법화경〉의 단 한 구절이라도 말해 들려준다면 잘 알라. 이 사람은 여래의 사자(使者)이며,

여래께서 보냈고, 여래의 일을 행하는 것이다. 하물며 대중 속에서 널리 많은 사람들을 위해 설법한다면 더욱 여래의 사자라는 것을 알아야 한다.

약왕이여, 만약에 악인이 있어서 착하지 못한 마음으로 일겁 동안 바로 부처님 앞에서 항상 부처님을 비방하고 욕하더라도 그 죄는 아직 가벼운 것이다. 만약 어떤 사람이 재가자(在家者)이든 출가자(出家者)이든 〈법화경〉을 독송하고 있는 사람을 비방했다고 하면, 그것이 단 한마디의 험담이라 할지라도 그 죄는 매우 무거운 것이다.

약왕이여, 〈법화경〉을 독송하는 사람이 있다면 이 사람은 부처님의 장엄으로 자기를 장엄케 하는 사람이라는 것을 알라. 그것은 여래를 어깨에 짊어지고 있는 것이 되는 것이다. 그가 가는 곳이 어디든 그를 향해 예배하라. 또 마음으로 합장하고, 공경하고, 공양하고, 존중하고, 찬탄하는 데 있어서 꽃과, 영락과, 말향과, 도향과, 소향과, 비단 천개와, 당번과, 의복과, 음식물과, 여러 가지 기악과, 인간의 세계에 최상의 공양물로써 이를 공양하라. 하늘의 보석을 버려라. 천당의 보석의 퇴적(堆積)을 봉헌하라. 그것은 왜냐하면, 이 사람이 기뻐서 설법할 때, 잠깐 사이라도 이것을 듣는다면 아뇩다라삼막삼보리를 달성할 수 있기 때문이다."

그때 부처님은 다시 약왕보살에게 말씀하셨다.
"내가 설법하는 경전은 한량없는 천만억이며, 이미 설법한 것도 있으며, 지금 설법하고 있는 것도 있고, 미래에 설법할 것도 있다. 더욱이 그 가운데 이 〈법화경〉은 가장 믿기 어렵고 이해하기 어려운 것이다. 약왕이여, 이 경은 여러 부처님의 본질에 대한 비밀의 가르침이므로 분포해서 함부로 남에게 가르쳐서는 안 된다. 여러 부처님이 수호하는 바이므로 옛날부터 쭉 아직 한 번도 설법하지 않았던 것이다. 더구나 이 경은 여래가 살아 계시는 현재에서조차 아직 많은 사람들로부터 미움과 질시를 받고 있다. 하물며 여래가 이 세상에서 떠난 뒤에는 더 말할 나위도 없는 일이다.

약왕이여, 잘 알라. 여래가 이 세상을 떠난 뒤 이 경을 잘 베끼어 독송하고, 공양하고, 남을 위해 설법하는 사람은 여래가 이 사람을 옷으로 덮고, 다른 세계의 현재의 여러 부처님이 호념(護念)하고 있는 것이다. 이 사람에게는 커다란 신앙의 힘, 서원의 힘, 여러 가지 선근(善根)의 힘이 있다. 잘 알라. 이 사람은 여래와 더불어 살고 있다. 여래의 손에 의해 머리가 어루만져지고 있는 것이다.

약왕이여, 이 경전에 관련이 있는 모든 곳, 혹은 설법하고, 혹은 읽고, 혹은 외우고, 혹은 쓰여 있는 곳, 혹은 경권이 있는 곳, 그곳에는 모두 매우 높고 넓고 아름다운 칠보의 탑을 세우라. 그곳에는 여래의 유골이 놓여질 필요는 없다. 그것은 왜냐하면, 이 속에는 이미 여래의 전신이 있기 때문이다. 이 탑을 일체의 꽃과, 향과, 영락과, 비단 천개와, 당번과, 기악과, 가곡에 의해서 공양하고, 공경하고, 존중하고, 찬탄해야 할 것이다. 만약 누가 이 탑을 보고 예배하고 공양한다면, 이 사람들은 모두 더없이 올바른 깨달음에 접근해 있다는 것을 알라.

약왕이여, 재가자든 출가자든 보살의 도를 행하려는 사람이 많이 있는데, 이 〈법화경〉을 보거나 듣거나, 독송하거나 베끼거나, 갖거나 공양할 수 없는 한 이 사람들은 아직 보살의 도를 잘 행하고 있지는 않은 것이다. 반대로 만약 이 경전을 들을 수 있다면, 이들은 보살의 도를 잘 행하고 있는 것이다. 중생 가운데서 불도를 구하는 자가 있어서 이 〈법화경〉을 혹은 보고, 혹은 듣고, 듣고 나서 믿고 이해하고 받아들인다면 이 사람은 아뇩다라삼막삼보리에 접근할 수가 있는 사람이라는 것을 알라.

약왕이여, 이를테면 목이 말라 물을 구하는 사람이 있다고 하자. 그가 고원에 우물을 파서 물을 구하고 있을 때, 마른 흙이 나오는 것을 보면 물은 아직 멀었다는 것을 알 것이다. 그래도 공사를 그만두지 않고 젖은 흙이 나오는 것을 보고, 마침내 진흙이 나오게 되면 그 마음은 물은 가깝다고 확신하는 것이다. 보살도 또한 이와 같다.

만약 이 〈법화경〉을 아직도 못 듣고, 아직 이해를 못하고, 아직 배우고 닦으려고도 하지 않는 동안은 이 사람은 아뇩다라삼막삼보리에서 멀리 떨어져 있다는 것을 알아야 한다. 또 만약 이 〈법화경〉을 듣고, 깨닫고, 사유(思惟)하고, 수습(修習)할 수 있다면, 이 사람은 반드시 아뇩다라삼막삼보리에 접근할 수 있다는 것을 알라. 그것은 왜냐하면 일체의 보살의 아뇩다라삼막삼보리는 모두 이 경에 속해 있기 때문이다. 이 경은 방편의 문을 열고, 진실의 상(相)을 보여주는 것이다. 이 〈법화경〉의 법장은 매우 견고하고 유원(幽遠)하기 때문에 사람이 좀처럼 들어갈 수 없는 것이다. 그러나 지금 부처님은 보살을 교화하고 완성시키려고, 이것을 개시(開示)하시는 것이다.

약왕이여, 만약 어느 보살이 이 〈법화경〉을 듣고 놀라 의심하고 외포(畏怖)하는 것 같으면, 이것은 불도에 갓 들어온 보살이란 것을 알라. 만약 어느 성문이 이 경을 듣고 놀라 의심하고 외포하는 것 같으면, 이것은 오만한 사람이라는 것을 알라.

약왕이여, 만약 어떤 사람과 선여자가 여래가 세상을 떠난 후에 4부 회중을 위해 이 〈법화경〉을 설법하려고 할 때는 어떻게 설법해야 할 것인가?

이 선남자, 선여자가 여래의 방에 들어가 여래의 옷을 입고, 여래의 자리에 앉아 4부 회중을 위해 널리 이 경을 설법해야 할 것이다. 여래의 방이란 일체의 중생에 대한 대자비심이 바로 이것이다. 여래의 옷이란 유화한 인내의 마음이 바로 이것이다. 여래의 자리란 일체의 존재하는 것이 공(空)이라는 생각에 들어간다는 것이 바로 이것이다. 이 속에 안주한 연후에 게으르지 않는 마음으로 여러 보살과 4부 회중을 위해 널리 이 〈법화경〉을 설법해야 할 것이다.

약왕이여, 나는 다른 국토에 살고 있으면서 신통력으로 화작(化作)한 사람을 보내어 가르침을 들을 사람들을 모으게도 하고, 또 신통력으로 화작한 비구·비구니·재가신사·재가신녀를 보내어 그 설법을 듣게 하겠다. 이 여러 화작된 사람들은 가르침을 듣고, 믿고, 받아들여 수순(隨順)해 마지않을 것이다.

만약 가르침을 설법하는 사람이 숲속에 있는 것과 같다면 그때는 나는 널리 천인·용·귀신·건달바·아수라 등을 보내어 그 설법을 듣게 할 것이다. 나 자신은 다른 국토에 살고 있더라도 가끔은 설법하는 사람이 나의 몸을 볼 수 있도록 하겠다. 만약 이 경에 있어서 자구(字句)를 잊는 일이 있다면 나는 그를 위해 설법하고 틀림없이 설법할 수 있도록 해주겠다."

견보탑품見寶塔品 제11

그때 부처님 앞의 대지에서 높이 5백 유순, 폭도, 안까지의 거리도 250유순이나 되는 칠보의 탑이 공중 높이 치솟아 올랐다. 가지가지의 보물로 장식되어 있었고, 5천의 난간이 있었으며, 감실(龕室)은 천만이나 있었다. 수많은 당번으로 아름답게 장식되고, 보석의 영락을 드리우고, 만억의 보석 방울이 그 위에 걸려 있었다. 사면에는 모두 다마라의 향기와 단향을 내뿜어 그 향기는 세계에 충만했다. 여러 가지 산개(傘蓋)는 금·은·유리·차거(硨磲)·마노·진주·매괴(玫瑰)의 칠보로 되어 있었고, 높이 사천왕(四天王)[1]의 궁전에까지 닿아 있었다. 33천의 천인들은 하늘의 만다라꽃을 뿌려서 보탑을 공양하고, 그 밖의 여러 가지 천인·용·야차·건달바·아수라·가루라·긴나라·마후라가와, 인간과, 인간이 아닌 것 등 천만억의 사람들도 일체의 꽃과, 향과, 영락과, 산개와, 기악으로써 보탑을 공양하고, 공경하고, 존중하고, 찬탄했다.

---

1. 사대천왕(四大天王), 호세사천왕(護世四天王)이라고도 한다. 제석천(帝釋天)을 모시고 불법의 수호를 염원하며, 불법에 귀의하는 사람들을 수호하는 호법신(護法神). 동방의 지국천(持國天)·남방의 증장천(增長天)·서방의 광목천(廣目天)·북방의 다문천(多聞天)을 말한다.

그때 보탑 속에서 큰 음성이 나더니 찬탄해서 이렇게 말했다.

"훌륭한 일이다, 훌륭한 일이다. 석가족의 성자(聖者)는 곧 잘 평등하고 커다란 지혜·보살을 가르치는 법·부처님의 호념을 받고 있는 〈묘법화경〉을 대중을 위해 설법하셨다. 참 그렇다, 참 그렇다. 석가족의 성자여, 설법하신 것은 모두 진실이다."

그때 4부 회중은 대보탑이 공중에 머물러 있는 것을 보고, 또 탑 안에서 들려오는 음성을 듣고 모두 가르침을 들을 수 있는 것을 기뻐하여, 미증유의 일이라고 이상하게 생각해 자리에서 일어나 공경하고 합장하여, 한구석으로 물러나 서 있었다.

그때 대요설(大樂說)이라는 보살은 일체의 세간의 천인이나 인간, 아수라들이 마음속에서 의심쩍게 생각하고 있는 것을 알고 부처님께 이렇게 말했다.

"세존이시여, 어떠한 인연으로 이 보탑은 대지에서 솟아난 것입니까? 또 그 안에서 이 음성이 나온 것은 어떤 인연에서입니까?"

그때 부처님은 대요설보살에게 말씀하셨다.

"이 보탑 속에는 여래의 전신이 있다. 과거에 동방무량무수 천만억의 세계를 지난 곳에 보정(寶淨)이라는 나라가 있었는데, 다보(多寶)라는 이름의 부처님이 계셨다. 그 부처님은 보살의 도를 행하고 있을 때에 이와 같은 대서원을 하셨다.

'만약 내가 성불하여 세상을 등진 뒤에 시방의 국토에서 〈법화경〉을 설법하는 곳이 있으면 나의 탑묘(塔廟)는 이 경이 설

법되는 것을 듣기 위하여 그 앞에 솟아나 증명하고, 칭찬하고, 훌륭한 일이라고 말하자.'

그 부처님은 성도가 끝나고 이 세상을 떠남에 즈음하여 천인과 인간의 대중 속에서 여러 비구에게 말씀하셨다.

'내가 세상을 떠난 뒤에 그의 전신을 공양하려는 사람은 커다란 탑 하나를 건립하라.'

그 부처님은 신통력과 원력(願力)에 의하여 시방세계의 온갖 곳에서 만약 〈법화경〉을 설법하는 사람이 있으면 모두 그 앞에 보탑을 용출시켜 전신을 탑 속에 있게 하여 찬탄하여 '훌륭한 일이다, 훌륭한 일이다'라고 말씀하실 것이다.

대요설이여, 지금 다보여래의 탑은 〈법화경〉을 설법하는 것을 들으려고 지상에 용출하고, 찬탄하여 '훌륭한 일이다, 훌륭한 일이다' 하고 말씀하신 것이다."

이때 대요설보살은 여래의 신통력에 의하여 부처님께 이렇게 여쭈었다.

"세존이시여, 우리들이 이 불신(佛身)을 볼 수 있도록 해주십시오."

부처님은 대요설보살에게 말씀하셨다.

"이 다보불에는 심원하고 중대한 소원이 있었다. —'만약 나의 보탑이 〈법화경〉을 듣기 위해 여러 부처님 앞에 나왔을 때, 여러 부처님이 나의 몸을 4종의 회중에게 보여주고 싶다면, 그 부처님의 분신이 여러 부처님들이 시방세계에서 가르침을 설법하고 있는 사람들을 모조리 돌아오게 해서 한 군데에 모으고, 연후에 내 몸을 출현시키게 하도록.'

대요설이여, 시방세계에 있으면서 가르침을 설법하고 있는 나의 분신의 여러 부처님을 지금 모으지 않으면 안 된다."

대요설은 부처님께 이렇게 여쭈었다.

"세존이시여, 저희들도 또한 바라건대 세존의 분신의 여러 부처님을 보고 예배하고 공양하고 싶습니다."

그때 부처님은 미간(眉間)의 백호(白毫)에서 한 줄기 빛을 내뿜었다. 그러자 동방에서 항하의 모래수와 같은 5백만억 나유타의 국토의 여러 부처님이 보였다. 그들의 불국토는 모두 대지가 파리(玻璃)로 되어 있었고, 보석나무와 옷으로 장식되고, 수없이 많은 천만억의 보살이 그 안에 충만하고, 모조리 보석을 박은 장막을 둘러치고, 보석으로 장식된 그물로 덮여 있는 것이 보였다. 그 나라의 여러 부처님이 아름답고 뛰어난 음성으로 가르침을 설법하고 있었으며, 한량없이 많은 천만억의 보살이 여러 나라에 충만해서 많은 사람들에게 가르침을 설법하고 있는 것이 보였다. 남·서·북·남서·북서·남동·북동·상·하의 방면에서도 백호에서 내뿜는 빛에 비친 곳은 모두 이와 같았다.

그때 시방의 여러 부처님은 각각 여러 보살에게 말씀하셨다.

"선남들이여, 나는 지금 사바세계의 석가족의 성자에게로 가서 다보여래의 보탑을 공양할 것이다."

그때 사바세계는 변화해서 청정해졌고, 파리로 된 대지와, 보석의 나무로 장식되고, 황금의 줄로 팔도를 가르고, 향리(鄕里)·촌락·도시·대해·산·강·숲 등이 없고, 대보의 향을 피우고, 만다라바꽃을 사방 대지에 깔고, 보석을 박은 그물이나 장막으로 그 위를 덮고, 보석 방울을 달고, 다만 이 모인 사람들만을 남기고 그 밖의 천인이나 인간들은 다른 국토로 옮졌다.

그때 여러 부처님들은 각각 한 사람의 대보살을 시자(侍者)로서 데리고 사바세계로 와서 보석나무 밑에 앉으셨다. 하나하나의 보석나무는 높이 5백 유순이며, 가지·잎·꽃·과실로 차츰 장식되고 있었다. 여러 가지 보석나무 밑에는 모두 사자좌(獅子座)가 있고, 높이가 5백 유순이며, 이것 또한 위대한 보석으로 장식되어 있었다. 그때 여러 부처님은 각각 이 사자좌 위에 가부좌하고 앉으셨다. 그렇게 하여 삼천세계에 여러 부처님이 가득 충만했으나, 석가여래의 분신은 아직 아무데도 와 있지 않았다. 그때 석가여래는 분신의 여러 부처님을 받아들이기 위하여 팔방으로 각각 2백만억 나유타의 나라를 모두 청정하게 하셨다. 그곳에는 지옥·아귀·축생·아수라는 없고, 또 온갖 천인과 인간들은 다른 국토에 옮겨졌다. 그곳은 대지가 파리로 되어 있었고, 보석나무로 장식되어 있었다. 나무 높이는 5백 유순이며, 가지·잎·꽃·과실로 차츰 장식되고 있었다. 나무 밑에는 모두 보석의 사자좌가 있고, 높이 5백 유순이며, 가지가지의 보석으로 장식되어 있었다. 또 대해(大海)·강·목진린타산(目眞鄰陀山)·마하목진린타산(摩訶目眞鄰陀山)·철위산(鐵圍山)·대철위산(大鐵圍山)·수미산(須彌山) 등의 여러 산왕이 없고, 통틀어 한 개의 불국토로 되어 보석의 대지는 평탄하고 아름다우며, 보주(寶珠)가 엇갈려 섞인 장막이 모두 그 위를 덮고, 온갖 산개를 달고, 대보의 향을 피웠고, 온갖 하늘의 보화(寶華)가 가득 땅에 깔려 있었다.

그때 동방에서 가르침을 설법하고 계시던 석가여래의 분신, 항하의 모래수만큼 많은 백천만억 나유타의 여러 부처님은 이곳에 모였다. 이렇게 하여 점차로 시방의 여러 부처님은 모두 모여 팔방으로 앉았다. 그때 하나하나의 방향의 4백만억 나유타의 국토에 여러 부처님 여래는 모조리 가득 찼다.

그때 여러 부처님은 각각 보석나무 밑의 사자좌에 앉아, 모두 사자를 석가여래에게로 보냈는데 각각 보화를 두 손 가득히 안겨주고 이렇게 말씀하셨다.

"선남들이여, 너희들은 기사굴산(耆闍崛山)의 석가여래가 계신 곳으로 가서 나의 말이라고 하여 이렇게 말하라. '세존에게는 병도 없고, 고민도 없고, 기력이 있으며, 안락하게 지내시고 계신지요?' 이렇게 말하고 보화를 부처님에게 뿌리며 공양하고 나서 이렇게 말하라. '아무개 부처님은 이 보탑을 열 것에 동의하여 저를 대리로 보내셨습니다.'"

여러 부처님이 사자를 보내는 것은 이와 같이 해서였다.

그때 석가여래는 분신의 여러 부처님이 이미 모두 와서 각각 사자좌에 앉은 것을 보고 여러 부처님이 다 같이 보탑을 열 것에 동의한 것을 아시고, 자리에서 일어나 허공 한가운데 머물러 섰다. 일체의 4부 회중은 기립해서 합장하고 한마음으로 부처님을 지켜보았다. 거기서 석가여래는 오른손가락으로 칠보탑의 문을 여셨는데 그 큰 음성이란 빗장을 빼고, 큰 성문을 열 때와 같았다. 그때 일체의 모여 있던 회중은 모두 보탑 속의 사자좌 위에 다보여래(多寶如來)가 앉아 전신은 흩어짐 없이 선정(禪定)에 들어 있는 듯한 것을 보았다. 또 그 부처님이 '훌륭한 일이다, 훌륭한 일이다. 석가여래는 곧잘 이 〈법화경〉을 설법하셨다. 나는 이 경이 설법되는 것을 듣기 위해 이곳에 온 것이다' 하고 말씀하시는 것을 들었다.

그때 4부 회중은 과거 무량 천만억겁의 옛날에 세상을 떠난 부처님이 이와 같은 말씀을 하시는 것을 보고 미증유의 일이라면서 감탄하고, 하늘의 보화 덩어리를 다보여래와 석가여래 위에 뿌렸다.

그때 다보여래는 보탑 속에서 반좌(半座)를 석가여래에게 나눠 주고 말씀하셨다.

"석가여래여, 이 자리에 앉으시라."

그때 석가여래는 그 탑 속에 들어가 그 반좌에 앉으셨다.

그때 대중은 두 여래가 칠보탑 속의 사자좌 위에 가부좌하고 앉아 계신 것을 보고 제각기 이렇게 생각했다.

'부처님은 훨씬 높은 곳에 앉아 계신다. 원컨대 여래시여, 신통력으로 저희들을 함께 공중에 있게 해주시기를.'

즉시 석가여래는 신통력으로 여러 대중을 허공에 머물게 하고, 큰 음성으로 모든 4종의 회중들에게 말씀하셨다.

"이 사바세계에서 널리 〈묘법화경〉을 설법할 수 있는 사람은 누구인가. 지금은 바로 그때이다. 여래는 곧 영원한 평안으로 들 것이다. 부처님은 〈법화경〉을 너희들에게 맡겨서 후세에 남기려고 생각하는 것이다."

⚘ 제바달다품提婆達多品 제12 ⚘

그때 부처님은 여러 보살과 천인과 인간과 4부 회중에게 말씀하셨다.

"나는 과거 한량없는 겁 동안 〈법화경〉을 구했으나 게으르다든가 싫어한 일이 없었다. 오랜 겁 동안 항상 국왕이 되어 발원(發願)하여 더없는 보리심을 구했으나 마음은 퇴선하지 않았다. 6종의 덕〔육바라밀〕을 만족하려고 보시를 실행했으나 마음속에서 코끼리나, 말이나, 칠보나, 국성(國城)이나, 처자나 남종·여종이나, 머리나, 눈이나, 골수나, 뇌나, 몸이나, 살이나, 수족을 아낀 일이 없고, 몸이나 목숨을 아낀 일이 없었다. 그때는 세상 사람의 수명은 한량이 없었다. 법을 위해 국왕의 벼슬을 버리고, 정사는 태자에게 맡기고, 북을 쳐서 사방에 선언하고 법을 구했다.

'나를 위하여 능히 대승법을 설법해 줄 사람은 누구인가. 나는 그 사람을 위해 나의 생애를 바쳐 받들어 모실 것이다.'

그때 한 선인이 있다가 왕에게 찾아와 이렇게 여쭈었다.

'나에게는 〈묘법연화경〉이라고 하는 대승경이 있습니다. 약속을 꼭 지킨다면 당신에게 설법해 드리겠습니다.'

왕은 선인의 말을 듣고 크게 기뻐하여 선인을 따라 요구하는 것을 공급하고, 과일을 따고, 물도 긷고, 나무도 해오고,

식사도 짓고, 자기 몸을 상좌로 하기도 했으나, 심신이 모두 피로하고 싫증이 난 일이 없었다. 이렇게 하여 천년 동안 받들어 모시고 법을 구하기 위해 노력정진하고 모시어 아무런 걱정도 없도록 했던 것이다."

부처님은 여러 비구에게 말씀하셨다.

"그때의 왕이란 나를 말하는 것이다. 그때의 선인이란 제바달다(提婆達多)[1]였다. 제바달다는 훌륭한 지식이 있었으므로 나에게 육바라밀과 자·비·희·사와, 32상과, 80종의 훌륭한 특징과, 자색을 띤 황금색의 살갖과, 십력과, 4종의 사무소외(四無所畏)[2]와, 사섭법(四攝法)과, 18종의 부처님의 독특한 특징과, 신통력과, 도력(道力)을 갖추도록 해주었던 것이다. 아뇩다라삼막삼보리를 완성하여 널리 중생을 구할 수 있게 된 것도 모두 제바달다가 좋은 벗이었기 때문이다."

부처님은 4종의 회중에게 말씀하셨다.

"제바달다는 멸도한 후 한량없는 겁을 지나 성불할 것이다.

---

1. 석존의 사촌동생, 혹은 백반왕(白飯王)의 아들. 석존이 성도한 뒤에 출가하여 제자가 되었다. 출가 후에는 부처님의 위세를 시기하여 아사세 왕과 결탁하여, 부처님을 없애고 스스로 새로운 부처님이 되려다가 뜻을 이루지 못하였다.
2. 부처님이 설법할 적에 두려운 생각이 없는 지력(智力)의 네 가지. 정등각무외(正等覺無畏, 일체 모든 법을 평등하게 깨달아, 다른 이의 힐난을 두려워하지 않음)·누영진무외(漏永盡無畏, 온갖 번뇌를 다 끊었노라고 하여, 외난外難을 두려워하지 않음)·설장법무외(說障法無畏, 보리를 장애하는 것을 말하되 악법惡法은 장애되는 것이라고 말해서 다른 이의 비난을 두려워하지 않음)·설출도무외(說出道無畏, 고통 세계를 벗어나는 요긴한 길을 표시해서, 다른 이의 비난을 두려워하지 않음)

그 이름을 천왕(天王)여래라 하고, 세계를 천도(天道)라 할 것이다. 천왕불은 20중겁 동안 세상에 있으면서 널리 중생들을 위해 훌륭한 설법을 하고, 항하의 모래수만한 중생들은 존경받을 아라한(阿羅漢)이라는 경지에 들어갈 수가 있으며, 한량없는 중생들은 스스로 연각심(緣覺心)을 일으키며, 항하의 모래수와 같은 중생들은 무상도(無上道)³로 향하는 마음을 일으켜 무생법인(無生法忍)을 얻고 불퇴전의 경지에 이를 것이다. 이 천왕불이 열반한 뒤 정법은 20중겁 동안 세상에 행해질 것이다. 부처님의 전신의 유골을 봉납할 칠보탑을 세우고, 높이 60유순, 가로세로가 40유순일 것이다. 여러 천인과 인간은 모두 꽃과, 말향과, 소향과, 도향과, 의복과, 영락과, 당번과, 산개와, 기악과, 가곡으로써 칠보의 훌륭한 탑을 예배하고 공양할 것이다. 한량없는 중생은 존경받는 아라한의 경지가 되며, 한량없는 중생들은 연각하는 경지를 깨닫고, 생각할 수 없을 만큼 많은 중생은 깨달음으로 향하는 마음을 일으켜 불퇴전의 경지에 이를 것이다."

부처님은 다시 말씀하셨다.

"내세에서 선남선녀들이 〈묘법화경〉의 제바달다품을 듣고 깨끗한 마음으로 믿고 존경하여 의심이 생기지 않으면, 지옥·아귀·축생의 세계에 빠지지 않고 시방의 부처님 앞에 태어나, 태어난 곳에서는 항상 이 〈법화경〉을 들을 것이다. 만약 인간이나 천인 사이에 태어나면 훌륭한 낙을 받고, 만약 부처

---

3. 최고의 가르침. 무상도심(無上道心)의 약어. 이 이상 없는 가장 뛰어난 길을 걸으려고 하는 마음이라는 뜻.

님 나라에 태어나면 부처님의 얼굴 앞에서 연꽃 속에 화생(化生)할 것이다."

그때 하방에 있는 다보여래를 모시고 있는 지적(智積)보살이 다보여래에게 말했다.

"본국으로 돌아갑시다."

석가여래는 지적보살에게 말씀하셨다.

"선남이여, 잠시 기다려라. 여기 문수사리(文殊師利)라 하는 보살이 있다. 이 보살을 만나 훌륭한 법에 대해 말한 뒤 본국으로 돌아가라."

그때 문수사리는 크기가 수레바퀴만한 꽃잎이 천 장이나 되는 연꽃 한복판에 함께 온 보살들과 앉아, 대해의 사갈라(娑竭羅, 사가라娑伽羅) 용왕의 궁전에서 자연히 솟아 올라와 허공에 머물러, 영취산(靈鷲山)4에 계시는 세존에게로 와서 두 세존에게 머리 숙여 경례하고 예배가 끝난 뒤, 지적보살에게로 가서 인사를 나눈 뒤 한구석에 앉았다.

지적보살은 문수사리에게 물었다.

"당신이 용왕의 궁전에 가셔서 교화하신 사람들 수는 얼마나 됩니까?"

문수사리는 말했다.

"그 수는 한량이 없어서 셀 수도 없습니다. 입으로 설명할 수도 없습니다. 마음으로 잴 수도 없습니다. 잠시 기다리시오. 그 증거가 있을 것입니다."

---

4. 기사굴산(耆闍崛山)이라고 음역함. 영(靈)은 높여서 붙인 말. 석존이 설법한 곳으로 유명하다.

말이 채 끝나기도 전에 수없이 많은 보살이 연꽃에 앉아 바
다에서 솟아나와 영취산에 접근해 와서 허공에 머물렀다. 이
여러 보살들은 모두 문수사리에 의해서 교화된 자들로서, 보
살행을 갖추고 모두 육바라밀을 연설하고, 본래 성문이었던
사람은 허공 속에서 성문의 행을 연설하고 있었는데, 지금은
모두 대승과 공(空)의 의의를 수행하고 있는 것이다. 문수사
리는 지적보살에게 말했다.
"바다에서 이와 같이 교화했습니다."
그때 지적보살은 게송으로 찬탄했다.

크신 지혜 크신 위덕
위대하신 용맹으로
무량 중생 교화하심
나와 대중 보았나니,

실상(實相)의 뜻 연설하고
일승법(一乘法)5을 열어 보여
인도한 많은 중생
보라, 이루어 주셨도다.

문수사리는 말했다.
"나는 바다 속에서 항상 오직 이 〈묘법화경〉만을 설법하고
있었습니다."

---

5. 모든 것이 다 부처가 된다는 법문. 일불승(一佛乘).

지적보살은 문수사리에게 물었다.

"이 경은 매우 심원미묘하여 여러 경전 가운데서 보배이며 세상에 희유한 것입니다. 중생들 가운데서 노력 정진하여 이 경전을 수행함으로써 속히 성불할 수 있는 사람이 누가 있습니까?"

문수사리는 말했다.

"사갈라 용왕의 딸은 나이 8세인데 지혜는 날카롭고, 능히 중생들의 할 일을 알고 있으며, 법을 단단히 마음에 간직할 능력을 갖고 있어서, 여러 부처님이 설법한 매우 심원한 법장을 모두 받아들여 깊이 선정(禪定)에 들어가, 존재하는 것의 양상을 깨닫고 찰나 사이에 보리심을 일으켜 불퇴전의 경지를 얻은 것입니다. 변재(辯才)는 자재이며, 중생들을 불쌍히 여기는 마음은 마치 어린아이를 대하듯 합니다. 공덕을 갖추었고, 마음으로 생각하는 것과, 입으로 말하는 것은 미묘광대하여, 자비심이 깊고, 연민심이 깊으며, 마음은 부드럽고, 능히 보리의 지위에 이른 사람입니다."

지적보살이 말했다.

"나는 석가여래를 보았는데 석가여래는 한량없는 겁 동안 난행 곤행하여 공덕을 쌓아올려 보리의 도를 구하여 조금도 쉬지 않으셨습니다. 삼천대천세계를 보건대, 석가여래가 보살 때에 몸을 버릴 수 없었던 장소는 겨자씨만한 땅도 없었습니다. 그것은 모두 중생을 위해서였습니다. 그와 같이 하여 후에 비로소 보리의 도를 완성할 수가 있었던 것입니다. 그런데 이 딸은 잠깐 동안에 정각을 이루었다고 하니 누가 그런 것을 믿겠습니까?"

아직 말이 끝나기도 전에 해용왕의 딸은 홀연히 눈앞에 나타나 세존의 발밑에 예배하고, 물러나 한구석에 앉아 게송으로 찬탄했다.

죄와 복을 통달하여
시방을 두루 보고
미묘한 청정 법신
32상 갖추었으며

80종의 좋은 복상으로
법신을 장엄하니
하늘 인간 우러러보고
용과 귀신 공경하며

일체 세간 중생
한결같은 마음으로
미묘하고 높은 이를
정성껏 받드나니

보리를 이루는 일
부처님만 아시리라.
나도 대승을 펴서
고난 중생 제도하리.

그때 사리불은 용왕의 딸에게 말했다.

"너는 설법을 듣고 곧 무상도를 얻은 줄로 생각하고 있지만 이것은 믿기 어렵다. 그것은 왜냐하면 여자의 몸은 더럽혀져 있고 부처님의 법을 받는 데, 견딜 수 없기 때문이다. 어찌하여 무상의 도를 얻을 수 있겠는가? 불도는 요원하며, 한량없는 겁 동안 근면해서 수행을 쌓고, 빠짐없이 육바라밀을 닦은 연후에 완성하는 것이다. 또 여자의 몸에는 아직도 5개의 장애가 있다. 첫째는 범천왕(梵天王)[6]이 될 수가 없다. 둘째는 제석천(帝釋天)이 될 수 없다. 셋째는 마왕(魔王)이 될 수 없다. 넷째는 전륜성왕(轉輪聖王)이 될 수 없다. 다섯째는 부처가 될 수 없는 것이다. 어찌하여 네가 그토록 빨리 성불할 수 있겠는가."

그때 용왕의 딸은 삼천대천세계에 필적(匹敵)할 만큼 값어치 있는 보주(寶珠) 한 개를 가지고 있었다. 그것을 부처님에게 봉헌하니 부처님은 즉시 이것을 받으셨다. 용왕의 딸은 지적보살과 장로 사리불(舍利佛)에게 말했다.

"제가 보주를 봉헌했더니 세존께서는 받으셨습니다. 빨랐다고는 생각하시지 않습니까?"

"과연 참으로 빨랐다."

그때 용왕의 딸이 말했다.

"너의 신통력으로 나의 성불의 모양을 보라. 그보다도 더 빠를 것이다."

이때 모여 있던 사람들은 모두 용왕의 딸이 홀연히 남자로 변하여 보살행을 갖추고, 남방의 무구(無垢)세계로 가서 보석

---

6. 범천(梵天). 제석천(帝釋天)과 함께 호법신(護法神)으로 여겨진다.

의 연꽃 위에 앉아 정각을 완성하고, 32상과 80종의 훌륭한 특징이 있고, 시방의 일체 중생에게 훌륭한 법을 연설하고 있는 것을 보았다.

그때 사바세계의 보살과, 성문과, 천룡, 8부중 인간과, 인간이 아닌 것들은 모두 저 멀리 그 용왕의 딸이 성불하여 그때 모인 사람들과 천인들에게 설법하고 있는 것을 보고 마음이 매우 기뻐서 모두 멀리 경례를 했다. 한량없는 중생이 법문을 듣고 깨달아 불퇴전의 경지에 들어가고, 한량없는 중생이 깨달음을 얻을 수 있다는 예언을 받을 수가 있었다.

무구의 세계는 6종으로 진동하여 사바세계 3천 명의 중생은 불퇴전의 경지에 있었고, 3천 명의 중생은 깨달음에 이르는 마음을 일으켜 깨달음을 얻을 수 있다는 예언을 받을 수가 있었다.

지적보살과 사리불은 모인 일체의 사람들과 숙연히 이것을 믿고 받아들였다.

권지품勸持品 제13

그때 약왕보살과 대요설보살은 2만 명의 보살들과 더불어 부처님 앞에서 이렇게 맹세했다.

"바라건대 세존이시여, 걱정하지 마옵소서. 저희들은 부처님이 세상을 떠난 뒤에 이 경전을 받들어 독송하고 설법할 것입니다. 후의 악세의 중생들은 선근이 적고 교만심이 많으며, 의복·와구(臥具) 등의 공양을 탐내어 불선근을 더하고, 해탈에서 멀리 떨어져 있으므로 교화하기 어려우나, 저희들은 크나큰 인내력으로 이 경을 독송하고, 받들고, 설법하며, 서사하여 가지가지로 공양하여 신명을 아끼지 않을 것입니다."

그때 회중 가운데 있던 5백 명의 존경받을 만한 사람들로서 미래의 예언을 받은 사람들이 부처님에게 말했다.

"세존이시여, 저희들도 또한 맹세하겠습니다. 다른 국토에서 널리 이 경을 설법할 것입니다."

또 학습중이거나, 혹은 이미 학습을 완료한 8천 명의 제자로서 미래의 예언을 받은 사람이 자리에서 일어나 합장하고, 부처님에게 이렇게 맹세했다.

"세존이시여, 저희들도 또한 다른 국토에서 널리 이 경을 설법할 것입니다. 그것은 왜냐하면 이 사바세계 사람들은 나쁜 습관이 많고, 교만하고, 공덕이 천박하여 미움이라는 더러움과 아부심이 있어서 마음이 진실하지 않기 때문입니다."

그때 부처님의 이모 마하파사파제(摩訶波闍波提)비구니와 학습중이거나 이미 학습을 완료한 6천 명의 비구니는 모두 함께 자리에서 일어나 한마음으로 합장하고, 세존의 얼굴을 눈 하나 깜빡이지 않고 우러러보고 있었다. 세존은 교담미(憍曇彌)비구니에게 말씀하셨다.

"어찌하여 우수의 빛을 담고 여래를 지켜보고 있는가? 너는 마음속으로 '세존은 나의 이름을 들어 아뇩다라삼막삼보리를 얻을 것이라고는 예언해 주지 않았다'고 생각하고 있는 것은 아닌가?

교담미여, 나는 앞서 통틀어서 일체의 제자들에게 모두 이미 예언하고 있는 것이다. 지금 네가 자기의 예언을 알고 싶다면 이렇다. 너는 미래에 6만 8천억의 여러 부처님의 가르침 속에서 위대한 법사가 될 것이다. 또 학습중이거나, 혹은 이미 학습을 완료한 6천 명의 비구니도 모두 법사가 될 것이다. 너는 이와 같이 해서 점차로 보살의 도를 갖추어 성불할 수가 있을 것이고, 그 이름을 일체중생희견(一切衆生喜見)여래라 할 것이다.

교담미여, 이 일체중생희견불은 6천 명의 보살에게 차례차례로 예언을 수여하여 아뇩다라삼막삼보리를 얻게 할 것이다."

그때 나후라의 어머니 야수다라(耶輸陀羅)비구니는 이렇게 생각했다.

'세존은 예언을 수여하고 있을 때 혼자 내 이름만을 듣지 않았다.'

부처님은 야수다라에게 말씀하셨다.

"너는 내세의 백천만억의 여러 부처님의 가르침 속에서 보살행을 닦고 위대한 법사가 되어 점차로 불도를 갖추어 좋은 나라에서 성불할 수가 있을 것이다. 그 이름을 구족천만광상(具足千萬光相)여래라 할 것이다. 그 부처님의 수명은 무량무수겁(無量無數劫)일 것이다."

그때 마하파사파제비구니와 야수다라비구니, 그 권속들은 매우 기뻐하여 미증유의 마음을 안고 부처님 앞에서 게송으로 말했다.

거룩하신 세존께서 도사가 되어
하늘 인간 많은 중생 안온케 하니
우리들도 이제는 수기를 받아
마음에 편안함을 구족하도다.

여러 비구니는 이 게송을 끝내자 부처님에게 여쭈었다.
"세존이시여, 저희들도 타국에서 널리 이 경을 설법할 것입니다."

그때 세존은 80만억 나유타의 여러 보살을 둘러보았다. 이 여러 보살은 불퇴전(不退轉)의 법륜(法輪)을 굴리고, 많은 지혜와 삼매(三昧)를 얻은 사람들이다. 그들은 자리에서 일어나 부처님 앞으로 나아가 한마음으로 합장하며 이렇게 생각했다.

'만약 세존께서 우리들에게 이 경을 받들고 설법하라고 명령하시면, 우리들은 부처님이 명령하신 대로 널리 이 가르침을 선양할 것이다.'

이어서 또 이렇게 생각했다.

'부처님은 지금 묵연히 계셔서 우리들에게 명령하시려고 하시지 않는다. 우리들은 도대체 어떻게 하면 좋을까?'

그래서 이 여러 보살들은 부처님의 마음에 공경하고 순종하는 동시에, 자기들의 예부터의 소원을 채우려고 부처님 앞에서 사자후(獅子吼)하여 다음과 같이 맹세했다.

"세존이시여, 저희들은 여래가 세상을 떠난 후 시방세계를 빠짐없이 돌아다니고 왕복하면서, 중생들에게 이 경을 서사(書寫)시키고 받들게 하여 독송시키고, 그 의미를 해설하고 법대로 수행시키며, 올바르게 마음속에 항상 상기(想起)하게 할 것입니다. 이것 모두 부처님의 위력에 의한 것입니다. 바라건대 세존이시여, 그때 다른 국토에 계시더라도 멀리서 저희들을 수호해 주십시오."

즉시 여러 보살들은 함께 소리 맞추어 게송으로 말했다.

부처님 멸도하신 후 두렵고 악한 세상
저희들이 설법하려니 염려하지 마옵소서.

어리석은 여러 중생 나쁜 말로 욕을 하고
칼 막대로 해롭게 해도 저희들은 참으리라.

악한 세상 비구니는 삿된 지혜 마음 굳어
못 얻고도 얻은 체 아만심이 충만하며

고요한 데 있으면서 누더기 옷 걸쳐 입고
참된 도 행한다며 다른 인간 경멸하고

이익만을 탐착하며 속인 위해 설법하고
세상에서 받는 공경 육신통(六神通)[1]의 나한 같아

이런 사람 악심 품어 세속 일만 생각하고
아련야(阿練若)라 이름하며 남의 허물 끌어내되

이런 말을 하느니라. 저 모든 비구들은
이익만을 탐착하여 외도를 논설하며

스스로 경전 지어 세상 인간 현혹하며
이름 명예 구하므로 이 경 분별한다고

대중 가운데 있으면서 우리를 훼방하러
국왕과 여러 대신 바라문과 거사들과

다른 비구 대중들께 우리를 비방하는 말
'저들은 삿된 인간 외도를 설한다'고 하나

부처님 공경하는 우리 이런 악을 다 참으며
'너희들이 부처이라' 경만하게 빈정대도

---

1. 부처님과 보살 등이 갖춘 여섯 종류의 초인적 능력. 신족통(神足通)·
   천안통(天眼通)·천이통(天耳通)·타심통(他心通)·숙명통(宿命通)·
   누진통(漏盡通)의 여섯 가지. 육통(六通)이라고도 한다.

부처님 믿는 우리 그 사납고 못된 짓을
싫다 않고 견디며 다 받아 참으리라.

흐린 겁 악한 세상 두려움이 많으며
악한 귀신 몸에 들어 꾸짖고 욕을 해도

부처님 믿는 우리 인욕의 갑옷 입고
이 경을 설법하려 어려운 이 일 다 참으며

신명을 아끼지 않고 위 없는 도 구해서
앞으로 오는 세상 부처님 법 보호하리니

세존께선 아시리라. 탁한 세상 악한 비구
부처님 방편 따라 설법함을 제 모르고

입 사납게 빈축하며 자주자주 절간에서
멀리멀리 내쫓아도 부처님 믿는 우리

내리신 분부 생각하고 이러한 모든 고통에
사납게 시달려도 모두 다 참으리라.

촌락이나 도시에서 법 구하는 이 있으면
저희들이 찾아가서 부촉하신 법 설하올새

세존의 사자 된 우리 두려움 하나 없이

설법을 잘하리니 안온하게 계시옵소서.

시방의 여러 부처 세존 앞에 저희가 나가
이런 맹세를 하옵나니 저희 마음 아옵소서.

⚘ 안락행품安樂行品 제14 ⚘

그때 문수사리법왕자보살은 부처님께 이렇게 여쭈었다.

"세존이시여, 이 여러 보살은 얻기 어려운 사람들입니다. 부처님을 공경하고 순종하는 마음에서 커다란 서원(誓願)을 세워 — '후의 악세에 이 〈법화경〉을 호지하여 독송하고 설법하겠다'고 맹세한 것입니다. 세존이시여, 보살은 후의 악세에서 어떻게 이 경을 설법해야겠습니까?"

부처님은 문수사리에게 말씀하셨다.

"만약 보살이 후의 악세에서 이 경을 설법하려면 네 가지 법에 안주(安住)해야 한다.

첫째로 보살이 해야 할 행동과 접근해야 할 범위에 안주하여, 중생을 위해 이 경을 연설해야 한다. 문수사리여, 보살이 해야 할 행동이란 무엇인가. 만약 보살이 인내의 경지에 있으면서 유화하고 진리에 따르고 사나운 곳이 없으며, 마음은 동요하지 않고 어떠한 것에도 집착하지 않고, 존재하는 것을 있는 그대로 보고 더구나 집착하지 말고 분별하지 않을 것, 그것이 보살이 해야 할 행동이다.

보살이 접근해야 할 범위란 무엇인가. 보살은 국왕·왕자·대신·대신의 신하에 접근해서는 안 된다. 여러 이교도(異教徒)·범행자(梵行者)·이건자(尼犍子)[1]·세속의 문장이나 시를 짓는 자·불교 이외의 책자를 만드는 자·물질주의적 유물론자 등에 접근해서는 안 된다. 또 온갖 유예인(遊藝人)들과 사기꾼들과 씨름꾼이나 몸에 채화(彩畵)하고, 가지가지로 변하는 자들에게 접근해서는 안 된다. 또 천민이나 돼지, 양, 닭, 개 등을 길러서 도살하는 자나 고기를 잡는 자 등의 악업에 종사하는 자에게 접근해서는 안 된다. 이 사람들이 가까이 왔을 때는 그들을 위해 설법을 해도 좋지만 이쪽에서 접근하려고 해서는 안 된다.

또 성문이 되려는 비구·비구니·재가신사·재가신녀에게 접근해서는 안 된다. 또 찾아가서는 안 된다. 승방 속에서도, 걸어 다니는 장소에서도, 강당 안에서도, 함께 있어서는 안 된다. 그들이 가까이 왔을 때에는 상대방에 따라 설법을 해도 좋으나 이쪽에서 접근하려고 해서는 안 된다.

문수사리여, 또 보살은 여인의 몸에 욕망을 안으면서 설법해서는 안 된다. 또 여인을 보고 싶어 해서는 안 된다. 만약 남의 집에 들어가면 소녀, 처녀, 과부들과 함께 말을 해서는 안 된다.

또 5종의 남성 능력이 없는 자에게 접근해서 친해진다든가 해서는 안 된다. 혼자서 남의 집에 들어가서는 안 된다. 만약 부득이한 이유로 혼자 남의 집에 들어가지 않으면 안 되게 되었을 때에는 다만 일심으로 부처님을 생각하라.

만약 여인에게 설법할 때에는 이를 드러내서 웃든가 해서는

---

1. 이건(尼犍)은 속박 없는 자의 뜻. 자이나교도로 나체로 수행하는 수행자들.

안 된다. 가슴을 노출시켜서는 안 된다. 하물며 설법 이외의 장소에서는 말할 나위도 없다. 연소한 제자, 사미(沙彌), 소아를 자진해서 기르려고 해서는 안 된다. 또 함께 한 스승을 섬기려고 해서는 안 된다. 항상 좌선(坐禪)을 좋아하고 조용한 곳에 있으며, 그 마음을 집중하여 명상하는 것이다. 문수사리여, 이것이 앞서 말한 접근할 범위이다.

또 다음에 보살은 이 세상에 존재해 있는 일체의 것은 공(空)이다, 있는 그대로의 모습이다, 전도해 있지 않고, 부동(不動)하여 퇴전하지 않고, 허공과 같아서 고유의 성질이 없고, 말로도 입으로도 설명할 수 없는 것이며, 나은 것도 아니고 나온 것도 아니며, 일어난 것도 아니고, 이름도 없고, 모양도 없고, 소유하는 것이 없으며, 무량, 무변, 무애, 무장이라고 관찰하라. 다만 인연에 의해 존재해 있을 뿐이며, 판단의 전도에 의해 나므로 상주(常住)이며 안락이라고 설하는 것이다. 존재하는 것은 이와 같이 관찰할 것, 이것이 보살의 제2의 접근해야 할 범위이다."

"또 문수사리여, 여래가 세상을 떠난 뒤에 말법(末法)의 세상에서 이 경전을 설법하려면 참으로 안락행에 있어야 한다. 혹은 입으로 설명하든가, 혹은 경전을 독송할 때에는 사람이나 경전의 잘못을 말하거나 해서는 안 된다. 또 다른 가르침을 설교하는 법사를 경멸하거나 해서는 안 된다. 타인의 선악이나 장단점을 말해서는 안 된다. 또 이름을 들어 그 아름다운 점을 찬탄하거나 해서는 안 된다. 또 남을 미워하거나 싫어하거나 하는 마음을 내서는 안 된다. 이와 같은 안락한 마음을 닦고, 듣는 사람들의 마음에 거역하지 않도록 하지 않으면 안 된다. 어려운 질문을 하는 사람이 있으면 소승(小乘)의 가르침으로 대답해서는 안 된다. 오직 대승(大乘)의 가르침으로서만 그들을 위해 해설하고 일체종지(一切種智)를 얻도록 해주지 않으면 안 된다."

"다시 또 문수사리여, 보살이 후의 말세에 법이 멸할 시기에 이 경전을 수지하고 독송하려고 하면 질투심이나, 아부하려는 마음, 기만하려는 마음을 품어서는 안 된다. 또 불도를 배우는 사람을 경멸하고 헐뜯어서 그 장단점을 추구하는 따위를 해서는 안 된다.

만약 비구, 비구니, 재가신사, 재가신녀로서 성문의 입장을 구하는 사람이나, 벽지불을 구하는 사람이나, 보살도를 구하는 사람이 있으면 그들을 괴롭히고, 그들의 마음을 혼란시켜서 '너희들은 도에서 매우 멀리 떨어져 있는 것이다. 결국 일체종지를 얻을 수 없을 것이다. 왜냐하면 너희들은 난잡한 인간이며, 도에 있어서 권태의 마음을 품고 있기 때문이다'라고 말하든가 하는 일이 있어서는 안 된다.

또 법에 관해서 함부로 언쟁(言爭)하는 일이 있어서는 안 된다. 일체 중생에 대해서는 대비심을 일으키고, 여러 여래에 대해서는 자부(慈父)와 같은 생각을 일으키고, 여러 보살에 대해서는 큰 법사라는 생각을 일으키지 않으면 안 된다. 시방의 여러 대보살에 대해서는 항상 깊은 마음으로 공경하고 예배하라. 일체 중생에 대해서는 평등하게 설법을 하라. 설법함에 있어서는 법에 따르고, 많이도 하지 말고, 적게도 하지 말고, 깊이 법을 사랑하는 사람에게 편을 들어 많이 설법하는 일을 해서는 안 된다.

문수사리여, 이 보살이 후의 말세에 법이 멸하는 시기에 있어서 이 제3의 안락행을 완성했다면, 이 법을 설할 때 그를 괴롭히거나 하는 사람은 없을 것이다. 좋은 동학(同學)의 인사가 나타나 함께 이 경전을 독송하고, 많은 사람들이 와서 법을 듣고, 다 듣고 난 뒤에는 잘 받아 가지고, 받아서는 잘 독송하고, 독송이 끝나면 설하고, 설하고는 능히 쓰고, 또 다른 사람에게 쓰게 하고, 경권을 공양하고, 존중하며, 찬탄할 것이다."

"또 다시 문수사리여, 보살이 후의 말세에 법이 멸하려는 시기에 이 〈법화경〉을 받아 가지려고 하면 재가의 사람·출가의 사람에 대해서는 큰 자비심을 일으켜 이렇게 생각할 것이다.

'이와 같은 사람은 여래가 크게 방편하여 상대방에 따라 설법하는 것을 잃고, 듣지 않고, 깨닫지 못하고, 묻지 않고, 믿지 않고, 이해하지 않는다. 이와 같은 사람이 이 경을 묻지 않고, 믿지 않고, 이해하지 않더라도 내가 아뇩다라삼막삼보리를 얻었을 때에는 어느 곳에 있더라도 신통력과 지혜력으로써 그들을 끌어들여 이 법 속에 있을 수 있도록 해주겠다.'

문수사리여, 이 보살이 여래가 세상을 떠난 뒤에 이 제4의 방법을 완성한다면 이 법을 설법할 때 과실은 없을 것이다. 항상 비구·비구니·재가신사·재가신녀·국왕·왕자·대신·민중·바라문·자산자들에게 공양받고, 공경받고, 존중받고, 찬탄받을 것이다. 허공의 천인들은 설법을 들으려고 항상 곁에서 모실 것이다. 만약 촌락이나, 도시나, 산림이나, 숲속에 있을 때에 사람들이 찾아와서 물으려고 하면 천인들은 밤낮 할 것 없이 항상 설법을 위해 그를 호위하고, 잘 듣는 사람들을 모두 기쁘게 할 것이다. 왜냐하면 그 설법은 일체의 과거, 현재, 미래의 여러 부처님의 신통력에 의해서 보호되어 있기 때문이다.

문수사리여, 이 〈법화경〉은 한량없는 나라에서도 그 이름을 듣기란 여간해서는 어렵다. 하물며 이것을 보고, 받아들고, 독송하기란 더 어려운 일이다.

문수사리여, 이를테면 강력한 전륜성왕(轉輪聖王)이 위세를 떨치고 여러 나라를 정복하려고 할 때, 소왕(小王)들이 명령에 복종하지 않을 때에는, 전륜성왕은 여러 가지 군사를 일으켜 토벌하러 가는 것과 마찬가지이다. 왕은 병사들 속에서 싸움에 공훈이 있는 자를 보면 크게 기뻐하여 공에 따라 상을 주는데, 혹은 마을이나, 거리나, 도시를 주고, 혹은 의복이나, 몸치장하는 장식품을 주고, 혹은 여러 가지 진보(珍寶), 금・은・유리・차거・마노・산호・호박・코끼리・말・수레・남종・여종・민중을 주는 일이 있으나, 다만 상투 속의 명주(明珠)만은 주지 않는 것이다. 왜냐하면 단지 전륜성왕의 머리 위에만 이 구슬이 있기 때문에, 만약 이것을 주기라도 하면 왕의 일족 사람들이 반드시 놀라고 의심하기 때문이다.

문수사리여, 여래도 또한 이와 같은 것이다. 명상하는 힘과 지혜의 힘에 의해서 법의 국토를 얻고 삼계의 왕이 되는 것이다. 그런데 여러 마왕(魔王)은 감히 복종하려 하지 않고 여래의 제장인 현인(賢人)・성인은 이것과 싸우는 것이다. 그 가운데서 공훈이 있는 사람에 대해서는 마음이 기뻐서 4부 회중 가운데서 여러 가지 경을 설해서 그 마음을 기쁘게 해주고, 명상, 해방, 더러움이 없는 근력의 법을 주고, 또 영원의 평안이라는 성을 주어 '너희들은 깨달음을 얻었다.' 하고 말하여 그 마음을 인도해서 모두 기쁘게 하는 일이 있어도, 그들을 위해 이 〈법화경〉을 설법하는 일은 없는 것이다.

  문수사리여, 전륜성왕이 병사들 가운데서 큰 공이 있는 자를 보고 마음이 매우 기뻐서 세상 사람들이 믿기 어려운 일, 즉 오랫동안 상투 속에 있어서 함부로 남에게 주지 않았던 구슬을 지금 주는 것처럼, 여래도 또한 그와 마찬가지인 것이다. 여래는 삼계 가운데서 큰 법왕이므로 법에 의해 일체 중생을 교화하는데 현인·성인의 군대가 5개의 구성요소에 바탕을 둔 악마[오온마五蘊魔]2와, 번뇌에 의한 악마와, 사마(死魔)3와 싸워서 큰 공훈이 있고, 탐욕, 증오, 무지의 삼독을 멸하고, 삼계를 나와 악마를 쳐부수는 것을 보고, 여래도 또한 매우 기뻐서 일체 세상 사람들은 적의(敵意)를 품고 믿으려고 하지 않으므로, 지금까지는 한 번도 설하지 않았던 이 〈법화경〉, 중생들을 능히 지혜에 이르게 하는 이 〈법화경〉을 지금 설법하는 것이다.

  문수사리여, 이 〈법화경〉은 여러 여래의 제1의 법이며, 여러 법 가운데서도 가장 심원한 것이므로 후의 말세에 수여되

2. 오중마(五衆魔)·오음마(五陰魔)라고도 한다. 사마(四魔)의 하나. 유정(有情)은 모두 색(色)·수(受)·상(想)·행(行)·식(識)의 오온(五蘊)으로 구성되어져, 여러 방해를 받는다는 것을 말한다.
3. 죽음을 악마로 간주하여 한 말. 사마(四魔)·오마(五魔)의 하나.

는 것이다. 그것은 마치 저 강력한 전륜성왕이 오랫동안 소중하게 간직해 온 명주(明珠)를 지금 주는 것과 같은 것이다.

문수사리여, 이 〈법화경〉은 여러 부처님의 비밀의 법이므로 여러 경전 가운데서 최상위에 두고, 오랫동안 소중히 하여 함부로 설하지 않던 것을 오늘 비로소 너희들을 위해 이것을 설법하는 것이다."

☙ 종지용출품從地踊出品 제15 ☙

그때 다른 국토에서 찾아온 보살들 가운데서 8개의 항하의 모래수와 맞먹는 보살이 대중 속에서 일어나 합장하고 예배하며 부처님에게 이렇게 말했다.

"세존이시여, 만약 저희들에게 부처님이 세상을 떠나신 뒤 이 사바세계에서 노력 정진하여 이 경전을 호지(護持)하고, 독송하고, 서사하여, 공양할 것을 허락해 주신다면 이 세계에서 널리 이것을 설법할 것입니다."

그때 부처님은 여러 보살들에게 말씀하셨다.

"그만두라, 선남들이여. 너희들은 이 경을 호지하지 않아도 좋다. 왜냐하면 우리 사바세계에는 6만의 항하의 모래수와 맞먹는 보살이 있고, 하나하나의 보살에게 각각 6만의 항하의 모래수와 같은 종자(從者)들이 있어서, 이 많은 사람들은 내가 세상을 떠난 뒤에 잘 호지하고, 독송해서, 널리 이 경을 설법하기 때문이다."

부처님이 이렇게 말씀하셨을 때 사바세계의 삼천대천의 국토는 대지가 모두 흔들리고 갈라져서, 그 속에서 한량없는 천만억의 보살이 동시에 용출했다. 이 여러 보살은 몸이 모두 금빛이고, 32상과, 한량없는 광명이 있었다. 그들은 모두 옛날부터 이 사바세계 밑에 있는 허공에서 살고 있었던 것이다.

이 여러 보살은 석가여래가 말한 음성을 듣고 밑에서 나타난 것이다. 하나하나의 보살은 모두 제각기 대중의 지도자이며, 제각기 6만의 항하의 모래수와 비등한 종자를 거느리고 있었다. 그 가운데는 5만, 4만, 3만, 2만, 1만의 항하의 모래수와 같은 종자를 거느린 사람이 있었다. 개중에는 1, 반, 4분의 1의 항하의 모래수와 같은 종자를 거느린 사람이 있었다. 개중에는 천만억 나유타의 종자, 억만의 종자, 천만, 백만, 1만의 종자, 천, 백, 10, 5, 4, 3, 2, 한 명의 종자를 거느린 사람이 있었다. 또 홀로 원행(遠行)을 바라고 있는 사람이 있었다. 이들은 무량무변(無量無邊)이어서 계산에 의해서도, 비유에 의해서도 알 수는 없는 것이다.

이 여러 보살은 지하에서 모두 다 나오자 허공에 있는 칠보로 만든 아름다운 탑의 다보여래와 석가여래가 계신 곳까지 와서 두 세존을 향해 그 발을 이마에 받들어 예배하고, 또 여러 가지 보석나무 밑의 사자좌에 앉아 있는 부처님들에게도 또한 예배하고, 오른쪽으로 세 번 돌아 경의를 표하고 합장하여 공경하고 여러 보살의 갖가지 찬가(讚歌)로써 찬탄한 뒤, 한구석에 앉아 기쁜 마음으로 두 세존을 우러러보았다. 이 여러 보살이 대지에서 용출하여 여러 보살의 갖가지 찬가로써 부처님을 찬탄하고 있는 동안에 50소겁의 시간이 지났다. 그 동안 석가여래는 묵연히 앉아 계셨고, 여러 4부 회중도 50소겁 동안 묵연히 있었다. 부처님의 신통력에 의해서 여러 대중은 그것을 반나절로 느꼈다.

그때 4부 회중은 다시 부처님의 신통력에 의하여 여러 보살이 한량없는 백천만억의 국토의 허공에 가득 차 있는 것을 보았다.

이 보살 집단 가운데 네 명의 지도자가 있었다. 첫 번째 사람을 상행(上行)이라 하고, 두 번째 사람을 무변행(無邊行)이라 하고, 세 번째 사람을 정행(淨行)이라 하고, 네 번째 사람을 안립행(安立行)이라고 한다. 네 명의 보살은 그 집단 속의 상석의 지도자였다. 그들은 대중 앞에서 각각 함께 합장하고 석가여래를 지켜보면서 이렇게 문안드렸다.

"세존께서는 병도 없고, 고민도 없고, 안락하게 지내고 계시온지요. 세존께서 구하시려고 하는 사람들은 가르치기 쉬운 사람들인지요? 세존을 피로하게 하는 일은 없으십니까?"

그때 세존은 여러 보살 집단에게 말씀하셨다.

"그대로다, 그대로다. 여러 선남들이여, 여래는 안락하고, 병도 없고, 고민도 없다. 여러 중생들은 교화하기 쉽고, 피로하지도 않다. 왜냐하면 이 여러 중생들은 과거의 세상부터 쭉 항상 나의 교화를 받고, 또한 과거의 여러 부처님을 공경하고 존중하여 여러 가지 선근(善根)을 심고 있기 때문이다. 이 여러 중생들은 나의 몸을 보고, 나의 가르침을 들은 처음부터, 모두 믿고 받아들여서 여래의 지혜에 들어갔다. 먼저부터 수습하여 비소(卑小)한 입장을 배우고 있던 자는 제외하고 말이다. 그러나 그와 같은 사람에게도 나는 지금 또 이 경을 들려주어 부처님의 지혜에 들어가도록 하는 것이다."

그때 여러 대보살은 게송으로 말했다.

거룩하고 거룩하신 대웅이신 세존께서
수많은 그 중생 가히 쉽게 제도하며

너무 깊은 불지혜 부처님께 묻는 그들
듣고 믿고 행하니 저희 또한 기쁩니다.

거기서 세존은 상석의 대보살들을 찬탄하셨다.

"훌륭한 일이다, 훌륭한 일이다. 훌륭한 선남들이여, 너희들은 여래에 대해서 수희(隨喜)1의 마음을 잘 내었다."

그때 미륵(彌勒)보살과 8천의 항하의 모래수와 맞먹는 여러 보살들은 모두 이렇게 생각했다.

'우리들은 이만큼의 보살의 대집단이 대지에서 용출하여 세존 앞에 서서 합장하고 공양해서, 여래에게 문안드리는 것을 옛날부터 한 번도 본 일이 없다.'

그때 미륵보살은 8천의 항하의 모래수와 비등한 보살들의 마음을 알고, 또한 자기의 의심까지도 풀려고 합장하며 부처님에게 게송으로 이렇게 물었다.

한량없는 천만억 이렇게 많은 보살은
일찍이 못 보던 일, 오직 설해 줍소서.

어디에서 오셨으며 무슨 인연으로 모였는가.
큰 몸에 큰 신통력 지혜 또한 불가사의라.

그 뜻이 견고하고 인욕의 힘 크게 있어

---

1. 타인이 선한 행위를 닦아 덕을 이루는 것을 기뻐하는 것. 타인의 선행을 찬탄하는 것.

중생 보기 즐거우니 어디에서 왔나이까.

하나하나 보살들이 거느린 그 권속
항하사(恒河沙)2 같아 헤아릴 수 없으며

혹은 큰 보살은 6만 항하사 거느리니
이렇게 많은 대중 일심으로 도 구하며

6만의 항하사 이 많은 대사들이
부처님께 공양하고 이 경 받아 지니며

5만 항하사 거느린 이 그 수는 더 많아서
4만이나 3만이나 2만 내지 1만이며

1천이나 1백이요 내지 1 항하사의
반분이나 3·4분 억만분의 1이며

천만 나유타며 만억 여러 제자
거느린 반 억이 그 수보다 더 많고

백만 내지 1만이며, 1천 내지 1백과
50에서 10을 지나 3·2·1을 거느리며

---

2. 항하(恒河)는 갠지스 강을 말한다. 즉 갠지스 강에 있는 모래와 같이
   많다는 뜻. 무수한 것에 비유하여 말함.

또한 여러 중생 교화를 잘 받아서
세존으로 하여금 피로케 않았나이까.

매우 깊은 불지혜 부처님께 묻는 그들
듣고는 믿어 행하니 저희 또한 기쁘나이다.

권속 없이 홀몸으로 다니기를 즐겨하여
부처님 앞에 나온 수도 그보다 더 많으니

이와 같이 많은 대중 숫자로 헤아리려
항하사 겁 다해도 능히 알지 못하며

이 많은 큰 위덕 정진의 보살 대중
누가 설법해서 교화 성취시켰으며

누구 따라 발심하고 어느 불법 칭찬하며
누구 경전 받아 지녀 어떤 불도 익혔을까.

이렇게 많은 보살 신통력과 큰 지혜로
사방의 땅 진동시켜 그 속에서 나왔으니

옛날부터 이런 일은 못 보던 희유한 일
그들이 온 국토의 이름 설해 주옵소서.

여러 국토 다녔으나 이 대중은 처음 보며

더구나 대중 속에 아는 이가 하나 없어

홀연히 솟은 인연 원하오니 설하소서.
지금 여기 모인 한량없는 백천만억

이 많은 보살들도 한결같은 마음으로
이런 일은 무엇인가 알기를 원하오니

이 많은 보살대중 본말의 인연들을
무량위덕 세존께서 오직 설해 줍소서.

그때 한량없는 천만억의 타방의 국토에서 온 석가여래의 분
신인 여러 부처님은 팔방의 여러 보석나무 밑의 사자좌 위에
가부좌하고 있었다. 그 부처님의 시자는 저마다 이 보살 집단
이 삼천대천세계의 사방의 대지에서 용출하여 허공에 머물러
있는 것을 보고 각각 그 부처님에게 이렇게 말했다.
"세존이시여, 이 많은 무량무변무수의 보살 집단은 어디서
온 것입니까?"
그때 여러 부처님은 각각 시자에게 말씀하셨다.
"선남들이여, 잠시 기다려라. 미륵이라는 보살이 있다. 석가
여래가 내세에 '성불하리라'고 예언한 지 오래지 않은 사람이다.
이 사람이 이미 이 일에 대해서 묻고 있으므로 부처님은 지
금 이에 대답하실 것이다. 너희들은 그 말씀을 듣도록 하라."
그때 석가여래는 미륵보살에게 이렇게 말씀하셨다.
"좋은 일이다, 좋은 일이다. 아일다(阿逸多, 미륵의 별명)여,

너는 부처님에게 이와 같은 큰일을 잘 물었다. 너희는 모두 한마음으로 정진의 갑옷을 입고 견고한 마음을 일으켜라. 여래는 지금 여러 부처님의 지혜와, 여러 부처님의 자재한 신통력과, 여러 부처님의 분투의 힘과, 여러 부처님의 용맹한 대세력을 분명히 하고 설명하려고 한다."

세존은 계속 이렇게 말씀하셨다.

"나는 지금 너희에게 말하겠다. 아일다여, 대지에서 용출한 무량무수의 대보살은 너희가 옛날부터 한 번도 본 일이 없는 사람이다. 나는 이 사바세계에서 아뇩다라삼막삼보리를 얻고, 이 여러 보살을 교화하고 지도하고, 그 마음을 갖추고 도의 뜻을 일으키게 한 것이다. 이 여러 보살들은 모두 이 사바세계 밑의 허공계에 머물러 있으면서 여러 경전을 독송하고, 이해하고, 사유하고, 분별하여, 올바르게 기억했다. 아일다여, 이 많은 선남들은 많은 인간들 속에서 많이 설하기를 바라지 않고, 항상 조용한 곳을 바라고 노력 정진하여 일찍이 쉰 적이 없고, 또 인간이나 천인을 의지하거나 하지 않고 항상 심원한 지혜를 바라서 장애가 없고, 또 항상 여러 부처님의 가르침을 바로 한마음으로 정진하여 더없는 지혜를 구하고 있었다."

그때, 미륵보살과 수없이 많은 보살들은 마음에 의혹이 생겨 미증유의 일이라고 의심하여 이렇게 생각했다.

'세존께서는 어떻게 하여 그 짧은 동안에 이토록 무량무변 무수의 대보살들을 교화하여 아뇩다라삼막삼보리를 얻게 할 수가 있었을까?'

거기서 부처님께 이렇게 여쭈었다.

"세존이시여, 여래는 태자로 계실 때 석가족의 도읍을 나와 가야성(伽耶城)3에서 얼마 떨어지지 않은 도장에 앉아서 아뇩다라삼막삼보리를 완성하셨습니다. 그로부터 40여 년 지났을 따름입니다. 이 짧은 동안에 어떻게 하여 이와 같이 커다란 여래의 일을 하신 것입니까? 이와 같은 한량없는 대보살의 집단을 교화하여 아뇩다라삼막삼보리를 완성시킨 것은 부처님의 세력에 의해서입니까? 부처님의 공덕에 의해서입니까?

세존이시여, 이 대보살의 군집(群集)은 가령 어떤 사람이 있어 천만억겁 동안 세도 다 셀 수는 없습니다. 그것을 끝까지 다 셀 수는 없는 것입니다. 이 사람들은 먼 옛날부터 쭉 무량무변의 여러 부처님 밑에서 여러 가지 선근을 심고, 보살의 도를 완성하고 항상 깨끗한 수행을 했다고 말씀하시지만, 이와 같은 일은 세인들이 믿기 어려운 일입니다. 가령 색이 아름답고 머리가 검은 25세의 사람이 백세의 사람을 가리켜 '이 사람은 나의 아들이다'하고 말하고, 그 백세의 사람도 또한 나이 적은 그 사람을 가리켜 '이분은 나의 부친이다. 우리들을 낳아 키워주신 사람이다'라고 말한다 합시다. 이런 일은 믿기 어렵듯이 부처님의 말씀도 또한 믿기 어렵습니다.

세존께서 도를 얻은 것이 오래지 아니합니다. 그런데도 이 보살 집단은 이미 한량없는 천만억겁에 있어서 불도를 위해 노력 정진하여 정히 무량백천억의 삼매에 살고, 출입하고, 대

_____

3. 마가다국 파트나 서남쪽에 있는 지금의 가야(Gayā)라 부르는 도시. 여기에서 남쪽으로 8km에 석존이 깨달음을 얻었다고 하는 부다가야(Buddha-Gayā)가 있다.

신통력을 얻고, 오랫동안 깨끗한 수행을 하고, 점차 여러 가지 좋은 가르침을 배우고, 문답에 교묘하여 인간 중에 보배로서 일체 세간에서 매우 드문 일입니다. 오늘날 세존께서는 불도를 얻은 후 처음으로 마음을 일으켜 교화하고 지도하여, 더 없이 올바른 깨달음에 이르게 했다고 말씀하셨습니다.

세존이시여, 불도를 얻은 지 아직 오래지 않은 동안에 능히 이렇게 대공덕을 이룩하신 것이 됩니다. 저희들은 부처님이 상대에 따라 설법하시는 것과, 부처님이 하시는 말씀은 일찍이 허망함이 있는 일이 없다고 믿고 있으며, 부처님이 알려주신 일에는 모두 다 통달해 있습니다만, 새로 이 도에 들어선 많은 보살들이 부처님께서 세상을 떠난 뒤에 이 말씀을 들었다면 믿고 받아들일 수가 없어서, 가르침을 깨뜨리는 죄업을 범할 인연이 될는지도 모릅니다. 이러한 까닭으로 바라건대 세존이시여, 저희들 및 미래 세상의 선남들이 이 일을 듣고 의심을 품지 않도록 저희들을 위해 해설하여 저희들의 의혹을 풀어 주십시오."

❀ 여래수량품如來壽量品 제16 ❀

그때 부처님은 보살 및 일체의 대중에게 이렇게 말씀하셨다.

"선남들이여, 너희들은 여래의 참된 말을 신뢰하여라."

두 번, 세 번 부처님은,

"너희들은 여래의 참된 말을 신뢰하여라."

라고 말씀하셨다.

그때 미륵을 상석으로 하는 보살의 대중은 합장하고 부처님에게 여쭈었다.

"세존이시여, 바라건대 어서 말씀해 주십시오. 저희들은 부처님의 말씀을 믿고 받을 것입니다."

이와 같이 해서 세 번 말하고 다시 말했다.

"바라건대 어서 말씀해 주십시오. 저희들은 부처님의 말씀을 믿고 받을 것입니다."

그때 세존은 여러 보살들이 세 번이나 청하는 것을 알고 그들에게 이렇게 말씀하셨다.

"너희는 분명히 여래에게 비밀의 신통력이 있다는 것을 들어라. 일체 세상의 천인·인간·아수라는 모두 지금의 석가여래는 석가족의 도읍을 나와 가야성(伽耶城)에서 그리 멀지 않은 도장에 앉아 아뇩다라삼막삼보리를 얻었다고 생각하고 있다. 그러나 선남들이여, 내가 성불한 지는 실로 무량무변 백천만억 나유타 겁이다.

가령 5백천만억 나유타 삼천대천세계를 어느 누가 깨부셔서 티끌로 만들어 동방 5백천만억 나유타 여러 나라를 지나가며 한 티끌씩 떨어뜨리며 동쪽으로 나아가 이 티끌이 전부 없어졌다고 하자. 선남들이여, 어떻게 생각하는가? 이 여러 세계는 생각하든가 계산하든가 해서 그 수를 알 수 있겠는가?"

미륵보살은 보살들과 더불어 부처님에게 대답했다.

"세존이시여, 이 여러 세계는 무량무변하여 산수로서 알 수는 없습니다. 또 심력으로도 이를 수 없습니다. 일체의 성문이나 독각이 더럽혀지지 않은 지혜로 생각해도 그 수를 한정할 수는 없습니다. 저희들은 불퇴전의 경지에 있습니다만 이 일에 대해서는 어쩔 수가 없습니다. 세존이시여, 이와 같은 여러 세계는 무량무변합니다."

그때 부처님은 보살들에게 말씀하셨다.

"선남들이여, 지금 분명히 너희에게 말하겠다. 이 여러 세계, 티끌을 떨어뜨린 세계도, 떨어뜨리지 않은 세계도, 모두 티끌로 만들어 그 한 티끌을 1겁으로 했다고 치자. 내가 성불이 된 후 경과한 곳은 그 겁보다도 더 지나기를 수없는 백천억 나유타 겁이다. 그 후 쭉 나는 항상 이 사바세계에서 설법하고, 교화하고 있는 것이다. 또 다른 수없는 백천만억 나유타의 나라에 있어서도 중생들을 지도하고 있는 것이다. 선남들이여, 이 중간에서 나는 연등불(燃燈佛)[1] 등에 대해서 말했다.

---

1. 과거세(過去世)에 출현하여 석존에게 미래에 성불(成佛)할 것이라고 예언한 부처님. 석존 이전에 나타났다고 전설적으로 전해지는 24명의

또 그들의 부처님이 영원한 평안 속에 들어갔다는 것도 말했다. 이것들은 모두 방편에 따라 그렇게 말한 것이다.

선남들이여, 만약 어느 중생들이 나에게로 왔을 때에는 나는 부처의 눈으로 그 믿음의 깊이와 기근(機根)의 이둔(利鈍)을 관찰하여 상대에 따라 곳곳에서 다른 이름, 다른 연령의 부처로 나타나 다시 세상을 떠나고, 갖가지 방편으로 미묘한 설법을 하여 중생들에게 기쁜 마음을 일으킨 것이다.

선남들이여, 여래는 여러 중생들 가운데서 비슷한 가르침을 바라고 있는 복덕이 엷고 더러움이 많은 사람을 보았을 때는, 이 사람을 위하여 '나는 젊어서 출가하여 아뇩다라삼막삼보리를 얻었다'고 말해 왔다. 그런데 나는 실로 성불이 된 이래 구원하기를 이러했다. 다만 방편에 의하여 중생을 교화하고, 불도에 들게 하려고 이와 같이 말한 것이다.

선남들이여, 여래가 경전을 설법하는 것은 모두 중생들을 깨닫게 하고 구하기 위해서이다. 혹은 자기에 대해 말하고, 혹은 남에 대해서 말하고, 혹은 자기의 존재하는 조건에 대해서 말하고, 혹은 남의 존재하는 조건에 대해서 말하기도 한다. 그 말들은 모두 진실하며 허망한 것은 아닌 것이다. 왜냐하면 여래는 있는 그대로 삼계의 상을 식견하고 있기 때문이다. 여래는 삼계가 나고 멸하는 일도 없으며, 소멸하는 일도 출현하는 일도 없고, 유(有)도 아니며 무(無)도 아니고, 실재(實在)도 아니고 비실재(非實在)도 아니며, 여(如)도 아니고 이(異)도

부처님 wnd 한 사람으로 알려져 있다. 정광여래(錠光如來)라고도 한다.

아닌 것을 식견하고, 범부(凡夫)가 삼계를 보는 것처럼 삼계를 보지 않으며 이것들을 틀림없이 분명히 보는 것이다. 여러 중생들에게는 갖가지의 성(性), 갖가지의 욕(欲), 각가지의 행(行), 갖가지의 생각이나 분별이 있으므로 그들에게 여러 가지 선근을 낳게 하려고 갖가지의 인연이나 비유나 말로써 갖가지로 설법하는 것이다. 여래는 여래로서 해야 할 일을 일찍이 잠시도 쉬지 않고 해 온 것이다. 이와 같이 내가 성불이 된 이래 구원이란 것은 이러하다. 수명은 무량무수겁 동안 상주(常住)하여 불멸이다. 내가 옛날 보살의 도를 실행하여 완성한 수명은 오늘날 아직 끝나지 않았으며, 그 한도를 이르기까지에는 아직 지금까지의 2배의 연수가 있을 것이다.

그럼에도 지금 나는 진실로 이 세상을 떠나는 것은 아니지만 세상을 떠난다고 말한 것은 어째서인가. 그것은 여래는 이 방편에 의해서 중생들을 교화하려는 것이다. 왜냐하면 만약 부처가 이 세상에 오래 살아 있으면 복덕이 엷은 사람은 선근을 심을 수 없고, 빈궁하며 하천(下賤)하여 오욕을 탐내 집착하고, 망상사견(妄想邪見)의 그물 속에 빠질 것이다. 만약 여래가 항상 존재해 있고 멸하는 일이 없다고 한다면, 교만한 제멋대로의 생각을 일으켜 싫증과 게으른 마음을 품고, 여래를 만나기 어려운 생각과 여래를 공경하는 마음을 내게 할 수가 없어진다. 그러므로 여래는 방편에 의해 여러 부처님이 이 세상에 나타나는 것을 만나기는 어렵다고 설하는 것이다. 그것은 왜냐하면 여러 복덕이 엷은 사람은 한량없는 백천만억겁을 지나, 혹은 부처님을 보는 사람도 있고, 혹은 부처님을 보지 않는 사람도 있기 때문이다.

그런 고로 나는 '여러 비구여, 여래를 보기는 어렵다'고 말하는 것이다. 이 중생들은 이 말을 들으면 반드시 여래를 보기란 어렵다고 생각하게 되어 마음에 연모(戀慕)를 품고, 부처님 만날 것을 갈망하여 선근을 심게 되는 것이다. 그런 고로 여래는 실은 멸하는 일은 없어도, 멸한다고 말하는 것이다. 선남들이여, 여러 부처님 여래의 가르침은 모두 이와 같다. 중생들을 구하기 위해서이니까 모두 진실이며, 허망한 것은 아닌 것이다.

이를테면 여기 의사가 있다고 하자. 지혜가 있고 총명하여, 약을 처방하는 데 뛰어나 곧잘 일체의 병을 고친다고 하자. 그 사람에게 많은 아들이 있다고 하자. 10명, 20명 내지는 백수십 명이 있었다고 하자. 이 의사가 어떤 일로 멀리 타국에 갔다고 하자. 그 뒤에 아들들은 독약을 먹고 독 기운에 몸부림을 치며 땅바닥에 나뒹굴고 있다고 하자. 그때 의사 아버지가 집으로 돌아왔다. 아들들은 독약을 먹고, 혹은 본심을 잃고, 혹은 아직 잃지 않고 있었는데 저 멀리 아버지를 보고 모두 크게 기뻐하여 절하면서 말했다.

'아버지, 안녕히 다녀오셨습니까? 저희들은 어리석게도 독약을 잘못 먹었습니다. 아무쪼록 저희들을 치료해서 구해 주십시오. 저희들에게 생명을 주십시오.'

아버지는 아들들이 이와 같이 고민하고 있는 것을 보고 여러 가지 처방으로 색깔도, 향기도, 맛도, 모두 갖추어진 좋은 약초를 구해다 갈아 섞어서 아들에게 먹이려고 말했다.

'이 좋은 약은 색깔도, 향기도, 맛도, 모두 갖추어져 있다. 너희들은 이 약을 먹어라. 곧 고민은 제거되고, 병은 나을 것

이다.'

아들들 가운데서 본심을 잃지 않은 사람은 이 훌륭한 약이 색깔도, 향기도, 모두 좋은 것을 보고, 이것을 먹어 병은 모두 제거되고 나았다. 그 밖의 본심을 잃은 아들들은 아버지가 돌아온 것을 보고 기뻐하여 어떻게 하면 병이 낫느냐고 물었지만, 그러면서도 주어진 약을 먹으려고 하지 않았다. 왜냐하면 독에 심하게 중독되어 본심을 잃고 있기 때문에 이 좋은 색깔, 좋은 향기의 약을 좋지 않은 약으로 알았기 때문이다.

그때 아버지는 이렇게 생각했다.

'이 아이들은 가련하다. 독에 데어서 마음이 모두 전도(顚倒)되고 있다. 나를 보고 기뻐서 구원을 청했지만 그런데도 이렇게 좋은 약을 먹으려고 하지 않는 것이다. 나는 지금 방편을 써서 이 약을 먹이도록 하자.'

그래서 아버지는 말했다.

'나는 늙어서 노쇠했다. 죽을 때가 가까워졌다. 이 좋은 약을 여기 놓아둔다. 너희들은 이것을 먹도록 해라. 병이 낫지 않는다고 염려할 것은 없다.'

이렇게 말하고 타국으로 가서 사람을 보내어 '너희들의 아버지는 세상을 떠났다'고 전하게 했다. 이때 아들들은 아버지가 세상을 떠났다는 말을 듣고 마음이 너무나도 슬퍼져서 생각했다.

'만약 아버지가 이 세상에 살아 계신다면 우리들을 불쌍히 여기고 잘 구원해서 지켜 주실 것이다. 그러나 지금 우리들을 버리고 먼 타국에서 세상을 떠나셨다. 이제 우리들은 고독하고 의지할 사람도 없다.'

그들은 항상 슬픈 마음을 안고 마침내 마음의 눈이 떠져 이 약이 색깔도, 향기도, 맛도 좋다는 것을 알고, 이것을 먹어 병이 모두 나았다. 그때 아버지는 아들들의 병이 모두 나았다는 말을 듣고 돌아와 아들들을 만난 것과 같은 것이다.

선남들이여, 어떻게 생각하는가. 이 뛰어난 의사가 한 일은 허망의 죄가 되겠는가 어떤가?"

"세존이시여, 그렇지는 않습니다."

부처님은 말씀하셨다.

"나도 또한 그와 마찬가지이다. 성불이 된 이래 무량무변무수 백천억만 나유타 겁이다. 중생들을 위해서이므로 방편력에 의해 이 세상을 떠난다는 것이다. 내가 한 일이 허망의 죄가 된다는 사람은 없을 것이다."

분별공덕품分別功德品 제17 ❧

이와 같이 부처님의 수명의 겁수가 장원(長遠)하다는 것이 해설되는 것을 듣고 무량무변무수의 중생은 큰 이익을 얻었다.

그때 세존은 미륵보살에게 말씀하셨다.

"아일다(미륵보살의 별명)여, 내가 이 여래의 수명이 장원하다는 것을 해설했을 때 680만억 나유타의 항하의 모래수와 같은 중생이 무생법인(無生法忍)을 얻었다. 또 천 배의 보살이 있어서 기억하는 능력을 얻었다. 또 1세계를 티끌로 만든 수와 같은 보살이 있어서 자유자재로 말하는 능력을 얻었다. 또 1세계를 티끌로 만든 수의 보살이 있어 백천억 한량없는 법에 통하는 능력을 얻었다. 또 삼천대천세계를 티끌로 만든 수의 보살이 있어 불퇴전의 법륜을 굴렸다. 또 2천의 중국토를 티끌로 만든 수의 보살이 있어 능히 청정한 법륜을 굴렸다. 또 소천국토(小千國土)를 티끌로 만든 수의 보살이 있어 팔생(八生) 뒤에 아뇩다라삼막삼보리를 얻을 것이다. 또 네 개의 사천하(四天下)를 티끌로 만든 수의 보살이 있어 사생(四生)1 뒤에 아뇩다라삼막삼보리를 얻을 것이다. 또 3배의 사천하를

---

1. 태생(胎生)·난생(卵生)·습생(濕生)·화생(化生)을 차례로 도는 것. 네 번의 생사를 말함.

티끌로 만든 수의 보살이 있어 삼생(三生) 뒤에 아뇩다라삼막삼보리를 얻을 것이다. 또 2배의 사천하를 티끌로 만든 수의 보살이 있어 이생(二生) 뒤의 아뇩다라삼막삼보리를 얻을 것이다. 또 사천하를 티끌로 만든 수의 보살이 있어 일생(一生) 뒤에 아뇩다라삼막삼보리를 얻을 것이다. 또 8세계를 티끌로 만든 수의 중생이 있어 모두 아뇩다라삼막삼보리로 향하는 마음을 일으켰다."

부처님이 이들 보살이 커다란 법의 이익을 얻는다는 말을 설했을 때, 허공 가운데서 만다라꽃, 대만다라꽃을 내리게 하여 한량없는 백천만억의 보석나무 밑의 사자좌의 여러 부처님 위에 뿌려지고, 다시 칠보탑 속의 사자좌 위의 석가여래와 영원히 멸도(滅度)한 다보여래의 위에 뿌려지고, 또 일체의 대보살과 4부 회중 위에 뿌려졌다.

또 세밀한 분말로 만든 전단향(栴檀香)과 침수향(沈水香) 등을 뿌려 허공 가운데서 하늘의 북이 자연히 울려서 미묘한 음향에 심원한 울림이 있었다. 또 천 가지의 천의(天衣)를 뿌려 갖가지 영락과 진주 영락, 마니주 영락과, 여의보주(如意寶珠) 영락을 드리워서 널리 9방에 걸렸다. 많은 보석을 박은 향로에 값을 매길 수 없을 만큼 비싼 향을 태워서, 그 향로가 자연히 돌아 큰 모임의 공양을 했다. 하나하나의 부처님 위에 여러 보살이 있어서 산개를 들고, 점차로 올라가 범천계(梵天界)에 이르고 있었다. 이 여러 보살은 미묘한 음성으로 한량없는 게송으로 여러 부처님을 찬탄하고 있었다.

그때 미륵보살은 자리에서 일어나 오른쪽 어깨를 벗고 부처님에게 합장한 다음 게송으로 말했다.

부처님께서 설하신 법 다시없이 희유하여
저희들이 옛날에도 일찍이 못 듣더니

세존의 힘 크시고 그 수명 무량하며
한량없이 많은 제자 세존께서 분별하사

법의 이익 크게 얻어 불도에 잘 들었다니
그 말씀 들은 저희들 기뻐함이 충만하나이다.

혹은 불퇴지 얻고 다라니를 얻으며
걸림 없는 요설(樂說)이나 만억의 총지(摠持)를 얻으며

대천의 많은 세계 티끌 같은 보살들은
불퇴의 큰 법륜을 능히 모두 굴리며

다시 중천세계 티끌수의 보살들
청정한 법륜들을 능히 모두 잘 굴리며

또한 소천세계 티끌 같은 보살들은
팔생에서 각각 있어 부처님 도 이루며

또다시 4·3·2의 이와 같은 사천하
티끌같이 많은 보살 그 수대로 성불하며

혹은 한 사천하의 티끌 같은 보살들도

남은 일생에서 일체지를 이루었노라.

이와 같이 많은 중생 부처 수명 장원함 듣고
번뇌 없고 무량한 청정 과보 얻었으며

또한 팔세계 티끌 같은 무수한 중생들도
부처 수명 모두 듣고 무상심을 냈나이다.

세존께서 설하신 법 한량없고 불가사의라
많은 중생 준 이익이 허공같이 가없고

그 설법하실 때에 하늘 꽃이 비 내리며
항하사 같은 제석 범천 곳곳에서 찾아오며

전단 침수 향가루 분분하게 날리기를
나는 새와 같이하여 여러 부처 공양하며

하늘에는 하늘 북이 묘한 음성 절로 내고
천만억의 하늘 옷이 둥글둥글 내려오며

갖가지 보배 향로 값도 모를 향을 피워
두루 향기로워 여러 세존 공양하며

그 많은 보살 대중 높고 묘한 만억 가지
칠보로 된 천개 들고 차례차례 범천에 오르며

하나하나 부처 앞엔 보배 당번 두루 달고
천만 가지 게송으로 여러 찬탄 노래하며

이러한 갖가지 일 전에 없던 미증유라
무량한 부처 수명 듣고 일체 기뻐하나이다.

부처 이름 널리 들려 많은 중생 이익 되니
일체의 선근 갖추어 위 없는 맘 돕나이다.

그때 부처님은 미륵보살에게 말씀하셨다.

"아일다여, 부처님께서 수명이 이토록 장원하다는 말을 듣고 중생이 단 일념이라도 신해(信解)하는 마음을 일으켰다면 얻는 공덕은 한없는 것이 될 것이다. 만약 선남선녀가 있어 아뇩다라삼먁삼보리를 위해 80만억 나유타 겁 동안 5종의 덕을 행했다고 하자. 5종의 덕이란 보시(布施)의 덕·계율(戒律)의 덕·인내의 덕·정진의 덕·명상의 덕으로서 지혜의 덕은 제외한다. 이 공덕은 앞의 공덕에 비하면 백분의 1에도, 천분의 1에도, 백천만억분의 1에도 미치지 않는다. 산수에 의해서도, 비유에 의해서도 알 수는 없는 것이다. 만약 선남들이 이와 같은 공덕을 갖추고 있다면 아뇩다라삼먁삼보리에 있어서 퇴전하는 일은 결코 없는 것이다."

"아일다여, 만약 부처님의 수명이 장원하다는 것을 듣고 그 의미를 이해하는 사람이 있을 것이다. 이 사람이 얻는 공덕은 한량없고 능히 여래의 무상의 지혜를 일으킬 것이다.

하물며, 널리 이 경을 듣고 남에게도 들려주고, 자기도 받아 갖고, 남에게도 갖게 하고, 자기도 쓰고, 남에게도 쓰게 하고, 혹은 꽃·향·영락·당번·비단 천개·향유·향유등(香油燈)으로 경권에 공양하는 사람은 말할 것도 없다. 이 사람의 공덕은 무변하고, 능히 일체종지를 낳게 할 것이다.

아일다여, 만약 선남과 선녀가 나의 수명이 장원하다는 것을 듣고 마음속 깊이 신해(信解)했다면, 그들은 부처님이 항상 영취산에서 대보살이나 성문의 제자들에게 둘러싸여서 법을 설법하고 계신 것을 보고, 또 이 사바세계의 지면(地面)이 유리로서 평탄하고, 염부(閻浮)나무 숲 사이로 흐르는 강에서 나는 금으로 만든 밧줄로 8도의 경계(境界)를 하고, 보석나무들이 줄지어 서고, 여러 높은 누대(樓臺)가 모두 보석으로 되어 있으며, 보살들이 그 안에서 살고 있는 것을 볼 것이다. 만약 능히 이와 같이 관찰하는 사람이 있다면, 이것을 깊은 믿음에 의한 이해의 상(相)이라고 이름 붙이는 것이다.

또 여래가 멸도한 후, 만약 이 경을 듣고 이것을 비방하지 않고 수희(隨喜)하는 마음을 일으켰다면 그것은 이미 깊은 믿음에 의한 이해의 상이라고 해도 좋다. 하물며 이것을 독송하고 받아 가지는 사람은 말할 나위도 없다. 이 사람은 여래를 받들고 있는 것이 되는 것이다.

아일다여, 이와 같은 선남선녀들은 나를 위해 탑사(塔寺)를 세우든가, 승방을 만들든가, 음식·의복·와구·탕약의 4종으로 중승(衆僧)을 공양하거나 할 필요는 없다. 왜냐하면 이 경전을 받아 가지고 독송하는 선남이나 선녀들은 이미 그 일로써 탑을 세우거나, 승방을 만들거나, 중승을 공양한 것이 되기 때문이다. 그 일로 해서 부처님의 유골 위에 칠보탑을 세워 놓고, 넓게 위로 올라갈수록 작아져서 범천계까지 이르며, 산개가 있고, 보석 방울을 달고, 꽃·향·영락·말향·도향·소향·북·기악·피리·견금(堅琴), 여러 가지 무희(舞戱)가 있고, 미묘한 음성으로 노래 부르며 찬탄하는 것이 된다. 이미 한량없는 천만억겁 동안 이 공양을 한 것이 되는 것이다.

아일다여, 만약 내가 멸도한 후 이 경전을 듣고 능히 받아 가지며, 자기도 쓰고, 남에게도 쓰게 하는 사람이 있다면, 이 사람은 승방을 세우고, 적전단(赤栴檀)으로 32전당을 만들고, 그 높이 8다라수, 높고 넓고 아름답게 백천의 비구가 그 안에 살며, 동산과 연못·걸어 다닐 곳·좌선굴(坐禪窟)·의복·음식·와구·탕약·일체의 오락기구가 그 안에 충만해 있을 것이다. 이와 같은 한량없는 기백천만억의 승방·당각(堂閣)을 눈앞에서 나나 비구승들에게 공양한 것이 되는 것이다.

그러므로 나는 이렇게 말한다. 여래가 멸도한 후에 이 경전을 지니고, 독송하고, 남을 위해 설법하고, 자기도 쓰고, 남에게도 쓰게 하고, 경권을 공양하는 사람은 탑사를 세우든가, 승방을 만들든가, 스님들께 공양을 하거나 할 필요는 없는 것이라고.

하물며 이 경을 받아 가지고 겸해서 보시·지계·인내·정진·일심·지혜를 행하는 사람은 말할 나위도 없다. 그 덕은 가장 뛰어나고 무량무변할 것이다. 가령 허공의 동서남북·사유·상하가 무량무변하듯이 이 사람의 공덕도 또한 이와 같이 무량무변한 것이며, 조속히 일체종지에 도달할 것이다.

만약 어떤 사람이 이 경을 독송하고, 받아 지니고, 남을 위해 설법하고, 자기도 쓰고, 남에게도 쓰게 하고, 또 탑을 세우고, 승방을 만들어 성문의 스님들을 공양하고, 찬탄하고, 또 백천만억의 찬탄 방법으로 보살의 공덕을 찬탄하고, 또 남을 위해 여러 가지 인연으로 의미하는 데 따라 이 〈법화경〉을 해설하고, 또한 청정한 지계를 지키고, 유화한 사람들과 오랫동안 함께 있고, 인내력이 있어서 남을 미워하지 않고, 뜻과 생각이 견고하여 항상 좌선을 존중하고, 여러 가지 심원한 정신의 안정을 얻어 용맹정진하여 여러 가지 좋은 법을 받아들여 기근이 날카롭고 지혜가 깊어, 능히 어려운 질문에 대답할 것이다.

아일다여, 만약 내가 멸도한 뒤에 이 경전을 받아 지니고 독송할 선남과 선녀들에게는, 이와 같이 여러 가지 좋은 공덕이 있을 것이다. 이들은 이미 도장으로 나아가 아뇩다라삼막삼보리에 가까워지려고 보리수 밑에 앉아 있게 된다는 것을 알라. 이들 선남이나 선녀가 앉았다 섰다, 걸어 다니는 곳에는 탑을 세워라. 일체의 천인들은 모두 부처님의 탑을 공양하듯 공양할 것이다."

수희공덕품隨喜功德品 제18

그때 미륵보살은 세존에게 이렇게 여쭈었다.

"세존이시여, 만약 어느 선남선녀가 이 〈법화경〉을 듣고 수희(隨喜)했다면 얼마만큼의 복덕을 얻게 되겠습니까."

그때 세존은 미륵보살에게 말씀하셨다.

"아일다여, 여래가 멸도한 후에 만약 비구·비구니·재가신사·재가신녀 및 그 외의 지혜 있는 어른이나 어린이가 이 경을 듣고 수희하여 법의 모임에서 나가 다른 곳으로 간다고 하자. 혹은 승방에, 혹은 숲에, 혹은 도시나, 거리나, 마을에 가서 들은 대로 부모나, 친척이나, 친구나, 지기(知己)를 위해 그 사람의 힘에 따라 연설했다고 하자. 이들은 다 듣고 나서 수희하여 또 다른 사람에게 연설했다고 하자. 이와 같이 전전하여 연설하여 50회째에 이르렀다고 하자. 이 제50회째의 선남선녀들의 수희의 공덕을 지금 나는 말하겠다.

아일다여, 잘 들어라. 만약 4백만억 세계의 지옥·아귀·축생·수라·인간·천인의 육취(六趣)·사생(四生)의 중생들, 난생(卵生)·태생(胎生)·습생(濕生)·화생(化生)의 것, 혹은 모양이 있는 것, 모양이 없는 것, 정신이 있는 것, 정신이 없는 것, 정신이 있는 것도 없는 것도 아닌 것, 발이 없는 것, 두 발의 것, 네 발의 것, 발이 많은 것, 이와 같은 중생이 수없이 많은 가운데 어떤 사람이 있어서 복덕을 구하여 중생들이 원하는 대로 오락도구를 모두 주었다고 하자. 하나하나의 중생에게 이 세계에 가득히 있는 금·은·유리·차거·마노·산호·호박·여러 가지 훌륭한 진보(珍寶)·코끼리나 말·수레·칠보로 만든 궁전·누각 등을 준다고 하자. 이 대시주가 이와 같이 보시하여 80년이 지난 뒤 이렇게 생각했다고 하자.

'나는 이미 생각한 대로 중생에게 오락도구를 주어 왔다. 그런데 이 중생들은 모두 이미 늙어서 나이는 80을 넘어 머리는 희고, 얼굴에는 주름이 생기고, 곧 죽게 될 것이다. 나는 지금 바야흐로 부처님의 법에 의하여 이를 인도해야 한다.'

그래서 중생들을 모아놓고 설법하여 기쁘게 하고, 일시에 모두 영원한 평안에의 흐름을 탄 사람·한 번만 더 다시 태어나 깨닫는 사람·다시는 절대로 태어나지 않는 사람·존경받는 사람이라는 성과를 얻어 여러 가지 번뇌를 없애고, 심원한 명상에 있어서 자유자재가 되고, 팔해방을 갖추게 했다고 하자. 너는 어떻게 생각하는가. 이 대시주의 공덕은 큰 것일까."

미륵보살이 부처님께 여쭈었다.

"세존이시여, 이 사람의 공덕은 매우 많고 무량무변합니다. 만약 이 시주가 중생들에게 오락 도구를 준 것만으로도 공덕은 한량없을 것입니다. 하물며 존경받는 사람이라는 성과조차도 얻게 했으므로 더할 나위 없는 일입니다."

부처님은 미륵보살에게 말씀하셨다.

"나는 지금 분명히 너에게 말한다. 이 사람은 일체의 오락도구를 무수 4백만억 세계의 육취 중생들에게 주고, 또 그들에게 존경받는 사람이란 성과를 얻게 했다. 그러나 그것으로 얻은 공덕은 이 50회째 사람이 〈법화경〉의 한 게송을 듣고 수희하는 공덕에는 미치지 못하는 것이다. 백분의 1, 천분의 1, 백천만억분의 1에도 미치지 못하는 것이다. 산수에 의해서도, 비유에 의해서도 알 수는 없는 것이다.

아일다여, 〈법화경〉을 듣고 수희하는 공덕은 이와 같이 전전하여 50명째가 되어도 아직 무량무변무수한 것이다. 하물며 최초의 모임 가운데서 듣고 수희한 사람에게 있어서는 말할 나위도 없는 일이다. 그 뛰어난 복덕은 무량무변무수한 것으로 비교할 것이 없다.

또 아일다여, 만약 어느 사람이 이 경을 듣기 위하여 승방으로 가서 혹은 앉고, 혹은 서서 잠깐 사이라도 들었다고 하자. 이 공덕에 의하여 후에 다시 태어났을 때, 훌륭한 코끼리와, 말과, 수레와, 진보(珍寶)의 연을 얻고, 천궁을 얻는 몸이 될 것이다.

만약 또 어느 사람이 법을 강의하는 곳에 앉았다고 하자. 사람이 오면 앉아서 듣도록 권하고, 혹은 자리를 나누어 주게 했다고 하자. 이 사람은 그 공덕에 의해서 몸을 바꾸어 다시 태어났을 때 제석천(帝釋天)의 좌소, 또는 범천왕의 좌소, 혹은 전륜성왕의 좌소를 얻을 것이다.

만약 또 어떤 사람이 다른 사람에게 이와 같이 말한다고 하자—.

'〈법화경〉이라는 경이 있습니다. 함께 가서 들읍시다.'

이렇게 하여 〈법화경〉의 법을 잠시라도 들었다고 하자. 이 사람은 이 공덕에 의하여 다시 태어났을 때 기억력이 있는 보살들과 같은 곳에서 태어나 기근이 날카롭고 지혜가 깊을 것이다. 백천만의 생을 지나도 벙어리가 안 되고, 입에서 냄새가 나지 않고, 혀에 병이 없고, 입에도 병이 없을 것이다. 이〔齒〕는 검지 않고 누렇지도 않고, 성글지도 않으며 빠진 데도 없고, 굽거나 덧니가 없을 것이다. 입술은 아래로 처지는 일이 없고 삐죽 올라가지도 않고, 거칠지도 않고 부스럼이 없고, 언청이도 아니며 삐뚤어지지 않고, 두껍지 않으며 크지 않고, 검지도 않으며 보기 흉한 곳이 조금도 없을 것이다. 코는 납작하지 않고 삐뚤어져 있는 일이 없고, 얼굴은 검지 않고, 좁고 길지도 않으며, 삐뚤어지는 일이 없고, 나쁜 상은 조금도 없을 것이다. 입술도, 혀도, 이도, 모두가 다 아름다운 것이다. 코는 길고 높고 곧으며, 얼굴 모양은 원만하고, 눈썹은 높고 길며, 이마는 넓고 편편하며, 인상(人相)이 잘 갖추어져 있을 것이다. 태어난 생에서는 언제나 부처님을 보고, 법을 듣고, 그 가르침을 믿고 받아들인 것이다.

아일다여, 한 사람에게 권하여 가서 법을 듣도록 하는 공덕은 이와 같다. 하물며 일심으로 듣고, 독송하고, 대중 앞에서 사람을 위하여 분별하고, 설하는 대로 수행하는 사람은 말할 나위도 없는 것이다."

법사공덕품法師功德品 제19

　　그때 부처님은 상정진(常精進)보살에게 말씀하셨다.

　　"만약 선남선녀들이 이 〈법화경〉을 받아 지녀 혹은 읽고, 혹은 독송하고, 혹은 해설하며, 혹은 서사(書寫)했다고 하자. 이 사람은 8백의 눈의 공덕, 천2백의 귀의 공덕, 8백의 코의 공덕, 천2백의 혀의 공덕, 8백의 몸의 공덕, 천2백의 뜻의 공덕을 얻을 것이다. 이 공덕에 의하여 6개의 감각기관을 장식하여 모조리 청정한 것으로 만드는 것이다.

　　이 선남선녀들은 부모로부터 받은 청정한 육안으로 삼천대천세계의 내외의 모든 산·숲·강·바다를 볼 수 있고, 아래로는 아비지옥(阿鼻地獄)에서 위로는 유정천(有頂天)[1]까지 이르는 것이다. 또 그 가운데의 일체 중생을 보고, 업의 인연과 과보로써 나는 모든 곳을 모두 보고, 모두 다 알 것이다."

　　"또 다음에 상정진이여, 만약 선남선녀들이 이 경을 받아 지녀 혹은 읽고, 혹은 외우고, 혹은 해설하고, 혹은 서사한다고 하자. 이에 의해서 그들은 천2백의 귀의 공덕을 얻을 것이다.

---

1. 존재하는 영역의 절정에 있는 천(天). 천계의 정상. 색계(色界)의 제4천인 색구경천(色究竟天)을 말한다.

이 청정한 귀로써 삼천대천세계의 아래로는 아비지옥에서, 위는 유정천에 이르기까지 그 속의 내외의 온갖 음성을 들을 것이다. 코끼리 소리, 말[馬] 소리, 소[牛] 소리, 수레 소리, 우는 소리, 수탄(愁歎) 소리, 소라고둥 소리, 북소리, 종소리, 방울소리, 웃음소리, 수다스러운 소리, 남자 소리, 여자 소리, 동자 소리, 동녀 소리, 법 소리, 법 아닌 소리, 괴로운 소리, 쾌락의 소리, 범부의 소리, 성인의 소리, 기쁨의 소리, 기쁘지 않은 소리, 하늘 소리, 용(龍) 소리, 야차의 소리, 건달바의 소리, 아수라의 소리, 마후라가의 소리, 불 소리, 물소리, 바람 소리, 지옥의 소리, 축생의 소리, 아귀의 소리, 비구의 소리, 비구니의 소리, 성불의 소리, 벽지불의 소리, 보살의 소리, 부처님의 소리를 들을 것이다. 요컨대 삼천대천세계 가운데의 내외의 일체의 모든 소리를 비록 아직 천이(天耳)를 못 얻었다 하더라도 부모로부터 받은 청정한 보통의 귀로 모두 남김없이 듣고 알 것이다. 이와 같이 가지가지 음성을 분별해 들어도 귀의 활동이 파괴되는 일은 없을 것이다."

"또 상정진이여, 만약 선남선녀들이 이 경을 받아 지니고 혹은 읽고, 혹은 외우고, 혹은 해설하고, 혹은 서사한다고 하자. 이에 의해서 그들은 8백의 코의 공덕을 완성할 것이다. 이 청정한 코의 활동에 의해서 삼천대천세계의 상하 내외의 갖가지 향기를 맡을 것이다. 수만나꽃 향기, 사제(闍提)꽃 향기, 말리꽃 향기, 첨복꽃 향기, 바라라꽃 향기, 붉은 연꽃 향기, 파란 연꽃 향기, 흰 연꽃 향기, 화수향(華樹香), 과수향(果樹香), 전단향(栴檀香), 침수향, 다마라발향, 다가라향 및 천만 종의 화향(和香), 말향, 둥근향, 도향 등 이 경을 받아 지니는 사람은 이 사이에 있으면서 모든 것을 능히 분별해 낼 것이다.

또 중생들의 향기, 코끼리 향기, 말 향기, 소나 양의 향기, 남자 향기, 여자 향기, 동자와 동녀의 향기 및 풀이나 나무나 숲의 향기를 분별해서 알 것이다. 혹은 가까이의, 혹은 먼 곳의 온갖 향기를 모조리 맡아 분간할 수 있을 것이다.

이 경을 받아 지니는 사람은 이곳에 있으면서도 천상의 여러 천인의 향기를 맡을 것이다. 바리질다라, 구비다라향(拘鞞陀羅香), 만다라꽃, 마하만다라꽃의 향기, 만수사꽃, 마하만수사꽃 향기며 전단, 침수, 가지가지의 말향, 가지가지의 잡꽃 향, 이들 향기가 화합하여 풍기는 향기를 맡아서 모르는 일이 없을 것이다.

또 천인들의 몸의 향기를 맡을 것이다. 제석천이 궁전 위에서 오욕을 즐기고 음희할 때의 향기, 혹은 묘법당 위에서 33천의 천인들을 위해 설법할 때의 향기, 혹은 여러 유원(遊園)에서 유희할 때의 향기 및 다른 남녀 천인들의 몸의 향기 모두를 멀리서 맡을 것이다.

이와 같이 전전해서 범천에 이르고, 위는 유정천에 이르는 천인들의 몸 향기를 모두 맡고, 또 천인들이 태우는 향냄새를 맡을 것이다.

또 성문의 향기, 벽지불의 향기, 보살의 향기, 여러 부처님의 향기를 모두 먼 곳에 있으면서도 맡아서 그 소재를 알 수 있을 것이다. 이 향기를 맡아도 코의 활동이 파괴되는 일은 없고 뇌란하는 일도 없을 것이다. 만약 분별해서 남에게 설하려고 할 때에도 그 기억이 틀림없을 것이다."

"또 상정진이여, 만약 선남선녀들이 이 경을 받아 지니고 혹은 읽고, 혹은 외우고, 혹은 해설하고, 혹은 서사한다고 하자. 이에 의해서 그들은 천2백의 혀의 공덕을 얻을 것이다. 혹은 좋은 것, 혹은 추한 것, 혹은 아름다운 것, 혹은 아름답지 못한 것, 혹은 쓰고 떫은 것 등을 그 혀 위에 놓으면 모두 변해서 굉장한 맛이 되고, 하늘의 감로의 맛과 같을 것이다. 만약 그 혀로 대중 속에서 연설을 하든가 하면, 심원미묘한 음성이 나와 대중의 마음속에 능히 통하여 모두 기뻐하고 만족할 것이다.

또 여러 천자·천녀·제석천·범천·여러 천인들은 이 심원미묘한 음성과 차례차례로 하는 설법을 듣고 모두들 들으러 모여들 것이다.

여러 용·용녀·야차·야차녀·건달바·건달바녀·아수라·아수라녀·가루라·가루라녀·긴나라·긴나라녀·마후라가·마후라가녀들은 설법을 들으려고 모두 가까이 와서 공경하고 공양할 것이다.

비구·비구니·재가신사·재가신녀·국왕·왕자·군신(群臣)·친족·소전륜왕·대전륜왕·칠보를 갖춘 천인의 아들 내외의 친족들은 이 궁전을 타고 함께 와서 설법을 들을 것이다.

이 보살은 설법을 잘하기 때문에 바라문이나, 자산가나, 국내의 민중은 수명이 다하는 날까지 모시고 따르며 공양할 것이다. 또 여러 성문·벽지불·보살·여러 부처님은 항상 그를 보기를 원할 것이다. 이 사람이 있는 곳에서는 여러 부처님은 모두 법을 설할 것이다. 그 일체의 부처님의 법을 이 사람은 모두 잘 받아 지니고, 또 능히 심원미묘한 법의 음성을 낼 것이다."

"또 상정진이여, 만약 선남선녀들이 이 경을 받아 지니고 혹은 읽고, 혹은 외우고, 혹은 해설하고, 혹은 서사한다고 하자. 이에 의해서 그들은 8백의 몸의 공덕을 얻어 청정한 그 몸은 유리와 같고, 중생들이 모두 보기를 원하게 될 것이다. 그 몸이 청정하므로 삼천대천세계의 중생들이 태어날 때, 죽을 때, 위아래, 호추(好醜), 선한 곳과 악한 곳이 모두 자기 몸속에 나타날 것이다.

또 철위산(鐵圍山)·대철위산(大鐵圍山)·수미산(須彌山)·대수미산(大須彌山) 등의 산왕 근처에 있는 중생들 모두가 자기 몸속에 나타날 것이다. 아래로는 아비지옥에서, 위는 유정천에 이르기까지 사이에 있는 중생들 모두가 자기 몸속에 나타날 것이다. 혹은 성문·벽지불·보살·여러 부처님이 설법하고 있는 것이 모두 자기 몸속에 자취를 나타낼 것이다."

"또다시 상정진이여, 만약 선남선녀들이 여래가 멸도한 뒤에 이 경을 받아 지니고 혹은 읽고, 혹은 외우고, 혹은 해설하고, 혹은 서사했다고 하자. 이에 의해서 그들은 천2백의 뜻의 공덕을 얻을 것이다. 이 청정한 뜻의 활동으로 한 게송, 한 구절을 듣기만 해도 무량무변의 의미에 통달할 것이다. 이 의미를 깨닫고 난 뒤에 능히 한 구절, 한 게송을 해설하여 1개월, 4개월에서 1년에 이를 것이다. 설하는 법은 의미에 따라 설법되며, 모두 실상과 위배되지 않는다. 만약 세속의 경서나 정치적인 발언이나 경제를 설하더라도 모두 정법에 순해 있을 것이다. 삼천대천세계의 육취 중생이 마음의 변화, 마음의 동작, 마음으로 논하는 바를 모두 잘 알 것이다. 아직 더럽힘 없는 지혜를 얻지는 못했다 하더라도 그 뜻의 활동은 이토록 청정한 것이다. 이 사람의 생각, 추측하고 입 밖으로 하는 말은 모두 부처님의 법이며, 진실이 아닌 것은 없고, 또 과거의 여러 부처님의 경 속에서 설해진 법인 것이다."

상불경보살품常不輕菩薩品 제20

그때 부처님은 득대세(得大勢)보살에게 말씀하셨다.

"득대세여, 마땅히 알라. 만약 〈법화경〉을 맡아 지니는 비구, 비구니, 재가신사, 재가신녀에게 험담하고, 욕하고, 비방하는 일이 있다면 커다란 죄보(罪報)를 받는다는 것은 앞에서 말한 대로다. 〈법화경〉을 받아 지니고 있는 사람이 얻는 공덕은 앞에서 말한 듯이 눈·귀·코·혀·몸·뜻이 청정하게 되는 일이다.

득대세여, 먼 옛날 무량무변 불가사의 무수겁의 옛날에 위음왕(威音王)여래라는 부처님이 계셨다. 이름을 이쇠(離衰)라 하고, 세계를 대성(大成)이라고 했다. 위음왕불은 그 세상에서 천인·인간·아수라를 위해 설법을 하셨다. 성문의 입장을 구하는 사람을 위해서는 그에 응한 사제법(四諦法)을 설하고, 생로병사의 고통에서 구해내어 마침내 열반케 하고, 벽지불을 구하는 사람을 위해서는 그에 응한 12인연을 설법하고, 여러 보살의 입장을 구하는 사람을 위해서는 그에 응해서 아뇩다라삼막삼보리의 인(因)이 되는 육바라밀다를 설법하여 부처님의 지혜에 들게 했다.

득대세여, 이 위음왕불의 수명은 40만억 나유타의 항하의 모래수와 같은 겁이다. 정법(正法)이 세상에 행해지는 겁수는 일

염부제(一閻浮提)를 티끌로 만든 수와 같고, 상법(像法)이 세상에 행해지는 겁수는 사천하를 티끌로 만든 수와 마찬가지였다. 그 부처님은 중생들을 이익케 한 후에 멸도하셨다. 정법・상법이 다 멸진한 후에 이 국토에 다시 위음왕여래라는 부처님이 나셨다. 이와 같이 하여 점차로 2만억의 부처님이 나셨는데 모두 같은 이름이었다.

최초의 위음왕여래가 이 세상을 멸도하시고, 정법이 멸하고, 상법시대에 교만한 비구들이 큰 세력을 갖고 있었다. 그때 한 보살비구가 있었는데 그 이름을 상불경(常不輕)이라고 했다.

득대세여, 어떤 까닭으로 상불경이라고 이름을 붙였는가 하면 이 비구는 비구, 비구니, 재가신사, 재사신녀를 볼 때마다 모두 예배 한탄하고 이렇게 말했다.

'저는 당신들을 깊이 존경합니다. 감히 경멸하지는 않았습니다. 왜냐하면 당신들은 모두 보살도를 실행하여 마침내 성불하시기 때문입니다.'

더욱이 이 비구는 경전을 독송도 하지 않고 주로 예배를 행하고 있었다. 멀리 4부 사람들을 보아도 일부러 그곳까지 가서 예배 한탄하고 이렇게 말했다.

'저는 감히 당신들을 경멸하지 않습니다. 당신들은 마침내 성불하시기 때문입니다.'

4부의 사람들 가운데는 노여움과 미움의 마음이 생기고, 마음이 청정하지 않은 사람도 있어서 험담하여 이렇게 욕했다.

'이 무지한 비구야, 도대체 어디서 와 가지고 우리들을 향하여 "당신들을 경멸하지 않습니다. 당신들은 마침내 성불하실 것입니다"라는 등 예언을 하는가. 우리들에게는 그와 같이 허

망한 예언 따위는 필요없다.'

이와 같이 해서 여러 해 동안 항상 욕을 먹었으나 노여움이나 미움의 마음을 일으키지 않고 항상 '당신들은 마침내 성불하실 것입니다'하고 말하고 있었다.

이런 말을 하면 많은 사람들은 혹은 지팡이나 나무, 기와나돌 따위로 때리기도 하고 던지기도 하므로, 이것을 피해 멀리뛰어가서는 계속 큰 소리로 '저는 당신들을 경멸하지 않습니다. 당신들은 마침내 성불이 될 것입니다'라고 소리를 지른 것이다. 항상 그렇게 말하고 있었으므로 교만한 비구, 비구니, 재가신사, 재가신녀들은 그에게 상불경이라는 이름을 붙인 것이다.

이 비구는 수명이 다하려 할 때 허공 가운데서 상세히 위음왕불이 먼저 설법하신 〈법화경〉의 20천만억의 게송을 듣고, 그것을 모조리 받아 지녀서 위에서 말한 청정한 눈의 활동·귀·코·혀·몸·뜻의 활동의 청정함을 얻었다. 이 육근 청정을 얻고는 다시 수명이 늘기를 2백만억 나유타세(世), 널리사람들을 위하여 〈법화경〉을 설했던 것이다.

그때 교만한 비구, 비구니, 재가신사, 재가신녀의 4부 사람들, 일찍이 이 사람을 경멸하고 천대해서 그에게 상불경이란이름을 붙인 사람들은 그가 대신통력과, 자유자재로 말하는 힘과, 큰 선정력(禪定力)을 얻은 것을 보자, 그가 설법하는 것을듣고 모두 신복하여 수종하기에 이르렀다.

이 보살은 또한 천만억 사람들을 교화하고, 아뇩다라삼막삼보리에 있게 했다. 수명이 다한 뒤 2천억 부처님을 만나 뵐 수있었는데, 모두가 일월등명(日月燈明)이라는 이름의 부처님이었다. 그 법 가운데서 이 〈법화경〉을 설법했다. 이 인연으로 다시 2천억 부처님을 만나 뵙는 데 모두가 운자재등왕(雲自在燈王)이라는 이름의 부처님이었다. 이 여러 부처님의 법 가운데서 받아 지니고, 독송하고, 여러 4부 사람들을 위해 이 경전을 설법했으므로 눈·귀·코·혀·몸·뜻의 활동의 청정함을 얻어, 4부 사람들 가운데서 설법해도 마음에 두려울 것이 없었다.

득대세여, 너는 어떻게 생각하는가. 이때의 상불경보살은 다름이 아닌 나였던 것이다. 만약 과거의 세상에서 이 경을 받아 지니고, 독송하고, 남을 위해 설하지 않았다면 아뇩다라삼막삼보리를 속히 얻을 수는 도저히 없었던 것이다. 나는 과거 부처님 밑에서 이 경을 받아 지니고, 독송하고, 남을 위해 설법했기 때문에 조속히 아뇩다라삼막삼보리를 얻을 수가 있었던 것이다.

득대세여, 그때의 비구, 비구니, 재가신사, 재가신녀의 4부 사람들은 노여움과 미움으로 나를 경멸하고 천대했기 때문에 2백억겁 동안 항상 부처님을 만나지 못하고, 설법을 듣지 못하고, 스님을 보지 못하고, 천겁 동안 아비지옥에서 큰 고뇌를 받았다. 이 죄가 끝난 뒤 다시 상불경보살이 아뇩다라삼막삼보리를 향해 교화하는 것과 만났던 것이다.

득대세여, 너는 어떻게 생각하는가. 그때의 4부 사람들, 항상 이 보살을 경멸하고 있던 사람들은 다른 사람이 아니다. 지금 이 모임 가운데 있는 발다바라(跋陀婆羅) 등 5백 명의 보살, 사자월(獅子月) 등 5백 명의 비구니, 사불(思佛) 등 5백 명의 재가신자 등 모두 아뇩다라삼막삼보리에 있어서 퇴전하지 않은 사람들이었던 것이다.

득대세여, 마땅히 알라. 이 〈법화경〉은 크게 여러 보살을 이익케 하고, 아뇩다라삼막삼보리에 이르게 했다. 그런 고로 여러 보살들이여, 여래가 멸도한 후에 항상 이 경을 받아 지니고, 독송하고, 해설하고, 서사하라."

그때 세존은 거듭 이 의미를 밝히기 위하여 게송으로 말씀하셨다.

과거에 한 부처님 그 이름이 위음왕불
신통 지혜 무량하사 일체 중생 인도할세

하늘·인간·용·귀신의 정성스런 공양 받고
이 부처님 멸도하여 법 또한 다할 때에

보살 한 분 계셨으니 이름하여 상불경
그때에 4부 대중 법마다 집착커늘

상불경 그 보살이 곳곳마다 찾아가서
말하여 이르는 말 '그대 경멸 않나니

도 행하는 그대들도 모두 다 성불하리라'고.
이 말 들은 여러 사람 비방하고 욕을 해도

상불경 그 보살은 능히 받아 다 참으며
숙세의 죄 다한 후 임종할 때 이르러서

이 경전 얻어 들어 육근이 청정하고
신통력을 쓰는 때문에 수명 또한 더했노라.

다시 중생 위하여 이 경 널리 설하니
법에 걸린 뭇 중생들 그 보살의 교화로

빠짐없이 성취하여 부처님 도 다 이루며
그 보살은 임종한 후 많은 부처 만나 뵙고

이 경전을 설한 인연 무량한 복 받아서
공덕을 점점 갖추어 성불 빨리 했느니라.

그때의 상불경은 바로 내 몸이고
상불경을 경멸하던 4부 대중들은

내가 준 성불 수기 모두 받은 인연으로
한량없고 가없는 부처님을 만나 뵈온

이 가운데 5백 보살 청신사와 청신녀도
나의 앞에 지금 와서 법을 듣는 이들이라.

나는 지난 세상 많은 사람 권하여서
제일 되는 이 법을 듣고 받게 했으며

보이고 가르쳐서 열반에 잘 머물러

세세에 이 경전을 수지토록 했으며

억만 겁 오랜 세월 불가사의 얻게 하려
항상 이 법 듣게 하고 열어 뵈고 가르치며

천만이나 억만 겁 불가사의 이르도록
여러 부처 세존께서 항상 이 경 설하시니

그러므로 도 닦는 이 부처님 멸도 후에
이 경전을 듣고 의혹된 맘 내지 말며

한결같은 마음으로 이 경전 설법하면
세세에 부처님 만나 부처님 도 빠르리라.

여래신력품如來神力品 제21

　그때 천세계의 티끌수와 맞먹는 땅속에서 솟아나온 보살들은 모두 부처님 앞에서 한마음으로 합장하고, 부처님의 얼굴을 우러러보면서 여쭈었다.

　"세존이시여, 저희들은 부처님이 이 세상을 떠나신 뒤에 세존의 분신인 부처님이 계신 국토, 그 부처님들이 세상을 떠나신 곳에서 널리 이 경을 설법할 것입니다. 왜냐하면 우리들도 또한 스스로 이 진실이며 청정한 큰 가르침을 얻어 갖고 독송하고, 해설하고, 서사해서, 이것을 공양하고 싶기 때문입니다."

　그때 세존은 이 사바세계에 살고 있는 문수사리(文殊師利) 등 한량없는 백천만억의 보살들 및 여러 비구·비구니·재가신사·재가신녀·천인·용·야차·건달바·아수라·가루라·긴나라·마후라가·인간·인간이 아닌 것 등의 일체의 것들 앞에서 커다란 신통력을 나타내셨다. 넓고 긴 혀를 내서 위는 범천(梵天)의 세계에까지 닿았다. 또 일체의 털구멍에서 무량무수의 빛을 내뿜어 시방세계를 일제히 비췄다. 여러 보석나무 밑의 사자좌 위에 여러 부처님들도 또한 넓고 긴 혀를 내서 한량없는 빛을 내뿜었다. 석가여래와 보석나무 밑의 여러 부처님이 신통력을 나타냈을 때 만백천세 동안 계속했다.

　그 뒤에 여래들은 혀를 거두고 동시에 기침을 하고, 동시에 손가락을 튕겨 올렸다. 이 두 음성이 남김없이 시방의 여러 부처님 세계에까지 닿아서 대지는 모두 6종으로 진동했다. 그 속의 중생들, 천인·용·야차·건달바·아수라·가루라·긴나라·마후라가·인간·인간이 아닌 것들은 부처님의 위력에 의하여 모두 이 사바세계의 여러 보석나무 밑의 사자좌 위에 있는 무량무변 백천만억의 여러 부처님을 보고, 또 석가여래와 다보여래가 함께 보탑 속의 사자좌에 앉아 계시는 것을 보았다. 또한 무량무변 백천만억의 보살 및 여러 4부 회중이 석가여래를 둘러싸고 공경하고 있는 것을 보았다. 이것을 다 보고 나자 모두들 크게 기뻐하여 미증유의 일로 생각했다.

그때 천인들은 허공 속에서 높이 이렇게 불렀다.

"이 무량무변무수 백천만억의 세계를 지나 사바로 이름 붙인 나라가 있다. 이 속에 부처님이 계시다. 그 이름을 석가모니라고 한다. 지금 모든 보살들을 위해 〈묘법연화(妙法蓮華)〉, 〈보살을 가르치는 법〉, 〈부처님에게 호념(護念)되는 법〉을 설법하신다. 너희들은 마음속으로부터 수희(隨喜)하라. 석가여래를 예배하고 공경하라."

그 여러 중생들은 허공 속의 목소리를 듣고 나서 합장하고, 사바세계를 향하여 말했다.

"나무석가모니불, 나무석가모니불."

그리고 갖가지 꽃과, 향과, 영락과, 산개와, 몸의 장식물, 진기한 보배, 훌륭한 것들을 저 멀리 사바세계에 뿌렸다. 뿌려진 온갖 물건이 시방에서 운집해 오는 듯했다. 이것들은 변하여 보배의 장막이 되고, 널리 여러 부처님 위를 덮었다. 그때 시방세계는 아무런 장애도 없이 이어져서 하나의 불국토(佛國

土)처럼 되었다.

그때 부처님은 상행(上行)보살의 집단에게 말씀하셨다.

"여러 부처님의 신통력은 이와 같이 무량무변 불가사의하다. 만약 내가 이 신통력에 의하여 무량무변무수 백천만억겁 동안 이 가르침을 전도할 것을 위촉하기 위해 이 경의 공덕을 말해도 다 말할 수는 없다. 이것은 요컨대 일체의 여래의 가르침, 일체의 여래의 자재로운 신통력, 일체의 여래의 비밀의 가르침, 일체의 여래의 심원한 의미가 모두 이 경에 제시되고, 분명히 설법되어 있는 것이다. 그러므로 너희들은 여래가 세상을 떠난 뒤 한마음으로 받들고, 독송하고, 해설하고, 서사해서, 설하여 있는 대로 수행해야 할 것이다.

곳곳의 국토에서 혹은 받들고, 독송하고, 해설하고, 서사하여, 설하여 있는 대로 수행하고, 있는 장소, 혹은 경권으로서 안치되어 있는 곳이 있을 것이다. 그 장소가 정원 안에 있든, 숲속에 있든, 나무 밑에 있든, 승방에 있든, 재가자의 집에 있든, 전당에 있든, 산이나, 골짜기나, 광야에 있든, 그곳에는 모두 탑을 세워 공양해야 할 것이다. 그것은 왜냐하면 그 장소는 도장이기 때문이다. 여러 부처님이 그곳에서 아뇩다라삼막삼보리를 얻고, 여러 부처님이 그곳에서 법륜을 늘리고, 여러 부처님이 그곳에서 세상을 떠난 도장이기 때문이다."

⚘ 촉루품囑累品 제22 ⚘

　그때 석가여래는 법좌에서 일어나 큰 신통력을 나타내 오른 손으로 한량없이 많은 보살의 머리를 어루만지고 이렇게 말씀하셨다.

　"나는 한량없는 백천만억겁 동안 이 얻기 어려운 아뇩다라삼막삼보리의 가르침을 수습(修習)했다. 지금 이것을 너희들에게 위촉한다. 너희들은 한마음으로 이 가르침을 유포(流布)하여 이 가르침이 퍼지고 증대하도록 힘써야 할 것이다."

　이와 같이 하여 그 많은 보살들의 머리를 세 번 어루만지고 이렇게 말씀하셨다.

　"나는 무량무수 백천만억겁 동안 이 얻기 어려운 아뇩다라삼막삼보리의 가르침을 수습했다. 지금 이것을 너희들에게 위촉한다. 너희들은 이것을 받아 지녀 독송하고, 널리 선양하여, 일체 중생들에게 말해서 알려라. 왜냐하면 여래에게는 대자비심이 있고, 인색한 마음이 없고, 또한 두려울 바가 없어 능히 중생들에게 부처님의 지혜·여래의 지혜·자연의 지혜를 주기 때문이다. 여래는 일체 중생의 큰 시주(施主)이다. 너희들도 또한 여래를 따라 여래의 가르침을 배워라. 인색한 마음을 일으켜서는 안 된다. 내세에 선남과 선녀가 있어 여래의 지혜를 믿을 것 같으면 그들을 위하여 이 〈법화경〉을 연설해서 알려

주는 것이 좋을 것이다. 그 사람에게 부처님의 지혜를 얻게
하기 위해서이다. 만약 중생 가운데서 믿지 않고, 받지 않는 사
람이 있다면 여래의 다른 심원(深遠)한 가르침 가운데서 가르
쳐 기쁘게 해주는 것이 좋을 것이다. 너희들이 만약 능히 이
렇게 할 수 있다면 너희들은 그에 의해서 여러 부처님의 은혜
에 보답한 것이 되는 것이다."

그때 여러 보살들은 부처님이 이렇게 말씀하시는 것을 듣고
모두 크게 기쁨이 온몸에 차서, 더욱더 공경하여 몸을 굽히고
머리 숙여 합장하고, 부처님을 향하여 소리를 합하여 말했다.

"세존께서 분부하신 대로 하겠습니다. 바라건대 세존이시여,
걱정하지 마십시오."

여러 보살 집단은 이와 같이 세 번 반복해서 여쭈었다.

그때 석가여래는 사방에서 모여든 여러 분신의 부처님을 각
자의 본토로 돌아가도록 말씀하셨다.

"여러 부처님이여, 안녕히 돌아가시오. 다보불의 탑이여, 전
과 같이 돌아가시오."

이렇게 말씀하셨을 때 보석나무 밑의 사자좌에 앉아 있던
시방의 한량없는 분신의 여러 부처님 및 다보불(多寶佛), 그
리고 상행보살들의 무변무수의 보살 집단, 사리불들의 성문과
4부 회중 및 일체 세간의 천인·인간·아수라들은 부처님의
설법을 듣고 모두 크게 기뻐했다.

약왕보살본사품藥王菩薩本事品 제23

그때 숙왕화(宿王華)보살은 부처님께 여쭈었다.

"세존이시여, 약왕보살은 어떤 까닭으로 사바세계에 유행(遊行)하는 것입니까. 세존이시여, 이 약왕보살에게는 기백천만억 나유타의 난행고행(難行苦行)이 있었을 것입니다. 바라건대 좀 해설해 주십시오. 여러 천(天)·신(神)·야차·건달바·가루라·긴나라·마후라가·인간·인간이 아닌 것들, 또 다른 국토에서 온 보살들, 이 성문의 사람들은 모두 듣고 기뻐할 것입니다."

그때 부처님은 숙왕화보살에게 말씀하셨다.

"옛날 과거무량의 항하의 모래와 같은 겁의 옛날에 일월정명덕(日月淨明德)여래라는 부처님이 계셨다. 그 부처님에게 80억의 대보살과 72항하의 모래수와 같은 대성문이 있었다. 부처님의 수명은 4만 2천 겁, 보살의 수명도 또한 같았다. 그나라에는 여인·지옥·아귀·축생·아수라 및 여러 가지 난(難)이 있었다. 땅이 평탄하기가 손바닥 같고, 유리로 되어 있었다. 보석나무들로 장식되고, 보석 장막으로 위를 덮고, 보석화번(華幡)을 드리우고, 보석 병과 향로가 온 나라 안에 가득차 있었다. 칠보로 만든 좌대가 한 나무에 하나씩 있었고, 그나무 사이는 화살 한 개 사이다. 이 많은 보석나무 아래에는 모두 보살과 성문이 앉아 있었다. 여러 보석 좌대 위에는 각각 백억의 천인들이 있어서, 하늘의 기악(伎樂)을 하여 부처님을 노래로써 찬탄하는 공양을 하고 있었다.

그때 그 부처님은 일체중생희견(一切衆生喜見)보살 및 여러 보살들, 여러 성문들을 위해 〈법화경〉을 설법하셨다. 이 일체중생희견보살은 스스로 자원해서 고행을 배우고, 일월정명덕불의 법 가운데서 노력정진하여 1만 2천세 동안 일심으로 부처님을 구하여 현일체색신삼매(現一切色身三昧)를 얻었다. 이 삼매를 얻고 마음으로 크게 기뻐하여 이렇게 생각했다.

'내가 현일체색신삼매를 얻은 것은 모두가 〈법화경〉을 들은 힘 때문이다. 나는 지금 마땅히 일월정명덕불과 〈법화경〉을 공양해야겠다.'

그는 즉시 이 삼매에 들어가 허공에서 만다라바꽃·대만다라바꽃·세밀하게 간 흑전단(黑栴檀)을 하늘 가득히 구름처럼 내리고, 또 사심전단(蛇心栴檀) 향을 내리게 했다. 이 향의 육주(六銖)는 그 값이 사바세계와 맞먹는다고 말할 정도의 것이다. 이것들로써 부처님을 공양했다. 이 공양을 끝내고 나서 삼매에서 일어나 스스로 생각했다.

'내가 신통력으로 아무리 부처님을 공양했다 해도 몸으로써 공양하느니만은 못할 것이다.'

그래서 여러 가지 향·전단·훈륙(薰陸)·도루바(兜樓婆)·필력가(畢力迦)·침수·교향(膠香)을 먹고, 또 첨복(瞻蔔), 여러 가지 꽃향유를 마시고 천2백년을 지냈다. 그 후 향유를 몸에 바르고 일월정명덕불 앞에서 하늘의 보배 옷을 몸에 감고, 여러 가지 향유를 뿌리고, 신통력의 서원(誓願)으로서 자기 몸을 태우니, 그 광명은 널리 80억 항하의 모래수와 같은 세계를 비추었다. 그 속의 여러 부처님이 동시에 찬탄해서 말했다.

'착하고 착하구나. 선남자여, 이것이 참된 정진(精進)이다. 이것이야말로 참된 여래를 공양하는 방법이다. 가령 꽃·향·영락·소향·말향·도향·비단 천개·산개 및 사심전단향 등 온갖 것으로 공양했다 해도 이에 따르지 못한다. 가령 나라와 처자를 보시했다 해도 미치지 못한다. 선남자여, 이것이 제일의 보시이다. 여러 보시 가운데서 가장 존귀하고 최상의 보시이다. 법으로써 여러 여래를 공양하기 때문이다.'

여러 부처님은 이렇게 말을 끝내자 묵연히 계셨다. 그 몸의 불은 천2백년 동안이나 탔으며, 이렇게 하여 그 몸은 끝났다.

일체중생희견여래는 이와 같은 법의 공양을 하여 수명을 끝낸 후, 다시 일월정명덕불의 나라 안의 정덕왕의 집에 가부를 틀고 앉은 모습으로 홀연히 화생(化生)하여 그의 부친을 위해 게송으로 말했다.

대왕이신 아버지여 마땅히 아옵소서.
저는 저 땅에서 오래도록 경행하여
현일체색신삼매를 잘 얻었으며
그 삼매에 또한 들었나이다.

부지런히 큰 정진 행하려는 뜻
아끼던 내 몸까지 선뜻 버리고
거룩하신 세존께 공양하여
위 없는 큰 도를 이루었나이다.

게송이 끝나자 부친에게 여쭈었다.

'일월정명덕불은 지금도 계십니다. 나는 먼저 부처님을 공양하여 해일체중생어언(解一切衆生語言)다라니를 얻었으며, 또한이 〈법화경〉의 8백천만억 나유타의 건가라, 빈바라, 악추바의 게송을 들었습니다. 대왕이시여, 나는 지금 바로 이 부처님을 공양해야겠습니다.'

이렇게 말하고 칠보대(七寶臺)에 앉아 허공에 올라가기를 7다라수, 부처님 계신 데 도달하여 머리 숙여 예배하고 열 손가락을 모아 합장하여 게송으로 부처님을 찬탄했다.

존안이 기묘하고 아름다운 세존께서
시방 두루하게 광명을 놓으시니
오랜 옛날 일찍이 공양을 했지만
지금 다시 와서 친근하나이다.

그때 일체중생희견보살은 이 게송을 마치고 나서 부처님에게 여쭈었다.

'세존이시여, 세존께서는 아직 이 세상에 계십니까.'

그때 일월정명덕불은 일체중생희견보살에게 말씀하셨다.

'선남자여, 내가 열반할 때가 왔다. 멸도할 때가 온 것이다. 너는 와상(臥床)을 펴라. 나는 오늘 밤 열반에 들 것이다.'

또 일체중생희견보살에게 명하여 이렇게 말씀하셨다.

'선남자여, 나는 부처님의 법을 너에게 위촉한다. 여러 보살·대제자·아뇩다라삼막삼보리·삼천대천의 칠보의 세계·여러 보수(寶樹)·보대(寶臺)·시봉하는 여러 천인을 모조리 너에게 준다. 내가 멸도한 후 나의 유골도 또한 너에게 위촉한다. 그것을 잘 유포시켜 널리 공양하도록 하라. 기천(幾千)의 탑을 세우라.'

일월정명덕불은 이와 같이 일체중생희견보살에게 명하고 나서, 그날 밤 후반에 열반에 드셨다.

그때 일체중생희견여래는 부처님이 멸도하신 것을 보고 비관하고 오뇌하여, 부처님을 연모하여 사심전당을 싸놓고 불신을 공양하여 화장했다. 불이 다 꺼진 뒤에 유골을 수집하여 8만 4천의 보병(寶瓶)을 만들어 8만 4천의 탑을 세웠다. 높이는 삼세계보다도 높고, 산개(傘蓋)를 장식하고, 여러 번개(幡蓋)를 드리우고, 여러 보배 방울을 달았다.

그때 일체중생희견보살은 다시 생각했다.

'나는 이와 같이 공양했으나 이것으로는 부족하다. 지금 마땅히 또 유골을 공양해야 할 것이다.'

그래서 여러 보살·대제자·하늘·용·야차 등 일체의 대중에게 말했다.

'너희들은 마땅히 일심으로 우리들은 지금 일월정명덕불의 유골을 공양하자고 생각하라.'

이렇게 말하고 8만 4천의 탑 앞에서 백복으로 장식된 팔을 태워 7만 2천년 동안 공양했다. 이렇게 하여 수없는 성문의 입장을 구하는 사람들, 무량무수의 사람들에게 아뇩다라삼막삼보리 마음을 일으키게 하고, 모두 현일체색신삼매를 얻게 했던 것이다.

그때 여러 보살·천인·인간·아수라는 그 팔이 없는 것을 보고 걱정하고 슬퍼하여 이렇게 말했다.

'이 일체중생희견보살은 우리들의 스승이다. 우리들을 교화해 주시는 분이다. 그런데 지금 팔을 태워서 불구의 몸이 되셨다.'

이때 일체중생희견보살은 대중 속에서 이와 같이 맹세했다.

'나는 두 팔을 버렸으나 반드시 부처님의 금색 몸을 얻을 것이다. 그렇게 되는 것이 진실이고 헛된 것이 아니라면, 나의 두 팔이 본래대로 되도록.'

이렇게 맹세하자 두 팔은 자연히 본래대로 되었다. 이 보살의 복덕·지혜가 두터웠기 때문에 이렇게 된 것이다. 그때 삼천대천세계는 6종으로 진동하고, 하늘에서는 보석 비가 내리고, 일체의 천인들은 미증유의 생각을 알았던 것이다.

부처님은 숙왕화보살에게 말씀하셨다.

"너는 어떻게 생각하는가. 일체중생희견보살이란 다름 아닌 지금의 약왕보살이었던 것이다. 그 몸을 버리고 보시하기 이와 같이 무량백천만억 나유타 수였다.

숙왕화여, 만약 발심(發心)하여 아뇩다라삼막삼보리를 얻으려는 사람은 손가락, 발가락 하나라도 태워서 부처님의 탑에 공양하라. 그 공양은 나라나, 처자나, 삼천대천 국토의 산이나 숲, 강이나 못, 여러 가지 진보(珍寶) 등으로 공양하는 사람보다 나은 것이다.

만약 어떤 사람이 삼천대천세계 전부의 칠보를 가지고 부처님·대보살·벽지불·아라한에게 공양했다고 하자. 이 사람이 얻는 공덕도 이 〈법화경〉의 사구게(四句偈)[1]의 하나라도 받아

---

1. 4행시(四行詩). 4구로 이루어지는 시송(詩頌).

지니는 복덕이 많은 것보다도 못한 것이다.

　숙왕화여, 가령 일체의 내·흐름·강·하(河) 등 물 가운데서 바다가 제일인 것처럼, 이 〈법화경〉도 또한 그렇다. 여러 여래의 경전 가운데서 가장 깊고 가장 광대하다. 또 토산·흑산·소철위산·대철위산·십보산 등 여러 산 가운데서 수미산(須彌山)이 제일인 것처럼 이 〈법화경〉도 또한 그렇다. 여러 경전 가운데서 최상인 것이다. 또 많은 별 가운데서 월천자(月天子)가 제일인 것처럼, 이 〈법화경〉도 또한 그렇다. 천만억 종의 여러 경법 가운데서 가장 빛나는 것이다. 또 일천자(日天子＝태양)가 능히 여러 가지 어둠을 제거하듯이, 이 경도 또한 그런 것이다. 능히 일체의 좋지 않은 어둠을 부수는 것이다. 또 여러 소왕 가운데서 전륜성왕이 제일인 것처럼, 이 경도 또한 그렇다. 많은 경 가운데서 가장 존엄한 것이다. 또 제석천이 33천 가운데서 왕인 것처럼, 이 경도 또한 그렇다. 여러 경전 가운데서 왕인 것이다. 또 대범천왕(大梵天王)이 일체 중생들의 아버지인 것처럼, 이 경도 또한 일체의 현인·성인·배워야 할 것이 남아 있는 사람·배울 것이 없어진 사람·보살의 마음을 일으킨 사람의 아버지이다. 또 일체의 범부(凡夫) 가운데서 수다원(須陀洹)·사다함(斯陀含)·아나함(阿那含)·아라한·벽지불이 제일인 것처럼, 이 경도 또한 그런 것이다. 일체의 여래의 설법, 혹은 보살의 설법 혹은 성문의 설법은 여러 경법 가운데서 가장 제일이다. 또한 이 경문을 받아 지니는 사람도 같으며, 일체 중생 가운데서 또한 제일이다. 일체의 성문이나 벽지불 가운데서 보살이 제일이다. 이 경도 또한 그와 마찬가지이다. 일체의 여러 경법 가운데서 가장 제일이다. 부처님은 이 여러 법의 왕인 것처럼 이 경도 또한 그렇다. 여러 경 가운데서 왕인 것이다.

숙왕화여, 이 경은 일체 중생들을 구하는 것이다. 이 경은 능히 일체 중생들을 일체의 고뇌에서 떠나게 해주는 것이다. 이 경은 능히 일체 중생들을 이익 되게 하고, 그 소원을 만족하게 하는 것이다. 청량한 물이 능히 일체의 목마른 사람을 만족하게 하듯이, 추운 사람이 불을 얻은 듯이, 벌거벗은 사람이 의복을 얻은 듯이, 상인이 물건의 주인을 만난 듯이, 아들이 어머니를 만난 듯이, 나루에서 배를 얻은 듯이, 환자가 의사를 만난 듯이, 어둠 속에서 등불을 얻은 듯이, 가난한 사람이 보배를 얻은 듯이, 백성이 왕을 얻은 듯이, 무역상이 바다를 얻은 듯이, 등불이 어둠을 제거하듯이 이 〈법화경〉도 또한 그런 것이다. 일체 중생들로 하여금 일체의 고(苦), 일체의 병통(病痛)에서 떠나게 해 능히 일체의 생사의 속박에서 해방시켜 주는 것이다.

만약 어떤 사람이 이 〈법화경〉을 듣고, 자기도 쓰고, 혹은 남에게도 쓰게 한다고 치자. 그에 의해서 얻는 공덕은 부처님의 지혜로 추량해도 그 끝을 알 수는 없을 것이다.

만약 이 경권(經卷)을 써서 꽃·향·영락·소향·말향·도향·산개·의복·여러 가지 등불·소등(蘇燈)·유등·여러 가지 향유등·첨포유 등·수만나(須曼那) 유등·바라라 유등·사리사가(娑利師迦) 유등·나바마리(那婆摩利) 유등으로 공양했다고 하자. 그에 의해서 얻는 공덕은 한량없을 것이다.

숙왕화여, 만약 어떤 사람이 이 약왕보살본사품을 듣는다면 무량무변의 공덕을 얻을 것이다. 만약 어떤 여인이 이 약왕보살본사품을 듣고 받아 지닌 사람은 그 여신(女身)이 다한 후 다시 여신을 받는 일은 없을 것이다. 여래가 멸도한 후 5백 년 동안에 만약 어떤 여인이 이 경전을 듣고 설법한 대로 수행한다면, 이 세상에서 수명을 다하고, 안락세계의 아미타불 대보살들이 둘러싼 곳에 가서 연꽃 속의 보좌(寶座) 위에 태어날 것이다. 그곳에서는 탐욕에 번뇌할 일도 없고, 노여움이나 미움에 번뇌할 일도 없으며, 우치(愚癡)에 번뇌할 일도 없을 것이다. 또 교만이나 질투나, 여러 가지 더러운 번뇌도 없을 것이다. 보살의 신통력·무생법인(無生法忍)을 얻을 것이다. 이 인(忍)을 얻어 눈의 활동이 청정해질 것이다. 이 청정한 눈으로 7백만 2천억 나유타의 항하의 모래수와 같은 여러 부처님을 보게 될 것이다."

이때 여러 부처님은 멀리서 함께 찬탄하여 말했다.

"착하고 착하다. 너는 능히 석가여래의 법 가운데서 이 경을 받아 지녀 독송하고, 사유하고, 남을 위하여 설했다. 그에 의해 얻는 복덕은 무량무변이다. 불도 태울 수가 없고, 물도 흘려 보낼 수가 없다. 너의 공덕은 천인의 부처님이 함께 설한다 해도 다 설하지 못한다. 너는 지금 이미 능히 여러 악마의 적을 타파하고, 생사의 번뇌라는 군대를 때려부수고, 그 밖의 적을 모조리 쳐서 멸망시켰다.

선남자여, 백천의 여러 부처님이 신통력으로 너를 수호하고 있다. 일체의 세계의 천인·인간 가운데서 너를 따를 자는 없다. 오직 여래를 제외하고 그 밖의 성문, 벽지불, 보살의 지혜나 선정도 너와 같을 만한 사람은 없는 것이다.

숙왕화여, 이 보살은 이와 같은 공덕, 지혜의 힘을 완성했다.

만약 어떤 사람이 이 약왕보살본사품을 듣고 능히 수희(隨喜)하여 좋다고 찬탄했다면 이 사람은, 현세에서 입 안에서 항상 청련화(靑蓮花)의 향기를 내고, 몸의 털구멍에서 항상 우두전단의 향기를 낼 것이다. 그 얻는 공덕은 앞에서 말한 대로이다. 그런 고로 숙왕화여, 이 약왕보살본사품을 너에게 위촉한다. 내가 멸도한 후 5백년에 이 세계에 널리 선전하여 단절시켜서는 안 된다. 악마·마인(魔人)·천인·용·야차·구반다(鳩槃茶)²들에게 달라붙을 겨를을 주어서는 안 된다.

숙왕화여, 너는 신통력으로 이 경을 수호하라. 왜냐하면 이 경은 이 세계 사람들의 양약이기 때문이다. 만약 어떤 사람이 앓는 일이 있더라도 이 경을 들으면 병은 소멸하고 불로불사(不老不死)가 될 것이다.

숙왕화여, 네가 만일 이 경을 받아 지닌 사람을 보았을 때에는 청련화에 말향을 잔뜩 담아 그 위에 뿌리라. 다 뿌리고 나서 이렇게 생각하는 것이다.

'이 사람은 머지않아 풀을 깔고 도장에 앉아 여러 악마의 군세를 타파할 것이다. 바로 법의 소라고둥을 불고, 커다란 법의 불을 켜서 일체 중생들을 노(老)·병(病)·사(死)의 바다에서 구출할 것이다.'

그런 고로 불도를 구하는 사람이 이 경전을 받아 지닌 사람을 보았을 때는 이같이 공경의 마음을 일으켜야 하는 것이다."

이 약왕보살본사품이 설법되었을 때 8만 4천의 보살은 해

---

2. 귀신의 일종. 사천왕이 거느리는 8부족의 하나. 증장천(增長天)의 권속(眷屬)으로 사람의 정기를 먹는 귀신.

일체중생언어다라니를 얻었다. 다보여래는 보탑 속에서 숙왕
화보살을 찬탄하여 말씀하셨다.

"착하고 착하도다, 숙왕화여. 너는 불가사의한 공덕을 완성
하여 석가여래에게 이와 같은 것을 물어 한량없는 일체 중생
들을 이익 되게 한 것이다."

묘음보살품 妙音菩薩品 제24

그때 석가여래는 대인상(大人相)의 하나인 육계(肉髻)[1]에서 광명을 내뿜고, 또 미간의 흰 터럭에서 빛을 내뿜어 널리 동방 8만억 나유타의 항하의 모래수와 같은 여러 부처님의 세계를 비추었다. 이들의 불국을 지나 정광장엄(淨光藏嚴)이라고 일컫는 세계가 있다. 그 나라에 정화숙왕지여래(淨華宿王智如來)라는 이름의 부처님이 계셔 무량무변의 보살 대중에게 공경받고 둘러싸여서 그들을 위해 설법하고 계셨다. 석가여래의 미간의 백호 광명은 그 나라를 남김없이 비추었다.

그때 일체의 정광장엄국 안에 한 보살이 있었는데, 그 이름을 묘음(妙音)이라고 했다. 오랫동안 이미 여러 덕의 근본을 심고 한량없는 백천만억의 여러 부처님을 공양하고 가까이하여 모두 심원한 지혜를 완성했으며, 묘당상(妙幢相)삼매·법화(法華)삼매·정덕(淨德)삼매·숙왕희(宿王戲)삼매·무연(無緣)삼매·지인(智印)삼매·해일체중생어언(解一切衆生語言)삼매·집일체공덕(集一切功德)삼매·청정(淸淨)삼매·신통유희(神通遊戲)삼매·혜거(慧炬)삼매·장엄왕(藏嚴王)삼매·정광

---

1. 머리 제일 위의 튀어나온 곳. 부처의 정수리에 상투처럼 우뚝 솟아오른 혹과 같은 것.

명(淨光明)삼매・정장(淨藏)삼매・불공(不共)삼매・일선(日旋)삼매를 얻었다. 이와 같이 백천만억의 항하의 모래수와 같은 여러 가지 대삼매(大三昧)를 얻었다. 석가여래의 빛은 그 몸을 비추었다.

그때 묘음보살은 정화숙왕지불에게 이렇게 여쭈었다.

"세존이시여, 저는 사바세계로 가서 석가여래를 예배하고 가까이하여 공양하고 문수사리보살이나 약왕보살, 용시(勇施)보살, 숙왕화보살, 상행의보살, 장엄왕보살, 약상보살을 만나 뵙겠습니다."

그때, 정화숙왕지불은 묘음보살에게 말씀하셨다.

"너는 그 나라를 경멸하고 열등하다고 생각하거나 해서는 안 된다. 선남자여, 그 사바세계는 고하(高下)가 있어 평탄치 않고 초석, 산, 더러운 것이 충만해 있다. 부처님의 몸도 작고 보살들도 그 모양이 작다. 그런데 너의 몸은 4만 3천 유순이나 되고, 내 몸은 660만 유순이나 된다. 너의 몸은 단정하고 백천만의 복상(福相)이 있으며, 광명도 참으로 훌륭하다. 그렇다고 해서 네가 가서 그 나라를 경멸하고 부처님이나 보살이나 국토에 대해서 열등하다고 생각해서는 안 된다."

묘음보살은 부처님에게 여쭈었다.

"세존이시여, 제가 지금 사바세계를 가는 것은 모두 여래의 신통유희력에 의해 여래의 공덕지혜에 장식됨으로 해서입니다."

여기서 묘음보살은 자리에서 일어나지 않고 몸을 동요시키지 않고 삼매에 들어가 삼매력에 의해 기사굴산(耆闍崛山)에 있는 석가여래의 법좌에서 그리 멀지 않은 곳에 8만 4천의 보석으로 장식된 연꽃을 변화로 만들었다. 그 줄기는 염부나무 숲 사이로 흐르는 강에서 나는 금으로 되어 있었고, 잎은 백금으로, 꽃술은 금강석으로, 그 꽃받침은 견숙가(甄叔迦) 주보(珠寶)로 되어 있었다. 그때 문수사리법왕자는 이 연꽃을 보고 석가여래에게 여쭈었다.

"세존이시여, 어떠한 인연으로 이와 같은 기서(奇瑞)가 나타난 것입니까? 기천만의 연꽃이 있고, 줄기는 염부나무 숲 사이로 흐르는 강에서 나는 금, 잎은 백금, 꽃술은 금강석, 그 받침대는 견숙가 주보로 되어 있습니다."

그때 석가여래는 문수사리에게 말씀하셨다.

"이것은 묘음보살이라는 사람이 8만 4천의 보살에게 둘러싸여 정화숙왕지불의 나라에서 이 사바세계로 와서 나를 공양하고 가까이하여 예배하려는 것이고, 또한 〈법화경〉을 공양하고 들으려는 것이다."

문수사리는 부처님에게 여쭈었다.

"이 보살은 어떠한 선근(善根)을 심고 어떠한 공덕을 닦아서 이 대신통력 있는 삼매를 행하게 된 것입니까? 이 삼매는 어떠한 삼매입니까. 바라건대 저희들을 위하여 이 삼매 이름을 설명해 주십시오. 저희들은 또한 이 삼매를 배우고 수행하고 싶습니다. 이 삼매를 행함으로써 이 보살의 색상(色相)의 대소, 모양, 거동을 보고 싶은 것입니다. 바라건대 세존이시여, 신통력에 의해 저 보살이 왔을 때 저희들이 그 보살을 볼 수 있도록 해주십시오."

그때 석가여래는 문수사리에게 말씀하셨다.

"이 오래 전에 멸도하셨던 다보여래가 너희들을 위해 그 모습을 나타내 주실 것이다."

그때 다보여래는 묘음보살에게 말씀하셨다.

"선남자여, 이 사바세계로 오너라. 문수사리법왕자는 너의 몸을 보기를 원하고 있다."

묘음보살은 그 국토에서 자취를 감추고 8만 4천의 보살과 함께 이 사바세계로 왔다. 통과하는 나라들은 모두 여섯 가지로 진동하여 모조리 칠보의 연꽃을 내리고, 백천의 하늘의 음악은 치지도 않았는데 자연히 울렸다.

이 보살의 눈은 광대한 청련화 잎과 같았다. 이를테면 백천만의 달을 합치더라도 그 단정한 얼굴에는 미치지 못할 것이다. 몸은 금색이며 한량없는 백천의 공덕으로 장식되어 있었다. 위덕은 치성(熾盛)하고, 광염이 비치되 제상(諸相)은 갖추어져 있었으며, 나라연금강(那羅延金剛)2의 견고한 몸과 같았다. 칠보 누대에 앉아 허공에 올라갔는데, 그 높이가 7다라수이며, 여러 보살들에게 공경받고 둘러싸여서 이 사바세계의 기사굴산을 찾아왔다.

찾아오자 칠보 누대에서 내려와 값이 백천이나 되는 영락을 가지고 석가여래 앞에 와서 여래에게 머리 숙여 예배하고, 영락을 바치며, 부처님에게 여쭈었다.

"세존이시여, 정화숙왕지불은 세존께 문안드립니다. '병도 없고, 번뇌도 없고, 기거가 극히 안락하신지, 사대가 잘 조화되시는지 어떤지, 세상일은 가히 참을 수 있으신지 어떤지, 중생들은 구하시기 쉬운지 어떤지, 탐욕·노여움과 미움·우치(愚

---

2. 인왕존(仁王尊)의 다른 이름. 인왕존의 힘이 나라연과 같이 뛰어나므로 이와 같이 불린다. 나라연견고(那羅延堅固)라고도 한다.

痴)·질투·교만이 많은 일이 없으신지 어떤지, 부모에게 효도 하지 않으며, 사문(沙門)을 공경하지 않고 사견불선(邪見不善) 하여 다섯 가지 감정을 억제하지 않으려는 자가 있는지 없는 지, 중생들은 능히 여러 악마적인 감정을 정복하려고 하는지 안하는지, 오래 전에 멸도하신 다보여래께서는 칠보탑 안에 계 셔서 찾아와 법을 들을 수 있는지 없는지.'

또 다보여래께 문안하고 계십니다. '안온하여 병이 없고, 인 내하고, 오래 머물러 계신지 어떤지.'

세존이시여, 저는 지금 다보여래의 몸을 뵙고자 합니다. 바 라건대 세존이시여, 저에게 보여주십시오."

그때 석가여래는 다보여래에게 말씀하셨다.

"이 묘음보살은 당신을 뵙고자 합니다."

다보여래는 묘음보살에게 말씀하셨다.

"착하고 착하다. 너는 능히 석가여래를 공양하고 〈법화경〉 을 듣고 문수사리들을 만나러 이곳에 왔구나."

그때 화덕(華德)보살이 부처님에게 여쭈었다.

"세존이시여, 이 묘음보살은 어떠한 선근을 심고, 어떠한 공 덕을 닦아 이와 같은 신통력이 있습니까."

부처님은 화덕보살에게 말씀하셨다.

"과거에 운뢰음왕(雲雷音王)여래라는 부처님이 계셨다. 나라 를 현일체세간(現一切世間)이라 하고, 겁을 희견(喜見)이라고 했다. 묘음보살은 1만 2천년 동안 10만 종의 기악(伎樂)으로 운뢰음왕불을 공양하고 8만 4천의 칠보 바리를 헌납했다. 이 인연의 과보로서 지금 정화숙왕지불의 나라에 태어나 이와 같 은 신통력이 있는 것이다. 화덕이여, 너는 어떻게 생각하는가.

그때의 운뢰음왕불 밑에서 묘음보살로서 기악으로 공양하고, 보배 그릇을 헌납한 사람은 다름 아니라 바로 이 묘음보살이 었던 것이다. 화덕이여, 이 묘음보살은 이미 일찍이 한량없는 여러 부처님을 공양하고 가까이하여, 오랫동안 덕의 본을 심고, 또한 항하의 모래수와 같은 백천만 나유타의 부처님을 만나 뵈었던 것이다.

화덕이여, 너는 묘음보살의 몸이 단지 이곳에 있는 것으로만 보고 있다. 이 보살은 가지가지의 몸을 나타내어 곳곳에서 여러 중생들을 위해 이 경전을 설법하고 있는 것이다. 혹은 법왕의 몸을 나타내고, 혹은 제석천의 몸을 나타내고, 혹은 자재천의 몸을 나타내며, 혹은 대자재천(大自在天)의 몸을 나타내고, 혹은 장군의 몸을 나타내고, 혹은 비사문천(毘沙門天)의 몸을 나타내고, 혹은 전륜성왕의 몸을 나타내고, 혹은 여러 소왕의 몸을 나타내고, 혹은 장자의 몸을 나타내고, 혹은 재산가의 몸을 나타내고, 혹은 재관(宰官)의 몸을 나타내고, 혹은 바라문의 몸을 나타내고, 혹은 비구·비구니·재가신사·재가신녀의 몸을 나타내고, 혹은 장자·재산가의 처의 몸을 나타내고, 혹은 재관의 처의 몸을 나타내고, 혹은 바라문의 처의 몸을 나타내고, 혹은 동남·동녀의 몸을 나타내고, 혹은 천인·용·야차·건달바·아수라·가루라·긴나라·마후라가·인간·인간이 아닌 것 등의 몸을 나타내어 이 경을 설법한다. 모든 지옥·아귀·축생 및 여러 어려운 곳에 있는 자를 모두 능히 구하는 것이다. 또 왕의 후궁에 있어서는 여자의 몸으로 변하여 이 경을 설법하는 것이다.

화덕이여, 이 묘음보살은 사바세계의 모든 중생들을 잘 구하는 사람이다. 이 묘음보살은 이와 같이 가지가지로 몸을 변해서 나타나 이 사바세계에 있으면서 여러 중생들을 위해 이 경을 설법하는 것이다. 더욱이 신통신변(神通神變)의 힘도 지혜도 감소되는 일이 없다.

이 보살은 많은 지혜에 의하여 분명히 사바세계를 비추어 일체 중생들에게 제각기 알게 했다. 시방의 항하의 모래수와 같은 세계에서도 그러했다. 만약 성문의 모습으로 구하는 것이 좋은 사람에게는 성문의 모양을 나타내서 그들을 위해 설법하고, 벽지불의 모습으로 구하는 것이 좋은 사람들에게는 벽지불의 모습을 나타내서 그들을 위해 설법하고, 보살 모양으로 구하는 것이 좋은 사람에게는 보살 모습을 나타내서 그들을 위해 설법하고, 부처님 모습으로 구하는 것이 좋은 사람에게는 부처님 모습으로 나타나서 그들을 위해 설법했다. 이와 같이 여러 가지로 구해야 할 상대에 따라 여러 가지 모양을 나타냈다. 멸도함으로써 구하는 것이 좋은 사람에게는 멸도도 나타냈다.

화덕이여, 묘음보살이 대신통과 지혜의 힘을 완성한 것은 이와 같이 해서였다."

그때 화덕보살은 부처님께 여쭈었다.

"세존이시여, 이 묘음보살은 깊이 선근을 심었습니다. 이 보살은 어떠한 삼매에 있으면서 이와 같이 가는 곳마다 변현(變現)하여 중생들을 구했습니까."

부처님은 화덕보살에게 말씀하셨다.

"선남자여, 그 삼매는 현일체색신(現一切色身)이라고 하는 것이다. 묘음보살은 이 삼매 속에 있으면서 능히 이와 같이 한량없는 중생들을 이익되게 한 것이다."

이 묘음보살품을 설하실 때 묘음보살과 함께 온 8만 4천 명의 사람들은 모두 현일체색신삼매를 얻어 이 사바세계의 한량없는 보살은 다시 이 삼매와 다라니를 얻은 것이다.

그때 묘음보살은 석가여래와 다보여래의 탑의 공양을 마치고 본국으로 돌아갔다. 통과한 나라들은 여섯 가지로 진동하고, 보석 연꽃을 내려 백천만억의 가지가지 기악을 울렸다.

이렇게 하여 본국으로 돌아와 8만 4천 명의 보살에 둘러싸여서 정화숙왕지불이 계신 곳으로 가서 부처님에게 여쭈었다.

"세존이시여, 저는 사바세계로 가서 중생들을 이익 되게 하고, 석가여래를 뵈옵고, 다보불의 탑도 뵈옵고 예배 공양했으며, 또한 문수사리법왕자보살을 만나 뵈옵고 약왕보살·득근정진력(得勤精進力)보살·용시(勇施)보살 등을 만나보았습니다. 또 이 8만 4천 명의 보살에게 현일체색신삼매를 얻게 했습니다."

이 묘음보살 내왕품을 설법하셨을 때 4만 2천 명의 천자가 무생법인(無生法忍)을 얻고, 화덕보살은 법화삼매(法華三昧)를 얻은 것이다.

관세음보살보문품 觀世音菩薩普門品 제25

그때 무진의(無盡意)보살은 자리에서 일어나 오른쪽 어깨를 벗고 합장하여 세존에게 여쭈었다.

"세존이시여, 관세음보살은 어떠한 인연으로 관세음이라고 이름을 붙였습니까."

부처님은 무진의보살에게 말씀하셨다.

"선남자여, 만약 한량없는 백천만억의 중생들이 여러 가지 고뇌를 받고 있었다 치고, 이 관세음보살의 이름을 듣고 일심으로 그 이름을 부른다면, 관세음보살은 즉시 그 음성을 듣고 모두 그 고통에서 해방되도록 할 것이다.

이 관세음보살의 이름을 받드는 사람은 가령 큰 불 속에 빠져도 불에 타지 않을 것이다. 이 보살의 위력에 의한 까닭으로 만약 큰물에 떠내려가도 그 이름을 부른다면 얕은 곳을 얻을 것이다. 만약 백천만억의 중생들이 금·은·유리·자거·마노·산호·호박·진주 등의 보배를 구해 큰 바다로 나가 폭풍이 그 배를 불어 나찰귀(羅刹鬼)의 나라에 표착했다고 하자. 그 안에 있던 한 사람이 관세음보살의 이름을 부른다면 이 사람들은 모두 나찰귀의 난으로부터 벗어날 수가 있을 것이다. 이 인연에서 관세음이라고 이름 붙인 것이다.

만약 또 어떤 사람이 바야흐로 죽음을 당하려고 할 때에 관세음보살의 이름을 부른다면 높이 쳐든 칼이나 지팡이가 여러 개로 꺾여져서 살아날 수가 있을 것이다.

만약 삼천대천 국토에 충만해 있는 야차나 나찰들이 와서 사람을 괴롭히려고 할 때, 관세음보살의 이름을 부르는 것을 들으면 이 아귀들은 적의(敵意) 있는 눈으로 사람을 볼 수가 없게 될 것이다. 하물며 해를 가하기란 어림도 없는 일이다.

만약에 또 어떤 사람이 혹은 죄가 있고, 혹은 죄가 없는데 수갑·차꼬·쇠사슬에 그 몸이 묶였다고 하자. 그 사람이 관세음보살의 이름을 부르면 모조리 다 끊어지고 망가져서 살아날 수 있을 것이다.

만약 삼천대천 국토 안에 도둑이 충만해 있는데 한 상인(商人)의 우두머리가 여러 상인들을 거느리고 귀중한 보물을 가지고 험악한 길을 지나간다고 하자. 그중 한 사람이 '여러 선남자들이여, 겁낼 것은 없다. 너희들은 일심으로 관세음보살의 이름을 불러라. 이 보살은 능히 중생들에게 두려움을 없애 준다. 너희들이 만약 이름을 부르면 이 도둑으로부터 해방될 수가 있을 것이다'라고 말했다 하자. 상인들은 그 말을 듣고 일제히 '나무관세음보살' 하고 말할 것이다. 그 이름을 부름으로써 해방될 수 있을 것이다.

무진의여, 관세음보살의 위력이 이와 같이 높고 큰 것이다.

만약 중생들 가운데서 음욕(婬欲)이 많은 사람이 있어서, 항상 마음을 모아 관세음보살을 공경하면 음욕에서 떠날 수 있을 것이다. 만약 노여움이나 미움의 마음이 많은 사람이 항상 마음을 모아 관세음보살을 공경하면 노여움이나 미움을 떠날 수 있을 것이다. 만약 우치(愚痴)가 많은 사람이 있다가 항상 마음을 모아 관세음보살을 공경한다면 우치를 떠날 수 있을 것이다.

무진의여, 관세음보살에게는 이와 같은 대위력이 있어서 이로운 데가 많은 것이다. 그런 고로 중생들은 항상 마음으로 관세음보살을 생각해야 한다.

만약 어떤 여인이 있다가 남자 아이 낳기를 원해서 관세음보살을 예배하고 공양한다면, 복덕과 지혜가 있는 남자 아이를 낳을 것이다. 만약 여자 아이 낳기를 원해서 관세음보살을 예배하고 공양한다면, 단정한 모습을 하고 옛날 덕을 심고 있었기 때문에 많은 사람들로부터 사랑을 받고 존경 받을 그런 여자 아이를 낳을 것이다.

무진의여, 관세음보살에게는 이와 같은 힘이 있는 것이다. 만약 중생들이 관세음보살을 공경하고 예배한다면, 복덕은 헛되이 되는 일이 없다. 그런 고로 중생들은 모두 관세음보살의 이름을 받들어야 할 것이다.

무진의여, 만약 어떤 사람이 62억의 항하의 모래수와 같은 보살의 이름을 받들고, 또한 수명을 다할 때까지 음식, 의복, 침구, 의약을 공양했다고 하자. 너는 어떻게 생각하는가. 이 선남자와 선여자들의 공덕은 많겠는가, 적겠는가."

무진의는 여쭈었다.

"매우 많습니다, 세존이시여."

부처님은 말씀하셨다.

"만약 어떤 사람이 관세음보살의 이름을 받들어 잠시 한때라도 예배하고 공양했다고 하자. 이 두 사람의 복덕은 모두 같고 다를 바가 없을 것이다. 두 사람의 복덕은 백천만억겁을 지나도 다 끝나지 않는 것이다.

무진의여, 관세음보살의 이름을 받들면 이와 같은 무량무변의 복덕의 이익을 얻을 것이다."

무진의보살은 부처님에게 여쭈었다.

"세존이시여, 관세음보살은 어떻게 하여 이 사바세계에 유행(遊行)하고, 어떻게 해서 중생들을 설법하는 것입니까. 그 방편의 힘은 어떠한 것입니까."

부처님은 무진의보살에게 말씀하셨다.

"선남자여, 중생들 가운데서 부처의 몸으로 구하는 것이 좋은 사람에게는 관세음보살은 부처의 몸을 나타내서 그들을 위해 설법하고, 벽지불(辟支佛)의 몸으로 구하는 것이 좋은 사람에게는 벽지불의 몸을 나타내서 그들을 위해 설법하고, 성문의 몸으로 구하는 것이 좋은 사람에게는 성문의 몸을 나타내서 그들을 위해 설법하고, 범천왕의 몸으로 구하는 것이 좋은 사람에게는 범천왕의 몸을 나타내서 그들을 위해 설법하고, 제석천의 몸으로 구하는 것이 좋은 사람에게는 제석천의 몸을 나타내서 그들을 위해 설법하고, 자재천의 몸으로 구하는 것이 좋은 사람에게는 자재천의 몸을 나타내서 그들을 위해 설법하고, 대자재천의 몸으로 구하는 것이 좋은 사람에게는 대자재천의 몸을 나타내서 그들을 위해 설법하고, 장군의 몸으로 구하는 것이 좋은 사람에게는 장군의 몸을 나타내서 그들을 위해 설법하고, 비사문천(毘沙門天)의 몸으로 구하는 것이 좋은 사람에게는 비사문천의 몸으로 나타나서 그들을 위해 설법하고, 소왕의 몸으로 구하는 것이 좋은 사람에게는 소왕의 몸을 나타내서 그들을 위해 설법하고, 장자의 몸으로 구하는 것이 좋은 사람에게는 장자의 몸을 나타내서 그들을 위해 설법하고, 자산가의 몸으로 구하는 것이 좋은 사람에게는 자산가의 몸을 나타내서 그들을 위해 설법하고, 재관의 몸으로 구하는 것이 좋은 사람에게는 재관의 몸을 나타내서 그들을 위해 설법하고, 바라문의 몸으로 구하는 것이 좋은 사람에게는 바라문의 몸을 나타내서 그들을 위해 설법하고, 비구·비구니·재가신사·재가신녀의 몸으로 구하는 것이 좋은 사람에게는 비구·비구니·재가신사·재가신녀의 몸을 나타내서 그들을 위해 설법하고, 장자·자산가·재관·바라문의 처의 몸으로 구하는 것이 좋은 사람에게는 처의 몸을 나타내서 그들을 위해 설법하고, 동남·동녀의 몸으로 구하는 것이 좋은 사람에게는 동남·동녀의 몸을 나타내서 그들을 위해 설법하고, 천인·용·야차·건달바·아수라·가루라·긴나라·마후라가·인간·인간이 아닌 것들의 몸으로 구하는 것이 좋은 사람에게는 이들의 몸을 나타내서 그들을 위해 설법하고, 집금강신(執金剛身)의 몸으로 구하는 것이 좋은 사람에게는 집금강신의 몸을 나타내서 그들을 위해 설법하는 것이다.

무진의여, 이 관세음보살은 이와 같은 공덕을 편성하여 가지가지의 모양이 되어 여러 국토를 유화(遊化)하며 중생을 구하는 것이다. 그런 고로 너희들은 일심으로 관세음보살을 공양하라. 이 관세음보살은 두려움이나 위급한 난 속에서 능히 두려움을 없애 준다. 그런 고로 이 사바세계에서는 모두 관세음보살을 시무외자(施無畏者)라고 부르는 것이다."

무진의보살은 부처님에게 여쭈었다.

"세존이시여, 저는 지금 관세음보살을 공양하겠습니다."

그곳에 목에 걸었던 많은 보배 구슬을 이은 영락의, 값이 백천 냥이나 되는 것을 풀어 바치며 여쭈었다.

"어지신 이여, 이 법시(法施)의 진보(珍寶)의 영락을 받아 주십시오."

그러나 관세음보살은 이것을 받지 않았다. 그래서 무진의보살은 다시 관세음보살에게 여쭈었다.

"어지신 이여, 저희들을 불쌍히 여겨 이 영락을 받아 주십시오."

그때 부처님은 관세음보살에게 말씀하셨다.

"그대는 이 무진의보살과 4부 회중과 천인·용·야차·건달바·아수라·가루라·긴나라·마후라가·인간·인간이 아닌 것들을 불쌍하게 생각하여 이 영락을 받도록."

관세음보살은 즉시 여러 4부 회중과 천인·용·인간·인간이 아닌 것들을 불쌍히 여겨 그 영락을 받고, 둘로 나누어 하나는 석가여래에게 봉납하고, 하나는 다보불의 탑에 바쳤다.

부처님은 말씀하셨다.

"무진의여, 관세음보살에게는 이와 같이 자유자재의 신통력이 있어서 사바세계를 유화하는 것이다."

그때 무진의보살은 기뻐하여 게송으로 물었다.

미묘한 상(相) 갖추신 세존이시여,
이제 다시 저 일을 묻자옵나니
불자는 그 무슨 인연으로
관세음이라 부르나이까.

미묘한 상(相) 갖추신 세존께서
게송으로 무진의에게 대답하시되
곳곳마다 알맞게 응하여 나타나는
관음(觀音)의 모든 행을 잘 들으라.

그 보살의 큰 서원 바다와 같아
헤아릴 수 없이 긴 세월 동안을
천억의 부처님 모시고 받들며
크고도 청정한 원을 세우니

내 이제 그것들을 간략히 말하리니
이름을 듣거나
마음으로 생각함이 헛되지 않으면
능히 모든 고통을 멸하리라.

가령 해치려는 사람에게 떠밀려
큰 불구덩이에 떨어진대도
관음을 염하는 그 힘으로
불구덩이 변하여 연못이 되고

만일 큰 바다에 표류하여서
용과 귀신, 물고기의 난을 만나고
관음을 염하는 그 힘으로
파도가 능히 삼킬 수 없으며

수미산 봉우리에서
사람에게 떠밀려 떨어진대도
관음을 염하는 그 힘으로
허공에 머무는 해같이 되며

악인에게 쫓기어
금강산에 떨어진대도
관음을 염하는 그 힘으로
털끝 하나 다치지 않으며

원한의 도적을 만나
칼 들고 달려와 해치려 해도
관음을 염하는 그 힘으로
도둑들 마음 돌려 자비로우며

법에 잘못 걸려
형벌을 받아 죽게 되더라도
관음을 염하는 그 힘으로
칼이 조각조각 끊어지며

감옥 속에 갇혀 있어서
손발이 형틀에 묶였더라도
관음을 염하는 그 힘으로
그것들의 풀림을 받을 것이며

저주와 여러 가지 독약으로
몸을 해치려고 할 때에는
관음을 염하는 그 힘으로
본인에게 그 화가 돌아가며

악한 나찰 독룡(毒龍)들과
여러 귀신을 만날지라도
관음을 염하는 그 힘으로
감히 모두들 해치지 못하며

사나운 짐승들이 둘러싸
이빨과 발톱이 무섭더라도
관음을 염하는 그 힘으로
사방으로 뿔뿔이 달아나며

여러 가지 사나운 독사들이
독기가 불꽃처럼 성할지라도
관음을 염하는 그 힘으로
그 소리에 스스로 달아나며

구름과 천둥 일고 번개 치고
큰 비와 우박이 쏟아져도
관음을 염하는 그 힘으로
그때에 곧 사라지며

뭇 중생이 곤액(困厄)을 입어
한량없는 고통을 받을지라도
관음의 미묘한 지혜의 힘이
능히 세상 고통을 구하느니라.

신통한 힘 구족하고
지혜의 방편 널리 닦아
시방의 여러 국토
몸을 나타내지 않는 곳 없으며

가지가지 악한 갈래
지옥·마귀·축생들의
생로병사 모든 고통
점차로 멸해 주며

진관(眞觀)이며 청정관(淸淨觀)
넓고 큰 지혜관(智慧觀)이며
비관(悲觀)과 자관(慈觀)이니
항상 우러러볼 것이며

때 없어 청정한 산
지혜의 태양 어둠을 제하나니
재앙의 풍화(風火) 능히 이겨
널리 밝게 세상을 비추느니라.

자비의 계(戒)는 우레의 진동
자비로운 마음은 큰 구름이라
감로의 법비를 내려
번뇌의 타는 불길 멸해 주며

쟁송(諍訟)으로 관청에 가거나
두려운 진중에 있을지라도
관음을 염하는 그 힘으로
모든 원수가 흩어지리라.

묘음(妙音)과 관세음(觀世音)과
범음(梵音)과 해조음(海潮音)이
저 세간음(世間音)보다 나으니
그러므로 항상 생각하여

의심일랑 잠깐도 하지 말라
관세음 청정한 성인은
고뇌와 죽음과 곤액 속에 있는 자들의
능히 믿고 또한 의지하는 바라.

일체의 여러 공덕 두루 갖추어
자비로운 눈으로 중생을 보며
그 복이 바다처럼 한량없으니
그러므로 마땅히 정례(頂禮)할지니다.

그때 지지(持地)보살은 자리에서 일어나 부처님 앞에 나아가서 여쭈었다.

"세존이시여, 만약 중생들이 이 관세음보살보문품의 자유로운 업(業)과 여러 모습이 되어 나타나는 신통력을 듣는다면, 그 사람의 공덕은 적지 않을 것입니다."

부처님이 이 〈보문품〉을 설하실 때 모인 대중 가운데 8만 4천 중생이 모두 비할 바 없이 평등한 아뇩다라삼막삼보리로 향하는 마음을 일으켰던 것이다.

다라니품陀羅尼品 제26

　　그때 약왕보살은 자리에서 일어나 오른쪽 어깨를 벗고 합장하며 부처님에게 여쭈었다.

　　"세존이시여, 만약 선남자 선여자들이 능히 〈법화경〉을 받아 지닌 사람이 있다고 치고, 혹은 독송(讀誦)하고, 혹은 경권을 서사(書寫)했다고 하면 어떠한 복덕을 얻겠습니까."

　　부처님은 말씀하셨다.

　　"만약 선남자, 선여자들이 8백만억 나유타의 항하의 모래수와 같은 여러 부처님을 공양했다고 하자. 너는 어떻게 생각하는가. 그 얻는 복덕은 많을 것인가?"

　　"매우 많습니다, 세존이시여."

　　부처님은 말씀하셨다.

　　"만약 선남자, 선여자들이 능히 이 경에서 4구의 게송 하나만이라도 받아 지니고, 독송하고, 의미를 이해하고, 설법된 대로 수행한다면 그 공덕은 매우 많은 것이다."

　　그때 약왕보살은 부처님께 여쭈었다.

　　"세존이시여, 저는 지금 설법하는 사람에게 다라니주(陀羅尼呪)를 주어 이것을 수호하겠습니다."

　　그리고 주문을 말했다.

아네(安爾) 마녜(曼禰) 마녜(摩爾) 마마녜(摩摩禰) 칫테(旨隷) 차리테(遮梨第) 사메(賖咩) 사미타(賖履多) 비산테(瑋羶帝) 묵테(目帝) 묵타메(目多履) 사메(沙履) 아비사메(阿瑋沙履) 사마사메(桑履婆履) 자예(叉裔) 아크사예(阿叉裔) 아크시녜(阿耆膩) 산테(羶帝) 사미테(賖履) 다라니(陀羅尼) 아로카바세(阿盧伽婆娑) 프라탸베크사니(簸蔗毗叉膩) 니디루(禰毗剃) 아벤타라·니비스테(阿便哆邏禰履剃) 아벤타라·파리슛디(阿亶哆波隷輸地) 우투쿠레(漚究隷) 뭇투쿠레(牟究隷) 아라레(阿羅隷) 파로테(波羅隷) 스캉크시(首迦差) 아사마사메(阿三磨三履) 붓다·비로키레(佛馱毗吉利袟帝) 다르마·파리크시테(達磨波利差) 상가·니르고사네(僧伽涅瞿沙禰) 바야바야·비소다니(婆舍婆舍輸地) 만트레(曼哆邏) 만트라크사야테(曼哆邏叉夜多) 루테(郵樓哆) 루타·카우사례(郵樓哆憍舍略) 아크사예(惡叉邏) 아크사야·바나타예(惡叉冶多冶阿) 바로다(婆盧) 아마난나타예(阿摩若那多夜).

그리고 여쭈었다.

"세존이시여, 이 다라니 신주(神呪)는 62억의 항하의 모래수와 같은 여러 부처님의 설입니다. 만약에 이 법사(法師)를 침해하는 자가 있으면 그것은 이 여러 부처님을 침해하는 것이 됩니다."

그때 석가여래는 약왕보살을 찬탄해서 이렇게 말씀하셨다.

"착하고 착하다, 약왕이여. 너는 이 법사를 불쌍히 생각하여 수호하려고 이 다라니주를 설했다. 여러 중생들을 이익 되게 할 일이 많을 것이다."

그때 용시(勇施)보살이 부처님에게 여쭈었다.

"세존이시여, 저도 또한 〈법화경〉을 독송하고 받아 지닌 사람을 수호하기 위하여 다라니주를 설하겠습니다. 만약 이 법사가 이 다라니주를 얻는다면 가령 야차나 나찰이나 부단나(富單那)나 길자(吉蔗)나 구반다(鳩槃茶)나 아귀들이 그 틈을 노리려고 해도 그 틈을 얻지 못할 것입니다."

그리고 부처님 앞에서 주문을 설했다.

즈바레(痤隷) 마하즈바레(摩訶痤隷) 욱케(郁枳) 묵케(目枳) 아데(阿隷) 아다바티(阿羅婆第) 느리테(涅隷第) 느리탸바티(涅隷多婆第) 잇티니(伊緻柅) 빗티니(韋緻柅) 칫티니(旨樨柅) 느리탸니(涅隷墀柅) 느리탸바티(涅犁婆底)

그리고 말했다.

"세존이시여, 이 다라니신주는 항하의 모래수와 같은 여러 부처님이 설하신 바이며, 모두 수희(隨喜)하고 있는 바입니다. 만약 이 법사를 침해하는 자가 있으면 그것은 이 여러 부처님을 침해하는 것이 됩니다."

그때 비사문천호세자(毘沙門天護世者)는 부처님께 여쭈었다.

"세존이시여, 저도 또한 중생들을 불쌍히 생각하여 이 법사를 수호하기 위해 이 다라니주를 설하겠습니다."

그리고 주문을 설했다.

앗테(阿梨) 낫테(那梨) 바낫테(㝹那梨) 아나데(阿那盧) 나디(那履) 쿠나디(拘那履)

그리고 말했다.

"세존이시여, 이 신주로서 법사를 수호하겠습니다. 저는 또한 스스로 이 경을 받아 지니는 사람을 수호하고 백 유순 이내에다 쇠망이나 고통이 없도록 하겠습니다."

그때 지국천왕(持國天王)이 이 모임에 있으면서 천만억 나유타의 건달바들에게 공경받으며 둘러싸여 있었는데, 부처님 앞으로 나아가서 합장하며 부처님에게 여쭈었다.

"세존이시여, 저도 또한 다라니신주로서 〈법화경〉을 받아 지니고 있는 사람을 수호하겠습니다."

그리고 주문을 설했다.

아가네(阿伽禰) 가네(伽禰) 가우리(瞿利) 간다리(乾陀利) 찬다리(梅陀利) 마탕키(摩蹬耆) 푹카시(常求利) 부루사리(浮樓莎柅) 시시(頞底)

그리고 말했다.

"세존이시여, 이 다라니신주는 42억 여러 부처님이 설한 바입니다. 만약 이 법사를 침해하는 자가 있다면 그것은 이 여러 부처님을 침해한 것이 됩니다."

그때 나찰녀(羅刹女)들이 있었다. 첫째는 남바(藍婆)라 하고, 둘째를 비람바(毗藍婆), 셋째를 곡치(曲齒)라 하고, 넷째를 화치(華齒)라 하고, 다섯째를 흑치(黑齒)라 하고, 여섯째를 다발(多髮)이라 하고, 일곱째를 무염족(無厭足)이라 하고, 여덟째를 지영락(持瓔珞)이라 하고, 아홉째를 고제(皐諦)라 하고, 열째를 탈일체중생적기(奪一切衆生積氣)라고 했다. 이 10명의 나찰녀는 귀자모(鬼子母)와, 그 아들과, 권속들이 함께 부처님 앞으로 와서 일제히 부처님에게 여쭈었다.

"세존이시여, 저희들도 또한 〈법화경〉을 독송하고, 받아 지닌 사람을 수호하여 그 쇠망과 고통을 제거하고자 합니다. 만약 법사의 허물을 찾아내려는 자가 있어도 능히 얻지 못할 것입니다."

그리고 부처님 앞에서 주문을 설했다.

이디메(伊提履) 이티메(伊提泯) 이티메(伊提履) 이티메 이티메 니메(泥履) 니메 니메 니메 니메 루혜(樓醯) 루혜 루혜 스투혜(多醯) 스투혜 스투혜 스투혜(兜醯)

그리고 말했다.

"나의 머리 위에 오르는 일이 있더라도 법사를 괴롭히는 일이 있어서는 안 된다. 혹은 야차, 혹은 나찰, 혹은 아귀, 혹은 부단나, 혹은 길자, 혹은 비타라, 혹은 건타(犍馱), 혹은 오마륵가(烏摩勒伽), 혹은 아발마라(阿跋摩羅), 혹은 야차길자, 혹은 인길자(人吉蔗) 등이 혹은 하루 괴롭히든지, 혹은 이틀 괴롭히든지, 혹은 사흘 괴롭히든지, 혹은 나흘 괴롭히든지, 혹은 이레 괴롭히든지, 혹은 항상 열병에 걸리게 하는 따위 일이 있어서는 안 된다. 혹은 남자의 형상, 혹은 여자의 형상, 혹은 동남의 형상, 혹은 동녀의 형상, 혹은 꿈속에서 괴롭히는 일이 있어서는 안 된다."

그리고 부처님 앞에서 게송으로 말했다.

만일 나의 주문 순종치 않고
설법하는 이를 괴롭게 하면
아리수(阿梨樹) 가지처럼
머리를 일곱으로 쪼개 버리며

부모를 죽인 원수와 같이
기름을 짜듯이 주리를 틀며
말이나 저울눈을 속인 사람과
조달(調達)이 화합승을 깨뜨림같이

그에게 내리는 죄 한량이 없어
다시없는 고통을 받을 것이니
누구라도 이 법사를 해치는 이는
마땅히 이런 재앙 얻으리로다.

여러 나찰녀들은 이 게송을 다 마치고 나서 부처님에게 여쭈었다.

"세존이시여, 저희들도 또한 스스로 이 경을 받아 지니고, 독송하고, 수행하는 사람을 수호하여 안온케 하고, 여러 쇠망이나 고통을 떠나게 하고, 여러 독약을 없애게 할 것입니다."

부처님은 여러 나찰녀에게 말씀하셨다.

"착하고 착하다. 너희들이 다만 법화의 이름을 받아 지니는 사람을 수호한 것만으로도 그 복덕은 한량없을 정도이다. 하물며 〈법화경〉을 받아 지니고, 경권에 꽃·향·영락·말향·도향·소향·번개·기악을 공양하고, 소등·유등 등 여러 가지 등불과 수만나화유등(須曼那華油燈), 첨복화유등(瞻蔔華油燈), 바사가화유등(婆師迦華油燈) 등 여러 가지 향유등을 피우고, 이와 같이 백천종의 것으로 공양하는 사람을 수호했을 때에는 더 말할 나위도 없는 일이다. 고제(皐諦)여, 너희들과 너의 권속들은 이와 같은 법사를 수호해야 한다."

이 다라니품(陀羅尼品)을 설할 때 6만 8천 명이 모두 무생법인(無生法忍)을 얻었던 것이다.

묘장엄왕본사품妙莊嚴王本事品 제27

그때 부처님은 여러 대중에게 말씀하셨다.

"옛날 무변불가사의무수겁을 지나 운뢰음수왕지여래(雲雷音 宿王知如來)라는 부처님이 계셨다. 나라를 광명장엄(光明莊嚴)이라 하고, 겁을 희견(喜見)이라고 했다. 그 부처님의 법을 받고 있는 사람 가운데 묘장엄(妙莊嚴)이라는 왕이 있었다. 그 부인의 이름을 정덕(淨德)이라고 했다. 두 아들이 있었는데, 한 사람을 정장(淨莊)이라 하고, 또 한 사람을 정안(淨眼)이라고 했다. 이 두 아들은 대신통력과, 복덕과, 지혜가 있어서 오랫동안 보살행을 닦고 있었다. 즉 보시(布施)의 덕, 계(戒)의 덕, 인내의 덕, 정진의 덕, 명상의 덕, 지혜의 덕, 방편의 덕, 자·비·희·사·37도품 그 모든 것에 통달하고 있었다. 또 보살의 정삼매(淨三昧), 일성수(日星宿)삼매, 정광(淨光)삼매, 정색(淨色)삼매, 정조(淨照)삼매, 장장엄(長莊嚴)삼매, 대위덕장(大威德藏)삼매를 얻었으며, 이 삼매에 또한 모두 통달했다.

그때 그 부처님은 묘장엄왕을 인도하려 했고, 또 중생들을 불쌍히 여기는 마음에서 이 〈법화경〉을 설법하셨다.

이때, 정장·정안의 두 아들은 어머니에게로 가서 열손가락을 모아 합장하고 이렇게 말했다.

"바라건대 어머님이시여, 운뢰음수왕화지불이 계신 곳에 가십시오. 저희들도 또한 모시고 따라가서 가까이하고, 공양하고 예배하겠습니다. 왜냐하면 이 부처님은 일체의 천인들 가운데서 〈법화경〉을 설법하시기 때문입니다. 그것을 듣고 받아지니십시다."

어머니는 아들에게 말했다.

"너의 아버지는 다른 법을 믿고 깊이 바라문 법에 집착하고 계시다. 너희들은 아버지에게로 가서 함께 가도록 해라."

정장·정안 두 사람은 열손가락을 모아 합장하여 어머니에게 말했다.

"저희들은 법왕의 아들입니다. 그런데도 이 사견(邪見)의 집에 태어났습니다."

어머니는 아들에게 말했다.

"너희들은 아버지 일을 걱정하고 있다면 아버지를 위해 신변(神變)을 나타내어라. 만약 그것을 보면 마음은 반드시 청정해질 것이다. 그리고 혹은 우리들이 부처님 앞으로 가는 것을 허락해 주실지도 모른다."

여기서 두 아들은 그 아버지를 생각하는 마음에서 7다라나 허공으로 올라가 여러 가지 신변을 나타냈다. 허공 가운데서 행주좌와(行住坐臥)하고, 몸 위에서 물을 내고, 몸 아래에서 불을 내고, 몸 아래에서 물을 내고, 몸 위에서 불을 내고, 혹은 거대한 몸을 나타내서 허공이 찼고, 다음에는 작은 몸을 나타내고, 작은 몸에서는 또 거대한 몸을 나타내고, 공중에서 꺼지자 홀연히 대지 위에 서고, 대지 속에 마치 물처럼 들어가고, 물을 밟기를 대지 밟듯 했다. 이와 같이 여러 가지 신변을 나타내서 그의 아버지인 왕의 마음을 청정하게 하고 신해(信解)케 했던 것이다.

이때 아버지는 아들의 신통력이 이렇다는 것을 보고 마음으로 매우 기뻐하여 미증유의 생각을 얻어 합장하고 아들에게 말했다.

"너희들의 스승은 누구냐, 너희들은 누구의 제자냐."

두 아들은 대답했다.

"대왕이시여, 저 운뢰음수왕화지불이 지금 칠보의 보리수 밑 법좌 위에 앉아 계십니다. 일체 세간의 천인들 가운데서 널리 〈법화경〉을 설법하고 계십니다. 이분이 저희들의 스승입니다. 저희들은 이분의 제자입니다."

아버지는 아들에게 말했다.

"나는 지금, 너희들의 스승을 만나고 싶다. 함께 가자."

그래서 두 아들은 공중에서 내려와 어머니에게로 가서 합장하고 말했다.

"부왕은 지금 이미 신해하셔서 아뇩다라삼막삼보리로 향하는 마음을 일으킬 수 있게 되었습니다. 저희들은 아버지를 위해 이미 부처님이 하실 일을 끝냈습니다. 바라건대 어머님이시여, 그 부처님 계신 곳에 가서 출가하여 수행할 것을 허락해 주십시오."

그때 두 아들은 거듭 그 의미를 밝히기 위해 게송으로 어머니에게 말했다.

원컨대 어머님은 저희들이 출가하여
사문으로 수도하도록 허락해 주옵소서.
부처님 만나 뵙기 매우 어렵나니

저희들이 찾아가서 따라 배우리다.

오랜 겁에 한 번 피는 우담바라보다
부처님의 세상 출현 그 더욱 어려우니
여러 가지 많은 환난 해탈키도 어렵나니
원컨대 저희들의 출가 허락하옵소서.

어머니는 두 아들에게 말했다.
"너희들의 출가를 허락한다. 부처님을 만나 뵙기가 매우 어려운 때문이다."
이에 두 아들은 아버지와 어머니에게 말했다.
"거룩하십니다, 부모님이시여. 바라건대 운뢰음수왕화지불이 계신 곳에 가셔서 가까이하고 공양하십시오. 그것은 왜냐하면 부처님을 만나 뵙기는 어렵기 때문입니다. 우담바라가 피듯 하고, 또한 외눈의 거북이가 부목(浮木) 구멍에 목을 넣는 것과 같은 것입니다.
그런데 저희들은 속세의 복덕이 두터웠기 때문에 부처님의 법을 만났습니다. 그러므로 부모님께서는 저희들에게 출가하는 것을 허락해 주셨을 것입니다. 왜냐하면 여러 부처님을 만나 뵙는다는 것은 어렵고, 지금이라도 또한 만나 뵙는다는 것은 어렵기 때문입니다."
그때 묘장엄왕(妙莊嚴王)의 후궁의 8만 4천 명의 궁녀는 모두 이 〈법화경〉을 받아 지닐 수 있는 사람이 되었다.
정안보살은 오랫동안 법화삼매에 통달했다. 정장보살은 일체 중생들을 온갖 악에서 떠나게 하려고 한량없는 백천만억

겁 동안 이제악취삼매(離諸惡趣三昧)에 통달했다. 왕의 부인은 제불집삼매(諸佛集三昧)를 얻어 능히 여러 부처님의 비밀의 법장을 알았다. 두 아들은 이와 같이 방편력으로써 능히 그 아버지를 교화하여 마음으로 부처님의 법을 신해하고 애호하게 했던 것이다.

이에 묘장엄왕은 군신(群臣)들과 함께, 정덕부인은 후궁의 궁녀들과 함께, 왕의 두 아들은 4만 2천 명의 사람들과 함께 일시에 부처님 계신 곳으로 왔다. 그리고 부처님에게 머리 숙여 예배하고 부처님의 둘레를 오른쪽으로 세 번 돌고 경의를 표한 후 한구석에 앉았다.

그때 그 부처님은 왕을 위해 설법해서 기쁘게 하여 왕은 크게 기뻐했다. 그때 묘장엄왕과 그 부인의 목에 걸고 있던 값 백천냥 돈이나 하는 진주 영락을 풀어 부처님 위에 뿌렸다. 그 것은 허공 가운데서 네 개의 기둥이 있는 보석 누대(樓臺)가 되었다. 누대 안에는 대보(大寶) 방석이 있고, 백천만의 천의가 덮여 있었다. 그 위에 부처님은 가부좌를 틀고 앉아 계시어 큰 광명을 내뿜고 계셨다.

그때 묘장엄왕은 이렇게 생각했다.

'불신은 희유하고 뛰어나서 단정하고 미묘제일의 색을 완성하고 계시다.'

그때 운뢰음수왕화지불은 4부 회중에게 말씀하셨다.

"너희들은 이 묘장엄왕이 내 앞에서 합장하고 서 있는 것을 보는가. 이 왕은 나의 법 가운데서 비구가 되고, 성불하는 데 도움이 되는 법을 정진하고 수습하여 성불할 것이다. 사라수왕(沙羅樹王)이라 하고, 나라를 대광(大光)이라 하여, 겁을 대고왕(大高王)이라고 할 것이다. 그 사라수왕에게는 한량없는 보살들과 한량없는 성문이 있고, 국토는 평탄할 것이다. 그 공덕은 이와 같다."

그 왕은 즉시 나라를 동생에게 물려주고, 왕과 부인과 두 아들과 여러 권속들은 부처님의 법 가운데 출가하여 수행했다. 왕은 출가한 후 8만 4천 년 동안 항상 노력정진하고 〈법화경〉을 수행했다. 그 뒤에 일체공덕장엄삼매(一切功德莊嚴三昧)를 얻었다.

이 삼매를 얻자 7다라나 허공으로 올라가 부처님에게 여쭈었다.

"세존이시여, 저의 두 아들은 이미 부처님이 할 일을 했습니다. 신통변화에 의하여 저의 사견을 돌려서 부처님의 법 안에 안주시켜 세존을 만나 뵐 수 있도록 해주었습니다. 이 두 아들은 저의 선지식(善知識)입니다. 저세상의 선근을 발기하여 저를 이익 되게 해주려고 저의 집에 태어난 것입니다."

그때 운뢰음수왕화지불은 묘장엄왕에게 말씀하셨다.

"그와 같다, 그와 같다. 그대가 말한 것과 같다. 선근을 심은 선남자나 선여자는 세계마다 선지식을 얻는 것이다. 그 선지식은 능히 부처님이 할 일을 하고 가르쳐서 기쁘게 하고, 아녹다라삼먁삼보리에 들도록 하는 것이다.

대왕이여, 마땅히 알라. 선지식을 만나는 것은 큰 인연이다. 선지식은 교화하고 인도하여 부처님을 뵙게 하고, 아녹다라삼먁삼보리로 향하는 마음을 일으키게 하는 것이다. 대왕이여, 그대는 이 두 아들을 보는가. 이 두 아들은 이미 일찍이 65백천억 나유타의 항하의 모래수와 같은 여러 부처님을 공양하고 가까이하여 공경하고, 여러 부처님이 계신 곳에서 〈법화경〉을 받아 지니고 사견의 사람들을 불쌍히 여겨 바른 견해에 있게 한 것이다."

묘장엄왕은 허공에서 내려와 부처님에게 말했다.

"세존이시여, 여래는 매우 희유합니다. 공덕 지혜에 의해 이마 위의 육계(肉髻)가 빛나고 있습니다. 그 눈은 길고 넓고, 감청(紺靑)빛을 하고 있습니다. 미간의 백호상은 달과 같습니다. 이〔齒〕는 희고 치밀하며 항상 빛나고 있고, 입술은 붉고 빈바 열매와 같습니다."

이에 묘장엄왕은 부처님의 이와 같은 한량없는 백천만억의 공덕을 찬탄하고 나서 여래 앞에서 일심으로 합장하고, 다시 부처님께 여쭈었다.

"세존이시여, 미증유합니다. 여래의 법은 불가사의 미묘의 공덕을 갖추고 완성해 계십니다. 가르쳐 주신 계율대로 행하면 안온하고 쾌락합니다. 저는 오늘부터 마음이 움직이는 대로 하지는 않겠습니다. 사견, 교만, 노여움과 미움, 여러 가지 나쁜 마음을 내지 않겠습니다."

이렇게 여쭈고 부처님을 예배한 후 물러났다.

부처님은 대중에게 말씀하셨다.

"너희들은 어떻게 생각하는가. 묘장엄왕이란 다름 아닌 지금의 화덕보살이 바로 그였다. 그 정덕부인은 지금의 부처님이 먼저 빛으로 비춘 장엄상보살이 바로 그였다. 그는 묘장엄왕과 그 권속들을 불쌍히 여겨 그곳에 태어났던 것이다. 그 두 아들은 지금의 약왕보살, 약상보살이 그였다.

이 약왕보살과 약상보살은 이와 같이 여러 큰 공덕을 완성하여 이미 한량없는 백천만억의 여러 부처님 밑에서 여러 가지 덕의 근본을 심고, 불가사의한 선의 공덕을 완성한 것이다. 만약 이 두 사람의 보살 이름을 알고 있는 사람이 있으면 일체 세간의 천인과 백성은 그를 예배할 것이다.”

부처님이 이 묘장엄왕본사품(妙莊嚴王本事品)을 설하실 때 8만 4천의 사람들이 더러움에서 떠나고 고통에서 떠나, 법 가운데서 법안정(法眼淨)1을 얻었던 것이다.

---

1. 진리를 보는 눈이 맑은 것. 확실히 진리를 보는 완전한 눈. 소승(小乘)에서는 초과(初果)에 사제(四諦)의 이치를 보는 것, 대승(大乘)에서는 초지(初地)에서 무생법인(無生法忍)을 얻는 것을 말한다.

보현보살권발품 普賢菩薩勸發品 제28

그때 보현(普賢)보살은 자유자재의 신통력과 뛰어난 위덕으로 무량무변 이루 헤아릴 수 없는 큰보살들과 함께 동방에서 왔다.

지나온 여러 나라는 남김없이 모두 진동하고, 보석 연꽃을 내리고, 한량없는 백천만억의 가지가지 기악(伎樂)을 울렸다. 또한 수없는 천인, 용, 야차, 건달바, 아수라, 가루라, 긴나라, 마후라가, 인간, 인간이 아닌 것들의 대중에 둘러싸여 위덕력, 신통력을 나타내서 사바세계의 기사굴산(耆闍崛山) 가운데 와서 석가여래에게 머리 숙여 예배하고 오른쪽으로 일곱 번 돌아 경의를 표하고 나서, 부처님에게 여쭈었다.

"세존이시여, 저는 보위덕상왕불(寶威德上王佛)의 나라에서 멀리 이 사바세계에서 〈법화경〉을 설법하고 계시다는 말씀을 듣고 무량무변백천만억의 여러 보살들과 함께 그것을 듣기 위하여 찾아왔습니다. 바라건대 세존이시여, 이들 보살들을 위해 〈법화경〉을 설해 주십시오.

세존이시여, 여래가 멸도하신 후에 선남자, 선여자들은 어떻게 하면 이 〈법화경〉을 얻을 수 있겠습니까."

부처님은 보현보살에게 말씀하셨다.

"만약 선남자, 선여자들이 네 가지 조건을 갖추었다면 여래가 멸도한 후에 이 〈법화경〉을 얻을 것이다. 첫째는 여러 부처님에게 호념(護念)받을 것, 둘째는 여러 가지 덕의 근본을 심을 것, 셋째는 정정취(正定趣)에 들어갈 것, 넷째는 일체 중생들을 구하려는 마음을 일으키는 일이다. 선남자, 선여자들이 이 네 가지 조건을 갖춘다면 여래가 멸도한 후에 반드시이 〈법화경〉을 얻을 수 있을 것이다."

그때 보현보살은 부처님께 여쭈었다.

"세존이시여, 후의 5백년, 탁악(濁惡)의 세상에서 이 경전을 받아 지닌 사람이 있으면 저는 그들을 수호하고, 그 쇠망과 고통을 제거하여 안온케 하고, 그들의 틈을 노릴 수 없도록 하겠습니다. 악마와 악마의 아들, 마녀와, 마민(魔民)과, 마귀 들린 사람과, 야차와, 나찰과, 구반다와, 비사자(毘舍闍)와, 길자와, 부단나와, 위다라(韋陀羅) 등의 사람을 괴롭히는 것들을 모두 그 틈을 갖지 못하도록 하겠습니다.

이 사람이 혹은 가고, 혹은 서서 이 경을 독송한다면, 저는 그때 여섯 이빨의 백상왕(白象王)을 타고 큰보살들과 함께 그곳에 가서 자기 몸을 나타내어 공양하고 수호하여 그 마음을 안온하게 해줄 것입니다. 이것도 〈법화경〉을 공양하기 때문입니다.

이 사람이 혹은 앉아서 이 경을 사유한다면, 그때 저는 다시 백상왕을 타고 그 사람 앞에 나타날 것입니다. 그 사람이 만약 〈법화경〉의 한 구절이나, 한 게송이라도 잊는 일이 있으면 저는 이것을 가르쳐 주어 함께 독송하고 생각해 내게 할 것입니다. 그때 〈법화경〉을 받아 지니고 독송하는 사람은 저의 몸을 보고 매우 기뻐하여 다시 정진할 것입니다. 저를 봄으로써 삼매(三昧)와 다라니(기억능력)를 얻을 것입니다. 선(旋)다라니, 백천만억선(百千萬億旋)다라니, 법음방편(法音方便)다라니라고 이름하는 다라니를 얻을 것입니다.

세존이시여, 만약 후세의 후의 5백년, 탁악의 세상에서 비구, 비구니, 재가신사, 재가신녀로서 〈법화경〉을 구하려는 사람, 받아 지니려는 사람, 독송하려는 사람, 서사(書寫)하려는 사람은 삼칠일 동안 열심히 정진하십시오. 삼칠일이 끝나면 나는 여섯 이빨의 백상을 타고 한량없는 보살에 둘러싸여 일체의 사람들이 보기를 원하고 있는 나의 몸을 그 사람 앞에 나타내어 그들을 위해 설법을 하여 기쁘게 해줄 것입니다. 또 다라니주(陀羅尼呪)를 줄 것입니다. 이 다라니주가 있으면 인간이 아닌 것이 그 사람을 해치는 일은 없을 것입니다. 또 여인에게 유혹되는 일도 없을 것입니다. 저의 몸은 항상 이 사람을 지킬 것입니다. 바라건대 세존이시여, 이 다라니주를 설하도록 허락해 주십시오."

그리고 부처님 앞에서 이 주문을 설했다.

아단데(阿檀地) 단다파티(檀陀婆提) 단다바르타니(檀陀婆帝) 단다쿠사레(檀陀鳩賖隷) 단다수다리(檀陀脩陀隷) 수다리(脩陀隷) 수다리 수다라파티(脩陀羅婆底) 붓다파샤네(佛陀婆羶禰) 사르바다라니(薩婆陀羅尼) 아바르타(阿婆多尼) 삼바르타(脩阿婆多尼) 상가·파리크시테(僧伽婆履叉尼) 상가·니르카타니(僧伽涅伽陀尼) 아상기·상가바가틈(阿僧祇僧伽婆伽提) 티리앗다·상가투랴·아르테프라테(帝隷阿惰僧伽兜略) 사르바상가·사마디가란디(薩婆僧伽三摩地伽蘭提) 사르바다르마·상파

리크시테(薩婆達磨脩波利利帝) 사르바삿토바·루테·카우사라
누가테(薩婆薩埵樓馱憍舍略阿瓮伽地) 싱하·비크리디테(辛阿毗
吉利地帝)

"세존이시여, 만약 보살이 이 다라니주를 들을 수 있다면 그
것은 보현의 신통력이란 것을 알아야 합니다.

만약 〈법화경〉이 이 세계에서 행하여지면 받아 지니게 된 사
람은 '모두 이것은 보현의 위력에 의한 것이다'하고 생각해야
할 것입니다.

만약 받아 지니고, 독송하고, 바르게 기억하고, 그 의미를 이
해하고, 설법한 대로 수행하는 사람이 있으면, 이 사람은 보현
의 행을 실행하고 있는 것이 되는 것입니다. 이 사람은 무량무
변의 여러 부처님 밑에서 깊이 선근을 심을 것입니다. 여러 여
래는 손으로 그 머리를 어루만져 주실 것입니다.

만약 다만 서사를 할 뿐이었던 사람은 수명을 다한 후 33
천에 태어날 것입니다. 이때 8만 4천 명의 천녀는 여러 가지
기악을 울리며 와서 이 사람을 맞이할 것입니다. 그 사람은
칠보관(七寶冠)을 쓰고 천녀들 속에서 즐길 것입니다. 하물며
받아 지니고, 독송하고, 바르게 기억하고, 그 의미를 이해하
고, 설법된 대로 수행하는 사람은 더 말할 나위도 없는 일입
니다.

만약 어떤 사람이 받아 지니고, 독송하고, 그 의미를 이해했
다고 합시다. 이 사람은 수명을 다하면 천인의 부처님이 손을
내밀고, 더러워하지 않고, 나쁜 일로 빠지지 않도록 하고, 도
솔천의 미륵보살이 계신 곳으로 갈 것입니다.

미륵보살은 32상이 있고, 큰보살들에게 둘러싸여 있으며, 백천만억의 천녀들을 거느리고 계신데, 그 가운데에 태어날 것입니다. 이와 같은 공덕 이익이 있는 것입니다. 그런 고로 지혜 있는 사람은 일심으로 자기도 쓰고 남에게도 쓰게 하고, 받아 지니게 하고, 독송하고, 바르게 기억하고, 설법된 대로 수행해야 할 것입니다.

세존이시여, 저는 지금 신통력으로써 이 경전을 수호하여 여래가 멸도하신 후에 이 세계에 널리 유포시키고 단절되지 않도록 하겠습니다."

그때 석가여래는 찬탄해서 말씀하셨다.

"착하고 착하다, 보현이여. 네가 능히 이 경을 수호하고 도와서 많은 사람들을 안락하고 이익 되게 할 것이다. 너는 이미 불가사의한 공덕, 심대한 자비를 완성했다. 먼 옛날부터 아뇩다라삼막삼보리로 향하는 마음을 일으켜 능히 이 신통력 있는 원을 세우고 이 경을 수호했다. 나는 신통력으로써 보현보살의 이름을 받아 지니는 사람을 수호할 것이다.

보현이여, 만약 이 〈법화경〉을 받아 지니고, 독송하고, 바르게 기억하고, 수습하고, 서사하는 사람이 있으면 이 사람은 석가여래를 보고 있는 사람으로 알라. 부처님의 입에서 이 경전을 듣고 있는 것이나 같다는 것을 알라. 이 사람은 석가여래를 공양하고 있다는 것을 알라. 이 사람을 부처님이 착하다고 찬탄하고 있는 줄로 알라. 이 사람은 석가여래가 손으로 그 머리를 어루만져 주고 있는 사람이라는 것을 알라. 이 사람은 석가여래의 옷에 감싸여 있다는 것을 알라.

이와 같은 사람은 또한 세상의 오락에 집착하지 않을 것이다. 부처님의 법 이외의 경전이나 글을 좋아하지 않을 것이다. 또 도살자, 돼지나 양이나 닭이나 개를 기르는 사람, 사냥꾼, 여성에게 매춘을 시키는 자에게 가까이하지 않을 것이다.

이 사람은 마음이 솔직하고 정직하여 바른 기억력과 복덕의 힘이 있을 것이다. 이 사람은 탐욕·노여움이나 미움·우치(愚痴)의 삼독(三毒)에 번뇌하지 않을 것이다. 또한 질투·아만(我慢)·사만(邪慢)·교만에 번뇌하지 않을 것이다. 이 사람은 욕심은 적고 충족한 것을 알고 있으며, 능히 보현의 행을 닦을 것이다.

보현이여, 만약 여래가 멸도한 후 5백 년에 만약 〈법화경〉을 받아 지니고, 독송하는 사람을 본다면 이렇게 생각하라.

'이 사람은 마침내 도장에 이르러서 여러 악마의 무리를 쳐부수고 아뇩다라삼먁삼보리를 얻고, 법륜을 굴리며, 법의 북을 치고, 법소라를 불며, 법의 비를 내리게 할 것이다. 천인의 대중 속의 사자좌에 앉을 것이다.'

보현이여, 만약 후세에 이 경전을 받아 지니고 독송하는 사람은, 의복·침구·음식물·생활물자에 집착하는 일은 없을 것이다. 세운 원은 헛되지 않을 것이다. 현세에서 복보(福報)를 얻을 것이다.

만약 어떤 사람이 이 사람을 경멸하고 비방하여 '너는 미친 놈에 불과하다. 헛되이 이 행을 실행해서 마침내 아무것도 얻을 것이 없을 것이다'라고 말했다면, 그 죄보(罪報)로써 대대로 태어날 때에 눈이 없게 될 것이다.

만약 이 사람을 공양하고 찬탄하는 사람이 있다면 현세에서 과보를 얻을 것이다.

만약 또 이 경전을 받아 지니고 있는 사람을 보고, 그 사람의 잘못을 폭로하거나 하면 가령 그것이 사실이었다 하더라도 이 사람은 현세에서 나병(癩病)이 될 것이다.

만약 이 사람을 경멸하고 비웃는 자가 있으면 현세에서 이가 성기고 빠져 떨어지고, 입술은 보기 흉하고, 코는 납작하며, 손발은 기형으로 되고, 두 눈이 기형이 되고, 신체는 나쁜 냄새가 나고, 피부병에 걸려 고름이 나고, 복수병(腹水病)이 되고, 신경질이 되는 등 여러 가지 악병·중병에 걸릴 것이다.

그런 고로 보현이여, 만약 이 경전을 받아 지니고 있는 사람을 본다면, 일어나서 멀리서부터 맞이하기를 부처님을 공경하듯 하지 않으면 안 된다."

이 보현보살권발품을 설하실 때 항하의 모래수와 같은 무량무변의 보살이 백천만억 선다라니를 얻어 삼천대천세계를 티끌로 만든 수와 같은 여러 보살은 보현의 도를 갖추기에 이르렀다.

부처님이 이 경을 설법하셨을 때 보현 등 여러 보살, 사리불들의 여러 성문 및 여러 천인·용·인간·인간이 아닌 자·일체의 큰 모임의 사람들은 모두 매우 기뻐하고, 부처님의 말씀을 받아 지니고 예배한 뒤 물러갔다.

타르카바샤 Tarkabhāṣā
(인식과 논리)

❧ 제1장 지각론知覺論 ❧

존경하는 스승 로케샤 보살을 받들어 예배하오며, 지혜가 옅은 제
자들이 다르마키르티의 사상을 배움을 계기로 '인식과 논리의 말씀'
타르카바샤를 해설한다.

1. 확실한 인식의 정의

이 세계에는 신중하게 고찰하고 난 다음 행동하는 사람들이
있다. 이러한 사람들은 인간의 온갖 목적을 달성하기 위한 근
거인 확실한 인식방법에 의거하는 사람이다. 그러므로 먼저
인식방법을 설명하기로 한다.

〔定義〕 전혀 인식한 바가 없는 대상에 관하여 최초로 갖는 확실한
지식이 인식방법이다.

인식방법(pramāna, 量)이라고[1] 하는 것은 그것에 의하여

---

1. 인식방법이라고 하지만 그것은 '인식의 결과'이기도 한 것이다. 그래서
   불교에서는 인식작용과 인식작용의 결과를 다르게 보지 않는다. 그러
   므로 '인식방법이라고 하지만 그것은 확실한 인식 그 자체를 말하다.'고
   한다. 이같이 인식의 결과로 나타났을 때에는 Pramāna phalam이라고

대상을 측량하는 수단을 의미한다. 방법이라고 하지만 그것은 확실한 인식 그 자체를 말한다.[2] 이 같은 인식만이 의혹과 오류라고 하는 결점을 갖지 않기 때문이다. 일반적으로 사람은 (인식과 그 실효성 사이에) 계합성(契合性)이[3] 있는 지식을 확실한 지식이라고 부르는 것이다. 그리고 의심스러운 지식, 또는 그릇된 지식에는 이 계합성이 없다. 가령 말뚝인지 사람인지 확정할 수 없는 지식이나, 아지랑이를 물이라고 오인(誤認)하고 있는 지식 — 에는 앞뒤로 일관된 확실성이 없다 — 과 같은 것이다.

어느 지식의 대상이 최초로 경험되는 것일 때, 그 지식은 '전혀 인식한 바가 없는 대상 고차라(gocara=감관感官으로서 감지할 수 있는 대상 visaya와 같은 뜻)에 관한 것'이라고 말해진다. '고차라'는 '비사야(visaya)'와 같은 뜻으로 항아리 따위의 인식의 대상을 가리킨다. 그 대상으로부터, 즉 대상을 원인으로 하여 생기고, 그 대상을 사람으로 하여금 파악하게 하는

한다. 주2 참조. 따라서 '인식방법과 인식의 결과를 동일한 것'이라고 한다. 이에 관해서는 1장 9절에서 재론(再論)한다.

2. 다르마키르티(Dharmakīrti, 법칭法稱)는 감각기관을 인식의 수단으로 하고, 지식을 그 결과라고 하는 이론을 비판하기를, 감각기관이라고 하는 물질적인 것은 지적 작용의 수단이 될 수 없으며, 인식방법과 결과는 구별되지 않는다고 하였다.

3. 계합성(avisaṁvādakatva)은 지식과 그에 의거하여 행한 행동 사이의 일관성을 말한다. 아지랑이를 물이라고 생각하고 거기에 접근해도 물을 얻을 수가 없다. — 이와 같은 오인(誤認)된 지식은 지식과 실제의 효용 사이에 계합성이 결여되어 있는 것이다. 그러나 물을 물이라고 인식한 경우에는 그 지식과 목의 갈증을 해소할 수 있다고 하는 실효성 사이에 일관성이 있다. 이것을 확실한 지식이라고 한다.

지식이 인식방법이라고 말해지는 것이다.

〔反論〕'이 인식의 작용을 분석하면, 지식이 작용의 주체가 되고, 그 지식을 소유한 사람은 하수인(下手人)이며, 대상은 작용의 객체가 된다. 그대는 대상을 파악하게 하는 지식이 인식방법이라고 한다. 그러나 바른 지식일지라도 사람에게 대상을 실제로 파악하게 하지 못하는 경우가 때때로 있다. 그러한 경우에는 파악하게 하지 못하는 지식인 것이다. 어떻게 인식방법이라고 말할 수 있겠는가.'

답하기로 하자. 파악하도록 한다고 하는 것은 비유이지 실제로 목에 고리를 채워서 잡아끄는 방식으로, 지식이 사람을 강제로 행동하게 한다고 하는 것은 아니다. 오히려 '이 사물의 본성(本性)은 이러한 것이고, 그 밖의 어떤 것도 아니다.'고 하는 형식의 결정을 낳게 하는 것을 파악하도록 한다고 하는 말로 표시한 것에 불과하다. 그리하여 이 결정이 이루어지는 경우에는 지식은 그 범주 안에서 계합(契合)하는 확실성이 있다고 하는 것이다.

그러한 경우에 사람이라고 하는 것은 어떤 동기가 있게 되면 그에 따라서 대상을 파악하기 위하여 실제로 행동할 것이며, 혹은 동기가 없으면 행동하지 않을지도 모른다. 대상에게 있어서도, 요가 수행자의 술법(術法)이나 악령(惡靈) 등의 방해로 인하여 빼앗겨 버려, 사람이 그것을 실제로 파악(획득)할 수 없는 경우도 있을 것이다. 그러나 그렇다고 해서 지식의 확실성이 훼손되지는 않는다.

〔反論〕'지식의 확실성은 계합성에 의하여 확인되는 것이다. 그리고 그 계합성은 인식한 대상을 실제로 파악하는 것을 통

하여 확인되는 것이 아닌가. 그러나 사물은 생긴 순간 곧 변화[滅]하는 성질[찰나멸성刹那滅性]을[4] 가졌으므로, 인식된 순간의 대상은 파악되는 순간의 대상과는 다른 것이다. 따라서 전자 그 자체가 파악되는 것은 아니다. 또한 우리가 보는 것은 시각의 대상인 형상(形象=색형色形)이지만, 우리가 손으로 잡는 것은 촉각(觸覺)의 대상인 것이다. 그러므로 실제로는 본 대상과는 별개의 것을 파악[획득]하는 것이 된다. 말하자면 인식하지 않은 것을 파악할 뿐 거기에 계합성은 없다. 그러므로 이와 같은 인식에 있어서 확실성이 어떻게 있을 수 있겠는가.'

〔答論〕 그렇지는 않다. 가령 사실로서는 인식한 대상과 별개의 것을 파악한다고 해도, 내가 본 것과 같은 것을 얻었다고 하는 형식의 동일성(同一性)의 판단(判斷, adhyavasāya)은[5] 생길 것이므로 이 경우에는 인식한 것을 파악[획득]했다고 말할 수 있는 것이다. 그러나 아지랑이를 물이라고 생각하는 인식은 그 물을 얻는 것이 전혀 불가능하므로 확실한 인식 방법일 수는 없는 것이다.

〔反論〕 '이것은 파악할 수 있다, 그것은 파악할 수 없다고

---

4. 불교의 찰나멸론(刹那滅論)에 의하면, 심리현상과 물리현상, 즉 모든 것은 순간마다 생멸(生滅)하여 계속 변화한다. 그러므로 대상이 동일하게 보이지만 실제로는 한순간 앞의 것과, 한순간 뒤의 것은 엄밀하게 말해서 전혀 다른 것이다.(우리가 동일하게 간주하는 데 대한 이유는 동국역경원東國譯經院 간刊 니야야빈두 45페이지 참조)
5. 간접적 결정을 가리킨다. 여기에서는 분별(vikalpa)과 같은 뜻을 지닌다. 즉 개념적 결정을 의미하는 뜻으로 쓰이고 있다.

하는 것은 대상이 실제로 기대된 실효성을 다한다고 하는 효과적 작용(artha-kriyā)6의 달성을 떠나서 결정되어지는 것은 아니다. 지식이 생긴 순간에는 효과적 작용이 확인되지 않고 있으므로, 그것이 바른지 혹은 그릇되어 있는지, 그 구별은 확인되지 않는다. 따라서 그것이 확실한 지식이라고 어떻게 결정 지을 수 있겠는가.'

〔答論〕 그러한 비난은 당치 않은 것이다. 가령 지식 일반에 대하여 그것이 생겼을 때, 옳은가 아닌가 하는 차별을 구별할 수 없다고 하더라도 개개의 특수한 지식이 생길 때에는, 옳은 지식이 그릇된 지식과 어떻게 다른가 여실하게 지적할 수가 있는 것이다. 가령 우둔한 사람의 경우에 어떤 지식이 생긴 것만으로는 그 계합성을 확정할 수 없다 하더라도, 불이 타고, 불에 의하여 요리가 되고, 사람이 수영을 하고, 목욕을 하고, 물을 마시며, 물 위에 떠오르고 하는 효과적 작용을 멀리서 보아도 그 지각(知覺)에 의하여 물이나 불의 지식과, 그 실제의 효용(效用)과의 계합성을 확정한다. 또는 피어오르는 연기를 보면 거기에 불이 있는 것을 추리하며, 그 추리에 의하여 확정하게 된다. 다른 한편, 지각하는 힘이 예민한 사람은

---

6. 바이세시카학파나 설일체유부(說一切有部)와 같이 실재를 실체 또는 본질이라고 생각하는 것이 아니라, 인과효력(因果效力)을 가진 것을 실재라고 한다. 찰나멸성을 가진 물리적·심리적 현상이 실재하는 것은 인과효력, 효과적 작용이 있기 때문이라고 경량부(經量部)는 주장한다. 불교의 인식론(認識論)은 즉 실효성에 기준을 두고 있다. 따라서 인식은 그 대상의 효과적인 작용, 즉 실효성과 일치하는 것에 의하여 확실해지고, 그 대상 자체는 비로소 실재하는 것이라고 한다.

실제로 효과적 작용을 파악하기 전에, 보다 명확한 지각만으로도 그 인식의 확실성을 확정한다.

그러나7 어느 대상을 최초로 경험하는 경우에 생각이 깊은 사람은 효과적인 작용을 확인하고자 노력하면서도, 그 효과적 작용이 있는가 어떤가를 의심하는 것에 의거하여 물이나 불 따위의 대상을 향하여 행동을 일으킨다. ― 고 하는 것은 비유컨대 그 자신은 '나는 의심을 하고 있다.'고 의식하고 있지는 않아도 긍정적인 또는 부정적인 증거가 없기 때문에 거기에 공존(共存)하는 의혹을 어떻게 제거할 수가 있겠는가.

따라서 이 문제는 다음과 같이 해결된다. 즉 사람은 어떤 효과적 작용에 관하여 이전에 얻은 경험을 수반한 매우 예리한 지각이 생기면, 그것만으로 그 대상을 향하여 단정적인 행동을 일으키는 것이다. 그러나 지각의 힘이 우둔한 사람은 같은 효과적 작용을 추리한 다음에 비로소 행동으로 옮긴다.

그러므로 감각기관에 의한 지각은 예리한 경우에는 그 자체만으로, 즉 다른 인식에 의하여 확인될 필요가 없이 확실한 인식이다. 그러나 우둔한 지각밖에 갖지 못한 어느 사람의 경우에는 다른 인식에 의하여 확인됨으로써 비로소 확실성을 갖

---

7. 요가 수행자의 직관이나 자기인식은 감관지(感官知)나 의지각(意知覺)과 같은 지각을 세분한 것이다. 여기서는 어떤 인식은 그 자체만으로도 확실하다고 말할 수 있는가, 혹은 다른 인식에 의하여 확인되어 비로소 확실해지는가 하는 인식의 자립성(自立性), 타율성(他律性) 문제를 취급하고 있다. 이것은 인도 철학에 있어서는 매우 중요한 과제이다. 불교는 인식을 일반적으로 자립과 타율의 어느 쪽에 귀속시키지 않고, 어느 인식은 자립적으로 확실하고, 어느 인식은 타율적으로 확실해진다는 유연한 입장을 취한다.

기에 이른다. 요가 수행자의 직관(直觀─제1장 7절 참조)과 자기 인식(自己認識─제1장 6절 참조)은 어느 것이나 외계(外界)의 대상에 관계가 없는 지각이므로, 반드시 그 자체만으로도 확실한 인식이며, 또 추리는 단정하는 기능을 그 본성으로 하는 것이므로 그 자체만으로도 확실한 인식인 것이다.

〔反論〕'만약 인식의 확실성이 계합성에 있다고 한다면, 청각기관(聽覺器官)에 의한 인식에는 이해된 대상을 파악〔획득〕하게 하는 성능이 없으므로 그것이 어째서 확실한 인식이라고 할 수 있는가.'

〔答論〕이 생각이 틀렸다고 하는 것은, 인식의 확실성은 대상의 본성을 이해하는 데 있다. 그리하여 이같이 이해하는 것도 외계의 효용적 작용을 실제로 파악하는 일이 없어도 가능한 것이다. 다르마키르티는 이 점에 관하여,

> 확실한 인식방법이라고 하는 것은 계합성이 있는 지식이며, 그 때 계합성이라고 하는 것은 효과적 작용이 존재하는 것을 의미한다.

고 말하고 있다. 음성(音聲)이라고 하는 것은 들리는 것만으로 그 목적을 달성하는 것이므로 그 경우에는 '들린다'고 하는 것만이 효과적 작용의 존재라고 설명하는 것이다. 그것은 마치 태양·달·별·하늘 따위와 같은 경우에 그것들은 '보여지는 것만으로도 효과적 작용의 존재가 증명되는 것이어서 실제로 그것들을 손으로 만질 수는 없는 것'과 같다. 때문에,

> 이들의 경우에는 대상의 본성을 아는 것만으로 효과적 작용의 존재함이 인정되는 것이다.

고 말해지는 것이다.

이상의 토론은 다음과 같은 의미까지를 가리키는 것이 된다. 하나의 대상에 대하여 처음으로 생긴 지식만이 확실한 인식방법이며, 같은 대상에 있어서 그 다음에 생기는 다른 지식은 그렇다고 할 수 없다. 후자(後者)는 일단 인식된 것을 다시 아는 것이므로 확실한 인식방법은 아니다.

가령 하나의 항아리를 개념을 섞지 않은 감관지(感官知)에 의하여 인식하고, 그 다음에 동일한 대상에 관하여 '이것은 항아리다.'라고 하는 형식의 개념지(槪念知)를 얻는 경우, 후자는 기억을 본성으로 하는 것으로서 전자와 같이 확실한 인식방법이라고 할 수는 없다. 혹은 또 산에서 연기를 멀리 바라보고 거기에 불이 있다고 하는 따위의 추리지(推理知)를 얻고, 그 직후에 다시 같은 장소에 대하여 그곳에 불이 있다고 하는, 전혀 같은 추리지를 반복하여도 후자는 전자와 같이 도움이 되는 확실한 인식방법이라고 할 수는 없다. 앞에서 인식방법을 정의하기를 '전혀 인식한 바가 없는 대상에 관하여 최초로 갖는다.'고 한정 지은 것은 이러한 의미에서이다.

앞에서 '확실한 지식이 인식방법이다.'고 말했으나, 감각기관 따위는 물질로 이루어져 있어 의식을 갖지 않은 것이므로, 그것을 확실한 인식방법이라고 하는 니야야학파 따위의 견해는 이러한 정의 속에 포함되어 있는 의미에 의하여 부정되고 있다. 왜냐하면 확인하는 것이라고 하는 것은 의식의 주체를 가리키며, 그것은 다만 지식에만 본래적으로 내재(內在)하는 것이기 때문이다. 그러므로 그것이 지적(知的)인 것이 아닌 감각기관 따위의 성능일 수가 있겠는가.

2. 인식의 종류

〔定義〕 그 인식방법에는 지각과 추리의 두 종류가 있다.

지각(pratyakṣa, 현량現量)이라고 하는 것은 '눈(眼, akṣa)과 관련되어 있다.'고 분석할 수 있는 합성어(合成語)이다. 눈은 여기에서는 눈·코·귀·혀·피부라고 하는 다섯 개의 감각기관을 대표한다. 그 감각기관으로부터 생긴 지식을 지각이라고 하는 것이다.

〔反論〕 '만약 지각이 감각기관에 의존하는 지식이라고 한다면, 그대가 조금 뒤에 설명할(5~7절을 가리킴) 의지각(意知覺)과, 자기인식(自己認識)과, 요가 수행자의 직관, 이 세 가지 감각기관으로부터 생기는 것이 아니므로 지각이라고 말할 수 없을 것이다.'

이에 대하여 우리는 답한다. 앞에서 '눈과 관련되어 있다.'고 한 것은 지각이라고 하는 말의 어의(語意) 해석적인 정의를 가리킨 것일 뿐이다. 지각이라고 하는 말의 관용상의 정의는 '대상을 직관하는 지식'이라고 습관적인 의미를 따라 이해하지 않으면 안 된다. 그것은 마치 '진흙에서 생긴 것'이라고 분석할 수 있는 팡카자(paṅkyācha)라는 말에서 실제로는 연꽃을 이해하는 것과 같다. 따라서 자기인식 등의 세 가지 지각도 자각의 내용을 대상으로 하여 직관하게 되므로, 지각이라고 하는 말이 의미하는 것이라고 증명되는 것이다.

추리(推理), 즉 아누마나(anumāna)라고도 하는 말의 māna

는 추리로써 대상을 재는 수단을 뜻한다. 그러므로 추리는 '다음의 인식'이란 의미를 갖는다. 능증(能證, 예를 들면 연기煙氣)의 지각과 능증[연기]과 소증(所證, 예를 들면 불)과의 사이에 있는 필연적 관계의 기억이 있은 다음에 산이라고 하는 추리의 주제에 있어서, 직접으로는 지각되지 않는 것[火]을 대상으로 한 지식[저 산에 불이 있다고 하는 지식]이 생기지만, 그것이 추리[비량比量]라고 하는 언어에 의하여 의미되는 것이다. 이 정의도 말의 습관적 의미에 따라서 이해되어야 할 것이다.

인식방법에 지각과 추리의 두 종류가 있다고 하는 것으로써 인식방법에 1종(一種), 3종, 4종, 5종, 6종이 있다고 주장하는 다른 학파의 견해를 부정하는 것이 된다. 즉 차르바카학파(고대 인도의 유물론적 쾌락주의적 학파)는 지각 하나만이 인식방법이라고 말하며, 샹캬학파(바라문교계의 한 학파)는 지각·추리·증언의 셋을 들고, 니야야(Nyaya)학파(바라문교계의 논리학파)는 지각·추리·비정(比定＝유추類推)·증언의 네 가지를 들고 있으며, 프라파카라 미맘사학파(바라문교계의 미맘사학파의 하나)는 지각·추리·증언·비정·요청(要請)의 다섯 가지를 들고 있고, 파타 미맘사(Mimamsa)학파(미맘사학파의 다른 파)는 지각·추리·증언·비정·요청·비존재(非存在)라고 하는 여섯 가지를 인식방법으로 들고 있다.

'두 종류'라고 말하면, 인식방법이 두 가지인 점은 이미 이해된 것임에도 거듭 '지각과 추리와'라고 말한 것은 다른 종류의 두 가지 인식방법을 주장하는 의견을 부정하기 위해서이다. 그 까닭은 문법가(文法家, 학파의 이름)는, 인식방법은 지각과 증언의 두 종류라고 주장하고 있기 때문이다.

이들 여러 학파 가운데 지각만을 확실한 인식방법이라고 말하는 차르바카학파도 추리가 확실한 인식방법임을 시인하지 않을 수 없는 점으로 다음의 세 가지를 들 수 있다.

1. 차르바카학파는 다른 사람들을 가르치기 위하여 지각의 정의를 제출하고 있다. 그러나 그 정의는 많은, 확실한 지각에 공통되어 있는 성격을 가려내어 그것과 인식방법과의 동일성을 증명하는 추리에 지나지 않는다.

2. 타인의 사유(思惟)는 지각되어지는 것이 아니라 그 사람의 신체적·언어적 행동이라고 하는 사유의 결과를 통하여 추리되는 것이다. 따라서 차르바카학파가 자기의 의견과 상이한 타인의 견해를 알고 그것을 비판함에 있어서는, 그는 결과를 능증(能證=논거論據)으로 하여, 그 원인을 추측하는 추리를 인정하지 않을 수 없을 것이다.

3. 차르바카학파는 이 세상과 떨어진 다른 세계의 존재를 부정한다. 그러나 다른 세계를 부정하기 위해서는 사실상 비인식(非認識=부정否定)이라고 말할 수 있는 일종의 추리에 의하지 않으면 안 된다.[8] 따라서 차르바카학파는 스스로 추리라고 하는 인식방법을 쓰면서도, 추리는 확실한 인식방법이 아니라고 말하고 있어 제정신으로 하는 소리라고는 도저히 인정할 수 없다.

개개의 확실한 인식방법과 그렇지 않은 것과의 사이에 각각 공

---

8. 여기서 말하는 동일성, 결과, 비인식에 관해서는 제2장 추리론(推理論)에서 설명되고 있다.

통되어 있는 성격을 그대는 결정하고 인식을 정의하므로, 또 타인이 생각하고 있는 것을 안다고 그대는 말하므로, 그리고 또 어떤 사물의 존재를 그대는 부정하므로, 지각과는 다른 또 하나의 인식방법이 있는 것이 도리어 입증(立證)된다.9

다음으로 증언(證言, sabda＝성언량聖言量)에10 의거한 지식에 관해서는 그것도 외계(外界)의 대상과 계합적일 때에만 확실한 인식방법으로서 승인되어야 한다. 그러나 이 계합성은 양자(兩者) 사이에 필연적인 관계없이는 성립할 수가 없는 것이다. 그러나 언어와 외계의 대상 사이에는 아무런 필연적 관계가 없다.

즉 언어와 대상 사이에 필연적인 관계가 있다고 하면, 그것은 동일성의 관계, 아니면 인과성(因果性)의 관계 중 어느 하나이어야 한다.11 그러나 우선 언어와 대상 사이에는 동일성이 없다. 그러한 까닭은 이들 양자는 전혀 다른 형태를 나타내기 때문이다. 동일성이라고 하는 것은 '하나'인 것을 말하지만, 다른 형태로 나타나는 두 개의 것을 하나로 인정하게 되면 말과 소는 하나가 되고 말 것이다.

또 인과성도 있을 수 없다. 언어와 대상 사이에는 긍정적

---

9. 본래 다르마키르티가 지은 시(詩)이다.

10. sabda, 즉 믿을 만한 사람〔성인聖人, āpta puruśa)이 한 '말'을 가리킨다. 이같이 성인의 말을 근거로 한 인식의 범부 안에는 ≪베다≫를 비롯하여 역사적 전통이나 관습, 속담, 몸짓, 표정 등에 의한 인식까지 포함된다. 불교에서는 이러한 인식의 바른 것으로 열 가지가 있다고 한다.

11. 필연적 관계는 동일성(同一性)과 인과성(因果性) 이 둘 이외에 없다고 한다. 이것이 불교논리의 이론이다. 제2장에서 자세히 설명하고 있다.

수반성(肯定的隨伴性, 원인이 있으면 결과도 생긴다고 하는 관계)도 부정적 수반성(否定的隨伴性, 원인이 없어지면 결과도 없어진다고 하는 관계)도 인정될 수 없기 때문이다. 따라서 인과관계가 거기에 있다고 할 수는 없다고 하는 것은 항아리의 대상은 언어의 작용이 없었다고 하는 것은 항아리의 대상은 언어의 작용이 없어도 진흙덩이, 몽둥이[棒], 물, 옹기장이, 가마 등 그 자체의 원인에서 생기는 것을 경험할 수 있으며, 언어에 있어서도 외계의 대상이 없어도 사람의 의지에만 의거하여 입천장, 그 밖의 작용만으로 생기기 때문이다.

혹은 언어와 대상 사이에는 동일성과 인과성의 양자와는 전혀 다른, 표현하는 것과 표현되는 것을 표지(標識)하는 실제적인 관계가 있다고도 생각할 수가 있다. 그러나 만약 그렇다고 하면, 마치 불이 켜지면 그 자연의 기능만으로 항아리 따위를 식별(識別＝知)하는 것과 같이 어떤 일이 발생하면 그 언어의 약속을 모르는 사람일지라도 그 언어가 확정하고 있는 의미를 알 수가 있을 것이다. 그러나 실제로는 그와 같은 일은 일어나지 않는다. 오히려 나리케라 제도(諸島, 지금의 니코바르 제도)에서 방금 왔기 때문에 산스크리트 말을 모르는 사람은 ‘아그니(agni, 火)’라는 말을 들어도 그 ‘아그니’라고 하는 말에서는 아무런 의미도 이해하지 못한다는 사실이다.

또한 어떤 언어는 특정한 약속에 의거하여 특정한 대상을 이해시키는 능력을 가지고 생겨났다고 그대는 말할는지 모른다. 그러나 그것도 그렇지는 않다. 왜냐하면 언어의 약속에는 그와 같은 인식방법으로서의 확실성은 존재하지 않기 때문이다. 어떤 언어의 약속에는 그와 같은 인식방법으로서의 확실성은 존재하지 않기 때문이다. 어떤 언어의 약속은 어떠한 것에든지 적용되는 것이 사실이다. 때문에 어느 사람이 의도(意圖)를 진실하게 이야기하고 있는가, 또는 그렇지 않은가를 우리는 알 수 없는 경우도 있는 것이다.

혹은 언어와 대상과는 별개의, 제3자로서의 어떤 관계가 있다고 하자. 그러나 그때 이 관계 자체가 어떠한 관계에 의하여 그 언어와 대상의 둘이 연관되는가고 묻지 않으면 안 된다. 만약 그대가 제4자인 관계에 의하여 제3자로서의 관계는 언어와 대상에 연관된다고 말한다면, 그 제4자는 어떠한 관계에 의하여 앞의 3자와 연관되는가. 제5자인 것에 의하여서라고 말한다면 그 제5자는 무엇에 의하여서인가…… 라고 무한히 물음을 거듭하지 않으면 안 된다. 그리하여 궁극적인 것은 끝내 증명되지 못하고, 따라서 그 이전의 것도 모두 증명되지 않게 된다.

만약 반대로 언어와 대상과의 관계는 그 자체가 연관될 필요가 없다고 한다면, 그것도 바르지 못한 것이다. 베〔布〕와 항아리와는 관계가 없듯이 그 자체는 관련되어 있지 않은 것이 어떻게 관계가 된다고 말할 수 있겠는가. 또한 다른 것을 관계시키는 본성을 갖고 있는 것이라고 말한다 하자. 그러나 이것도 적당하지가 않다. 왜냐하면 본성이라고 하는 것이 확실한 인식방법에 의하여 증명되어 있을 때는 그것을 비판할 수가 없기 때문이다.

예를 들면 연소(燃燒)하는 것이라고 말해지는 이 본성은 불에만 있지 허공 따위의 다른 것에는 없다고 하는 것은 지각에 의하여 증명되어 있으므로 의심할 수는 없다―고 하듯이. 그러나 우리는 관계라고 하는 것을 증명하기 위한 인식방법을 아무리 자세히 조사해 보아도 아무것도 발견하지 못한다.

또 언어라고 하는 것은 언어의 잠재적인 효력을 본성으로 하는 것에 의하여 거기 확정되어 있는 대상을 벗어나는 일 없이 지시할 수 있는 것이라고 단언할 수만은 없는 것이다. 그것은 만약 이 '항아리'라고 하는 말이 그 본성에만 의거하여, 소라의 목과 같은 모양을 가졌고, 물을 담을 수 있는 것의 종류를 표현한다고 하면, 사람의 의지에 의한 다른 말의 약속에 있어서는 말이나 그 밖의 다른 것을 의미한다고 하는 일이 어떻게 생기는가. 실제로 그 자체의 원인의 힘으로 싹을 트게 하는 본성을 가지고 생긴 벼의 종자는, 비유컨대 다른 약속에 의한다고 하여도 나귀를 낳을 수는 없는 것이 아닌가.

또 믿을 만한 사람이 한 말[증언證言, 성언량聖言量]은 확실한 인식방법이라고[12] 하는 것도 옳지 않다고 하는 것은 신빙성이라고 하는 것은 결정하는 것이 아니기 때문이다. 즉 신빙성이라고 하는 것은 결점이 제거되어 있는 것을 말하는 것이다. 그러나 결점이 제거되어 있다고 하는 것은 지금의 경우 타인의 마음에 속하는 어떤 성질을 의미한다. 그렇지만 타인의 마음의 작용[심리작용]이라는 것은 용이하게 알 수 있는 것이 아니다. 그것은 신체적 동작이나 언어적 동작이라고 하는—마음의 작용의 결과를 근거로 하여 추리하는 이외에 방법이 없으나 이와 같은—근거는 실제의 마음과는 어긋나 일어나는 것을 경험할 수 있기 때문이다. 탐욕스런 사람이 마치 욕심이

---

12. 이것은 니야야학파의 증언에 관한 정의(定義)이다.

없는 것과 같이 행동하는 경우도 있을 것이므로 신빙성이라고
하는 것을 어떻게 결정할 수 있겠는가.

앞에서 '관계'에 대하여 비판함으로 해서 《베다》(바라문교
의 기본적인 성전聖典)'의 증언이 인식방법이라고 하는 것에 대
해서도 이미 비판한 셈이다. 그러므로 《베다》의 증언을 특
별히 취급하여 비판하지는 않겠다.

그렇다고 하면, 이들 모든 의심할 수 없는 세간(世間)의 언
어관습은 어떻게 되느냐고 그대가 묻는다 해도 저마다의 약속
에 따라서, 이야기하는 사람의 의지에 의하여 그것은 행해지
는 것이므로 세간의 언어관습이 훼손되는 일은 없는 것이다.
─중요한 것은,

    언어는 말하는 사람의 의도를 지시하는 것이다.13

고 말해지고 있는 것이다.

니야야학파는 비정(比定, upamāna＝비유량比喩量)에 대하여
다음과 같이 의론(議論)을 전개한다. '소[牛, go]는 알지만 가
바야를 모르는 하인이 있었는데, 그가 "숲에 가서 가바야를 데
려오너라"고 하는 주인의 명령을 받았다고 한다. '가바야'라고
하는 말의 의미를 모르므로 그는 숲에 사는 사람이나 가바야를
아는 사람에게 "벗이여, 가바야라고 하는 것은 어떤 것입니까?"
라고 묻는다. 상대는 "가바야라고 하는 것은 마치 소와 같은 것
이오."라고 답한다.

---

13. 말하는 사람의 의도가 듣는 사람의 의식 속에 나타나면 그것은 말의
    기능이지, 그 이외에 언어와 대상과의 결합을 생각해서는 안 된다고
    하는 의미이다.

그리하여 이 하인은 숲에 도착하여 가바야를 인식했을 때 앞에서 든 비유적 표현이 갖는 내용의 기억으로부터 도움을 받았다. 가바야와 소가 유사하다고 하는 지식이 인식의 주체, 즉 인식방법이 된 것이다. 그래서 이것이야말로 가바야라고 하는 말로 표현되는 대상이다 하는 지식을 결과로 남게 하고 있다'고.

그러나 이 의론은 타당하지가 않다. 인식방법이라고 하는 것은, 반드시 대상을 가지고 있지 않으면 안 된다. 더욱이 비정이라고 말해지는 것에서는, 아무리 자세히 조사해 본다 하여도 대상이 발견되지 않는다고 하는 것은 니야야학파는 명칭과 그 대상과의 관계는 비정이라고 하는 인식의 대상이라고 한다. 그러나 그 관계라고 하는 것은 진실로는 존재하지 않는다. 그것이 지각할 수 있는 것일 때에는 실제로 그것이 발견되지 않는다고 하는 것에 의하여 그 존재는 부정되며, 또 그 관계가 지각할 수 없는 존재라고 말한다면, 그것을 증명하는 인식방법은 발견되지 않기 때문이다.

또한 그 관계라고 하는 것은, 관계하고 있는 두 개의 것과는 별개의 것이거나, 아니면 별개의 것이 아니거나 그 어느 쪽이다. 그중 만약 별개의 것이 아니라고 한다면, 그 관계는 어떠한 관계에 의하여 그들—관계하는 두 개의 것—과 결합되는 것인가를 답하여야 한다. 그때 또 하나의 관계를 생각할 때에는 무한히 소급해야 하는 오류에 떨어지는 것은 이미 말한 바와 같다.[14] 또 그 관계가 관계하고 있는 두 개의 것과

---

14. 언어와 대상과의 연관관계에 대한 부분을 상기하기 바란다.

별개의 것이 아니라고 한다면, 요는 관련되는 두 개의 것만이 있는 것이며, 명칭과의 관계라고 할 수 있는 것은 전혀 있을 수 없게 된다.

혹은 관계라고 하는 것은, 이들 양자(兩者)는 관련되어 있다고 하는 지식을 낳게 하는 원인이 된다고 하여도 역시 타당하지가 않다고 하는 것은 이들 양자는 관련되어 있다고 하는 지식은 그 자체의 원인에 의거하여 관련되어 있는 양자만으로도 생기기 때문이다. 그러므로 제3자라고 하는 관계를 가리킬 수는 없다.

이와 마찬가지로, 미맘사학파가 주장하는 형태의 비정에 인식방법의 본질이 있다고는 인정할 수가 없다. 즉 그들은 유사성(類似性)에 의하여 한정된 개체(個體, 소와의 유사성을 가진 가바야), 혹은 개체에 의하여 한정된 유사성(가바야라고 하는 사물이 가지고 있는 소와의 유사성)을 비정의 대상이라고 설명한다. 그러나 닮은 두 개의 것과 별개의 유사성이란 설정되지 않는다. 확실한 인식방법에 의하여 알게 되는 것은 아니기 때문이다. 그 까닭은 이 닮은 것을 별개인 유사성이 지각할 수 있는 것이라면, 지각되어야만 할 것이 지각되지 않는다고 하는 근거에 의하여 그 존재는 부인된다. 또 만약 그것이 지각되지 않는 것이라면, 이와 같은 것과 필연적인 관계에 있는 능증(能證, 추리의 논거論據)은 결코 있을 수 없으므로 그 존재는 추리에 의해서도 증명할 수가 없다.

한편 유사성의 개념은 상호 유사한 그 스스로의 원인에 의하여 생기는 두 개의 개체로부터도 생길 가능성이 있다. 그러므로 그 유사성의 관념이 있다고 해서 유사성이라고 하는 제3

의 실물이 존재를 증명할 수는 없는 것이다.

유사성이라고 하는 것은, 비정이라고 하는 인식방법에 의하여 증명되는 것으로서, 유사성이 있기 때문에 비정이 성립하는 것은 아니라고 한다 해도 그것은 옳지 않은 것이다. 왜냐하면 이 미맘사학파의 논자(論者) 자신이 별도의 인식〔知覺〕에 의하여 이미 증명된 두 개의 서로 닮은 개체 사이의 한정하는 것이라고 간주되는 것과의 관계가 이 비정의 대상으로 된다고 생각하고 있기 때문이다. 두 개의 개체와는 별개의 단독적인 유사성까지가 비정에 의하여 어떻게 증명될 수가 있겠는가.

요청(要請, arudhāpatti=의준량義準量)이라고 하는 것에 대해서도, 그것이 독립된 인식방법이라고는 인정되지 않는다. 이 요청의 정의에 의하면, 지각 그 밖의 것에 의하여 인식되고 있는 어떤 대상이 자기 이외의 어느 것이 없이는 성립할 수 없을 때, 이 후자의 존재를 가정하는 것이 요청이라고 하는 인식방법이다.15 이에 관해서는 다음과 같이 검토할 수가 있다.

이 인식방법에 의하여 인정되고 있는 것과 그것을 성립시키는 조건으로서 요청되는, 지각되지 않는 것과의 사이에 만약 동일성 혹은 인과성을 특징으로 하는 필연적 관계가 있다면 그때에는 그 요청되는 것의 지식은 동일성의 능증으로부터 생기든가, 결과의 능증으로부터 생기든가 한다. 따라서 그 어느 쪽에 있어서도 요청은 추리와 다름이 없다. 그 반대로 만약

---

15. 요청(要請)의 한 예를 들자. '데바닷타는 뚱뚱하다. 그러나 낮 동안에는 식사를 하지 않는다고 하는 지각의 사실은 그가 밤에는 식사를 한다고 하는 것을 요청하지 않는 한 성립하지 않는다.'

그와 같은 필연적인 관계가 없을 때에는 요청을 인식방법이라고 할 수 없다. 그 까닭은 항아리와 베라고 하는 지식과 같은 것으로서 거기에는 아무런 필연적 관계가 없기 때문이다.

다음으로 우리는 전적으로 비존재(非存在, abhāva=무체량無體量) 그 자체를 인식할 수 없다. 그러므로 어찌 비존재가 하나의 인식방법일 수 있겠는가. 즉 이 미맘사학파의 사람들은 지각, 그 밖의 인식이 생기지 않는 것이 비존재라고 말해지는 인식방법이라고 말한다. 그러나 이 생기지 않는 것이라고 함은 도대체 무엇을 말하는가. 이 부정은 명제(命題)의 부정으로서 다만 인식방법의 결함을 가리키는 것인가, 또는 명사(名詞)의 부정으로서 부정의 대상 이외의 어떤 존재를 가리키는 것인가,16 혹은 거기에서 긍정되는 다른 사물이라는 것은 무감각한 물질인가, 지적인 것인가, 또 그것이 지식이라고 하여도 특수한 지식이 아닌 지식 일반을 가리키는 것인가, 부정의 대상과 함께 동일한 인식의 영역 안에 포함되는 다른 그 어떤 것의 지식인가를 검토하지 않으면 안 된다.

---

16. 부정은 어떤 명제가 허위인 점만을 가리킨다. 즉 어떤 사물의 결합만을 표현하는 것과 어떤 명사를 부정하여 그 반대개념을 긍정하는 것과의 두 가지가 있다. 전자를 prasajyapratiṣedha라고 하여, '명제의 부정'이라고 번역한다. 예를 들면, '그는 태양을 보지 않는다'고 하는 부정은 '그는 태양을 본다'고 하는 명제가 단순히 허위인 것을 지적할 뿐이다. 이 부정에서는 부정사는 '본다'고 하는 동사에 관계된다. 그에 반하여 가령 '나는 학생이 아니다'고 할 때 부정사는 '학생'이라고 하는 명사에 관계되며, 그 진의는 나는 학생이 아닌 자, 예를 들면 사회인, 혹은 교사라고 하는 긍정을 가리킨다. 이것을 paryudāsa-pratiṣedha라고 하며 '명사의 부정'이라고 번역한다.

그중에 우선 명제의 부정으로서의 단순한 무존재(無存在)는 타당한 것이 아니라고 하는 것은 이와 같은 것은 아무런 기능도 갖지 않은 것이므로 확인하는 자, 혹은 지식을 생기게 하는 것이라고 하는 본질을 가질 수가 없는 것이다. 따라서 누구나 그 무존재라고 하는 인식방법을 이해할 수가 없다. 그것에 관하여 판디타 차크라투다마니(인도의 논리학자)도 '무존재라고 하는 것은 어떠한 것의 지식도 아니며, 어떠한 지식의 원인도 아니다. 그것을 아는 것이 어떻게 가능하겠는가.'고 말하고 있다.

　　둘째로 명사의 부정에 의하여 긍정된 무엇인가가 비존재라고 하는 인식방법이라고 하여도, 우선 그 인식방법은 무감각한 것은 아니다. 무감각한 것에는 확인한다고 하는 지적인 본성이 없기 때문이다. 실제로 수레 따위의 무감각한 것이 항아리를 인식한다고 하는 일을 어디에서고 우리는 듣지도 보지도 못했다. 또 그것은 지식 일반이 아니다. ─특정한 시간, 공간, 대상의 본질에 의하여 한정된 특수한 지식만이 확실하다. 비존재가 그와 같이 특수하지 않은 지식 일반일 것 같으면 ─수메르 산(세계의 중심에 있다고 하는 큰 산), 미래의 세계에 군림할 황제 샹카 왕, 나아가서는 귀신 따위 실재하는지 아닌지 분명하지 않은 것도 지식 일반에 지나지 않은 비존재의 인식방법에 의하여 존재하지 않는다고 단정되겠기 때문이다.[17]

---

17. 우리의 인식은 이와 같이 초경험적인 사물에는 관계하지 못한다. 따라서 그 존재 및 비존재를 단정할 수 없다고 하는 것이 불교 논리의 입장이다.

또 만약 그대가 부정의 대상, 예를 들면 항아리와 동일한 인식의 영역 내에 포함되는 항아리가 없는 흙바닥 따위의 실재하는 것을 보는 지식이 실제로 항아리의 비존재라고 하는 의미라고 한다면 그것은 항아리가 없는 흙바닥이라는 특수한 지각을, 항아리의 비존재라는 인식방법이라고 이름할 뿐인 것이다. 그것은 불교의 비인식의 논리와 동일하므로 우리들 사이에서는 아무런 견해의 차이가 없다고 하겠다. 이러한 뜻에서 인식방법은 지각과 추리라고 하는 두 종류뿐이라고 하는 결론이 된다.[18]

---

18. '항아리가 없다'고 하는 부정적 인식은 실은 항아리 이외에 그곳에 있는 것, 예를 들면 지면(地面)의 지각에 지나지 않는다고 하는 불교의 이론은 제2장 4절에서 다시 이야기된다.

3. 지각의 본질

〔定義〕 그중에서도 지각은 개념지(槪念知)를 떠나 있으며, 혼미(混迷)함이 없는 인식이다.[19]

개념지라고 하는 것은 시간적으로 앞의 것과 뒤의 것을 접속(接續)시켜 얻을 수 있는 것으로, 언어를 포함하고 있는 이해, 혹은 마음속에서 중얼거리는 그러한 이해를 말한다. 예를 들면 현명한 사람이 지니는 '이것은 항아리다'고 하는 판단이나 어린아이, 벙어리, 동물 등에게 있는 마음속의 중얼거림, 반성(反省) 따위의 형태를 가진 이해 등이 개념지이다. 다르마키르티도 그와 같이 규정하고 있다. 즉,

언어와 관련 지을 수 있는 표상(表象)을 갖는 이해가 개념지이다.

어떻게 어린아이나 벙어리들이 마음속으로 중얼거리는 것과 같은 형태의 개념지가 있음을 어떻게 증거를 세워 결정할 수가 있는가. 그것은 사유(思惟)의 결과인, 좋은 것을 선택하고 싫은 것은 버리는 행위로 결정되는 것이다. 실제로 어린아이나 벙어리의 경우에도 원하는 것을 요구하고, 싫은 것을 버리

---

19. '개념지를 떠난 인식'이라고 하는 정의와 다음의 해설에서도 알 수 있듯이 불교에서 말하는 pratyakṣa는 일의적(一義的)으로는 지각 판단을 내포하지 않은 순수한 '직각(直覺)'인 점에 주의해야 한다. 지각 판단은 추리로 분류된다. 그러나 본 장 제8절에서 밝혀지듯이 이의적(二義的)으로는 개념적 지각도 pratyakṣa라고 불린다. 그러므로 '지각(知覺)'이라고 번역했다.

는 그러한 내적 사유의 결과인 행위는 인정을 받는다.

이와 같이 어린아이나 벙어리의 인식도 일종의 개념지라고 지적하는 것에 의하여 쿠마릴라 바타(7세기 미맘사학파의 철학자)는 비개념적 인식이라고 관조지(觀照知)를 말했다. 불교의 입장에서 말하면 이 관조지도 개념적인 것이라고 한다.[20]

또 개념지 및 혼미한 지식이 어떠한 이유로 지각이 아닌가 하면, 다음의 이유로 이들은 지각이라고 할 수 없는 것이다. 지각이라고 하는 것이 대상의 본성을 확실하게 직관(直觀)하는 인식이라고 하는 것을 모든 사람이 인정하고 있다. 그러나 개념지와 혼미한 지식의 두 가지는 대상의 본성을 직관할 수 없다고 하는 지식은 대상의 결과이며, 대상은 인식되는 것이므로 지식의 원인이 된다고 하는 관계가 성립한다. 그것은 다르마키르티가,

> 인식이 일어나는 순간과는 다른 순간에 있는 대상이 왜 인식되는가 하면, 인식하는 대상의 본질은 지식 안에 스스로의 형상을 줄 수 있는 원인인 점에 있다고 철학자는 안다.[21]

---

20. 쿠마릴라 바타도 비개념적 인식과 개념적 인식으로 나누었다. 전자 즉 관조지(觀照知, alocana-jnana)의 예로써, 어린아이나 벙어리의 언어가 섞이지 않은 인식을 들고 있다. 불교에서는 언어만이 아니고 사유(思惟)도 개념지라고 한다. 그러므로 바타가 말하는 비개념적 인식까지도 개념지라고 비판하는 셈이다.

21. 경량부(經量部)의 입장에서 인식의 대상을 정의한 유명한 게송(偈頌)이다. 인식의 대상은 지식의 원인인 점과 지식의 표상과 동일한 형상을 가져야 하는 이 두 가지 조건을 충족시켜야 한다. 이것은 디그나가 이래 일반적으로 인정된 조건이다. 한편 찰나멸론을 강조하는 경량부에 따르면, 어느 순간의 대상을 아는 지각은 그 대상의 순간보다 한순

고 말하고 있는 것으로 알 수 있다.

그러나 개념지라고 하는 것은 대상이 없어도 마음속에 잠재한 습관성(훈습熏習, 인식이나 행위가 마음에 남기는 인상작용의 잔영)만으로도 생기는 것이다. 그러므로 그것이 어떻게 대상의 결과일 수 있겠는가. 즉 대상과의 사이에 긍정적 수반성(대상이 있을 때에 인식이 일어난다고 하는 관계)과 부정적 수반성(대상이 없어지면 인식도 없어진다고 하는 관계)을 갖고 있지 않은 것이다. 실제로 X가 없어도 Y가 생기면 Y는 X의 결과라고 말할 수가 없다. 그렇지 않다면 지나치게 적용하는 오류를 범하는 것이 된다.

또한 만약 개념지가 대상으로부터 생긴다면, 우리는 개념지에 의하여 인식할 때 항아리 따위의 대상을 실제로 볼 것이다. 그렇다고 하면 장님에게도 개념지는 있으므로 빛깔과 모양을 볼 수 있다고 하는 것이 되고 만다. 그러나 실제로는 이와 같은 일은 불가능하다. 그러므로 언어에 의한 지식에 있어서는 지각의 경우와 같이 대상이 나타나는 것은 아니므로 개념지는 대상을 직관하지 않는다고 말하는 것이다.

반론자(反論者)는,

> 이 세간에는 언어와 관련을 갖지 않은 지식은 없다. 모든 인식은 언어로 일관되어 있는 것과 같이 나타난다.

간 뒤에만 생길 수 있다. 지각과 그 대상과는 동일한 순간에는 존재하지 않는다. 그럼에도 불구하고 그 한순간 전의 대상이 전기(前記)한 두 가지 조건을 충족시키기 때문이라고 한다. 이러한 인식과 그 대상의 순간적인 간격에 대해서는 '마음의 지각'에 관한 정의를, 또 찰나멸론에 관하여는 제3장 2절 참조.

고 말하지만, 이것도 상술한 바와 같은 우리의 이론으로 이미 비판되고 있는 것이라고 하는 것은 예를 들면 눈앞에 있는 항아리를 보고 항아리라고 하는 언어가 발음된다. 그때에 우리는 그 항아리 곁에 보이는 지면(地面), 그 밖의 것까지도 인식하는 지식은 언어의 발음과 관계가 없는 것으로서 지각되는 것이다. 그리고 그러한 경우에는, 언어와의 결합은 없다고 말하지 않으면 안 된다. 또 이러한 것(지면의 인식이 언어와 개념과의 둘로 나누어져 있는 것)은 항아리와 지면이라고 하는 두 개의 개념은 동일한 순간에 생길 수 없다고 하는 이론으로도 증명된다.

혼미한 인식도 대상을 직관하는 것은 아니다. 혼미하다고 하는 것은 효과적 작용을 할 수 있는 실재—하는 사물—와 일치하지 않는 것을 말한다. 그리고 효과적인 작용을 할 수 있다고 하는 것은 특정한 공간, 시간, 형태에 있어서 한정된 사물의 본성인 것이다. 그것이 잘못 나타나는 혼미한 인식에 의하여 어떻게 직관될 수 있겠는가. 그러므로 아차랴(학자를 높여 부르는 말. 여기서는 다르마키르티를 가리킴)도 '지각이란 눈병이 났을 때나 급속하게 회전할 때, 배를 타고 갈 때, 급격한 충격 등에 의하여 일어나는 혼미한 영향을 받지 않은 인식이다.'고 말하고 있는 것이다.

황달에 걸린 사람이 하얀 조개껍질을 보고 노란 빛깔의 표상(表象)을 지닌 지식을 얻거나, 횃불이 선회하는 것을 보는 사람이 바퀴로 표상되는 지식을 갖거나, 달리는 배에 타고 있는 사람이 기슭의 나무들이 뒤로 밀려가고 있는 것과 같은 혼미한 지식을 갖거나, 신체의 급소를 세차게 얻어맞은 사람이 말뚝이 불타고 있는 것과 같이 표상되는 지식을 갖기도 한다. 이들은 모두 지각이라고는 할 수 없다고 상술한 정의는 말하고 있는 것이다.22

그러나 만약 이들 혼미한 지식이 지각이 아니라고 한다면, 이 같은 지식에 의거하여 사람이 그 대상을 파악할 수 있는 것은 무슨 까닭인가 하는 의문이 생길 것이다. 그러나 대상을 파악하는 것은 혼미한 지식에 의하여 이루어지는 것이 아니라 그와는 별개의 인식에 의하여 가능하게 된다고 일부 불교학자는 설명한다.23

---

22. 이와 같이 그릇된 표상을 가진 지각은 이미 개념지의 영역에 속하며, 순수한 직관으로서의 지각이라고는 할 수 없다. 때문에 지각의 정의는 '혼미하지 않은 인식'이라고 하는 것을 부가할 필요가 없다는 의견도 있다.

23. 혼미한 지식이 본 것은 화륜(火輪), 뒤로 밀려가는 수목(樹木)들이지만, 실제로 손에 쥐고 있는 횃불은 바퀴가 아니고, 가까이 가서 보면 나무는 움직이지 않는다. 그러므로 그러한 파악은 혼미한 지식에 의하여 이루어지는 것은 아니라는 뜻이다. 이 문제에 관해서는 다르마키르티의 주해자(註解者) 사이에 의론이 많다. 그러나 저자는 이 문제를 깊게 다루지 않고 있다.

4. 지각의 분류

〔定義〕 이 지각은 네 가지로 분류된다. 즉 감관지(感官知, indriya-jnana), 마음의 지각(의지각意知覺, manasā), 자기인식 (自己認識, svasam-vedāna), 요가 수행자의 직관(yogi-jñāna) 이다.

1. 감관지(感官知)

감관지, 즉 감각기관에 의한 지각이라고 하는 것은 눈을 비롯한 다섯 가지 대상을 대상으로 하는 인식이다. 그중에서 시각(視覺)은 빛깔과 모양을 대상으로 하며, 청각(聽覺)은 음성을, 후각(嗅覺)은 냄새를, 미각(味覺)은 맛을, 피부의 감각은 감촉(感觸)을 대상으로 한다. '감각기관에 의한 지각'이라고 하는 명칭은 그 밖의 지각과 공통하지 않은 독특한 원인에 의거하여 이름 지어진 것으로서 '북소리' '보리의 싹'이라고 할 때와 같다.

그리고 이 지각(知覺=직각直覺)은 그 내용과 일치하는 개념지, 즉 표상을 지금 당장 의식 안에 생기게 하는 그 경우에만 인식방법이라고 할 수 있다. 그 이유는 경험적인 인식방법이 여기에 문제 되기 때문이다.[24]

---

24. 지각〔직각直覺〕은 그 스스로는 개념을 받아들이지 않는다. 그러나 지각한 그 직후에 개념지를 낳는 효력을 갖고 있는 경우에만 경험적으로 유효한 인식일 수 있다고 하는 중요한 규정이다.

2. 마음의 지각

〔定義〕 마음의 지각〔의지각意知覺〕이란 자신의 대상(A1)과 공동으로 작용하는 감관지(J1)를 직전의 원인으로 하고 그로부터 생기는 의식(J2)이다.

이 정의에서 '자신'이라고 하는 말은 감관지를 의미한다. 그 감관지 자신의 대상이라고 함은 외부의 항아리 따위를 가리킨다. 그러나 감관지는 그 자신의 대상 A1과 같은 순간에 생기는 것이 아니라 다음 순간에 처음으로 생긴다. 따라서 그와 동일한 순간에 있는 대상은 본래의 대상의 두 번째 순간(A2)이며, 그것을 '자신의 대상의 다음 순간'이라고 한다. 결국은 감관지의 본래의 대상인 항아리의 순간(A1)과는 다른, 그 항아리의 제2의 순간(A2)이다. 감관지는 그(A2)와 공동으로 작용한다. 즉 동시에 존재한다. 그 감관지를 직전의 원인〔등무간연等無間緣〕이라고 부르며, 이 같은 자료로서의 원인〔자료인資料因〕에 의하여 생기는 다음 순간의 지식을 마음의 지각〔의지각意知覺, manasā〕이라고 한다.[25]

---

25. 경량부의 찰나멸무상론에서는 의식이나 대상이 한순간마다 멸하고 새로 생기는 흐름이다. 즉 의식과 그 대상이 동시에 존재하여 그 사이에 작용되는 것을 인정하지 않는다. 인식은 대상의 결과이며, 그 관계가 인과(因果)인 이상, 결과인 인식은 원인인 대상의 순간보다 시간적으로 늦게 생긴다. 따라서 A1이라고 하는 대상에 의하여 생긴 감관지 J1은 시간적으로 A1보다 한순간 늦게 생긴다. 이 J1을 자료로서의 원인으로 하여 동일인의 의식의 흐름 속에서 J2가 다음 순간 생긴다. 이

대상의 순간과 의식의 순간

반론하는 자는 이 문제에 대하여, '1. 한 번 인식한 것을 두 번 다시 인식하는 것이다. 2. 마음의 지각에 의하여 대상을 본다고 하면 장님이나 귀머거리는 존재하지 않는 것이 된다. 3. 요가 수행자의 직관도 마음의 지각과 같은 것이 되고 만다. 4. 통상의 경험에 반대된다.'고 하는 이유를 들어 마음의 지각을 부정한다. 그러나 이 반론은 앞에서 든 정의에 의하여 충분히 반박되어 있다.

즉 1. 마음의 지각은 감관지의 대상 A1 그 자체가 아니라 그 대상의 제2의 순간을 인식하는 것이므로, 감관지에 의하여 한 번 인식한 것을 두 번 다시 인식한다고 하는 비판은 물리쳐진다.

2. 마음의 지각은 감관지에 의하여, 즉 그것을 자료인(資料

것을 의지각이라고 한다. 그러나 이것이 지각[직각]인 이상 거기에는 개념은 섞이지 않는다. 개념지는 이 의지각의 다음에 J3으로서 생긴다. 이 의지각에 관해서는 불교의 논리학자 사이에도 이론이 많아 그 필요성을 인정하지 않는 사람도 있다.[대상의 순간과 의식의 순간 표 참조)

因)으로 하여 생기게 하는 것이다. 한편 장님에게는 빛깔과 모
양을 대상으로 하는 감관지는 있을 수 없다. 그러므로 그 감
관지에서 생긴 마음의 지각이 어떻게 있을 수 있겠는가. 때문
에 장님이나 귀머거리는 없게 된다고 하는 오류에 떨어지지
않는다.

3.'직전의 원인으로서 그로부터 생긴다'고 하는 한정을 하
고 있으므로, 요가 수행자의 직관이 마음의 지각이 된다고 하
는 비난은 물리쳐진다. '직전의 원인'이라고 하는 언어는 관례
적 용법에 따르면, 동일한 한 사람의 마음의 흐름에 속하는 자
료적인 원인으로서 한순간 앞의 마음[심식心識]을 의미한다. 그
리고 이것은 일반적으로 인정되어 있다. 요가 수행자가 타인
인 보통사람의 마음을 직관할 때, 보통사람의 마음이 그와는
별개인 ― 수행자의 ― 마음의 흐름 속에 생기는 요가 수행자의
직관에 의하여 직전의 원인이라고 불리는 일은 없다.

4. 또 마음의 지각은 통상적인 경험에 위배된다고 하는 비
난도 타당하지가 않다. 극히 미세한 시간에 있어서 일어나는
것이므로 보통사람은 마음의 지각[의지각]을 판별할 수 없기
때문이다. 또 우리가 마음의 지각을 통상적인 경험의 일부라고
주장하는 것도 아니다. 마음의 지각이라고 하는 것은 경전에
나오는 것이지만, 그러나 그 존재를 확정하는 증거는 없다고
하는 것이 실정이다. 세존(世尊)은 '비구들이여, 빛깔과 모양
은 따로 두 가지 인식에 의하여 인식된다. 즉 눈[시각]과 그
것으로 인하여 생기는 마음[의지각]에 의해서이다.'고 말씀하
셨다.

통상의 경험에 적합하지 않은 것을 말해서 도대체 무슨 도움

이 되냐고 할는지 모른다. 그러나 이 경우의 목적은 만약 마음의 지각이 위에서 말한 바와 같이 정의될 수 있다면, 아무런 오류도 없고, 따라서 그에 의하여 경전의 말씀에 그릇됨이 없는 것도 가르칠 수 있게 되는 것이다.

3. 자기인식(自己認識)

〔定義〕 자기인식〔자증自證〕이란 모든 마음과 마음의 작용에 있는 자각(自覺)이다.

마음(citta)이라고 하는 것은 대상을 일반적으로 파악하는 인식을 말한다. 마음의 작용(caitta)이라고 하는 것은 마음속에 생기는 것이다. 즉 말의 뜻을 해석하고, 대상의 특수한 성질을 파악하는 작용으로 유쾌하고, 불쾌하고, 무관심한 것 따위의 특징을 가지는 감정 등을 말한다. 이러한 마음과 마음의 작용, 그 자체는 자각되는 것이지만, 그 자각의 본질은 자기의 본성을 직관하는 것이다. 그러므로 이 자기인식은 개념지를 떠나고 혼미하지 않은 지각이라고 한다.

그에 대하여 어떤 사람들은 반론한다. '그러나 마음과 마음의 작용에 자기인식이 있다고는 긍정할 수 없다. 자기 자신에 대하여 작용하는 것은 모순되기 때문이다. 즉 무희(舞姬)는 아무리 잘 훈련되어 있다고 해도 자기의 어깨 위에 올라갈 수가 없다. 칼날이 아무리 날카롭다고 해도 칼 자신을 절단할 수는 없다. 또 불덩이가 아무리 세차게 타오른다고 해도 불 자신을 태울 수는 없다. 이와 같이 마음과 마음의 작용도 어떻게 하여 자기를 알 수 있겠는가. 아는 자와 알려지는 자의 관계는, 요는 작용의 주체와 객체와의 관계인 것이다. 그리고 세간에서는 주체와 객체는 목수와 나무 둘 사이처럼 각각 다른 개체로서만 인정받고 있지 않은가.'고.

이에 대하여 답하기로 하자. 인식에 있어서의 아는 자와 알려지는 자와의 관계는 작용의 주체와 객체와의 관계라고 생각할 것이 아니다. 실은 논리적으로 확정하는 자와 확정되어지는 자와의 관계로서 생각되는 것이다. 마치 등불이 그 자신을 비추는 것과 같이, 지식도 무감각한 물질과 달라서 그 자신의 원인에 의하여 조명(照明)이라고 하는 본성을 띠고 생겨난다. 그러므로 자기를 인식하는 것이라고 단정된다. 그에 관하여 산타라크시타(Santaraksita, 적호寂護)는,

> 지식은 무감각한 것과 상위(相違)한 것으로서 생긴다. 이 감각적인 점이야말로 지식의 자각인 것이다.

고 말하고 있다. 또 ≪지식논평석장엄(知識論評釋莊嚴)≫의 저자 프라주냐카라 굽타는 말한다.

> 인식에 있어서의 주체라든가, 객체라고 하는 것은 상상에 불과한 것이다. 진실로는 존재하지 않는다. 자기가 자기에 의하여 자기를 지각한다고 말해지는 것이다.

그리고 마음과 마음의 작용이 그 자신 이외의 또 하나의 지식에 의하여 비추이는 그러한 일은 불가능하다. 그것은 우선 어느 마음의 작용이라고 하는 것은, 그와 동시에 존재하는 다른 지식에 의하여 비추이는 그러한 일이 있을 수 없기 때문이며, 그러한 경우에는 소의 양쪽 뿔과 같이 더하는 자와 더함

을 받는 자와의 관계가 전혀 없기 때문이다. 또 그것은 그와 다른 시간에 존재하는 다른 지식에 의해서도 비추지 않는다. 비추어야 할 마음과 마음의 작용은 순간마다 없어지는 것이므로, 다른 지식이 생겼을 때에는 이미 그것은 존재하지 않기 때문이다.

또한 만약 지식에게 자기인식이 없다고 하면, 대상이 알려져 있다고 하는 사태도 성립하지 않을 것이다. 그것은 '그 한정자(限定者)인 지식 자신이 알려져 있지 않을 때에는 피한정자(被限定者)인 대상에 대해서도 인식은 생기지 않는다.'고 하는 논리에 의거한 것이다. 즉 대상은 한정되는 자이며, 그 대상이 알려져 있다고 하는 것이 한정인 것이다. 따라서 알려져 있다고 하는 것은 지식에 의하여 한정되어 있는 것에 불과하다. 그러므로 만약 지식 스스로가 자기인식의 본성에 의하여 알려져 있지 않다고 하면, 어떻게 지식에 의하여 한정된 대상이 이해될 수 있겠는가. 그것은 마치 지팡이 ― 라고 하는 한정자 ― 가 인식되지 않은 때에는 지팡이를 가진 사람 ― 이라고 하는 피한정자 ― 을 인식하는 것도 이론적으로 불가능한 것과 같다.

그에 대하여 트릴로차나(10세기 니야야학파의 철학자로 바차스파티미슈라의 스승)는 말했다. '가령 눈 그 자체는 지각되지 않아도 시각의 대상인 형태는 지각된다. 그와 같이 가령 지식 그 자체는 자각되지 않아도 대상이 알려진다고 하는 것은 있을 수 있다.'고.

그러나 이 의론(議論)은 지금의 주제에 적합하지 않으므로 옳지 않다고 함은, 빛깔과 모양[형태]이라고 하는 대상의 한정

자는 눈이라고 하는 물질적인 감각기관이 아니라 시각이라고
하는 지식인 것이다. 그러므로 시각이 자각되지 않고 있을 때
에 어떻게 형태가 알려질 수 있겠는가 하는 것이다. 때문에
그대의 이론은 여전히 비판을 받게 된다.

또 쿠마릴라 바타는 지식의 비지각성(非知覺性)을 말하기 위
하여 다음과 같이 반론한다. '감각기관은 그 자체로서는 지각
되지 않는다. 그러나 그것이 존재하지 않으면 빛깔과 모양 등
의 대상도 분명해지지 않는다고 하는 일에 비추어 감각기관의
존재가 증명된다. 지식도 그와 같은 방식으로 그 존재가 추리
되는 것이다.'라고.

또 이 문제에 관하여 ≪샤바라 바샤≫(미맘사 수트라에 관한
샤바라스바민의 주석註釋)에는 '누구도 대상이 알려져 있지 않
은 때에는 인식의 존재를 지각하지 않는다. 다만 대상이 알려
졌을 때, 그를 근거로 하여 인식 자체의 존재를 추리에 의하
여 이해하는 것이다.'고 말하고 있다.

≪슐로카 바르티카≫(쿠마릴라 바타의 저서)는 다시 '지식은
대상이 알려져 있다고 하는 것을 근거로 하여 추리함으로써 알
려진다.'고 말하고 있다.

이와 같은 미맘사학파의 비판에 대하여 우리는 이렇게 답하
다. 알려져 있다고 하는 것은 대상이 현현(顯現=명백하게 나
타난 것)되어 있는 것을 말한다. 그러나 그것은 불가능하다. 이
현현성(顯現性)은 지식과는 별개의 것이며, 그러한 입장에서
우선,

1. 그것이 대상과 같은 것으로서 명백하게 되었을 때에는,
그것은 대상과 한가지로 무감각한 것이다. 따라서 무감각한

것은 감각의 내용으로서 현현할 수는 없다.[26]

2. 현현성은 대상과는 별개의 것이며, 더구나 그것이 무감각한 것일 때에는 스스로 현현할 수 없다. 또 다른 하나의 현현성에 의하여 현현된다고 그대가 생각한다면, 그 두 번째 현현성을 비추는 세 번째 것이 있어야 하고, 세 번째 것을 비추는 제4, 제5의 것이 차례로 현현하여 무한히 소급하는 오류가 될 것이다.

3. 현현성이 위에서 말한 두 가지 경우와 달라 지적인 본성을 갖는 것이라고 생각한다면, 그대는 본래 지식의 비지각성(非知覺性)을 주장하고 있는 것이므로, 현현성도 또한 지각되지 않는 것이 된다.

이러한 까닭으로 지식은 자기를 지각하는 것이라고 말하지 않을 수 없게 된다. 더구나 자기인식은 우리의 지각에 의하여 증명되고 있는 것이며, 어떻게 부인할 수 있겠는가. 다르마키르티는,

> 인식 자체가 지각되어 있지 않을 때에는 대상의 지각은 있을 수 없다.

고 말하고 있다. ≪지식논평석장엄≫의 저자 굽타도 다음과 같

---

26. 산타라크시타의 게송에서도 분명하듯이, 모든 감각의 내용, 지각의 표상으로서 나타나고 있는 것은 지식이다. 외부의 대상 자체는 결코 지각되는 일 없이, 그 대상이 우리의 지식 속으로 던져 넣은 형상을 근거로 하여 그 존재는 추리될 뿐이다. 보이는 세계는 모두가 감각 내용, 또는 지각 표상이며, 그 범주 안에서는 지식이며, 무감각한 물질로서의 외부의 대상은 아니다. 이 경량부의 이론은 제3장 24절에서 다시 논의된다.

이 말한다.

이 지식이 지각되어 있지 않으면, 대상이 알려져 있는 것을 어떻게 알 수 있겠는가. 비지각적인, 즉 보이지 않는 본성을 누가 규정할 수가 있겠는가.

〔反論〕'모든 지식에 자기에 대한 지각성이 있다고 하면, 이것은 항아리라고 하는 것과 같은 개념적인 인식도 지각성(知覺性)을 갖는 것이 되므로, 비개념적인 인식이 되고 만다. 또 흰 조개를 노란 조개라고 하는 그릇된 인식도 지각성을 갖는 한 혼미한 인식이 아니게 된다. 그러한 모순을 어떻게 피할 수 있겠는가.'

답하기로 하자. 개념적 인식도 그 자체로서는 비개념적 인식인 것이다. 이것은 항아리라고 하는 판단은, 다만 외부의 대상을 개념적으로 인식하고 있는 것에 지나지 않는다. 결코 그 판단 자체를 개념적으로 인식하고 있는 것은 아니다. ―판단 자체는 지각되는 것이다― 그러므로 다음의 게송(偈頌)을 설하고 있다.

언어의 대상을 인식하는 개념지(概念知)는, 그 언어의 대상에 관해서만이 개념적이다. 그 인식의 본성은 언어의 대상과 같지 않다. 때문에 모든 인식은 그 본성에 있어서 지각되는 것이다.

혼미한 지식도 자기현현적(自己顯現的)인 것으로서 나타나는 것이므로, 그 자체에 관해서는 혼미가 아니다. 다만 그릇된 대상에 관하여 생기므로 혼미라고 말해질 뿐이다. 그러므로 말한다.

인식은 그 자신으로서는 모두가 옳은 것이다. 타자(他者)인 외부에 관해서는 때로는 오류이다.

그러한 뜻에서 현현(顯現)은 다른 방법일 수 없으며, 그러
한 이유로, 이들 모든 것이 현현하고 있는 한 그것은 스스로
의 원인인 나타나는 본성을 가진 지식으로부터 생겨, 현현하
는 것이라고 인정해야 한다.

4. 요가 수행자의 직관(直觀)

〔定義〕 진실의 대상을 열심히 명상하여 계속한 끝에 생긴 지각이
요가 수행자의 직관이다.

요가라고 하는 것은 마음을 하나의 대상에 집중하는 것을
특징으로 하는 삼매(三昧=선정禪定)로서 사물의 진실을 남김
없이 식별하는 지혜이다. 요가를 행하는 사람을 요기(yogi)라
고 한다. 이 요가 수행자의 인식은 일종의 지각에 지나지 않
는다. 그것은 어떠한 지혜인가 하면, '진실의 대상을 열심히
명상하여 계속한 최후에 생기는 지각'을 말하는 것이다. 진실
의 대상이란, 확실한 인식방법에 의하여 알게 되는 대상이다.
명상은 끊임없이 반복하여 대상을 마음속에 그리는 것이다.
진실의 대상을 열심히 명상하여 계속한 최후에 생긴 인식은
개념지를 떠난 혼미함이 없는 지각이다.

진실의 대상이라고 하는 것은 ─ 구체적으로는 모든 것은 괴
로움이라고 하는 진리〔고제苦諦〕, 그 원인에 관한 진리〔집제集
諦〕, 괴로움을 끊어 없애는 것에 관한 진리〔멸제滅諦〕, 그 끊
어 없앰에 이르는 길에 관한 진리〔도제道諦〕의 네 가지 진리

〔사성제四聖諦〕이다.

우리는 심리적·물질적인 다섯 가지 요소〔오온五蘊 = 색(色, 물질)·수(受, 감각)·상(相, 표상表象)·행(行, 행동)·식(識, 인식)〕는 찰나마다 없어지는 것〔변화하는 것〕이 본성이며, 그 본성은 부정(不淨)하고, 자아(自我, ātman)를 갖지 않으며, 괴로움이라고 이해하지 않으면 안 된다. 그것도 '무릇 존재하는 모든 것은 찰나마다 없어지는 것……'이라고 하는 추리를 통하여 확실한 인식방법과 일치하는 것이라고 확신해야 한다.[27]

〔反論〕 '1. 대체로 명상이라고 하는 것은 일종의 개념적 사유이다. 그리고 개념적 사유는 실재하는 것을 대상으로 하지 않는다. 그러므로 명상에 의하여 실재하는 것이 있는 그대로 나타난다고 하는 것이 어떻게 가능하겠는가.

2. 또 어째서 개념적 사유가 비개념적인 사물에 관련할 수 있는가.

3. 더욱이 마음은 한순간마다 변하여 없어져 가는데, 어떻게 하나의 대상에 집중될 수 있는가.

4. 또 같은 이유로 일반인에 대하는 탁월함이 어찌하여 어떠한 — 요가 수행 — 자에게 생기는가.

5. 또 신체를 가진 사람이 탐욕 따위를 이탈하여 해탈하는 것이 어떻게 가능한가. 이와 같이 모두가 불합리하다.'

이에 대하여 답하자.

1. 개념적 사유는 본래가 실재하는 사물을 대상으로 하는 것

---

27. 여기서 가리키고 있는 찰나멸성에 관한 논증(論證)은 제3장 2, 13절 참조.

이 아니다. 그러나 실재하는 것을 구상한다. 때문에 명상에 의거하여 실재하는 것도 있는 그대로 나타나는 것이다.

2. 우리는 개념적인 사유 그 자체가 비개념적이라고 말하지 않는다. 개념적 사유로부터 비개념적인 지각이 생긴다고 말하는 것이다. 실제는 연애나 깊은 슬픔으로 몹시 번민하는 사람에게는 개념적 사유의 영역을 넘어서 사랑하는 사람의 모습이 눈에 보이는 일이 있다. 그것은 우리의 경험에 의하여 실증되고 있다. 그와 같이 실제로 경험되는 것은 아무런 불합리성(不合理性)도 지적될 수가 없다.

3. 확실히 마음은 찰나마다 변하는 것이다. 그러나 같은 종류의 일련의 순간28을 통하여 대상의 인식에 전념하고 있을 때에는 그것을 하나의 대상에 대한 마음의 집중이라고 한다.

4. 탁월한 마음상태는 마음이 상주(常住, 항상 변하지 않고 또 없어지지 않으며 영원한 상태에 있다)함으로 해서 생기는 것이 아니라, 참으로 순간마다 변하고 없어지는 것이기 때문에 생긴다. 그것은 상주하는 것에게는 어떠한 성질도 첨가되지 않기 때문이다. 이에 관하여 다르마키르티는 말했다.

> 유식한 자는 그 본성이 결코 변[멸滅]하지 않는 것을 상주하는 것이라고 부른다. 이와 같이 상주하기 때문에 변화하지 않는 것에는 일정한 능력, 또는 무능력이 본성으로서 정해져 있다. 그것을 누가 소멸시킬 수가 있겠는가.29

---

28. 이것은 요가에 있어서만이 아니고 일반적으로 삼매(三昧)에 든 사람, 선정(禪定)에 든 사람이 생멸(生滅)의 시간적 차이에도 불구하고 끊임없이 본래의 동일성(同一性, saṃtāma)을 회복하는 순간을 가리킨 것이다.

5. 사람이 신체를 가지고 있는 한, 은혜를 입으면 쾌감을 느끼고, 냉대(冷待)를 받으면 불쾌감을 느낄 것이다. 그러므로 신체를 가진 자가 탐욕을 떠나서 해탈하는 것은 불가능하다고 그대는 말했다. 그러나 그것은 옳지 못하다고 하는 것은, 탐욕을 일으키는 원인은 신체가 아니라 무지(無知＝무명無明)에 있다. 무지는 무상(無常)한 것을 변하지 않고 영원한 것이라고 생각하며, 자아가 아닌 것을 자아라고 하며, 괴로움인 것을 즐거움이라 하고, 부정(不淨)한 것을 청정(清淨)하다고 하는 네 가지 도착(倒錯)된 견해를 본성으로 하는 오해를 말함이다. 그것으로 인하여 쾌락의 대상에 대한 뜨거운 사랑도 생긴다.

자아는 변하지 않고 영원한 것이라고 생각하는 사람은, 쾌락에 대한 뜨거운 욕망의 원인인 것을 자아의 소유물로 알고 집착하게 된다. 거기 집착하는 것이 탐욕인 것이다. 이 탐욕과 관련하여 진심〔진에瞋恚＝성냄〕, 그 밖의 번뇌가 생기는 것이다. 그러므로 무지야말로 탐욕과 같은 번뇌의 근원이며, 신체는 그렇지 않은 것이다. 비유컨대 신체가 있다고 해도 만약 무지가 없어지면, 어떻게 탐욕 따위가 그 사람에게 엉겨붙을 수 있겠는가. 그러므로 살아 있는 신체가 있다 해도, 무지를 떠나 탐욕 따위를 버린 사람에게는 모든 집착으로부터의 해방을 특징으로 하는 해탈이 있는 것이다. 이와 같이 하여 모든 문제는 해결되었다.

---

29. 제3장 18절 참조.

5. 지각의 대상

〔定義〕 그 지각의 대상은 독자상(獨自相, 독자적인 성격과 형태를 말함)이다.

앞에서 말한 네 가지 종류의 지각에는 저마다 독자상이 대상으로 되어 있음을 알아야 한다. 독자상이라고 하는 것은 공간·시간·형태에 있어서 어디까지나 개별화된, 다른 어떤 것과도 공통되지 않은 저마다의 독자성을 말한다.

다음과 같은 것이 여기서 의미되고 있다. 가령 항아리를 예로 든다면, 그것은 눈앞에 '이 순간' 보이고 있으며, 물 그 밖의 물건을 담을 수가 있는 것이며, '지금' '여기'에 '이 모양'으로 시간·공간·형태적으로 개별화되어 있다. 또 무상(無常)이라든가, 그 밖의 온갖 종류의 개념과 결합되지 않고, 우리의 행위의 목적이 되고, 다른 항아리와는 같은 종류의 것이며, 항아리가 아닌 다른 것과는 다른 종류로 구별된, 어디까지나 개별적인 것이 독자상이라고 하는 의미를 포함하는 것이다.[30]

〔反論〕 '만약 독자상만이 지각의 대상이며 공통된 성질〔일반상─般相〕은 그렇지 않다고 한다면, 도대체 연기의 일반상과 불의 일반상 사이의 필연적인 관계〔편충遍充, 예를 들면 연기가

---

30. 다르마키르티의 이론에 있어서 지각의 대상은 '이 순간' '이것 하나'라고 하는 어디까지나 개별적인 독자상(獨自相, svalakṣaṇa)이다. 이것은 감관적 직감(直感)의 대상으로서 구체적인 사물을 말한다.

있으면 불이 있다고 하는 두 개념 사이의 논리적 필연성]는 어떻게 해서 지각에 의하여 인식될 수 있는가. 그리고 만약, 그것이 인식되지 않으면 보편적 관계로부터 연역(演繹)인 추리가 성립하지 않게 된다.'

〔答論〕 그러한 오류는 없다. 왜냐하면 앞에서 말한 '지각의 대상은 독자상이다'고 한 정의는, 지각은 독자상 이외의 사물과는 결코 관련 짓지 않는다고 하는 의미가 아니다. 또 그러한 의미로, 독자상만이 지각의 대상이라고 말하는 것은 아니다. 지각은 독자상과도 관련한다는 의미이며,31 그러한 뜻에서 독자상은 지각의 대상이라고 말하는 것이다. 따라서 일반상이 지각의 대상이 되는 것을 방해하지도 않는다.

인식의 대상에는 두 가지가 있다. 즉 직접적 대상과 간접적 대상이다. 그리고 지각하는 경우에는, 지금 직관(直觀)되고 있는 독자상, 즉 그 한순간의 대상이 직접적 대상이며, 그 직관의 다음 순간에 생기는 개념을 섞은 표상인 일반상은 간접적 대상인 셈이다.

또 이 일반상도 두 가지 종류로 나뉜다. 개체의 개념(직역하면 종縱의 형태를 가진 일반자)과 종류의 개념(직역하면 횡橫의 형태를 가진 일반자)이다. 그중 예를 들면, 이 항아리와

---

31. 두 개의 명사 A와 B의 관계는, B가 A 이외의 것과는 결코 관련되지 않는다. 즉 A와 B가 같은 연관관계에 있다. '모든 것은 무상(無常)한 것이다'고 하는 관계가 그것이다. 이것을 anyayogavyavaccheda라고 한다. 또 B가 A와 그 밖의 다른 것과도 연관관계에 있다. 다시 말하면 B의 외적인 연관관계가 A를 넘어서 보다 넓게 된 관계. 예를 들면 '벚나무는 나무이다' 하는 관계. 이것을 ayogavyavaccheda라고 한다.

같은 — 그 이외의 항아리라고 하는 동류(同類)로부터 구별된 하나의 개체 — 의 순간의 흐름 — 에 있어서 많은 순간의 연속을 하나[일체一體]로 간주하여 그 집합체를 '이것'이라고 지적하는 것이 개체의 개념으로서의 일반상이다.[32] 이것은 개체를 확인하는 지각의 대상이다. 한편 다른 종류로부터 구별된 다수의 — 같은 종류의 — 개체를 성원으로 하는 '클래스'가 종류의 개념이다. 이것은 두 개의 개념 사이의 필연적 관계(예를 들면 항아리는 제작물이라고 하는 관계)를 인식하는 지각의 대상이 되는 것이다.

이 지각의 경우에 반하여, 추리에 있어서는 일반상이 직접적 대상이며, 일반상에 의거하여, 상상에 의하여 생긴 독자상은 간접적인 대상이 된다.

지각의 일차적인 대상은 독자상이라고 설하는 것에 의하여, 다른 학파(바이세시카)의 주장하는 여섯 가지 범주 — 전체로서의 실체(예를 들면 하나의 개체인 항아리가 전체로서의 항아리로 인식되는 것과 같다), 속성(屬性), 운동, 일반, 특수, 내재성(內在性) — 는 지각의 대상이 아니라는 것도 암시하고 있다. 이들은 지각이라고 하는 인식에 있어서 현현하지 않으며, 또 현현하지 않고 있는 것을 지각의 대상이라고 말할 수는 없다. 그렇지 않으면 과대하게 적용하는 오류에 떨어지기

---

32. 모든 사물이 찰나멸무상(刹那滅無常)이면서도 어느 한동안의 계속적인 존재를 동일한 것으로 간주한다. 예를 들면 항아리가 흙으로 빚어진 순간부터 그 항아리가 깨뜨려져서 항아리 구실을 할 수 없게 된 순간까지를 하나의 개체로서 인정한다. 이것을 일기무상(一期無常)이라고 하는데, 이 일기무상의 당체(當體)는 일체(一體)인 것이다.

때문이다.

즉 예를 들면, 항아리가 보이고 있을 때 그 항아리의 전면이라든가 후면이라든가 하는 부분을 제거하고서 별개, 유일(唯一)한 항아리라고 하는 전체성(全體性＝유분有分)으로서의 실체는 전혀 인식되지 않는다. 논리학의 최고 권위(다르마키르티를 가리키는 듯)는 이 점에 관하여,

> 근접한 여러 부분만이 있는 그대로 보이고 있지만, 그 여러 부분에 내재하며, 더욱 스스로는 분할되지 않는－전체성이라고 하는－것은 전혀 알려지지 않는다.[33]

고 하였다.

속성, 운동 등도 이와 같이 비판할 수 있는 것이라고 알아야 한다.

---

33. 여섯 가지 범주에 관한 자세한 설명은 제3장 4절에서 언급하고 있다.

6. 지각의 방법과 결과의 동일성

〔反論〕 '이해한다고 하는 작용이 인식의 결과이며 그것을 초래하는 지식이 인식방법이라는 것은 일반적으로 인정되어 있다. 그대의 이론으로는 무엇이 인식방법으로서의 지식이며, 무엇이 그에 의하여 생기는 이 — 결과로서의 — 이해에 해당하는가.'

답하기로 하자. 지각에 있어서는 푸른 빛깔 따위의 대상으로부터는 두 가지의 지식이 생긴다. 푸른 빛깔의 형상(ākāra, 객관으로서의 지각 내용)과 푸른 빛깔의 의식 자체(주관으로서의 의식)이다. 그중 푸른 형상으로서의 지식은 푸른 빛깔이 아닌 것의 형상으로부터 구별 — 된 것으로서 설정되고 — 될 때에 인식방법이라고 불린다. 푸른 빛깔의 의식도 푸른 빛깔이 아닌 것의 의식과 구별 — 된 것으로서 설정되고 — 될 때에 이해라고 불린다. 이 후자가 인식의 결과인 것이다. 그것은 다르마키르티가 ' — 지식의, 외부의 — 대상과의 유사성(類似性＝푸른 빛깔의 형상)이 인식방법이며, 대상의 이해(푸른 빛깔의 의식)가 인식의 결과이다.'고 말한 것과 같다. 그리고 이 인식방법과 결과는 개념적 반성에 의하여 구별되고 설정되는 것에 불과하다. 그러나 진실의 입장에서는 이와 같은 구별은 실재하는 것이 아니다.[34]

---

34. 본래 지식은 하나이다. 그것을 방법과 결과로 나눌 수는 없다. 그러나

따라서 지식은 반드시 어느 대상의 형상을 갖는 것이며, 형상이 없는 투명한 지식이라고 하는 것은 인정되지 않는다. 만약 반대로 지식에는 형상이 없다고 주장한다면, 지식은 어떠한 대상에 대해서도 그 형상을 지니지 않는 점에서, 항상 같은 위치에 머물 것이므로, 이것은 청(靑)이다, 이것은 황(黃)이라고 각각 구별하여 대상을 확인할 수가 없게 된다.[35]

또 어느 사람이 '한순간 앞의 지식이 인식방법이고, 한순간

논리적 반성의 입장에서 구별한다면, 외부의 대상이 지식 안에 투입한 그 형상—그것은 외부의 대상과 유사한 것이라고 추리되지만—혹은 그 형상과 외부의 대상과의 유사성이 인식방법이고, 그 형상에 대한 지각이 결과라고 말할 수는 있다. 또 경량부의 인식론은 이렇게 말한다. 외부의 대상 그 자체는 지각되는 것이 아니고, 마음의 내부에 있는 형상을 근거로 하여 무엇인가가 외부에 있어야 한다고 추리될 뿐이다. 그러므로 그 대상과 형상과의 유사성이라고 하는 것도 그 지각에 의거하여 행동한 결과, 소기(所期)의 것에 도달한 것이라는 것으로부터 추리한 것에 불과하다고. 요컨대 우리가 지각하고 있는 것은 하나의 지식이며, 그것을 대상·형상·지각(결과)으로 나누는 것은 반성(反省)의 입장에 있어서의 논리적인 조작에 불과한 것이다.

35. 인도의 인식론에 있어서는, 어떠한 대상을 인식할 때 지식 그 자체는 변하지 않고 무색투명하다고 하는 무형상지식론(無形象知識論)과, 지식은 반드시 그 대상의 형상을 띠고 그에 의하여 설정된다고 하는 유형상지식론(有形象知識論)으로 대립한다. 불교에 있어서 설일체유부(說一切有部)는 전자를, 경량부는 후자의 입장을 취하고 있다. 유형상지식론에서는, 인식이란 대상이 지식 안에 투입된 형상을 지식 자체가 자각하는 것이다. 따라서 유형상지식론은 반드시 지식의 자기인식[자각自覺]을 찾는다. 그러나 무형상지식론은 지식의 자기인식을 부정하고, 인식은 동시에 존재하는 무색의 지식과 대상과의 사이에 있는 작용이라고 한다. 유형상지식론자가 동시에 존재하는 지식과 대상과의 사이에는 인과 작용의 하나인 인식은 생기지 않는다고 이것을 비판하고 있다.(제1장 4절 2항의 주25 참조)

다음의 지식이 인식의 결과이다'라고 설명한다면, 그것은 옳지
않다. 그 까닭은 첫째 순간의 지식이 생기고 있을 때는 둘째
순간의 지식은 아직 생기지 않고 있으므로, 전자를 후자의 인
식방법이라고 할 수 없기 때문이다. 또 결과인 지식이 생겼을
때에는 그 한순간 앞의 지식은 찰나멸성에 의거하여 없어졌기
때문에 그 항아리 따위를 대상으로 하여 일어나는 한순간 앞
의 지식이 어떻게 해서 인식방법이 될 수 있겠는가.

　또, 하나의 지식과 동시에 존재하는 지식이 전자의 결과라
고 말할 수 없다. 소의 좌우(左右)의 뿔과 같이 돕는 자와 도
움을 받는 자와의 관계가 거기에는 없기 때문이다. 그러므로
진실에는 인식의 방법과 결과라고 하는 구별은 없는 것이다.
그러나 개념적으로 구별하는 것에 의거한 차별이 논리적 반성
에 있어서 설정될 뿐인 것이다.36 이와 같이 생각하는 것이
옳다.

---

36. 인식에 있어서의 인과관계는 대상[원인]과 지식[결과] 사이에 생긴
　　다. 지식 그 자체의 내부에 있어서의 방법과 결과란, 그 이름은 인과
　　(因果)와 같이 들리지만, 실은 논리적 관계이므로 이것을 인과관계라
　　고 해석해서는 안 된다.

❧ 제2장 추리론推理論 ❧

1. 능증能證의 세 가지 조건

〔定義〕추리는 자기를 위한 추리〔위자비량爲自比量〕와 타인을 위한 추리〔위타비량爲他比量〕의 두 가지로 나뉜다.[1]

자기를 위한 추리(svārthānumāna)라고 하는 것은, 자기가 이해하기 위하여 행하는 것으로서 지식을 자체로 한다. 예를 들면, 산이라고 하는 추리의 주제〔유법有法〕에서 피어오르는 연기를 보고, 그 추리자에게는 불이 있다고 하는 지식이 생긴다. 그 사람은 이 인식에 의하여 직접으로는 지각하지 못하는―불이라고 하는―대상을 이해한다. 그러나 그 이상은 아

---

1. '자기를 위한 추리'의 뜻 안에는 타인이 나에게 가르쳐 주어서 나를 위하게 된 추리는 포함되어 있지 않으며, 이 추리의 근저에는 오히려 '스스로 깨닫는다'는 깨달음이 깔려 있는 것이다. 또 '타인을 위한 추리'에는 타인으로부터 가르침을 받고 비로소 알게 되었다고 하는 추리와, 타인을 가르치기 위한 추리가 포함되어 있다. 불교에서는 이 두 가지가 모두 육바라밀다(六波羅蜜多)와 관계를 지니고 있으며, 전자는 소승적(小乘的) 각성에 보다 깊이 관여하고 있고, 이 양자를 합한 것은 대승적인 깨달음과 보시행(布施行)에 직결된다.

무엇도 하지 않는다. 그러므로 이것은 자기를 위한 추리라고
한다.

타인에게 대상을 이해시키기 위하여 행하는 추리(parārt-
hānumāna)를 타인을 위한 추리라고 말한다. 타인을 위한 추
리, 즉 논증(論證)은 언어에 의한 진술을 자체로 한다. 세 가
지 조건을 갖춘 능증(能證, linga＝증상證相)을 진술하는 언
어는 타인을 이해하도록 이끈다. 타인에게 알린다는 뜻을 지
니고 있으며, 이 언어는 추리를 의미한다. 예를 들면 그것은
'수유(酥油＝액화液化한 버터)는 목숨이다'고 하는 표현과 한가
지로 비유에 의거한 의미이다.

그중에 자기를 위한 추리는 세 가지 조건을 충족하는 능증
에 의거하여 생기는 추리 대상에 관한 인식을 말한다. 즉 능
증[논거]이 세 가지 조건을 갖추고 있다면, 추리의 대상─그
것은 직접적으로 지각되지 않는 것이지만─에 관한 지식이
추리자에게 생긴다. 그와 같은 인식을 자기를 위한 추리라고
말한다.2

---

2. 추리 과정은 '연기가 있으면 불이 있다' '저 산에 연기가 있다' '때문에
    저 산에는 불이 있다'고 예시할 수 있다. 산에 해당하는 명사의 명칭에
    는 pakṣa(주장하는 명제의 주어), anumeya(추리의 대상), dharmin
    (주제, 직역하면 성질 즉 능증을 가진 것) 등이 있다. 혼동을 피하기
    위하여 원어(原語)의 여하에 관계하지 않고 '주제'라고 하는 역어(譯
    語)를 원칙적으로 사용했다. 연기에 해당하는 명사는 원전(原典)에서
    는 linga(증상證相), hetu(인因), sādhana-dharma(능증인 성질),
    pakṣa-dharma(주제의 성질) 등의 단어가 있다. 그러나 이 역어도 능
    증으로 통일했다. 불에 해당하는 명사도 sādhya(소증所證),
    anumeya(추리의 대상), sādhya-dharma(소증인 성질)로 나타나 있

그러나 어느 사람들은 추리를 능증과 소증(所證)과의 필연적 관계를 특정한 주제와 관련한 것으로 결정하는 것이라고 정의한다. 또 다른 사람들은 불이라고 하는 것과 같은 소증의 존재를 증명하는 것이 추리라고 말한다.

그러면 능증의 세 가지 조건을 설명하기로 한다.

〔定義 1〕 능증이 주제(anumeya=소비所比)의 모든 성원(成員) 및 그와 동류(同類)에게 존재하는 것이 확정되어 있다.

예를 들면, 산과 같이 추리 대상(anumeya)인 주제(dharmin)와 불을 가진 점에서는 그 산과 한가지인 부엌 따위의 그 동류 속에 능증인 연기가 존재하는 것이 결정적이다. 이것이 주제의 성질 — 주제의 소속성(主題所屬性, paksa-dharmata= 편시종법성遍是宗法性) — 이라고 불리는 하나의 조건이다.

이 정의에 있어서 '존재하는 것'이라고 하는 말로 인하여 비실재적(非實在的)인 능증(aiita-hetu=불성인不成因, 능증이 주제에 실재하지 않는 것을 가리킴)이라고 하는 오류가 제외되는 셈이다. 예를 들면, '음성은 가시적(可視的)이므로 무상하다.'고 하는 추리에 있어서는 가시성(可視性) 즉 시각의 대상이라고 할 수 있는 성질이 주제인 음성에는 없다. 그러므로

으나 소증으로 통일했다. 본래 원전에서는 anumeya의 뜻은 주제, 소증, 그리고 이 양자로부터 이루어지는 명제 등 세 가지 의미로 쓰이고 있다. 그러므로 그때그때의 문맥을 따라 혼동을 피하면서 그중 하나를 선택했다.

이 추리는 비실재적인 능증의 오류를 지니게 된다. 그러나 이 오류는 앞에서 말한 정의에 의하여 제외되는 것이다.

정의 가운데 '모든(eva)'이라고[3] 한 말은, 주제를 구성하는 성원(成員)의 일부에 있는 비실재적인 오류의 능증을 배제하는 기능을 다한다. 예를 들면, 디감바라파(Digambara派 : 자이나교의 일파, 공의파空衣派, 나행파裸行派라고도 한다)가 제출하는 추론식(推論式) 즉 '나무는 잠자는 것이므로 의식이 있다.'고 하는 것에 있어서 능증인 '잠자는 것'은 나뭇잎이 시들시들해지는 모습을 말하는 것이지만, 그것은 주제인 모든 나무에게서—동시에—볼 수 있는 것은 아니다. 그러므로 이것은 주제의 일부에는 실재하지 않는 그릇된 능증인 것이다.

정의 가운데 '확정되어 있다'고 하는 말은 실재가 확정되지 않은 능증을 배제한다. 예를 들면 '그곳에는 연기인지 안개인지 의심스러운 한 무더기의 기체가 피어오르고 있으므로, 불이 있다'고 하는 추리에 있어서, 그 장소에 있어서의 연기의 존재는 확정되어 있지 않으므로, 확실한 능증이라고는 말할 수 없다. 정의에 있어서 '모든 성원 및 그 동류(同類) 가운데 존재한다.'[4]고 한 것은 주제에만—능증이—실재하지 않는 과

---

3. eva는 문장의 뜻을 제한하는 기능을 가진 여러 가지 뜻의 불변사(不變詞)이다. 우리말의 어떤 하나의 단어로 번역하기에는 어려운 낱말이다.
4. 직역하면 '존재하는 것이라고 하는 말의 다음에 eva라고 하는 말을 둠으로 해서'이다. 능증의 제1조건은 anumeya sattvam eva miścitam 으로, eva는 sattvam(존재)의 직후에 있다. 그것은 주어의 외연(外延)보다도 능증의 외연이 큰 것을 의미한다. 이에 eva의 기능을 충분히 번역할 수가 없으므로 '및 그와 동류'라는 말로 보충했다.

소부정능증(過小不定能證=불공부정인不共不定因)을 배제한다. 예를 들면, '음성은 들리는 것이므로 무상하다.'고 하는 추리에 있어서, 들리는 것이라고 하는 능증은 음성에만 존재하며 마찬가지로 무상한 다른 것, 즉 항아리에는 존재하지 않으므로 이 능증은 유효하지 않다.

〔定義 2〕 동류에게만이[5] 능증의 존재가 확정되어 있다.

동류(同類, sapakṣa=동품同品)란 같은 성질의 성원(成員)이라는 말로서, 주제와 유사하여 비유의 예로 들 수 있다고 하는 의미이다. 예를 들면, 음성은 '만들어진 것이므로 무상하다. 비유컨대 항아리와 같이.'라고 하는 추리에 있어서의 항아리는 동류인 것이다. 능증이 동류에게 있어서만 존재한다고 확정하고 있는 것이 긍정적 필연성(anvaya=동품정유성同品定有性)이라고[6] 부르는─확실한 능증이기 위한─제2 조건이다.[7]

---

5. sapakṣa는 능증과 소증을 공유하는 점에서 주제 pakṣa와 동류인 것. 구체적으로는 소증에 속하는 클래스의 멤버(성원)를 말한다.
6. anvaya는 두 가지 의미로 쓰인다. 인과관계를 확인하는 지각의 경우에는 비유컨대 불이 생기면 연기가 생긴다고 하는 긍정적 수반성(隨伴性, 제1장 1절 참조)을 의미한다. 그러나 추리에 있어서 능증과 소증과의 논리적 필연관계 즉 충족(充足=편충遍充) vyāpti에 관하여 쓰이고 있을 때에는, 연기가 있으면 불이 있다고 하는 논리적 관계를 의미한다. 이때에는 '긍정적 필연성'이라고 번역했다. 또 vyatireka에 대해서도 인과관계일 때에는 부정적 수반성이라고 번역하며, 긍정적 필연성의 위치 내지 성질이 바뀌는 명제를 의미할 때에는 '부정적 필연성'이라고 번역했다. 따라서 이 말은 긍정적인 실례에 있어서는 이유와 결론과의 긍정적인 일치관계를 뜻하며, 부정적인 실례에 있어서는 이

여기에서도 '존재한다'는 말은, 대립적인 능증(viruddha-hetu＝상위인相違因)을 배제하는 기능을 다한다. 예를 들면 '음성은 만들어진 것이므로 영원하다. 항아리와 같이'라고 하는 추리에 있어서 만들어졌다고 하는 성질은 영원성(永遠性)의 다른 종류인 무상성(無常性)에 의해서도 필연적으로 포용되는 것이므로 이 능증은 대립적이라고 말한다.

'만(eva)'이라고 하는 말은 같은 종류와 다른 종류에게 공통된 과대부정능증(過大不定能證＝공부정인共不定因)을 배제한다. 예를 들면 '음성은 인식되는 것이므로 영원하다. 항아리와 같이'라고 하는 추리에 있어서는 인식된다고 하는 성질은 개념지의 대상이 되는 것을 의미하기도 하나, 그 성질은 동류인 ― 영원한 ― 허공(虛空)과, 이류(異類)인 ― 무상한 ― 항아리에서도, 즉 모든 것에서 발견되는 것이므로 공통 ― 즉 과대(過大) ― 된 것이라고 말한다.

'존재한다'고 하는 말 앞에 '만'이라고 하는 말을 둠으로 해서 다음과 같은 사실을 나타낸다. 무상성을 증명하기 위한 노력의 직후에 생기는 것〔권용무간소발성勸勇無間所發性〕이라고 하는 능증과 같이, 비유컨대 같은 종류의 무슨 성원을 필연적으로 포용하는 것이 아니더라도 그것은 확실한 능증일 수가 있다. 예를 들면 '음성은 무상하다. 노력의 직후에 생기기 때문이다. 항아리와 같고, 번개와 같지 않다'라고 하는 추리는 정확한 것이다.

유와 결론과의 그 일치관계가 전도(顚倒)된 것을 가리킨다.

7. 제2 조건의 원문은 sapakṣa eva sattvaṁ niścitam.

'확정되어 있다'고 하는 말은 긍정적인 필연성의 의심스러운 능증을 배제한다. 예를 들면 '이 사람은 전지자(全知者)는 아니다. 말을 하기 때문에. 누구누구와 같이'라고 하는 추리에 있어서 동류인 누구와 같이 말을 한다고 한 사실은 비전지성(非全知性)에 의하여 필연적으로 포용되는지 아닌지 확인되지를 않는다. 그러므로 이 추리는 확실하다고 말할 수가 없는 것이다.

〔定義 3〕능증이 결코 다른 종류의 어떠한 성원 중에도 존재하지 않음을 확정하고 있다.

다른 종류〔이류異類, asapaksa＝이품異品〕라고 하는 것은 같은 종류가 아닌 것을 가리킨다. 그중에 능증이 결코 존재하지 않는다고 확정하고 있는 것은 부정적 필연성(vyatireka＝이품편무성異品遍無性)이라고 불리는 능증이기 위한 제3의 조건이다.
　여기에서도 '존재하지 않음'이라고 하는 것은 대립적인 능증을 배제한다. 예를 들면 '음성은 만들어진 것이다. 그러므로 영원하다. 항아리와 같이'라고 하는 추리에 있어서의 능증―만들어진 것이라고 지적되는 성질은 실제로는 같은 종류, 즉 영원한 것에는 존재하지 않는다. 오히려 무상한 것―은 다른 종류에서 발견되는 것이므로 대립적이다.
　'결코'라고 하는 말에 의하여 다른 종류의 일부에도 존재하는 과대부정능증이 배제된다. 예를 들면 '음성은 무상하므로 노력의 직후에 생기는 것이다. 항아리와 같이'라고 했다면, 그 추리에 있어서는 노력의 직후에 생긴다고 하는 것이 소증(所

證)이다. 무상성이라고 하는 능증은 다른 종류 즉 노력에 의하여 만들어지는 것이 아닌 것 중의 그 어떤 것, 비유컨대 번갯불에서는 발견되고, 다른 것 비유컨대 허공에게서는 발견되지 않는다. 따라서 이 능증은 일정한 결론에 이끌어 가지 못한다. 그러므로 반드시 제외되어야 할 것이다.

만약 eva라는 불변사(不變詞)가 '다른 종류의'라고 하는 말을 제한하는 것으로 쓰이고 있다면,[8] 이 조건은 다른 종류에만 존재하지 않는 것이 능증이라고 하는 의미가 될 것이다. 그러면 '음성은 노력의 직후에 생기는 것이므로 무상하다'고 하는 바른 추리에 있어서도 노력의 직후에 생긴다고 하는 성질은 동류의 어떤 것, 비유컨대 번갯불에도 존재하지 않는다고 하는 이유로 능증일 수 없게 될 것이다. 그것을 피하기 위하여 이 불변사는 '다른 종류의'라고 하는 말을 제한하는 뜻으로는 사용하지 않았다.

'확정하고 있다'고 하는 말은 다른 종류로부터 생기는 의심스러운 능증을 제의하기 위해서이다. 예를 들면 '이 사람은 말을 하기 때문에 번뇌를 떠나 있지 않다. 길을 가는 사람과 같'이라고 하는 것은 한 덩이의 바위와 같이 번뇌를 떠나 있는 자는 말을 하는 일이 없기 때문이다.'고 추리하는 것은 오류이다. 진실로 바윗덩이에는 번뇌를 갖는 것과, 말을 하는 것의 두

---

8. 제3 조건의 원문은 asapakse cāsattvaṁ eva niścitam. 문장의 뜻을 제한하는 기능을 가진 불변사 eva가 '존재하는 것'의 다음에 있다. 이 원문의 직역은 '만약 존재하지 않는 것이라고 하는 말의 앞에 불변사가 두어졌다고 하면'이다. 그러나 제3 조건의 번역에 있어서 의미가 통하지 않으므로 의역(意譯)했다.

가지 성질이 배제되어 있기는 하다. 그러나 번뇌를 가지는 일이 없다고 하는 것에 의거하여 바윗덩이에는 말을 하는 존재가 없는 것인지, 혹은 우연히 그렇게 된 것인지에 대해 확인되고 있지 않다. 따라서 이 능증은 부정적 필연성의 의혹으로 인하여 부정(不定)된다고 말하지 않으면 안 된다.

'존재하지 않는 것'이라고 하는 말에 대하여 '결코'라고 하는 제한을 두고 있는 것은9 다른 종류의 —성원의— 일부에 존재하는 능증을— 오류로써 —제외하는 기능을 다한다. 예를 들면 '음성은 무상한 것이므로 노력의 직후에 생기는 것이다'고 하는 추리에서는 무상성이라는 능증은 허공이라고 하는 다른 종류(노력에 의하여 만들어지지 않는 것)의 일부에는 존재하지 않지만 —같은 이류(異類)인— 번갯불에는 존재한다. 그러므로 이것은 다른 종류의 일부에 존재하는 거짓 능증인 것이다.

같은 종류에만 능증이 존재한다고 확정되어 있다고 하면, 문장의 필연성만으로도 능증이 다른 종류 안에 결코 존재하지 않음을 이해할 수 있음에도, 무슨 까닭으로 두 가지 조건을 동시에 제시하는가 하는 반론(反論)이 있을 것이다. 이 문제에 대해서 고대의 불교 논리학자들(디그나가, 그 밖의 사람들)은 '다른 종류'의 성질을 결정하기 위해서라고 답했다. 즉 그들은 다른 종류에는 소증(所證)의 비존재(非存在) 그 자체(모순 대립한 것)와 소증과는 다른 것 —소증과 반대되는 것(반

---

9. 직역하면 '존재하지 않는다고 하는 말의 다음에 eva라는 불변사를 두고 있는 것은'이다. 그러나 직역으로는 무의미하므로 의역했다.(주8 참조)

대 대립해 있는 것) —과의 세 가지 종류가 있으며, 이 이류(異類)의 성질이 그 어느 것에 속하는가를 결정하기 위하여 노력했던 것이다.[10]

어느 사람들은 이와 같은 문제에 대해서 그것은 추론(推論)의 형식을 결정하기 위해서라고 답하고 있다. 즉 실제적으로는 긍정적 필연성을 전제로 한 추론이거나, 부정적 필연성을 전제로 한 추론이거나 간에, 그것이 확실한 것이면 어느 하나만을 진술하는 것으로 족하지, 양자(兩者)를 함께 말할 필요는 없다—그러나 어느 것이든 필연성의 확실성은 제2, 제3의 두 조건을 음미하는 것으로써 알려지는 것이다—고 생각하고 있다.

또 다른 사람들은 같은 종류의 비유(필연성의 예증例證으로 인용하는 동류의 성원)를 인용하거나 다른 종류의 비유(필연성의 예증으로 인용하는 이류의 성원)를 인용한다 하더라도 추론은 구성된다고 하는 것을 가르치기 위해서라고 하는 의견을 가지고 있다.[11]

---

10. 예를 들면 '뜨거움〔열熱〕'이라고 하는 소증과 반대되는 것은 '차가움〔냉冷〕'이다. 따라서 뜨거운 것과 반대되는 것이 아니라 '뜨거운 것과 다른 것'은 뜨겁지도 않고 차갑지도 않은 것이다. '뜨거움'의 비존재는 이들 양자 즉 '차가움'과 뜨겁지 않은 다른 것을 포함한다. '이류(異類)는 소증의 비존재로서 이해되지 않는다'고 능증의 제3 조건이 적합하지 않는 경우가 생긴다는 등 이설(異說)이 분분한 문제이지만 저자는 이에 대하여 상론(詳論)하지 않았다.

11. 긍정적 필연성, 부정적 필연성을 전제로 하는 추론의 두 가지 형식 및 같은 종류의 비유, 다른 종류의 비유가 채용하는 것에 의한 추론의 두 가지 형식에 관해서는 제3장의 앞부분에서 자세히 설명한다.

2. 능증의 세 가지 결과

1. 결과(結果, kārya)의 능증

〔定義〕세 가지 조건을 구비한 능증은 셋뿐이다.

오직 세 종류의 능증만이 세 가지 조건을 갖추고 있다. 즉 앞에서 말한 능증의 세 가지 조건이 갖추어져 있는 것이다. (1) 결과는 세 가지 조건을 갖춘 능증이며, (2) 동일성(同一性)은 세 가지 조건을 갖춘 능증이며, (3) 비인식(非認識)은 세 가지 조건을 갖춘 능증이다 하는 의미이다.

능증(sādhana), 능지(能知, jñāpaka), 증인(證因, hetu), 포용되는 것(소변所遍, vyāpya)이라고 하는 말은 모두가 증상(證相, linga)의 별명에 불과한 것이다.

그중 결과로서의 능증, 바꾸어 말하면, 결과로부터 원인에의 추리는 다음과 같이 예증할 수 있다.

부엌에 있어서와 같이 연기가 있는 곳에는 불이 있다. [필연성]
여기에 연기가 있다. [소속성]
그러므로 여기에 불이 있다. [결론]12

---

12. 다음의 논술에서도 명확해지듯이, 이 시대의 불교 논리학의 추론(推論) 방식은 긍정적, 혹은 부정적 필연성을 가리키는 명제와, 능증의 주제에 대한 소속성을 가리키는 명제, 이 두 개로 되어 있었다. 따라서 결론은 단독적인 명제로서는 의미가 없다고 생략되었다.

불교학자의 추론하는 방식은 필연성(vyāpti)과 주제의 소속성(pakṣa dhamadā)이라고 불리는 두 가지 요소의 명제만을 가지고 있다.—결론을 독립해서 기술할 필요는 없다—그러나 다른 학파에 속하는 사람들은 주장, 증인, 비유의 예, 연합(連合), 결론이라고 하는 다섯 가지 요소를 지닌 추론 방식을 세우고 있다. 그리고 그 예는 다음과 같다.

> 여기에 불이 있다. (주장)
> 연기가 있기 때문에. (증인證因)
> 연기가 있는 곳에는 불이 있다, 부엌과 마찬가지로. (비유의 예)
> 지금의 경우도 그와 같다. (연합連合)
> 그러므로 여기에 불이 있다. (결론)

그러나 이것은 타당하지가 않다. 증인(證因)이라고 하는 것의 필연적 관계와 떼어서, 다만 주장만을 불쑥 말해도 소증(所證)은 이해가 되지 않으므로 주장은 무용한 것이다. 그들이 생각하고 있는 것과 같은 필연적인 관계의 실재성이 있을 수 없음은, 언어와 대상과의 관계를 비판할 때에[13] 충분히 설명했으므로, 여기서는 재론하지 않는다. 주장과 관계가 없이 — ……이 있기 때문이라고—증인을 각별히 취급한다고 하더라도 그것은 무익한 것이다. 주장 그 자체가 무용한 것인데, 그 주장을 반복하는 것에 불과한 결론이 어떻게 해서 도움이 되겠는가. 이러한 뜻에서 이들 모든 요소는 근저(根底)로부터 무너져 버리는 것이다.

그러면 결과로서의 능증—의 확립에 관한 방법—은 대상

---

13. 제1장 2절 '인식의 종류' 참조.

의 차별에 의거하여 다시 세 가지로 나뉜다.

(1) 불의 존재를 증명하기 위한 능증인 연기 따위는 불과 연기와의 인과관계를 확립하기 위하여 필요한 지각과 비지각(非知覺)을 포함하는 세 개의 인식(제3장 12절 참조)에 의해 결정되어야 한다.

(2) 눈 따위의—그것 자체는 지각되지 않는 감각기관의—존재를 증명할 때에는 눈이 작용하고 있는 그때에만 이 시각(視覺)이라고 하는 결과가 생긴다고 하므로 시각을 능증으로써 결정해야 한다.

(3) 예를 들면 시트론의 열매에 대하여 그 맛을 통하여 그 빛깔을 추리하는 것과 같이, 어떤 빛깔을 증명하기 위한 능증인 맛은 하나의 전체에 속하는—두 개의 성질의 인과—관계에 의해 결정된다.14 이 경우에는—현재의 시트론의—빛깔이 생기기 위해서는 직전의 빛깔이 질료인(質料因)이며, 직전의 맛은 보조인(補助因)이 된다. 현재의 맛은 직전의 맛의 결과이다. 그러므로 우리는 현재의 맛이라고 하는 결과로부터 직전의 맛이라고 하는 원인을 추리하고, 그와 함께 작용하고 있던 직전의 빛깔이 필연적으로 현재의 빛깔을 생기게 한 것을 아는 것이어서, 그 추리의 본질은 인과관계인 것이다. 직전의—시트론의—개체로부터 직후의 개체가 생길 때에는 이와 같은 논리가 내재하고 있는 셈이다.

〔反論〕'질료인과 보조인이 결과에 대하여 긍정적, 또는 부

---

14. M책에서는 여기에 '그러나 빛깔에서 맛은 추리되지 않는다'고 하는 1구(句)가 들어 있다.

정적인 수반(隨伴)의 관계에 따르는 점에 있어서는 동일하다. 그 구별은 어떻게 가능한가.'

답하기로 한다. 동일한 것의 ― 순간의 ― 흐름 중에서 X의 변화에 의하여 Y가 생긴다고 하면, 그 Y라고 하는 결과에 선행하는 것, 즉 X가 질료인인 것이다. 그 흐름의 밖에 존재하고 있으면서 어느 특성을 생기게 하는 원인이 되는 것은 전자에 대하여 보조인이라고 말해진다. 예를 들면, 벼 이삭이 나올 때에 벼의 씨앗은 질료인이며, 토양(土壤), 물 등은 그것에 대한 보조인인 것이다. 어쨌든 어느 것이나 결과로서의 능증이 되는 것임에는 틀림없다.

이와 같이 하여 결과로서의 능증은 인과관계에 의거하여 ― 소증(所證)을 ― 이해시킨다고 인정된다.

2. 동일성(同一性, svadhava = 자체自體)의 능증

〔定義〕 사물의 자체는 자기 존재만으로 성립되어 있는 사실을 증명하기 위한 능증이다.

즉 그것은 증명되어야 할 성질 자체라고 알아야 한다. 예를 들면 '이것은 심사파〔무우수無憂樹〕라고 불리므로 나무라고 불릴 수 있다'고 하는 추리에 있어서와 같다. '이것'이라고 하는 것은 눈앞에 보이고 있는 것, 즉 추리의 주제인 것이다. '심사파'라고 불리는 것은 능증인 것이다. 이 '심사파라고 불리므로' 라고 하는 것은 '특정한 가지와 잎과 빛깔과 모양 등을 가지고 있다고 판단되기 때문에'라고 하는 의미를 가지고 있다. 나무라고 불릴 수 있다고 하는 것은 이 추리의 소증(所證)이다.

〔反論〕'동일한 것에 소증과 능증의 관계는 있을 수 없다. 주제에 속하는 동일한 일부분에 불과하기 때문이다.'

〔答論〕그렇지는 않다. 가령 양자가 동일하다고 하더라도, 예를 들면 어느 사람이 어떤 것을 무우수라고 부르고, 그와 같은 것을 전에는 나무라고 한 적이 있으면서도, 마음이 혼미 해져서 뭔가 엉뚱한 것(예를 들면 심사파라고 하는 말은 높이 를 말한다고 하는 것)을 망상하여, 현재 판단이 불가능하다고 하더라도, 그는 곧 동일성의 능증에 의하여 올바른 판단에로 이끌어진다. 그러므로 이 둘은 실제로는 동일한 것이지만, 언 어에 있어서의 구별에만 의거하여 개념지가 생길 때에는—한 쪽은 다른 한쪽과—차별된 것으로서 나타나 있다. 그러므로 능증과 소증의 관계가 그곳에 있다고 해도 모순되지 않는다.

3. 비인식(非認識, anupalabdhi)의 능증—부정적 추리

비인식은 다음과 같이 예증된다. '이 장소에는 항아리는 없 다. 인식되기 위한 조건은 갖추고 있으면서도 그것은 지금 인 식되지 않기 때문이다.' 인식되기 위한 조건을 갖추고 있다고 하는 것은—만약 그곳에 존재하면—보여질 수 있다고 하는 의미이다. 존재하고 있지 않은 것이 어떻게 보여질 수 있는가 하는 반론이 있을지도 모른다. 그러나 여기에서 가리키고 있 는 의미는, 동일한 감관지(感官知)에 의하여 파악되는 지면 (地面), 그 밖의 것이 인식되고 있으므로 만약 항아리가 있었 다면 반드시 보였을 것이라고 하는 것이다. 즉—감각기관이나 빛, 그 밖의 인식의 조건이 모두 갖추어져 있는 이상—항아리가 있으면—보였을 것이라고 가정되는 것이지, 현실적으로 보이고 있음을 말하는 것은 아니다.

그것은 '지금 인식되지 않으므로'라고 하는 것이 능증이다. 그러나 동일한 인식의 영역에 속하는 항아리 이외에 지금 인식되고 있는 것, 혹은 동일한 인식의 영역에 속하는 항아리 이외의 것을 지각하는 것에 의하여 이—항아리의 비인식이라고 하는—능증은 결정되는 것이다. 즉 전자는 항아리 이외의 지각되어 있는 대상으로서, 후자는 항아리 이외의 대상을 지각하고 있는 지식으로서이다. 이는 어느 쪽이나 명제의 부정— 즉 단순부정(單純否定)—으로서의 인식의 결함만이 아니라, 그 부정되는 대상 이외의 것에 대한 적극적인 긍정이라고 하는 의미로서 비인식이라고 말해지는 것이다. 왜 그러냐 하면 소극적인 인식의 결함만일 것 같으면 그 자신은 어떠한 사물(事物, dharma)일 수가 없기 때문이다. 그러므로 어떻게 증명하는 것—이라고 하는 적극적 기능—일 수 있겠는가.**15**

---

15. 인도 철학에서 부정은 prasajya-pratiṣedha와 paryudāsa-pratiṣedha로 분류된다. 전자는 명제의 부정으로서, 대상의 존재, 진리성(眞理性)을 단순하게 부정할 뿐인 것이다. 예를 들면 허공에는 빛깔이 없다고 하는 부정은 허공에는 빛깔이 있다고 하는 명제가 거짓임을 제시할 뿐이다. 그것에 반하여 후자는 명사의 부정에 해당한다. 그는 바라문이 아니라는 부정은 단순한 부정이 아니라 그는 바라문이 아닌 계급의 사람, 예를 들면 크샤트리아(왕족王族)임을 가리킨다. 즉 이 경우에 바라문의 부정은 비바라문의 적극적인 긍정을 의미한다. 그와 같이 불교논리학에서 말하는 비인식은 단순한 인식의 결여가 아니라 적극적인 인식인 것이다. 항아리의 비인식이란 항아리 이외의 것, 즉 지면, 그 밖

또한 이 적극적인 비인식은 부정되는 대상과는 별개의 것에 대한 인식이라는 것만이 아니다. 만약 그렇다고 하면, 오렌지의 빛깔을 인식하고 있음으로 해서 그 맛까지 부정된다고 하는 사례가 되고 말 것이기 때문이다.

그러므로 비인식은 부정되는 것과는 별개인 특정한 두 가지 사실, 즉 항아리가 없는 그 장소 자체, 혹은 그 장소의 지식을 의미한다고 확정되는 것이다.

그와 같은 이유로부터 ─ 비인식의 추리에 의하여 ─ 증명되는 것은 비존재(非存在)가 아닌 것을 알 수 있다. 항아리의 비존재 그 자체는 항아리가 없는 장소로 인식하고 있는 지각 그 자체에 의하여 확인되어 있는 셈이다. 그러므로 새삼스럽게 그것을 증명할 추리를 필요로 하지 않는다.

따라서 비존재에 관한 행위야말로 비인식 ─ 에 의거한 추리 ─ 에 의하여 어리석은 자를 위해서 증명되는 것이다. 예를 들면 어느 어리석은 자가 샹캬철학에서 승인되고 있는 라자스(rajas, 동성動性)를 비롯한 세 가지 요소는[16] 인식되지 않으므로 존재하지 않는 것이라는 추리를 말한다. 그러나 '모든 것

___

의 것이 그 장소에 있어서 인식되고 있음을 말하는 것이다.
16. 샹캬학파는 우주의 근본 원리로서 푸루샤(purusha, 영아靈我)와 프라크리티(prakriti, 세계인世界因)를 세우고 있다. 후자는 순질(純質), 격자(激資), 암질(闇質)을 본체로 하는 사트바(sattva, 선성善性), 라자스(rajas,동성動性), 타마스(tamas, 암성暗性)의 세 가지 요소로 이루어진다고 한다. 이 세 가지 요소[三本性]는 세계인으로부터 전개된 모든 현상에 내재한다. 다시 말하면 모든 현상은 세 가지 요소 중에 잠재적으로 존재하며, 세 가지 요소는 어디에나 있으므로 모든 것은 모든 장소에 있다고 하는 주장이 나온다.

은 모든 장소에 존재한다'고 하는 자신의 정설(定說)에 지나치게 젖어 있기 때문에 설사 어딘가 있을 장소에 항아리가 발견되지 않음에도 불구하고 그것은 존재하지 않는다고 하는 판단을 거부한다. 그러면 그에 대하여 비인식의 세 가지 행위가 제시될 수 있다. 즉 그 장소에서 주저함 없이 왔다 갔다 해보이는 방식이 신체적 행위이며, 항아리는 없다고 하는 것이 언어적 행위이며, 같은 것을 마음속에 사유하는 것이 사유적 행위라고 제시할 수가 있는 것이다.

비인식은 그것이 — 예를 들면 항아리라고 하는 부정되는 것 이외에 인식되고 있는 것, 비유하건대 지면(地面)이라고 하는 — 대상으로서 생각되고 있을 때에는 소증(항아리의 비존재)과의 사이에 동일성의 관계가 성립하는 것임을 알아야 한다. 그러나 그것이 — 지면과 같은 — 지식으로 생각되어질 때에는 항아리의 비존재라고 하는 소증에 대하여 결과로써 관계한다. 왜냐하면 앞에서 든 바와 같이 비인식은 항아리가 없는 장소이지만, 그 장소의 지식이거나 아닌 것이기 때문이다. 항아리가 존재하지 않는다고 판단할 수 있는 가능성은 전자(항아리가 없는 장소) 자체이므로, 여기에는 동일성의 관계가 있다. 그러나 항아리가 없는 장소의 지식은 그 장소의 결과이므로[17] 여기에는 인과관계가 있게 된다.

〔反論〕'비인식의 능증도 — 소증에 대하여 — 동일성과 인과성(因果性)에 의하여 관계지어진다고 하면, 비인식이 어째서 결

---

17. 경량부의 주장에 따르면 인식은 그 대상을 원인으로 하여 생기는 결과이다.

과와 동일성—의 능증—으로 나뉘어 별개의 것으로 성립될 수 있는가.'

〔答論〕 그것은 사실상 별개의 것은 아니다. 그러나 그 부정적 증명의 기능에 의거하여 별개로 나눌 뿐이다. 아차랴(학자에 대한 일반적인 존칭. 여기서는 다르마키르티를 가리킴)도 그것에 관하여 '이 세 가지 종류의 능증 가운데 동일성과 결과의 둘은 사실을 긍정적으로 논거(論據)하는 것이며, 나머지 하나—비인식은—는 부정적 증명의 논거이다'고 말했다.

비인식에 관하여 인식되기 위한 조건을 갖추고 있음에도 불구하고 인식되지 않는다고 하듯이 제한하는 것은 다음과 같은 것을 의미한다. 즉 수메르산과 같이 공간적으로 접근할 수 없는 것, 내세의 황제 샹카왕과 같이 시간적으로 접근할 수 없는 것, 또 귀신 따위와 같이 그 본성을 이해할 수 없는 것 등에 대해서는, 비록 그들의 인식이 결여되어 있다고 하는 소극적인 부정은 할 수 있으나, 무존재(無存在)를 나타내는 행위(라고 하는 적극적인 부정)를 할 수는 없음을 의미한다.[18]

이 비인식은 현재의 시점에 속하는 것이며, 명료한 기억이 존재하는 과거의 시점에 있었던 것에 대해서만 확실한 인식방법이 된다. 미래의 시점에 속하는 것에 대해서 비인식은 그 자체가 회의적인 성질을 지니게 되므로, 확실한 인식방법일 수

---

18. 다르마키르티의 이론에서는 논리학은 경험적 존재에 관해서만 적극적인 권위를 지니는 것이며, 형이상학적 존재를 적극적으로 긍정하거나 부정할 수는 없다고 한다. 우리는 항아리에 관하여 반증(反證)을 들어 단호하게 그 비존재를 주장할 수 있다. 그러나 신(神)이나 유령(幽靈)에 대해서는 다만 소극적으로 그 존재를 회의할 수 있을 뿐이다.

는 없다. 그것은 논리학자 다르마키르티가 '기억의 인상이 지
워지지 않은 과거의 것, 그리고 현재의 것에 관하여 사람에게
지각이 일어나지 않는다고 하는 형태의 비인식이 비존재의 행
위를 성립시키는 것이다.'고 말하고 있는 그대로이다.

3. 부정적 추리의 분류

부정되어야 할 것이 거리상으로 접근하기 어려운 장소에 있으면 '지각할 수 있는 것에 대한 비인식'은 직접적으로는 적용할 수 없게 된다. 때문에 '결과의 비인식' 그 밖의 2차적인 부정이 쓰이지 않으면 안 된다. 따라서 비인식은 실제로 적용되는 형식의 차별에 의거하여 16종이 된다.

(1) 먼저 부정의 대상 자체에 대한 비인식에 의한 추리는 다음과 같다. ─ 이곳에는 연기가 없다. 인식의 조건이 갖추어져 있음에도 불구하고 인식되지 않으므로. 이 추리에서는 부정되어야 할 연기 자체가 이 장소에서는 인식되어 있지 않은 셈이다.

(2) 결과의 비인식 ─ 여기에는 그 효력을 방해받지 않은[19] 연기의 원인은 없다. 연기가 없기 때문에. 부정의 대상은 연기의 원인이지만, 그 결과인 연기가 이 장소에서는 발견되지 않는 것이다.

(3) 원인의 비인식 ─ 여기에는 연기는 없다. 불이 없기 때문에. 부정의 대상은 연기이지만, 그 원인이 불이고 그 불이 여기에서는 발견되지 않는다.

---

19. 보통으로는 결과의 존재로부터 원인을, 또는 원인의 무(無)로부터 결과의 무를 추리할 수 있을 뿐이다. 결과의 무로부터 원인의 무를 추리하는 일은 일반적으로 불가능하다. 그러나 그 조금 앞에서 든 효력의 원인의 안전한 무존재는 결과의 무로부터 추리할 수가 있다.

(4) 능변(能遍)의 비인식 — 여기에 무우수(無憂樹)는 없다. 나무가 없으므로. 나무는 부정의 대상인 무우수의 능변(vyāpaka=필연적으로 포용하는 것)이다. 그 나무가 이곳에서는 발견되지 않는다.

(5) 부정의 대상 자체와 대립하는 것에 대한 인식 — 여기에는 차가운 감각은 없다. 불이 있으므로, 부정의 대상인 차가운 감각 그 자체와 대립하는 것이 불이며, 그 불이 여기에서 인식되고 있다.

(6) 결과와 대립하는 것에 대한 인식 — 여기에는 그 효력이 방해를 받지 않는 차가움의 원인은 없다. 불이 있으므로. 원인은—그 효력이 방해를 받지 않는 그대로—최후의 상태에 이르렀을 때 비로소 결과가 생기는 것이며, 모든 원인이 무조건 그러한 것은 아니다. 그것을 나타내기 위하여 '그 효력……이라고 하는' 제한을 붙이고 있는 것이다. 부정의 대상은 차가움의 원인이며 그 결과가 차가움인 것이다. 그것과 대립하는 것이 불이며 그 불이 여기에서 인식되고 있다.

(7) 원인과 대립한 것의 인식 —이 사람에게는 모골(毛骨)이 일어서는 그러한 징후는 없다. 강한 불이 옆에 있으므로. 부정의 대상인 모골의 징후(徵候)인 원인은 차가움이다. 그것과 대립하는 것은 강력한 불이며, 그 불이 여기에서 인식되고 있다.

(8) 능변과 대립하는 것의 인식 —여기에는 얼어붙은 감촉은 없다. 불이 있으므로. 부정의 대상인 얼어붙은 감촉의 능변은 차가움이다. 그것과 대립하는 것은 강한 불이다. 그 불이 여기에서 인식되고 있다.

(9) 부정의 대상 자체와 대립하는 것의 결과에 대한 인식 ─여기에는 차가운 감각은 없다. 연기가 있으므로. 부정의 대상인 차가운 감각 자체와 대립하는 것은 불이고, 그 결과가 연기이며, 그 연기가 여기에서 인식되고 있다.

(10) 결과와 대립하는 것의 결과에 대한 인식 ─여기에는 그 효력이 방해를 받고 있지 않은 차가움의 원인은 없다. 연기가 있으므로. 부정의 대상은 차가움의 원인이고, 그 결과가 차가움이며, 그와 대립하는 것이 불이며, 그 결과가 연기이다. 그 연기가 여기에서 인식되고 있다.

(11) 원인과 대립하는 것의 결과에 대한 인식 ─여기에는 모골이 일어서는 그러한 징후를 수반한 감촉은 없다. 연기가 있으므로. 부정의 대상인 모골이 일어선다고 하는 따위의 특수한 감촉의 원인은 차가움이다. 그와 대립하는 것이 불이고, 그 결과가 연기이며, 그 연기가 여기에서 인식되고 있다.

(12) 능변과 대립하는 것의 결과에 대한 인식 ─ 여기에 얼어붙는 감촉은 없다. 연기가 있으므로. 부정의 대상인 얼어붙는 감촉의 능변은 차가움이고, 그와 대립하는 것은 불이다. 그 결과가 연기이며, 그 연기가 여기에서 인식되고 있다.

(13) 부정의 대상 자체와 대립하는 것의 소변(所遍, vyāpta =필연적으로 포용되는 것)에 대한 인식 ─여기에는 불은 없다. 얼어붙는 감촉이 있으므로. 부정의 대상인 불 자체와 대립하는 것이 차가움이다. 그것에 의하여 필연적으로 포용되는 것이 얼어붙는 감촉이며 이 감촉이 여기에서는 인식되고 있다.

(14) 결과와 대립하는 것의 소변에 대한 인식 ─여기에는 그

효력이 방해를 받지 않고 있는 불의 원인은 없다. 얼어붙는 감촉이 있기 때문에. 부정의 대상은 불의 원인이지만 그 결과가 불이고, 그것과 대립하는 것이 차가움이며, 그것에 의하여 필연적으로 포용되는 것[소변所遍]이 얼어붙는 감촉이며, 그 감촉이 여기에서 인식되고 있다.

(15) 원인과 대립하는 것의 소변에 대한 인식 — 여기에는 연기는 없다. 얼어붙는 감촉이 있으므로. 부정의 대상인 연기에 있어서 원인이 되는 것은 불이며, 그와 대립하는 것은 차가움이다. 그것에 의하여 필연적으로 포용되는 것이 얼어붙는 감촉이며, 그 감촉이 여기에서 인식되고 있다.

(16) 능변과 대립하는 것의 소변에 대한 인식 — 이것은 영원하지 않다. 때때로 결과를 낳는 것이므로. 부정의 대상인 영원성(또는 불변성)의 능변은 변화가 불가능한 것을 말한다. 그것과 대립하는 것은 변화가 가능한 것이며, 그것에 의하여 필연적으로 포용되는 것이 때때로 결과를 낳는다고 하는 성질을 지적한 것이다. 그 성질이 여기에서는 인식되고 있다.

제2의 '결과의 비인식'을 기점(起點)으로 하기 때문에 이들 15종의 형식은 기본 형식이다. '부정의 대상 자체의 비인식'을 본질로 삼는 것에 불과하다고 이해하지 않으면 안 된다. 적용하는 형식의 차별에 따라서 새삼스럽게 구별한 것뿐이다. 그 중에 '부정의 대상 자체의 비인식'에 의해서는 존재하지 않는다고 판단될 수 있는 것(비존재를 나타내는 신身, 구口, 의意의 행위가 적용될 수 있음을 뜻함)이 증명되는 것이지, 비존재 그 자체가 증명되는 것은 아니다.

그 까닭은 비존재 그 자체는 지각만으로써 증명되고, 추리를 기다리지 않기 때문이다.(제2장 4절 참조) 그 이외의 모든 형식(2부터 16까지)에 의하여 비존재 및 비존재를 나타내는 행위의 양자가 증명된다. 그것들은 제1의 형식과 달라 처음부터 지각되지 않는 것을 대상으로 하는 부정이기 때문이다.

〈타르카바샤〉에 있어서의 '자기를 위한 추리'에 관한 대문을 끝맺는다.

1. 추론推論 방식의 두 종류

〔定義〕 타인을 위한 추리〔위타비량爲他比量〕 즉 추론 방식은 세 가지 조건을 갖춘 능증을 진술하는 것이다.

긍정적 필연성·부정적 필연성·주제의 소속성이라고 불리는 세 가지 조건을 진술하는 형식적인 언어의 표현이 비유적인 의미에서 추리라고 하는 말로 표시되는 것이다.

추론 방식에는 두 가지 종류가 있다. 유사법(類似法)에 의한 추론 방식(sādharmyavat)과 비유사법(非類似法)에 의한 추론 방식(vaidharmyavat)이 곧 그것이다.[1]

여기에서 '유사'라고 하는 말은 논증(論證)의 주제와 비유의 예 사이에 있어서의 능증의 존재에 관한 상사성(相似性=어느 것이나 능증이 존재하는 것)을 말함이다. 그 상사성을 포함한

---

1. 단적으로 전자는 '같은 경우를 실례로 들어서 표현하는 방법'에 의하여, 후자는 '다른 경우를 실례로 들어서 표현하는 방법'에 의하여 추리한다.

추론 방식을 유사법에 의한 추론 방식이라고 부른다. 또 비유사(非類似)라고 하는 것은 논증의 주제와 비유의 예 사이에 있어서의 능증의 존재에 관한 비상사성(非相似性＝한 방향으로는 능증이 존재하고, 다른 방향으로는 존재하지 않는 것)을 말함이다.

　그 비상사성을 포함한 추론 방식이 비유사법에 의한 추론 방식이다.

2. 동일성의 추론 방식에 의한 찰나멸성刹那滅性의 논증

이 양자 중에 동일성의 능증을 가진 유사법에 의한 추론 방식을 예증하기 위하여 세존이 후대의 경량부(經量部)의 견해를 예상하고 '피제약자(被制約者＝유위有爲)는 모두가 찰나멸(刹那滅)이다.'라고 했다. 이 말을 설명하기로 한다.

피제약자라고 하는 것은, 원인이나 보조인이 집합함으로써 이루어져 실재(實在)하는 것을 말한다. 그리고 찰나멸이라고 하는 것은, 생긴 순간만 존재하고 곧 없어지는 것이므로 그렇게 말해진다.

어쨌든 모든 것, 예를 들면 항아리가 망치의 타격을 받고 깨진다고 하는 것은 일반적으로 경험하는 일이다. 그 경우, 그 항아리의 최후의 상태에 있어서 멸(滅)한다고 하는 그 본성이 방금 생긴 항아리에도 있다고 하면, 항아리는 생기자마자 곧 본성에 따라서 멸할 것이다. 따라서 항아리는 찰나멸적인 것이라고 해야 할 것이다.

예를 들면 항아리에는 그 스스로의 원인에 의하여 생긴 본성이 있지만, 그 본성은 어떤 일정한 기간 존재한 다음에 멸한다고 하는 성질이다. 이렇게 생각한다 하자. 그러나 만약 그렇다고 하면, 망치의 타격을 받았을 때에도 항아리에는 그와 같은 본성이 있는 셈이므로 또다시 그 일정한 기간 존속할 것이다. 그리고 재차 타격을 받아도 더욱 그 일정한 기간은 존속할 것이므로 언제까지나 결코 멸하지 않을 것이다.

그러한 뜻에서, 가령 두 순간만 존재한다고 하는 본성을 가지고 생겼다고 하더라도, 그 첫째 순간에 있어서와 같이 둘째 순간에 있어서도 두 순간이 존속할 것이므로, 거기에서도 또 두 순간은 존속할 것이다. 이렇게 해서 제3의 순간에 있어서도 그와 같은 본성을 가지고 있는 것이므로 언제까지나 결코 멸하는 일이 없을 것이다.

사람은 이렇게 반론할는지 모른다. '항아리는 스스로의 원인에 의하여 항구적 존재로서 생긴다. 그러나 그것과 대립하는 망치에 의하여 무리하게 괴멸(壞滅)당하는 것이다.'고. 그러나 이것은 틀린 것이다. 도대체 물체는 항구적이므로 멸하지 않지만, 그 소멸(消滅)은 대립하는 힘에 의하여 행해진다고 하는 것에 있어서 어째서 모순이 없을 수 있겠는가. 데바닷타(Devadatta, 세존 당시의 인물. 세존에게 항거하여 자신을 불타라고 했다)는 살아 있으나 죽어 있기도 하다는 것과 같은 어리석은 일은 있을 수 없다. 만약 멸한다고 하면, 어떻게 해서 그것이 스스로의 원인에 의하여 불멸의 것으로서 생하고 있다 하겠는가. 죽기도 하고 불사(不死)의 것이기도 하다는 것은 있을 수 없는 것이다.

그러한 뜻에서 물체가 불멸일 것 같으면, 어떠한 때에도 멸하는 일은 있을 수 없으며, 반대로 물체의 괴멸은 실제로 경험하는 것이므로, 우리는 이러한 것은 스스로의 원인으로부터 멸하는 성질을 가지고 나왔다고 주장하는 것이다. 때문에 물체는 생긴 순간에 멸하는 것이다. 이리하여 찰나멸성은 증명되었다. 그리고 그 추론 방식은 다음과 같이 구성되지 않으면 안 된다.

　　예를 들면, 그 최후의 순간에 있는 항아리의 본성과 같이 무릇
　　멸할 수밖에 없는 본성이 있는 것은 한순간 뒤에는 존재하지
　　않는다.² [필연성]
　　빛깔(모양)³ 그 밖의 것은 생긴 순간에 있어서 멸해야 할 것으로
　　정해진다. [소속성]
　　그러므로 빛깔(모양) 그 밖의 것은 생긴 한순간 다음에는 존재
　　하지 않는다. [결론]

〔反論〕'만약 물체가 찰나마다 멸한다고 하면 이것은 저것
과 같다고 하는 재인식(再認識)이 어떻게 가능한가.'

답하기로 하자. 끊임없이 다음에서 다음으로 유사한 순간적
존재가 흐름이 되어 생겨나기 때문이며, 또 우리의 무지(無知)
도 흘러서 계속되기 때문이다. 즉 앞의 찰나의 존재가 멸함과
동시에 그와 닮은 다음 순간의 존재가 생긴다. 그러므로 모양
의 차이가 인정되지 않고, 또 무존재에 의하여 중단되지도 않
으므로, 실제로는 다른 것의 흐름임에도 불구하고 이것은 동

---

2. 이 대문에서 말하고 있는 목적은 동일성의 능증을 가진 유사법에 의한
　　추론 방식을 예증하고자 하는 것이지, 찰나멸론 그 자체는 아직 논급
　　하고 있는 것이 아니다. 이 추론 방식의 필연성 자체는 앞에서 말한
　　의론으로 설명했지만, 아직 논리적으로는 충분히 증명되어 있지 않다.
　　이 전제의 논증에는 실은 귀류(歸謬) 논증이 필요하게 된다. 그것은
　　13절에서 논하고 있다.
3. rūpa(색色)는 시각의 대상인 색 및 형태〔색경色境〕의 의미와 심리적
　　현상에 대한 것으로서의 물질 현상〔색온色蘊〕의 의미를 갖는다. 지금
　　은 모든 것을 대표하는 낱말로 쓰이고 있으며, 어느 의미에도 통하고
　　있다.

일한 물체라고 하는 동일성의 판단이 일반 사람들에게 생기는 것이다.

　대체로 일단 끊어졌다가 다시 생긴 풀이나 모발(터럭)과 같은 것에 대해서도 우리는 이것은 저것과 같은 것이라고 하는 관념을 갖는다. 지금의 경우도 왜 그것과 같이 이해되지 않는 것일까. 그런 뜻에서 피제약자는 모두 찰나멸이라고 하는 이론이 증명된 것이다. 그리고 앞에서 말한 추론 방식은 단순한 동일성 능증에 의거한 추론 방식[단순동일 추론식]이라고 불린다.

3. 동일성의 추론 방식의 분류

(1) 단순동일(單純同一) 추론식의 예를 들기로 한다.

예를 들면 항아리와 같이 무릇 존재하는 것은 모두가 무상하다.4 [필연성]

이들이 눈앞에 있어서 확실하게 인식되는 것은 존재한다. [소속성]

그러므로 이들 확실한 인식의 대상은 모두 무상하다. [결론]

또 다른 예로써 베다 성전(聖典)은 — 다른 학파가 주장하는 것과 같이 신의 계시가 아니라 — 사람의 작품인 점을 증명하는 동일추리를 들기로 한다.

무릇 언어의 표현은 인위적인 것이다. 예를 들면 길을 가는 사람의 이야기와 같이. [필연성]

승천(昇天)을 바라는 자는 불의 신[화신火神]에게 바치는 제사를 집행해야 한다고 하는 베다 의식에 관한 규정도 언어의 표현이다. [소속성]

그러므로 베다 의식 규정은 인위적인 것이다. [결론]

(2) 한정된 동일성 능증에 의거한 추론 방식〔한정적 동일추론식〕은 다음과 같이 예증할 수가 있다.

무릇 생긴 것(존재)은 모두 무상하다. 예를 들면 항아리와 같이. [필연성]

_____

4. 제2장 주1 참조. 이 전제 자체의 논증은 13절에 나온다.

음성은 생긴 것이다. [소속성]

그러므로 음성은 무상하다. [결론]

생기지 않은 것으로부터 배제되는 (생기지 않은 것과 모순되는 클래스의 성원) 것이 생겨서 존재하는 것이라고 말해진다. 이 생긴 것이라고 하는 종별(種別)이 — 생기지 않은 것이라고 하는 — 다른 종별을 배제함으로써 구별되고, 거기에서 비로소, 존재하는 것에는 생기는 일이 일어난다고 생각되고 있다.(본 장 16절 개념론 참조) 그때 이 추리의 능증(생긴 존재)은 존재하는 것 그 자체의 속성(屬性)이기는 하지만, 그러면서도 개념적으로 별개의 것으로서 구상된 — 생겼다고 하는 — 성질에 의하여 한정되고 있는 셈이다. 그러므로 이것은 한정적 동일추론식이라고 불린다.

(3) 외래적(外來的)인 속성으로 한정된 동일성 능증에 의거하는 추론 방식[우성한정적偶性限定的 동일추론식]은 다음과 같이 예증할 수 있다.

예를 들면, 항아리와 같이 무릇 만들어진 것[소작성所作性]은 무상하다. [필연성]

음성은 만들어진 것이다. [소속성]

그러므로 음성은 무상하다. [결론]

[反論] '얼룩소의 소유자라고 말한다면 외래적(外來的)인 속성(얼룩소)에 의하여 한정된 것(소유자)의 적용이라고 말할 수 있을 것이다. 그러나 얼룩소의 소유자라고 하는 말에 — 그 소유자와는 별개인 — 외래적 속성, 즉 얼룩소가 나타내지는 것과 같이, 만들어진 것이라고 하는 말에는 외래적 속성을 나

타내는 요소가 전혀 없다. 그것이 어떻게 해서 우성한정적 동일추론식의 예증이 될 수 있는가.'

우리는 이렇게 대답한다. 그 자신이 생겨나기 위해 다른 것의 작용을 필요로 하는 것을 만들어진 것이라고 한다. 즉 만들어졌다고 하는 말은 본래 남의 작용에 의존하여 생겨난 사물을 의미하므로, 그 점에서 외래적 속성을 나타내고 있는 것이다.

(4) 외래적 속성에 의한 한정이 명백하게 — 언어로써 — 표현된 동일성 능증에 의거한 추론 방식〔우성표현적偶性表現的 동일추론식〕

> 원인의 변화에 따라서 변화하는 것은 만들어진 것이다. 예를 들면 연기 — 는 연료의 대소에 따라 대소의 차이가 있는 것 — 와 같이. [필연성]
> 음성은 원인의 변화에 따라서 변화하는 것이다. [소속성]
> 그러므로 음성은 만들어진 것이다. [결론]

원인(pratyaya)이라고 하는 것은 작인(作因, kārana)과 같은 의미이다. 결과가 그 원인의 변화에 의하여 스스로도 변화할 때, 그것은 원인의 변화에 따라서 변화하는 것이라고 말한다. 즉 원인이 크면 커지고, 원인이 작으면 작아진다는 것과 같은 의미이다. 여기에서는 — 제3의 경우와 같이 외래적 속성의 뜻이 단순하게 포함되어 있는 것이 아니라 — 원인의 변화에 따라서 변화하는 것이라고 말하고, — 그 자체와는 — 별개인 원인, 즉 외래적 한정자를 표현하는 말이 분명하게 적용되어 있으므로, 이것을 우성표현적이라고 말하는 것이다.

이와 같이 동일성의 능증에 대한 여러 가지 종류를 제시하는 것은 오해를 없애기 위해서이다. 즉 여러 가지 속성을 생각하고서 표현 방법을 바꾸어도 같은 동일성의 능증이 쓰이고 있음에는 변함이 없다고 하는 것을 가르치기 위해서이다.

4. 비유사법非類似法에 의한 동일추론 방식

비유사법에 의한 동일추론 방식은 다음과 같이 예증할 수 있다.

(1) 허공과 같이, 무릇 한순간 후에는 존속하지 않는 일이 없는 것은 본성적으로 멸할 수 있는 것이 아니다. [필연성]

빛깔-형태-등은 그 생긴 순간에 본성적으로는 멸할 수가 있는 것이다. [소속성]

그러므로 빛깔-형태-등은 한순간 후에는 존속하지 않는다. [결론]

부정적 필연성에 의한 추론 방식(비유사법에 의한 추론식과 같음)에 있어서는 능증의 무(無)에 의하여 소증의 무가 필연적으로 포용될 것이므로, 소증의 무가 능증의 무 속에 반드시 존재한다고 알아야 한다. 마찬가지로, 또 하나 같은 형식의 비유사법에 의한 추론 방식을 제시하기로 한다.

찰나멸성이 없는 곳에는 존재성도 없다. 예를 들면 허공에 피는 꽃[무無=존재의 비유]과 같이. [필연성]

음성은 존재한다. [소속성]

그러므로 음성은 찰나에 멸하는 것이다. [결론]

또 앞의 3절 2부터 네 번째 형식에 상당한 비유사법에 의한 추론 방식은 다음과 같이 구성된다.

(2) 무상성(無常性)이 없는 것에는 생겨났다고 하는 성질이 없

다. 예를 들면 거북의 털[무존재의 비유]에 있어서와 같이. [필연성]

음성은 생겨난 것이다. [소속성]

그러므로 음성은 무상하다. [결론]

(3) 무상성이 없는 것에는 만들어졌다고 하는 성질도 없다. 예를 들면, 토끼의 뿔[무존재의 비유]에 있어서와 같이. [필연성]

음성은 만들어진 것이다. [소속성]

그러므로 음성은 무상하다. [결론]

(4) 만들어진 것이라고 하는 성질이 없는 곳에는 원인의 변화에 따라서 변화한다고 하는 성질도 없다. 예를 들면 허공과 같이. [필연성]

음성은 원인의 변화에 따라서 변화하는 것이다. [소속성]

그러므로 음성은 만들어지는 것이다. [결론]

5. 인과성因果性의 추론 방식

결과로서의 능증을 인용한 유사법에 의한 추론 방식의 예는
다음과 같다.

부엌에 있어서와 같이 무릇 연기가 있는 장소에는 불이 있다. [필
연성]
여기에 연기가 있다. [소속성]
그러므로 여기에 불이 있다. [결론]

어느 인과관계가 지각과 비지각에 의거하여 증명되어 있을
때〔본 장 13절의 주 1 참조〕, 결과로서의 능증은 그 원인을
증명하기 위하여 적용할 수가 있다.

비유사법에 의한 추론 방식의 예는 다음과 같다.

큰 못에 있어서와 같이 불이 없는 곳에는 연기가 없다. [필연
성]
여기에는 연기가 있다. [소속성]
그러므로 여기에는 불이 있다. [결론]

6. 부정不定의 추론 방식

비인식에 의거한 유사법에 의하는 추론 방식을 전체성(全體性, avayabhin)의 부정에 쓰이는 것을 예로써 제시한다.

인식의 조건이 갖추어져 있음에도 불구하고 어느 장소에 있어서 인식되지 않는 것은, 거기에는 존재하지 않는다고 판단할 수가 있다. 예를 들면 사람의 머리에 있어서의 뿔과 같이. [필연성]
다른 학파가 주장하는 — 항아리의 실체(實體)로서의 — 전체성은 인식의 조건이 갖추어져 있음에도 불구하고 이 항아리라고 하는 말로 의미하게 되는 토기(土器)의 여러 부분에 있어서는 인식되지 않는다. [소속성]
그러므로 그 전체성은 존재하지 않는다고 판단할 수 있다. [결론]

비인식에 의거한 비유사법의 추론 방식의 예는 다음과 같다.

인식의 조건이 갖추어져 있는 존재는 반드시 인식된다. 예를 들면 특정의 푸른[靑] 것과 같이. [필연성]
여기에는 항아리는 인식의 조건을 갖추고 있음에도 불구하고 인식되지 않는다. [소속성]
그러므로 여기에는 항아리가 없다. [결론]

7. 필연성과 논증 형식과의 관계

유사법에 의한 추론 방식에 있어서는, 어떠한 경우에도 능증은 소증에 의하여 필연적으로 포용된다. 한편 비유사법에 의한 추론 방식에 있어서는, 소증의 무(無)가 능증의 무에 의하여 필연적으로 포용된다고 이해하지 않으면 안 된다.

다시 말하면, 능증이 소증의 안에 반드시 존재하는 것, 혹은 소증의 대립자(對立者)가 능증의 대립자 안에 반드시 존재하는 것을 진술하는 것이 필연성이다. 그러므로 확실한 인식에 의하여 필연성이 성립하고 있을 때에는 추리의 주제에 능증은 있으나 소증은 없는 것이 아닌가 하고 의심해서는 결코 안 된다.

8. 유신론有神論 비판

그러나 보편적인 필연성이 확실한 인식에 의하여 성립하고 있지 않은 경우에는 의혹이 생기는 것을 피할 수 없다. 니야야학파가 이슈바라 신(神=세계의 형성자인 최고 신)의 존재를 증명하기 위하여 결과의 능증을 인용하여 추리하는 것이 그 예이다. 즉 그들은 다음과 같은 논증을 내세우고 있다.

'이 세상에 전지(全知)한 세존이 있는가 없는가는 알 수 없지만, 우리는 전지한 신의 존재를 증명할 수는 있다. 즉 세계에는 세 가지 종류의 사물이 존재한다. 하나는 항아리와 같이 그 제작자가 있다고 결정된 것이며, 다른 하나는 허공 따위와 같이 그것의 제작자가 없는 것으로 결정된 것이며, 세 번째는 비유컨대 대지(大地)와 같이 그 제작자의 유무가 의심스러운 것이다. 그리고 이들 이외에 네 번째의 사물은 없다. 이 세 가지 종류에 대해서 다음의 추론 방식을 세운다.

> 숲의 나무와 같이 그 생기는 것을 실제로 볼 수가 있는 것, 또 대지와 같이 생긴 다음에 오랜 기간을 존재하고 있는 것 등, 그 작자의 유무가 의심스러운 그대로 있는 것은, 실제로는 이 지적인 존재자를 그 작자로 하고 있는 것이다. [주장]
>
> 그것들은 결과이기 때문에. [논거]
>
> 예를 들면 항아리가 지적인 존재자에 의하여 만들어진 결과인 것과 같이. [비유의 예]

이 추리의 능증은 비실재(非實在＝불성不成)의 오류를 가지고 있지 않다. 수목이나 대지 등이 결과인 것은 누구에게 있어서도 증거를 세울 수가 있기 때문이다. 또 대립의 잘못[상위相違]도 없다. 결과라고 하는 성질은—항아리 따위라고 하는—동류 안에 존재하고 있기 때문이다. 또한 부정의 잘못도 없다. 다음과 같은 이 주장과 모순되는 명제를 부정하는 인식 방법이 존재하기 때문이다. 즉 먼저—항아리 따위의—결과가 지적인 존재자인 옹기장이[도공陶工]에 의하여 만들어지는 것은 반복된 과거의 지각으로부터 도움을 받은 의지각(意知覺)에5 의하여 인식되기 때문이다. 만약 그 결과라고 하는 것이 지적인 존재자 없이도 생긴다고 하면, 지적인 존재자가 만들고자 생각하여도 전혀 생기지 않을 것이다. 원인이 없을 때에는 결과라고 하는 것은 단 한 번이라도 생길 수가 없기 때문이다. 그러므로 어느 것이 결과인가 의심하고, 더구나 그것은 지적인 존재자를 그 원인으로 하고 있지 않은 경우도 있다고 의심해서는 안 된다.'

이 논증에 대하여 우리는 다음과 같이 비판한다. 도대체 어떠한 논증에 있어서도 소증과 능증과의 필연적 관계가 모든 경우를 포괄할 수 있는 보편적인 인식에 의하여 성립함으로써

---

5. 이 니야야학파의 추론 방식에서 필연성에 해당한 것은 비유의 예에 의하여 나타나고, 결론에 해당한 것이 주장되어 있는 점에 주의해야 한다. 필연성(여기에서는 결과는 지적인 존재자에 의하여 만들어진다고 하는 명제)이 반복된 과거의 지각에 수반한 최후의 의지각에 의하여 인식된다고 하는 것은 니야야학파의 트릴로차나의 주장이다. 다만 이 경우의 의지각은 불교의 의지각과는 엄밀하게 일치하지 않으며, 의식과 같은 의미이다.

비로소 능증은 소증을 증명할 수가 있는 것이다. 이것은 모든 논자의 일치되는 견해이다. 눈앞의 문제에 대해서 눈에 보이는 신체를 가진 지적 존재자와 결과 사이에 필연적 관계가 인정된다고 하자. 그러나 그러한 소증(눈에 보이는 신체를 가진 지적인 존재자)이 없이도 생기는 풀 따위에 있어서도 결과라고 하는 성질은 발견되는 것이다. 그러므로 이 능증은 영원성을 증명하기 위해서 오용(誤用)된 '인식되는 것'따위와 마찬가지로 과대부정(過大不定)의 잘못에 불과한 것이다.(제2장 1절 2항 참조)

그대는 말할는지 모른다. '풀 따위는 지금, 신에 의하여 만들어진 것인가 아닌가 하는 증명되어야 할 주제의 일부가 되어 있기 때문에 그것을 꺼내어 반론해서는 안 된다.'고. 그러나 그렇게 말해서는 안 된다. 왜냐하면 풀은 눈에 보이는 신체를 가진 지적인 존재자에 의하여 만들어진 결과가 아님을 알고 있으며, 이와 같은 명백한 증거를 떠나서 그것을 추리의 주제로 삼는 것은 불가능하다. 그것에 관해서는,

> 소증을 가지고 있는지 어떤지 의심스러운 주제에 대하여—그것을 어느 쪽으로든지 결정하기 위하여—능증을 진술하는 것이므로, 다른 명백한 증거에 의하여 소증을 갖지 않는 것이라고 배척된 것은 능증의 기체(基體=주제)는 될 수 없다.

고 하는 규칙이 있다.

〔反論〕'그러나 그러한 것을 말한다면, 산에서 피어오르는 연기를 보고 불을 안다고 하는 바른 추리의 경우에 있어서도, 올라갈 수 없는 산의 연기는 보이지만 불은 보이지 않는다. — 거기에 불이 보이지 않으면 지각에 의하여 증명되고 있는 산

을 주제로 하여 불이 그곳에 있음을 논증하므로—이 경우의 연기라고 하는 능증에 대해서도 그대가 풀에 대해서 진술한 것과 같은 명백한 증거와의 이반(離反)을 용이하게 지적할 수 있지 않은가.'

〔答論〕 그렇지 않다. 올라가는 것이 불가능하기 때문에, 산에 있는 불을 실제로 볼 수가 없으므로—거기에 불이 있는가 없는가—산을 회의하는 것이라고 말할 수 있는 것이다. 그러나 지금 눈앞의 문제에 있어서는 결과인 것과, 눈에 보이는 신체를 가지고 있는 지적인 존재자 사이의 필연적 관계가 인정되고 있다면—풀 따위의 작자로서 신체를 가진—지적인 존재자가 있다고 하는 것은 부정할 수가 있다. 가시적(可視的)임에도 불구하고 인식되지 않는다는 명백한 증거가 있기 때문이다.

그와 반대로, 결과라고 하는 성질과 신체가 보이지 않는 지적인 존재자 일반과의 사이에 필연적인 관계가 있다고 이해되고 있을 때에는 눈에 보이지 않는 지적인 존재자 일반이라고 하는 소증에 관하여—그것이 없을 때에는 풀 따위의 결과는 생기지 않는다고 하는—부정적인 필연적 관계는 지각할 수 있는 것의 비인식에 의하여 증명되지 않는다. 본래 눈에 보이지 않는 지적인 존재자는 지각되지 않으며, 따라서 그것과 결과 사이의 필연적 관계도 지각에 의하여 증명되지 않기 때문이다. 그러므로 능증은 다른 종류에 있어서의 비존재(非存在, 눈에 보이지 않는 지적인 존재자가 없을 때에는 결과는 생기지 않는다고 하는 것)가 의심스럽다는 오류를 지니고 있다. 소증이 없을 때에는 능증도 없다고 하는 법칙이 성립하지 않으면 필연적 관계는 있을 수 없는 것이다. 이 점에 있어서 쥬냐나 수리미트라[6]는 다음과 같이 말하고 있다.

> 결과성이 다른 종류에도 존재한다고 하는 오류(풀 따위의 결과가 눈에 보이는 지적 존재자 없이도 가능하다고 하는 것)를 피하기 위하여 풀 따위의 결과는 눈에 보이지 않는 작자에 의하여 만들어진 것이라고 하는 것 — 을 가정한다면, 부정적인 필연 관계가 증명되지 않고 있는 이 같은 필연성이 어떻게 성립할 것인가. 또 부정적 필연관계를 증명하고자 생각하고 눈에 보이는 작자에 의하여 만들어진 것이라고 주장한다면, 그러한 작자 없이도 풀 따위는 생기는 것이므로 능증이 다른 종류에 존재한다고 하는 오류가 드러나고 만다.

---

6. 980-1030년에 걸쳐 활동한 경량유가총합학파(經量瑜伽總合學派)에 속한 학자. 다르마키르티 이후 최후의 불교학자라고도 한다.

9. 니야야학파의 본질적 관계론의 비판

트릴로차나[7]는 이렇게 반론했다.

마치 연기에는 불에 대한 본질적 관계가 있는 것처럼, 결과라고 하는 성질은 지적인 작자와의 사이에 본질적인 관계를 갖는다고 한다. 그러나 그것에서 우연적인 조건[8] —에 의하여 그 관계가 성립하고 있다—고는 인정할 수 없고, 또 그 필연적 관계와 이반(離反)한 사례는 전혀 발견되지 않기 때문이다.

〔答論〕 이 의론은 옳지 않다. 두 개의 것이 관계하기 위하여 필요한 제3자를 우연적 조건이라고 하는 말을 의미하고 있다. 그러나 이 제3자가 항상 발견된다고 단정할 수는 없다. 가령 발견되지 않더라도 시간적·공간적·본성적으로 접근할 수 없는 것으로서 존재하고 있을 수도 있다고 하면, 일반적으로는 본질적 관계라고 생각되고 있는 연기와 불에 대한 관계 속에도 우연적 조건은 존재할는지도 알 수 없다. 또 그것은 인식되지 않는다고 하더라도 다만 보이지 않는다고 해서 존재하

---

7. 니야야학파의 철학자. 독립한 형태로 전해지는 그의 저서는 없다. 그러나 그의 수많은 단편은 많은 책에 인용되고 있다. 유명한 바차스바티 미슈라(10세기 후반)의 스승으로 알려졌다.
8. 우리는 연기로부터 불을 확실하게 추리할 수가 있다. 연기와 불에 대한 관계는 본질적(svābhāvika)이기 때문이다. 그러나 불에서 연기는 추리되지 않는다. 불에서 연기가 생기는 것은 장작의 습기라고 하는 우연적인 조건이 있음으로써 비로소 가능하게 된다. 이 습기와 같은 것을 우연적 조건(upādhi)이라고 한다.

지 않는다고 단정할 수는 없는 것이다.

또한 트릴로차나가 이반하는 사례가 발견되지 않는다고 하여 결과라고 하는 성질과 지적인 작자 즉 신과의 사이에 있는 관계를 본질적인 것으로 본 논증도—능증이 주제에 있어서—실재하는가 어떤가 의심하는 오류를 내포하고 있다. 실제로 몇 번의 경험에 있어서 이반하는 사례가 발견되지 않더라도 그것은 다른 어떤 인식조건이 결여되어 있기 때문에 그럴 수도 있다. 그러므로 모든 경우에 그것이 존재하지 않는다고 부정하는 것은 불가능하다.

이 정도의 음미를 했다고 해서 우리가 논리학자의 일반적인 습관을 넘어서 과도하게 회의적이라고 하는 비난을 받을 우려는 없다. 오히려 논리학자야말로 긍정적인 증명도 부정적인 반증(反證)도 갖지 않았을 때에는 그것을 회의하라고 명하고 있는 것이다. 또 이와 같이 회의만 하고 있어서는 사람은 아무런 행동도 취할 수 없지 않은가 하는 비난을 받을 우려도 없다. 사람의 행위라고 하는 것은 확실한 증거에 의거하는 것과 같이 의혹에 의거해서도 일어날 수 있는 것이기 때문이다.

〔反論〕'모든 것은 개별적이라고 하는 점에 있어서는 모두 차별이 없다. 그러나 불교도는 어느 것을 결과로 간주하고 다른 어떤 것을 원인이라고 한다. 모든 것을 그와 같이 원인이며, 결과라고 부르지는 않는다. 그와 같이 우리 니야야학파에 있어서도 개별성에 있어서 모든 것은 차별이 없다. 그러나 어떤 것만이, 예를 들면 연기만이 불에 대하여 본질적 관계에 의해서 묶여 있는 것이지 모든 것이 다 그러한 것은 아니다.'

〔答論〕이것도 옳지 않다. 도대체 연기라고 하는 것이 불에

의존한다고 하는 사실은 확실한 증거에 의하여 확립되어 있다. 그와 마찬가지로 — 그대가 말하는 본질적 관계라고 하는 것도 그렇게 말할 수 있는 것에 합당한 만큼의 증거에 의하여 확립되어 있는가.

또한 본질적 관계라고 하는 것은 어떠한 의미인가. 도대체 그것은 (1) 그것 자체에서 생긴 관계라는 것인가. (2) 자기의 원인으로부터 생긴 관계라는 것인가. (3) 원인 없이 그렇게 되어 있는 관계라는 것인가 하는 이 세 가지9 중에서 어떤 것을 선택하는가의 문제가 생긴다.

그리고 니야야학파가 신이 존재한다고 하는 논증에 있어서 지적인 작자에 의하여 만들어지지도 않았으며, 또 결과도 아닌 것의 예증(例證)인 다른 종류의 비유는 허공(虛空)이지만 — 우리는 이 허공의 경우에 있어서의 소증이 존재하지 않으므로 능증도 존재하지 않는다고 하는 부정적 필연관계가 성립한다는 것을 이해할 수 없다. 왜냐하면 허공에는 지적인 작자라고 하는 원인이란 것이 없는 것과 같이 지성(知性)을 갖지 않는 원인도 없기 때문이다. 부정적 필연관계는 소증의 비존재에 의하여 필연화(必然化)하는 능증의 비존재라고 정의된다. 그것을 증명하기 위해서는 무엇인가가 없는 것에 의하여 필연적으로 결과라고 하는 성질이 존재하지 않게 된 것과 같은, 그 무엇인가를 제시해야 함에도 이 같은 것은 — 허공에는 —

---

9. 이 세 가지 종류는 본질적 관계의 원어 svābhāvika-sambandha라고 하는 합성어의 전반 svābhāvika를 svato bhūtah, svahetor bhūtah, ahetukah의 그 어느 쪽을 택하여 해석하는 것으로부터 생긴다.

인정되지 않는다.

또 항아리라고 하는 사례에 의하여 그 결과라고 하는 성질이 지적인 작자의 존재함과 필연적으로 묶여져 있음을 제시할 수 있다고 해서, 곧 허공에 대하여 지적인 작자가 없음으로 해서 그것은 결과가 아니라고 말할 수 있는 것은 아니다. 왜냐하면 앞에서도 지적했듯이, 이 두 가지 사이에는 동일성·인과성, 혹은 그와 별개의 본질적 관계라고 해도 필연적 관계라고 말할 수 있는 것은 확실한 증거에 의하여 처음부터 증명되어 있지 않기 때문이다.

또 부정적 필연관계라고 하는 것은, 사물이 지각되지 않는다는 것만으로 증명되는 것은 아니라고 하는 것은, 능증이 다른 종류에 있어서 인식되지 않는다고 하는 것은 그것을 지각하는 인식이 존재하지 않는 것을 의미한다. 그런데 인식은 인식의 대상의 결과로써 생긴다. 인식의 원인이 아닌 것은 인식의 대상이 되지 않는다고 하는 정리(定理)가 있기 때문이다. 예를 들면 연기를 수반하지 않는 불도 있으므로 연기가 없다고 해서 불의 무존재(無存在)를 추리할 수 없는 것과 같이, 결과가 없다고 해서 원인이 없다고 할 수는 없다.

당면한 문제로, 만약 인식의 대상[원인]이 인식[결과]에 의하여 필연적으로 포용되고 있다면, 상술한 바와 같이 인식이 없으면 그 대상도 없다고 주장할 수도 있을 것이다. 그러나 이러한 형태의 부정적 필연관계는 일반적으로 불가능한 것이다. 만약 그것이 가능하다고 하면 — 반대로 대상이 있으면 반드시 그것은 인식된다고 하는 것도 성립될 것이므로 — 모든 사람은 전지자(全知者)가 되고 말 것이다. 이러한 뜻에서 지각이 없다고 하는 것만으로는 부정적 필연관계가 증명되지 않는다. 그것은 다음의 게송(偈頌)이 말하고 있는 것과 같다.

어떤 것이 모든 사람의 눈에 보이지 않더라도 그 무존재는 아직도 의심스럽다. 하물며 자기에게만 보이지 않음은 분명한 잘못이다. 땅속이나 물속에 감추어져 있는 종자는 존재하지 않는 것처럼 보이기 때문이다.

또 바차스바티 미슈라[10]는 이렇게 반론했다.

의혹이라고 하는 것은 어느 대상의 특수성에 대한 기억이 결여되어 있는 불확정적(不確定的)인 인식이다. 따라서 우리는 본 적이 있는 것에 관해서만이 회의해야 한다. 불교도가 말하는 것과 같이 전혀 보이지 않는 것에 대해서 회의하는 것은 지나친 것이다.

그에 대해서 우리는 말한다. 이 이론은 모든 경우에 적용되지 않는다. 그렇지만 일단은 그것을 승인하고서 검토하기로 한다. 그대의 견해에 있어서도 인식의 대상인 것(음성의 영원성을 논증하기 위하여 인용한 그릇된 능증), 연기를 갖는 것(산에 있어서의 불의 존재를 논증하기 위하여 인용한 바른 능증), 결과인 것(신의 존재를 위하여 인용한 의심스러운 능증)의 세 가지 능증은 — 니야야학파에 따르면 — 동일성의 관계도

---

10. 바차스바티 미슈라의 연대에 대해서는 9세기 후반이라고 하는 설과 10세기 후반이라고 하는 설이 있다. '모든 논서(論書)에 숙달한 사람'이라고 불리듯이 인도의 정통철학 제파(諸派)의 기본적 논저(論著)에 널리 주석하고 있다. 특히 니야야학파의 중진(重鎭)이다. 그의 저서 대부분에서 불교를 비판하고 있어서 10세기 이후의 불교학자는 미슈라에 대한 재비판(再批判)에 노력하고 있다.

인과성의 관계까지도 가지고 있지 않다고 하는 공통성에 의하여 같은 종류의 것이라고 말할 수 있을 것이다.11 그중 인식의 대상이라고 하는 능증에는 필연성과 이반하는 오류가 있음을 우리는 이미 보아왔다. 이 사실이 다른 두 개의 능증에 대해서도 의혹을 삽입하고 있으므로, 우리는 본 것에 대하여 의심하고 있는 것이지, 전혀 본 일이 없는 것을 의심하고 있는 것은 아니다.

이러한 뜻에서 니야야학파의 신이 존재한다고 하는 논증은 능증의 이류(異類)에 있어서의 비존재가 의심스럽다고 하는 능증의 오류를 피할 수가 없는 것이다. 그리고 우리의 이 비판 방법은 바른 것이다. 그러나 그[바챠스바티 미슈라]는 '이것은 그릇된 능증은 아니므로 부인될 이유가 없다. 그럼에도 불구하고 그것을 비판하는 것은 그릇되어 있지 않은 것을 비난하는 것이라고 불리는 논쟁상의 과실이다.'12고 말했다. 그러나 그렇게 말하고 있는 그 자신의 자기 학파가 인정하고 있는, 비난받아서는 안 될 것을 비난한다고 하는 형식의 논쟁상의 과실을 범하고 있는 것이 된다. 이제 우리는 이 이상 천신(天神)이 가엾게 여기는 이 어리석은 자에게 구애받고 있을 수는 없다.13

---

11. 니야야학파는 단 하나의 본질적 관계를 인정할 뿐이다.
12. nigraha-sthāna. 한역(漢譯)으로는 '부처(負處)'. 그것을 범함으로 해서 논쟁에서 패배하게 되어 있는 규칙. 이것은 논리적인 오류만이 아니라 논쟁하는 마당에 있어서의 태도, 구체적인 여러 가지 규칙의 위반까지도 포함한다. '니야야 수트라'에서는 22개의 규칙을 말하고 있다.
13. 저자는 여기에서 유신론(有神論) 비판을 일단 중지하고 있다. 그러나

10. 독아론獨我論에 대하여14

〔反論〕 '만약 인과적인 필연관계라고 하는 것은 지각과 비지각에 의하여 파악되는 것이어서, 마치 — 연기 일반(모든 연기)과 불의 일반(모든 불) 사이에 연기가 있으면 불이 있다고 — 이해되는 관계가 있듯이, 본래 가시적인 일반자(一般者)로서의 결과와 원인 사이에만 성립한다고 하면, 우리는 타인의 마음의 존재함을 추리하는 것이 불가능하게 된다. 그 결과로서 세계는 자기 마음의 나타남뿐이라고 하는 독아론(獨我論)에 떨어지고 말 것이다. 왜냐하면, 타인의 마음은 본래 보이지 않는 것이어서 필연적 관계를 파악할 때, 그 관계를 구성하는 두 개의 계기 중의 하나로서 내포될 수 없기 때문이다.'15

10절, 11절에서는 같은 문제로 다시 돌아가고 있다. 본서에서는 논리 규칙의 해설이 전체적인 조직을 구성하고 있으며, 불교의 여러 가지 이론은 그들의 규칙을 예증으로 하여 배열하기 위해서 일련의 의론이 여러 곳으로 분산하는 예가 있다.

14. 이 문제를 취급하는 부분이 G본(本)에는 전혀 없고, M본에도 부분적이며, T본에 의하여 정정(訂正)하고 보충하면서 번역했다.

15. 타인의 마음의 존재에 대한 논증은 다음과 같은 단계를 따라 행해진다. 먼저 마음〔의지意志〕이 일어났을 때 사람은 행동한다. 마음이 없을 때에는 사람은 행동하지 않는다. 이러한 지각과 비지각을 근거로 하여 마음과 신체적 행동 사이의 인과관계가 파악된다. 다음으로 이 필연적 관계를 전제로 하면서 어느 사람의 신체적 움직임〔결과〕을 보고 그 사람의 마음〔원인〕의 존재를 추론한다. 그러나 문제는 마음과 행동의 일반적인 인과관계를 어떻게 귀납할 수 있는가 하는 것에 있다. 우리는

〔答論〕 그렇게는 되지 않는다. 왜냐하면 우리의 자각〔자증自證, 자기 인식〕이 그때에 필연적 관계를 파악시키는 계기가 되기 때문이다. 즉 자기를 비롯하여 타인의 마음속에 있는 자각 일반을 관점으로 한다면, 타인의 마음도 지각되는 것이라고 말할 수가 있기 때문이다. 혹은 또 타인의 마음은 언제든지 눈에 보이는 신체와 연관되어 일어나는 것이므로, 그것은 보이는 것이라고 말할 수가 있는 것이다.

〔反論〕 '만약 그렇다고 하면, 지적인 작자 일반이라든가, 소화(消化)의 불(위胃 속에 있는 열기熱氣)이나, 그림으로 그려진 불 따위, 공통적인 불 일반까지도 통상의 감각기관에 의한 지각의 영역에 들 것이다. 이에 의하여 눈에 보이는 것이 되고 말 것이다. 그러나 그것은 실제로 있을 수는 없는 것이다. 따라서 필연적 관계는 실제로 눈에 보이는 불과 연기 사이에 있어서만이 파악된다고 확정된다. 그리하여 자기의 마음이나 타인의 마음에 공통되어 있는, 눈에 보이지 않는 마음 일반과 눈에 보이는 행동 사이에 필연적 관계가 있는 것을 지각에 의하여 파악할 수는 없을 것이다.'

〔答論〕 그와 같이 말하는 것도 옳지 않다. 왜냐하면 마음이

내 마음과 내 행동의 인과관계는 자각이라고 하는 지각을 통하여 파악할 수 있지만, 본래 지각할 수 없는 타인의 마음에까지 이 관계를 넓혀 갈 수는 없다. 그리하여 불교철학에 있어서는 타인의 마음의 존재를 증명하고자 하는 문제는 큰 문제가 되어 있다. 외계의 존재를 인정하는 경량부는 타인의 마음의 존재까지도 인정한다. 그러나 유식파(唯識派)는 세간적인 관행(慣行, 세속)의 입장으로서는 타인의 마음의 존재를 인정하지만, 최고의 진실〔승의勝義〕의 입장에서 보면 타인의 마음도 자기 마음의 표상에 불과하다고 말한다.

외계의 대상을 향하여 있는 한, 자기 및 타인에게 공통되어 있는 마음 일반이라고 하는 것은, 설사 그것 자체가 독립해서는 지각할 수 없다고 하더라도 지각할 수 있는 신체와 함께 —인간 존재라고 하는— 동일한 전체를 형성하는 계기이기 때문이다. 그리고 눈에 보이는 신체와 떨어지는 일 없이 일어나고 있는 자타(自他) 공통의 마음 일반은 신체의 움직임을 필연적으로 내포하고 있음을 이해할 수가 있다. 따라서 우리는 마음 일반과 신체적 행동과의 사이에 인과적인 필연관계를 파악하고 그것에 의거하여 타인의 신체적 행동을 보았을 때 그 사람의 마음의 존재를 추리하는 것이다.

이러한 까닭에 그 자신이 눈에 보이는 두 가지 것, 또는 눈에 보이는 것과 떨어지는 일 없이 일어나는 두 가지 것은 통상의 날카로운 지각에 의하여 확인되는 것이다. 그러나 이상과 같은 것은 그와 같은 —눈에 보이는 신체와의— 관계를 갖지 않는, 눈에 보이지 않는 신(神) 따위와 공통한 마음 일반에 대해서는 타당하지가 않다. 그러므로 신의 존재는 추리되지 않더라도 타인의 마음의 존재는 추리할 수가 있는 것이다. 필연적 관계가 지각과 비지각에 의하여 파악될 때는, 그것은 눈에 보이는 두 가지 것 사이에만 성립한다고 하는 규칙이 있는 것은 이 같은 의미 때문이다.

11. 유신론有神論 비판 [속續]

니야야학파가 이미 논술한 의론에 의해서 —결과라고 하는 것은— 지적인 작자 일반의 존재를 예상한다고 한 것을 증명하려고 하면, 그 논증에는 당연한 사실을 새삼스레 증명하는 오류가 있다. 혹은 만약 —결과라고 하는 것은— 유일, 영원(또는 불변), 전지(全知)라고 하는 특수한 성격에 의하여 특징지어진 —최고의 신이라고 하는— 지적인 작자를 예상한다고 하는 것을 증명하고자 하면, 그 논증은 부정(不定)의 오류를 갖는다. 왜냐하면 이 같은 특수성에 의해 한정된 소증[최고의 신]에 대해서 —사물이 최고의 신에 의해서 만들어진 —결과라고 하는 능증이 필연적 관계를 갖는 것은 —최고의 신이 없어도 옹기장이에 의해 만들어진 항아리를 생각하면— 비유의 예에 있어서 확실한 증거로써 증명되어 있지 않기 때문이다.

혹은 그대들은 이렇게 말할지도 모른다. '우리는 결과와 그 작자 사이의 필연적 관계를 일반적으로 파악하고, 그 결과라고 하는 성질이 수목이나 대지(大地)라고 하는 주제에 소속하는 것을 통하여 최고의 신이 그 결과의 작자라고 하는 특수한 경우를 증명한다.'고.

그러나 이 의론은 성립하지 않는다. 우리는 비유컨대 연기를 보고 산속에 존재하는 불이라고 하는 소증을 증명할 수 있으나 풀의 연소(燃燒)에 의한 불의 특수성을 추리할 수는 없다. 풀이라고 하는 연료가 없이도, 고목 그 밖의 불에 의해서도 산에 연기는 보이기 때문이다. 그와 같이 소증에 소속하는 어떤 특수성〔풀의 연소〕 없이는 능증〔연기〕이 추리의 주제〔산〕 속에 일어날 수 없을 때, 비로소 그 특수성을 능증이 주제에 속하는 것을 근거로 하여 증명할 수 있을 뿐이다.

이와 마찬가지로 그대가 지적인 작자라고 하는 것이 신체 안에 존재함을 증명한다고 하면, 그것은 그것으로 좋다. 그러나 만약 전혀 이질적(異質的)인 특징인 전지자성(全知者性)은 증명되지 않는다. 실제로 작자가 전지자가 아니더라도 결과가 만들어지는 일은 있기 때문이다.

니야야학파가 세계의 형성자(形成者)인 신은 세계의 질료인 (質料因) 그 밖의16 것을 완전하게 알고 있어야 한다는 것을 근거로 해서는 그 전지자성을 증명할 수가 없다. 과연 신의 유일성(唯一性)이 증명되어 있다면, 그 전지자성도 증명될 것이지만, 유일성은 아직 증명되어 있지 않다고 함은 예를 들면 많은 개미가 개미집을 짓는 것과 같이, 결과라고 하는 것은 다수의 작자가 있을 때에도 생기는 예가 있기 때문이다.

또한 개미집이 신의 선재(先在)를 예상하고 있는 것(개미가 개미집을 짓는 것도 신의 의지에 의거한 것이라고 하는 것)을 증명했다고 한다면, 이와 마찬가지로 항아리도 또한 — 옹기장

---

16. 니야야학파에서는 세계의 형성자인 최고의 신은 질료인(質料因), 즉 원자(原子), 그 원자의 결과, 그 결과를 신에 의하여 주어진 사람들, 그 사람들의 덕(德), 부덕(不德), 그 사람들의 고락(苦樂)의 향수(享受) 등 모든 재료를 충분히 알고 있다고 생각한다. 인도의 최고의 신은 이들의 재료를 가져 세계를 형성하며 결코 무(無)에서 세계를 창조하는 신은 아니다.

이 이외에―신의 선재에 의하여 생긴 것이 될 것이다. 그러나 하필이면, 그대는 그렇게 주장함으로써 자기 추리의 주제의 일부에 불과하게 되는 항아리를 비유의 예로 드는가.17

또 옹기장이가 작자임이 실제로 경험되고 있음에도 그대는 신의 선재성(先在性)을 주장함으로써 그 사실을 부인하고 마는가. 수많은 개미도―개미집의―원인인데 그 경험적 사실을 왜 배척하는가. 작자가 많이 있으면 의견의 상위(相違)가 생겨서 잘 되지 않으리라는 가정도 타당하지 않다. 개미집이 수많은 개미에 의하여 훌륭히 지어지는 것은 진실로 경험되고 있는 사실이기 때문이다.

그러한 뜻에서 능증과 소증 사이의 보편적인 필연적 관계는 반드시 확실한 증거에 의한 비유의 예에 있어서 제시되지 않으면 안 된다고 확정하는 것이다.

또 소증이 영원(永遠＝불변), 유일(唯一), 전지(全知)의 지적인 작자일 때에는 이 논증은 대립[상위相違]의 오류를 갖게 된다. 결과라고 하는 논증은 오히려 무상(無常＝변화), 복수(複數), 비전지(非全知)의 지적인 작자의 선재에 의하여 필연적으로 포용되기 때문이다. 실제로 능증이 소증과 대립하는 것

---

17. 추리는 그 주제가 소증(所證)에 속하는가 어떤가를 능증을 근거로 하여 결정하는 것이다. 그러므로 주제 자체를 처음부터 소증 또는 그와 모순된 클래스의 어딘가에 속하는 것이라고 예상해서는 안 된다. 따라서 그 주제의 일부를 비유의 예―필연적 관계의 예증―로써 사용하는 것은 허용되지 않는다. 신의 존재를 증명하는 추론 방식에 있어서 니야야학파는 항아리를 비유의 예로 들고 있다. 항아리도 신의 선재(先在)를 예상하는 결과일 것 같으면 그것은 주제의 일부가 되어 버린다.

을 증명할 때, 그것을 우리는 대립의 오류라고 부르지만, 그대의 이 능증도 소증과 대립한 것을 증명하는 것이다. 이쯤 해두고, 때때로 논제가 된 유신론 비판을 다시 쓰는 것은 그치기로 한다.

12. 필연적 관계의 제문제

〔**反論**〕 '유사법에 의한 추론 방식에 있어서는 긍정적 필연관계가 하나만 진술되고, 부정적 필연관계는 진술되지 않는다. 반대로 비유사법에 의한 추론 방식의 경우에는 부정적 필연관계 하나만이 진술되고 긍정적 필연관계는 진술되지 않는다. 어째서 그것이 저마다의 경우에 세 가지 조건을 갖춘 능증이 진술된다고 말하는가.'

〔**答論**〕 이것은 오류는 아니다. 왜냐하면 유사법에 의한 추론 방식이 구성되어 있는 경우에도 부정적 필연관계는 내포된 뜻에 의하여 이해되기 때문이다.('연기가 있으면 불이 있다'고 하는 긍정적 필연관계는 '불이 없으면 연기가 없다'고 하는 부정적 필연관계를 내포한다) 그때 부정적 필연관계가 이해되지 않는다고 하면 우리는 소증(所證)〔여기에서는 불〕이 없어도 능증(能證)〔여기에서는 연기〕이 있을 수 있지 않은가 하는 것과 같이 오류를 지적하지 않으면 안 된다. 그리고 그러한 오류가 실제로 있다면 필연적으로 능증이 있을 때에도 소증이 존재하지 않는 것으로 되기 때문에 긍정적 필연관계도 실은 성립되지 않는다.

마찬가지로 비유사법에 의한 추론 방식이 구성되어 있을 때에도 내포된 뜻에 의하여 긍정적 필연관계는 이해될 것이라고 하는 것은 만약 그때 긍정적 필연관계가 이해되지 않는다면 능증이 있음에도 불구하고 소증은 있을 수 없는 것이 아닌가 하는 오류를 지적하지 않으면 안 될 것이며, 만약 그것이 사실일 것 같으면 소증이 없어도 능증은 있을 수 있는 것이므로 필연적으로 부정적 필연관계까지도 성립하지 않게 된다. 그러므로 이들 중의 어떠한 추론 방식에 있어서도 내용적으로는 세 가지 조건을 갖춘 능증이 명백하게 될 것이므로 우리의 이론에 오류는 없는 것이다.

그러면 지금부터 능증과 소증과의 필연적 관계는 어떤 주제에 있어서 파악되어야 하는가, 또 어떤 인식방법에 의하여 파악되어야 하는가, 하는 두 개의 문제를 쉽게 이해할 수 있도록 설명하기로 한다.

내적 필연성론(內的必然性論, antar-vyāptipaksa)을 주장하는 사람은—'존재하는 것은 찰나마다 멸한다. 이들은 존재한다. 때문에 이들은 찰나마다 멸한다.'고 하는 추리에 대해서—존재성이라고 하는 동일성의 능증과 찰나멸성과의 필연적 관계는 추리의 주제 그 자체만으로 파악되어야 한다고 말한다. 그러나 외적 필연성론(外的必然性論, bahil-vyāptipaksa)을 주장하는 사람은 프라상가(prasanga)와 프라상가 비파르야야(prasanga-viparyaya)[18]를 인용하여 항아리 따위의—

---

18. 프라상가(prasanga) : 중론계통(中論系統)의 prasangika파(派)의 주장으로 '모든 주장은 반드시 오류에로 귀착한다.'고 지적하며, 여기에서 귀류법(歸謬法)이라고 하는 역어(譯語)가 나왔다. 그리고 prasanga-viparyaya도 프라상가의 변격(變格)이므로 본질적으로는 프라상가와 다르지만 형식적으로는 정언적(定言的) 추리(svatantrānumāna) 형식을 취한다. 이 말은 귀류환원법(歸謬還元法)이라고 번역한다. (13절의 예증을 각각 참조)

추리의 주제 이외의—비유의 예에 있어서 그와 같은 필연적 관계는 파악되지 않으면 안 된다고 말한다.[19]

19. 내적 필연성론과 외적 필연성론의 논쟁의 요점은 다음과 같다. '저 산에는 연기가 있으므로 불이 있다'고 하는 추리를 할 때, 능증과 소증의 필연적 관계 '연기가 있으면 불이 있다'는 추리의 주제 즉 '저 산' 이외의 비유의 예, 예를 들면 부엌에 있어서도 파악되고, 그 일반적 필연성을 '산에 연기가 있다'고 하는 사실을 매개로 하여 '산'이라고 하는 특별한 케이스에 적용하여 결론을 이끌어 내는 것이다. 이와 같이 필연적 관계가 추리의 주제 이외의 것에 있어서 이해되는 것이 일반적이다. 이 경우는 외적 필연성론이 성립된다. 그러나 '이들은 존재하므로 찰나멸이다'고 하는 추리의 경우 '존재하는 것은 찰나멸이다'고 하는 필연적 관계는 추리의 주제 '이들' 이외의 것에서 파악할 수가 없다. 불교의 찰나멸론에서는 모든 것은 찰나멸이며, 찰나멸이 아닌 것은 존재하지 않으므로, '이들'이라고 하는 추리의 주제는 사실상 '모든 것'을 의미하며, 그 주제에 포함되지 않는 비유의 예는 존재하지 않기 때문이다.[과소부정] 따라서 이 같은 필연관계는 추리의 주제 그 자체에 있어서 파악할 수 있다고 하는 이론이 형성되었다. 이것을 내적 필연성론이라고 한다. 이 이론의 입장에서는 추리에 있어서 비유의 예는 필요하지 않고, 능증과 소증의 필연적 관계는 지각에 의해서가 아니며, 프라상가에 의하여 이해되는 것이라고 한다. 저자의 해설하는 방식으로는 내적 필연성론자는 프라상가를 인용하지 않는 것과 같은 인상을 주지만, 실제로는 그들도 프라상가를 이 논증의 생명으로 하고 있는 점에서는 외적 필연성론자와 다르지 않다. 찰나멸론의 논증에 관한 한, 외적 필연성론도 내적 필연성론과 본질적으로는 그렇게 변하지 않는다. 가령 추리의 주제를 특정한 기체에 한정하고 그 이외의 비유의 예로써 항아리를 인용해 보아도 궁극적으로는 모든 것의 찰나멸성을 논증한다고 하는 본질은 변하지 않는다. 또 항아리라고 하는 것은 비유의 예에 있어서 '존재하는 것은 찰나멸이다'고 하는 것을 시각에 의해 지각할 수 있는 것도 아니기 때문이다. 다만 그들은 불교 논리의 전통적 이론이었던 외적 필연성론에 보다 충실하고 또 비유의 예를 남기는 것으로 구체적인 효용을 인정했기 때문에 외적 필연성론에 머물렀던 것이다. 오히려 외적 필연성의 본질은 다른 종류의 비유, 즉 '영원한 것은 존재하지 않는

찰나멸성의 논증에 있어서 존재성 ─ 이라고 하는 능증 ─ 을 제외하고, 그 이외의 동일성의 능증 및 인과성, 비인식의 능증에 대해서는 필연적 관계는 반드시 비유의 예에 있어서 해득하지 않으면 안 된다.

이에 대해서 보다 엄밀하게 말하면, 무우수라고 하는 것의 능증과, 수목이라고 판단하는 것의 소증 사이의 필연적 관계는 비유의 예에 있어서 지각과 비지각을 근거로 해서 해득된다.

존재성과 찰나멸성 사이의 필연적 관계는 프라상가와 프라상가 비파르야야라고 하는 논증에 의하여, 또는 결론과 모순된 명제를 부정하는 논증에 의하여 해득된다. 이들 세 가지 논증은 어느 것이나 차례에 따라서 존재의 정의인 한순간에 결과를 낳는 작용을 가졌다. 그리고 이 작용은 찰나멸이 아닌 것에는 결여하고 있음을 지적하는 것을 특징으로 한다. 더구나 이 찰나멸이 아닌 것은 존재하지 않는다고 하는 필연성을 해득하는 기본인 다른 종류의 비유, 예를 들면 허공은 다만 자각의 내용인 한은 존재한다고 하는 유식파(唯識派)의 입장에서 성립하는 이유에서, 또는 개념으로서 ─ 간접적인 ─ 실재성을 갖는다고 하는 ─ 경량부의 입장에서의 ─ 이유에서 인정되는 것으로서 진실한 의미로는 실재하는지 어떤지 의심된다.[20]

다'(상술한 필연적 관계의 환질환위換質換位에 해당한 명제)를 예증하는 비유의 예로써, 불교도에게 있어서는 실재하지 않는 '허공'을 인용할 수 있음을 주장하는 것, 다시 말하면 그 대응물의 존재하지 않는 개념에도 일종의 간접적 실재성을 인정하고 그것을 비유의 예로써 채용할 수 있음을 주장하는 점에 있었다.

20. 본 장의 주2와 본 장 13절 참조.

인과성의 능증인 연기와 그 소증인 불 사이의 필연적 관계는 부엌 따위의 비유의 예에 있어서 세 가지 지각과 비지각, 혹은 다섯 가지 지각과 비지각을 근거로 하여 해득되어야 한다.[21]

또 비인식의 능증과 존재하지 않는다고 판단할 수 있는 소증 사이의 필연적 관계는—부정의 대상과 동일한 인식 영역에 속한 다른 것의—지각만에 의하여 해득된다.

이들 이외의 능증에 대해서는 인과성의 것이나 동일성의 것이나를 막론하고, 그 성질에 따라서 적당한 인식방법을 사용하여 해득하지 않으면 안 된다.

필연적 관계가 확정되지 않은 때에는 능증에 부정(不定)의 오류가 생긴다. 그리고 여기에는 세 가지 종류가 있다. 과소(過小)부정과 과대(過大)부정과 의혹(疑惑)부정, 즉 능증의 이류(異類)에 있어서 비존재가 확정되지 않은 부정이다.

그 가운데 과소부정이라고 하는 것은 예를 들면,

---

21. '연기가 있으면 불이 있다'고 하는 인과적 필연관계를 귀납하기 위해서는 적어도 다섯 가지 종류의 인식이 필요하다고 하는 이론과, 세 가지의 인식이 있으면 충분하다고 하는 이론이 불교 논리학의 내부에 대립하고 있었다. 이 인과관계의 확립은 (1) 처음에는 불도 연기도 보이지 않는다[비지각 제1]. (2) 불이 생기는 것을 본다[지각 제2]. (3) 연기가 생기는 것을 본다[지각 제3]. (4) 불의 소멸을 본다[비지각 제4]. (5) 연기가 멸(滅)하는 것을 본다[비지각 제5]고 하는 다섯 가지 인식이 필요하다고 하여, 이 모두가 불가결의 것이라고 하는 설이 하나. 이에 대해서 최초의 세 가지, 또는 불과 연기와의 동시 인식, 즉 (2)와 (3)의 총합 인식에 (4)와 (5)를 합한 어느 쪽으로든 인과관계는 확인된다고 하는 것이 다른 하나의 설이다.

살아 있는 신체는 자아(自我, ātman)를 가지고 있다. [주장]
호흡이 있으므로. [논거]
그 밖의 살아 있는 신체와 같으며, [동류同類의 비유] 항아리와
같지는 않다. [이류異類의 비유]

라고 하는 추리이다. 이 경우의 능증〔호흡의 존재〕이 다른 살
아 있는 신체에 있어서, 자아의 존재에 의하여 필연적으로 포
용되고 있는가 어떤가 하는 것은 결정되지 않으며, 또 항아리
라고 하는 다른 종류의 비유에 있어서, 참으로 자아가 없다고
하는 것 때문에 호흡도 없는 것인가도 아닌가 결정하지 못한
다. 한편 이 추리의 주제가 되고 있는 살아 있는 신체에는 호
흡은 있다. 이러한 뜻에서 추리의 주제에만 존재하고 있고,
동류, 이류가 함께 얻어지지 않는 능증을 과소부정이라고 부
른다. 과소부정의 또 하나의 예를 들기로 한다.

음성은 무상하다. [주장]
들리는 것이므로. [논거]
항아리와 같으며[동류의 비유], 허공과 같지는 않다. [이류의
비유]22

---

22. 과소부정(asādharanānaikāntika)의 능증은 추리의 주제에만 있고, 그
이외의 것과는 공통하지 않는 asādharana 속성(屬性)이다. 들리는
것이라고 하는 성질은 음성에만 있고, 호흡은 살아 있는 신체에만 있
으며, 추리의 주제 이외의 것으로서 들리는 것, 호흡을 갖는 것은 존
재하지 않는다. 다시 말하면, 여기에서는 주제·능증·소증이 본질적
으로는 동일한 것으로서, 이를테면 'A는 A이므로 A이다'고 말하고 있
음에 지나지 않는다. 본 장 12절 주 2의 규칙이 있는 것도 이 때문이
다. 그러나 불교의 '모든 것은 존재하므로 찰나멸이다'고 하는 논증이
같은 과소부정의 오류를 갖는 것이 아닌가 하는 의문이 곧 생긴다. 그

과대부정은 다음과 같이 예증할 수 있다.

음성은 무상하다. [주장]

인식의 대상이므로. [논거]

항아리와 같으며 [동류의 비유], 허공과 같지는 않다. [이류의
비유]23

의혹부정은 다음과 같이 예증할 수 있다.

그는 빛깔이 검음에 틀림없다. [주장]

그 사람의 아들이므로. [논거]

지금 보고 있는 그 사람의 – 또 한 사람의 – 아들과 같이. [비유
의 예]24

때문에 본서에서도 찰나멸론에는 과소부정을 면하는 다른 종류의 근거
가 있음을 제시하기 위해 프라상가의 이론을 전개한다.

23. '인식의 대상'이라고 하는 성질은 항아리와 같이 무상(無常)한 것에도,
허공과 같이 불변영원한 것에도 공통되어 있는 sādhārana이다. 그러므
로 그것을 근거로 하여 음성의 상(常)·무상(無常)을 논할 수는 없다.
이것을 과대부정이라고 한다.

24. 빛깔이 검게 되는 것은 식물의 종류, 그 밖의 조건에 의해서도 그렇게
된다. 어느 사람의 아들이기 때문에만 그렇게 되는 것은 아니다. 또 흰
사람이 그의 아들이 아니라고 하는 확증은 없다. 그러므로 능증은 '이
류(異類)에 존재하지 않는다'고 하는 능증의 제3의 조건이 의심스러운
것(saṁdigdha-vipakṣa-vyāvrttika)이다.

13. 프라상가에 의한 찰나멸론의 논증

앞에서 존재성과 찰나멸성 사이의 필연적 관계는 프라상가와 프라상가 비파르야야의 두 가지에 의해서 이해되어야 한다고 말했다. 그러나 거기서 지적되고 있는 '프라상가'란 도대체 무엇을 말하는가.

프라상가는 확실한 증거를 가지고 증명된 필연적 관계를 나타내는 진술에 의하여 의론의 상대방을 상대방이 바라지 않는 결론에 떨어지도록 이끄는 것을 말한다. 예를 들면 만약 항아리 따위가 과거·미래에 걸쳐 동일한 본성을 지속한다고 인정한다면, 그것은 과거 및 미래의 시점에 속하는 효과적인 작용(artha-kriyā)을 현재에 있어서도 행해야 할 것이라는[25] 불합리한 결론으로 이끌어 내는 것과 같은 것이다. 그 결과 가정된 명제와는 모순된 명제의 정당성이 입증된다. 이 프라상가는 통일성의 능증을 사용하여 다음과 같이 추론 방식을 구성할 수 있다.

예를 들면, 유효한 원인의 집합은 최후의 순간에 있어서 반드시 그 결과를 낳는 것과 같이, 어떤 것이 어느 때에 어느 작용의 효력을 가지고 있다면 그것은 그때에 그 작용을 반드시 행한다.

---

25. 경량부 철학에서는 존재sattva란 인과작용의 기능artha-kriyā-samartha이다. 즉 결과를 생기게 하는 효력을 가지는 것이라고 정의된다.

[필연성]

이 항아리는 현재의 시점에 있어서도 과거·미래의 시점에 속하는 결과를 낳게 하는 효력이 있다고 반론하는 자는 주장한다.

[소속성]

이 항아리는 현재에 있어서도 과거·미래의 결과를 낳을 것이지만, 그것은 불합리하다.**26** [결론]

프라상가 비파르야야는 방금 말한 프라상가의 주제 소속성(主題所屬性)을, 현재의 항아리는 과거·미래의 작용을 행하지 않는다고 하는 형식으로 바꾸어, '능변(能遍)의 비인식'**27**을 인

---

26. 어제, 오늘, 내일에 걸쳐 항아리가 동일한 본성을 갖는다고 하면, 본성 즉 존재는 인과작용에 불과하므로 오늘 물이 담긴 항아리는 동시에 어제 담았던 쌀, 내일 담을 우유를 오늘도 담고 있어야 한다. 또한 엄밀하게 말하면, 일단 물을 담은 항아리는 어제도, 내일도, 오늘도 같은 물을 계속해서 담고 있지 않으면 동일한 작용, 동일한 본성을 갖는다고 말할 수 없다. 그러나 이것은 우리의 경험한 사실에 반한다. 이같이 불합리한 결론이 나온 것은 상대방의 '항아리에는 어제, 오늘, 내일에 걸쳐 동일한 본성이 있다'고 하는 주장을 전제로 했기 때문이다. 따라서 이 주장은 오류이며, 그와 모순되는 주장 '항아리는 현재의 시점에 있어서 과거·미래의 본성을 갖지 않는다.' 다시 말하면, 항아리는 각 순간마다 제각기 달라야 옳은 것이다. 이 프라상가의 목적은 앞의 찰나멸론의 논증에서 전제가 된 '존재하는 것은 찰나멸이다'고 하는 필연적 관계 자체를 논증하는 것에 있다. 프라상가 혹은 프라상가 누마나(Prasaṅgā-numāna)에 있어서 주제 소속성에서 제시된 명제는, 논증자 자신의 입장에서는 오류를 범하고 있는 상대방의 주장이며, 나온 귀결은 늘 불합리하다. 따라서 이것은 가정적(혹은 가언적假言的) 부정적 추리이며 능증의 세 가지 조건을 충족시키지 않는다. 이 점에 있어 프라상가는 통상의 정언적 추리(定言的推理, svatantrānumāna)와 다르다.

27. 제2장 5절 4항 참조.

용하는 부정적 추리로서 다음과 같이 구성할 수 있다.

> 어느 때 어느 것에 작용하지 않는 것은, 그때 그것에 대하여 효력을 갖지 않는다. 예를 들면 벼 이삭을 나게 하지 못하는 잡곡이 벼 이삭에 대해서 효력을 갖지 않는 것처럼. [필연성]
>
> 이 항아리는 현재의 시점에 있어서 과거·미래의 시점에 속하는 효과적 작용을 하지 않는다. [소속성]
>
> 그러므로 이 항아리는 현재에 있어서 과거·미래의 시점에 속하는 결과를 낳지 않는다. [결론]

작용의 효력을 갖지 않은─과거·미래의 순간은 존재성에 대한 필연적 관계로부터 탈락하므로, 존재성은 현재의 한순간의 효과적 작용성만이 인정된다. 따라서 존재하는 것은 순간적이라고 하는 필연적 관계가 상술한 프라상가 및 프라상가 비파르야야라고 하는 두 가지 논증에 의하여 증명되는 것이다.

또 우리는 앞에서 결론과 모순된 명제를 부정하는 논증에[28] 의해서도 존재성과 찰나멸성과의 필연적 관계는 증명된다고 말했다. 그것을 예증하기로 한다.

> 한순간에 결과를 낳지도 않고, 점차로 결과를 낳는 것도 아닌 것은 효과적 작용의 능력이 없는 것─즉 존재하지 않는 것─이다. 예를 들면 허공에 피는 꽃(무존재의 비유)과 같이. [필연성]
>
> 찰나멸적이 아닌 것은, 한순간에 결과를 낳는 능력도, 점차로 결과를 낳는 능력도 없다. [소속성]
>
> 때문에 찰나멸적이 아닌 것은 존재하지 않는다. [결론]

---

28. sādhya-viparyaya-bādhaka-pramāna.

이 '능변의 비인식'을 근거로 하는―존재하는 것은 찰나멸
적이라고 하는 결론과―모순된 명제를 부정하는 논증은 다음
과 같은 것을 명백하게 한다. 비찰나멸적인 것(영구불변한 것)
으로부터는―존재성의 능변인―점차로, 또는 한순간에 결과
를 낳는 작용성이 배제되고 만다. 그러므로 그것에 의하여 필
연적으로 포용되는 효과적 작용성과 정의되는 존재성도 비찰
나멸적인 것으로부터 배제되어 그 모순개념(矛盾槪念)인 찰나
멸성에 포섭된다. 다시 말하면, 존재성은 찰나멸성에 의하여
필연적으로 포섭되는 것이며, 여기에 존재성과 찰나멸성의 필
연적 관계는 증명되는 것이다.

프라상가의 다른 적용의 예를 들면, 유일한 일반자(一般者=
種種)가 다수의 개체에 존재한다고 하는 의견에 대해서, 그
일반자에게 복수성(複數性)을 귀속시키는 경우가 그것이다.
즉 그때의 추론 방식은 다음과 같다.

> 예를 들면 많은 그릇 속에 쌓여 있는 종려 열매와 같이, 수많은
> 모든 것 안에 존재하는 다수자(多數者)이다. [필연성]
> 일반자도 많은 개체에 존재한다고 상대는 말한다. [소속성]

여기에서 이 일반자도 또 복수자(複數者)가 아니면 안 된다
고 하는 상대방에 대하여 그들이 바라지 않는―불합리한―
결론이 나오게 되는 것이다. 그리고 만약 그 복수성을 그들이
인정하지 않으면, 그때에는 일반자가 다수의 개체에 내재한다
는 것도 그들은 주장할 수가 없게 된다.

〔反論〕'프라상가라고 불리는 논증은 능증의 세 가지 조건
을 만족시키지 않으므로 확실한 인식방법일 수는 없다. 어떻

게 이것을 제창(提唱)할 수 있겠는가.'

〔答論〕 필연적 관계에 있는 두 가지 중 하나를 들어서 관계 자체를 나타내는 것과 같이 프라상가도 필연적 관계를 생각해 내기 위해서 쓰이고 있는 것이다. 그것에 관하여 다르마키르티는 이렇게 말하고 있다.

> 가정적인 능증을 채용하여 프라상가를 행하는 것은, 두 가지 것이 필연적으로 관계하고 있을 때, 그 한 쪽이 없으면 다른 한 쪽도 없다는 것을 알리기 위해서이다.

이 의미는 이러하다. 포용하는 자〔능변能遍＝소증所證, 예를 들면 불〕와 포용되는 자〔소변所遍＝능증能證, 예를 들면 연기〕가 필연적으로 관계하고 있을 때에는 만약 능변이 인정되지 않으면 소변도 인정되는 것이 못된다. 또 반대로 소변이 인정되면 필연적으로 능변도 또한 인정될 것이다. 따라서 지금의 경우, 일반자가 만약 많은 개체에 존재한다고 하면 그것은 유일한 것일 수 없음을 상대방에게 촉구하기 위한 것이라고 말한다.

14. 논박論駁

논쟁의 규칙에 의하면 제안자가 논증을 하면, 반론자는 그에 대해서 논박(論駁, dūsanā)을 가해야 한다. 논박이라고 하는 것은 비실재, 대립, 부정(不定)의 세 가지 오류 중 어느 것인가를 지적하는 것을 말한다. 그것은,

> 논박이라고 하는 것은 불완전,[29] 그 밖의 것을 지적하는 것이다.

라고 다르마키르티가 말하고 있는 것과 같다. 이들 — 상술한 세 가지 오류 — 을 지적하는 것이 논박이라고 하면 무익한 능증, 효력이 없는 능증, 과대한 적용 등의 오류는 어디에 포함되는가 하면, 그것들도 실은 이들 세 가지 종류 속에 내포되어 있는 것이다.

그중에 먼저, 무익한 능증은 비실재의 오류에 포함된다고 하는 것은, 능증이란 소증의 성질(예를 들면 불)이 거기에 있는가 없는가 회의되고 있는 주제(예를 들면 산)에 소속하는 성질(예를 들면 연기)이다. 그러나 무익한 능증이 어느 주제에 대하여 진술되었을 때에는, 그 능증에는 소증의 성질이 거기 있는지 없는지 회의되고 있는 주제에 소속하는 성질이라고 정의되는 능증의 성격은 존재하지 않는다. 그러므로 그것은 —

---

29. 불완전nyūnatā는 본래는 추론 방식의 구성요소의 부족을 의미하고 있었으나, 다르마키르티 이후의 불교 논리학에서는 비실재, 대립, 부정(不定) 및 그 이하로 분류되는 몇 개의 오류를 의미한다.

주제에 있어서 진실의 능증이 실재하지 않으므로 — 비실재와 동일시 될 수 있다. 그것은,

> 소증을 가지고 있는가 어떤가 회의되고 있는 주제에 대하여 — 그것을 어느 쪽으로든지 결정하기 위하여 — 능증을 진술하는 것이므로 — 다른 명백한 증거에 의한 소증을 갖지 않으면 — 배제된 것은 능증의 기체(基體) 즉 주제가 되지 않는다.

고 다르마키르티가 말하고 있는 점에서 이해된다.

또 효력이 없는 능증은 그 자체가 비실재의 오류에 포함된다고 하는 것은, 능증의 효력은 능증 자체, 즉 본질과는 별개의 것이 아니기 때문이다. 그렇지 않으면 효력이 있을 때에도 능증은 실재하지 않는다고 하는 것이 되고 말 것이기 때문이다.

최후로 과대적용(過大適用)은 어느 능증이 그 소증의 영역을 뛰어넘어서 다른 종류의 것과 묶여 버릴 것이므로, 요는 부정(不定)의 오류에 포함되어야 할 것이다.

15. 자아의 부정否定 — 논박의 한 예

어떤 주제에 어느 소증의 성질이 존재하는 것을 — 어느 능증에 의하여 — 증명하기 시작했을 때, 그 주제 자체의 존재를 다른 분명한 증거에 의하여 부인할 수 있으면, 그 능증을 기체(基體)로서의 비실재의 오류가 있는 것이라고 논박할 수 있다.

자아(自我, ātman)는 그 속성이 모든 장소에서 인식되므로 어디에고 존재하는 것30이라고 하는 추리를 예증이라고 하자. 그 경우 불교도에 있어서는 자아 그 자체가 존재하는 것이 아니므로, 그 속성이 모든 장소에서 인식된다고 하는 것이 성립하지 않음은 말할 필요도 없다. 그 능증의 기체가 존재하지 않으므로, 이는 기체로서의 비실재인 오류라고 논박할 수가 있다.

---

30. 종자(種子)라고 하는 원인이 있어도 곡물은 열매를 맺지 않는 경우가 있다. 그러므로 모든 현상의 일어남에는 가시적(可視的)인 여러 원인 이외에 운명적인 불가시력(不可視力)의 작용이 있다. 이 불가시력은 사람의 행위와 그 여력(餘力)인 공덕(功德, dharma), 불공덕(不功德, adharma)이다. 그리고 공덕, 불공덕은 아트만의 속성일 것이다. 따라서 모든 장소에 있어서 모든 현상을 볼 수 있는 것은 거기 작용하고 있는 공덕, 불공덕이라는 속성을 보는 것이며, 나아가서는 아트만의 편재(遍在)를 의미한다. 바이세시카 및 니야야학파에서는 아트만은 각 개인의 신체 속에 머물며 동시에 그 자체는 신체와 함께 이동하지 않는 편재자라고 생각한다. 시간적으로도 아트만은 과거·미래에 걸친 영원한 것이다.

실제로 이교도들(바이세시카 및 니야야학파)은 다음과 같이 의론한다.

'선악의 행위를 짓는 자이며, 그 결과를 향수하는 자이며, 영원하고, 모든 곳에 실재하는, 자아라고 불리는 신체 따위와도 별개인 또 하나의 실체가 있다. 이 자아는 실제로는 세계의 어느 곳에나 실재하는 것이다. 따라서 살아 있는 신체는 그 자아가 고락(苦樂)을 향수하기 위한 장소이므로, 자아는 신체 속에 머문다고 말하는 것이다.'고

그러나 이것은 불합리하다. 자아의 존재를 증명하기 위한 증거는 없기 때문이라고 하는 것은 자아는 지각에 의해 알 수 있는 것이 아니다. 시각을 비롯한 다섯 개의 감관지(感官知)에는 빛깔(형태)을 비롯한 다섯 가지 대상이 정해져 있고, 니야야학파가 의지각(意知覺)이라고 인정하는[31] 자아의식도 사실은 자아가 아니라 신체 따위를 대상으로 하여 일어나는 것에 불과하기 때문이다. 즉 자아의식이라고 하는 것은 '나는 빛깔이 희다' '나는 크다' '나는 간다'고 하는 형태를 가지고 있으며, 신체를 대상으로 해서 일어난다. 그것에 관하여 ≪지식논평석장엄≫의 저자 프라주냐카라 굽타는 다음과 같이 말하고 있다.

'나'라고 하는 지식도 신체, 감각기관의 요소를 아는 자이다. 나

---

31. 바이세시카학파는 아트만의 편재는 추리될 뿐이라고 하는 것에 대하여, 니야야학파는 자아(自我)는 의지각(意知覺)의 대상이라고 한다. 그러나 이 의지각은 불교에 있어서의 의지각과 내용을 달리하는 것에 주의해야 한다.

는 애꾸눈이다, 나는 즐겁다, 나는 아름답다고 하는 것은 공통한 기체[신체]의 경험으로부터 생긴다.

자아가 신체와 별개의 것일 때에는 빛깔이 희다든가 덩치가 크다든가 하는 것은 자아의 속성일 수는 없다. 또 자아가 형상이 없는 편재자(遍在者＝세계의 어디에나 실재하는 존재자)일 때에는 유형한 실체에만 타당한 행진(行進)이란 동작이 있을 리 없다. 또한 사나운 성격을 가진 소년에 대해서 사자라고 하는 관념이 비유적으로 적합하도록 이 자아의 관념도 신체에 2차적인 의미로 적용된다고도 말할 수 없다. 그 경우에는—사실로서는 자아와 신체는 다르기 때문에—그것은 잘못된 적용이 되기 때문이다.

또 자아를 증명하기 위한 결과로서의 능증도 동일성의 능증도 있을 수가 없다. 그러므로 자아는 추리에 의해서도 알 수 없다. 결코 지각되는 일 없이 공간적으로, 시간적으로, 형태적으로 한정되어 있지 않은 자아와의 사이에 어떤 것이 긍정적 수반성(隨伴性), 부정적 수반성을 본질로 하는 인과관계를 갖는다고는 증명되지 않는다. 따라서 자아를 추리하게 하는 결과로서의 능증은 있을 수 없다. 또 자아라고 하는 추리의 주제의 존재 자체가 증명되어 있지 않을 때, 그것과 본질적으로 동일한 동일성의 능증도 얻어질 리가 없다. 더욱이 인과성과 동일성을 배제하고서 그 이외의 종류의 능증은 존재하지 않는다. 가령 개인의 신체가 자아를 갖는 것을 증명하기 위하여, 제3 종류의 능증이 있다고 하면, 그것은 소증에 의하여 필연적으로 포섭되지 않으면 안 된다. 그러나 그 소증인 자아는 그 존재가 결코 증명되지 않으므로, 능증이 그에 의하여 필연적으로 포섭되어 있는 것을 어떻게 결정할 수 있겠는가.

또한 이 자아라고 하는 것은 의식적인 것인가, 무의식적인 것인가. 만약 의식적이며, 게다가 영원한 것이라고 하면 모든 의식은 자아만으로 충분히 행해질 것이므로, 눈 그 밖의 감각 기관은 필요하지 않은 것이 되지 않을 수 없다. 만약 반대로 의식적이며 무상(無常)한 것이라고 하면, 그것은 의식을 자아라는 말로 바꾼 것에 불과하므로, 우리들 사이에 의견의 상위는 없다. 또 만약 무의식적이며 볼 수 없는 것이라고 하면, 그것은 항상 인식되지 않는 것이어서 존재를 확인할 수 없게 된다. 이와 같이 자아의 무존재는 필연적으로 입증될 것이다. 따라서 모든 피제약자(被制約者＝유위有爲)는 자아를 가지고 있지 않은 것이다.

16. 개념론槪念論 32

주제가 실재하더라도 능증이 그 자체로서 실재하지 않기 때문에 비실재인 때에도 그것은 잘못된 능증이 된다. 예를 들면 음성은 눈에 보이지 않는 것이기 때문에 무상하다고 하는 추리에 있어서와 같다.

〔反論〕'필연적 관계가 성립하고 있지 않은(asiddha, 비실재非實在) 것의 지적도 일종의 논박이 아닌가. 그때에도 상대방의 소기의 목적은 증명되는 것이 아니므로, 그것을 그대는 왜

---

32. 불교의 apoha 이론은 다음 절에서 비판되는 실재론자(實在論者:니야야학파, 바이세시카학파, 불교의 설일체유부說一切有部 등)가 실재로서의 일반자나 개체가 언어의 대상이라고 한 것에 대하여, 언어의 대상은 '그 이외의 것에 대한 부정(否定, 아포하)에 의하여 논리적으로 구상된 관념에 불과함을 주장한다. 즉 실재론의 입장에서는 언어도 그에 대응하는 실재를 외부에 갖고 있다고 하는 것에 대하여, 경량부를 비롯한 불교학자는 언어는 실재에 관여하지 않고 개념만을 나타낸다고 말한다. 그러나 불교철학의 내부에서도 이 아포하 이론은 역사적으로 3단계의 발전을 해왔다. 디그나가, 다르마키르티는 아포하의 본질을 '그 이외의 것에 대한 부정(否定)'에 있다고 했으며, 그 부정을 통하여 긍정되는 표상은 2차적인 의미라고 생각했다. 산타라크시타는 긍정적인 관념, 다시 말하면 비디(vidhi)를 언어의 제1차적 의미라고 했으며, 타자(他者)의 부정은 그 2차적인 기능이라고 생각했다. 아포하라고 하는 부정을 명제의 부정을 주로 해서 해석하는가, 명사의 부정을 주로 해서 해석하는가에 따라서 두 가지 설로 나누어진다. 쥬냐나수리미트라는 이 두 가지 설을 종합해 '아포하에 의하여 한정된 비디(apoha-viśiṣṭa-vidhi)'를 언어의 의미라고 한다.

말하지 않는가.'

〔答論〕 그것은 부정(否定)의 오류에 대한 논박의 설명에 의해 그 의미가 이해되는 것이므로, 별도로 설명하지 않은 것이다. 즉 필연적 관계라고 하는 것은 두 개의 독자상(獨自相)으로서의 개체 사이에서 이해되는 게 아니다. 독자상이라고 하는 것은, 각각 공간적·시간적·형태적으로 개별화한 것이므로, 다른 것과 관계하는 일이 없기 때문이다. 그러므로 일반자〔種種〕로서 표상된 소증과 능증의 두 항목 사이에 있어서만 필연적 관계는 이해되어야 한다. 그 경우에도 만약 능증이 소증에 의하여 필연적으로 포섭되어 있다는 것을 알지 않으면, 그때 능증은 있어도 소증은 없을지도 모른다는 것이다. 이것은 진실로 부정의 오류에 지나지 않는 것이다.

〔反論〕 '도대체 일반자라고 하는 것은 불교도에 있어서는 존재하지 않는 것이 아닌가. 그러면서도 왜 일반자로서의 소증과 능증 사이에 보편적인 필연관계를 확실한 인식에 의하여 이해한다고 말할 수가 있는가.'

〔答論〕 이것은 잘못이 아니다. 다른 학파 사람들이 망상하고 있는 것과 같은 형태의 일반자는 확실한 인식과 모순되는 것이므로 불교도는 이것을 인정하지 않는다. 그러나 다른 배제를 특징으로 하고, 아포하(apoha=이離·사별捨別)라고 이름하여, 언어의 습관에 의하여 용인되고 있는 명사까지도 인정하지 않을 수 없는 것이다.

〔反論〕 '도대체 이 아포하라고 하는 것은 무엇인가.'

(1) 우리의 지각판단 대상으로서의 항아리와 같은 외부의 대상을 아포하라고 하는가. ─이때 아포하라고 하는 말은 이것

에서 그 이외의 다른 종류의 것이 배제된다고 해석된다.

(2) 또는 우리 지식의 표상이 형상을 가지고 나타난 것을 아포하라고 하는가. ─ 이때 아포하라고 하는 말은 이 지식의 표상이 있을 때에는 다른 종류의 것을 배제한다. 즉 구별한다고 해석된다.

(3) 또는 명제의 부정(否定)이라고 하는 형태로서의, 진실로 단순한 무존재를 아포하라고 말하는가. ─ 이때에 아포하는 부정하는 것의 의미로 해석되어야 할 것이다.

그러나 만약 그대가 지각 판단의 대상으로서의 개체의 긍정, 즉 비디(vidhi＝법사法事・규범規範・취별取別)를 의미한다고 하면, 요컨대 그것은 단지 대상을 말하는 것과 다르지 않으리라.'32

〔答論〕 그렇지는 않다. 우리는 아포하에 의하여 한정된 비디를 여기에서 의미하고 있기 때문이다. 그러나 비디론자의 의견에 의하면 소〔牛〕─라고 하는 명사의 의미─가 이해되었을 때는 소라고 하는 것은 이미 소가 아닌 것과 같이, 내포된 뜻에 의하여 아포하가 뒤에 가서 결정된다고 말한다. 한편, 아

---

32. 이 반론에서는 명사의 부정에 의한 아포하의 해석을, 개체를 언어의 대상으로 한다〔제1〕와, 긍정적인 표상을 언어의 대상으로 하는 것〔제2〕과의 둘로 나누고, 제3으로 명제의 부정에 의한 아포하의 해석을 들고 있다. 그러나 그 비판은 제1의 해석에만 향해 있고 제2, 제3의 설에 대한 비판은 존재하지 않는다. 우연한 이유에 의한 탈락이라고 생각된다. 제2의 설에 있어서도 비디라고 하는 긍정적 표상을 의미하면서 그것을 아포하〔부정〕라고 부르는 모순을 범하고 있으며, 제3의 단순한 무존재(無存在)는 언어의 인식을 낳는 원인이 되지 않는다고 하는 의미의 비판을 보충해야 한다.

포하론자의 의견에 의하면, 소 이외의 것에 대한 아포하가 우선적으로 이해되고 그 내포된 뜻에 의하여 타자로부터 구별된 소라는 의미가 확인된다고 말한다.

이들은 어느 것도 타당하지 않다. 어떤 말이 말해지고 있을 때, 처음으로 그것을 들은 자에게 있어서도 그와 같은 이해의 전후 따위는 경험하지 않기 때문이다. 실제로 사람은 비디를 먼저 이해하고 다음에 그 내포된 뜻에 의하여 아포하를 이해하는 것은 아니며, 또 앞에서 아포하를 이해한 다음에 타자로부터 구별된 것을 이해할 리가 없기 때문이다. 그러므로 소에 대한 이해는 소 이외로부터 구별된 것의 이해와 같다고 우리는 말한다.

예를 들면 소라고 하는 말이 발음되더라도 타자로부터의 구별을 나타내는 말은 거기에 명확히 드러나 있지 않다고 반론하는 사람이 있을 것이다. 그러나 우리는 다른 아포하가 소를 한정하는 것을 이해하지 못한 것은 아니다. 소가 아닌 것으로부터 구별된, 같은 것에 대하여 소라고 하는 말은 언어의 약속에 의하여 적용되는 것이기 때문이다.

예를 들면 '인디바라'라고 하는 말은 청련(靑蓮)에 적용되지만, 그것을 들은 우리는 연꽃〔蓮〕을 이해함과 동시에 푸른 빛깔의 표상을 피하지 못한다. 그와 마찬가지로 소가 아닌 것으로부터 구별된 것에 적용되는 소라고 하는 말을 들으면 소를 이해함과 동시에 아포하가 그 한정자(限定者)로 되어 있기 때문에, 소가 아닌 것의 아포하가 반드시 표상되는 것이다. 또 비존재의 지각을 예로 들면, 명제의 부정으로서의 비존재의 인식은 비존재라고 하는 개념을 생기게 하는 효력과 같은 것이다. 그와 마찬가지로 긍정적인 개념에 있는 그와 유사한 형태를 표상하게 하는 효력은—그와 다른 종류의 것의—비존재의 인식과 별개의 것이 아니라고 말하는 것이다.

만약 그렇지 않고 소라고 하는 말을 인용하여 그 의미를 이해했을 때, 소 이외의 것에 대한 아포하가 알려지지 않는다면, 그 말을 들은 사람이 다른 동물들을 버리고서 소가 있는 곳으로 어떻게 갈 수 있겠는가. 그것이 불가능하면 '소를 묶어라'고 하는 명령을 받은 사람은 말을 묶을 것이다.

이러한 뜻에서 외부 대상은 그 자체가 분명히 지각되기 위하여 언어의 내용으로 설정된 것이 아니라, 다만 개념화(概念化)한 것으로서만 언어가 의미하는 것이 된다. 언어에 의한 인식에 있어서는 지각의 경우와 같이 공간적·시간적·형태적으로 상태가 한정되어 있는 개별적인 독자상이 나타나는 것은 아니기 때문이다. 이에 대해서 논리학에 있어서 최고의 스승인 다르마키르티는 이렇게 말한다.

> 시각기관(視覺器官)이 작용하고 있지 않는 한 말을 들어도 시각의 경우와 같이 대상은 지식 안에 나타나지 않는다.

또한 만약 독자상을 가진 개별적인 것이 언어의 내용이라고 한다면, 사람은—언어를 듣고서 그 대상을—전체적으로 이해할 것이므로 긍정적·부정적 표현은 불가능하게 된다. 어떤 것이 존재하고 있을 때, '그것이 있다'고 말하는 것은 무용한 것이다. '그것이 없다'고 말할 수 없기 때문이다. 반대로 사물이 존재하지 않을 때, '그것이 없다'고 말하는 것은 무용하며, '그것이 있다'고 말하는 것은 불가능하다. 그러나 우리는 실제로 '있다'든가 '없다'든가 하는 언어 표현을 행하고 있다. 거기에서 알 수 있듯이 참으로 언어는 개별적인 실재를 의미하는 것은 아니다.

〔反論〕'우리는 지각에 의하여 항아리 그 자체를 인식하고 있어도, 다시 그와 같은 것이 무상한 것이라고 결정하고자 하여 다른 종류의 인식〔개념지槪念知〕을 사용한다. 그와 마찬가지로 나무라고 하는 언어에 의하여—그 대상의—수목성(樹木性)은 이해되었다고 하더라도 그것이 존재한다고 하는 성질을 결정하기 위해서 존재한다고 하는 언어를 다시 인용할 수도 있지 않은가.'

〔答論〕 그렇지 않다. 지각이라고 하는 것은 그 본성에 있어서 결정의 기능을 가지고 있지 않다. 그러므로 우리에게 습관되지 않은 본질을 가진 대상을 지각했을 때, 그것을 결정하기 위하여 개념지라고 하는 다른 종류의 인식을 인용하는 경우가 있다. 그러나 언어의 인식과 같은 개념지는 그 스스로가 결정의 기능을 가지고 있으므로, 그 자체가 인식되었을 때에는 새삼스럽게 다른 종류의 인식에 의하여 이해되어야 한다는 예는 없다.

17. 개념 실재론實在論의 비판

다른 학파 사람들은 일반자[종種]는 많은 개체에 내재하며, 볼 수 있고, 유일하며, 영원한 것이라고 망상하지만, 그러한 것을 증명할 수 있는 증거를 우리는 전혀 발견하지 못한다. 그러므로 그것은 존재한다고 확정할 수가 없다고 하는 것은, 우리가 소 따위의 개체를 지각할 때, 빛깔이나 모양을 본성으로 하고 있는 그 개체의 독자상을 제외하고, 그 밖의 어떤 단일한 추종자(追從者)로서의 — 우성(牛性)이라고 하는 일반자 따위가 지각되는 것은 아니다. 요컨대 이와 같은 것은 지각되지 않는 것이다.

또 우리는 예를 들면 네 발이 달리고 살이 찐 동물의 독자상을 지각한 직후에 소라고 하는 하나의 씨앗의 형상을 돌이켜보는 관념을 얻는다. 그러나 이 사실은 우성(牛性)이라고 하는 일반자가 실재하지 않는 한 불가능하다. 그러한 이유로 일반자의 존재를 가정한다고 하는 일도 합리적이 아니다. 왜냐하면 수많은 개체도 그 자신의 원인에 의하여 특수한 효력이 주어진 것이며, 이 씨앗의 형상은 일반자가 아니어도 개체에서 간접적으로 생겨나는 것이 가능하기 때문이다. 개체라고 하는 것은 각기 별개의 것이며, 전부가 그렇다고 할 수 없어도 어느 정도의 개체는 이 씨앗의 관념을 생기게 할 수가 있다. 그러한 뜻에서 이들 개체와 씨앗의 관념 사이에 지각과 비지각에 의거하여 인과관계가 분명하게 되었을 때 그것을 부정할 수는 없는 것이다.

예를 들면 크도치(풀이름)나 니므파 나무 등은 해열제로서 효력이 있다. 그러나 모든 식물이 그런 것은 아닌 것과 같이. 그와 같이 개체는 개별적인 점에서는 모두 평등하지만, 그중 얼마는 씨앗의 관념을 낳게 하는 효력이 있음을 우리는 알고 있다. 그것은 다르마키르티가 다음과 같이 말하고 있는 그대로이다.

> 감각기관이 대상, 빛[光], 주의력 등과 함께 시각(視覺)을 생기게 하는 것과 같이, 어느 종류의 개체는 저마다 별개이면서 동일한 판단, 동일한 대상의 지각이라고 하는 하나의 목적을 달성하듯이, 본성에 의거하여 정해져 있다.

또한 일반자 — 예를 들면 우성(牛性) — 가 모든 다른 종류로부터 배제된 것으로서 실재하는 것을 거짓으로 인정했다고 해도 우리는 이렇게 묻고 싶은 것이다. 그것이 개별적인 점에서는 소 이외의 개체와 다르지 않은 소의 개체에만 내재하고, 거기에 있어서만이 소다, 하는 동일한 씨앗 형상을 가진 지식을 낳게 하는 것은 무슨 까닭인가고.

반론자는 '그것은 본성에 의하는 것이다'고 답할 것이다. 그러나 그것은 확실한 인식과 합치하지 않는다. 그러나 우리가 개체와 씨앗의 개념과의 인과관계를 설명할 때와 마찬가지로 본성에 의거하여 그렇게 된다고 답하는 것은 확실한 인식에 의하여 증명되고 있으므로 이것은 합리적이다.

반론자는 다음과 같은 씨앗의 실재를 증명하기 위해서 논증을 행한다.

한정된 지식은 한정자의 인식을 필연적으로 전제한다. 이를테면 지팡이를 가진 자ー라는 지식이 지팡이의 인식 없이 있을 수 없는 것ー와 같이. [필연성]

이것은 소다, 하는 것도 한정된 지식이다. [소속성]

그러므로 그것은 한정자인 우성(牛性)의 인식을 필연적으로 전제한다. [결론]

이 추리는 사실상 결과로서의 논증을 근거로 하고 있다. '한정된 지식은 한정자의 인식 결과이므로'라고.

이에 대해서 우리는 말하기로 한다. 이 추리의 증명을 하고자 하는 것은 무슨 의도인가. 한정된 지식이 그것과는 별개인 한정자의 직각을 필연적으로 전제한다고 하는 것인지, 아니면 한정자 일반의 지각을 필연적으로 전제한다고 하는 것인지 어느 쪽인가. 제1의 경우를 주장하면 그것은 직각과 모순된다고 하는 것은, 직각은 대상의 전체를 직관하는 것이며, 거기에 한정되는 것과 한정하는 것의 양자가 별도로 나뉘어 나타나는 것은 아니기 때문이다. 또 한정된 지식이라고 하는 능증은 일반자를 증명하기 위해서 부정(否定)의 오류를 지닌다고 하는 것은, 예를 들면 이 항아리는 그 자신의 모양을 갖는다든가, 우성(牛性)은 일반자라고 하는 경우와 같이 한정된 인식은 그와 별개의 한정자의 인식이 없어도 경험되기 때문이다.

한편 제2의 경우를 주장한다고 하면, 그것은 항아리는 그 자신의 모양을 갖는다고 하는 것과 같이 당연한 것을 새삼스럽게 증명하고 있음에 지나지 않는다. 불교학자도, 이 개체는 우성이라고 하는 씨앗의 개념을 갖는다고 하는 경우, 실재하는 것에 대한 구별은 아니라고 하더라도 논리적인 구별을 구상함으로써 한정하는 것이 되는 것과의 관계가 성립하는 것을 용인하고 있기 때문이다. 실제로 이것은 소다, 하는 판단은 소가 아닌 것으로부터의 구별을 인식함으로써 생기는 것이기 때문이다. 따라서 이 반론자의 논증에 의해서도 일반자의 실재는 증명되지 않는다.

이와 같이 반론자가 망상하는 실재하는 일반자라고 하는 것은 연구가 그치지 않는 것이다. 따라서 아포하라고 하는 말로 의미되고 ─ 관념적으로 ─ 그 이외의 것으로부터 구별된 것에 불과한 일반성이 개념적인 구상으로서 언어활동의 요소가 되는 것이다. 그리하여 우리의 이론이 바른 것이 결정되었다.

이 일반자를 부정하기 위한 추론 방식은 다음과 같이 구성되지 않으면 안 된다.

> 인식의 조건이 갖추어져 있음에도 불구하고, 어떤 것이 어느 장소에 있어서 인식되지 않는다면 그것은 거기에 존재하지 않는다고 판단되어야 할 대상이다. 예를 들면 말의 머리에 있는 뿔과 같이. [필연성]
> 인식의 조건이 갖추어져 있음에도 불구하고 일반자는 지금 지각되고 있는 개체에 있어서 인식되지 않는다. [소속성]
> 그러므로 일반자는 개체 안에 존재하지 않는다고 판단할 수 있다. [결론]

이 추리는 '부정의 대상 자체의 비인식'[16종의 부정적 추리의 제1형식]에 의거한다. 이것에 대하여 비실재 능증의 오류를 상정(想定)해서는 안 된다. 빛깔과 모양을 특징으로 하는 개체 이외에 제2의 추종자라고 하는 일반자의 모습은 아무리 세밀하게 조사해도 어디에서도 발견되지 않기 때문이다.

또 지식과 마찬가지로 이 일반자도 보이지 않지만, 그 존재는 자기인식이라고 하는 지각에 의하여 알려지는 것이라고 말해서는 안 된다고 하는 것은, 지식은 과연 시각의 대상은 아니고 자기인식이라고 하는 증거에 의하여 알려지지만, 이 일반자는 대상의 속성이므로 시각의 대상이어야 한다. 실제로 반론자도 그것이 시각에 의하여 파악되는 것을 주장하고 있기 때문이다.

이와 같이 반론자가 망상하고 있는 일반자에 대한 연구는 끊임이 없는 것이므로 — 실재하지는 않으나 관념적으로 — 그 이외의 것으로부터 구별된 것, 즉 개념만이 일반상이라고 설명된다. 그러한 뜻에서 모든 피제약자(被制約者)는 반론자가 생각하는 것과 같은 일반자를 갖지 않는다고 결정되는 것이다.

18. 영원한 것에 대한 비판

또 모든 피제약자를 누군가 지적인 작자에 의해서 만들어진 것이라고 생각해서는 안 된다고 하는 것은 만약 이 세계의 형성자〔최고의 신〕가 있다고 하면, 그는 영구적인 존재이거나 무상한 존재의 어느 쪽이다. 그중에 우선 그는 영구적일 수 없다. 형성자가 영구적인 효력을 가지고 있다면, 세계의 형성과 존속(存續)과 파괴가 반드시 동시에 일어나고 말 것이기 때문이다. 즉 존속과 파괴의 통치자인 그의 본성은 세계가 만들어져 나올 때에도 그에게 갖추어져 있었을 것이다. 그러므로 그와 같이 세계가 형성될 때에는 존속과 파괴가 동시에 행해지고 말 것이다.

신(神)이 세계를 형성할 때 존속과 파괴 때문에 필요한 보조인(補助因)을 갖추지 않았으므로 세 가지 기능〔세계의 형성, 존속, 파괴〕을 동시에 행하는 일은 없다고 반론할는지 모른다.

그러나 그것도 옳지 않다. 보조인이라고 하는 것도 영구적인가, 무상한 것인가. 그 어느 쪽일 것이므로 변하지 않는〔영구적인〕 보조인은 항상 존재할 것이며, 때문에 신은 그것과 잠시도 떨어지는 일이 없다. 또 신이 무상한 보조인과 떨어져 있을 수도 없다고 함은, 무상한 보조인이라고 하는 것도 신에게 의존하여 생기는 것이기 때문이다. 이와 같이 하여, 세계의 형성과 존속과 파괴의 모든 기능이 일시에 수행된다고 하는 불합리는 항상 따라다니게 될 것이다.

〔反論〕 '최고의 신은 지혜를 가지고 있으므로 그와 같은 오류를 범하지 않는다고 하는 것은, 지적이 아닌 것은 그 존재성만으로 결과가 생기는 것이므로 결과를 일시에 행하고 말 것이다. 그러나 지적인 작자는 설사 만드는 능력은 있어도 그 의욕을 갖지 않을 때는─사물을─형성하는 일이 없다. 그러므로 어떻게 그를 비난할 수 있겠는가.'

〔答論〕 답하기로 한다. 신이 의욕한 것이, 신이 존재한다고 하는 것만으로도 이루어짐에도 왜 그는 그 기능을 다하지 않는가. 이러한 비난을 신은 여전히 받는다. 그대는 '신은 본래적으로는 항상 효력을 지니고 있다. 그러나 보조인이라고 정의되는 우연적인 힘을 얻지 않으면 그 기능을 다하지 않는다. 그것이 참으로 신의 본성인 것이다'고 말할 것이다. 그러나 그러한 의론이 된다고 하면, 그는 어머니이다, 그러나 본질적으로는 석녀(石女)라고 하는 말이 가능하게 된다. 그러므로 이것은 비본질적인 공론(空論)이다.

〔反論〕 '결과라고 하는 것은 이러한 본성을 가진 것이 아닌가. 즉 단지 효력만 있다고 그것이 생기는 것이 아니라 보조인을 기다려서 비로소 생긴다는 본성을.'

〔答論〕 그것은 옳지 않다. 실로 효력이라고 하는 것은 보조인을 필요로 하는 일 없이 필연적으로 결과를 만들어야 한다. 만약 그렇지 않으면 그것은 효력이 없는 것에 그치고 말 것이기 때문이다.

또 영원한 형성자가 일차적으로 이루는 것이 아니고, 점차로 결과를 형성한다는 것도 불가능하다. 왜냐하면 그는 그 자신 이외의 어떠한 것도 필요로 하지 않을 것이기 때문이다. 세

계에서 그 명성이 높이 찬양되고 있는 다르마키르티는 말하고
있다.

> 영원한 것은 작용을 하고 있을 때든지, 작용을 하고 있지 않을
> 때든지, 똑같은 자체(自體)를 지니는 것이며 타자에게 의존하지
> 않는다. 그러므로 그것(영원한 것)에 점차로 변화가 생긴다고 하
> 는 것은 타당하지 않다.

이 게송에 의해 자아와 같이 비찰나멸적[영원한]인 자에게
는[33] 시간의 경과 안에서 차츰 결과를 만드는 예가 있다고 하
는 생각을 비판한 셈이다.[34]

상술한 — 영원한 것을 비판한 — 의론이 우리의 지각과 모순
되지 않는다. 처음부터 지각에 의해서 비찰나멸적인 것을 인
식하는 것은 불가능하기 때문이다. 왜냐하면 지각은 순간적으
로 작용하는 것이므로 비찰나멸적인 것을 볼 수가 없는 것이
다. 비찰나멸적이라고 하는 것은, 수많은 찰나에 걸쳐 기능을
다하는 것을 의미한다. 그러나 그러한 것이 일찰나만 존재하
는 지각에 의하여 어떻게 인식될 수 있겠는가.

실로 시간적으로 앞과 뒤의 상태는 현재의 찰나에 나타나지
않는다. 만약 나타난다면 과거도 미래도 현재적(現在的)인 것
이 되고 말거나, 아니면 — 현재의 찰나에 볼 수 있는 것의 —
생겨난 극한(極限)도, 없어질 극한도 지금 보여야 한다는 오

---

33. '자아 따위와 같이 비찰나멸적인 것에 있어서나, 찰나멸적인 항아리 따
위에 있어서나 그것들에는' 하는 것이 원본(原本)대로이다. 그러나 '찰
나멸적인 항아리 따위에 있어서나'의 대문은 논리의 전개에 있어서 전
혀 필요 없는 것이 잘못 삽입되었다고 생각되므로 삭제했다.
34. 무상(無常)한 형성자에 대해서는 20절에서 설명하고 있다.

류가 따라다닐 것이기 때문이다. 이러한 뜻에서 지각이라고 하는 것은 과거로부터 미래에 걸쳐 있는 대상을 전혀 인식할 수가 없는 것이다.

19. 재인식再認識의 비판

상술한 의론은 재인식(과거의 것을 현재의 것과 동일하다고 하는 인식)은 지각이 아님을 재차 밝히고 있는 것이다. 지각이라고 하는 것은 직관을 본질로 하는 지식이지만 과거의 상태에 있었던 것이 지금 직관될 리는 없다. 그것은 다만 기억될 것에 지나지 않는 것이다. 그리고 기억을 본성으로 하는 것은 지각일 수가 없다.

다음과 같은 반론이 있을 것이다. '기억이라고 하는 것은 현재에 속하는 상태를 직관하는 것은 아닐 것이다. 그렇다면 현재 상태를 직관하는 일을 지향하는 이 재인식이 어째서 기억이 되는가. 쿠마릴라 바타도 다음과 같이 말하고 있다.

그것이라고 하는 기억은 과거의 인식에 관해서만 생긴다. 그것은 이것과 같다고 하는 재인식은 기억을 넘어선 것이다.

〔答論〕 그렇다면 재인식은 다만 지각만을 본성으로 하는 것이 아니라 기억과 지각의 둘을 본성으로 할 것이다. 기억되고 있는 것이 지각되거나, 지각되어 있는 것이 기억되는 그러한 일은 불가능하므로, 재인식은 양자를 겸한다고 말하지 않으면 안 된다. 그러나 하나의 인식에 기억과 지각이라고 하는 서로 대립하고 있는 두 개의 기능은 존재할 수 없다. 어느 본성에 의하여 기억이 성립하고, 그와 같은 본성에 의하여 지각도 성립한다고 하는 것은 정신이 흔들리고 있지 않는 한 말할 수

있는 것이 아니다.

기억의 본성과는 다른 본성에 의하여 지각이 성립하는 것일 것 같으면, 하나의 것에 기억과 지각의 둘은 존재할 수가 없다. 만약 존재할 것 같으면 그 둘은 지각과 비지각일 것이다. 그러나 기억되고 있는 것에 대해서 지각은 있을 수 없다. 그 것은 지각되지 않는 것이기 때문이다. 그러한 뜻에서 재인식이라고 하는 지식은 고유한 대상을 가지고 있지 않으므로 미혹(迷惑)된 지식에 불과하다. 이 의론은 다음과 같은 추론 방식이 구성된다.

> 재인식이라고 하는 지식은 진실로 하나의 대상을 갖는 것이 아니다. 예를 들면 한 번 깎인 다음 다시 돋아난 풀을 대상으로 하는 지식과 같이. [필연성]
> 이 푸른 빛깔은 저것과 같다고 하는 지식은 재인식이라고 하는 지식이다. [소속성]
> 그러므로 그것은 하나의 대상을 갖는 것이 아니다. [결론]

이것은 '부정의 대상 자체와 대립하는 것에 대한 소변(所遍=포용되는 것)의 인식'[부정적 추리의 13형식]에 의한 추리이다. '일(一)'과 '다(多)'는 서로 대립하는 것이므로, 그것을 대상으로 하는 지식도 상호 대립한다. 앞에서 지적한 논리에 의하여, 즉 하나의 대상을 갖는 것과 대립하고 있는 수많은 대상을 가진 성질에 의하여 재인식이라고 하는 지식은 필연적으로 포용되고 있다. 이와 같은 지식은 미혹에 지나지 않으므로 재인식의 존재를 이유로 하여 찰나멸성의 논증을 부인할 수는 없다.

또 한 번 깎였다가 다시 돋아난 모발(毛髮) 등의 재인식에 있어서도 모발성(毛髮性)이라고 하는 일반자를 대상으로 하는 성격이 있으므로, 하나의 대상을 가진 것이 된다고 말해서는 안 된다. 재인식되고 있는 것은 일반자가 아니라 개개의 모발이기 때문이다. 만약 일반자가 재인식되어 있다고 하면, 그것은 이 모발성은 저것과 같다고 하는 형식이 되어야지, 이 모발은 저것과 같다고 하는 형식을 취할 것이 아니다.

그러한 뜻에서 재인식이 만약 하나의 대상에 관한 것이라고 하면, 재인식이라고 하는 지식은 한순간에 차례로 일어나지도 않는다. 그러므로 그대는 우리의 상술한 추론 방식에 대립이나 부정의 오류가 있지는 않은가 의심해서는 안 된다. 또 그대는 하나의 대상을 가지고 있다는 것을 확정할 수 있는 것은 다름 아닌 재인식이므로 불교도의 의론은 잘못되어 있다고도 말할 수 없다. 그 재인식 자체가 지금 검토되고 있기 때문이다. 이러한 뜻에서 영원한 작자 따위는 존재하지 않음이 확정되었다.

20. 행위가 세계를 만든다

만약 영원한 형성자〔최고의 신〕가 세계의 원인이 아닐 것 같으면, 도대체 무엇이 이 세계의 원인인가 하면 의식이 있는 자〔존재＝유정有情〕의 선(善), 불선(不善)의 행위〔業〕가 원인이다. 게송은 이렇게 말한다.

　　의식이 있는 자의 세계이거나, 물질적 환경으로서의 세계이거나, 마음만이 그들을 여러 가지로 만들어 낸다. 실로 세계의 모든 것은 행위로부터 생겼다고 말해지고 있다. 더구나 행위는 마음을 젖혀 놓고 달리 있을 수 없기 때문이다.

　또 전지자(全知者)이신 세존은 바이세시카학파〔설일체유부說一切有部〕의 입장을 예상하고 이렇게도 말한다.

　　허공과 두 가지 절멸(絶滅)과 이들 세 가지 무제약자(無制約者＝무위無爲)는 영구불변이다. 모든 피제약자(＝유위有爲)는 찰나멸로서 자아가 없고 행위 이외의 작자를 갖지 않는다.[35]

---

35. 구사론(俱舍論) 1・5송(頌)과 유사하다. 두 가지 절멸(絶滅)이라고 하는 것은 정려(靜慮, 선정禪定)를 거쳐 얻어질 수 있는 것과 정려를 필요로 하지 않고서 일어나는 것이 있다. 전자는 선택한 절멸이라 해서 택멸(擇滅), 후자는 그렇지 않으므로 비택멸(非擇滅)이라 한다. 유위(有爲)는 원인에 의해서 만들어진 것, 즉 변화하는 것이며, 무위(無爲)는 원인에 의해서 만들어지지 않고 변화하지 않는 것이다.

21. 전지자全知者인 불타의 존재의 가능성

〔反論〕'전지자가 존재하고 있다면, 그의 말을 권위가 있는 것으로 인용해도 타당할 것이다. 그러나 도대체 전지자의 존재를 증명하기 위해서 어떠한 증거가 있는가.'

〔答論〕 답하기로 하자.

어느 마음의 속성이 열의를 가지고 끊임없이 장시간에 걸쳐 명상함으로써 추구할 때 그것은 모두 명료하게 눈에 보일 가능성이 있다. 예를 들면 그 아가씨의 모습이 그 연인(戀人)에게 비전으로서 나타나는 것과 같이. [필연성]

네 가지의 거룩한 진리라고36 하는 대상의 표상도 상술한 바와 같은 명상에 의하여 추구되는 마음의 속성에 지나지 않는다. [소속성]

그러므로 네 가지 진리를 대상으로 하는 마음의 속성은 명료하게 눈에 보일 가능성이 있다. [결론]

이 추리는 동일성의 능증에 의거한다. 이 추리에 우선 기체의 비실재, 능증 자체의 비실재 그 어느 것에든 실재의 오류가 있다고 회의해서는 안 된다. 우리의 심상(心想)에 놓인 네 가지 진리라고 하는 대상의 표상이 여기에서는 추리의 주제가 되어 있다. 거기에 마음의 속성 일반이라고 하는 능증이 존재

---

36. 고제(苦諦)·집제(集諦)·멸제(滅諦)·도제(道諦)의 네 가지 불타의 기본적 교의(教義)임과 동시에 그것은 일찍이 불교도의 명상(瞑想, 선禪)의 대상이 되었다.

함은 한 사람 한 사람이 자각되기 때문이다. 또 이 능증은 같은 종류의 비유가 되는 연인의 비전 가운데 존재하므로 대립의 오류도 없다. 또한 부정의 오류도 없다. 명상에 의하여 수습(修習)되는 마음의 속성과 명료한 현현(顯現)이라고 하는 원인과 결과 사이에는 모든 경우에 적용되는 지각과 비지각에 의거하여 인과관계가 있다고 증명된다. 그것은 옹기장이〔도공陶工〕와 항아리 사이에 있는 인과관계와 같이 명확하다. 따라서 명상에 의하여 수습되는 마음의 속성이라고 하는 능증과, 명료한 현현의 원인이 될 수 있는 것—이라고 하는 소증— 사이에 있는 필연적 관계는 증명되어 있다.

즉 이 필연적 관계를 예증하는 기체는 사랑하는 남자의 마음에 있는 아가씨의 모습이다. 그것은 정성스런 끊임없는 긴 시간에 걸친 명상을 동반한 마음의 속성이 되기 이전에는 명료한 비전으로서 나타나는 것은 인식되지 않는다.(비지각非知覺 제1) 다음에 자꾸만 반복해서 명상하는 것이 알려져(지각知覺 제2) 이윽고 명료한 비전의 현현이 알려진다.(지각 제3) 이와 같이 세 가지 지각과 비지각에 의하여 명상으로 수습된 심리적 표상과 명료한 현현 사이의 인과관계는 증명된다. 그러므로 능증과 소증 사이의 보편적인 필연관계는 타당하다. 따라서 부정의 오류는 없으므로 우리의 추리 능증에는 비난받을 여지가 없다.[37]

---

37. 전지자가 존재한다고 하는 가능성의 논증(論證)이 연인(戀人)의 비유를 예로 드는 사례는 미트라 이후의 후기 불교논리학자에게 공통되어 있다.

〔反論〕 '이 논증에 의하여 그대는 네 가지 거룩한 진리의 표상에 대한 직관을 근거로 하여 〈네 가지 거룩한 진리의 표상을 직관하는 사람〉이라고 해석되는 전지자를 증명할 수는 있을 것이다. 그러나 이같이 한정되지 않고 모든 사물을 직관하는 사람이라고 하는 의미로 변지자(遍知者＝모든 것을 아는 사람)는 증명하지 못한다. 그렇기 때문에 이와 같은 사람의 존재를 증명하기 위해서는 별도의 논증을 그대는 진술하지 않으면 안 된다.'[38]

〔答論〕 답하기로 하자.

확실한 인식과 일치하며 일정한 대상을 가진 언어라고 하는 것은 직접적으로, 또는 간접적으로 그 대상을 직관하는 지식을 선행시킨다. 예를 들면 불은 타는 것이라고 하는 언어와 같이. [필연성]

피제약자는 모두 찰나멸적이다, 하는 언어도 확실한 인식과 일치하며 일정한 대상을 가진 것이다. [소속성]

그러므로 이 언어는 모든 대상을 직관하는 지식을 선행시킨다. 즉 변지자의 존재를 전제로 한다. [결론]

---

38. 다르마키르티는 전지자sarvajña라고 하는 것은 무엇을 버리고 무엇을 취해야 하는가 하는 문제 및 그 방법을 알고 있는 사람, 바꿔 말하면 네 가지 높은 진리라고 하는 종교적 진리에 오달(悟達)한 사람이지, 세계 안에 있는 개미 수를 알거나 천안통(天眼通)에 숙달한 사람을 말하는 것이 아니라고 했다. 라트나키르티, 모크샤카라 굽타도 참다운 전지자란 종교적 진리를 깨친 사람이라고 했다. 동시에 일반인의 관심을 만족시키기 위하여 무엇이든지 알고 있는 사람도 존재할 가능성이 있다고 말한다. 후자는 전지자와 구별하기 위해 sarva-sarvajña라고 불린다. 여기서는 전지자와 구별하기 위해 변지자(遍知者)라고 번역했다.

이 추리는 사실상 결과로서의 능증에 의거해 있다. 이 추리에는 비실재의 오류는 없다. 모든 사물의 찰나멸성을 증명하는 것으로서 그 언어에는 진리성(眞理性)이 들어 있기 때문이다. 또 능증은 같은 종류에 존재하므로 대립하는 오류도 없다. 또한 부정의 오류도 없다. 언어 일반은 의혹이나 도착(倒錯)으로부터도 생기지만, 확실한 인식과 일치하며, 일정한 대상을 갖는 언어는 직접적으로, 또는 간접적으로 그 대상을 직관하는 지식으로부터 생긴다고 하는 것은 지각과 비지각에 의하여 알려져 있기 때문이다. 만약 이것이 인정되지 않는다면 연기도 원인을 갖지 않는 것이 되므로 결과로서의 능증은 전혀 성립하지 않고 말 것이다. 그 결과 연기의 존재하는 것으로부터 불이 존재함을 추리하는 것도 불가능하게 될 것이다.

22. 윤회輪廻의 논증

〔反論〕 '심상(心想)에 걸린 것은, 많은 생사의 연속에서 꾀할 수 있는 그러한 긴 시간에 걸친 명상을 경유하여 비로소 명료하게 현현될 것이다. 그러나 그대는 이와 같은 생사의 연속을 증명하기 위하여 어떠한 의론을 제출할 수 있는가.'

대답하기로 한다.

마음이라고 하는 것은 모두 다음 순간의 마음과 연결되는 것이다. 예를 들면 현재의 마음과 같이. [필연성]
죽을 때의 마음도 마음임에 다름이 없다. [소속성]
그러므로 죽을 때의 마음은 다음 순간, 즉 내생(來生)의 처음의 마음과 연결된다. [결론]

이것은 동일성의 능증에 의거한 추리이다. 아라한(阿羅漢, arhat＝소승불교에서 최고의 이상으로 하는 성자聖者)의 최후의 마음은 다음의 마음을 일으키지 않는다는 불교의 교의에 있어서 이 능증이 소증과 이반(離反)한다는 것도 없다. 그 교의는 경전에 있어서만 알려지는 것이며 확증은 없다. 또 불교도의 어떤 사람은 아라한의 최후의 마음도 번뇌가 없는 다음의 찰나에 마음이 생긴다고 인정하고 있기 때문이다. 또한 상술한 능증에는 '번뇌가 있는 한'이라고 하는 한정이 암시되어 있으므로, 이 추리에 오류는 없으며 미래에 있어서의 생존은 증명되는 것이다.

모든 사람이 이 세상에서 고행(苦行), 보시(布施), 학습 등 종교적 수행에 들어가는 것은 전생(前生)의 수행의 습관성에 의한다고 말한다. 그러므로 그것을 증명하는 논증을 말하고자 한다.

각 순간의 마음은 또 하나의 그것에 선행(先行)하는 순간의 마음으로부터 생긴다. 예를 들면 현재의 순간의 마음이 그러한 것과 같이. [필연성]

출생의 순간에 있어서의 마음도 마음임에는 다름이 없다. [소속성]

그러므로 출생의 순간의 마음은 전생의 마음에 의하여 생긴다. [결론]

이것도 결과로서의 능증에 의거한 추리이다.

23. 설일체유부說一切有部의 교의敎義[39]

〔反論〕 '해탈은 진실을 직관하는 것에 의하여 가능하게 된다. 더구나 다르마키르티 자신이,

> 공성(空性)의 이해에 의해서 해탈은 있다. 그 밖의 수행은 그 공성의 이해를 위한 것이다.[40]

라고 말하고 있는 것과 같이, 진실이란 유일한 것이 아닌가. 그럼에도 어떻게 두 가지 전지자〔전지자全知者와 변지자遍知者〕가 있고, 또 불교도 사이에 학파의 차별이 있는가.'

〔答論〕 이것은 오류는 아니다. 왜냐하면 이들 모든 차별은 세존께서 사람들을 그 기근(機根＝중생의 마음속에 갖추어져 있어서 부처님의 교심敎心에 의하여 발동하는 능력)에 따라 차례로 진실의 대상에로 이끌어 들어가게 하기 위하여 가르친 것이기 때문이다.

이와 같이 하여, 바이세시카학파〔설일체유부〕의 의견을 요약하

---

39. 이 이후에, 인도 불교의 최후까지 철학적 생명을 계속해서 지닌 사학파(四學派) 즉 설일체유부, 경량부, 유식파〔유가행파瑜伽行派〕, 중관파(中觀派) 등의 교의의 핵심이 차례로 소개되고 있다. 저자는 주로 인식론(認識論)을 관점으로 해서 이들 학파의 교의를 정리하고 있다. 경량부의 부분이 보다 자세한 것은 그것이 저자가 속한 학파이며 또 본서 집필의 기본적 입장이기 때문이다.
40. 이 대문은 '해탈이라고 하는 것은 공성(空性)을 이해하는 것이다. 모든 수행은 그것을 위하여'라고 번역하는 것이 타당하다.

면 다음과 같다.

> 허공과 두 가지 절멸(絶滅)과 그 세 가지 무제약자[무위無爲]는 영원하다. 모든 피제약자[유위有爲]는 찰나멸이므로 자아가 없고 행위 이외의 작자를 지니지 않는다. 감각기관으로부터 생기는 지식 자체에는 형상은 없다. 그러나 외부의 원자(原子)의 집합이 대상으로서 지각된다.**41**

---

41. 앞의 게송은 본 장 20절에 나온 것과 같다. 그 뒤의 게송 반은 산스크리트본(本)에 실려 있지 않은 것을 T본(本)에서 보충했다. 우리가 인식하고 있는 것은 외부의 대상 그 자체의 형상이며 지식의 형상은 아니라고 하는 이 이론[무형상지식론無形象知識論]은 다음 절에서 논술되는 경량부의 유형상지식론과 대립하는 것이다.

24. 경량부經量部의 교의

경량부의 의견은 다음과 같다.

푸른 빛깔, 그 밖의 형상으로서 현현하는 것은 모두 지식에 불과하다. 따라서 외부의 대상 그 자체가 보이고 있을 뿐이다. 지각된다고 하는 것은 지식의 성격이며 무감각한 물질 자체가 지각되는 일은 불가능하기 때문이다. 다음의 게송에서 말하고 있는 것과 같이.

감각기관의 대상인 외부의 존재 그 자체는 볼 수 있는 것이 아니다. 그러나 그 자신의 형상을 갖는 인식을 생기게 하는 원인이다.

≪지식론평석장엄≫의 저자 굽타도 말하고 있다.

만약 푸른 빛깔의 대상이 지각되고 있다고 하면 지각되고 있는 이상 어째서 그것이 외부라고 말할 수 있겠는가.

또 만약 푸른 빛깔이 지각되지 않았을 때에 어떻게 그것이 외부에 있다고 단언할 수 있겠는가.

〔反論〕 '이 보이고 있는 것은 지식에 불과하다고 말한다면, 외부의 대상이 존재한다고 하는 것은 어떻게 알려질 수 있겠는가.'

〔答論〕 외부의 대상의 존재는 직접 지각되는 것이 아니고 부정적 필연관계를 통하여 추리되는 것이다. 즉 푸른 빛깔 따위의 형상은 모든 장소에 있어서 보이는 것이 아니라 어느 때, 어느 장소에 있어서만 보일 뿐이다. 그리고 이 사실은 형상이

지식 자체의 질료인(質料因)인 앞의 찰나의 마음만을 의지하여 생긴다고 생각해서는 설명할 수가 없다. 그 경우에 있어서는 언제 어디서나 형상은 마음으로부터 생기는 것일 터이며, 특정한 대상을 향하여 우리가 행동을 개시할 수 없게 되기 때문이다. 그러므로 이들 대상의 형상이 나타나는 것에는 현재의 마음의 원인인 직전의 마음〔등무간연等無間緣〕과는 별개인 무엇인가가 원인이 되어서 그것으로 인하여 이들의 형상이 어느 때 어느 장소에만 생기는 것이라고 결정할 수가 있다. 이 '무엇'을 외부의 대상이라고 말한다.

그러나 이 외부의 대상은 전체성도 아니며, 다른 학파가 생각하고 있는 것과 같은, 실체에 의거한 속성 그 밖의 것도, 아홉 종류의 실체도, 원자도 아닌 것이다.

그중[42] 속성과 운동과 일반자와 특수성 등은 외부의 대상이 아니라고 하는 것은 ─ 다음에 이야기할 ─ 실체의 부정에 의하여 ─ 실체에 의거하는 이들도 ─ 부정되기 때문이다. 또 속성 따위의 내재하는 기체인 실체가 존재하지 않을 때에는 내재한다고 하는 관계도 존재할 수 없을 것이므로 그 논박은 여기에서 취급하지 않는다.

실체라고 하는 것은 지(地), 수(水), 화(火), 풍(風), 허공, 시간, 방향, 자아(自我), 뜻〔意〕의 아홉 종류이다. 그중 자아의 존재를 부정하기 위해서 다음과 같은 추론 방식이 나왔다.

---

42. 바이세시카 및 니야야학파에서는 실재의 범주로서 실체, 속성, 운동, 일반자, 특수성, 내재성의 여섯 가지를 세운다. 이하에서는 이들 여섯 가지 범주의 어느 것도 외부의 대상으로서 실재하는 것이 아니라고 부정되고 있다.

때때로 일어나는 인식은 모두가 때때로 일어나는 원인으로부터 생긴다. 이를테면, 전광(電光)의 인식과 같이. [필연성]
이 자아의식도 때때로 일어나는 인식이다. [소속성]
그러므로 자아의식은 때때로 일어나는 원인을 전제로 한다. 즉 영원한 자아의 존재를 전제하지 않는다. [결론]

이것은 사실상 결과로서의 능증에 의거한 추리이다. 이 추리는 비실재의 오류를 갖지 않는다. 자아의식이라고 하는 주제에 인식성이 존재하는 것은 지각에 의하여 증명되고 있기 때문이다. 또 우리는 언제든지 '우리는'이라는 의식을 가지고 있는 것은 아니므로, 때때로 일어난다고 하는 능증에 대한 한정어(限定語)도 주제 안에 존재한다고 말할 수 있다. 또 대립의 오류도 없다. 능증은 동류(同類=주제의 동류, 예를 들면 전광電光의 인식)에 존재하는 것이 경험되기 때문이다.

또한 부정의 오류도 없다. 때때로 일어나는 인식과 때때로 존재하는 그 원인 사이의 필연적 관계는 연기와 불 사이와 같이 지각과 비지각에 의하여 증명되고 있기 때문이다. 만약 간헐적(間歇的)인 인식이 비간헐적으로 존재하는 영원한 원인으로부터 생긴다고 하면 거기에는 간헐적으로 존재하는 원인으로부터는 생기지 않는다고 하는 불합리가 따를 것이다. 또 그것이 일정한 원인을 갖지 않는다고 생각한다면, 그것은 원인 없이 생기는 것과 같게 된다. 이러한 경우에 있어서도 이 능증이 부정의 오류를 범한다고 말한다면, 모든 사람들이 승인하고 있는 불의 존재를 증명하기 위하여 세운 연기라고 하는 능증도 부정하다고 말해야 한다. 양자는 차별이 없기 때문이다.

또 만약 자아의식이 간헐적이 아닌 영원한 원인으로부터 생긴다고 하면, 그것은 항상 일어나지 않으면 안 될 것이라고 하는 것은, 원인이라고 하는 것은 본성적으로 계속해서 작용하고 있지 않은 것을 원인이라고 부르는 것은 다만 비유로써 표현하는 것에 불과한 것이다. 작용하고 있는 것과 하고 있지 않은 것을 동일하다고 할 수 없기 때문이다. 만약 그것들이 동일하다고 하면 작용하고 있지 않은 것도, 작용하고 있는 본성을 갖는 것이 된다. 그러므로 작용하고 있는 것이 되고 말 것이다.

또 자아의식이 영원한 존재에 의하여 생긴다고 하면, 영원한 것은 항상 독립적이고 편만(遍滿)한 존재이기 때문에 자아의식은 그 밖의 인식과 동시에 일어나는 것이 되고 만다. 그러나 두 개의 인식이 동시에 일어난다고 하는 것은 그대 자신도 인정하지 않고 있다.

자아라고 하는 것은 자아의식의 대상이며 원인일 리는 없다고 그대가 반론해도 인식의 원인이 아닌 것은 인식의 대상이 될 수도 없다. 따라서 그대의 의론은 과대적용(過大適用)의 오류가 된다.

다음으로 허공(虛空)이라고 불리는 '어떤' 실재하는 것은 있는가 없는가. 실로 그것은 존재하지 않는다고 하는 것은 저항성을 가진 실체가 어느 공간을 점하고 있을 때, 허공이 그곳에 장소를 빌려주는 것은 아니다. 한편 실체가 점하고 있지 않은 공간에 있어서는, 그 실체가 존재하지 않는다는 사실만으로 장소는 주어진 것이므로 허공이 새삼스럽게 장소를 빌려줄 장소는 없는 것이 아닌가. 그러함에도 허공이라고 하는 것이 장소를 주는 것이라고 그대는 생각하고 있다. 그렇다고 하면, 허공이 있는 한 언제 어디서나, 어떤 상태에 있어서든지 장소가 비어 있게 될 것이다. 그러나 그와 같은 일은 실제로 있을 수 없는 것이다. 그러므로 우리는 허공은 존재하지 않음을 알 수가 있다. 그러나 이 논박은 바이세시카의 허공에 관한 이론을 대상으로 해서 진술한 것이다.

다른 한편, 다른 학파(바이세시카 및 니야야학파)는 허공이라고 하는 것은 음성을 그 속성으로 하는 실체라고 주장한다. 따라서 그들이 말하는 것과 같이 이 허공이 단일한 것이라면 모든 음성은 그 기체〔허공〕를 함께 갖는 것일 터이므로 따로따로 들리는 일은 없을 것이다. 만약 그렇다고 하면, 아주 가까운 곳에서 일어난 소리와 같이, 먼 곳에서 일어났다고 생각되는 소리도 들리게 되는지, 혹은 반대로 아주 먼 곳의 소리가 들리지 않는 것과 같이 아주 가까운 곳의 소리도 들리지 않게 되는지, 그 어느 쪽으로 결정될 것이다.

방향과 시간과의 그 두 가지도 단일한 것이라고 그들은 말한다. 그러므로 동서(東西＝전후前後) 따위의 복수의 관념은 그로부터 생기지 않을 것이다.

이와 마찬가지로 영원한 뜻〔통각기관統覺器官〕이라고 하는 것도 있을 수 없다. 왜냐하면 대론자(對論者)는 두 개 이상의 인식이 동일한 순간에 일어나지 않는다고 하는 이유에 의하여 뜻의 존재를 추리하는 것이다. 즉 하나의 감각기관이 단일한 뜻을 매개로 해서 자아와 결합할 때 인식은 생기는 것이다. 그리고 그때 다른 감각기관은 자아와 결합될 수 없기 때문이라고 그들은 말한다. 그러나 이를테면 많은 무희(舞姬)가 춤추는 것을 보고 있을 때 많은 인식이 동시에 일어나는 것을 경험하는 경우가 있다. 더구나 인식이 존재한다면 이들 많은 인식이 동시에 있는 것은 설명할 수 없게 된다. 그러므로 뜻은 존재하지 않는다. 더 나아가서 실체 중 지(地), 수(水), 화(火), 풍(風)이 아직 남아 있다. 이들을 각각 전체성〔원자의 집적集積의 결과 출현하는 개물個物의 전체성으로의 실체〕이라고 생각할 것인가, 원자로서 생각하는가의 차별에 의하여 두 가지 종류가 있다고 주장한다. 그중 비유컨대 항아리라고 하는 전체성은 원자(原子) 즉 극미(極微)가 둘 모여서 2미과(微果)가 되고, 다시 그것들이 결합한다고 하는 순서를 거쳐, 많은 원자에 의하여 만들어졌다고 말해진다. 그러나 이와 같은 전체성에 대한 인식의 조건이 구비되어 있음에도 불구하고 그것이 인식될 수 없다고 하는 것이 그것을 부정하는 증거가 된다고 우리는 이미 지적했다.**43**

만약 전체성이 없다고 하면, 어떻게 이 외부의 대상은 단일한 것으로 보일 수가 있는가 하는 의문이 생긴다. 이에 대해서도,

> 가까이 있는 여러 가지 부분만이 있는 그대로 보이는 것이다. 그러나 그 여러 가지 부분에 내재하고 또 스스로 분할되지 않는, 전체성이라고 하는 것은 전혀 알려지지 않는다.

라고 우리는 말했다.

〔**反論**〕'그대가 말하는 여러 가지 부분만이 보인다고 하는 것은 도대체 무엇을 말하는가.'

〔**答論**〕저마다의 공간의 여러 가지 방향에 존재하고 집합한

---

43. 본 장 6절 참조.

모든 원자가 현현해 있는 것뿐이라고 하는 것이다.

〔反論〕 '만약 그렇다고 하면, 다르못타라〔다르마키르티의 주석자註釋者의 한 사람. 경량부에 속함〕가,

> 크기라고 하는 것은 실재하는 것의 속성이 아니라 보이는 것의 속성이다.

고 말한 것은 무슨 까닭인가.'

〔答論〕 그 경우의 의미도 이러하다. 즉 대상은 그 자체가 지각되지 않는다. 우리가 지각하는 것은 지각이 지식에게 준 형상이다.

> 대상의 지각은 이차적으로만 가능하다.

고 말하고 있기 때문이다. 그러한 뜻에서 푸른 빛깔 따위의 형상으로 보이고 있는 것은 많은 지점을 차지하는 것으로서 지각되어 있을 뿐이며, 그것이야말로 크기를 가진 것으로서 현현하는 것이다. 때문에 우리의 이론에 오류는 없다.

25. 유식파唯識派의 교의

　바이세시카학파에 있어서는 원자가 이 개물(個物)의 전체성을 만드는 근원인 것이다. 바이세시카학파의 사상에 있어서 원자는 직접적으로 지각되는 대상이다. 경량부의 의견에 의하면 이들 원자는 그 자체로서는 지각되지 않고 우리의 지식 안에 그 자신의 형상을 던져 넣을 뿐이다. 그러나 유가행파(瑜伽行派=유식파)의 사상에 있어서는 이들 원자도 존재하지 않는다.

　유식파는 다음과 같이 원자의 존재를 부정한다. 하나의 원자의 존재는 인정되지 않는다고 하는 것은 원자가 집합할 때 상하 사방에 있는 여러 개의 원자에 둘러싸인 하나의 원자는 반드시 여섯 개의 부분을 갖게 된다. 그러나 원자라고 하는 개념은 부분이 없는 극미(極微)를 의미하는 것이다. 이 중앙에 있는 원자가 전체로서 전방(前方)에 있는 다른 하나의 원자와 접촉하게 되면, 그것은 후방(後方)의 원자와 접촉할 수 없게 된다. 만약 접촉할 수가 있다면, 전후 두 개의 원자는 동일한 지점에 있게 될 것이다. 또한 전방의 원자와 접촉한 중앙의 원자 전체가 후방의 원자와도 접촉하게 되면, 그 중앙의 원자도 같은 지점에 있게 될 것이다.

　원자가 서로 접촉하지 않고 다만 마주보고 있을 뿐이라고 생각한데도 같은 결말이 되는 것을 피하지 못한다. 그러므로 모든 개체는 하나의 원자의 크기라고 하는 불합리에 떨어진다.

　혹은 다음과 같이도 고찰할 수 있다. 이 인식의 대상으로서 나타난 것은 이미 음미한 것과 같이, 어떠한 경우에도 단일 (單一)한 것이 될 수는 없다. 그렇다고 해서 다수의 원자인 것도 아니다. 원자가 결합하지 않기 때문이다. 즉 원자가 여러 가지 부분을 결합하여 된 것이라고 한다면, 원자라고 할 수가 없기 때문이다. 또 부분적이 아닌 것이라고 한다면 많은 원자가 집합했을 때 제각각 전체를 가지고 결합하고 말 것이므로 모든 원자는 동일한 공간의 위치를 차지하게 될 것이다. 따라서 산이거나 대지이거나 온갖 개체는 한 개의 원자의 크기가 되고 말 것이다. 그러므로 전후의 원자와 접촉하고 있는 중앙의 원자가 두 개의 부분으로 나누어진다고 하는 사실을 인정하지 않을 수 없게 된다. 따라서 이 두 개의 부분과 같이 상하 좌우의 원자와 접촉하고 있으므로, 그 여러 부분으로 분할되지 않을 수 없으며, 논리의 필연으로서 원자는 여섯 개의 부분을 갖게 된다. 이 점에 대해서 이렇게 말하고 있다.

> 동시에 여섯 개와 결합하기 때문에 원자는 여섯 개의 부분을 갖게 될 것이다. 반대로 여섯 개가 동일한 장소에 있다고 하면, 가시적(可視的)인 크기를 가진 개체도 하나의 원자의 크기가 되고 만다.
> 그리고 하나를 인정할 수 없을 때 많은 것도 인정할 수 없으므로 다수의 원자도 존재하지 않는 것이다.
> 만약 외부의 대상이 존재하지 않는다고 하면, 우리가 말하는 이 표상(表象, pratybhasa=사현似現. 여기에서는 인식의 뜻)은 도대체 무엇을 대상으로 하고 있는 것일까. 실로 이 표상은 무한한 과거로부터 계속 흘러온 마음의 그릇된 습관성(習慣性=훈습薰習)으로부터 생기는 것이다. 결코 대응하는 외부 대상을 가지

고 있는 것은 아니라고 생각된다.

이것은 외부의 대상이 실재하고 있어서 인식이 그것을 대상으로 한다고 가정하자. 그러나 그 대상은 개체의 전체성, 또는 원자의 집합, 그중의 어느 한쪽이어야 한다. 그러나 이들 두 가지는 모두가 방금 우리가 말한 반증에 의해서 비판되고 있으며, 허공에 피는 꽃과 같이 실재하지 않는 것에 불과하다. 그것은 다음의 게송에서 말해지고 있는 것과 같다.

> 실로 전체성은 없으며 원자도 존재하지 않는다. 꿈속의 지각과 같아서 모든 표상은 대상에 속하지 않는다.

꿈속의 인식에 대상이 실재하지 않음은 잘 알려진 사실이다. 더구나 꿈을 꿀 때와 깨어 있을 때의 두 가지 경우의 인식은 모든 점에 있어서 공통하고 있음이 알려져 있으므로 아무런 차이가 없는 것이다. 그리고 꿈속에 있어서의 대상이 없는 인식으로부터 본질적으로 구별되지 않는, 깨어 있을 때의 인식이 외부 대상과 결합되어 있는 것이라고 알려질 하등의 이유는 없다.

> 공중에 모발을 보는 하나의 환각으로부터 또 하나의 같은 환각이 구별되지 않는 것과 같이 대상을 갖지 않는 인식으로부터 구별되지 않는 인식은 마찬가지로 대상을 갖지 않는다. [필연성]
> 의론(議論)의 주제인 깨어 있을 때의 인식은 꿈속의 인식과 구별되지 않는다. [소속성]
> 그러므로 깨어 있을 때의 인식은 대상을 갖지 않는다. [결론]

이것은 동일성을 근거로 한 추리이다. 외부 대상이 존재하지 않는다고 하면, 도대체 무엇이 진실로 존재하는 것인가. 주관, 객관—의 분기(分岐)—을 기점으로 하는 더럽혀지지 않은 언어의 다원성(多元性)을 넘어선 심식(心識)만이 진실로 존재하는 것이다. 그것은,

　　주관, 객관을 떠난 심식이야말로 진실로 존재하는 것이다.

고 말해지고 있는 것과 같다.

　또 다르마키르티는 말했다.

　　지식에 의하여 지각되어야 할 타자(他者)가 있을 리 없고, 지각은 지식과 별개의 것이 아니다. 주관, 객관으로 나누어지는 것도 아니므로 지식만이 스스로 나타나는 것이다.

　또 세존께서도 말씀하셨다.

　　어리석은 사람이 생각하고 있는 것과 같이 외부의 대상이 있는 것은 아니다. 습관의 자극으로 해서 마음이 대상의 모양을 취하여 나타날 뿐이다.

　이 유식학파 중 일부 사람들[유상유식파有相唯識派]은 이렇게 주장한다.

　　신체와 환경에 속하는 것이라고 알려진 이 모든 것은 심식에 불과하다. 그리고 심식은 자기인식적(自己認識的)인 것이므로, 거기에는 주관도 객관도 없다. 그러나 사유(思惟=분별, 표상表象)에 의하여 주관과 객관과의 관계가 생긴다고 인정할 수 있다. 따라서 진실한 것은 지식의 본질에 속하는 형상(形象, akāra=지식의 내용으로서의 형태)은 가지고 있으나 사유의 구상에 의거한—허위의—주관, 객관의 관계를 떠난 인식 그 자체이다.

　다른 사람들[무상유식파無相唯識派]은 이렇게 말한다.

　　모든 형상에 오염되지 않고 청정한 수정(水晶)에 비할 수 있는

심식이야말로 실재하는 것이다 이들의 형상은 오인(誤認)에 지나지 않으며, 인간의 기본적 무지[무명無明]에 의해서 적시(摘示)되고 현상(現象)되는 것이다. 그러므로 객관이라고 하는 것은 존재하지 않는다. 객관이 없으므로 그것과 대비(對比)관계에 있어서 주관이라고 불리는 인식의 일부도 존재하지 않는다.**44**

---

44. 개념지[분별]에 의한 표상이 허위이며 심식의 진실상이 아님은 유식파가 일반적으로 인정하는 것이다. 그러나 직관지(直觀知)에 나타나는 형상(akāra) 즉 직관상의 해석을 둘러싸고 이 학파는 유상유식파(有相唯識派)와 무상유식파(無相唯識派)로 나뉘었다. 이 인식론적인 문제는 해탈론적으로 말하면 해탈, 즉 무분별지(無分別智)를 얻은 성자(聖者)의 심식에 형상이 있느냐 없느냐 하는 문제가 된다. 무상파에 의하면 본래 사유의 표상은 직관의 형상도 미혹의 인식에 속하는 오류이다. 그러므로 심식의 본질은 그들을 떠난 무형상을 비추는 작용인 prakāsa-mātra라고 한다. 즉 무분별지의 인식에는 빛나는 작용만이 있지 모양은 없다고 한다. 그에 대하여 유상파는 우리의 사유 표상은 잘못이기는 하지만 전혀 근거가 없이 생기는 것이 아니라 직관의 형상이라고 하는 실재에 의거하여 생긴다고 생각하고 있다. 직관의 형상은 심식의 본질에 속하는 것으로서 이것을 미혹, 오류, 허위라고 할 수는 없다. 따라서 해탈한 사람의 인식 — 무분별지에 있어서도 형상은 존재한다. 다만 그것은 사유 대상으로서의 표상[분별, vikalpa]과는 다르다. 즉 사유의 표상은 허위이지만 그 근거인 사유가 섞이지 않은 형상은 심식의 진실상이므로 무분별지 안에도 존재한다고 한다.

타르카바샤(인식과 논리) 947

26. 중관파中觀派의 교의

중관파의 사상에 따르면, 이 심식도 음미함에 합당한 것이 아니므로 진실로 존재하는 것은 아니다. 즉 사람들이 진실로 존재한다고 하는 것은 반드시 본체를 가지고 있을 것이다. 그러나 음미해 보면 이 심식에는 단일(單一)이거나 복수(複數)이거나 본체가 있다는 것은 타당하지가 않다. 그것은 상술한 ―원자를 비판한 것과 같이―비판을 감당할 수 없는 것이기 때문이다.

> 현자(賢者)에게 있어서는 이 심식도 진실로 존재하지 않는다. 마치 허공에 피는 연꽃과 같이, 단일 또는 복수의 본체를 갖지 않기 때문이다.

라고 말해지고 있음과 같다. 또 존경하는 다르마키르티도 이렇게 말하고 있다.

> 사물이 무엇인가 있는 것으로서 인식될 때의 그 본질은 진실에 있어서는 존재하지 않는다고 하는 것은 단일이거나 다원적(多元的)이거나 본질은 이들에게 존재하지 않으므로.

이와 마찬가지로 ≪지식논평석장엄≫의 저자도 말하고 있다.

> 추리도 지각도 확실한 인식일 수 없을 것 같으면, 모든 것이 무(無)로 돌아가게 한다 해서 누구를 문책(問責)할 수 있겠는가.
> 최고의 진실의 입장에서 보면 무지(無知)와 번뇌에 속박된 범부(凡夫)와 해탈한 성자와의 구별까지도 존재하지 않는다. 모든 것

을 평등하게 보는 사람에게는 아무런 차별도 나타나지 않는다.

추리 방식에 의하여 논하면 다음과 같이 된다.

단일한, 또는 다원적인 본체를 갖지 않는 것은 진실로는 존재하지 않는다. 허공의 연꽃과 같이. [필연성]

심식은 단일한, 또는 다원적인 본체를 갖는 것이 아니다. [소속성]

그러므로 심식은 진실로 존재하는 것이 아니다. [결론]

이것은 '능변의 비인식(能遍非認識, 부정적 추리의 제4형식)'을 근거로 한 부정적 추리이다. 먼저 이 추리의 능증에는 비실재의 오류가 없다. 인식이 형상을 가지고 있는 한, 외부의 대상과 마찬가지로 단일한, 또는 다원적인 본체가 거기에 있을 수 없음은 지극히 명료하기 때문이라고 하는 것은, 일반적으로 세속 사람들이 외부 대상이라고 말하고 있는 것은 유상유식파에 있어서는 지식에 불과하기 때문이다. 따라서 그 외부 대상을 배제하는 반증은 그대로 내적인 존재인 형상에 대해서도 반증이 된다. 가시적인 크기를 가진 것은 유일한 전체성으로서도, 또 수많은 원자를 본질로 하는 것으로서도 인정되지 않았다. 그리고 지금, 인식 그 자체에 불과한 이들 크기를 가진 것에 있는 이 형상도 단일한 가시적인 것이거나 원자를 단위로 하여 다수로 분할되는 것이거나 외부 대상―의 실재성―을 향한 것과 같은 논박을 피할 수는 없다.[45]

---

45. 중관파의 비판이 유상유식파에만 기우는 것은 중관파의 입장이 무상유식파와 매우 가깝고, 이 시대에는 자매학파의 관계를 가지고 있었기 때문이다. 무상파의 진실에 존재하는 것인, 형상을 갖지 않은 비추는

위대한 보살 산타라크시타는 《중관장엄론(中觀莊嚴論)》에서 이렇게 말하고 있다.

형상에 포함되는 다양성이 지식 그 자체에도 있다고 그대가 주장한다면, 원자에 관하여 행해진 것과 같은 비판을 지식에 있어서도 피하기가 어렵다.

왜냐하면 이 논박은 외부에 존재하는 것에만 적용할 수 있는 것이지 내적인 존재에 대해서는 적용할 수 없다는 것은 아니기 때문이다.

형체가 있는 것에 대한 비판을 형체가 없는 지식을 본성으로 하는 것에 적용할 수는 없다고 반론해도 그것은 무익하다. 형상을 가지고 있는 한, 인식도 또 형체가 있기 때문이라고 하는 것은 공간적인 넓이를 가진 형상은 형체에 지나지 않기 때문이다.

존경하는 마하 자갓달라 승원(僧院)에 사는 대박사(大博士) 모크샤카라굽타 비구(比丘)의 저술 《타르카바샤》 가운데 〈타인을 위한 추리〉의 장 끝나다.

이 《타르카바샤》를 저술하여 내가 복덕(福德)을 얻는다면, 그것에 의하여 이 세간 사람들이 불타가 되기를 기원한다.

작용으로서의 지식은 중관파가 생각하는 공(空)의 세계와 내용에 있어서는 다르지 않다고 말할 수 있다.

연보年譜

– 이 책에 실린 작품의 저자나 인물의 계력(戒力)에는
불분명한 점이 많으며,
그 연대는 전후 10여 세기에 걸쳐 있다.
중요사항, 주요인물과 그 작품을 설명했으며
인도 불교사를 개관할 수 있도록 했다.

기원전 5∼4세기

도시와 왕권(王權)과 자유사상

인도에 있어서의 아리아인들의 동진(東進)이 일단락되어 그들이 갠지스 강의 비옥한 평원에 정주한 후에는 경제생활이 향상되어 많은 도시가 생겼다. 이들 도시를 중심으로 해서 군소군가는 점차 강력한 왕국에 병합되어 기원전 5세기경에는 코살라, 마가다, 아반티, 바차의 4대국이 번영했다. 이들 나라에서는 큰 도시가 만들어져 왕족의 권력과 상공업의 실력이 증대해지고, 이때까지의 바라문〔사제계급司祭階級〕을 최상층으로 했던 계급제도가 흔들리고 베다 문화의 권위도 모호해져서 자유사상가들이 배출되기에 이르렀다. 회의론(懷疑論), 유물론(唯物論), 쾌락주의 등도 성행했다. 또 출가유행(出家遊行)하면서 선정(禪定)을 배우며 진리를 탐구하는 사문(沙門) 브라만도 많아졌다. '자이나교(敎)'나 불교의 개조(開祖)도 그런 사문의 한 사람이었다.

붓다(Buddha)

히말라야 산록에 작은 나라를 만들어 카필라 성(城)에 도읍을 정한 샤카족(Śākya族)의 왕자 고타마 싯다르타(Gautama Siddhārtha)는 룸비니원(園, 지금의 네팔 루민디)에서 출생했다. 성장한 후에는 야소다라(Yasodharā)를 아내로 맞아 아들 나훌라(Rāhula)를 낳았다. 그러나 인생에 대해서 회의를 품고 29세〔일설에는 19세〕에 출가하여 여러 나라를 편력하며 요가 혹은 고행했으나 이에 만족하지 않고, 마침내 붓다가야(지금의 보드가야)의 보리수 아래에서 명상하여 최고의 경지에 도달함으로써 도통한 불타가 되었다. 그리고 녹야원(鹿野苑, 지금의 사르나트)에서의 설법을 위시하여 전도를 개시했다. 지금의 비하르, 우타르 프라데시 두 주(州)에 해당하는 지역을 주로 해서 교화활동을 전개하여 단기간에 많은 제자와 재가신자(在家信者)들의 귀의(歸依)를 얻었다. 45년간에 걸치는 전도 후 쿠시나가라(지금의 카시아)에서 80세로 세상을 떠났다. 유체(遺體)는 화장되었으며 유골은 신자들의 손으로 분골(分骨)되어 8개소에 세워진 스투파[탑塔]에 넣어졌다.

불타의 입성(入城)

불타의 몰년(歿年)에 대해서는 카슈미르에 의한 설일체유부(說一切有部, Sarvāsti-vāda, Vaibhāsika)의 소전(所傳)을 근거로 계산한 기원전 383년 설과 스리랑카 상좌부(上座部, Theravāda)의 소전을 근거로 한 기원전 483년 설이 있다. 그 외 기원전 478년 등 여러 가지 유력한 이설이 현대의 여러 학자 간에 있어 학문적으로는 아직 결말을 보지 못하고 있다.

제1회 승단회의(僧團會議)

붓다가 입멸한 해에 리자그리하[왕사성王舍城]에서 마하 카샤파(Mahā-kāsyapa, 대가섭大迦葉)의 사회로 5백 명의 제자들이 모인 가운데 회의가 행해졌다. 우바리(優婆離, Upāli)가 계율을, 아난다(阿難陀, Ānanda)가 교법을, 제각기 외운 대로 암송해서 그것들을 승인함으로써 그 교의(敎義)를 확인했다고 한다.

기원전 4~3세기

알렉산더 대왕의 인도 침입

알렉산더 대왕은 아케메네스 제국의 정복을 완수할 목적으로 인도에 침입했다. 그는 인더스 하반(河畔)에까지 도달했으나 그곳에서 서쪽으로 군대를 되돌렸다. 그러나 그 결과 이란 고원에서 중앙아시아 일부에 이르는 많은 그리스인의 식민지가 출현했다.

마우리아 왕조(Maurya王朝)와 아소카(Asoka) 왕

마가다에서는 붓다의 시대 이후에도 대국들에 의한 소국 병합이 진행되었는데 곧 하리얀카, 샤이슈나가, 난다의 강력한 여러 왕조를 무너뜨리고 마우리아 왕조를 창립했다. 그는 그리스인의 세력을 서쪽으로 멀리 구축(驅逐)해서 북인도를 평정해 파탈리푸트라(지금의 파트나시市)에 도읍을 정했다. 이 왕조는 지배권을 다시 확장해 찬드라 굽타의 손자인 아소카 왕(기원전 268년 즉위) 시대에는 인도의 남단 가까이로부터 히말라야까지의 인도 대륙의 대부분과 서(西)로는 아프가니스탄으로부터 아라코시아에 이르는 판도(版圖)를 소유해 인도 사상 최대의 제국이 되었다. 아소카 왕은 그 위업의 기록과 함께 도덕적인 훈계를 법칙(法勅)으로써 발포해, 그를 석주(石柱)나 마애(磨崖)에 새기게 했다. 그는 또 종교를 장려해 특히 불교를 존중했으며 자신도 불적(佛跡)을 순례해 참배하거나 인도 내외의 각지에 불교의 전도사를 파견하기도 했다. 스리랑카에는 마헨드라(Mahendra)가 들어가게 되었는데 이것이 남방불교(南方佛敎)의 발단이 되었다.

제2회 승단회의(僧團會議)

붓다의 사후 110년(일설에는 100년)으로 바이샬리(지금의 비하르 주 북부)에 7백 명의 비구가 모여서 제2회 승단회의를 개최했다. 이때 진보적인 다수파가 시대와 지역에 적응하도록 계율의 온건한 해석 10항목을 제안했는데 장로들이 이를 반대했으므로 이후 불교 교단은 진보적인 대중부(大衆部, Mahāsāṃghika)와 보수적인 상좌부(上座部, Sthavira-vāda, 또는 Theravāda)로 분열되었다. 분열 원인은 상좌부의 이상(理想)으로 하는 성자 아라한(阿羅漢, arhat)의 인격에 대한 의혹을 비롯해서 교리적인 견해 차이가 포함된 것으로 생각된다. 이 교단의 분열이 아소카 왕이 통치할 때인지 혹은 그 이후에 일어났는지는 판명되지 않는다.

목갈리푸타 티사(Moggaliputta Tissa)

아소카 왕의 불교 교단에 대한 공양(供養)을 목표로 자격 없는 사람들이 교단에 잠입했기 때문에 혼란이 일어났다. 왕에게 초청된 목갈리푸타 티사는 상좌부 이외의 비정통적인 비구를 추방하여 논사(論事, Kathā-vatthu)를 저술해서 정통설(正統說)을 논정(論定)했다.

 기원전 2~기원후 1세기

그리스인과 불교

아소카 왕의 몰후(歿後), 마우리아 왕조는 쇠퇴하여 곧이어 푸샤미트라의 슌가 왕조(기원전 185~기원전 70년)로 바뀌었다. 푸샤미트라는 불교를 박해했다. 이 왕조는 장기간 안정 세력을 갖지 못해 인도는 다시 분열되었다. 거기에 서북 인도로부터 그리스인이 건설한 박트리아 왕국의 세력은 기원전 2세기 중엽에 와서는 간다라 및 편잡을 지배했다. 이들 그리스인은 배타적인 바라문교에 받아들여지지 않았기 때문에 대부분 불교를 신앙하기에 이르렀다. 〈밀린다 왕의 질문〉〔나선비구경那先比丘經〕은 그리스계(系) 여러 왕 중의 한 사람인 메난드로스와 불교승 나가세나(Nāgasena, 나선那先)와의 문답을 기록하고 있다.

스키타이인, 파르티아인과 불교

기원전 1~기원후 2세기 동안, 스키타이인과 파르티아인이 인도에 침입해 서북 인도에 있어서 그리스계의 세력과 교체했는데 문화적으로는 오히려 그들이 그리스화(化)되었다. 또 그들도 불교를 신앙하여 스투파와 사원을 건립했다.

불교 제부파(諸部派)의 전개

제2회 승단회의 이후 두 파로 분열된 불교는 점차 보다 많은 부파(部派)로 분열되었다. 기원 전후를 경계로 하여 학설, 지역적인 차이에 기인하여 18~20부파가 성립하게 되었다. 그중 유력한 부파는 고유의 3장(藏＝경經·율律·논論)을 갖추었고, 또 각 부파는 제각기 지역의 속어를 사용했다. 이 3장은 구송(口誦)에 따라 전승되었다. 3장이 문자화 된 것은 기원전 1세기 스리랑카에 의해서 행해진 것이 최초이다.

기원후 2세기

쿠샨 왕조와 카니슈카(Kaniṣhka) 왕

박트리아의 대월지(大月氏) 지배하에 있던 토카라족의 부족장 중 한 사람인 쿠샨〔귀상貴霜〕은 기원 전후를 경계로 점차 강대한 세력이 되어 대월지와 교체되어, 쿠샨 제국을 세워 서북 인도에 침입했다. 왕조의 제3대 카니슈카 왕은 아마도 2세기 전반에 즉위해 수십 년 간 왕위에 있었던 것으로 추정되는데 박트리아, 서역(西域), 북인도의 광대한 영역을 지배했다. 이 왕조는 기원후 3세기에 사산조(朝) 페르시아에게 멸망할 때까지 계속되었다. 카니슈카 왕은 열렬한 불교신자였으며 그의 보호 아래 불교는 눈부시게 발전했다.

불교시인(佛敎詩人)의 활약

카니슈카 왕의 친구의 한 사람이었던 아슈바고샤(Aśvaghoṣa, 마명馬鳴)는 재능에 넘치는 산스크리트 시인으로 〈불소행찬(佛所行讚, Buddhacarita)〉, 〈단정(端正)한 난다(Saundarananda)〉, 〈금강침론(金剛針論, Vajrasūcī)〉 등을 저작했다. 또 약간 늦게 마트리체타(Mātrceta)도 〈사백찬(四百讚)〉, 〈백오십찬(百五十讚)〉 등에 의해 시인으로서의 영예가 높아졌다.

아비달마 철학의 전개

쿠샨 왕조 치하에 있어서는 여러 부파 외에 대승불교도 홍기(興起)했으나 특히 그 부파의 하나인 설일체유부(說一切有部, 줄여서 유부(有部)가 존재분석의 철학, 아비달마의 체계를 정비해 발전했다. 집이문족론(集異門足論)을 위시한 육족론(六足論) 및 발지론(發智論, Abidharma-jñānaprasthānaśāstra)의 소위 칠론 (七論)이 잇따라 제작되었다. 특히 발지론은 카트야야니푸트라 (Kātyayaniputra)의 작품이라고 일컬어지며 이 학파의 수학에 있어서 중요한 의미를 가진다. 2세기 후반부터 3세기에 걸친 유 부수학(有部數學)의 집대성이다. 아비달마대비파사론(阿毘達磨大 毘婆沙論)도 성립되었다. 이 책에서는 바수미트라(Vasumitra, 세 우世友), 다르마트라타(Dharmatrāta, 법구法救), 고샤카(Ghosaka, 묘음妙音), 붓다데바(Buddhadeva, 각천覺天)의 이른바 4대 논 사(論師) 따위의 학설이 소개되어 이단과 이교를 제거시켜 정통 설을 확립하려 했다. 이 논서가 너무도 큰 것이었으므로 그 후 아비담심론(阿毘曇心論), 기타의 유부교의강요서(有部教義綱要書) 가 쓰여지게 되었다. 파리 성전(聖典) 중 아비달마도 점차 정비 되었다.

대승불교 경전의 완성

대중부 계통의 불교자 중에서는 종래의 출가(出家) 불교의 최고 이상인 아라한에 대신한 이상적인 인격이 추구되고, 또 일반 사회와 격절(隔絶)된 승단생활의 자리주의(自利主義)에 대한 비판도 생겨났다. 뿐만 아니라 제부파(諸部派)의 이지적(理知的) · 분석적 사고에 대하여 요가의 실천을 중심으로 한 신비주의 · 형이상학적 사변(思辯), 신앙의 중시 등의 새로운 사상도 발전해 왔다. 이러한 신흥사상은 수투파를 중심으로 한 일반 신자의 집단을 기반으로 하여 이타(利他)와 자기희생(自己犧牲)을 본질로 하는 보살의 이상을 들고, 요가의 체험에 입각한 공사상(空思想)을 교리적 근거로 해서 새로운 불교운동을 전개했다. 기원전 1~기원후 3세기 사이에 반야경(般若經), 법화경(法華經), 화엄경(華嚴經), 무량수경(無量壽經), 유마경(維摩經), 보적경(寶積經)〔가섭품迦葉品〕 등의 여러 경전이 속속 제작, 증보, 편찬되었다. 기원후 2, 3세기에는 이 운동은 일단 완성되기에 이르렀다.

불교미술의 발전

종교적 수행자들의 선정(禪定) 실천과, 그들의 주거를 위해서 석굴(石窟)을 개굴(開掘)하는 관례는 이미 마우리아 왕조 시대부터 성행했지만 그것은 그 후에도 더욱더 발전해서 기원후 1세기 이후에는 특히 데칸 서부 지방 여러 곳에 석굴·사원(寺院)이 개발되어 이것은 주로 안드라 왕조의 부유한 왕족이나 호상(豪商), 그리고 샤카족 등의 기증(寄贈)에 의했지만 몇 대를 두고 계속 확대되었으므로 아잔타, 엘로라 등의 대규모의 것도 이루어지게 되었다. 한편 북인도에서는 쿠샨 왕조 초기에 그리스풍의 미술이 출현했으며, 카니슈카 왕 치세(治世)에 최성기를 맞이했는데 간다라 미술이라고 불린다. 같은 시기에 야무나 강변 마토라를 중심으로 한 미술도 일어나서 종래 우상화되지 않고 상징적으로만 표현되어 온 붓다도 이러한 미술에서는 조상(彫像)하게끔 되어 수많은 불상, 보살상이 제작되게 되었다.

3세기

남인도의 안정 세력

마우리아 왕조 붕괴 후 북인도는 정치적으로 안정되지 않았지만 남인도에서는 사타바하나(또는 사타카르니) 왕조의 안드라 왕국이 기원전 2세기부터 오랫동안 안정 세력을 구축하여 평화를 유지했다. 이 왕조는 기원후 2백 년경부터 번영했으나 그 후는 이크슈바크 그 외의 부족에게 주변 지역들을 침략당하여 결국 굽타 왕조에 흡수되었다. 그 전성기에는 크리슈나 강 유역에 불교 및 힌두교 사원이 대규모로 조영(造營)되었다.

나가르주나(Nāgārjuna)

남인도 비달바 지방에서 출생한 것으로 추측되는 나가르주나(용수龍樹, 150~250년경)는 반야경(般若經)의 진리에 근거하여 후에 중관(中觀)철학이라고 일컫는 사상체계의 시조가 되었다. 사타바나 왕조에 관계했을 것으로 생각된다. 크리슈나 강 우안(右岸)에 나가르주나 콘다라는 지명이 있다. 저서에 중론(中論), 논쟁(論爭)의 초월(Vigrahavyāvartani)〔회쟁론廻諍論〕, 그 밖에도 많으며 대승불교의 이론적 기초를 확립했고, 후세에 8종(宗)의 조사(祖師)로 추앙 받았다.

아리야 데바(Ārya-deva)

나가르주나의 제자 아리야 데바(제파提婆)는 사백론(四百論, Catuhśataka) 그 외의 저술에 의해서 이 학파를 발전시켰다. 나가르주나와 데바 두 사람은 같이 '공(空)' 철학의 주창자들이었으며 불교 내에서는 유부계의 아비달마 철학을, 그 외에서는 상카학파나 바이세시카학파 등의 실제론 철학을 강하게 비판했다. 특히 아리야 데바는 그 비판의 예리함이 화근이 되어 이교도들에게 살해당했다고 전해지고 있다.

4~5세기

굽타 왕조와 인도 문화의 황금시대

마가다 출신의 찬드라 굽타가 중인도를 평정하고 굽타 왕조를 창립하고(320년), 그 아들 사무드라 굽타는 남인도를 병합해서 거의 전인도를 통일했다. 이 왕조의 최성기는 5세기 후반부터 6세기 초에 이르며, 문예, 학문, 종교, 기타 각 방면에 있어서 인도문화의 황금시대를 맞이했다.

경량부(經量部)의 발전

아비달마 불교 최대의 세력인 설일체유부도 카슈미르계와 간다라계로 분열이 시작되었다. 후자는 경량부의 영향을 크게 받아서 나중에는 그 대표적 저작으로 구사론(俱舍論)이 제작되었다. 경량부는 유부로부터 분파된 비유자(譬喩者)들이나 쿠마라라타(Kumāralāta), 슈리라타(Śrilāta), 하리바르만(Harivarman) 등에 의해서 표상주의(表象主義)적인 이론을 발전시켰는데 3~4세기에는 제법 유력한 학파로 성장했다.

후기 대승(大乘) 경전의 출현

3세기 말부터 4세기에 걸쳐서 소위 자성청정심설(自性淸淨心

說)이나 여래장 사상을 설하는 여래장경(如來藏經), 승만경(勝鬘
經), 열반경(涅槃經) 등이 편찬되어 같은 시기에 유식학파의 근
본정신인 해심밀경(解深密經) 등이 성립되었다. 후에 능가경(楞
伽經)이 출현되었다.

법현(法顯)의 인도 여행

중국의 중 법현은 경(經), 율(律)의 원전(原典)을 구하기 위해
서 60세가 넘은 399년에 장안을 출발해서 413년에 청주(淸州)
로 돌아오기까지 인도 각지를 여행했다.

구마라습(鳩摩羅什)

401년에 장안으로 온 구마라습(Kumārajīva, 344~413년까
지 또는 350~409년)은 중국에서 불전의 번역에 종사하여, 중관
불교(中觀佛敎)를 이입(移入)했다.

마이트레야(Maitreya)와 아상가(Asanga), 바수반두
(Vasubandhu)

마이트레야(미륵彌勒)는 역사상의 인물인지 여부가 의심스러우
나 350~430년경의 사람으로 추정되고 있다. 그에게 사사(師事)
한 아상가(무착無着)는 375~430년경, 혹은 395~470년경, 그
의 동생 바수반두(세친世親)는 400~480년경으로 추정되고 있다.
이들 세 사람 중 마이트레야나 혹은 아상가에 의해서 유가사지
론(瑜伽師地論, Yogācāra-bhūmi), 대승장엄경론(大乘莊嚴經
論, Mahāyana-Sūtrālaṁkāra), 중정(中正)과 양극단(兩極端)
과의 변별(辨別)〔Madhyāntavibhāga, 중변분별론中邊分別論〕,
현관장엄론(現觀莊嚴論, Abhisamayālaṁkara) 등이 저술되고,

아상가는 또 섭대승론(攝大乘論, Mahāyāna-saṁgraha), 그 밖의 저술이 있다. 바수반두는 이런 책에 주석을 붙였고, 또 구사론(俱舍論, Abhidharmakośa)〔존재의 분석〕, 20시편의 유식론(唯識論, Vimsatikā)〔유식20론〕, 유식(唯識)30송(頌, Trimśikā), 삼성론게(三性論偈, Trisvabhāvanirdeśa) 등의 여러 편을 썼다. 이상에 든 것은 모두 유가행파(瑜伽行派, Yogācāra) 또는 유식학파(Vijñānavāda)의 근본 논서(論書)이다. 그중에서도 현관장엄론〔한역漢譯되지 않았음〕과 구사론은 후에 티베트 불교 교학(敎學)의 기본적인 다섯 원전 중에 열거되고 있다. 단 앞에서 든 연대를 40년 내지 80년이나 더 오랜 것으로 보는 학설과, 경력(經歷) 혹은 사상을 달리한 두 명의 바수반두가 실재했다고 하는 학설도 있다.

사라마티(Sāramati)

보성론(寶性論, Ratnagotravibhāga-mahāyānottaratantra)의 저자인 사라마티는 이 무렵의 사람이다. 이 책은 후에 바수반두로 하여금 집성한 불성론(佛性論) 등의 기초가 되었으며, 또 아슈바고샤가 이룬 대승기신론(大乘起信論)에 영향을 주었다.

나란다 승원(僧院)의 성립

5세기 초 굽타 왕조의 원조로서 나란다 승원(지금의 비하르 주 파트나 남동)이 건립되어 점차 발전해서 대승불교의 중심이 되었다.

6세기

에프탈 인(人)의 침입

5세기 말에 에프탈 인이 서북 인도에 침입했다. 그들은 서인도의 야쇼다르만 왕에 의해서 격퇴되었으며(528년) 굽타 왕조는 붕괴됨으로써 인도는 다시 오랜 분열 시대에 들어선다.

디그나가(Dignāga)

유식(唯識)사상으로 출발해서 곧이어 인식론과 논리학의 조직화에 노력한 디그나가(진나陳那 480~540년경)는 지식론집성(知識論集成)〔집량론集量論〕, 기타를 저작해서 인도철학의 역사상 획기적인 업적을 거두어 그 후의 유식학, 경량부의 사상에 큰 영향을 주었다. 샨카라스바민(Śankarasvāmin, 500~560년경), 이슈바라세나(Iśvarasena, 580~604년경) 등이 디그나가의 저서에 연달아 주석(註釋)을 쓰게 되었다.

중관파(中觀派)의 분열

나가르주나의 중론(中論)에 대해서는 많은 주석이 있다. 470~540년경에 붓다팔리타(Buddhapālita, 불호佛護)가 주석했다. 곧 디그나가의 논리학과 경량부 사상의 영향을 받은 바바비베카(Bhāvaviveka, 청변淸辨 490~570년경)가 나타나 중관심론(中觀心論, Madhyamakahrdaya), 사택(思擇)의 염(炎)〔Tarkajvālā〕, 지혜의 등불(Prajñāpraadipa, 반야등론般若燈論) 등을 저작했다. 그는 특히 붓다팔리타를 비판하여 중관철학에 논증식(論證式)에 의한 변증법을 도입했으므로 중관파와 두 파로 분열되었다. 붓다팔리타로부터 후인 찬드라키르티에 연결되는 학파를 귀류논증파(歸謬論證派, Prāsangika), 바바비베카가 창시한 학파를 자립논증파(自立論證派, Svātantrika)라고 일컫는다.

스티라마티(Sthiramati)와 다르마팔라(Dharmapāla)

유식파에서는 구자라트 지방의 발라비(Valabhi) 왕국에 있던 스티라마티(안혜安慧 510~570년경)가 나와서 바수반두의 유식론서(唯識論書)를 주석했다. 그러나 디그나가 계통에 속하는 다르마팔라(호법護法 530~561년)가 전자와 경향을 달리하는 유식이론을 전개했다. 바수반두―스티라마티 계통은 뒤의 무상유식(無相唯識)에, 디그나가―다르마팔라 계통은 유상유식(有相唯識)으로 발전했다.

파라마르타(Paramārtha)

파라마르타(진제眞諦 499~569년)는 아반티의 우자인 사람으로 546년 중국으로 건너가서 유식, 여래장 계통의 논서(論書)를 번역했다.

 7세기

하르샤 왕(Hārsha王)

인도는 하르샤 왕[계일왕戒日王]에 의해서 일시 통일(606~646년)되었으나 그 세력도 길게 계속되지 못하고 다시 분열되었다.

현장(玄奘)과 의정(義淨)

629년에 당(唐)나라 장안을 출발한 현장(602?~664년)은 16년간에 걸치는 서역, 인도의 대여행을 완수해 645년에 돌아왔다. 그간 주로 나란다 승원에서 시라바드라(Śīlabhadra, 계현戒賢 529~645년) 등의 문하에서 유식사상을 학습했다. 그 후 의정(635~713년)은 바닷길로 인도로 건너가 나란다에서 학습하고 귀로에 동남아시아에 체류한 것을 포함해, 전후 25년간 여행했다. 그 밖에 인도에 가서 그곳에서 죽은 유학승(留學僧)도 많다.

찬드라키르티(Candrakīrti)

중관파에서는 찬드라키르티(월칭月稱 600~650년경)가 명확한 논리, 입중론(入中論, Madhyamakāvatara) 기타를 저작했다. 그는 바바비베카를 비판해서 귀류논증파(歸謬論證派)의 기세를 회복했다.

다르마키르티(Dharmakīrti)

디그나가에 경도(傾倒)된 그 지식론을 다시 발전시킨 다르마키르티(법칭法稱 600~660년경)는 지식논평석(知識論評釋) 등 소위 다르마키르티의 칠론(七論)을 저작했다. 그는 경량유가총합학파(經量瑜伽總合學派)라고 불리는 입장에 서서 경량부의 인식론을 유식(唯識)에 적용하여, 유상유식설(有相唯識說)을 완성했다. 데벤드라붓디(Devendrabuddhi, 630~690년경), 샤캬마티(Śākyamati, 660~720년경), 카르나카고민(Karṇakagomin) 등이 잇따라 다르마키르티의 저서에 주석했다.

밀교(密敎)의 전개

예로부터 존재해 온 '초복제재(招福除災)의 주문(呪文)'은 얼마 후에 명상을 수반한 강력 주문, 다라니(陀羅尼, dhārani)로 발전해 민중의 마음을 사로잡았다. 이 경향은 7세기에 이르러 공(空)의 이론과 요가 행법과 결합되어 '밀교(密敎)'라고 일컫는 독립한 종승이 되었다. 대일경(大日經, Mahāvairocana-Sūtra)이나 금강정경(金剛頂經)류도 이 무렵에 성립되었다. 밀교는 진언승(眞言乘, Mamtrayāna), 금강승(金剛乘, Vajrayāna) 등으로 불려졌다.

8세기

팔라(Pāla) 왕조와 불교

8세기 중엽, 벵골에 일어났던 팔라 왕조는 9세기 초에는 갠지스 강 상류까지 지배하여 파탈리푸트라에 수도를 옮겨 전성기를 맞이했다. 왕조는 불교를 보호해 특히 밀교는 그 치하에서 크게 발전했다. 고팔라 왕(재위 750~770년경)은 마가다의 오단타푸리 승원을, 다르마팔라 왕(재위 770~810년경)은 비크라마실라 승원을 건립했다. 특히 비크라마실라 승원은 규모가 장대하고 나중에 불교학의 중심지가 되었다.

샨타라크시타(Śāntaraksita)와 카마라시라(Kamalaśila)

티베트는 손첸 감포 왕에 의해서 통일되어(629년), 세계사에 등장했다. 티손 데첸 왕(재위 754~797년)은 763년경 인도에서 산타라크시타(적호寂護 725~788년경)를 초청해서 삼예에 불교사원을 건립해(775년) 처음으로 불교승을 수계(受戒)시켰다. 이 무렵 중국의 선종(禪宗)이 티베트에서 득세했는데 산타라크시타의 사후, 제자인 카마라시라(연화계蓮華戒 740~795년경)가 티베트에 들어가 삼예에 있어서 중국 선(禪)의 대표자 대승화상(大乘和尙)과 토론했다(792~794년 사이). 그 결과 중국의 선종은 티베트로부터 후퇴해, 중국 선종 대신으로 이번에는 인도 불교, 특히 중관사상을 수용하게 되었다. 같은 무렵, 파드마삼바바(Padmasambhava, 연화생蓮華生)가 티베트에 들어가 밀교를 전했다. 산타라크시타는 티베트에 들어가기 전, 진실요의(眞實要義, Tattva-Samgraha), 중관장엄론(中觀莊嚴論, Madhyamakālamkāra) 등을 저작, 티베트에 들어간 뒤에는 삼예를 중심으로 포교하다 788년 티베트에서 죽었다. 카마라시라는 대승화상과의 대론(對論) 후, 3편의 수습차제(修習次第)를 저작해 티베트 사람들을 위해서 쉽게 불교 수행법을 해설했다. 또 산타라크시타의 전기한 두 저술에 주석을 붙였다.

다르마카라다타(Dharmākaradatta)와 그 외

지식론의 영역에서는 슈바굽타(Śubhagupta, 720~780년경), 아르카타(Arcata)의 별명 다르마카라다타(730~790년경), 다르못타라(Dharmottara, 750~810년경) 등이 활약했다. 이후 두 사람은 다르마키르티의 저서에 훌륭한 주석을 붙였다. 뿐만 아니라 유상유식파의 중요한 학자로서 지식논평석장엄(知識論評釋莊嚴, Pramāṇavārttikālamkāra)의 저자 프라주냐카라 굽타도 8세기에 속한다고 생각되지만 확실하지는 않다. 디그나가의 지식집성(知識集成)의 주석자이며 산스크리트 문법가이기도 했던 지넨드라붓디(Jinendrabuddhi)도 8세기 사람으로 보인다.

산티데바(Śāntideva)와 하리바드라(Haribhadra)

중관파에 속하는 산티데바(적천寂天)가 입보리행론(入菩提行論), 대승집보살학론(大乘集菩薩學論)을 썼던 것도 8세기경으로 보인다. 이 무렵 하리바드라는 현관장엄광명(現觀莊嚴光明)을 저술했다.

9세기

밀교의 전성(全盛)

7세기 말부터 8세기에 걸쳐 오리사에서 활약한 인드라부티(Indrabhūti)는 금강승 중에 남녀 교제를 요가의 최고 경지라고 간주하는 실천을 도입해, 좌도밀교(左道密教)를 발전시켰다. 문수사리근본의궤경(文殊師利根本儀軌經), 비밀집회(秘密集會) 탄트라(Guhyasamāja-tantra) 등의 경전도 8세기부터 9세기에 걸쳐 완성되어 현행을 얻기에 이르렀다. 또 84명의 싯다(Siddha, 성취자)라고 불리는 밀교자들이 비밀 교의를 구전(口傳)하면서 활동하기 시작했다.

10~11세기

팔라 왕조의 퇴조(退朝)

팔라 왕조의 세력은 점차 쇠퇴되어 10세기 후반에는 그의 부조(父祖)의 땅인 바렌드라를 잃고 지금의 비하르 주 일대를 지배하는 데 불과했다. 제10대 나야팔라(1043~1058년) 시대에도 카라츄리 왕 카루나와의 사이에 투쟁이 반복되었다. 유명한 불교승 아티샤가 신병을 돌보지 않고 양자의 화목을 도모한 것도 이 시기의 일이다. 11세기 중엽에는 마가다의 지배도 명목뿐이었다. 비그라하팔라 3세(재위 1058~1075년)에게는 세 아들이 있었으나 그 장자 마히팔라 2세(재위 1075~1080년)와 다른 두 자식들 사이에 내분이 있는 틈을 타, 왕조의 중신(重臣) 디바야가 왕위를 찬탈했다. 디바야는 유능한 장군으로 그 세력을 확장해 바렌드라마저 자신의 지배하에 두었다. 그러나 비그라하팔라 3세의 3남인 라마팔라가 분기하여 극적인 전투 후에 디바야의 후계자 비이마를 물리치고 바렌드라를 회복했다. 라마팔라(재위 1077~1120년) 시대가 팔라 왕조 최후의 빛나는 시대임과 동시에 인도불교의 최후의 융성기이기도 했다. 이 무렵 바렌드라에는 자갓달라 승원이 있어, 비크라마실라에 이어 교학(敎學)의 중심이 되었다.

프라쥬냐카라마티(Prajñākaramati)

10세기라고 생각되는데 프라쥬냐카라마티가 샨티데바의 입보리행론(入菩提行論)에 대부분의 주석을 썼다. 그도 중관유가파(中

觀瑜伽派)에 속해 있었다.

쥬냐나수리미트라(Jñānasrimitra)

이 시대의 불교는 전반적으로는 밀교의 세력이 강력했으나 그럼에도 불구하고 경량유가파(經量瑜伽派), 중관유가파(中觀瑜伽派)의 전통을 계승한 철학자도 속속 나타났다. 이들 철학자들 중에는 동시에 밀교자였던 사람도 많았다. 이 무렵 불교철학자에 해당하는 세력 중에서 가장 강력했던 것은 니야야학파로 특히 10세기의 트릴로차나(Trilocana)와 그 제자 바차스파티미슈라(Vācaspatimiśra, 976년 전후, 일설에는 841년 전후에 활동)가 다르마키르티 이래의 불교 지식론을 비판했다. 이에 대해서 일어선 것은 쥬냐나수리미트라(980~1030년경 활동)로서 찰나멸론(刹那滅論, Ksanabhangādhyāya), 유신론비판(有神論批判, Īśvaravādādhikāra) 그 밖의 저작에 의해서 니야야학파 비판을 전개했다. 또 그는 유형상지식론(有形象知識論, Sākārasiddhi)을 저작해 경량유가파(經量瑜伽派)의 입장에서 불교의 여러 가지 이론의 통일을 기도했다.

라트나키르티(Ratnakirti)

쥬냐나수리미트라의 제자 라트나키르티(1000~1050년경 활동)는 독창적인 저작은 쓰지 않았으나 스승의 난해한 대부분의 저작을 대부분 평이한 문장으로 요약해서 소개했다.

라트나카라 샨티(Ratnākara-śanti)

경량유가파에 대립해서 산타라크시타가 확립한 중관유가파를 대표하는 학자에 라트나카라 샨티가 있다. 반야바라밀다론(般若波羅

密多論, Prajñāpāramitopadeśa)을 저작해 불교의 여러 학파 특히 경량유가파의 이론을 비판해, 중관(中觀)과 유식(唯識)을 통일한 이론을 전개했다. 그의 이론은 쥬냐나수리미트라에 의해서 비판되었는데 티베트에서는 후자 이상으로 평가하기에 이르렀다.

아티샤(Atiśa)

앞에서 말한 세 사람 중 나이는 라트나카라 샨티가 가장 많았고, 쥬냐나수리미트라와 라트나키르티 사제(師弟)가 다음인데 모두 같은 시대의 사람이었다. 세 사람 모두 비크라마실라 승원의 대표적인 학자들이었다. 라트나카라 샨티, 쥬냐나수리미트라 두 사람은 아티샤(본명 디판카라 슈리쥬냐나Dipankara-śrijñāna 982~1055년)의 스승이었으며 라트나키르티는 아티샤보다 다소 젊었다. 아티샤는 비크라마실라 승원의 학두(學頭)였으며, 티베트 왕 여세오의 초청을 받아 1042년경 티베트에 들어가서 불교를 중흥시켰다. 그의 저서 보리도등론(菩提道燈論)은 그 후의 불교에 큰 영향을 끼쳤다.

시륜승(時輪乘, Kālacakratantra)

밀교는 이 무렵 힌두교의 유신론적 경향의 영향을 받아 원초불(原初佛, Ādibuddha)을 세계 원인(原因)으로 하는 신앙을 만들었다. 또 이슬람교도의 침입 후에 밀교의 일파로서 시륜승이 성립되었다. 이것은 인도를 계속 석권한 이슬람교도에 대항하기 위해서 불교도와 비시누, 시바교도와의 연합을 제창한 것이다. 아티샤와 거의 같은 시기에 인도에서 활약한 밀교자는 많았으나 나로파(Nāropa, 1016~1100년)도 그중 한 사람이었다.

12세기

팔라 왕조의 멸망

라마팔라 후 팔라 왕조는 역시 3~4대는 계속되었으나 그 세력은 점차 쇠퇴했다. 제17대 마다나팔라(1143~1162년)는 남방으로부터 북진해 오는 힌두교도인 세나 왕조의 비자야세나(1095 또는 1125~1158년)에 압도되어, 중부 벵골에 쫓기기에 이르렀다. 18대 고빈다팔라의 이름은 존재했으나 사실상 팔라 왕조는 마다나팔라를 최후로 역사에서 사라지고 말았다.

모크샤카라굽타(Moksakaragupta)

바렌드라에 있었던 자갓달라 승원의 학승(學僧) 모카샤라굽타(1050~1200년 사이에 활약)는 다르마키르티나 쥬냐나수리미트라의 학업을 계속해서 타르카바샤(인식과 논리)를 저작했다. 또 다나시라(Dānaśila), 비부티찬드라(Vibhūticandra) 등 나중에 티베트에 들어가는 학승들도 이슬람교도가 내습할 때까지 자갓달라 승원에서 생활했다.

인도 불교의 멸망

이슬람교도의 조직적인 인도 침입은 10세기 이래 행해졌는데 12세기 후반에 터키계의 이슬람교도가 건국한 고르 조(朝)의 군대는 북인도를 석권하고, 1202년에는 벵골에 도달했다. 비크라마실라 승원과 자갓달라 승원도 이때 불에 타 파괴되었을 것이다. 불교승은 분산되어 남인도 혹은 티베트에 유망(流亡)했다. 승려들은 집단생활을 하고 있었던 각 승원이 파괴되었으므로 북

인도의 불교는 지도자와 경론을 일거에 잃게 되었으며, 멸망했다. 남인도에 있어서는 불교와 힌두교가 혼합하면서 수세기 동안은 그럭저럭 존속했을 것으로 생각된다.

찾아보기

ㄱ

불전佛典

초판 인쇄 – 2020년 7월 10일
초판 발행 – 2020년 7월 15일

역　자 – 徐京保 · 朴敬勛
발행인 – 金 東 求
발행처 – 명 문 당(창립 1923년 10월 1일)
　　　　서울시 종로구 윤보선길 61(안국동)
　　　　우체국 010579-01-000682
　　　　전 화 (02) 733-3039, 734-4798
　　　　FAX (02) 734-9209
　　　　Homepage　www.myungmundang.net
　　　　E-mail　mmdbook1@hanmail.net
　　　　등록 1977.11.19. 제1-148호

■

* 낙장 및 파본은 교환해 드립니다.
* 복제 불허
* 정가 35,000
ISBN　979-11-90155-47-2　93220